中文社会科学引文索引(CSSCI)来源集刊

RENMIN

人大法律评论

UNIVERSITY

《人大法律评论》编辑委员会·组编

LAW

2021年第1辑·总第33辑

REVIEW

法律出版社
LAW PRESS·CHINA
北京

图书在版编目(CIP)数据

人大法律评论. 2021年. 第1辑 : 总第33辑 /《人大法律评论》编辑委员会组编. -- 北京 : 法律出版社, 2022

ISBN 978-7-5197-6521-7

Ⅰ. ①人… Ⅱ. ①人… Ⅲ. ①法律-文集 Ⅳ. ①D9-53

中国版本图书馆CIP数据核字(2022)第041193号

人大法律评论(2021年第1辑·总第33辑)
RENDA FALÜ PINGLUN
(2021 NIAN DI-1 JI · ZONG DI-33 JI)

《人大法律评论》编辑委员会 组编

策划编辑 沈小英
责任编辑 毛镜澄
装帧设计 李 瞻

出版发行 法律出版社
编辑统筹 法治与经济出版分社
责任校对 王 丰 李景美
责任印制 吕亚莉
经 销 新华书店

开本 710毫米×1000毫米 1/16
印张 23.25 **字数** 435千
版本 2022年3月第1版
印次 2022年3月第1次印刷
印刷 北京虎彩文化传播有限公司

地址:北京市丰台区莲花池西里7号(100073)
网址:www.lawpress.com.cn
投稿邮箱:info@lawpress.com.cn
举报盗版邮箱:jbwq@lawpress.com.cn

销售电话:010-83938349
客服电话:010-83938350
咨询电话:010-63939796

书号:ISBN 978-7-5197-6521-7
定价:138.00元

凡购买本社图书,如有印装错误,我社负责退换。电话:010-83938349

《人大法律评论》编辑委员会

卷首语

爱、死亡和机器人

樊迟问仁,子曰:“爱人。”

爱与被爱是人类永恒的论题。美剧《*Love*, *Death* & *Robots*》将“爱”、“死亡”和“机器人”3 个关键词放在一起是非常有趣的。将三者置于一处,也引起了一些法学哲思。死亡也无法终结爱,反而能见证爱的恒长。机器人没有爱也没有死亡。但有爱的人总爱畅想有爱的机器人。“爱”与“死亡”令人想起法律的缘起——对仁爱秩序的追求与对于无秩争斗死亡阴影的恐惧;“机器人”令人想起法律的未来——当人所建构的机器智能超越人的“奇点”时刻来临,法律如何建构机器人的法律地位,甚至是在未来,机器人如何建构法律?

法律中有爱。爱是自然法中真善美的照见,是宪法典中人格尊严的缘起,是民法典中公序良俗的期待,是刑法典中慎刑恤典的公正。在自然法和制定法形成的漫长历史之中,都可以发现对于充满爱的善良秩序的追寻与省思。这些可以从本辑李鼎熙、汤岩和周维明 3 位探析历史上自然法和习惯法的论文中窥见些许,也不吝见于林树煌和雷鸣波所描述的制定法与社会互动的历史之中。这份良法善治的理想也溶于法学研究。将近 150 年前,中国学子便跨越大洋前往巴黎自由政治学院留学,毕业后,他们心怀爱国之情投身祖国法政事业,为祖国法学研究带来新的知识来源。朱明哲的《解经家还是改革者:中法法学交流中的自由政治学院》探讨了这段特殊的历史。

法律对于“死亡”和“机器人”的思考,满载对于生命的珍重:如何思考生命,如何界定生命?因为死亡的阴影,法律更珍爱生命的宽度和广度。法律重视作为胚胎的生命始初,每一个生命都是不可衡量的重要。人类也珍爱机器人的无限未来,在法律中谨慎塑造机器人人工智能的伦理与治理。而人工智能法学的推进,又在很多方面启迪了自然人法学的深入。本辑张峰铭、曹伟 2 位的论文带来了生命与人工智能的特殊视角。

当然,孔子的“爱人”也并非全是这些宏观的大爱,而更多的是具体生活中可能更重要的小爱。其实,能够在喧哗闹市之中,安静独守一方书桌,致力做法学研究,何尝不是对于美好法律怀有爱与赤诚?也是为何雷明波、刘崇亮、韩亮 3 位的论文阐释需要制度性反思刑罚与司法,而李建星、杭广远和许迎玲 3 位的论文从具体的部门法展开研究,试图阐释和构建更完善的法律制度。

尤值一提的是,本辑设置了“青鹰”专题。谨遵前辈学者教导,《人大法律评论》一直朝着成为培养青年作者和编辑的丰壤、源远流长的学术长河而努力。十年树木,百年树人。《人大法律评论》愿意骄傲地将自己定位为“发表法学家第一篇代表作的连续出版物”,并积极采取行动协助青年学者。基于以上理念,《人大法律评论》特推出“‘青鹰’法学学者青年代表作培育计划”:特邀知名法学家、期刊编辑以工作坊形式指导作者完善论文研究、写作,并给予作者一定的研究经费支持。本辑也收录了第一篇“青鹰”论文。

本辑出版之时,是《人大法律评论》创办的第 22 个年头。长期以来,历任编辑以无限热爱投身于《人大法律评论》,也收获了中国人民大学法学院、法律出版社、作者和读者的悉心关爱。本辑的出版也特别感谢指导老师侯猛教授、法律出版社分社长沈小英编审和毛镜澄责任编辑的大力支持和辛勤付出。

黄尹旭[*]

2022 年 1 月 1 日于首善之地

---

* 《人大法律评论》主编,中国人民大学经济法学博士研究生。

Dernburg)的批判意见:“在我编写的最新第三版潘德克顿法学教科书的第159页上就有着明确的论述:受人外力引导的气体是有体物。而电和被引导的气体并没不同。因而电是可以视为盗窃行为的对象。”[3]

从这个判决以及相关的讨论,我们可以感受到当时潘德克顿法学在德国的影响力,和其基本运作逻辑:法官首先坚信法典已经通过抽象化的概念将一切具体事实都作出了规制,而遇到前所未见的问题时,一定可以从包罗万象的罗马法文献里找到解决的办法。

当然这种僵化的法学理论不可能持续太久,面对20世纪初自然科学和社会科学突飞猛进的发展,旧有的概念法学越来越和时代脱节。例如,在“窃电案”的讨论里,有一名物理学家也加入了这个法学者的沙龙里,[4]尽管他的文章并没有得到太多法律人的关注,但是它隐隐中却透露出了一个信息:不管法学者欢不欢迎,法学这门学科并不一定能解决所有的“法律”争议。因此,法律究竟是一种抽象的规范,还是一种人类社会现实表现出的一种规则形态——究竟什么是法律的本质?带着这样的问题德国法学家来到了20世纪。

(二)概念法学的挑战者:自由法学派和法律社会学

关于这场法学争论,不妨先让我们将时间拨回到1906年。这一年一本名为《为法学而斗争》(Der Kampf um die Rechtswissenschaft)的小册子在海德堡出版了,尽管这本几十页的小书篇幅并不起眼,但是它却奏响了之后德国诸多法学争论的序章。该书的作者赫尔曼·康特洛维茨(Hermann Kantorowicz)在书中提出来一个重要的概念,即“自由法”(freies Recht)。这一概念直接或间接地影响到了包括古斯塔夫·拉德布鲁赫在内的众多德语区法学家。[5] 但非常遗憾的是,这场现在看来都极具有深意的法学学派因为各方面的政治因素而被

---

[3] Heinrich Dernburg, Nochmals Diebstahl an Elektrizität, DJZ 1987, S. 78.

[4] W. Ostwald, Die Frage des Diebstahls an Elektrizität vom technischen Standpunkte, DJZ 1987, S. 115 – 117.

[5] 康特洛维茨和拉德布鲁赫2人不仅在学术上存在交流,而且两人的私交亦颇为深厚。

大大忽视,甚至误解了[6]。

康特洛维茨承认,法官所作的判决以法律[7]为基础,而且也应当以法律为基础。但是不同于概念法学的法律实证主义倾向,他认为由立法机关制定出的法律是必然存在漏洞的,而且由于时代的发展,这样的漏洞会越来越多,但是立法机关并不可能会对这些变化作出及时反应。建立在这样的前提下,如何填补法律漏洞就是自由法学派所要解决的核心问题。自由法可以被理解为法官填补法律漏洞时所使用的材料,这些材料不同于实定法的法条,但是事实上却具备了和实定法法条一样的法律效果,因此康特洛维茨将这种虽然不具备传统实定法外在形式,却又具有实定法实质效果的法律材料称为自由法。虽然康特洛维茨在《为法学而斗争》称"自由法"在本质上是接近于"自然法"的,但是只要不断章取义就会发现,康特洛维茨的笔下的"自然法"和我们印象中的自然法有完全不同的样貌:

如果有人说我们的自由法运动和自然法有相似之处,那么我想说这场法律运动的确就是一场自然法运动。排除掉那些形而上的谬误(例如中世纪法律神学),17~18世纪那些有价值的法律认知被我们大大地忽视了……但是在两点上自由法运动同自然法不同。其一,从历史法学派我们了解到所有法律,包括自由法,只有它们"制定出来"(positiv)才能被承认;其二,法律并不是"从自然中"发现的,而是在权力(Macht)、意志(Wille)和承认(Anerkennung)中产生的

---

[6] 举例来说,在德国法学院中较有影响力的法制史教科书中,只用了寥寥数语就结束了对自由法学派的介绍:"自由法学派其初衷是反对概念法学派,由于其主张法官并不需要完全受到实定法的约束,因而介于纳粹时期的经验,该学派逐渐式微……(自由法学派)主张判决应当依照法感,而不能依照逻辑。"这样的定义和康特洛维茨所主张的"自由法"已经有天壤之别。Gerhard Köbler, Deutsche Rechtsgeschichte, 6 Aufl. München, 2005, S. 175–228.

[7] 康特洛维茨虽然经常强调,"自由法"这个名字极易招致误解。人们望文生义地认为,法官可以依照自己的意志在法律的漏洞里"自由地"为所欲为。但非常遗憾的是,尽管如此还是有很多人就此对自由法产生了误解,其中包括凯尔森和菲利普·海克(Philipp Heck)。当然这样的批评并不是不能被理解,因为康特洛维茨的第一篇著作篇幅较短,说理也并不充分。

(在下文中康特洛维茨将这三者合称为“现实”[Realität——引者注]。所以自由法是20世纪的新自然法,所以我们的法哲学和普芬道夫(Pufendorf)和沃尔夫(Wolf)几乎没有什么相似之处。[8]

总而言之,从这里我们不难发现,自由法运动并未放弃19世纪以来的法律实证主义对于法律形式性的追求,同时也对霍布斯提出的政治决断论并不那么热心。因为法官的“激情”也要受到形式的制约,任何政治力也都要经过特定的实证程序才可以具备法律的效力。在1925年题为《自由法运动之发迹》(Aus der Vorgeschichte der Freirechtslehre)演讲中,康特洛维茨对自由法学派的法学方法论作出了一个精简的概括:(自由法学派就是)法官如何找法的指南,而这本指南有两个作用:一是防止法官的专断,二是防止法律判决僵化成逻辑演算。[9]

比自由法更极端的看法是以欧根·埃里希(Eugen Ehrlich)为代表的法律社会学派(soziologische Rechtswissenschaft)。

尽管法律社会学学派的著作汗牛充栋,但是其关于法学方法论方面的内容就要简单得多了。法律社会派将法律视为一种社会现实(Wirklichkeit),法律事实和法律程序所表现出的合规则性(Regelmäßigkeit)是由事实归纳而成的(auf induktivem Wege erfasst),并且这种规则性是可以通过类似自然科学的因果关系加以解释的。因此法律在这种论调下就变成了一种特定的人类行为,一种现实存在的实然规则(Seinsregel),法学也就成为类似自然科学的现实学科(Wirklichkcitswisscnschaft)。[10] 从这里我们也就不难理解为什么法律社会学的

---

[8] Hermann Kantorowicz, Der Kampf um die Rechtswissenschaft, Heidberg, 1906, S. 12 - 13.

[9] Hermann Kantorowicz, Aus der Vorgeschichte der Freirechtslehre, Mannheim, 1925, S. 5.

[10] 埃里希在其代表作《法律社会学的诞生》一书中清晰地表达了对法律的规范性的批判:“(在旧法律学者眼中)人类的精神并没有什么特殊,其不过是一个被规制出来的、了无生气的(blutleer)抽象图像,这就使得这一学科丧失了和现实世界的一切联系(Fühlung mit der Wirklichkeit)。这种认识使法学和其他真正的科学学科形成了鲜明的对照。一个真正的科学学科是建立在归纳的基础之上,根据对大量事实和经验的观察和收集,来深化理解事物的本质。”Eugen Ehrlich, Grundlegung der Rechtssoziologie, München, 1913, S. 6.

方法论较简单了,因为在其思想里法学研究方法和化学、生物学等学科差不多,就是:观察现实,总结规律。[11] 立法者就如同苹果树下的牛顿,他看到了千千万万个落地的苹果,于是便发现了万有引力,进而制定了一部法律——万有引力定律。

我们可以在这一学派上清晰地看到马克斯 · 韦伯(Max Weber)的社会学的烙印,“什么样的社会就会产生什么的法律”。虽然很多学者将埃里希的法律社会学划到了自由法学派中[12](当然相对地也有人将自由法学派划成了法律社会学派),但是笔者认为除了对旧概念法学的批判以外,两者在法学方法论上也就没有什么相似之处了。在自由法学派中,实定法依然是法学最重要的研究客体,而对于法律社会学派而言实定法不过是社会现实这冰山的一角罢了。然而当时德国对于自由法学派进行批判时常常将其混为一谈,下文还会涉及这一点,因此在这里稍稍先提醒一下各位读者。

(三)法律实证主义的自我完善:凯尔森的纯粹法理学

面对其他新兴法学学派不分青红皂白地攻讦,法律实证主义学派也展开了自己的反击。可以这么说,汉斯 · 凯尔森(Hans Kelsen)的纯粹法理学就是建立在对于法律社会学学派的批判之上。早在《纯粹法理学》这部扛鼎之作出版的 20 年前,凯尔森便对当时的法律社会学旗手埃里希提出了措辞严厉的批判:

法律社会学自一开始就模糊了价值学科与事实学科之间的分际。首先,法律社会学和法理学的研究对象和研究方法有本质的不同。法理学的任务并不是要探究“现实是什么”,它也不能解释为什么会有这一现实;一个特定的事实,以法律规范出发,应当得到怎样的评判,这就是法理学,抑或规范法学,所处理的问题。试图在这两种学科间找到一个共通的理论出发点既不可能,也没必要。总而言之,法理学是一门涉及应然的规范性学科,而法律社会学则是涉及实然的描述性学科,强行将这两种南辕北辙的学科研究方法混为一谈

[11] 化学家和物理学家并不会在具体的实验程序上再抽象出一个“实验方法论”。

[12] 康特洛维茨在他早年的《为法学而斗争》里也将埃里希视为自由法的同盟军,但是之后的关于法学和社会学的论文里已经明显与法律社会学派拉开了距离。Hermann Kantorowicz, Rechtswissenschaft und Soziologie, Tübingen, 1911. Hermann Kantorowicz, Der Aufbau der Soziologie, in: Hauptproblem der Soziologie. Band 1, Berlin, 1923.

(Synkretismus der Methoden)会带来更多的后遗症。

将这两种学科性质,认知方法以及其研究客体都共通划归到法学名下,这种行为究竟有着怎样的意义,我们不得不对此得上一个问号;就认知方式来说,一个是实然,另一个是应然,研究客体也一样是风马牛不相及。在社会学研究中,人们关心的是人在特定的关系里会作出怎样有规律的特定行为(regelmäßig tun),而在法学研究里人们关心的却是依照法律人应当怎么做(tun sollen)。同时这两者的研究模式也不一样,法律社会学得到的结论是,依照什么样的原理规范会发生什么样的具体事实(这个有些类似于习惯法的运行模式),而法律学者则是以已经确定的规范内容为依托,推导出应该发生什么样的结果。因此从研究方法的角度来看,这两个学科是没什么交集的。规范性的法理学处理的是应然的规范和应然的关系,具体来说就是判断依照怎样的法条产生怎样的权利和义务,这些在以实然为基础的社会学看来是如此陌生。因为法律社会学者并不能断言在怎样的条件下,特定的人或群体应当负怎样的责任或者被赋予怎样的权利,他们只能告诉你在怎样的特定社会前提条件下,人类会做出怎样的行为。因此法律社会学只能是一门事实认知的学科,只能对于具体的事实作出评判,也就是解释特定事实的来龙去脉,而不可能做出任何价值判断。它没法说“这个现象是合法的,那个现象是不合法的”,“他应该负有这样的法律责任,而他享有那样的法律权利”。就如同生物学家、化学家和心理学家一样,在他们这些学科里特定的事实和现象并不能用好与坏、对与错、合法与非法来作判断,它们所作的仅仅是对这些无涉价值的事实做出研究并了解其背后的因果关系。[13]

根据这段论述,我们已经可以清晰地辨识出凯尔森纯粹法理学的第一个前提:实然与应然是应当在法理学中严格区分的,也就是后来在《纯粹法理论》一书中所讲的区分前提(Trennungsthese)。[14] 也正因如此,在凯尔森的理论中的法律制度本身是没有任何效力的,凯尔森认为,每一个应然规范(法律)中同时存在一个授权规范,即允许国家使用特定的强制行为保证实现规范的效果,这

〔13〕 Hans Kelsen, Eine Grundlegung der Rechtssoziologie, 1915, in: Archiv für Sozialwissenschaft und Sozialpolitik, 1915, S. 839 – 876.

〔14〕 Hans Kelsen, Reine Rechtslehre, 2 Aufl. 1960, S. 73 ff.

是法律制度的效力来源。[15] 在凯尔森看来,不法行为受到处罚并没有什么其他诸如道理、伦理一类的形而上的因素,单纯是以为法律规定会产生这样的结果而已[16]。

当然凯尔森并没有一口气将自己的法学理论倒回萨维尼时代,他清楚地表明法律一旦生效,就会变成社会现实的一部分,因此法律(Recht)具有二重性(Dualismus),也就是主观法(das subjektives Recht)和客观法(das objektives Recht)。因为主观法和客观法这两个词汇和我们一般常用的汉语习惯不太一样,也和之后法学界经常使用的含义不同,笔者根据凯尔森《纯粹法理论》第一版的内容将其分别理解为抽象法律规范(abstrakte Rechtsnorm)和法律规范下的社会现实关系(Rechtsverhältnisse)。法律规范让人们明白在特定的社会关系中作出特定的行为可能产生怎样的后果,而这种可预见性又可以让人们对法律的效力产生信心。在法律规范下的社会现实关系中,其社会活动的参与者如立法者、法官和行政机构自然是要考虑包括意识形态在内的各种现实因素,但这些并不属于纯粹法理学的范畴。

综上所述,凯尔森并非对当时科学技术对法律产生的影响视而不见,也不是后来人们所说的和法律社会学、利益法学派水火不容。凯尔森的"纯粹法理论"所做的就是说明法理学究竟有着怎样的涵摄范围。凯尔森在晚年的论文《什么是纯粹法理论》中也给出了类似的结论:"一般法理论(可以近似理解为法理学)就应当是纯粹的法理论。"[17] 因此我们就不难理解,为什么凯尔森说法学的任务只有一个:"找到有效的法律规范,而不是去评价它。"[18]

(四)小结

这一学术批判浪潮并不是蛋头学者的无病呻吟,例如,同一时期德语区的法学教授在教授课程时也有相同的感受。他们发现,即使法学院的学生熟练掌握了高度抽象的法律条文和背后的原理,但是一旦这些学生面对他们的现实客户,法学院所教的东西瞬间都成了"屠龙之技"。维也纳大学的法学院院长施贝

---

〔15〕 Hans Kelsen, Reine Rechtslehre, 1 Aufl. 1960, S. 25 – 26.

〔16〕 Hans Kelsen, Reine Rechtslehre, 1 Aufl. 1960, S. 26.

〔17〕 Hans Kelsen, Was ist die Reine Rechtslehre?, Demokratie und Rechtsstaat (1953), S. 144.

〔18〕 Hans Kelsen, Reine Rechtslehre, 2 Aufl. 1960, S. 112.

尔(Professor Dr. Sperl)就撰文呼吁,法律教育必须要面向实践。民法教学不能让学生在“意思表示”“法律行为”等概念的云端跳来跳去。学生在处理现实案件的时候真正要明确的原则不是“物权法定”或者“买卖不破租赁”,而是:任何文件都要尽可能公证或签字画押,文件用词尽可能地精确,现实生活是比法律条文更复杂的。[19] 除了法学院的法学教育,在社会上的诸多法院判决还是引起了很多争议的:一方面是人们批评法官不食人间烟火,另一方面是法学家批评法院不依法断案(当然法学家和一般民众的观点很多时候都会有所冲突)。[20] 而这些事务上的困境,又为新的学术发展提供了灵感和材料。

所以,法学理论在这时出现各式各样的学说可以说是正当其时。诸多学派虽然互有攻防,但是其共同的目标就是打破旧潘德克顿法学的学术垄断地位,进而促进法律实践的进步。这一趋势在下一时期的法学发展中得到了保持,只可惜不小心步入歧途。

而且各个学派从一些特征上可以看到作为其基础的部门法的痕迹,例如,凯尔森的规范效力层级就可以看到宪法学的特征,而康特洛维茨的自由法也可以看出是受到了李斯特提出的心理学对刑法的影响。这些小小的细节,希望可以给读者在理解这些大家的理论时多一条线索。

二、反法律实证主义的延续:以施密特与拉伦茨早年的法学思想为例

因为这一时期恰逢第三帝国成立,正常的法学发展受到了严重影响,但是仅仅通过一句“都是法律实证主义的错”就把那段历史敷衍过去也是颇为不负责的。因此,笔者在这里以施密特(Schmitt)和拉伦茨(Larenz)在这一时期的学术主张为例,对于那个时代的法学思想进行一个简短的描述。

(一)“是法律判决而不是法律解释”:施密特的法理学渊源

施密特的法学理论拥有极大的稳定性和一贯性,我们可以从施密特战后不断再版的论文看到这一点,新版与旧版几乎是一字不易。因此不同于拉伦茨层

---

[19] Dr. Sperl, Ein Institut für Rechtsanwendung, DJZ 1911, S. 245.

[20] D. H. Dove, Die Unpopularitaet des Juristenstandes in Deutschland, DJZ 1902, S. 12.

次分明的学术转向,在讨论纳粹时期的施密特前,笔者不得不将时间往回推一些。施密特的法学理论主要形成于 20 世纪的头 20 年,和一般人现今的印象不同,施密特首先是以法理学为敲门砖跻身学术圈的。1912 年施密特的《法律与判决》一书出版,在这书里施密特认为法学的任务就是要"指导法官依照法律作出正确的判决(Entscheidung)",旧有的法理学试图通过对于法条(包括罗马法)的"解释"(Auslegung, Interpretation)来变出所有需要的内容。[21] 但是法学的范畴在当 时已经都被大大地拓展了,因此传统的法理学(Jurisprudenz)已经不能应付这个变化的社会了。而且更不合理的是作为概念法学探究的对象——罗马法,其存在的时代和现今相比早已发生巨大变化,所以希望通过从概念法学作出正确的判决无疑是刻舟求剑。施密特认为法学的任务就是从法律规范下的社会现实(Rechtsleben)中找到规范司法实践的标准(Kriterium)。而这一探寻标准的过程,绝对不是又去寻找抽象的(Inhalt feindlich)、永恒的(zeitlos)"正当性","这东西对于司法实践压根没有什么用"。因此,从抽象概念里推导出判决,绝对不是做出正当判决的正确方式。

与此同时值得读者留意的是,施密特的法律思想是受到同时代的自由法运动影响的,他在书中写道:"不同于对'逻辑完整与自洽'(die logische Geschlossenheit)的迷思,(自由法学派)了解到法律是不完美的和有漏洞的……旧有的法律解释很多时候就是空洞的文字游戏……法律判决应当且必须留意的是民众对法律的理解(Rechtsbewusstsein)、各方的利益平衡(Interessenabwährung)以及现实的经济交易需要(Verkehrsbedürfnisse)……自由法学对于传统法律修辞学的批判可以说是切中肯綮的。"但施密特对于社会学和心理学等学科对于法律的侵蚀,持反对态度:"(对旧潘德克顿法学的批判者)他们试图寻找一些'高于的实定法效力的规范'(überpositive Normen),使法官有更大的裁判空间并使其有更强的适应弹性……本来(新兴学派的)观点和旧法律解释学的不同之处在于,他们更强调判决需要踏实地依照实定法律(Gesetzmäßigkeit),而不是玄幻的解释。结果(新兴学派在填补法律漏洞的时候)又自己退回到自己反对的一方,开始从另一个方向自行对法律进行解释。"

---

〔21〕 施密特对概念法学的"法律解释"颇不以为然,有人想把帽子挂在墙上,但墙上并没有钩子。萨维尼就会说:"这好办,我们先来拟制墙上有钩子,然后把帽子挂上去就可以了。"Carl Schmitt, Juristische Fiktionen, DJZ (1913), S. 804.

我们可以从上述论述嗅到施密特法理学观点中同时代的其他理论气息，而且对比上文提到的那个时代的社会法律学派，施密特的理论看上去并没有那么激进，甚至显得有些保守。平心而论我们至少可以得到一点结论：在施密特眼中实定法是应该置于法学的核心地位。而且从他这篇早年的小文来看，施密特一直都没有放弃对于法律安定性的追求。在这本书里施密特提出了一个概念——“法律的意志”(der Wille des Gesetzes)，将其作为弥补实定法漏洞的材料。在笔者看来它和美国宪法学界讨论的“意图主义”(intentionalism)有很大亲缘性，但是这个在目前看起来人畜无害的概念无意间打开了潘多拉德盒子。仅从学术理论的角度来看，施密特的“具体秩序”这一法学思想的源头并不是为了迎合纳粹主义或者法西斯主义的无源之水，而是20世纪初的反潘德克顿法学和概念法学的延续。[22] 排除掉反犹主义等纯粹政策性的内容，我们甚至发现“具体秩序主义”和流行于美国的法律现实主义存在异曲同工之妙。[23]

(二)卡尔·拉伦茨的“具体的一般概念”

拉伦茨早期的法律理论，可以被认为是施密特“具体秩序”理论在私法领域的补充，因为法律规则和现实的社会秩序是有机统一的，那么在具体的制度里高度抽象的概念是被排斥的，因此法律中的概念所对照的也应当是一个“纯粹的事实”(bloße Faktizität)。[24] 所以那些原有的诸如“私法自治”“法律行为”“意思表示”等抽象概念都是需要“改革”的对象，甚至连“人”(Person)这个概念都成了被替换的对象。“人”成了“人民中的同志和朋友”，[25]本着这样的理论拉伦茨对《德国民法典》第1条进行了全新的阐释：“法律中的同志必须也是人民中的同志，而人民中的同志是指留着德意志鲜血的同志。”沿着这样的推

---

〔22〕 Hans Kelsen, Rechtssoziologie und Rechtswissenschaft, Archiv für Sozialwissenschaft und Sozialpolitik, 1915, 2nd printing 2003, S. 3 – 54.

〔23〕 美国的法学家对于欧洲大陆的理性主义一直提不起兴趣，如卢埃林就认为：“如果案件是由规范决定判决，那么这就不同的法官可以一样好，只要给他们一样的规则就行。”更不用说霍姆斯的名言：“法律的生命从来都是逻辑，而是经验。”

〔24〕 Karl Larenz, Über Gegenstand und Methode des völkischen Rechtsdenkens, 1938, S. 10 f.

〔25〕 Karl Larenz, Rechtsperson und subjektives Recht, in: Grundfragen der neuen Rechtswissenschaft, 1935, S. 225.

论,拉伦茨得到了一个更可怕的结论:“如果不是人民中的一员,那么他就不再享有法律上的权利。”

之前笔者提到,其实《德国民法典》在纳粹时代几乎是没有变化的,但是私法学者却可以在其中变出如此“丰富”的内容。如果说施密特的“具体制度”多少还有些学术理论的样子,那么拉伦茨的所谓的“具体概念”就实在是有当年赵高指鹿为马的影子了。可能也正是因为其内容空洞,不同于施密特的《论法学思维的三种模式》《宪法守护者》,甚至《纳粹主义和法治国》等文章,拉伦茨纳粹时代的著作随着纳粹政权的垮台而立马消失得无影无踪,甚至连其本人的大作《法学方法论》里都有意将其自己在那个时代的所作所为加以隐瞒。

(三)小结

单纯从学术发展的谱系来看,施密特与拉伦茨的早期法学思想可以视为是德国法学界反概念法学的延续。至于它之后异变为纳粹暴政的工具,这已经不是学术理论所能控制的了。而在第三帝国时期的系统性的司法暴行,我们平心而论也同样认为其和这一学术理论并没有直接的因果联系。[26] 例如,同一时代的美国法学界对于当时甚嚣尘上的优生学也保持了相当积极的态度,但是这种态度并没有进一步恶化成为对于特定种族的迫害。

三、名不副实的“法哲学反思”和所谓的“自然法复兴”

在当时(纳粹时期)专制政权将法律实证主义作为自由主义、人道主义和民主制度的同盟而加以剿灭。而现在,却又有一大堆法律玄学家跑出来指责法律实证主义是专制主义的帮凶。[27]

——汉斯·凯尔森

(一)“自然法复兴”运动的“理论”基础:虚幻的法理认知

和人们的一般印象相反,德国知识分子,其中当然包括德国的法学家,在第

[26] 举例来说,第二次世界大战时期臭名昭著的法院院长弗莱斯勒,在20世纪30年代主张重建死刑审查法庭(Blutgericht),以起到慎刑的目的。但是,他之后的所作所为已经完全背叛了他自己的主张。

[27] Hans Kelsen, Soziologische Text, Bd. 16, Luchterhand, 1964, S. 26.

二次世界大战结束之初的反思并没有那么深刻。[28] 在这样的社会政治氛围下，纳粹时期的法学发展被过度地扭曲和忽视了。所以无的放矢地反思现在看来简直就像是一场蹩脚的滑稽戏。甚至可以这么说，第二次世界大战结束后相当长的一段时间里，德国法学界在法哲学方面是处在一种“真空”的状态。[29] 在这种混沌状态下，法律实证主义被有目的性地当成为各方攻击的替罪羊。

根据上文介绍，我相信读者应该已经明白，纳粹时期的司法恐怖盗用了那个反法律实证主义的思潮，逐渐解开实定法对于国家公权力的限制。这一观点我们可以在施密特的著作《论法学思维的三种模式》中明显地感受到。对于国家实定法的蔑视态度是纳粹政权的一大特点，因此，第二次世界大战之后打着“反实证主义”进行的“自然法复兴运动”实在是有些缘木求鱼的味道。

所谓的“自然主义法学家”鼓吹的“法律实证主义”可以概括成：“（在纳粹时期）根本没有法哲学，取而代之的是‘法律文献解释’，‘法律就是法律’使德国法学界丧失了对纳粹暴政的抵抗力。”这样的看法明显是和真实的历史南辕北辙。读者不妨试着看看以下几段表述：

“人们已经认识到（法官同）法律的关系不仅仅是法官对实证法负责，而且更多的是要贯彻实现德国人的正当权利。”[30]

“（纳粹的）立法原则就是将法律和道德重新统一起来，在这之前二者已经

---

〔28〕 魏德士教授在其论文中作出了精辟论述：“对于很多学科，特别是文史政法类学科，纳粹政权的瓦解对其影响是深远的，这些学科的本质、权威和可信度都可能会因此而受到冲击。而且这种冲击还会涉及这些学科中的个体学者。他们曾经的世界观、预设理念和价值信仰等赖以存在的基础，一夕之间就灰飞烟灭了，还没等他们缓过神儿来，紧接着又被新来的占领军重新格式化了。所以这些曾经的同事，心照不宣地迅速达成了一个‘沉默的同盟’。除此以外，在各个法学图书馆里当年的历史文件也都变成了不太容易取得的‘处方药’。而那些纳粹时期遭受迫害的法学家也因为那时纳粹政权的思想管制，在当年的文稿作品里也没有对当时的法学思想提出太多的批判。”Bernd Rüthers, Recht oder Gesetz?, JZ (2013), S. 823.

〔29〕 Lena Foljanty, Recht oder Gesetz, 2013, S. 51.

〔30〕 Wilhelm Kisch, Der deutsche Richter, in: Zeitschrift der Akademie für Deutsches Recht (1934).

被自由主义彻底割裂了。"[31]

在纳粹时代类似的说法还有很多,我们不禁惊讶这些言论把一些"纳粹""种族"之类的字眼替换掉,好像完全可以套用到第二次世界大战后的"自然法复兴"运动中。

尽管这种说法并不符合真相,但是其有一个极大的"优点",就是不经意间就使法学家可以同过去的历史一刀两断,"法律人并没有错,错的是当时的法律",进而保住自己的名声。[32] 建立在这个错误的认知上,众多德国法律人推动了一场先天不足,后天失调的"自然复兴"(Naturrechtsrenaissance 或者 Naturrechtswende)。

(二)"自然法复兴"的主要内容

"自然法复兴"的持续时间并不算长,基本上到 20 世纪 70 年代就鲜有人讨论了。在这一思潮里,笔者又将其细分为两个派别,一派是"基督教义自然法的复兴",另一派是"理性主义的自然法复兴"。

在 1950 年 10 月 1 日的德国联邦最高法院的落成典礼上,首任最高法院院长魏因考夫(Hermann Weinkauff)致辞中的说辞可以说充分概括了这种"基督教义自然法的复兴"的内容:"(最高法院法官的任务就是)重新寻找法律和权利的形而上基础,并以此对法条进行再加工。(对法条的再解读)其效力比实定法的具有优先性。"而什么是"形而上的基础"呢?之后时任联邦司法部长德勒(Thomas Dehler)的致辞给出了答案:"我希望法官仅仅对上帝存在敬畏之心。"也就是说在经历了宗教改革和启蒙运动之后,第二次世界大战结束之初德国的法学思想竟然又重新回到了中世纪。[33] "'自然法'就是造物主以自己的形象

---

[31] Dr. Frank, Nationalsozialismus im Recht, in: Zeitschrift der Akademie für Deutsches Recht (1934).

[32] 纳粹时期的法学者在战后很快就恢复了教职,其中不少人和他们的学生在当下的德国学界乃至政界都享有举足轻重的地位,因此他们也更愿意将"沉默同盟"持续下去。Bernd Rüthers, Die unbegrenzte Auslegung, 7 Aufl. 2012, S. 485 ff.

[33] 德国法学家时任巴伐利亚州司法常务次长的古格古莫斯(M. Guggumos)就直接坦率地表达:"法律的'神性'(Gottbezogenheit)不是中世纪所独有的,在当代其也是不可或缺的。"M. Guggumos, Zur Gottbezogenheit des Rechts, JZ (1951), S. 441.

并写入人类灵魂的戒律。”[34]然而这样的“自然法”是经历了纳粹暴政之后，人们给出的解脱之道。所以与其说是自然法的复兴还不如说是神定法的复兴。

在这场基督精神复兴运动中，我们需要特别注意一位法学家埃里克·沃尔夫（Erik Wolf），他的理论观点通过其代表作《圣经上的启示作为法律的原则》的题目就可以概括。[35] 此外，他还负责在拉德布鲁赫过世后整理并出版其《法哲学》1939年版的第2版。也正是因为这一看似不起眼的事件，直接造成了日后学术界的众多纷扰，具体内容笔者还会在之后详述。

所幸的是这股学术的逆流并未持续多久，“法律神学”很快就逐渐淡出了人们的视野，取而代之的是以赫尔穆特·科林（Helmut Coling）为代表的“理性主义的自然法”。科林教授在其著作中并不太常用“自然法”这个词，但是他所强调的“真正的法”（echtes Recht）和“最高的法律准则”（oberste Grundsätzen des Rechts）其本质和自然法的概念并无太大不同。科林主张，从法律历史里提炼出“客观价值”（objektive Wert）并以此作为法律的效力基础。科林的观点走出了宗教对于法律的羁绊，战后的法哲学和法理学开始得到了有益的修正。之后，约瑟夫·埃瑟（Josef Esser）、弗朗兹·维克尔（Franz Wieacker）和卡尔·拉伦茨[36]在此基础上对于自然法的效力基础进行了进一步的提纯，其中包括了法官裁判[37]、习惯风俗和传统价值。其实，读者从这一发展趋势里不难发现，自然法的复兴已经渐渐重新回归到了某种程度上的实证主义，尽管这时的德国法学家依旧会宣称在制定法的效力之上还存在某种准则，但是若要通过这一准则推翻现有的制定法则有着越来越多的限制。

---

[34] M. Guggumos, Über Sinn und Wert des Studiums der Rechtsphilosophie und des Naturrechts, JZ (1951), S. 108.

[35] 埃里克的作品相对来说并不容易理解，特别是关于“时间限制”（Zeitbedingtheit）和“永恒”（Ewigkeit）之间的辩证关系。他一方面拒绝承认法律和正义观存在时空的限制，另一方面他也不认为存在一个永恒的、放之四海而皆准的抽象标准。同时，他晚年的未刊稿《法学的弊病和亟待解决的问题》（Die Fragwürdigkeit und Notwendigkeit der Rechtswissenschaft）中又频繁提到实证法的重要性。

[36] 这并不是重名，战后思想转向之后的拉伦茨，和纳粹时期提出“具体概念”理论的拉伦茨为同一人。

[37] Franz Wieacker, Gesetzrecht und richterliche Kunstregel, JZ (1957), S. 701 – 706.

针对这场堪称闹剧的“自然法复兴”,基尔大学的莫妮卡(Monika)教授给出了虽然尖锐但是笔者觉得并没什么不妥的评判:“时至今日,我们已经明了自然法的复兴就是一种意识形态运动而已。而这种意识形态总是很容易让人联想起纳粹时期的‘法律维新’。本来‘自然法’并不能重建法律的安定性,可是到头来‘法律实证主义’却成了替罪羊。而这一狸猫换太子的法律学术乌龙事件到今天还是有很大的市场。”[38]

(三)结局:法律实证主义的回归

1970 年,上文提到的德国联邦最高法院首任院长魏因考夫在《法学家学报》上刊登了一篇名为《异哉所谓“实证主义作为法学策略”》(Was heißt das:“Positivismus als juristische Strategie?”)的文章,[39]可以说是“自然法复兴”运动最后的回光返照,在这篇仅仅 4 页的文章里作者将战后“自然法”的所有谬误都表现得淋漓尽致。不过通过这篇文章我们可以看到“自然法学”在这时已经是行将就木,法律实证主义重新获得了其应当有的学术地位。

四、“拉德布鲁赫公式”:时代大潮中的拉德布鲁赫

实证主义,用拉德布鲁赫的著名格言来说,使“德国的法学人士阶层完全无力反抗以暴政和犯罪为内容的法律”。这种罪责分配在当时,1946 年,都被赞同和接受了;它也符合在战后初期的判决中所呈现的、在历史上可以理解的、在方法上未能反映的自然法复兴之趋势。在这里,我们不去讨论这种趋势的合理性,而只讨论:作为一个思想史联系的重建,这种“无抵抗力的观点”在今天受到了大多数人的质疑。理由是:实证主义并没有构建民族社会主义法律思想的基本模式,而且法律现实的那种最糟糕的堕落才是违背制定法的规范。[40]

——乌尔弗里德 · 诺伊曼(Ulfrid Neumann)

---

[38] Monika Frommel, Rechtsphilosophie in den Trümmern der Nachkriegszeit, JZ (2016), S. 913.

[39] Hermann Weinkauff, Was heisst das: Positivismus als juristische Strategie?, JZ (1970), S. 54.

[40] [德]诺伊曼:《拉德布鲁赫〈法哲学〉中文版序言》,载[德]G. 拉德布鲁赫:《法哲学》,王朴译,法律出版社 2005 年版,第 3 页。

(一)“法律实证主义者”? ——拉德布鲁赫的法学理论

其实这个问题本来并不用该成为问题,因为笔者在本文的第一节就已经提到,早在20世纪的一二十年代拉德布鲁赫就已经积极参与到了当时的自由法运动中,因此他的法学思想里必然有批判潘德克顿法学的内容。因此,将拉德布鲁赫的思想划到“法律就是法律”这种僵硬的法律实证主义,似乎有些不伦不类。

拉德布鲁赫的法律思想核心是“事物的本质”(Natur der Sache),法律是从事物的本质中推导而出。在拉德布鲁赫的《事物的本质》一文中作出了详细的解释:

“事物”,是指构成法律的原材料(Substrat, Material, Stoff)。一个等待由法官作出裁决的孤立的个案当然是属于这样的材料,而由立法者或法学家经过提炼整理的众多的个案同样也是。在这两者中,推导“物的本质”的过程是相同的。人类的整体生活关系、包含在人类社会里的人类生活秩序,以及一个个构成上述概念的单个事件均是法律的材料。我们尝试着对这些现象进行观察与规制,这个过程首先是从自然事实开始的,例如,因为苹果会落入邻居的土地,于是相邻关系法应运而生;因为地球运动,昼夜相替,于是我们据此设定了法律的时限,也就是时间。同时,由于人类对自然的改造以及科技的进步,新的法律素材和法律问题亦随之应运而生;比如,合同双方通过电话订立合同,其应当适用当面订立的规范还是非当面订立的规范? 那些对一般人来说不言自明地涉及物上的关系也不正是民法与刑法上那些高度抽象的概念**的基础?

……

“人类的自然本质”不仅是最本质的事实,同时也是一般法律的奠基石,特别是对婚姻家庭法来说。例如,出生、死亡、童年、青年、和老年,以及两性好和与繁衍等一系列动物性的事实对于乌尔比安来说就是自然法的基础:“自然法是适用于所有生物界的法律。一切不问是天空、地上或海里的动物。”

但法律的材料并不仅仅限于这些生物性的自然事实,婚姻家庭法也不可能

** 在这里拉德布鲁赫列举了民刑法上与物权相关的法律名词,包括民法上的“占有”(Besitz)、“所有权”(Eigentum),英美法上的“暂时滞留”(Detention)以及刑法上的“占有”(Gewahrsam)。——译者注

仅仅是由两性行为和人类繁衍中得出的,它更多的是建立在某种社会背景上的,如采取单一配偶制还是多配偶制,母系社会还是父系社会。当然剥开所谓的社会背景的外衣,其自然的生物性的内核也是清晰可见的。这就如同法律中所规定的时效一样,其并不是直接由地球的运动所规范的,相反它是于我们整个社会所通行的纪年和计时方式直接决定的。从上可知,构成法律的素材是已经被规范化了的现实事物,而且在不同的人类社会中其对于现实事物的规范方式是不尽相同的。

除上面介绍的"事物"的第一种类型外,下面开始介绍的是"事物"的第二种类型,即"法律关系"的雏形,或者说"尚未发展完全的习惯法",具体来说就是指那些被习惯、传统、风俗和生意习惯所规制的一般生活行为。例如,交易类型逐渐地发展为当下的广义上的债法;一般的人员聚集而成的团体如教会,逐渐变化为当今法律所规范的法人。当下我们认为应当由法律作出禁止和惩罚的"反社会"行为,其实也是"伤风败俗"的。而那些法律对其采取消极不作为态度的不法行为(决斗和赌博),其实也正是社会习俗予以宽容的。

因此我们不难看出,拉德布鲁赫并没有陷入"法律就是法律,道德就是道德"的绝对二分,在社会现实和法律规范之间是存在联系的。当然我们也不能就此认为拉德布鲁赫对于法律的规范性如法律社会学派一样嗤之以鼻。在拉德布鲁赫最后一版的《法哲学》中关于法律效力的论述中已经明确表明:"法律之所以有效,不是因为它能得到有效的实施,而是只有在它可以有效实施时才算是有效的,因为只有此时,它才能满足法的安定性的要求。"[41]而保证法律安定性的一个关键要素就是法律的规范性。

(二)"自然法的转向?":被误解和涂改的拉德布鲁赫理论

1946年出版的《南德意志法学家学报》中刊出的可能是拉德布鲁赫影响最深远、最广为流传的论文《法律的不公正和超越法律的公正》。同时也正是在这篇文章里,拉德布鲁赫提出了著名的"拉德布鲁赫公式",它包含了两个子公式:其一,假使实定法内容的不公正的程度达到让人无法容忍的程度,那么法律的有效性就应当被否定;其二,假使在立法过程中"正义的价值"被立法者有意否认了的话,那么制定出来的强制规范也就丧失了成为法律的可能性。

---

〔41〕 [德]G.拉德布鲁赫:《法哲学》,王朴译,法律出版社2005年版,第85页。

法学界对于“拉德布鲁赫公式”最早提出异议的是来在欧陆对岸的英美法系，哈特的《实证法，道德与法律的区隔》(Positivism and the Separation of Law and Morals)和富勒的《法律实证主义和对实定法的遵守》(Positivism and Fidelity to Law)毫无疑问是其中的经典。关于这场精彩的理论讨论，国内已经有相当多的研究，因此笔者也就不再次赘述了。

首先，笔者这里还想提一些学理以外的因素，拉德布鲁赫在《法律的不公正和超越法律的公正》一文以及在这之前的《五分钟法哲学》中严格来说并没有系统地阐述自己的理论，因此它的文学性是远高于学术性的。而哈特与富勒其实也都留意到了这一点。

其次，另一个更重要的原因在于，拉德布鲁赫去世之后他的遗稿整理人埃里希为了推销自己的“自然法”理论，有意将拉德布鲁赫的著作进行了选择性的发表，最严重的是他未将《法哲学》后记的草稿随书刊出。而这一部分恰恰是拉德布鲁赫先生在1945年之后所做的唯一的关于其法哲学理论的系统性的整理，直到1999年由埃里克·沃尔夫(Erik Wolf)先生重新编排的新版《法哲学》才将这一部分重见天日，而且因为埃里克·沃尔夫和阿图尔·考夫曼(A. Kaufmann)本身都是同窗，以及埃里希本身的学术地位，因此对于这一事件的真相直到现在才慢慢浮出水面。也正是因为不符合学术道德的行为，以及对战后拉德布鲁赫《五分钟法哲学》和《法律的不公正和超越法律的公正》两篇文章过度的解读，形塑出了拉德布鲁赫战后“自然法转向”的假象。在这里笔者只需要引入一小部分这篇后记的内容，读者就可以明白拉德布鲁赫其实和哈特一样是主张法律和道德之间应该保持相当的区隔。

最困难的，也是争议最大的问题是肃清纳粹流毒，使之去纳粹化的问题。非纳粹化的过程是建立在这样一个思想上，这一思想看上去至少是将法律和道德混为一谈。这令人想到了古罗马的监察官，他们的职责之一就是负责监督有哪些市民做了“伤风败俗”的行为，然后再由监察官决定这些“不道德的”人的政治权利会受到怎样的影响……(去纳粹化的过程的)处罚是处罚不道德行为的方式，这种处罚方式会损害公务人员的必要的尊严性。[42]

---

〔42〕《〈法哲学〉后记草稿》，载[德]G. 拉德布鲁赫：《法哲学》，王朴译，法律出版社2005年版，第216页。

五、总　结

这篇文章的目的非常有限,就是尽可能地试着补上那段因时代激烈动荡而被遗忘或曲解的法学理论。如同我们常说的"国家不幸诗家幸"那样,德国社会在 20 世纪所经历的激烈变化,必然也会在法学思想上产生投射,然而因为语言和其他因素,这个时代的德国法学思想在我国的影响相对有限,我们似乎一下子从萨维尼就跳到了拉伦茨,从李斯特跳到了罗克辛。这其实也并不难理解,因为对比起法典化这一宏大的工程,20 世纪上半叶的德国并没能诞生出可以与之媲美的立法作品。也正因如此,那个时代的法学家的理论也就被就此掩盖了。

因为自身的能力和积累的限制,笔者这篇文章其实也只是那个时代的法律生态的几个小小的切片。但是,为了争取尽可能地还原那个时代的思想潮流,文章尽可能引用的都是当时法学者的一手作品,所以或许会给读者带来一些小小的启发。如果有读者有兴趣的话,也可以拿来细细品读。

最后,假使文中有理解错误和曲解也请诸位不吝赐教。

From "Legal Renewal" to "Revival of Natural Law"
—The Jurisprudence of Germany in the First Half of the Twentieth Century

Li Dingxi

Abstract: Due to the introduction of "Radbruch formula", the western legal philosophy after World War Ⅱ has captured more interest around Chinese legal community. Undoubtedly, it has promoted the development of legal philosophy and jurisprudence in China. However, this German legal theory history has multiple aspects, with its own background, different development stages and limitations. Today, German scholars have begun to shake off the shackles of the old "political correctness" to reconstruct this period of history. For example many scholars believe that the Radbruch formula reappeared in trials against East German soldiers, ordered to protect the inner-German border. In fact, this view is not far from the actual judgment. The main content of this article is divided into two parts. One is to clarify what happened in the German legal community before the “renaissance of natural law”; the other is the development of the “renaissance of natural law” after the World War Ⅱ and its influences.

Key words: Free law; Sociology of law; Legal positivism; “Renaissance of natural law”

习惯国际法存在吗
——一个国际法史上的追问

汤　岩*

内容摘要：

“习惯国际法”是法律概念，不是社会现象。16世纪后“万民法”曾指向“各民族共同习惯”，“习惯”以“万民法”为载体进入早期国际法，但古典国际法仅将“习惯”视为一种社会事实，不符合自然法的“习惯”即被严格摒弃。19世纪后实证主义成为法学研究主流，主权同意的具体形式被“类比”国内法称为“实在国际法”，“习惯”被认为是主权默示同意的形式。“习惯国际法”概念出现，是法理论上类推的产物，同时附带合法性自我证成，而非研究国家间交往现象得出的社会科学结论。“习惯国际法”是思辨的历史中产生的抽象概念，不是对历史的思辨中进行的概念抽象；这只是国际法学为国际司法过程创造的裁决规则，不是国家在国际社会中真实形成的行为规则。

关键词：

习惯　习惯国际法　国际法史　实证主义　裁决规则

在人类社会发展过程中，从习惯，到习惯法，再到成文法，是法律产生与发展的规律之一。[1] 习惯是一种完全自发形成于社会中的规则，虽然社会习惯和国家立法之间存在差别，但习惯作为一种原始的、天然的造法材料，确实可能进一步发展成为国家立法；然而，不是所有习惯都最终会成为国家立法，当然，也不是所有习惯都适宜成为国家立法。在现代国家，国家立法是否采纳习惯、如何采纳习惯、具体采纳哪些习惯，是立法中应进一步考量的因素；另外，即使

---

* 浙江大学光华法学院助理研究员、浙江大学国家制度研究院研究人员。

〔1〕 参见张文显主编：《法理学》（第5版），高等教育出版社2018年版，第88页。

国家立法没有将习惯纳入并转变为法律,也可以规定在某些领域的法律出现空缺时参照适用习惯,如我国《民法典》第10条规定,"处理民事纠纷,应当依照法律;法律没有规定的,可以适用习惯,但是不得违背公序良俗"。

现代国际法也将习惯法作为渊源之一。1920年《常设国际法院规约》和后来1945年《国际法院规约》第38条第1款第2项规定的国际法院裁决依据之一,即"国际习惯,作为通例之证明而经接受为法律者"(international custom, as evidence of a general practice accepted as law),[2]这一规定也被国际法学视为国际法渊源的权威性表述。如果仅从这句表述上看,习惯是国际法存在的证据,而不是国际法本身,但后来的国际法学(法教义学)逐渐将其技术化为一种"形式渊源",在国际司法实践中也逐渐形成了证明"习惯国际法"的"公式":国家在某一方面具有惯常和一致的实践(*usus* or *diuturnitas*),且国家作出这种实践是基于对法律义务或法律规则的法律确信(*opinio juris* or *opinio juris sive necessitatis*),就会被认为形成了"习惯国际法"。[3] 因此,当在纷繁的国际关系中无法找到明确可查的国际法规则时,国际法院法官和国际法学者有时便会求助于这一习惯造法公式,从社会事实中提取一些事实因素代入公式,推导出国家间曾经形成的某种习惯国际法。

然而,在国际法的法教义学之外,学界对习惯国际法生成的社会机制一直存疑。传统国际法研究有时缺乏"法教义学"和"社科法学"的区分意识,认为法教义学中的规定性结论,本来就符合社会事实的客观规律,这实际上是两套不同的知识体系;"习惯国际法"概念恰好处于这两套知识体系的摩擦点,这种摩擦造成了研究上的诸多困惑,因此"习惯国际法"也常被西方学界称为"谜中之谜"(a riddle inside a mystery wrapped in an enigma)。[4] 那么,"习惯国际法"是国家在国际社会中自发形成的一种行为规则,又或只是国际法学(法教义学)

---

[2] See Malcolm N. Shaw, *International Law*, Cambridge University Press, 2008, p.70.

[3] 参见王铁崖:《国际法引论》,北京大学出版社1998年版,第72页。

[4] See David P. Fidler, *Challenging the Classical Concept of Custom: Perspectives on the Future of Customary International Law*, 39 German Yearbook of International Law 198 (1996). 转引自 Omri Sender and Michael Wood, *A Mystery No Longer? Opinio Juris and Other Theoretical Controversies Associated with Customary International Law*, 50 Israel Law Review 299 (2017)。

主观建构并发展的一种纯粹局限于司法场域中的裁决规则?本文以国际法史为基础,梳理了"习惯"在古典国际法和现代国际法(法教义学)中的演变过程,并得出结论:"习惯国际法"是法教义学中的一种规定性结论,这是一种法学理论上类推的产物,而非考察国际社会得出的一种社会学意义上的结论;国家在国际社会中可能形成各种"习惯",但无法自主形成"习惯国际法";也就是说,现代国际法中的"习惯国际法"只是国际法学为国际司法过程带来的裁决规则,而非国家在国际社会中自发形成的行为规则。

一、从罗马法到国际法:"万民法"中的"习惯"

在古罗马,"万民法"(*ius gentium*)被定义为适用于所有人的"自然理性"(*naturalis ratio*),与"自然法"(*ius naturale*)有千丝万缕联系。如优士丁尼《法学阶梯》中指出,"自然理性适用于'所有人'(*inter omnes homines*)形成的法是'万民法',所有民族都适用它;罗马人一方面受他们自己的法规范,另一方面受这种所有人的法规范"。[5]"万民法"这种观念在古罗马出现,最初可追溯到古希腊哲学中的自然法学说,认为人类不论种族、国籍都具有一种确定的共同本质,罗马法学据此在其法律体系中创设了"适用于所有人的法";在古罗马的司法实践中,万民法主要是在私法领域,[6]即无须考虑市民权差别而均受其拘束

[5] "Quod vero naturalis ratio inter omnes homines constituit, id apud omnes peraque custoditur, vocaturque jus gentium, quasi quo jure omnes gentes utuntur. Et populus itaque Romanus partim suo proprio, partim communi omnium hominum jure utitur: qua singula qualia sint, suis locis proponemus." See Thomas Collett Sandars (ed.), *The Institutes of Justinian*, Callaghan & Company, 1876, p.70.

[6] 古罗马也出现过处理与其他民族或国家间关系的"法",主要是"随军祭祀法"(*ius fetiale*),随军祭祀团(Fetiales)一般由20个神职人员组成,除宗教职责外,他们也参与条约拟定、逃犯引渡、宣战等事务,由此形成了一套"外交事务法"或"国家间法";当然,"自然法"和"万民法"在理论上也可适用于国家间关系,毕竟其呈现了普遍的自然理性,但目前看除常被引用的一条"侵犯他国公使违反万民法"外,万民法在古罗马并没有类似欧洲近代之后作为"国家间法"的专有义项。See Adolf Berger, *Encyclopedia Dictionary of Roman Law*, The American Philosophical Society, 1953, p.470, 528.

的法，如在债务关系领域，万民法将其拘束力基础归结在“信义”(*fides*)上，强调言而有信、信守诺言对所有人都是自然理性之要求。[7] 古罗马的“自然法”和“万民法”存在一定同质性，至少没有“万民法是实在法，自然法是抽象法”这种斩钉截铁的区别，西塞罗(Cicero)等罗马法学家有时将万民法称为适用于所有人的“自然法”，有时则特指可以适用于不分民族所有人的“法律思想”或“法律规范”。

在古罗马，“法”(*ius*)和“习俗”(*mores*)已经被抽象区分，但仍存在密切联系。《学说汇纂》中指出，“没有理由不把自古使用的习惯作为法律而遵守，这即人们称为习惯确立的法。我们遵守这些法律没有其他原因，仅仅因为民众决定接受它们，在没有成文规定时任何人均应受其拘束，毕竟民众在立法大会上通过表决所表达的意志，和他们通过行为而引起事实所表达的意志，有什么不同呢？”[8] 这一表述既说明了习惯在成文法规定空缺时可补充适用，同时阐明了习惯得以适用的合法性基础，即民众通过行为而引发事实中表达的“默示同意”。此外，一些成文法中出现的规定也有悠远的习惯基础，如罗马法中一些根深蒂固的法律制度都能追溯到历史上曾经存在的“习俗”(*mos*)或“习惯”(*consuetudo*)，包括父权(*patria potestas*)、夫权(*manus*)、监护(*tutela*)、要式买卖(*mancipatio*)、交付(*traditio*)、原物返还之诉(*vindicatio*)和债务口约(*nexum*)等。[9] 当然，古罗马也存在一些没有拘束力的习惯，它们就仅仅是习惯。即使是有拘束力的习惯，在整个法律体系中的渊源地位也始终是补充性的，而编纂这些有拘束力的习惯本身是附着了立法权因素：习惯作为不成文法的发展不是

〔7〕 参见[德]马克斯·卡泽尔等：《罗马私法》，田士永译，法律出版社 2018 年版，第 65～66 页。

〔8〕 “Inveterata consuetudo pro lege non immerito custoditur, et hoc est ius quod dicitur moribus constitutum. Nam cum ipsae leges nulla alia ex causa nos teneant, quam quod iudicio populi receptae sunt, merito et ea, quae sine ullo scripto populus probavit, tenebunt omnes: nam quid interest suffragio populus voluntatem suam declaret an rebus ipsis et factis?” See Rudolph Sohm, *The Institutes: A Textbook of the History and System of Roman Private Law*, The Clarendon Press, 1907, p. 26.

〔9〕 参见[德]马克斯·卡泽尔等：《罗马私法》，田士永译，法律出版社 2018 年版，第 58～59 页。

乱成一团麻的物理积累,其中经过了法学家主动地整理、转化和阐释,因为法学家对习惯的编纂是在古罗马皇帝支持授权下完成的,这背后包含着国家立法权。[10]

时光荏苒。在16~17世纪的欧洲,"随着罗马法被重新发现,教士即封建时代的法律顾问和非宗教界的法学家之间出现了分工。不言而喻,这批新的法学家一开始在实质上就属于市民阶级;而且他们所学的、所教的和所应用的法律,按其性质来说也是反封建的,在某些方面还是市民阶级的"。[11] 中世纪的封建关系中孕育资本主义的萌芽,作为中世纪主流意识形态的基督教神学开始经受冲击,日益明显的建立民族国家的趋向成为社会进步的重要杠杆。然而,中世纪末期的市民阶级还同封建制度交织在一起,这也意味着襁褓中的国际法观念仍然与基督教神学密切交织在一起,罗马法被视为一种超越国家和民族的法律遗产,但更重要的是,在当时标志了一种超越时代和宗教的革命信仰。西班牙和葡萄牙最早开始了海外探险和殖民,西班牙萨拉曼卡学派(School of Salamanca)的经院派神学家在其神学论述中最早触及了欧洲近代意义上的国际法观念,弗朗西斯科·维多利亚(Francisco de Vitoria)在《论印第安人》(*De Indis*)中讨论了西班牙人在新大陆上遭遇的印第安人,试图把罗马法中"万民法"引入这一新的语境,由此呈现一种不再局限于某一特定民族内部的普适法。[12] 如前文所述,在优士丁尼《法学阶梯》中,"万民法"是被定义为"自然理性适用于'所有人'(*inter omnes homines*)形成的法",而弗朗西斯科·维多利亚却将其转引为了"自然理性在'所有民族'(*inter omnes gentes*)中建立的法"[13]——这一"错引"成为国际法史上一段公案[14]。

---

[10] See George Mousourakis, *A Legal History of Rome*, Routledge Taylor & Francis Group, 2007, p. 1.

[11] 《马克思恩格斯文集》(第4卷),人民出版社2009年版,第220~221页。

[12] See Thomas Alfred Walker, *A History of the Law of Nations*, Cambridge University Press, 1899, p. 213-214.

[13] Francisco de Vitoria, *On the American Indians* (*De Indis*), in Anthony Pagden ed., Vitoria: Political Writings, Cambridge University Press, 1991, p. 281.

[14] See James Brown Scott, *The Spanish Origin of International Law: Francisco de Vitoria and His Law of Nations*, The Lawbook Exchange Ltd., 2000, p. 139.

从"所有人"(*inter omnes homines*)到"所有民族"(*inter omnes gentes*)的转变,实际突出了欧洲近代新兴的"民族"观念。早期国际法就是"民族之间的法",但最早着眼于另一个大陆上的民族,只是欧洲近代早期产生的"国族"观念在北美印第安人上的映像,因此其本质上仍是欧洲内部变革和民族观念产生的结果。正如恩格斯指出,"无论(欧洲)这400年看起来多么没有成果,可是却留下了一个重大的成果:这就是一些现代的民族(*modern Nationalitaten*),亦即西欧人类为了未来的历史而实行的新的分化和改组"。[15] 当现代民族在欧洲产生之后,随之而来的一个问题即"民族间交往是否应当遵循特定的法",弗朗西斯科·维多利亚在《论印第安人》中引入了"万民法",主要原因仍在于万民法中包含的自然理性,因此得以超越国家和民族适用,但这在16世纪后的语境下平添了一种实在法气息,法理上则呈现为"自然理性"与"同意"作为两种相对独立的效力来源。正如弗朗西斯科·维多利亚所言:

有很多原则是建立在万民法基础上,万民法源于自然法的性质足以使其有拘束力;即使一些情况下的万民法不是来源于自然法,世界大多地方人们的同意也足以使其有效,特别是对所有人都有共同善的原则。[16]

可以看到,"同意说"在这时已经出现在国际法有效性的历史叙事,但这不是任意的同意,前提是应当符合"对所有人的共同善"(the common good of all man)。当时,世界大多地方人们的同意显然无法像今天这样,形成所谓的"书面条约"或"全球性共识",毕竟这时仍处在"靠乡间小道需要几百年才能达到的联合"的前现代时期,因此标记共同同意的方式就只能在理论上"抽象"为一

〔15〕《马克思恩格斯文集》(第4卷),人民出版社2009年版,第174页。

〔16〕"And there are certainly many things which are clearly to be settled on the basis on the law of nations (ius gentium), whose derivation from natural law is manifestly sufficient to enable it to enforce binding rights. But even on the occasions when it is not derived from natural law, the consent of the greater part of the world is enough to make it binding, especially when it is for the common good of all man." See Francisco de Vitoria, *On the American Indians* (*De Indis*), in Anthony Pagden ed., Vitoria: Political Writings, Cambridge University Press, 1991, p. 281.

种被认为标记了“默示同意”的“共同习惯”——如果是各个民族都具有的相同习惯,这就隐含这些民族的共同同意,这也就是可以适用于所有民族和民族之间的“万民法”。回到古罗马,“万民法”概念本身并没有如此被习惯化,虽然司法实践中一部分万民法规则确实是编纂了各民族通用之商业惯例(commercial usage)[17],但这只是一种法律适用的技术,而古代中国从唐律起也存在“化外人相犯,同类自相犯者,各依本俗法”[18]的规定,同样是“因俗而治”的治理需要,这与如何建构“国家”之间的“国际法”是两个不同范畴。

到17世纪初,西班牙萨拉曼卡学派的神学家弗朗西斯科·苏亚利兹(Francisco Suarez)进一步阐述了“万民法”概念,“万民法”在法理上没有彻底脱离自然法基础,但在其外部形式上已经被厘定在“习惯”之上。

万民法是通过所有的或者几乎所有民族的习惯建立的;万民法是不成文法,因此区别于一国内部制定的成文立法;不成文法来源于习惯,正如来源于一国的习惯对该国有拘束力,如果是来源于所有国家的习惯,并且对所有国家有拘束力,我们足以认为它可被称为“万民法”——万民法体系区别于自然法也正是在于它是基于习惯而非自然。[19]

---

[17] See Rudolph Sohm, *The Institutes: A Textbook of the History and System of Roman Private Law*, The Clarendon Press, 1907, p.45.

[18] (唐)长孙无忌等编:《唐律疏议》,刘俊文点校,中华书局1983年版,第133页。

[19] “They are established through the customs not of one or two states or provinces, but of all or nearly all nations. It is manifest, moreover, that the ius gentium is unwritten, and that it consequently differs in this respect from all written civil law. Furthermore, unwritten law is made up of customs, and if it has been introduced by the custom of one particular nation and is binding upon the conduct of that nation only, it is also called civil; if, on the other hand, it has been introduced by the customs of all nations and thus is binding upon all, we believe it to be the ius gentium properly so called. The latter system, then, differs from the natural law because it is based upon custom rather than upon nature.” See Francisco Suarez, *A Treatise on Laws and God the Lawgiver*, in James Brown Scott ed., Selections from Three Works of Francisco Suarez, Clarendon Press, 1944, p.399.

苏亚利兹将"万民法"概念从"自然法"范畴中抽离出来:"万民法"不再是"自然法"的一部分,而是"自然法"和"人法"之间的"一种中介形式"(an intermediate form),[20]那么,这种中介形式正是以习惯在外部呈现出来,习惯在国际法诞生之初以"万民法"概念为载体进入了国际法学:"万民法"这一优良宿主不仅为习惯作为国际法提供了一个稳定结构,也为习惯作为国际法提供了充分的效力证明——因为"万民法"作为各民族的共同习惯,反映了各民族共同的默示认同,就足以对所有民族具有拘束力。

然而,习惯作为国际法的效力仍然是有局限性的。毕竟人类社会中不乏"恶风恶俗",不同民族的共同习惯也可能同样如此,早期国际法学者也注意到了这一点,如苏亚利兹斩钉截铁地指出,"违背自然法的习惯不具有任何效力",[21]并进一步解释道:此类习惯即使大多数人在遵守,甚至很长久,也没有任何效力;这里原因是不证自明的,自然法绝不可摒弃,违反自然法的习惯具有"恶法性质"(an essentially evil character),因此,任何有效的法律不可从此类习惯中引入,此类习惯也不可排斥自然法上的义务或摒弃自然法原则。[22] 此外,习惯的"相对性"也被早期国际法学者注意,所谓"习惯"就必然有适用范围问题,不是所有习惯都是全人类各民族共有,也会存在一些区域性习惯,那么如何对待这些习惯?苏亚利兹同样将这些习惯赋予"万民法"这一名称,承认它们的拘束力,但指明它们的拘束力仅仅在于特定区域或民族之间。

> 自然法就其普遍性和接受性是对全人类的,在一些地区不被遵守也只是因为暂时的错误;然而,万民法并不总是被所有民族遵守,只能说是一般的原则,或者说总体上被遵守——因此,一些民族之间的万民法,在其他地方完全可以

[20] "*Ius gentium* is an intermediate form between natural and human law." See Francisco Suarez, *A Treatise on Laws and God the Lawgiver*, in James Brown Scott ed., Selections from Three Works of Francisco Suarez, Clarendon Press, 1944, p. 374.

[21] Francisco Suarez, *A Treatise on Laws and God the Lawgiver*, in James Brown Scott ed., Selections from Three Works of Francisco Suarez, Clarendon Press, 1944, p. 531.

[22] See Francisco Suarez, *A Treatise on Laws and God the Lawgiver*, in James Brown Scott ed., Selections from Three Works of Francisco Suarez, Clarendon Press, 1944, p. 531.

不被遵守。[23]

因此,以各民族习惯为基础的"万民法"只是一种相对性和局限性的法,而"国际法"本质上仍然是自然法。虽然"习惯"从一开始就植入了国际法,但早期国际法学对习惯的态度仍然是矛盾的——对习惯的尊重和接纳承接了罗马法以来的欧洲法学传统,这是早期国际法学者意气风发地为新形成的民族间关系立法的历史自觉,用人们"世俗"的习惯对抗了封建神学中"天国"的教义,其中包含内在的革命性。但是,不同民族国家之间历史文化存在差异,中世纪漫长的黑暗后,欧洲社会中又难免遗留一些奇风异俗,甚至恶风恶俗,因此对习惯的定义就不能仅仅是法学知识内部传承下的一个固有概念,而始终应当是广泛社会背景和时代背景下的现实产物:任何一个伟大的时代也必然是一个变革的时代,习惯产生于特定时代,也局限于特定时代,习惯产生于特定地区,也局限于特定地区,但人类社会是要在变革中统一向前进的。因此,如何在变革和统一中认识过去的习惯,同样是一个历史辩证法问题。

二、自然法的上升:"习惯"只是一种社会事实

当西班牙的神学家正沉浸于罗马法中精妙的概念体系,并尝试与最早踏上美洲大陆的欧洲殖民者进行"学术"对话时,欧洲大陆也正在被宗教战争拖入封建混乱的血腥深渊。大量战争惯例在战争中形成,编纂战争惯例成为这个时代"国际法学"的一项重要工作,由此产生了一批军旅国际法学者——但是,战争惯例的出现并没有让战争更加人道,欧洲人在战争的悲剧中再次创造了国际法学,这种悲剧化的理性也奠定了后来国际法的法理基础。荷兰国际法学者格老秀斯(Hugo Grotius)也是在 30 年战争中写作了《战争与和平法》,他在前言中不禁感叹,"在整个基督教世界,战争缺乏拘束,就算是蛮族也会深感羞耻;人类为了微不足道的理由,甚至完全没有理由,就卷入了战争;一旦军队交战,就不再有任何对法、神和人的尊重"。[24]

---

〔23〕 Francisco Suarez, *A Treatise on Laws and God the Lawgiver*, in James Brown Scott ed., Selections from Three Works of Francisco Suarez, Clarendon Press, 1944, p. 395.

〔24〕 Hugonis Grotii, *De Jure Belli Et Pacis Libri Tres*, John W. Parker, 1912, p. 56.

那么,"国际法"应从哪里来？格老秀斯在《战争与和平法》中认为,"民族或者民族统治者之间共同的法"是"从自然而来,或由神的命令设立,抑或来源于习惯或默示同意"(*sive moribus et pacto tacito introductum*)[25]。通过这一表述,可以看到国际法的3个早期来源,即"自然法"(从自然而来)、"神意法"(由神的命令设立)和"万民法"(源于习惯或默示同意),这种"万民法"显然是已经过西班牙萨拉曼卡学派发展后的"万民法",而不是罗马法原教旨中的"万民法"——至少在本体上已等同习惯。那么如何去发现和证明各民族的共同习惯？格老秀斯认为:

万民法的证据,与国内法中那些不成文法是一致的,即被持续不断使用和熟知法律人的证言,正如古罗马智者屈梭多模(Dio Chrysostom)所言,万民法是"时间和惯例的作品",因此杰出历史学家对我们研究国际法很有用。[26]

可以看到,这里所言的习惯主要是"历史习惯",与现代国际法聚焦国家现世行为的"习惯国际法"仍然不同,例如,格老秀斯曾引用古希腊历史文学中"敌人鲜血永远不会玷污一个战士"指出,正义战争的习惯是无论如何频繁地(frequently)屠杀敌人也是合法的。[27] 弗朗西斯科·维多利亚也曾提到,"基督教会的习惯足以证明,基督教徒不得因为异教徒拒绝接受基督教,就对他们发动战争"。[28] 然而,这种从"故纸堆"中寻找习惯作为建构国际法规范的方法,并不是一种值得我们现在推崇的古色古香的国际法技艺,只是当时国际法规范缺乏时的权宜之计,毕竟新形成的民族或国家间社会也没有太多的实践惯例可循;另外,国际法学使用历史资料挖掘惯例,本质上仍然是为了证明了某种自然

〔25〕 Hugonis Grotii, *De Jure Belli Et Pacis*, William Whewell trans, John W. Parker, 1853, p. xxxvii.

〔26〕 Hugo Grotius, *The Rights of War and Peace*, Jean Barbeyrac trans, Liberty Funds, 2005, p. 163.

〔27〕 See Hugo Grotius, *The Rights of War and Peace*, Jean Barbeyrac trans, Liberty Funds, 2005, p. 1277.

〔28〕 Francisco de Vitoria, *On the American Indians* (*De Indis*), in Anthony Pagden ed., Vitoria: Political Writings, Cambridge University Press, 1991, p. 272.

理性存在。格老秀斯和后来的英国国际法学者朱什(Richard Zouch)都阐明过这种历史方法,"历史文献中包含了国家之间依据自然理性而形成的惯例,既然不同人在不同的时间和地点都表明存在这样的原则,那么这样的原则必然有普遍性原因"。[29]

从 17～18 世纪,自然法在整个法学体系中的地位不断上升,这是时代的产物,也是时代的需要:古典自然法理论的出现,意味着一种与中世纪神学世界观相对立的法学世界观的诞生,启迪了人类,并以极大的勇气宣传革命、推动革命,为资本主义自由发展扫清了观念和制度上的障碍。[30] 欧洲哲学的中心在 17 世纪后也逐渐从神学转向形而上学,"人们也不再信奉基督教神学中那些充满矛盾的概念和论证,转而去解析神学、形而上学、伦理学和法学的'自然'体系问题"。[31] 这一转变也深刻影响着国际法理论,国际法开始全面走向自然法化。德国自然法学家普芬道夫(Baron Pufendorf)在《自然法和万民法》中详述了一套以自然法为基础的国际法体系,那么一个必然结果是:包括"习惯"在内的"实在法"都被全面否定。普芬道夫认为,"实在法"只是特定人群的现时妥协,因此只是一种事实,不同民族中确实存在的一些相同的实在法,但这说明不了什么,只是规则的自我传播罢了。

正如亚里士多德所言,(实在法或意定法)源于机制和实用性,这更像一种手段,如同生产酒类或谷物的方式,在不同地区不一样,但是商人更愿意买更加先进方式生产的产品,那么落后的方式就会淘汰,先进的方式就传播发达,因此实在法的产生原理不是源于人类的一般本质,而是源于一种特殊的,或者说暂

---

[29] Richard Zouche, *luris et ludicii Fecialis*, *sive*, *luris Inter Gentes*, *et Quaestionum de Eodem Explicatio*, in James Brown Scott ed., The Classics of International Law, Carnegie Institute of Washington, 1911, p. 2.

[30] 参见张文显:《二十世纪西方法哲学思潮研究》,法律出版社 1996 年版,第 47 页。

[31] [德]卡尔·施密特:《政治的概念》,刘宗坤、朱雁冰等译,上海人民出版社 2018 年版,第 133 页。

时性的利益协调。[32]

普芬道夫将“实在法”背后的法理基础全部清空，“习惯”在法学中的地位骤降，成了一种被考察的客观事实，不再具有指向法的规范价值。那么，从这些作为事实的“习惯”中还能不能抽象归纳出“自然法”？格老秀斯曾认为，发现自然法的方式可分为先验的（*à priori*）和经验的（*à posteriori*）两种，前者是内部的、抽象的和逻辑推理的，后者则是外部的、经验的和惯例的，可从各民族的“共识”（common sense）中获得，“如果所有人，至少是大多数文明民族，都认为存在这样的自然法——这一证据使我们虽然不能绝对确定（with absolute certainty），但也认为有极大可能性（with very great probability），就存在这样的自然法，因为普遍性结果必然存在普遍性原因”。[33] 然而，普芬道夫并不同意这种说法，他不否认社会中确实存在大量反映人们共识的习惯，但这些习惯也就仅仅呈现一种社会现象，在符合自然法的前提下可以继续遵守，不符合自然法就应当摒弃——自然法是鉴定习惯效力性质的最终标准。对于作为各民族共同习惯的“万民法”，虽然不同于某一国家内部的地方性习惯，具有超越国家民族的普遍性，但普芬道夫也不高抬它们。

一些学者认为那些作为“万民法”的“习惯”，是源于大多数文明国家默示同意，特别是在战争中的习惯……尽管这些习惯中包含了一些源于默示同意的义务，但是参与战争的国家完全可以忽视它们，主张它们不受这些习惯拘束，只要他们要做的事情是符合自然法的。[34]

---

〔32〕 Baron Pufendorf, *Law of Nature and Nations*: *Eight Books* (the fourth Edition), Basil Kennett, trans, J. Walthoe, R. Wilkin, J. and J. Bonwicke, S. Birt, T. Ward, and T. Osborne, 1729, p. 76.

〔33〕 Hugo Grotius, *The Rights of War and Peace*, Jean Barbeyrac trans, Liberty Funds, 2005, p. 159.

〔34〕 Baron Pufendorf, *Law of Nature and Nations*: *Eight Books* (the fourth Edition), Basil Kennett, trans, J. Walthoe, R. Wilkin, J. and J. Bonwicke, S. Birt, T. Ward, and T. Osborne, 1729, p. 151.

因此,国家要做的只是遵循自然法,完全无须顾忌社会中存在的习惯,而最完美的习惯也只能是那些顺从自然法形成的习惯。因此普芬道夫强调,“如果某些习惯本身就是来源于自然法,而不是仅仅依据国家间的默示同意形成的,那么这样的习惯就表现出更多完美和价值”。[35] 普芬道夫对习惯的否定,不是对习惯这种客观现象存在的否定,而是对其造法价值的否定,这也接着否定了民族和国家通过默示同意造法的可能,凸显的则是自然法在整个国际法体系中不可动摇的地位。但是,强调自然法作为整个国际法体系的全部,又走向了另一个极端,这一极端完全脱离了社会现实的实践经验,用“自我意识”即“精神”代替现实中的社会关系,使国际法成为一种法学家臆想中的“世界精神”和“以漫画形式呈现再现出来的思辨”,[36] 这在普芬道夫论及国际法本体论时再次表现出来。

> “国家之间的法”不包含任何“意定法”或“实在法”,因为它们没有真实的和法律的力量,它们也(不像国内法)那样,可以作为对更高权力的遵循;因此要将国际法称为“自然法”,这种法与自然理性一致,来源于对人类困境的关怀和救赎,这是人类社会的主要目的和机制。[37]

国际法研究不是美学研究,因为国际政治并不完美;从国际法史上看,普芬道夫的国际法理论也没有在当时国际政治中产生过多影响,因为确实太哲理化而并不实用,但我们也不能否定这股自然法思潮对国际法的长远意义,直到今天国际法中仍保留有抽象的“一般法律原则”,似乎也包含自然法的映像。在普芬道夫之后,德国国际法学者拉赫尔(Samuel Rachel)回应了普芬道夫将国际法彻底自然法化的理论,认为国际法基础应该同时存在于“自然法”和“实在法”

---

[35] Baron Pufendorf, *Law of Nature and Nations*: *Eight Books* (the fourth Edition), Basil Kennett, trans, J. Walthoe, R. Wilkin, J. and J. Bonwicke, S. Birt, T. Ward, and T. Osborne, 1729, p. 151.

[36] 《马克思恩格斯文集》(第 1 卷),人民出版社 2009 年版,第 253 页。

[37] Baron Pufendorf, *Law of Nature and Nations*: *Eight Books* (the fourth Edition), Basil Kennett, trans, J. Walthoe, R. Wilkin, J. and J. Bonwicke, S. Birt, T. Ward, and T. Osborne, 1729, p. 150.

之中。对于“实在法”,他认为,“国内法之所以有效,是因为源于国家意志,而国际法是主权者之间的法,主权者无高下之分,它们也只能通过共同意志来形成它们之间的法”,[38]这一观点今天看来老生常谈,当时却有力拒斥了纯粹基于自然法的国际法合法性理论,将国际法从理想再次拉回现实,从抽象再次拉回到具体。正如拉赫尔所言,“不仅自然为人类立法,人类自己也为自己立法”,[39]人类也再次回到了国际法建构的中心。

那么,如何证成“国家默示同意可以为国际社会造法”?格老秀斯以来的“万民法”以“习惯”为基础,考察的都是历史习惯,毕竟他们认为“不同人在不同的时间和地点都指出存在这样的原则,那么这样的原则必然有普遍性原因”[40]。拉赫尔证成的则是现世国家的默示同意可以直接造法,即“习惯”成为“法”的基础如何合理地落脚到“国家默示同意”这一要素。拉赫尔认为,在国内社会中,重复某种行为只是形成“习惯”的必要条件,也不是直接构成“法”,只能说提供了一些造法材料,在“习惯”成为“法”的社会过程中,核心仍然是君主或立法者的立法权,他们首先应当明知其管辖的领域内存在这样的重复行为。另外,不能明确禁止这类行为,且应当允许或希望人们继续这样行为,最终君主或立法者的默示允许构成了一种“默示同意”,这是国内法中“习惯法”形成的必然步骤。[41] 也就是说,国内社会中“习惯”变成“法”实际上经历了立法权的默许同意,但是国际社会却是无政府性质的,根本不存在最高的立法权,那么国际社会中“习惯”如何变成“法”?拉赫尔接着指出,这时习惯法的形成机制在于“模仿”,习惯法的某一规则首先源于国家间通过的明示协定或行为惯例,但这时只是一种局限于特定国家间的特别规则,这种规则接着需要被其他

---

[38] See Samuel Rachel, *Dissertations on the Law of Nature and Nations*, The Lord Baltimore Press, 1916, p. 157.

[39] Samuel Rachel, *Dissertations on the Law of Nature and Nations*, The Lord Baltimore Press, 1916, p. 157.

[40] Richard Zouche, *luris et ludicii Fecialis*, *sive*, *luris Inter Gentes*, *et Quaestionum de Eodem Explicatio*, in James Brown Scott ed., The Classics of International Law, Carnegie Institute of Washington, 1911, p. 2.

[41] See Samuel Rachel, *Dissertations on the Law of Nature and Nations*, The Lord Baltimore Press, 1916, p. 176.

国家在实践中模仿,特别是对它们利益有利的规则,这些国家在模仿中实际就自然表达了"默示同意",接着规则会在更多国家间传播,被模仿并附加作为"法"的"默示同意",久而久之,国际社会中形成"习惯法"。[42]

简言之,国际社会中"习惯法"生成机制是"模仿"(imitation),因为"模仿"本身包含了"默示同意",表达了国家意志,这在缺乏最高立法权威的国际社会就足以造法;但是,仅仅国家模仿就可以造法,排除自然法的价值审核,这似乎又走向了另一个极端,难以避免"恶法亦法"。难能可贵的是,拉赫尔也注意到这一症结,他引用亚里士多德《政治学》指出,"人类的邪恶是没有底线的,人类的野心和贪婪使其故意做大量邪恶事情,而人类在做这些事情时仅仅为了满足自己的享乐",[43]国家间确实也可能互相模仿恶风恶习,拉赫尔接着提出了一种分类方式:

> 国家同意意味着法律效力,但是与自然法对照,其中一些是正确的,一些模棱两可,一些则是不正义和不人道的。因此,有必要将新产生的国际法区分为正当性(*Verum*)和尝试性(*Putativum*)两种,正当性习惯是与自然法一致的习惯,尝试性习惯则与自然法不同,需要在社会生活中进一步决断。[44]

对于"尝试性习惯",拉赫尔似乎也显得纠结,"如果有人让我给出具体的违反自然法的万民法,我只能用格老秀斯的话代替我回答了,他事实上不仅减损不人道和不正义的万民法规则,甚至主张将它们的效力彻底消灭"。[45]这至少说明拉赫尔也认为:即使国家"默示同意"可以造法,但至少内容上也应当符合自然法。可以说,在19世纪之前的古典国际法理论中,习惯始终没有脱离自然

---

〔42〕 See Samuel Rachel, *Dissertations on the Law of Nature and Nations*, The Lord Baltimore Press, 1916, p. 177 – 178.

〔43〕 Samuel Rachel, *Dissertations on the Law of Nature and Nations*, The Lord Baltimore Press, 1916, p. 183.

〔44〕 Samuel Rachel, *Dissertations on the Law of Nature and Nations*, The Lord Baltimore Press, 1916, p. 190.

〔45〕 Samuel Rachel, *Dissertations on the Law of Nature and Nations*, The Lord Baltimore Press, 1916, p. 190.

法的束缚，这不只是法学中弥漫的自然哲学情结，而有深刻的社会基础和意识形态根源：在国内社会，"习惯法"也不只是一种立法技术，而是包含政治诉求，欧洲近代以来对"习惯法"的推崇是基于国内社会"政治国家"与"市民社会"二元对立假定，为了尊重源于社会的民间立法，对抗公权力自上而下的立法，因此采纳习惯和习俗并将之加以改造为"法"，这反映了社会自主造法的价值诉求，对抗了封建秩序"自上而下"的立法权威；相比之下，将"习惯法"概念搬到国际社会中并没有这种效果，"习惯法"的造法者也还是主权者，经年血腥的战争悲剧让国际法始终缺乏对主权者的真正信任，主权者之间完全可能共谋而产生"恶法"，自然法无疑是限制这种"恶法"的最终审核。

到 18 世纪下半叶，瑞士国际法学者瓦泰尔（Emer De Vattel）的《万民法》出版，这成为格老秀斯之后世界上影响最大的一部国际法著作，〔46〕这部书的名称（《万民法：或自然法原则适用于国家和主权者之间的行为和事务》）本身就是对国际法本体论的一个宣言："万民法"和"自然法"不再是水火不相容的两个范畴，"万民法"是国家和主权者之间应当遵守的法，这也就是"自然法"适用于他们之间的行为和事务而已。瓦泰尔的著作在很大程度上参考了沃尔夫（Christian Wolff）的《国际法》（*Jus Gentium Methodo Scientifica Pertractatum*），虽然有所扬弃，但也没有超出他所处时代的法学意识形态，他首先承认国家可以通过同意自主造法（包括条约和习惯），但只有符合自然法的国家自主造法才可进入作为"科学"（古典科学）的国际法体系论述（systematic treatise of law of nations）中，否则就只是一种历史事实，正如瓦泰尔所言：

国家与个人一样，可以通过明示同意以条约方式设定权利和义务，也可以

〔46〕 瓦泰尔的《万民法》被翻译为多种语言出版，是 18 世纪下半叶到 19 世纪上半叶西方世界最流行的国际法著作，正如美国学者阿瑟·努斯鲍姆所言，"瓦泰尔的书发行量仅次于格老秀斯，是国际法历史上诸多反常事件之一，特别是在 19 世纪上半叶——用政治史学家罗伯特·摩尔的话来说——'瓦泰尔的书是外交家特别是领事的圣谕'"。参见［美］阿瑟·努斯鲍姆：《简明国际法史》，张小平译，法律出版社 2011 年版，第 127 页。我国对西方国际法最早的译文见于魏源 1842 年《海国图志》中第八十三卷"夷情备采（三）"一节，其中辑录了《滑达尔各国律例》和《法理本性，正理所载》两节，也源于瓦泰尔的国际法著作，其中"滑达尔"即"瓦泰尔"音译。

通过默示同意形成以习惯为基础的那类万民法。……国家之间长久惯行,且被国家作为“法”遵守的是“习惯国际法”(customary law of nations)或“国际习惯”(custom of nations),这源于国家的默示同意,也仅对同意的国家有效——但并不是一般性的(universal),具体内容只能被视为一种历史和事实,因此有必要将其再区分为合法和无害的习惯(lawful and innocent customs),以及不正义和不合法的习惯(those unjust and unlawful)。[47]

三、从“习惯”到“习惯法”:国际法渊源的形式化

19 世纪上半叶,西欧主要国家基本都完成了资产阶级革命,建立了资产阶级政权,这一时期也成为资产阶级法律发展的重要时期:包括自然法在内的“资产阶级用来推翻封建制度的武器,现在却对准资产阶级自己了”,而资产阶级革命中宣扬的民主、人权和法治等原则需要具体化和法典化,这单纯凭借批判旧世界的口号和呼唤新世界的热情也是不够的,需要对法律和法律制度进行实实在在的分析和塑造,实证主义法学正是在这样的历史背景下应运而生。[48] 边沁(Jeremy Bentham)和奥斯丁(John Austin)是实证主义法学的鼻祖,他们的实证主义理论通过美国国际法学者惠顿(Henry Wheaton)开始被引入国际法学,这在 19 世纪也最终扭转了国际法史的发展方向:古典国际法注重说理的学术传统被抛弃,取而代之的是,以实证主义为基础考察国家间的条约和习惯的事实内容;自然法在国际法理论中虽然没有完全退场,但也只能与实在法平起平坐了,后来甚至居于实在法之下,最后被彻底批判;条约和习惯开始成为国际法最主要渊源,这直到今天仍然国际法的核心部分。

“形式渊源”(formal source)是一个重要的工具概念,但这一工具概念背后隐含一个假定,即国际法必须符合特定的形式,也只有符合特定形式的才是国际法,因此这些特定形式也被视为国际法的“正式渊源”(formal source)。对“形式”的推崇是 19 世纪后科学化的实证主义和技术化的法教义学的产物,古

〔47〕 Emer De Vattel, *The Law of Nations, or Principles of the Law of Nature Applied to the Conduct and Affairs of Nations and Sovereigns*, G. G. and J. Robinson, 1797, p. xvii.

〔48〕 参见张文显:《二十世纪西方法哲学思潮研究》,法律出版社 1996 年版,第 81 ~ 82 页。

典国际法中没有“形式渊源”(formal sources)这种表述,因为国际法以什么外在形式表现出来并不重要,“渊源”主要用于表述国际法来源的材料或证据等。边沁和奥斯丁强调,应当区分“法律是什么”和“法律应当是什么”,将法律从道德哲学中剥离出来:“法律是什么”是法学研究的基本工作,“法律应当是什么”则交由缥缈多元的道德哲学了;自然法之所以不靠谱,因为它是缥缈不定的,每个人都可以有自己的理解和解释,因此自然法也被批判为“伪装的个人观点”或“仅仅是自命为立法者的看法”。〔49〕 那么,“法律”是什么?奥斯丁的经典表述是“法律是主权者的命令”,〔50〕而这给国际法带来了两个消极推论:第一,国际法不是严格意义上的法律,正如奥斯丁本人所言,国际法只是一种“实在国际道德”(positive international morality)〔51〕;第二,任何法律的有效性都要上溯到一个客观可证的渊源,这种渊源是效力渊源,也与法律形式联结,正如奥斯丁所言,“法律应当被视为与它的渊源相关,即为它形成的模式(modes)”。〔52〕

美国国际法学者惠顿深受边沁和奥斯丁影响,他直接引用边沁和奥斯丁的话指出,“法律是主权者的命令,如果说主权国家间的交往规则被称为‘法’,这只是被类比(by analogy)为实在法”。〔53〕 进言之,作为“实在法”的国际法只是一种类比,通过类比国内法中“实在法”而被定义,不是作为一种真正意义上的“法律”或“实在法”;既然法律是主权者的命令,那么主权国家明示同意的“条约”和默示同意的“习惯”,即主权者的共同命令,在它们之间就有效力。惠顿虽然没有断然否定“自然法”,但将“自然法”和“实在法”作为“国际法”两个并列的独立分支(branches),而在“自然法”之外国家完全可以基于同意自主造法,

---

〔49〕 参见[英]雷蒙德·瓦克斯:《法哲学:价值与事实》,谭宇生译,译林出版社 2008 年版,第 21 页。

〔50〕 John Austin, *Lectures on Jurisprudence, or the Philosophy of Positive Law*, 3rd edition, John Murray, 1869, p. 36

〔51〕 See John Austin, *Lectures on Jurisprudence, or the Philosophy of Positive Law*, 3rd edition, John Murray, 1869, p. 177.

〔52〕 John Austin, *Lectures on Jurisprudence, or the Philosophy of Positive Law*, 3rd edition, John Murray, 1869, p. 35.

〔53〕 Henry Wheaton, *Elements of International Law: With a Sketch of the History of the Science*, Carey, Lea & Blanchard, 1836, p. 47.

正如惠顿所言:

国际法不仅仅(not merely)是自然法适用于主权国家。国家作为一个理性的实体(moral being)可以直接地和实在地缔结条约,也可以通过惯例和实践(usage and practice)的默示方式,或者默认……但应强调,后者仅仅出现在同一类型或范畴(class and family)的国家间,由相似的起源、行为方式和宗教联结。[54]

这一观点引用了格老秀斯、宾刻舒克(Bynkershoek)、沃尔夫和瓦泰尔等先前国际法学者关于"习惯"的叙述,但可以看到差别在于对"自然法"的态度上:前者的"习惯"作为"国际法"是以符合"自然法"为前提,即作为"自然法"适用于国家间关系的外部呈现,而后者则是将"自然法"和国家通过自由意志制定"实在法"平行,构成了两种独立的效力渊源。"customary law of nations"(习惯国际法)一词在惠顿的国际法著作中出现,已经被赋予了完全的实证性质——虽然"customary law of nations"在沃尔夫和瓦泰尔的著作中也都存在,但瓦泰尔对"习惯"的认识仍与"法律"隔一条鸿沟,"习惯"不直接等于"国际法",只是暂时作为"法"(law)被遵守,正如瓦泰尔所言:

如果习惯(custom)或者惯例(usage)已经普遍形成,无论是所有文明国家,或者仅仅是某一个大陆上的,诸如欧洲,或其他交往密集的国家之间,且这一习惯(custom)本身与"自然法"无异,它本身有用益和理性,那么它就对所有涉及国家有拘束力……但是习惯中一旦包含任何不正义或不合法的内容,就没有任何拘束力。[55]

这里可以抽象出一个"古典习惯法"公式,即"习惯/惯例+自然法=习惯国际法",不符合自然法的习惯或惯例非但不是国际法,不具有效力,反而国家有

---

〔54〕 Henry Wheaton, *Elements of International Law: With a Sketch of the History of the Science*, Carey, Lea & Blanchard, 1836, p. 42-43.

〔55〕 Emer De Vattel, *The Law of Nations, or Principles of the Law of Nature Applied to the Conduct and Affairs of Nations and Sovereigns*, G. G. and J. Robinson, 1797, p. lxv.

义务去摒弃它(every nation is bound to relinquish it)。然而,对惠顿来说"国际法"已经不能用严格意义上的"法律"来定义了,这并不是否定"国际法"作为一套规范体系在国际社会存在,而是将国际法整体淡化为一种规范性"事实"。奥斯丁强调,"法律是主权者命令",惠顿接着指出"国际法"被称为"法"(are styled laws),只是对"法"(laws)一词的"类比扩大适用"(by an analogical extension of the term),[56]在这一认识下"习惯"就是国际法本体的组成部分,不用再争辩"习惯是不是法"或"国际习惯是不是国际法",因为"国际法本身就不是法",只是被类比而称为"法",那么这些"习惯"在国际法语境下也就是名正言顺的"习惯法"。

惠顿对"习惯国际法"(customary law of nations)的定义是"源于特定国家间默示同意形成的特殊惯例"(derived from the tacit consent of particular nations establishing a peculiar usage between themselves)。[57] 作为国际法本体论的组成部分,惠顿没有再强调其必须符合"自然法",而是接着指出"国际法一般应当分为两个分支:第一分支是自然法;第二分支是实在法,包括意定国际法、条约国际法和习惯国际法",[58]其中"实在法"的有效性完全源于"国家同意",一种脱离"自然法"的"习惯国际法"概念初现雏形。从19世纪下半叶到20世纪初,自然法在法学中逐渐衰落;国际法始终是法学的一个分支,这也当然从根本上影响着国际法对自然法的态度。1905年《奥本海国际法》(第1版)出版,实证主义已彻底占据国际法学阵地,奥本海斩钉截铁地指出:

真正的实证主义,必须杜绝在国际法上的自然法。现在我们知道,自然法根本就是不存在的。正如以前所谓的自然哲学必须让位于真正的自然科学,自然法必须给作为科学的法学(jurisprudence)让路,这种法学即实在法哲学(the philosophy of the positive law)。只有实在国际法才称得上是法律科学的一个

---

[56] See Henry Wheaton, *Elements of International Law: With a Sketch of the History of the Science*, Carey, Lea & Blanchard, 1836, p.47.

[57] See Henry Wheaton, *Elements of International Law: With a Sketch of the History of the Science*, Carey, Lea & Blanchard, 1836, p.48.

[58] Henry Wheaton, *Elements of International Law: With a Sketch of the History of the Science*, Carey, Lea & Blanchard, 1836, p.48-49.

分支。[59]

然而,从法学史和国际法史的比较上看,自然法在国际法中退场比在国内法和一般法理论中更晚,这可能是由于国际社会处于无政府状态的特殊性,即使实证主义已经在国内法学领域成为主流,国际法仍然将自然法作为其分支之一。但在 20 世纪初强烈的实证主义热忱中,自然法曾经被完全逐出了国际法,国际法的合法性被严格厘定在"国家同意"上,"形式渊源"概念也正是在这一时期的国际法理论中生成。奥本海正是以一个严格的实证主义者身份展开国际法论述,他觉得只有实证主义才称得上是"科学",而国际法的合法性仅仅在于"国家同意"这一唯一基础,"渊源"在理论上可以泛化为"无论国际法为何种形式或实质,只要体现了国家同意,就被认为是国际法",但在实践中,就只能集中于两种渊源上,即"条约"和"习惯",正如奥本海强调:

> 国际法是国际社会中国家的共同同意,因此国家可以通过多少种事实表达同意,那么国际法中就应当存在——也只能存在——多少种国际法的渊源。这种事实只有两种,即明示同意(express consent)和默示同意(tacit consent),因此条约(treaties)和习惯(custom)是国际法仅有(exclusively)的两种渊源。[60]

现在国际法中常用的"customary international law"(习惯国际法)一词在奥本海著作中也开始出现,但当时对"custom"(习惯)、"usage"(惯例)、"law"(法)仍存争议,这从奥本海专门对这一词语进行的辨析可以看出。在惠顿和瓦泰尔著作中,"custom"和"usage"两词都是指惯常一致的行为方式,可以换用,奥本海则指明"custom"和"usage"在法律语言中存在区分。

> 习惯(custom)与惯例(usage)在日常生活中是同义词,但在法律语言中有差异——前者具有法律性质,后者不必具有法律性质。国际法学界所言的"习

---

〔59〕 L. Oppenheim ed., *International Law: A Treatise, Vol. 1: Peace*, Longmans Green and Co., 1905, p. 92.

〔60〕 L. Oppenheim ed., *International Law: A Treatise, Vol. 1: Peace*, Longmans Green and Co., 1905, p. 21 - 22.

惯"(custom)指明确和连续的行为惯例,并同时要求存在一种确信即这种行为在法律上是必要的或正确的(legally necessary or legally right),而国际法学界所言的"惯例"(usage)就没有包含这层法律确信。[61]

在今天的国际法(法教义学)语言中,"国际习惯"(international custom)和"习惯国际法"(customary international law)也是同义词组,[62]这背后其实仍然隐含自惠顿以来的"国际法本来就不是法"这一前提,但其他部门法和一般法理论中"custom"常常不直接等同于"customary law",这当然也不只是词汇用语的差异。[63] 奥本海将"习惯国际法"牢固地镶嵌在国际法体系中,但质疑声也此起彼伏,如1902年美国《哥伦比亚法律评论》发表了一篇名为《国际法的渊源》(*The Sources of International Law*)的论文,指出"习惯法"作为一种国际法渊源值得质疑,因为"习惯法的问题在于,只要它不包含在国家的真实行为中,就只能取决于法学家个人的观点,这使国际法容易被视为一种幻象,国际法学者的相关观点也更多是作为一种证据"。[64] 然而,这些争论最终随着1920年《常设国际法院规约》拟定尘埃落定,作为一个国际常设性国际法院的章程,《常设国际法院规约》涉及争端裁决的规则条款有着超越"章程"本身的意义,这不仅深

---

〔61〕 L. Oppenheim ed., *International Law: A Treatise*, *Vol.* 1: *Peace*, Longmans Green and Co., 1905, p. 22.

〔62〕 现代国际法学(法教义学)中的"custom"是指"具有法律拘束力的惯例",包含了"法律拘束力"之义,等同于"customary international law"(习惯国际法),有时也直接译为"国际习惯",如《国际法院规约》正式的中译本中即如此,而"usage"则是指没有拘束力的行为惯例。参见王铁崖:《国际法引论》,北京大学出版社1998年版,第68页。

〔63〕 一般而言,其他部门法和法理论中的"custom"为"习惯",通常只是惯常一致的行为惯例,不含法律上的效力;而"customary law"为"习惯法",是具有法律效力的习惯——当然,其他部门法和法理论中"习惯法"也存在用词和含义上的诸多争议。参见陈景辉:《"习惯法"是法律吗?》,载《法学》2018年第1期;张琼文:《习惯法的严格概念与类型——兼与陈景辉教授商榷》,载《法学》2019年第11期;雷磊:《习惯作为法源?——以〈民法总则〉第10条为出发点》,载《环球法律评论》2019年第4期;王静:《惯习性社会事实作为法律效力来源的局限性》,载《河北法学》2019年第11期。

〔64〕 Frederick Pollock, *The Sources of International Law*, 2 Columbia Law Review 511 (1902).

刻影响了国际法学对国际法的理解,也终止了关于渊源的诸多学理争论;或者说,这作为一个"实证主义"的产物——条约,在其内容中也反过来加深了"实证主义"在国际法学中的稳固。

但是,《国际常设法院规约》起草过程本身就充满了争论。《常设国际法院规约》起草时设立了法学家咨询委员会,起草规约文本时参考了之前的一些国际法律文件,如 1907 年《关于建立国际捕获法院决定》(The Hague Convention Relative to the Creation of International Prize Court),该协定第 7 条规定了裁决时应适用的国际法规则,"如果缺乏相关规定,法庭应适用国际法规则(rules of international law);如果没有一般认可的规则存在,法庭依据公平和正义的一般原则作出裁决"。[65] 法学家咨询委员会对这条规定的解读成为后来《常设国际法院规约》的雏形,认为其中所言的"国际法规则"即"国际习惯(international custom),只要它的持续使用可以证明存在这样的一般惯例(common usage)",[66] 因此形成了一个"条约—习惯(法)——一般法律原则—司法裁决和学说"先后适用的有序渊源体系。法学家咨询委员会主席巴伦·德斯坎佩斯(Baron Descamps)自己则提出了一份关于法官解决国际争端时适用规则的提案,这份提案涉及了 4 种国际法渊源,并指出应当由法官"按下述顺序"(in the undermentioned order)使用:"第一,协定国际法(conventional international law);第二,国际习惯(international custom);第三,文明国家根据法律良知承认的一般法律原则;第四,国际法理学作为适用和发展国际法的一个方式。"[67]

巴伦进一步解释了他为什么将"国际习惯"列为国际法院法官裁决争端应

---

〔65〕 The Hague Convention Relative to the Creation of International Prize Court, Article 7, in *Advisory Committee of Juris for Permanent Court of International Justice*, *Process-verbaux of the Proceedings of the Committee*, *June 16th-July 24th 1920 with Annexes*, The Hague, 1920, p. 729.

〔66〕 *Advisory Committee of Juris for Permanent Court of International Justice*, *Process-verbaux of the Proceedings of the Committee*, *June 16th-July 24th 1920 with Annexes*, The Hague, 1920, p. 729.

〔67〕 *Advisory Committee of Juris for Permanent Court of International Justice*, *Process-verbaux of the Proceedings of the Committee*, *June 16th-July 24th 1920 with Annexes*, The Hague, 1920, p. 306.

当依据的规则，观点主要在两个方面：第一，由国际习惯自身的性质决定，如果国际社会本身就存在一个确定的习惯，或者某一规则通过国家持续的和一般的使用接着获得了法律效力，那么没有理由不去适用这一习惯作为国际法规则；第二，从国际法整体来看，习惯也一直在国际法中发挥重要角色，特别是当条约中缺乏相关规定时，只能求助于习惯，因此将习惯作为裁决规则具有弥补国际法体系缺陷的功能。[68] 在综述将习惯作为国际法规则来源的理由后，巴伦总结道：

> 国际习惯(international custom)是发展国际法一个非常自然和极其可靠的办法，因为其来源于对法律确信的持续表达和国家间相互交往的需要。如果不承认国际习惯作为缺乏协议规则时法官必须遵守的原则，将会误解国际法的真正本质和国际法的整个历史。[69]

根据当时的会议记录，法学家委员会围绕"裁决依据"提出了不同的意见，当然也出现了关于"国际习惯"效力的不同观点。德国提案中的"裁决依据"包含"国际习惯法"(international customary law)，指出"法庭裁决依据应包含国际协定、国际习惯法，以及依据一般法律原则和公正"，[70] 然而其他国家提案中关于"裁决依据"都没有提及习惯法：其中"条约"是被最广泛认可的，大多数国家也提及了公认的法律规则或原则，以及公平和正义的价值，而在当时的5个中立国和瑞士提出的计划草案中，除条约外有的也提到了"被承认的国际法规

[68] See *Advisory Committee of Juris for Permanent Court of International Justice*, *Process-verbaux of the Proceedings of the Committee*, *June* 16*th*-*July* 24*th* 1920 *with Annexes*, The Hague, 1920, p. 322.

[69] *Advisory Committee of Juris for Permanent Court of International Justice*, *Process-verbaux of the Proceedings of the Committee*, *June* 16*th*-*July* 24*th* 1920 *with Annexes*, The Hague, 1920, p. 322.

[70] *Advisory Committee of Juris for Permanent Court of International Justice*, *Process-verbaux of the Proceedings of the Committee*, *June* 16*th*-*July* 24*th* 1920 *with Annexes*, The Hague, 1920, p. 91.

则”,这与习惯国际法有点类似。[71] 此外,菲利莫尔勋爵(Lord Phillimore)认为,“一般法律原则(general principles)往往是通过习惯(custom)被确认,另一方面习惯(custom)又是由惯例(usage)组成,这本来就可以在公开的和正式的文件以及法学家的著作中体现出来”,[72]因此没有必要将“习惯”单列为渊源之一。拉普拉德拉(M. De Lapradelle)回应了菲利莫尔勋爵,认为“将习惯(custom)作为一个渊源强调是有必要的,但如果说一般法律原则来源于习惯,那么将两者都列为渊源可能冲突”。[73] 巴伦也接着指出了“习惯”(custom)的位阶问题,“如果存在条约,且法庭依据条约规则就能解决争端,那么就不能适用习惯;当然,如果一个习惯法规则明确存在,那么就没必要再去适用一般法律原则”,[74]这似乎又将习惯和一般法律原则区分开来。值得注意的是,争论也涉及了“习惯”的地域性和文化性问题,如路特(Elihu Root)在论及法官代表时说,“如果一个日本法官去世,那么他有可能被挪威、法国或英国的法官取代,这时法庭就缺乏一个能够理解远东地区情况和国家间习惯的法官”。[75]

总之,这是一场令人眼花缭乱的争论,但最终制定的《常设国际法院规约》将“习惯”作为一种国际法渊源。联合国《国际法院规约》继承了《常设国际法院规约》中这一条款,这是“习惯国际法”作为一个确定的概念在国际法理论中

---

〔71〕 See *Advisory Committee of Juris for Permanent Court of International Justice*, *Process-verbaux of the Proceedings of the Committee*, *June* 16*th-July* 24*th* 1920 *with Annexes*, The Hague, 1920, p. 89 – 91.

〔72〕 See *Advisory Committee of Juris for Permanent Court of International Justice*, *Process-verbaux of the Proceedings of the Committee*, *June* 16*th-July* 24*th* 1920 *with Annexes*, The Hague, 1920, p. 334.

〔73〕 *Advisory Committee of Juris for Permanent Court of International Justice*, *Process-verbaux of the Proceedings of the Committee*, *June* 16*th-July* 24*th* 1920 *with Annexes*, The Hague, 1920, p. 335.

〔74〕 *Advisory Committee of Juris for Permanent Court of International Justice*, *Process-verbaux of the Proceedings of the Committee*, *June* 16*th-July* 24*th* 1920 *with Annexes*, The Hague, 1920, p. 337.

〔75〕 *Advisory Committee of Juris for Permanent Court of International Justice*, *Process-verbaux of the Proceedings of the Committee*, *June* 16*th-July* 24*th* 1920 *with Annexes*, The Hague, 1920, p. 465 – 466.

进一步发展的基础,然而不仅"习惯国际法"概念本身,包括"习惯国际法"是由"行为惯例+法律确信"的造法公式,甚至"形式渊源"或"正式渊源"的表述,都没有出现在这些规约中,更多的是后来国际法学发展的产物。在《常设国际法院规约》诞生后的一个世纪中,常设国际法院、国际法院和其他国际组织通过裁决、意见、法律文件等方式确认或否定了一些具体"习惯国际法"规则,而关于习惯国际法的"新公式"也开始出现,如"即时习惯法"(instant customary law),即在一些条件下不需要过长时间即可形成的习惯法。[76]

四、结　　论

"习惯",在国际法史中经历了4个多世纪的漫长旅程,最终固化为现代国际法中一个确定概念——"习惯国际法";这除了是《国际法院规约》的明文规定,也包含了深厚的国际法文化。回到本文"引言"中提出的问题:现代国家在国际社会中是否能够自发形成"习惯国际法"?或者说,"习惯国际法"是现代国际社会中真实存在的一种行为规范,还是仅仅存在于司法场域的一种裁决规范?这本质上是一个法社会学问题,也涉及司法中的"裁决规范"和社会中的"行为规范"是否完全重合的法理问题,但本文则试图从国际法史角度做出一种解释。

从国际法的早期历史看,"习惯"指向的并不是现代实证意义上的"习惯国际法";古典国际法中的"习惯"仅仅被作为一种事实,只有在符合自然法前提下才值得国家继续遵守,而不符合自然法的习惯被严格摒弃;也就是说,单纯的"习惯"并没有直接被作为"国际法",只是被认为是自然法具体化和外部呈现的产物之一——自然法始终是效力基础和合法性基础;这些"习惯"源于国家交往过程,是由国家间自发生成的"行为规范",但仅仅作为一种规范性"事实",当上升为国际法规范时,就需要以自然法为依据进行再审查。19世纪后,实证主义从国内法学进入国际法学,这一过程是理论推导的抽象成就,得益于流行于那个时代的实证主义热忱:在国内社会中"法律是主权者的命令",那么国际社会中的"法"就是主权者的"共同命令",而"习惯法"之所以是"国际法",也正

---

[76] See Bin Cheng, *United Nations Resolution on Outer Space*: "*Instant*" *Customary Law*, 5 Indian Journal of International Law 23 (1965).

因为标榜主权国家共同的"默示同意"——但至于主权国家在国际社会中是否真的愿意通过这种充满揣测感的"默示同意",去创造涉及国家根本利益的公法规则,这就不是法学家抽象的理论热忱可以解决的了。

从惠顿到奥本海的时代是现代"习惯法"在国际法学中的重要形成期,但这些国际法著作中都没有从社会科学角度考察国际社会和国家行为,而是集中于理论上的推导和合法性的说服;《常设国际法院规约》和后来的《国际法院规约》,以及围绕《国际法院规约》第38条形成的一套法教义学,让"习惯国际法"牢固地镶嵌在现代国际法中,国际法学者和国际司法机构可以将"事实"代入"公式",产生一些具有说服力的习惯国际法规则,以应用于国际司法裁决。那么这里进一步的问题是,既然现代国际法已经成为国际社会的共识性知识,即使"习惯国际法"概念最初完全产生于国际法学的知识场域内,是否已经内化为国家在国际社会中的行为常识,即国家在国际交往中都会自发地依照《国际法院规约》第38条创造"习惯国际法"?这种情况确实是可能的,因为法律等上层建筑作为一种意识形态也当然反过来影响社会行为体,但目前大多数国际法实践上仍存在一个"悖论":如果国家真的主动创造了某一习惯国际法,那么双方或多方肯定对这一习惯国际法的内容都是清晰明确的,毕竟国际立法不是小事,往往涉及国家领土主权等核心利益,但在大多数情况下,国际法学介入之处,反而正是国家对某一习惯法内容存疑或不清楚之处,如果国家本身就不清楚习惯法是什么,更谈不上默示同意了,因此这时才需要国际法学和国际司法过程对"习惯国际法"进行"确认",以帮助国家"清醒"认识到:自己曾经确实形成了某种习惯国际法。

Does Customary International Law Really Exist?
—An Inquiry into the History of International Law

Tang Yan

Abstract: Customary international law is a concept of law rather than real social phenomenon. After the 16th century, the Roman term *jus gentium* referred to the common custom of all nations, and through this, custom entered early international jurisprudence. However, customs were only treated as social facts, and those opposite to law of nature would be totally relinquished. After the 19th century, legal positivism became mainstream in legal science. By analogy to domestic positive law, the forms showing consent of sovereignties were regarded as positive international law. Custom, showing the tacit consent of nations, was upgraded to the modern concept as customary international law. In this sense, customary international law was a purely theoretical deduction from its very inception, without analyzing the realities of international community. Customary international law is therefore an abstract concept originated from the history of thoughts, rather a sociological concept abstracted from thinking upon history. And it is the technical creation by international jurisprudence for use in judicial proceedings, rather than the spontaneous creation of rules by nations.

Key words: Custom; Customary international law; History of international law; Legal positivism; Judicial rules

爱欲，自然与礼法

——自然法思想的历史维度的古希腊渊源

周维明*

内容摘要：

自然法思想具有两种历史维度：法与自然的区分以及普遍主义和世界城邦的观念，两者均源于古希腊。法与自然的区分源自古希腊的礼法与自然的二元区分。这一区分在神话叙事中已见端倪，米利都的自然哲学家与赫拉克利特将其发展为统一的观念，这种统一观念又被悲剧作家所打破，并在智术师的思想中彻底分裂。苏格拉底的哲学上的爱欲思想则在礼法与自然之间作了弥合并建立了两者之间的新关系。而古希腊的政治上的爱欲思想则促使家庭联合为城邦，城邦发展为帝国，帝国再进一步发展为普遍主义与世界城邦的观念，并最终与前一个维度结合，共同形成了自然法思想的基础。

关键词：

自然法　爱欲　礼法　自然

国内虽然对自然法思想的古希腊渊源这一问题有所研究，但将自然法思想的诸历史维度与古希腊思想相结合而进行的研究尚属凤毛麟角，对于爱欲(ἔρως)、自然(φύσις)与礼法(νόμος)这3个古希腊思想的经典命题(尤其是爱欲)是如何影响并塑造了自然法思想，特别是其历史维度的研究更是屈指可数。因此，本文不揣冒昧，试图就该问题展开研究，提出认为能够自圆其说的解答，以期能抛砖引玉，促进国内学界对自然法思想的历史基础、思想渊源与古希腊哲学之间关系的进一步思考，为其提供一份相对完善的参考资料。本文的研究划分为两个部分：首先，从马库斯·图利乌斯·西塞罗(Marcus Tulius Cicero)

---

* 中国应用法学研究所副研究员。

的法哲学思想出发来探究自然法思想的历史维度，也就是法与自然的对立以及普遍主义和世界城邦的观念；其次，考察古希腊的爱欲、自然与礼法是如何成为这些历史维度的思想渊源、是怎样塑造这些历史维度的。这两部分的研究相辅相成，共同形成了本文的主旨，即对自然法思想的古希腊渊源的一种历史性考察。[1]

一、自然法思想的两种历史维度

翻开任何一本法哲学教科书就可以知道，自然法与法律实证主义之争贯穿法哲学的整个问题史。虽然法律实证主义在许多领域正在稳步地取代自然法，但在回答"是否应该允许同性婚姻？种族主义为什么是错误的？法律应当允许堕胎吗？"这样的问题时，法律实证主义常常显得无能为力。因此，法学家往往转而诉诸自然法思想，试图从其所体现的伦理原则中找到判断实证法是非善恶的依据。自然法思想借此为法律与伦理之间提供了一个交叉点。[2] 其在人类法律生活中的持续在场，表明自然法思想是一个民主、开放社会的不可或缺的标志。[3]

自然法思想在现代社会中的重要性已如前述，但这并不意味着自然法思想已经得到了充分的考察和理解。自然法思想似乎表现为某种历史性的概念，在漫漫的历史长河中表现出不同的含义。自然法思想的考察者们，往往只剪裁自然法思想的发展历程中的某个片段，即"变量"进行研究，而缺乏对自然法思想在其历史发展过程中始终保持不变的"常量"的考察。这就导致了对自然法思想的研究具有典型的历史主义的特征，这种特征往往使自然法思想显得缺乏明

---

〔1〕 既然本文属于一种历史性考察，那么就以分析史料以及研究其如何影响观念的变迁为主，而不过多地涉及古希腊思想家之间的相互论战及其合理性，因为这样做容易偏离本文的主旨。比如，本文提及了苏格拉底对智术师的反驳，但不对其如何反驳以及反驳是否有效作详细考证。

〔2〕 Alessandro Passerin d'Entrèves, *Natural Law: An Introduction to Legal Philosophy*, 2nd edition, Hutchinson University Library, 1970, p. 116.

〔3〕 Raymond Wacks, *Understanding Jurisprudence: An Introduction to Legal Theory*, 3rd edition, Oxford University Press, 2012, p. 10.

确性并因此饱受抨击。因此,本文试图把握那些自然法思想在发展历程中始终保持不变的东西,将之作为自然法思想的历史基础作一番历史性的考察。在笔者看来,在自然法思想的发展历程中,有一些框架性、基础性的东西始终在场,可以称为自然法思想的历史维度(historical dimensions)。这些历史维度作为框架,决定并限制着自然法思想的内容的具体表现形式,自然法思想就变成施塔姆勒所谓的"内容上变动不居,框架上固定不变"的形式。[4] 因此,自然法思想的"常量",即历史基础就在于其历史维度。

自然法思想拥有非常悠久的观念史,在其发展过程中也经历了古典自然法与现代自然法的断裂,[5]因此,想要把握自然法思想在整个历史发展过程中的基本特征并非易事,但这并不表明人们无法做到这一点。自然法思想史上的一个公认观点,就是斯多葛派哲学家西塞罗的自然法思想是之前所有古代哲学家的相关思想的集大成者,是古典自然法思想的终极表述。[6] 古典自然法的思想在西塞罗那里达到了顶峰,其对后来的现代自然法也发生了重大影响。因此,从西塞罗这样的承上启下的人物所阐发的自然法思想中,可以找到贯穿整个自然法思想史的线索。下面本文就来探究这些线索。

西塞罗在其《法律篇》(De legibus)中,模仿柏拉图(Πλάτων)在《法律篇》

---

〔4〕 自然法思想的历史维度保持相对具体社会生活事实的先验性(绝对性),而具体内容则根据各个历史阶段的不同,保持相对具体社会生活事实的开放性(相对性),自然法思想就是这样的绝对性与相对性的组合。法社会学家对自然法思想的研究就是这样的观点,法国的著名法社会学家让 · 卡蓬尼尔教授(Jean Carbonnier)就指出,自然法思想属于某种"内容变动不居,标准和界限保持不变"的形式,自然法思想借此对变易保持抵抗性,并借此保持了相对实证法与社会生活事实的先验性。本文的上述观点从卡蓬尼尔教授那里获益良多。See Jean Carbonnier, Flexible Droit, *Pour Une Sociologie du Droit sans Rigueur*, Librairie Générale de Droit et de Jurisprudence, E. J. A. 2001, p. 13.

〔5〕 这里的古典(classical)自然法不是指以近代欧洲资产阶级大革命为背景,以启蒙思潮为思想基础的自然权利论,而是由苏格拉底创立,经过柏拉图、亚里士多德、斯多葛学派和经院哲学家所发展的自然正当论。参见[美]列奥 · 施特劳斯:《自然权利与历史》,彭刚译,三联书店 2003 年版,第 214 页。

〔6〕 See Amanda Russell Beattie, *Justice and Morality*: *Human Suffering*, *Natural Law and International Politics*, Ashgate Publishing Limited, 2010, p. 54.

(νομοί)中，化身雅典的异邦人，在克里特岛上与本地人克列尼亚斯(Κλεινίας)、斯巴达人梅奇卢斯(Μέγιλλος)一起用对话来讨论城邦的制度与理想法律的方式，提出了一场讨论何为最佳法律的对话。[7] 讨论者均同意：最佳的法律，乃至于法学(iuris disciplina)本身，既不是从裁判官的告示(praetoris edictum)中，也不是从十二表法(duodecim tabulae)中推演出来的，而是从"最深刻的哲学"(intima philosophia)中衍生的。

在《法律篇》中，西塞罗指出：

如果法是建立在人民的命令、君主的敕令或法官的裁判之上，那么法就会支持抢劫、通奸和伪造遗嘱，只要这些行为得到大众投票和决议的赞同。如果这样的权力只属于傻瓜的意见和命令，事物的自然本性可以为他们的投票所改变，那么他们为什么不规定那些恶的和有害的东西应当视为善的和有益的呢？或者，如果法律能让不正义变成正义，难道它不能恶变成善吗？事实上，我们只要按照自然的尺度就可以区分善法和恶法。不仅正义和非正义，而且光荣和耻辱的事物也毫不例外地由自然区分开来。[8]

因此，法(ius)的基础在于自然(natura)。法就其本质而言，既不是统治者专断的命令，也不是多数人的意志，而是自然。"法律就是最高的理性，其根植于自然，自然命令理性去做该做的事，禁止其做不该做的事"，"这一理性，如果在人的思想中确立并完成的话，就成为了法律"。正确的理性与自然法是一回事。[9] 人类利用正确的理性，从感性难以把握的自然中，推演出人的行为的标准与规范的举动，就成了"最深刻的哲学"。

西塞罗在此表述出了自然法思想的第一种历史维度，那就是法与自然的二元区分：正确的法律源于自然。但是，法并不会自动从自然中推演出来，而要经

---

[7] 西塞罗自己的话就可以说明这一点，参见[古罗马]西塞罗：《国家篇　法律篇》，沈叔平、苏力译，商务印书馆2009年版，第156页。

[8] [古罗马]西塞罗：《国家篇　法律篇》，沈叔平、苏力译，商务印书馆2009年版，第171页。

[9] 参见[德]海因里希·罗门：《自然法的观念史和哲学》，姚中秋译，三联书店2007年版，第20页。

过理性的认知。测试一条法律是否符合自然的标准就在于其是否能获得理性的同意。事实上,直至今天,这种二元区分的法之图景一直处于支配地位。[10]

这种历史维度衍生出了另一种维度。西塞罗并不认为,正确的理性仅存在于少数人的头脑之中。毋宁说,唯有神,才能支配自然,赋予人类辨别是非善恶的理性。这就意味着,具有理性的存在将能归属到同一个共同体中。神借此建立了人类社会的共同体。在《法律篇》中,西塞罗进一步阐述道:

因此,既然并不存在比存在于人和神中的理性更好的东西,神与人的第一个共有就是理性。但是那些共有理性的还必须共有共同的正确的理性。既然正确的理性就是法律,我们就必须认为人类与神是通过法律相联系的。进一步说,在他们之间既然共享法律,也就共享正义。共享这些的人也应该共有相同的城邦。……因此,整个世界应当被看作是神和人的一个共同的城邦。[11]

总而言之,神以理性的自然法支配自然,而神与人都具有相同的理性,因此都共享相同的自然法,属于同一个城邦。自然法建立起了理性的人类的普遍社会。自然法借此具有了第二种历史维度,那就是普遍主义(cosmopolitanism)与世界城邦(cosmopolis)。西塞罗在《国家篇》(De re publica)中以热情洋溢的笔调描绘了自然法的普遍性:

真正的法就是与自然相符合的正确的理性;它是普遍适用的,而且是不变的、永恒的……法在罗马和雅典没有区别,在现在和将来也不会有什么不同,一个永恒不变的法在所有的民族和一切的时代那里都将是行之有效的。[12]

---

〔10〕 中世纪上帝法与世俗法的对立,近代理性秩序与强制秩序的对立,无不是对法与自然的二元区分的追随。参见[德]阿图尔 · 考夫曼、温弗里德 · 哈斯默尔主编:《当代法哲学和法律理论导论》,郑永流译,法律出版社 2002 年版,第 56 页。

〔11〕 [古罗马]西塞罗:《国家篇 法律篇》,沈叔平、苏力译,商务印书馆 2009 年版,第 160 页。

〔12〕 [古罗马]西塞罗:《国家篇 法律篇》,沈叔平、苏力译,商务印书馆 2009 年版,第 99 页。

这两种历史维度自古以来就是最具影响力的思想。[13] 经院哲学的顶峰，中世纪自然法思想的集大成者圣·托马斯·阿奎那(St. Thomas Aquina)就接受了西塞罗的思想，其将西塞罗的诸神改造为上帝，主张上帝赋予人类理性，人类借此可以认识到上帝的计划，并从中发现区分真善美与假恶丑的标准。现代自然法思想的奠基者们，如胡果·格老秀斯(Hugo Grotius)、萨缪尔·普芬道夫(Samuel Pufendorf)、托马斯·霍布斯(Thomas Hobbes)、约翰·洛克(John Locke)，都诉诸自然法以理性为中介的法与自然的二元区分的历史维度。自然法的普遍主义维度则在基督教自然法理论，以及启蒙运动中，特别是在伊曼努尔·康德(Immanuel Kant)的《永久和平论》中得到了体现。当然，这两种历史维度并非只具有历史文献上的价值，其在当代的自然法理论中也有体现，许多最具影响力的自然法学者也往往诉诸这两种历史维度。[14]

仅仅探究自然法思想存在哪些历史维度，以及这些历史维度是如何影响到西塞罗之后的自然法思想的，即"启下"，尚显不够。学界公认的观点是自然法思想出现于古希腊，如果西塞罗及以后的自然法思想真的存在着某些历史维度的话，就必须说明这些历史维度是以古希腊为思想渊源的，是在古希腊思想传统中历史性地形成的，即"承上"，才能证明其是贯穿整个自然法思想的发展历程的历史维度。根据本文的研究，可以明确的是，这两种历史维度均非西塞罗

[13] 在此需要说明的是，自然法思想的最终成型、法与自然的区分以及普遍主义与世界城邦的历史维度，并不仅仅是古希腊思想一手造就的。实际上，古典自然法思想在基督教的经院哲学中才到达了顶峰，基督教中的某些核心思想也对上述两个维度产生了重要影响。比如，"原罪"思想就体现了上帝的神圣性质与国家的世俗性质之间的对立，这毫无疑问影响了法与自然的二元区分。当然，基督教思想也是在相当大的程度上吸收了古希腊哲学思想的成果。本文由于主题缘故，对此不展开讨论。关于"原罪"思想对自然法思想的影响，参见刘宗坤：《原罪与正义》，华东师范大学出版社 2006 年版；关于基督教思想对古希腊哲学，特别是斯多葛学派思想的吸收，参见[德]海因里希·罗门：《自然法的观念史和哲学》，姚中秋译，三联书店 2007 年版，第 32 页。

[14] 诉诸第一种历史维度的，有约翰·菲尼斯(John Finnis)、罗伯特·乔治(Robert George)、M. C. 墨菲(M. C. Murphy)等；诉诸第二种历史维度的，有玛莎·娜斯鲍姆(Martha Nussbaum)、尤尔根·哈贝马斯(Jürgen Habermas)、约翰·罗尔斯(John Rawls)、托马斯·博格(Thomas Pogge)等。

的原创。尽管西塞罗思想的直接来源是斯多葛学派,但在此之前的早期希腊哲学中,就已经有这两种历史维度的某种初级形式存在了。因此,本文可以断言,自然法思想的历史维度是起源于古希腊的。由于自然法思想的历史维度是贯穿整个自然法思想史的线索,本文可以进一步断言,自然法思想本身也是起源于古希腊的。下文将研究古希腊思想中曾经出现的,后来为自然法思想的历史维度所发展的那些核心观念,以及自然法思想的两种历史维度是怎样受其影响、最终形成并影响后世的。

二、自然法的第一种历史维度的渊源

(一)礼法与自然之争

1. 自然哲学家:礼法与自然的统一

早在公元前 7 世纪左右,自然法思想的萌芽就已经存在于希腊人的思想之中了。但是,由于当时的希腊人尚未摆脱蒙昧,因此自然法思想存在于宗教、习俗与神话传说中。那时的希腊人也试图去解释世界,但是他们的回答并非出于对宇宙结构的认知,而是幻想的结果。这种幻想将自然与世界的过程,简单归于超俗的、自由的、人类无法企及的支配性力量。[15] 这种幻想的具体表现形式就是荷马(Ὅμηρος)史诗《伊利亚特》(Ἰλιάς)、《奥德赛》(Ὀδύσσεια)与赫西俄德(Ἡσίοδος)的诗歌《神谱》(Θεογονία)、《工作与时日》(Ἔργακαὶ Ἡμέραι)。按照他们的理解,自然的各种表现与力量被归属于不同的诸神掌管,而超自然的法则,自然的秩序与正义,则由众神之王宙斯(Ζεύς)的第二个妻子忒弥斯(Θέμις)以正义(δίκη)的形式赋予他,[16] 宙斯成为正义的守护者。这种神话叙事的框架产生了两种富有意义的模式:米利都的自然哲学家以之为研究对象的自然的生成模式,以及悲剧作家所极力表现的人类法秩序的模式。[17] 自然与秩序的二

---

[15] 参见[德]阿图尔 · 考夫曼、温弗里德 · 哈斯默尔主编:《当代法哲学和法律理论导论》,郑永流译,法律出版社 2002 年版,第 54 页。

[16] Wiebrecht Ries, Die Philosophie der Antike, Wissenschaftliche Buchgesellschaft, 2005, S. 23 f.

[17] Wiebrecht Ries, Die Philosophie der Antike, Wissenschaftliche Buchgesellschaft, 2005, S. 18.

元区分开始显露雏形。

自公元前 6 世纪开始,米利都的自然哲学家(φυσιολόγοι)开始探究自然与世界的理性秩序。他们以自然的某种基础性因素(ἀρχαί)来解释秩序,并且坚信这种基础性因素作为规制自然运行的准则,也是规制城邦运转的法则。[18] 他们摒弃了荷马与赫西俄德等人的神话叙事,开始对自然的起源与各种现象进行充满实证精神的考察。[19] 这样一来,诸神作为自然的原初性力量与守护者的神话形象开始消逝,感性的元素与基质开始取而代之。[20] 抽象的、超自然的正义理念也就让位于具体的、世俗的礼法。礼法与自然的二元区分开始取代原先的正义与自然的二元区分。

爱菲斯学派的代表人物赫拉克利特(Ἡράκλειτος)则将这种二元区分作了前人所未有的清晰表述,并阐述了这种二元区分的核心意义:在自然中,存在确定人世间是非善恶的准则,而且是人类通过理性所能探知的。[21] 赫拉克利特宣称:"所有的人类法都受到唯一的神法的养育。"[22] 这一神法就是逻各斯(λόγος)——"万物都因逻各斯而生"[23]。逻各斯就是自然内蕴含的本质规律——所有事物内在的普遍规律。万事万物,包括人类都分有这一普遍的原则。因此,人的本质以及伦理目标就在于让个人与社会的生活服从于并合乎自

〔18〕 See Stephen Salkever (ed.), *The Cambridge Companion to Ancient Greek Political Thought*, 1st edition, Cambridge University Press, 2009, p. 338.

〔19〕 参见[法]让-皮埃尔·韦尔南:《希腊思想的起源》,秦海鹰译,生活·读书·新知三联书店 1996 年版,第 2 页。

〔20〕 See Wiebrecht Ries, Die Philosophie der Antike, Wissenschaftliche Buchgesellschaft, 2005, S. 18.

〔21〕 See Stephen Salkever (ed.), *The Cambridge Companion to Ancient Greek Political Thought*, 1st edition, Cambridge University Press, 2009, p. 338.

〔22〕 Hermann Diels, Die Fragmente der Vorsokratiker, Band Ⅰ, 2 Aufl., Weidmann, 1906, Heraklit, Fr. 114, S. 78.

〔23〕 Hermann Diels, Die Fragmente der Vorsokratiker, Band Ⅰ, 2 Aufl., Weidmann, 1906, Heraklit, Fr. 1, S. 61.

然的一般法则。[24] 谁按照自然而行动,谁就是在按照逻各斯行动,而逻各斯作为世界的法则,则滋养了人类的法律。自然中包含永恒不变的法则即逻各斯,所有的人类法都从中获得力量的观念,凭借着赫拉克利特的礼法与自然的相互关系的理论,第一次清晰地出现在法哲学的历史之中。[25]

2. 悲剧作家:礼法与自然的裂隙

上述的自然法思想家认为,礼法与自然的二元区分仅仅是名义上的,两者在本质上是相同的,所有的礼法必然是自然的体现,逻各斯、礼法与自然都是内在的统一体,[26] 他们无法想象礼法与自然之间会有差异存在。但实际情况却并非如此。通过仔细考察可以发现,自然在本质上是一种大全(das Umgreifende),是一种无所不包的存在(εἶναι),而礼法在本质上不过是一种需要理性从自然中去发现的具体的存在(ὄν)。这样一来,礼法与自然就体现为海德格尔所说的"存在论的差异"(die ontologische Differenz):自然是存在,而礼法不过是存在者。存在之一般概念的统一性与存在方式的复杂性之间,不可避免地会存在一道鸿沟。

这种鸿沟集中体现在对自然的理解上。城邦的法律、习俗与习惯均体现为礼法。如果城邦的礼法是完整的和连贯的,规定了是非善恶的确定标准,那么城邦的子民就必须服从它。许多自然法思想家也确实是这样认为的。他们坚信礼法定义了正义的标准,而正义则要求对礼法的绝对服从。[27]

但是,城邦的礼法既不是完整的也不是连贯的,依赖个人对自然的把握。

---

[24] 这几乎就是斯多葛学派自然法思想最核心的内容,参见[美]撒穆尔·伊诺克·斯通普夫、詹姆斯·菲泽:《西方哲学史——从苏格拉底到萨特及其后》,邓晓芒等译,世界图书出版公司 2009 年版,第 12 页。

[25] Hans Welzel, Naturrecht und Materiale Gerechtigkeit, 4 Aufl., Vandenhoeck & Ruprecht, 1962, S. 9 f.

[26] Hans Welzel, Naturrecht und Materiale Gerechtigkeit, 4 Aufl., Vandenhoeck & Ruprecht, 1962, S. 10.

[27] Stephen Salkever (ed.), *The Cambridge Companion to Ancient Greek Political Thought*, Cambridge University Press, 2009, p. 334.

赫拉克利特就曾经对此感慨过："尽管逻各斯是共同的，而人们对其有各自的理解。"[28]由于人们对自然的理解相去甚远，规制各个城邦的礼法在来源与表达上也就各不相同，在不同礼法之间，甚至在对同一部礼法的理解之间存在紧张关系，就不足为奇了：自然的统一性与作为自然存在方式的礼法的复杂性之间存在一定的张力。

这种张力，在索福克勒斯(Σοφοκλῆς)的悲剧《安提戈涅》(Ἀντιγόνη)中达到了极致。就作为城邦统治者的克瑞翁(Κρέων)而言，从政治的角度出发，考虑城邦安宁与幸福的需要，拒绝安葬背叛城邦并与之为敌的波吕尼克斯(Πολυνείκης)，而给予为保卫城邦而牺牲的厄特俄克勒斯(Ἐτεοκλῆς)以体面的葬礼，这既符合希腊世界通行的正义标准——各得其所(τὸ τὰ ὀφειλόμενα δίκαιον εἶναι ἀποδιδόναι)，也不违反诸神的意志，因此是符合自然的；[29]而对于作为波吕尼克斯的姐妹的安提戈涅而言，从宗教的角度出发，习俗要求安提戈涅去安葬波吕尼克斯，这也同样是符合自然的。两者根据不同的角度从自然中得出了相互冲突的法律，而这两种基于不同的角度而产生的自然法规范都要求绝对地服从，克瑞翁与安提戈涅都陷入了自然法规范的不可调和的冲突之中。

由此看来，《安提戈涅》的确表述了经典的法律冲突，但这并不完全是通常所理解的自然法与实证法之间的冲突，而是也包括了对自然法本身之理解的矛盾与冲突。令人困惑的是，克瑞翁在整部悲剧中一直在反复说明其法令在自然上的根据，神意、正义、城邦的福祉、政治的权威等都被一一列举。而安提戈涅却始终没有说明她的神法的理由。她没有提供任何人类如何从自然中发现神法的线索。安提戈涅宣称她知道神法的存在，但她本身既不是忒瑞西阿斯(Τειρεσίας)那样的先知，又没有引证任何自然上的根据，她在最后得救前自杀，表明她要么是认为自己应该因对诸神与礼法的不虔敬而受惩罚，要么是感到诸神对自己所主张的正义与虔敬漠不关心，已经将她抛弃。[30] 这说明她对自己

---

[28] Hermann Diels, Die Fragmente der Vorsokratiker, Band Ⅰ, 2 Aufl., Weidmann, 1906, Heraklit, Fr. 1, S. 62.

[29] 甚至连安提戈涅自己都不否认这一点，参见[美]伯纳德特：《神圣的罪业》，张新樟译，华夏出版社2005年版，第74页。

[30] See Peter J. Ahrensdorf, *Greek Tragedy and Political Philosophy: Rationalism and Religion in Sophocles' Theban Plays*, Cambridge University Press, 2009, p. 87.

的主张也是毫无信心的。如果安提戈涅根本不能为自己对自然法的理解提供任何正当性证明,那么她的主张的正当性只能建立在纯粹的修辞性力量之上。任何人都不可能赞同她的理解,因为这样一来,就无异于鼓励对自然的不同理解,人世间的法律也就荡然无存,这将会造成灾难性的后果。[31]

总而言之,《安提戈涅》似乎表明了礼法与自然并不像自然哲学家们和赫拉克利特所认为的那样在本质上是统一的,而是不可避免地存在某种裂隙的,这种裂隙可以通过修辞性力量予以扩大。因此,在擅长通过修辞来诡辩的智术师(σοφιστής)那里,礼法与自然的裂隙被扩张到最大直至彻底崩坏,也就是意料之中的事了。

3. 智术师:礼法与自然之间的分裂

如何理解礼法与自然之间的关系的疑问在公元前 5 世纪的最后 30 年上升到了政治重要性的高度。这既有社会原因又有智识上的原因。社会原因就是伯罗奔尼撒战争的爆发,整个希腊世界的传统道德与法律观受到了冲击;智识上的原因则是智术师运动的兴起。[32] 自然法的早期思想家如赫西俄德,认为宙斯赋予了人类正义的力量,人类借此创制法律来实现正义。但赫西俄德从来没有说过宙斯赋予了人类具体的法律制度。智术师宣称,这就意味着,宙斯所赋予人类的正义,只能依靠人的认知来理解,人类再根据这样的认知来创制法律。如此一来,礼法与自然之间的关系就完全依赖于人的主观认知了。普罗泰戈拉(Πρωταγόρας)的名言"人是万物的尺度"[33] 可以看作是智术师们对确定礼法与自然之间的关系的准则的回答。那什么是"人"?是经验的个人还是理想型的个人?智术师的回答是经验的个人。[34] 这就意味着,对礼法与自然之间关系的探察,乃至于对自然法本身的理解,是完全依赖个人经验视域的。自然法的相对主义滥觞由此开启。

---

〔31〕 Stephen Salkever ed., *The Cambridge Companion to Ancient Greek Political Thought*, 1st edition, Cambridge University Press, 2009, p. 336.

〔32〕 Ryan Balot, *Greek Political Thought*, Blackwell Publishing Ltd., 2006, p. 99.

〔33〕 Hermann Diels, Die Fragmente der Vorsokratiker, Band Ⅰ, 2 Aufl., Weidmann, 1906, Protagoras, B1, S. 223.

〔34〕 Hans Welzel, Naturrecht und Materiale Gerechtigkeit, 4 Aufl., Vandenhoeck & Ruprecht, 1962, S. 12.

智术师不喜欢对自然作哲理深奥的探究,而是偏爱依靠修辞性力量(智术师因此也被称为修辞家),从自己对自然的经验观察中推演城邦的法律。他们似乎认为,自然的经验表象与人世的礼法之间,存在一种简单的类比。既然自然界普遍存在弱肉强食的现象,智术师也深信,从中找到的支配人类的法律也是支持强者为王的。智术师中的佼佼者高尔吉亚(Γοργίας)就曾宣称:"强者应该在前面走,弱者应该在后面跟,这是一条自然的法则。"[35]《理想国》(πολιτεία)中的色拉叙马霍斯(Θρασύμαχος)也断言,正义无非就是对强者有利的东西。[36] 贸然地将智术师划为强权主义者是不公正的,因为他们首先提出了自然法的基础,即对自然的观察,应当建立在人类的本性之上(尽管他们对人类的本性作了非常狭隘的片面理解)。他们的自然法理论,既是人文主义式的批判性自然法,又是个人主义式的革命性自然法。[37]

这种极具批判性又具革命性的自然法理论让礼法与自然之间的关系变得空前尖锐。智术师所主张的弱肉强食的自然法与城邦的礼法完全不符,因此不太可能为城邦所接纳。面对所遭受的如潮的质疑与批判,智术师干脆声称城邦现行的礼法并不真正反映自然,并嘲笑了那些号称以自然为基础的礼法的无用与虚伪。希庇阿斯(Ἱππίας)就将礼法与不成文的自然法相对立,并深信礼法往往违反自然的要求。[38] 很明显,智术师对礼法与自然之间的统一关系做了颠覆性的区分:礼法与自然不是在本质上统一的,而是存在不可调和的冲突的。

既然礼法与自然之间的统一关系已经被彻底颠覆,那么就有必要讨论一下两者的位序问题了。卡利克勒斯(Καλλικλῆς)在《高尔吉亚篇》(Γοργίας)中的长篇大论——这可能是智术师论礼法与自然的最重要的文本——则提供了精巧的答案。抛开他的"根据自然法,强者夺取弱者的利益是正确的"之类的陈词滥

---

〔35〕 高尔吉亚似乎是第一个提出这样命题的,参见[德]策勒尔:《古希腊哲学史纲》,翁绍军译,山东人民出版社 1992 年版,第 96 页。

〔36〕 参见[古希腊]柏拉图:《理想国》,郭斌和、张竹明译,商务印书馆 2009 年版,第 18 页。

〔37〕 Hans Welzel, Naturrecht und Materiale Gerechtigkeit, 4 Aufl., Vandenhoeck & Ruprecht, 1962, S. 15.

〔38〕 参见[德]策勒尔:《古希腊哲学史纲》,翁绍军译,山东人民出版社 1992 年版,第 93 页。

调不谈,卡利克勒斯阐发了礼法与自然之间关系的核心观点:自然是某种先验的伦理与政治准则,在不同民族与不同城邦那里表现如一;而礼法本质上不过是社会所建构的规范与制度,很多礼法并不是建立在自然的基础上的,这就是为什么某些礼法在不同民族与不同城邦那里表现各异的原因。因此,人们都应该按照自然行动,或者更准确地说,按照自然所规定的那种礼法来行动。[39] 这样一来,礼法与自然之间的位序关系就彻底清晰了:自然应该位于礼法之上,自然是礼法的前提与基础。这样的观点还蕴含了一层隐喻:礼法与自然之间的关系,是依赖人类的理解的。

礼法与自然的二元区分模式的彻底成熟,要归功于智术师关于礼法与自然的争论。智术师的自然是礼法的前提与基础,以及对礼法与自然之间的关系的理解必须转向人的理解本身的观点,也是对自然法思想的不朽贡献。不过,智术师的学说也存在巨大的危险,那就是礼法与自然的彻底区分所导致的相对主义。要克服这种相对主义,只有重新对已经被颠覆的礼法与自然之间的关系作某种程度的弥合。只有到这时,确认人类认识自然的可能性,以及不依赖人类的主观见解的认识客体的存在,并在人类自身的本性中去发现在实际生活中引导他的固有理想才成为必要。正是在这一点上,苏格拉底(Σωκράτης)认识到了爱欲(ἔρως)的用武之地。

(二)爱欲对礼法与自然之分裂的弥合

苏格拉底在《普罗泰戈拉篇》《高尔吉亚篇》《理想国》中对智术师的反驳以及对礼法与自然的阐述堪称经典。但本文并不想重复这些老生常谈。按照西塞罗的说法,苏格拉底是第一个将哲学从天上召唤下来,并且促使它对人世间的礼俗以及是非善恶进行思考的人。既然要探索善、正义和德性的内容问题,那就必然要拒绝智术师对礼法与自然的颠覆性区分。因此,笔者感兴趣的是,苏格拉底是如何做到这一点的。在笔者看来,他的途径正是通过爱欲。

1. 爱欲的含义

“爱欲”这个词经常被狭隘地理解为对情欲的狂热追求。实际上,古希腊文中常用“ἀφροδισία”或“ἀφροδίτη”来指代情欲。爱欲本身的确切含义,是指将心

---

[39] 参见[德]策勒尔:《古希腊哲学史纲》,翁绍军译,山东人民出版社 1992 年版,第 95 页。

灵倾注在某种客体上的活动,也就是某种欲望、某种追求,它们都属于某种情感。[40] 实际上,爱恋、豪勇、荣誉、浪漫、故作姿态、军事上的英雄主义,只要是出于表达被欲望被追求的目的,都可以划入爱欲的表象中去。[41] 总的来说,爱欲表明了欲望与追求的某种基本结构,任何肉体上与精神上的追求,都可以归入到这种结构中去。[42] 在古希腊人的生活中,爱欲具有两种含义:哲学(φιλοσοφία)的和政治(πόλις)的。后一种含义将在下文中分析,这里只讨论前一种含义。

爱欲在哲学上的含义集中体现在柏拉图的《会饮篇》(συμπόσιον)中:一群雅典知识界的杰出人物,坐在一起一边喝酒一边讨论爱欲的含义。虽然参与言谈者很狭隘地将爱欲局限于性别范围内,但其言谈的精神却冲破了这一樊篱:参与言谈者实际上都是在对智慧与爱欲提出自己的理解,整个争辩可以看作智慧与爱欲的形式与含义之争。在这场争辩中,苏格拉底的观点毫无疑问是正确的。苏格拉底以讲述第俄提玛(Διοτίμα)对其的教导的方式,阐明了爱欲的终极奥义:爱欲既存在于人类与动物所共享的性的生理上冲动中,又提供了一种动态的冲动,驱使人类去追求超出其世俗经验的满足。[43] 真正值得接受的是后者。所以,真正的爱欲,即哲学上的爱欲,不是追求一般大众,特别是享乐者所欲求的那种类似于肉欲的快乐,而是追求那种让人向往的完美性所带来的快乐。[44] 借此,《会饮篇》展示了人类欲望与追求的形式与内容的多样性,以及爱

---

〔40〕 Voir Ivan Gobry, Le Vocabulaire Grec de la Philosophie, Ellipses Publishing Marketing, 2000, p.51.

〔41〕 See Paul Ludwig, *Eros and Polis: Desire and Community in Greek Political Theory*, 1st edition, Cambridge University Press, 2002, p.8.

〔42〕 情欲(“ἀφροδισία”或“ἀφροδίτη”),是指对肉欲所带来的愉悦的狂热追求,按照本文此处对爱欲的定义,情欲并不等同爱欲,而只是它的某个方面罢了,也就是说,爱欲包括了情欲。Paul Ludwig, *Eros and Polis: Desire and Community in Greek Political Theory*, 1st edition, Cambridge University Press, 2002, p.9.

〔43〕 See E.R. Dodds, *The Greeks and the Irrational*, 1st edition, University of California Press, 1951, p.218.

〔44〕 参见[阿]阿尔法拉比:《柏拉图的哲学》,程志敏译,华东师范大学出版社 2006 年版,第 45 页。

欲所追求的不同内容在本体论上状态上的差异。这种展示借苏格拉底与第俄提玛之口隐秘地表达了这样一种含义:人类仅仅是为了快乐(εὐδαιμονία)的缘故而追求暂时性的东西,而快乐依赖于人类与超越时空范围的善的关系。这样一来,人类的快乐与幸福,就建立在对自我的规制性与心理性的和谐之上,即在不同的欲望与价值之间做出选择与排序的能力。这种能力依赖的是智慧,这就引出了苏格拉底与柏拉图的学说的核心——哲学,即爱智慧。〔45〕

具体而言,苏格拉底将爱欲比作介于诸神和凡人之间的精灵(δαίμων),把人类的东西翻译和传达给诸神,再把诸神的东西翻译和传达给人类。〔46〕这样一来,爱欲就成为人类与诸神的领域,真实与虚妄、智慧与无知之间的沟通桥梁。爱欲所体现的人类对诸神、真实与智慧的欲望与追求,就势必变成对智慧(σοφία)的爱与向往(φιλία),也就是哲学,即爱智慧(φιλοσοφία)。因此,哲学,即对诸神、真实与智慧的欲望与追求,本质上就是爱欲的某种形式。〔47〕爱欲就是苏格拉底与柏拉图的学说的宇宙论、形而上学与认识论的最深层次根基。〔48〕《会饮篇》关于爱欲的理论揭示了苏格拉底与柏拉图的学说的核心教义。〔49〕

2. 爱欲与心灵

如果说,人类是由神所创造的,并被赋予了爱欲,而爱欲又是对智慧的欲望与追求,那么人类必然借此陷入对自然的沉思之中。人类对自然的沉思并不停留在对自然的表象的沉思的层次,《会饮篇》中提示,人类对超出其经验与理解的东西也会有欲望与追求。如此一来,当人类开始审视这个世界的表象时,就会运用自己的灵性,去从中发现表象中隐含的终极原因与规律,即逻各斯。这样的思想在《会饮篇》中尚嫌隐晦,而在柏拉图的另一部著作《蒂迈欧篇》

〔45〕 See Gary Alan Scott & William A. Welton, *Erotic Wisdom: Philosophy and Intermediacy in Plato's Symposium*, 1st edition, State University of New York, 2008, p. 184.

〔46〕 参见[古希腊]柏拉图等:《柏拉图的〈会饮〉》,刘小枫等译,华夏出版社 2003 年版,第 75 页。

〔47〕 See Gary Alan Scott & William A. Welton, *Erotic Wisdom: Philosophy and Intermediacy in Plato's Symposium*, 1st edition, State University of New York, 2008, p. 16.

〔48〕 See Jill Gordon, *Plato's Erotic World: From Cosmic Origins to Human Death*, 1st edition, Cambridge University Press, 2012, p. 39.

〔49〕 这也是本文为何从《会饮篇》而不是《理想国》入手来研究礼法与自然的原因。

(Τίμαιος)中得到了明白无误的表示。苏格拉底在《蒂迈欧篇》中提示，世界的表象向人类所呈现的，不是真实的原因与规律，不是逻各斯，而不过是一些虚假的、次要的原因与规律(συναιτίον)。自然的终极原因与规律，即逻各斯，只有由灵魂(ψυχή)，从不可见的东西中，通过心灵(νοῦς)来理解。因为次要的、具体的原因与规律与逻各斯无关；[50] 而自然的终极原因与规律，即逻各斯，是与心灵同在的(μετὰ νοῦ)。[51] 如此一来，对心灵与知识的爱欲(τὸν δὲ νοῦ καὶ ἐπιστήμης ἐραστήν[52])就必然体现为对自然中包含的逻各斯的追求。爱欲就像一个向导，[53] 将人类的心灵与自然中的逻各斯相连接。利用自己的心灵追求自然的逻各斯的，就是爱欲者(ἐραστής)，即身体力行真正的爱欲的人。[54] 由此可见，心灵乃至逻各斯，都是与爱欲有关的。

3. 爱欲对礼法与自然之争的弥合

苏格拉底坚信，既然解决了怎么认识自然的问题，那么人类就不难根据从自然中得出的终极原因与规律，即逻各斯，去创制人世间的礼法。因此，正如苏格拉底在《会饮篇》中所说的那样，爱欲就成为礼法与自然，人之所是(实然)与人之所应是(应然)之间的桥梁，渡桥的工具就是心灵。如前所述，心灵是与具有超验性质的逻各斯同在的，其本身体现为对某种绝对性的追求，因此心灵本身不可能像智术师所声称的那样是高度依赖个人的，毋宁说，其体现了人类某种普遍性的主观的、理性化的认知能力。既然自然是人类所共同生活于其中的，逻各斯是人类所共享的，心灵是人类共有的，那么人类对逻各斯乃至于对由其引申出的礼法的理解，至少在认知的本体论上，是有绝对性的保障的。这样的观点既排除了对自然的认识论上的相对主义，又为礼法奠定了绝对性的本体

---

[50] 参见[古希腊]柏拉图：《蒂迈欧篇》，谢文郁译，上海人民出版社 2005 年版，第 31 页。

[51] 参见[古希腊]柏拉图：《蒂迈欧篇》，谢文郁译，上海人民出版社 2005 年版，第 31 页。

[52] 注意名词“ἐραστής”的词源就是爱欲的名词“ἔρως”的动词形式“ἐράω”。

[53] 参见[古希腊]柏拉图等：《柏拉图的〈会饮〉》，刘小枫等译，华夏出版社 2003 年版，第 94 页。

[54] See Jill Gordon, *Plato's Erotic World: From Cosmic Origins to Human Death*, 1st edition, Cambridge University Press, 2012, p. 33.

论上的坚实基础。这样一来,智术师对礼法与自然所做的颠覆性区分就显得站不住脚了:礼法与自然之间的张力,通过爱欲得到了弥合。

值得注意的是,《会饮篇》中对礼法与自然之间的关系也提出了不同以往的见解:爱欲意味着礼法与自然的混合与统一。自然先于礼法,是礼法的源头,但是,对自然的理解需要通过爱欲,爱欲催生了礼法,而礼法反过来又规训爱欲,去除其非理性的成分,让其成为哲学化的爱欲,爱欲再反过来加深对自然的理解,让礼法更能反映自然……这就构成了一种循环,礼法与自然在爱欲之下形成了一种良性的循环互动的统一关系。[55]

现在,我们可以很清晰地发现,古希腊的礼法与自然的思想,是怎样成为自然法思想的历史渊源的。回忆一下前文所提到的自然法的第一种历史维度,即以理性(ratio)为中介的法(ius)与自然(natura)的二元区分,我们就会发现一种完整的对应关系:法与礼法("ius"与"νόμος"),自然与自然("natura"与"φύσις"),理性与爱欲("ratio"与"ἔρως",由于爱欲就是通过心灵"νοῦς"对逻各斯"λόγος",即拉丁文所称的理性"*ratio*"的探究,因此说理性与爱欲之间存在对应关系并无不当)。自然(φύσις、natura)不是神秘莫测的,而是可以认知的,自然秩序("自然正确")隐藏在自然的背后,一旦发现这个秩序的基本原理逻各斯(λόγος、ratio),就可以从中发现人类社会的秩序,也就是法(νόμος、ius)。发现这一原理的方式就是爱欲(ἔρως)通过心灵(νοῦς)对自然的沉思。由此可见,西塞罗的自然法思想与荷马、赫西俄德直到苏格拉底的古希腊思想传统一脉相承。因此,本文可以圆满地得出结论,即自然法的第一种历史维度是以古希腊的礼法与自然的思想为渊源的。古希腊的礼法与自然的思想一直都是后世自然法理论最坚实的基础。

三、自然法的第二种历史维度的渊源

自然法的第二种历史维度,即普遍性的理念,也非西塞罗的原创。事实上,在罗马法文献中就经常看到类似表述。罗马人就已经认识到,既有只适用于各民族的市民法(ius civile),又有根据自然的理性为全人类所制定,受一切民众

〔55〕 See Paul Ludwig, *Eros and Polis: Desire and Community in Greek Political Theory*, 1st edition, Cambridge University Press, 2002, p. 108.

共同体所遵守的万民法(ius gentium)，即自然法(ius naturale)。[56] 在自然法的组织下，一切具有理性的人类都组成了一个普遍性的政治共同体，一个世界城邦。任何不参与这个城邦的人是对自己的放逐。[57]

此等普遍主义理念的思想，在古希腊人那里已现端倪。例如，阿那克萨戈拉(Ἀναξαγόρας)在被责问为什么不关心自己的祖国时就手指天空，宣称那才是他的祖国；[58] 第欧根尼(Διογένης)在被问及来自何处时则自称是“世界公民”(κοσμοπολίτης)。[59] 但这仅仅是一种消极遁世的普遍主义思想。积极的普遍主义思想则具体体现在晚期的斯多葛学者的观点之中。例如，克吕西波(Χρύσιππος)就宣称，正确的理性让诸神与人类都成为世界城邦的成员，世界城邦中的一切都是为人和神服务的。很显然，西塞罗的自然法的普遍主义思想已经在此得到了清晰表述。自然法的第二种历史维度的渊源，在此已经很清楚了。

斯多葛学派的普遍主义思想并非一蹴而就的产物，而是某种思想线索在历史发展过程中的结晶。普遍主义与世界城邦思想的核心理念，是与政治共同体息息相关的。但是，古希腊原本是由诸多城邦国家组成的，而城邦国家的标准理念，就是各自的城邦才是公民间共享的财货的原点(primary locus)，因此，本地的城邦才是真正的政治共同体与权威的来源。[60] 世界城邦的理念很显然与城邦国家的理念相龃龉。于是，我们不禁要提出这样一个问题：究竟是什么观念，能够促使古希腊人走出狭隘的城邦国家的理念，发展出普遍主义与世界城邦的思想？

---

[56] 参见徐国栋：《优士丁尼〈法学阶梯〉评注》，北京大学出版社2011年版，第41页。

[57] 参见[古罗马]西塞罗：《国家篇 法律篇》，沈叔平、苏力译，商务印书馆2009年版，第102页。

[58] 参见[古希腊]第欧根尼·拉尔修：《名哲言行录》，马永翔等译，吉林人民出版社2003年版，第89页。

[59] 参见[古希腊]第欧根尼·拉尔修：《名哲言行录》，马永翔等译，吉林人民出版社2003年版，第365页。如果这段记述属实，那么“cosmopolitanism”的词源就是出自他。

[60] See Stephen Salkever ed., *The Cambridge Companion to Ancient Greek Political Thought*, Cambridge University Press, 2009, p. 357.

(一)政治上的爱欲的意义

在本文看来,上述问题的答案之一就是上文提及的爱欲。但是这里的爱欲并不是哲学上的,而是政治上的。

爱欲作为某种政治术语,在荷马与赫西俄德的神话叙事中就已经出现。自此以后,爱欲一直在困扰古典政治理论家们。[61] 这种困扰,在很大程度上是因为爱欲在古希腊历史的不同发展阶段上表现出不同的意义与理解。古代政治思想家相信,爱欲虽是极为个人化的感情,却和公共事务,特别是城邦的建立息息相关。修昔底德(Θουκυδίδης)在他的《伯罗奔尼撒战争史》中表现了对爱欲的特殊兴趣。在他那里,爱欲既表示作为民主城邦的雅典的公民对雅典的爱,愿意为了雅典的利益竞相去奉献乃至牺牲,以证明自己对雅典的爱更有价值;[62] 也表示某种与私人相对的政治与公共激情,某种狂热的梦想。这种超出本国城邦之外,追求异域的领土与人民的激情与梦想,集中体现在雅典帝国主义和西西里远征上。虽然雅典帝国主义因其过度扩张导致的骄傲自大(ὕβρις)而毁灭了,但帝国主义在经济与文化上的普遍性追求却保留了下来。城邦的道德、宗教与风俗开始变化,城邦的制度开始坍塌,公民对其所属的城邦不再有政治上的爱欲。新的哲学与信仰开始形成,它们取代了城邦的固有思想。在犬儒学派与斯多葛学派那里,政治上的爱欲的对象发生了变化,普遍主义的原则开始与普遍性的理性相连接,自然法的第二种历史维度最终形成了。

(二)政治上的爱欲的历史进程

1. 从家庭到城邦

色诺芬(Ξενοφῶν)在《希腊志》(Ἑλληνικά)中记载,公元前 385 年,斯巴达人摧毁了阿卡迪人的城市曼提尼亚,并强迫那里的居民返回各自之前的村坊的家庭(οἶκος)中,而这座城市就是由这些村坊组成的。[63] 古希腊文中将这种分而治之的策略称为“διοικίζειν”,其字面上的意义就是“拆碎成家庭”;而相反的由

---

[61] See Ryan K. Balot ed., *A Companion to Greek and Roman Political Thought*, Blackwell Publishing Ltd., 2009, p. 296.

[62] See Ryan K. Balot ed., *A Companion to Greek and Roman Political Thought*, Blackwell Publishing Ltd., 2009, p. 297.

[63] 参见[古希腊]色诺芬:《希腊史》,徐松岩译注,上海三联书店 2013 年版,第 199 页。

家庭组成城邦的行为被称为“συνοικίζειν”,其字面上的意义就是“将家庭联合”。很明显,这两个词表述了城邦的诞生与毁灭都是与家庭有关。[64] 那么,家庭是如何产生城邦的?很显然与政治上的爱欲息息相关。

《会饮篇》中暗示,爱欲体现为对自我的寻求。[65] 这种自我的体现就是家庭,爱欲在此似乎体现为异性之间的家室之爱。不过,异性之间并不平等,男性是家庭的主宰,赫西俄德就说过:“先营家室,以安其妻;爱畜牡牛,以曳其犁。”在古希腊社会,妻子不过是用来满足男性的自我需求,即繁衍与生存的手段和工具。[66] 因此,在家庭中,爱欲在此实际体现的是男性公民对自我的爱欲。这种爱欲在各种爱欲中是最低级的,也不能为城邦与政治提供什么思想资源。

对自我的爱欲仅仅是第二位的,在其之上还有对整体性的爱欲。《会饮篇》中就说过:爱欲就是对整体的欲望与追求。[67] 这个整体在当时就是城邦。通过让其成为整体的一分子,城邦满足了人类追求整体性的欲望。[68] 爱欲如果要在作为整体的城邦中实现,就必须从对自我的爱欲扩张到对他者的爱欲。由于城邦的各种职能是由男性公民承担的,因此爱欲在此体现为男性公民之间、同袍之间的爱欲。[69] 在芝诺看来,爱欲的唯一目的是友谊,而不是肉体的享受。[70] 爱欲体现为友谊(φιλία)与自由(ἐλευθέρια),并通过友谊和自由实现了

---

〔64〕 See Paul Ludwig, *Eros and Polis*: *Desire and Community in Greek Political Theory*, Cambridge University Press, 2002, p. 58.

〔65〕 参见[古希腊]柏拉图:《柏拉图的〈会饮〉》,刘小枫等译,华夏出版社 2003 年版,第 51 页。

〔66〕 参见[古希腊]亚里士多德:《政治学》,吴寿彭译,商务印书馆 2008 年版,第 4 ~ 6 页。

〔67〕 参见[古希腊]柏拉图:《柏拉图的〈会饮〉》,刘小枫等译,华夏出版社 2003 年版,第 52 页。

〔68〕 See Paul Ludwig, *Eros and Polis*: *Desire and Community in Greek Political Theory*, Cambridge University Press, 2002, p. 58.

〔69〕 芝诺(Ζήνων)认为,爱欲的唯一目的是友谊,而不是肉体的享受。因此,对同一个城邦的公民来说,爱欲体现为同胞之情;对同一支军队的战士来说,爱欲体现为袍泽之情。这两种爱欲(公民之爱与战士之爱)通过传递共识和公民友情,构成了雅典城邦的基础。

〔70〕 参见[古希腊]第欧根尼·拉尔修:《名哲言行录》,马永翔等译,吉林人民出版社 2003 年版,第 455 页。

男性公民之间的联合即同心(ὁμόνοια),借此最终保全(σωτηρία)了城邦。[71] 由于家庭是附属男性公民的,男性公民之间的联合也就意味着家庭之间的联合。家庭就是这样组成城邦的。

对个人自身的家庭式的爱欲崩溃了,对整体的爱欲只能在城邦中实现。爱欲的对象就这样从个人自身拓展到了城邦。对在城邦中的个人而言,其个人的幸福,依赖城邦的善与男性公民之间的同心(ὁμόνοια)。爱欲就这样提升了男性公民之间的友爱、自由与同心,因此维持了城邦的稳定。[72]

2. 从城邦到帝国

在古希腊人那里,爱欲的对象并不限于单纯的身体或有形的物体。抽象的东西,如城邦或想象的政治共同体,也被认为是属于爱欲的。[73] 对城邦之伟业的爱欲,必然引起爱国主义。修昔底德笔下的伯利克里(Περικλῆς)就把这种爱国主义视为雅典公民对培育其成长的周围环境的非地方性的主观情感与不假思索的感情。[74] 在著名的纪念阵亡将士的葬礼的演说中,伯利克里要求雅典公民都应该成为雅典城邦的爱欲者(ἐραστής)。[75] 如此一来,不仅雅典城邦成为新的爱欲的对象,雅典公民自身在城邦中也要扮演爱欲者的角色,他们必须去模仿爱人之间向被爱的一方所展示的那种英勇:他们必须骑士般地侍奉雅典,为其牺牲,甚至为其献出生命。总而言之,雅典公民必须像对待爱人那样去对待雅典。[76] 伯利克里这种以城邦作为爱欲的对象的爱国主义,颠覆了原先

---

〔71〕 See Ed Sanders et al., *Erôs in Ancient Greece*, Oxford Scholarship Online, 2013, p. 130.

〔72〕 See H. C. Baldry, *The Unity of Mankind in Greek Thought*, Cambridge University Press, 1965, p. 154.

〔73〕 See Paul Ludwig, *Eros and Polis: Desire and Community in Greek Political Theory*, Cambridge University Press, 2002, p. 10.

〔74〕 See Paul Ludwig, *Eros and Polis: Desire and Community in Greek Political Theory*, Cambridge University Press, 2002, p. 346.

〔75〕 参见[古希腊]修昔底德:《伯罗奔尼撒战争史》,徐松岩译注,上海人民出版社 2012 年版,第 154 页。

〔76〕 See Ryan K. Balot ed., *A Companion to Greek and Roman Political Thought*, Blackwell Publishing Ltd., 2009, p. 297.

对政治上的爱欲的理解。在过去，城邦被比喻作父亲（πατήρ）或母亲（μήτηρ），公民对城邦的爱欲类似孩子（παῖς）对父母的爱，这是一种不平等的爱欲；伯利克里则以平等的爱欲取而代之。这样一来，城邦就失去了高高在上的尊严和敬畏（αἰδώς），也就失去了整体性的力量；雅典公民对整体的欲望与追求必须以新的对象取而代之。这种新的对象必须超越雅典城邦的范围。因此，雅典公民对异邦的领土和人民就产生了欲望与追求。爱欲的对象扩展到异邦的领土与人民，雅典帝国主义由此产生。[77]

雅典帝国主义包括两方面的内容：雅典公民对雅典帝国的爱与对异邦的领土和人民的欲望与追求，而这两者之间必然会产生龃龉。爱国主义只能是爱自己的城邦，这就意味着对雅典城邦的赞颂与对异邦的领土和人民的相对轻视。因此，帝国主义本身虽然包含了普遍主义与世界城邦的思想因素，但却在思想上和方法上均缺乏实现普遍主义的手段。雅典帝国主义这一理想与现实之间的自我矛盾就导致了骄傲自大的产生。这种骄傲自大促使雅典帝国对其他的城邦进行掠夺、压榨乃至屠杀，[78]这种骄傲自大促使雅典帝国与斯巴达在伯罗奔尼撒战争中争夺已知的文明世界，即希腊世界的领导权。爱欲的对象就扩展到了整个已知的文明世界，普遍主义的观念由此萌发。

3. 城邦制度的衰落：普遍主义的诞生

雅典帝国主义终于因为过度的骄傲自大而灰飞烟灭。然而，普遍主义的观念却没有随之毁灭。事实上，在雅典帝国主义的全盛时期，在商品，包括文化产品的消费中，以域外的风俗习惯与观念进行交往司空见惯。雅典帝国主义在物质方面的需求要求雅典公民在经济与政治上超出本土城邦的狭隘范围，在文化方面的需求要求雅典公民接纳其他城邦的法律、习俗与宗教。爱欲的对象由雅典城邦转变为他者，或者更确切地说，拥有他者之物、过他者的生活、采纳他者的方式，甚至变成他者这样的欲望与追求。雅典在文化方面的特征就是拥有自己的礼乐，现在随着外来商品、文化与宗教的输入，雅典礼崩乐坏，雅典城邦的

---

〔77〕 由此看来，爱欲是帝国主义不可或缺的一种特征，see Ryan K. Balot ed., *A Companion to Greek and Roman Political Thought*, Blackwell Publishing Ltd., 2009, p. 298。

〔78〕 尤以雅典人对米洛斯岛的居民的屠杀为甚，参见［古希腊］修昔底德：《伯罗奔尼撒战争史》，徐松岩译注，上海人民出版社 2012 年版，第 401 页。

概念在文化观念上开始瓦解。[79] 这样一来,雅典的公民就不再对城邦无条件地忠诚了,背叛的现象比比皆是。[80] 雅典公民开始追求比城邦更高的整体性形式。普遍主义与世界城邦的观念由此在雅典公民中产生了。

(三)政治上的爱欲与自然法的结合

普遍主义的问题在于,其既具有世界城邦的理想,又缺乏实现或维持这种世界城邦的手段。哲学恰逢其时地填补了这一空缺。在伯罗奔尼撒战争结束后的一段时间里,人类的思想力量已经变得足够强大,足以动摇原来的政治准则,创造新的信仰。[81] 这一信仰必须具有普遍性的特征,以适应城邦制度开始衰落的时代特征。这一信仰自然不能从特定的人群或政治群体中去寻找,而只能从全人类中去寻找,也就是寻找全人类所共同的东西。哲学家们找到的这一信仰就是逻各斯,即理性。

在亚里士多德(Ἀριστοτέλης)那里,理性就是法律,国家只是平等的人的联合,以便共同达到幸福与便利的生活。这样一来,古代的社会原则就被抛弃了,社会法律与国家观念的新基础就诞生了:那就是具有理性的人,他们因具有理性而平等。

人都是具有理性的,具有理性的人类不应该被视为一个个被地域分割的狭小的政治共同体的属民,而应该被视为一个普遍性的城邦的共同成员。犬儒主义者就表达了这样的真理:人类应该是世界的公民,祖国不应该局限在狭小的地域范围内,城邦的爱国主义情感被作为一种成见而取消了。[82]

这样一来,政治上的爱欲的对象再度发生了变化,变成了对理性的欲望与追求,爱欲所追求的整体性由城邦、帝国变成了世界城邦。借此,政治上爱欲的对象与哲学上的爱欲的对象之间发生了某种对应。如前所述,哲学上的爱欲的核心是逻各斯即理性,正是逻各斯为人类理解自然奠定了坚实的本体论基础。

---

〔79〕 注意柏拉图《理想国》的开篇,就是雅典在引进新神。

〔80〕 See Paul Ludwig, *Eros and Polis: Desire and Community in Greek Political Theory*, Cambridge University Press, 2002, p. 370.

〔81〕 See Fustel de Coulanges, *La Cité Antique: Étude sur le Culte, le Droit, les Institutions de la Grèce et de Rome*, Cambridge University Press, 2009, p. 460.

〔82〕 See Fustel de Coulanges, *La Cité Antique: Étude sur le Culte, le Droit, les Institutions de la Grèce et de Rome*, Cambridge University Press, 2009, p. 468.

逻各斯不是个别精英所有的,而是人人都有的,因此哲学上的爱欲已经在暗示全人类是属于一个共享逻各斯,即理性的共同体的。而政治上的爱欲所引起的普遍主义与世界城邦的观念,也随之被引入到哲学上的爱欲所引发的自然法观念之中:人类被逻各斯提升到某种存在秩序中,这种存在秩序完全超越了人的本性所固有的条件与天赋,构成了某种世界城邦的根本准则;而人类对理性的欲望、追求与分享,则是进入这种世界城邦的通行证。[83] 这样一来,政治上爱欲的对象与哲学上的爱欲的对象之间在逻各斯的基础上实现了重合和统一,并体现为普遍主义与世界城邦的理念。借此,自然法思想除礼法与自然之间的二元区分这一历史维度外,又加上了普遍主义与世界城邦的历史维度。

这两种历史维度的集合,集中体现在斯多葛学派的自然法思想上。芝诺(Ζήνων)就曾经宣称,人类并非被某些特殊的法律所区隔开的某个区域某个城市的公民,而应被看作属于同一区域与同一城市的公民。[84] 克吕西波则表示,只有具有理性的个人才能实践自然法,从而归属于同一个世界城邦。晚期斯多葛学者则认为,具有理性的个人,仅仅因为能够服从于自然法,就能成为世界城邦的公民。[85] 在斯多葛学者那里,自然法的两种历史维度,特别是普遍主义的维度,最终以较成熟的形式呈现。

古希腊虽然是自然法思想的这两种历史维度的发源地,但其已经没有机会再把这两种历史维度在现实中落实了。因为这种知识革命的果实需要时间的培植才能瓜熟蒂落,而世界精神的火炬在果实成熟前就已经离开了古希腊。但其创造的那些自然法思想,依赖那两种历史维度,在古希腊的时代终结后,却依然保存了下来。通过接替古希腊人的精神火炬的罗马人对西方世界的军事征服,城邦制度最终毁灭,一个世界帝国开始出现在历史舞台上,这个帝国接受了古希腊人的自然法思想,并将其在现实中落实与呈现。这一事件的结果就是:

---

〔83〕 参见[德]海因里希·罗门:《自然法的观念史和哲学》,姚中秋译,三联书店2007年版,"英译者前言"第28页。

〔84〕 See Fustel de Coulanges, *La Cité Antique: Étude sur le Culte, le Droit, les Institutions de la Grèce et de Rome*, Cambridge University Press, 2009, p.468.

〔85〕 See Stephen Salkever ed., *The Cambridge Companion to Ancient Greek Political Thought*, Cambridge University Press, 2009, p.359.

罗马本身体现为一个世界城邦,其法律制度就是自然法的法典化,[86] 普遍主义的自然法思想才最终大放异彩。

Eros, Physis and Nomos

—The Ancient Greek Origins of the Historical Dimensions in the Thought of Natural Law

Zhou Weiming

Abstract: The thought of natural law has two historical dimensions: the division between law and nature, and the idea of cosmopolitanism and cosmopolis, both of which derive from ancient Greece. The division between law and nature originates from the ancient Greek's division between nomos and physis. This division firstly appeared in ancient Greek mythology, and the natural philosophers in Miletus and Heraclitus made it as a uniform concept. This uniform concept had been broken by tragic dramatists and then the nomos and physis had been completely differentiated. The thought of eros in Socrates' philosophy bridged the division between nomos and physis and reconstructed their relations. On the other hand, the thought of eros in the politics of ancient Greece made the families united as polis. The polis then developed into empire, and the empire turned into the idea of cosmopolitanism and cosmopolis. This idea, combined with the previous historical dimension, formed the basis of the thought of natural law.

Key words: Natural law; Eros; Nomos; Physis

---

[86] See Stephen Salkever ed., *The Cambridge Companion to Ancient Greek Political Thought*, Cambridge University Press, 2009, p. 359.

专题二:生命与人工智能

在平等与自治之间：生命数量权衡的康德式证成*

张峰铭**

内容摘要：

攻击型紧急避险的正当化根据源自公共法权对于个体法权的约束，意在体现对所有个体的平等尊重。部分义务冲突与紧急避险情境中的生命数量衡量能够基于平等尊重而证成。在竞争性生命冲突中，无辜第三人的死亡是救助更多人的代价而非手段，此时数量衡量符合平等尊重的要求，能够被正当化。而将无辜第三人的死亡作为拯救更多人手段的避险行为侵犯了个体自治，彻底贬损了人性尊严，因而不可能被正当化。

关键词：

法权　紧急避险　容忍义务　人性尊严　平等自由

一、问题的提出

生命冲突中牺牲少数以拯救多数是否可能成立正当化紧急避险，历来存在重大争议。以经典的电车难题为例：一辆没有司机的电车错误驶入一条废弃轨道，即将撞上前方 5 人，而路旁有一个转辙器，可以控制电车转向驶入另一侧岔道，但调转方向会撞死另一侧轨道上的一人。如果路旁的一个行人选择扳动转辙器撞死一人以拯救 5 人，这样一种针对无辜第三人生命的攻击型紧急避险是

* 本文的写作得益于攻读博士学位期间陈景辉教授的指导，以及郑玉双、毕寓凡、王昱博、黄文轩、魏杰、徐成、陈杰、徐舒浩、孙莎莎、刘继烨等师友的批评建议。

** 中共中央党校（国家行政学院）政治和法律教研部讲师。

否能被正当化?[1]相当多学者都给出了否定回答。[2] 类似的现实案例是德国宪法法院对《航空安全法》第 14 条第 3 款的违宪裁定,该款规定在极端情形下国防军有权击落被劫持的飞机。宪法法院认为该规定违背《德国基本法》第 1 条第 1 款关于"人性尊严不可侵犯"的规定。[3]

从形式上看,上述紧急避险难题与另一些义务冲突情境非常相似。假设两艘船只即将沉没,某个救援队负有很强的法定救助义务,但由于时间与精力的原因只能救助一方。此时,如果救援队谁也不救,就符合故意杀人罪的构成要件。但此时人数是否会影响不同救助行为的正当化效果?与电车情境中的司机一样,这里的救援队同样面临着救少数还是救多数的抉择。

然而,当下研究很少将这两种情形下的生命冲突正当化难题统一处理,而是分别在紧急避险与义务冲突这两种正当化事由的框架内讨论。但这种做法,一方面,难以把握"生命冲突"这一类实践难题的普遍结构;另一方面,忽略了紧急避险和义务冲突在正当化根据层面可能存在的共性,[4]无助于给出一个合

---

〔1〕 对该问题的经典论述,see Judith Jarvis Thomson, *The Trolley Problem*, 94 Yale Law Journal 1395 (1985)。

〔2〕 持这一观点的部分学者,参见[德]克劳斯·罗克辛:《德国刑法学总论》,王世洲译,法律出版社 2005 年版,第 477 页;[德]马尔斯·金德霍伊泽尔:《刑法总论教科书》,蔡桂生译,北京大学出版社 2015 年版,第 184 页;[德]冈特·施特拉腾韦特、洛塔尔·库伦:《刑法总论 I:犯罪论》,杨萌译,法律出版社 2006 年版,第 182 页;[德]埃里克·希尔根多夫:《德国刑法学:从传统到现代》,江溯、黄笑岩等译,北京大学出版社 2015 年版,第 319 页;张明楷:《刑法学》,法律出版社 2016 年版,第 222 页;周光权:《刑法总论》,中国人民大学出版社 2016 年版,第 218 页。

〔3〕 参见[德]米夏埃尔·帕夫利克:《目的与体系:古典哲学基础上的德国刑法学新思考》,赵书鸿等译,法律出版社 2018 年版,第 240 页;Tatjana Hornle, *Shooting Down a Hijacked Plane—The German Discussion and Beyond*, 3 Criminal Law and Philosophy 111, 111 - 131 (2009)。

〔4〕 相关讨论,参见周光权:《刑法总论》,中国人民大学出版社 2016 年版,第 223 页;也有学者将义务冲突归入紧急避险的子类,参见[德]冈特·施特拉腾韦特、洛塔尔·库伦:《刑法总论 I:犯罪论》,杨萌译,法律出版社 2006 年版,第 184 页。本文将说明,紧急避险与义务冲突共享同样的正当化根据,对义务冲突的深入理解将有助于解决"对生命的紧急避险"之难题。

理而且体系上融贯的解决方案。换言之,要想解决生命冲突难题,既要抓住其中的普遍性伦理难题,又要对刑事正当化事由有整体性把握。

因此,本文试图基于康德法哲学的整体视野,考察紧急避险和义务冲突是否可能共享了同样的正当化根据,在此基础上为生命冲突难题给出统一化的解决方案。下文第一部分将梳理当下关于生命冲突正当化难题的讨论焦点和缺陷,第二部分将在康德法哲学的统一框架下安置正当化的紧急避险和义务冲突,第三部分将从平等尊重的角度捍卫竞争性生命冲突中数量衡量的正当性,第四部分回应部分质疑。本文的结论有二:第一,紧急避险和义务冲突背后的正当化根据具有同一性,都是公共法权基于"平等尊重"的考量而对个体法权施加的限制;第二,在"竞争性生命冲突"中,生命数量衡量能够被正当化,因为此时数量衡量是平等尊重的要求。

二、既有讨论及其缺陷

在当下中文学界,反对生命数量衡量的观点占据主流地位,而这些主张大多以尊重人性尊严价值作为基本出发点。本文并不试图挑战人性尊严价值的根本重要性,但试图论证,尊重人性尊严未必总是要求禁止数量衡量。相反,在一些情形中,数量衡量是尊重人性尊严的要求,因为人性尊严的首要含义就是对每个人平等重要性的尊重。

在以尊重人性尊严为依据反对数量衡量的学者看来,虽然人数衡量保护了更多生命,但尊重人性尊严意味着不能为了实现良善目的而将他人生命用作手段。由于人性尊严价值在宪法体系中具有至高地位,故而生命数量衡量在任何时候都不能被正当化。例如,陈璇指出,"由于人格尊严的要义在于禁止将人格贬低为物化的工具,故不允许将生命作为实现其他目的的手段"。[5] 劳东燕也试图通过人性尊严这一法治国最高价值来约束利益衡量。[6]

但是,对于尊重人性尊严意味着什么,"将人仅仅用作手段"又包含哪些情形,道德哲学界始终争论不休,看上去难以为相关刑法讨论提供清晰的指导。因此也有学者试图绕开对人性尊严本身的抽象讨论,从社会团结义务的内容与

〔5〕 参见陈璇:《生命冲突、紧急避险与责任阻却》,载《法学研究》2016年第5期。

〔6〕 参见劳东燕:《法益衡量原理的教义学检讨》,载《中外法学》2016年第2期。

限度层面说明紧急避险正当化的根据,并进而说明人们不可能负担牺牲生命的容忍义务。[7] 当然,抽象地讨论社会团结义务本身亦很困难,故而有学者借用罗尔斯的原初契约设计考察社会团结义务的内容和限度。[8] 然而诉诸社会团结义务并无法回避关于人性尊严的争论。因为个人对于政治共同体负有何种义务,取决于如何理解个人与政治共同体之间的关系,不同的立场依托了特定的政治哲学乃至道德哲学立场。罗尔斯的原初契约设计本身就预设了特定的人性尊严观念。故而试图绕开"人性尊严"本质之争的做法同样行不通。

实际上,探讨人性尊严并没有许多学者想象得那么困难。本文试图从一些被公认的前提出发导向相对具体的结论。无论人性尊严具体要求什么,其都包含了"平等"与"自治"两项基本要求,二者结合就是每个人所拥有的平等自由。就如何从人性尊严角度建构个人权利和政治制度而言,康德法哲学做出了开创性工作,是相关研究无法绕过的起点和源泉。他的法权学说就是试图构建一个包含个体法权和公共法权复合结构的平等自由体系,以捍卫每一个体的平等与自治。而且康德法哲学与现代刑法教义学具有概念和原理上的亲缘性。因此,下文将首先依托康德法哲学体系,大致勾勒正当防卫、防御型紧急避险、攻击型紧急避险、义务冲突的体系定位,并重点论述攻击型紧急避险和义务冲突的正当化根据。概言之,当对个体形式法权的绝对保护会颠覆个体之间的平等关系时,国家有权通过限制个体法权来保证对每一个体的平等尊重。因此,正当化紧急避险和义务冲突本质上是公共法权对个体法权的限制。接下来,就生命冲突而言,怎样做能体现对冲突各方的平等尊重?本文将运用思想实验,说明在一类特定的"竞争性生命冲突"中,只有数量衡量才能保证对各方的平等尊重,因而此时数量衡量能够被正当化。通过思想实验与抽象理念之间的反思平衡,本文试图使结论能够最大限度地符合一般人的正义感,同时能从人性尊严这一

---

[7] 参见王钢:《对生命的紧急避险新论——生命数量权衡之否定》,载《政治与法律》2016 年第 10 期。

[8] 参见王钢:《对生命的紧急避险新论——生命数量权衡之否定》,载《政治与法律》2016 年第 10 期。

根本性宪法关切中获得坚实的价值根基。[9]

三、基于公共法权的紧急避险

对于人性尊严的研究绕不开康德哲学，因为现代意义上的人性尊严理念由康德哲学奠基。[10] 康德的法权体系框架能够为各类正当化事由提供体系性的解释，呈现各类事由正当化根据的不同之处。在《法权学说》中，康德指出，个体固有法权至少包括 4 个层面：平等（equality）、做自己的主人（being his own master）、不可指责（beyond reproach）以及言论思想自由。[11] 本文试图将之归纳为地位平等与个体自治两个侧面。[12] 这么做并非任意为之，而是因为地位平等与个体自治分别凸显了康德尊严概念的两个核心侧面：主体间的相互约束

〔9〕 需要说明的是，由于康德的法权学说本质上是一种道德和政治哲学理论，因此本文的研究进路必然面临"道德理论如何进入法教义学"的诘难。对这一问题在此无法充分展开，仅简要回答如下：法教义学本身并不拒斥道德论证，关键在于道德论证本身要能够从本国实在法中获得规范基础。生命与人性尊严都是我国宪法秩序所承诺的基础性制度价值，在此意义上本文没有脱离实在法；但如何解释这些价值，本身离不开实质性的道德论证。例如，我国《宪法》第 33 条第 3 款规定了人权保障原则，但如何解释人权？对人权的解释当然要符合实在法体系本身，但可能存在多种理解均能与实在法体系相容，此时就需要反思，哪一种解释在道德上是最佳的，最能为人权确立一个坚实的道德基础，这样一来就进入了实质性的道德论证。因此，在解释制度性价值时，很多时候必须诉诸实质性的道德论证，将价值主张灌入概念和条文之中。关于道德论证如何进入法律解释的经典表述，参见[美]罗纳德·德沃金：《法律帝国》，李冠宜译，台北，时英出版社 2002 年版，第 234～236 页。

〔10〕 参见[英]迈克尔·罗森：《尊严：历史和意义》，石可译，法律出版社 2015 年版，第 51 页。

〔11〕 See Kant, *The Metaphysics of Morals*, edited by Mary Gregor, Cambridge University Press, 1996, p. 30.

〔12〕 这一思路受到德沃金的启发。在《刺猬的正义》中，德沃金提出尊严二原则：自尊原则要求行动者承认每一人类个体具有同等的重要性，而本真性原则要求人们尊重自己与他人对于各自生活的特殊责任。参见[美]罗纳德·德沃金：《刺猬的正义》，周望、徐宗立译，中国政法大学出版社 2016 年版，第 279 页。但在这两个原则的具体解释上，德沃金与康德存在差异。

与主体对自身的掌控。地位平等,是指由于每个人类个体都具备同等程度的内在尊严,因此每个人都同样重要,每个人都应当被给予同等考虑和尊重(equal concern and respect),[13]没有人应当负担比其他人更多的约束。这是尊重人性尊严最根本的要求。但仅仅平等也是不够的,尊重人性尊严还意味着尊重个体自治。个体并不仅仅是福祉的容器,每个人都是自己生活的主人,对自己的生活有特殊的责任和权利,因此每个人的自我决定应当受到尊重。

"地位平等"与"个体自治"是人性尊严的两个侧面,二者共同构成个体的道德独立性,无论是将某些人视作比其他人客观上更重要的人,还是侵犯他人的自治空间,本质上都是使一些人的人格地位凌驾于其他人之上,贬低了个体的内在尊严。这两个侧面的结合就是个体之间能够相互共存的平等自由(equal freedom),[14]也就是每一个体所拥有的主观个体法权。在康德看来,由于每个人的道德独立性都应得到尊重,故每个人只在普遍法所允许的最大范围内与他人享有平等自由,互相受到彼此的约束,没有人能凌驾于他人之上。实在法的意义正是将这一平等自由体系现实化并加以保障。

接下来本文将试图通过康德的法权概念简要勾勒紧急权体系,说明正当防卫、防御型紧急避险、攻击型紧急避险这 3 个最重要紧急权的体系定位。正当防卫和防御型紧急避险都可以从个体法权角度理解。从保障个体法权的视角看,所谓不法,就是个体法权的阻碍或否定。对不法的反击本身就是法权自我确证的内在要求。[15] 对无行为能力人侵害的防卫属于防御型紧急避险,而对于完全行为能力人故意侵害的防卫属于正当防卫。防御型紧急避险针对的是"对个体法权的阻碍"。当个体法权在经验世界中的行使有效性受到某些客观上的阻碍时,权利人可以使用强制回击该阻碍,以捍卫自身法权的在经验世界中的行使有效性。"对法权的阻碍"强调行为的客观方面,不法行为人并没有体

[13] See Ronald Dworkin, *Taking Rights Seriously*, Harvard Universiry Press, 1978, p. 181.

[14] See Arthur Ripstein, *Force and Freedom: Kant's Legal and Political Philosophy*, Harvard University Press, 2009, p. 40 – 42.

[15] 康德本人并未区分"对个体法权的阻碍"与"对个体法权的否定",但笔者认为,在其理论框架内能够区分这两类不同的不法形态,这一区分的意义在于为权利人的还击行为施加了不同的要求和约束。

现出对他人人格地位的否定,[16]责任程度有限,因此反击行为受到更加严格的合比例性限制,仅限于对阻碍的排除。这正是对人防御型紧急避险的内在正当性基础。正当防卫针对的是"对个体法权的否定"。"对个体法权的否定",是指行为人通过其不法行为试图否定他人法权的规范有效性,进而宣称自己的行为不受他人法权的约束。这一不法类型直接否定了权利人的人格地位,不法行为人需要承担更高程度的责任,而权利人基于对其人格地位的捍卫,受到更少的合比例性约束。因此,正当防卫所针对的不法,指的就是"对法权的否定",法无须向不法让步。而对于无法表达对他人权利否定的无责任能力人或外物,则不存在正当防卫的可能性,均被归入"对法权的阻碍"。可见,正当防卫与防御型紧急避险的正当性都源于个体法权概念本身,被强制方所负有的容忍义务本身源自个体法权的内在强制要求,区别在于被强制方的行为构成"对法权的阻碍"还是"对法权的否定",因此说防御型紧急避险是小型正当防卫并不为过。

与之相反,攻击型紧急避险必须从公共法权的视角出发才能得以理解。攻击型紧急避险之所以正当,不是因为避险行为人的个体法权受到他人阻碍,也不是因为他享有控制他人身体和财产以保护自身的权利。因为康德的个体法权概念是完全形式化的,每个人只能用其法权范围内的手段追求自身目的,没有人能够基于特定情形下的个别目的而产生个体法权,无论该个别目的多么良善。攻击性紧急避险的正当性源自国家保障平等自由体系的公共法权。由于个体只有在政治共同体中才能产生现实的平等自由体系,这使公共权威(国家)有权对形式意义上的个体法权施加约束,以维持平等自由体系本身,保证实质上所有人对所有人人性尊严的互相承认与尊重。因此,紧急避险的正当性源于公共法权对个体法权的约束,无辜第三人的容忍义务不是来自避险行为人的个体法权,而是来自代表整个共同体的公共法权。为了保障对个体的平等尊重,

〔16〕 参见赵雪爽:《对无责任能力者进行正当防卫——兼论刑法的紧急权体系》,载《中外法学》2018 年第 6 期。

国家有权对个体法权施加适当约束,正当地突破个体法权的绝对保护。[17]

义务冲突与攻击型紧急避险共享了同样的正当化根据。个体不仅对自己的人格、身体与财产享有法权,从而对他人施加消极不干涉义务,在一些条件下(如雇佣契约、亲属身份、危急救援)也对他人的人身享有法权,有权对他人施加积极作为义务。但当多个此种同类型法权发生表面上的冲突,捍卫一方法权将可能破坏个体间的平等地位时,公共权威有权对某方的个体法权施加约束,以保证对所有人的平等尊重(见图 1、表 1)。

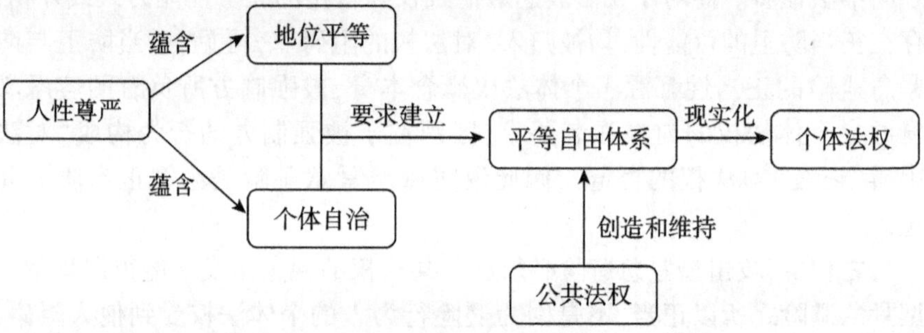

图 1 康德的法权学说

表 1 基于法权概念重构的部分正当化事由

正当化事由类型	正当防卫	防御型紧急避险	攻击型紧急避险义务冲突
正当化根据	个体法权被否定	个体法权被阻碍	公共法权限制个体法权

综上,康德的法权概念有助于充分理解正当防卫、攻击型紧急避险、防御型

---

〔17〕 需要指出的是,康德本人似乎认为,一切紧急避险都不可能正当化,仅仅是不可惩罚。See Kant, *The Metaphysics of Morals*, edited by Mary Gregor, Cambridge University Press, 1996, p. 30. 但这里康德探讨的是个体法权意义上的紧急避险权是否存在。笔者认为,虽然个体法权的概念本身无法衍生出个体紧急避险权,但从公共法权出发,其法权学说框架内仍然存在将紧急避险正当化的空间。康德的错误在于,完全从私人冲突的角度看待紧急避险。当代一些康德研究者持有与本文的类似看法,see Arthur Ripstein, *Force and Freedom: Kant's Legal and Political Philosophy*, Harvard University Press, 2009, p. 274。

紧急避险、义务冲突的正当化根据。[18] 其要义在于,攻击型紧急避险与义务冲突的正当化根据都在于公共法权为了尊重个体的平等地位而对个体形式法权施加约束。“对平等地位的尊重”(以下简称平等尊重)是理解公共法权所施加的此种限制的核心理念。

接下来的问题是,平等尊重要求什么,公共法权应当对个体法权施加何种程度的限制?这种限制是否要求特定情形下的生命数量衡量?有学者借用罗尔斯原初契约设计来论证公共法权限制的具体要求。[19] 一方面,许多学者已经指出,原初契约设计很难得出唯一且确定的结论;[20] 另一方面,更重要的是,论者必须说明自己对于原初契约的设定与背后的道德原则是一致的,因为原初契约仅仅是一个推理装置,关键在于说明其预设的原则究竟是什么,为什么这些原则能通过原初契约而实现。如果前提性的原则问题没有解释清楚,直接适用原初契约必然无法说服反对者,毕竟并非所有人都认可原初契约设计的论证有效性。

因此,本文将试图绕开原初契约设计,直面实质性的道德原则,以思想实验来激发人们最根本的正义感,通过根本正义感与抽象原则之间的反思平衡确定平等尊重的要求。问题的关键不在于原初契约会要求什么,而在于公权力需要对个体法权施加何种程度的约束,以尊重所有人的平等重要性。原初契约仅仅是用于检验道德直觉的思想实验的一种,其本身并不具备优先性。[21]

---

〔18〕 有学者已经提出类似看法,参见赵雪爽:《对无责任能力者进行正当防卫——兼论刑法的紧急权体系》,载《中外法学》2018 年第 6 期。但在防御型紧急避险问题上,该文仅仅指出,避险对象的责任程度介于正当防卫与攻击型紧急避险之间,没有指明其根源在于其针对的不法类型与正当防卫有所差异,本文则通过“对法权的阻碍”与“对法权的否定”这一对概念区分解释了二者差异的来源。

〔19〕 参见王钢:《对生命的紧急避险新论——生命数量权衡之否定》,载《政治与法律》2016 年第 10 期。

〔20〕 参见[印]阿玛蒂亚·森:《正义的理念》,王磊、李航译,中国人民大学出版社 2012 年版,第 8～12 页。

〔21〕 参见[美]罗纳德·德沃金:《刺猬的正义》,周望、徐宗立译,中国政法大学出版社 2016 年版,第 279 页。

四、基于平等尊重的数量衡量

在澄清攻击型紧急避险和义务冲突的正当化根据——尊重个体的平等地位——之后,本部分将主张,“竞争性生命冲突”中的数量权衡能够被正当化,因为此时只有数量权衡才能体现对所有人的平等尊重。本部分将首先从一个关乎义务冲突的海难情境出发,论证此时数量衡量的正当性,其次进一步说明海难情境中的推理可以适用于关乎攻击型紧急避险的电车情境,最后总结二者的共性。

(一)海难情境与义务冲突

本部分将借助和发展弗朗西斯·卡姆和托马斯·斯坎伦提出的“打破平衡论证”,从平等尊重的角度说明,如果两个冲突义务的区别仅仅在于人数,当人数不相等时,拯救更多生命才能体现对每个人的平等尊重,因此只有拯救更多人的行为才能被正当化;当人数相等时,无论履行哪个义务则都无法被正当化,只能通过免责事由出罪。

一个典型的义务冲突海难情境是这样的:1 人被困在一艘船上,另外 2 人被困在另一艘船上,3 人均面临现实紧迫的生命危险。现有一个救援队对 3 人具有同样的法定救助义务,但当前条件下只能成功救援一艘船只。此时,刑法应当对救援队的不同行为作出怎样的评价?

需要注意的是,当从法权概念出发理解义务冲突时,其问题本身将在一定程度上被重构。针对“救 1 人”与“救 2 人”的情境,一般的表述是,这是两个义务的冲突,区别在于每个义务涉及的人数有差异。但在个体法权的视野下,这实际上是一个法权与另外两个法权发生冲突,或者说初始状态下这里存在 3 个义务而不是两个义务。所以问题的实质变成了义务承担者是否应当履行更多义务,或者反过来说,被牺牲者是否有义务容忍行为人不拯救自己而履行其他义务。下文将论证的是,在其他条件不变的情形下,人数较少方的个体法权将无法对抗公共法权,也就是说,他将无权主张行为人优先拯救自己,因而具有容忍不利后果的义务。

本文认为,当负有法定义务的救援者面临多个生命救援义务时,只有拯救更多生命的行为才能被正当化。这是因为,每一个体具有同等重要性,每个人所持有的内容相同的合法主张具有同样的重要性,同样需要得到响应。在海难情境中,这意味着每个人要求拯救自己生命的主张应被赋予同样的考量权重,所以更多人应当得到优先考量,否则那些多出的人就可以合理抱怨说,他们的存在对于行动者并没有产生任何影响,其重要性受到贬低。如果在海难中放弃救援1000人而救助500人,就意味着那多出的500人的主张没有得到任何响应,因而没有得到平等尊重。之所以要考虑生命数量,不是因为数量最大化本身具有非常高的重要性,而是因为数量权衡能够体现对于每一个体的平等尊重。[22]

读者可能会认为上述论证过于简略,为了进一步说明生命数量权衡如何体现对于每一个体的平等尊重,下面将通过一个具体案例来检验数量权衡的正当性。现假设一个海难情境。设想A、B两人分别被困在两艘船上,但由于救援条件限制,具有法定救助义务的救援队只能成功救助一人,A和B并没有任何具有道德重要性的差异。现在假定刑法规定这一冲突情形中无论救援队救A或B都具有正当性,这样一条规则是否能保证个体之间得到平等尊重?根据这一规则,如果救援队此时选择救B,A就必须容忍自身生命利益得不到救援队救助。如果A采取某种作为方式中途拦截救援队让其优先救自己,救援队将可以合法地拒绝,而A如果继续暴力阻拦,其行为本身将可能受到刑法的否定评价。本文认为,该规则没有平等尊重被牺牲的A,因为他可以主张说,“我和B的人格具有同等重要性,因此我们的生命救助请求具有同等分量,在这种情况下我对自己的生命施以特别的关注并没有贬低他的人格地位,公共权威不应对我施加约束,我可以拒绝容忍牺牲,设法让救援队优先救助自己”。因此,在救援队面临两个同等分量的义务冲突时,能够体现平等尊重的解决方案是认定救援队无论如何行动都具有违法性,只能通过免责事由出罪。因为如果认可救援行为的正当性,就意味着要求被牺牲者容忍自己得不到救助。

当前主流观点认为,当义务分量相等时,无论履行哪个义务都能够正当化,本文认为,这一思路忽视了“救助行为正当化”与“被牺牲者具有容忍义务”之间的对应关系,为被牺牲者施加了过度的约束,没有对被牺牲者施加平等尊重。有人可能认为,将救援队行为评价为不法无法体现救助行为的激励。但这种观点忽视了正当化事由的本质。比起完全不作为,救助行为当然应获得更高道德

〔22〕 参见[加拿大]威尔·金里卡:《当代政治哲学》,刘莘译,上海译文出版社2015年版,第42~49页。

评价,但刑法上的正当不仅仅是一种单纯的道德肯定,其本身意味着该行为得到了个体法权或公共法权的授权,能够正当地对来自他方的妨碍行为进行强制反抗,而相对人则具有容忍该行为的强制性义务。此外,通过免责事由出罪本身并不会鼓励不作为,因为完全的不作为仍然构成犯罪。因此本文认为,由于人数相等时公共权威并没有合理理由约束个体法权,各方都不具有容忍义务,因此救援队无论如何行动,都不能实现正当化,只能通过免责事由出罪。

再假设在另一个救援情境中,其他条件不变,但 B 的船上出现了 C。救援队可以成功救助 A 一人,或者同时救助 B 和 C 两人,但无法同时救助 3 人。假定刑法规定救援队无论救谁均只能通过免责事由出罪,A、B、C 3 人都没有容忍义务。现在救援队选择救 B 和 C。由于 A 并没有容忍牺牲的义务,因此他可以合法地中途拦截救援队并请求优先救援。A 和 B 都无法合理拒绝这一条规则,因为他们的处境相较之前的两人情形而言并没有更糟,但该规则没有对 C 给予平等尊重,因为他的出现并没有对不同行为的法律评价产生任何影响,其个体的平等重要性完全受到忽视。具体而言,在 A 和 B 二选一的情形中,二者的救援主张具有同等分量,构成了一种平衡,因而此时 A 和 B 都可以优先考虑自身利益,无须忍受不利后果;但当 C 出现后则产生了一个新的救援主张,A 和 B 的平衡被打破,如果救援队不对 C 的主张加以回应,则意味着完全忽视了 C 的平等人格地位,A 的地位将凌驾于 C 之上,从而贬低了 C 的个体尊严。因而为了体现对所有人的平等尊重,刑法必须规定此时只有拯救更多人的行为能够被正当化,拯救更少人构成犯罪。因为 A 的生命救助请求已经与 B 达成平衡,无法再对抗 C 基于平等人格地位所产生的新主张,所以必须容忍不利后果;救援队也无法合理拒绝优先救 B 和 C,否则就忽视了 C 的独立人格重要性。

该论证在道德哲学领域被称作“打破平衡论证”(tie-breaking argument)[23],即试图在避免简单将生命价值相加的前提下,从尊重所有个体平等人格地位的角度捍卫数量衡量的正当性,主张数量衡量本身就是尊重人性尊严的要求,并

[23] See T. M. Scanlon, *What We Owe to Each Other*, Harvard University Press, 1998, p. 235.

进而成为被牺牲者容忍义务的来源。[24]

(二)电车情境、胖子情境与紧急避险

本节将主张,以电车情境为代表的部分生命冲突情境与前述海难情境共享类似的规范结构,均属于"竞争性生命冲突情境",前述"打破平衡论证"同样能够适用,因而部分牺牲少数拯救多数的避险行为能够被正当化,此时无辜第三人的死亡是拯救更多人的"代价"而非"手段"。但同时,以胖子情境为代表的将无辜者的生命用作手段以拯救更多人的避险行为无法被正当化,因为将他人生命用作手段的行为彻底剥夺了个体的自治空间,因而贬低了个体的人格地位,损害其人性尊严。

在电车情境中,行人通过扳动转辙器撞死 1 人以拯救 5 人。与海难情境不同的是,电车情境中的行人如果选择不作为,其行为并不构成刑事不法。但他扳动转辙器的行为能否因为人数的考量而得以正当化?下文试图说明,电车情境中的数量衡量遵循与海难情境同样的论证依据。

可以先假设两侧的轨道都只有 1 个人,分别是 D 和 E,行人扳动转辙器使得电车冲向 E。此时作为被牺牲者的 E 可以主张说,由于 D 的生命并不比他更重要,两人地位是平等的,此时其优先考虑自我利益是合理的,没有义务为 D 牺牲,这样做并没有贬低 D 的地位,故而他可以合理拒绝负担容忍义务,如果他作出反抗阻止行人,该反抗行为不应受到法律的否定评价。因此,一命换一命的行为不可能被正当化。再假设一侧铁轨是 E,另一侧是 D 与额外出现的 F。假定此时刑法规定这一情形中基于人数衡量采取行动可以被正当化,这意味着作为被牺牲少数的 E 负有承受死亡的容忍义务。这一规则是否体现了对所有人的平等尊重?本文认为,与救援情境一样,此时由于每个人都具有平等的重要性,故 D 与 E 的主张具有同等分量,形成平衡,但 F 的出现打破了这一平衡,使

[24] 这一论证思路由弗朗西斯·卡姆最早提出,托马斯·斯坎伦进一步发展,故通常也被称作卡姆-斯坎伦论证。卡姆和斯坎伦仅仅用该论证讨论救援问题,但笔者将主张该论证能够适用于更加普遍的紧急避险情境,并在后文进一步回应一些反对观点。See F. M. Kamm, *Morality*, *Mortality*, *Vol. Ⅰ*: *Death and Whom to Save from it*, Oxford University Press, 1993, chapter 6; F. M. Kamm, *Aggregation and Two Moral Methods*, 17 Utilitas. 1,11 (2005); T. M. Scanlon, *What We Owe to Each Other*, Harvard University Press, 1998, p. 232.

E无法再拒绝负担容忍义务,否则E就凌驾于F之上,违背了平等尊重的要求。

基于上述论证,本文认为,电车情境与海难情境中被牺牲者的容忍义务可以基于同一框架而得以证成,在这两类情境中,数量衡量都是正当的。本文相信,很多人可能会认可在海难情境中,被牺牲的少数人有容忍义务,但对电车情境中少数人的容忍义务存有怀疑。而本文的论证策略正是通过揭示两个情境的规范同构性来支撑电车情境中少数人存在容忍义务的主张。在承认海难情境中少数人容忍义务的前提下,如果要否认电车情境中少数人的容忍义务,就必须指出二者的重大规范差异。有人可能指出,二者的差异在于,在电车情境中,行人扳动转辙器符合杀人行为的构成要件,海难情景中的救援行为则是合法的。然而,在海难情境中,在救援队有法定救助义务的前提下,不救其中一方的行为亦满足杀人行为的构成要件,二者的区别仅仅是"作为"和"不作为",但这一点对于行为的刑法评价来说并非决定因素。还有人可能指出,在海难情境中,救援队有作为义务,不作为必然构成不法,而电车情境中,行人并没有作为义务,不作为完全是合法的,其避险行为仅仅是一个"分外行为"。但这恰恰说明,电车情境中的行人反倒应当比救援队获得更高的道德评价,因为他在没有法律义务的前提下主动维护了个体间的平等重要性。

有一种反对意见则认为,前文在主张平等个体之间的主张达成平衡时,实际上主张个体之间具有可替代性,而这会完全抹杀个体自治。这一反驳错误理解了本文主张。本文并不认为个体之间可以如同做算术一样互相抵消,也不认为个体特殊性毫不重要。当救援队选择救B和C而放弃A时,A的死亡仍然是值得痛惜的,他的死亡所造成的损失并不能由B的获救而得到弥补。同时,由于救援队没有完成救援A的任务,在一定程度上救援队对A仍然是有亏欠的,并不因成功救援B和C而完全豁免,如果A对于遇险本身没有责任,那么他有资格得到一定程度的道歉和补偿。本文所主张的仅仅是,在竞争性生命冲突中,每个人基于其人格地位而提出的主张应具有同等分量的权重,故而本文论证并不隐含个体之间具有可替代性的假设。

还有人可能指出,刚刚的全部讨论仅仅关注了人性尊严所蕴含的"平等尊重"这一侧面,但此时还应当将人性尊严的另一个侧面——"个体自治"纳入考虑。为了拯救D、F而牺牲E,侵犯了他的自治空间,替E作出了如何处分自己生命的重大决定,使其被完全贬低为实现他人目标的手段,故而E可以基于其个体自治来合理拒绝承担容忍义务。但问题在于,电车情境中行人的行为并没有侵犯E自我决定的空间,就如海难情境中,救援队选择救助B和C而不救A并没有替A作出自我决定。在这两个情境中,E与A的死亡本身都并非拯救更多人的手段,也就是说,他们的死亡在因果层面并无助于拯救5人,相反如果他们没有出现会更好。E和A一样,他们的悲剧仅仅在于"在错误时间出现在了错误地点",[25]使他们与其他人的生命形成了竞争关系。他们是拯救更多人的"代价"而非"手段"。如果A没有落水,或E不在轨道上,对救援队和行人来说会更好,因为他们不再面临两难选择。当然,同样也可以说B和C以及D和F"在错误时间出现在了错误地点",但是既然双方的道德运气都不佳,唯一的解决方式就是尊重各方的平等地位,依照数量衡量决定。

因此,如果反对者认为,电车情境中牺牲E来拯救D和F侵犯了E的个体自治,那么就必须同时主张救援队在海难情境中牺牲A来拯救B和C也侵犯了A的个体自治,但这似乎并不合理;要么就得说明海难情境与电车情境存在重大规范差异,使救援队放弃救A的行为不侵犯A的个体自治,而行人牺牲E的行为侵犯了E的个体自治,对此前文已经列举了一些回应。

本文认为,真正侵害个体自治的是另外一类情境。例如,在一个著名的胖子情境[26]中,一辆失控电车即将撞上5人,铁轨上有一座桥,桥上有一个胖子G正在看风景,而停止列车的唯一方法是将G推下铁路桥作为"挡箭牌"。此时让G负担容忍义务是无法证成的,因为如果路人在未经G同意的前提下将G推下去,那么G的死亡本身将成为实现拯救5人这一目的的手段,这样做完全剥夺了G对自己人生根本性决定的选择权,[27]彻底贬低了G的人性尊严。关于如何理解"将G的死亡作为拯救5人的手段",存在主观论与客观论的区别,前者强调行为人的意图,后者强调客观的因果关系,并形成了"双重效应原则"

[25] 参见[美]罗纳德·德沃金:《刺猬的正义》,周望、徐宗立译,中国政法大学出版社2016年版,第320页。

[26] See Judith Jarvis Thomson, *The Trolley Problem*, 94 Yale Law Journal 1395 (1985).

[27] 参见[美]罗纳德·德沃金:《刺猬的正义》,周望、徐宗立译,中国政法大学出版社2016年版,第318页。

(Doctrine of Double Effect)与"手段原则"(Means Principle)两大竞争主张。[28]本文认为,手段原则更合理,因为避险行为人的意图本身并不影响行为的正当性,对此后文将进一步阐述。此处重要的是,在原始的电车情境中,E无论在主观层面还是客观层面都没有被用作拯救D与F的手段,因此,其自我决定权并未受到侵犯。因此,基于平等考虑的数量衡量是正当的。关于海难情境、电车情境与胖子情境三者道德差异的总结可参见表2。

表2 不同情境中的人数衡量

	海难情境	电车情境	胖子情境
平等尊重	√	√	√
个体自治	√	√	×

注:"√"表示正当,"×"表示不正当。

(三)总结与启示

综上,本文认为,海难情境与电车情境代表了一类特殊的生命冲突,即可能的受害者之间形成竞争关系,一些人的死亡是另一些人获救的"代价"但非"手段",本文称为竞争性生命冲突情境。在这类情境中,数量衡量是正当的,只有数量衡量才能体现个体之间的平等地位,进而尊重个体的人性尊严,故而此时公共权威有权对个体法权施加约束。海难情境与电车情境的区别在于,在海难情境中,由于拯救更多人的生命具有优先性,因此,救援队在刑法上应当救助更多人,否则构成犯罪;而在电车情境中,行人并没有救助更多人的法律义务,但一旦他选择救助更多人,其行为能够被正当化,因为其行为不仅不侵犯人性尊严,反而是尊重人性尊严的最佳体现。

---

〔28〕 关于双重效应原则的讨论,see Philippa Foot, *The Problem of Abortion and the Doctrine of Double Effect*, in Philippa Foot, Virtues and Vices and Other Essays in Moral Philosophy, Oxford: Clarendon Press, 2002, p. 29;对于手段原则的讨论,see Larry Alexander, *The Means Principle*, in Kimberly Kessler Ferzan & Stephen J. Morse ed., Legal, Moral and Metaphysical Truth: The Philosophy of Michael Moore, Oxford University Press, 2016, p. 251-264。还存在一些更加复杂的主张,see F. M. Kamm, *Harming Some to Save Others*, 57 Philosophical Studies: An International Journal for Philosophy in The Analytic Tradition 227 (1989)。

根据这一原理，本文可以在不诉诸过多考虑因素的前提下回应前面提到过的“击落劫持飞机难题”和著名的“洞穴奇案”。[29] 假设一架载有500名无辜乘客的飞机即将撞上大楼，大楼内有3000人。此时唯一可行的救援方案是发射导弹击落飞机，但导弹爆炸会同时直接导致500人死亡。政府果断发射导弹，500人死亡。在这一情境中，由于机上乘客的死亡并非拯救3000人的手段而是代价，牺牲少数人并没有违背人性尊严的要求，因此击落行为是正当的。而在洞穴奇案中，假设10人被困山洞，即将饿死。在救援无法及时到达的情况下，9人联手杀死另一人分食。此时一人的死亡并非拯救9人的代价而是手段，因此该行为剥夺了他人对自身重大利益的决定权，贬低了个体自治，因此无法正当化。

笔者认为，上述讨论框架并不仅仅在于解决竞争性生命冲突这一特殊问题，更在于为理解义务冲突与紧急避险的一般原理提供了新的视角。首先，第三人的容忍义务源自拥有平等人性尊严的人类个体生活在一起所不得不相互承受的负担，本质上是公共法权对个体法权的约束，意在保障经验现实化的平等自由体系，使得没有任何人屈从于其他人，也没有任何人能够凌驾于他人之上。如果一律允许生命数量衡量，将使类似胖子情景中的无辜第三人沦为他人的手段，丧失人格地位；而如果一概禁止数量衡量，将使得海难情境与电车情境中的多数人无法得到平等尊重，这同样贬低了他们的人格尊严。其次，基于对个体自治的尊重，只有在满足手段原则要求的前提下，数量衡量才是正当的。在生命冲突中，只要无辜第三人的死亡没有作为因果层面的“手段”而仅仅是保护其他更多生命的“代价”，诉诸数量衡量就是正当的，这么做并没有剥夺个体的尊严；相反，这是平等主体共同生活所不得不承受的约束，因为每个人都同等重要，没有人比其他人更重要。

五、质疑与回应

对于上文的主体论证，很少有学者会质疑“平等尊重”这一抽象理念，但可能质疑“平等尊重”是否真的会要求数量衡量。更棘手的是，有学者会质疑个体

---

〔29〕 参见[美]彼得·萨伯：《洞穴奇案》，陈福勇、张世泰译，生活·读书·新知三联书店2009年版，第17~20页。

自治的要求究竟是什么,如何判断被牺牲者究竟是被用作"手段"还是仅仅是"代价",甚至认为这种论证仅仅是一种"道德诡辩"。[30] 下文将针对这两大问题考察一些重要反对意见,并作出相应回应。

(一)平等尊重要求什么

1.平等尊重与机会平等

一些反对者可能指出,在前述生命冲突情境中,由于各方平等尊重,因此每个人都应当获得平等的救援机会,只有抽签失败者才具有牺牲的容忍义务。[31] 因此在前述电车情境中,D、E、F 3人都应获得同等的生存机会,由于D与F在一起,因此2人生存的概率为2/3,E生存概率为1/3。假如行人不抽签直接扳动转辙器试图牺牲E,那么E就可以合理抱怨自己没有受到平等尊重,进而拒绝负担容忍义务。这一观点看上去并不具备实践可操作性,但由于其从理论层面质疑了平等尊重与数量衡量之间的关系,故必须得到认真对待。既然本文主张,被牺牲者的容忍义务可以从平等尊重中推出,那么就需要回应这一观点,说明平等尊重为什么不要求诉诸抽签程序。

这种抽签观点的错误在于过度泛化了程序正义的必要性。罗尔斯区分过3种意义的程序正义:第一种是完美的程序正义,即存在关于最佳目标的独立标准,同时存在某种最佳程序能够确保该目标的实现。如一群人分蛋糕,此时最佳分法是每人同等大小,而最佳程序是让分蛋糕的人最后拿。第二种是不完美的程序正义,即存在最佳目标的独立标准,但不存在实现目标的完美程序,如司法的评价标准是无冤案、无纵案,该标准独立于程序,但现实中不存在实现该目标的完美程序。第三种是纯粹的程序正义,即不存在关于最佳目标的独立标准,此时根据公平程序得出的一切后果都是正当的,如自愿赌博,无论结果是什么,参与者都只能接受。[32]

---

[30] 参见孙立红:《生命选择案件中的康德悖论及其解决思路》,载《中外法学》2019年第2期。

[31] See John M. Taurek, *Should the Numbers Count*?, 6 Philosophy and Public Affairs. 293, 293 (1977); John. Broome, *Selecting People Randomly* 95 Ethics 38 (1984), p. 38; Jens. Timmermann, *The Individualist Lottery: How People Count, But Not Their Numbers*, 64 Analysis 106, 107 (2004).

[32] See John Rawls, *A Theory of Justice*, Harvard University Press, 2009, p.74 – 75.

邓伟生指出，机会平等的支持者实际上是将竞争性生命冲突视作了纯粹程序正义情形，即不存在关于最佳目标的独立标准，因此通过公平程序所产生的一切后果都是正当的，如此才能为被牺牲者施加容忍义务，但机会平等支持者的这种理解是错误的。〔33〕 在 D 与 E 各自主张相平衡的前提下，F 的出现打破了这一平衡，使 E 必须承担容忍义务，否则就是主张自己拥有高于 F 的人格地位，此时最佳的后果就是牺牲 E 拯救 D 和 F。既然最佳后果已经确定，E 就无法合理要求诉诸一个机会公平的选择程序，必须承担容忍义务，以确保所有个体受到平等尊重。

2. 平衡如何打破

另一些学者则认为，打破平衡论证预设了一种主张之间相互抵消的观念，这是错误的。根据打破平衡论证，当不同选择涉及的人数相同时，来自两方的救援请求会达成平衡，而如果一方人数更多时，多出的个体就打破了这一平衡，行为人必须救援更多人，否则多出的个体就可以合理抱怨自己没有得到平等尊重。在反对者看来，这种思路假定了每个潜在被牺牲者只能提出一次主张，当该主张遭遇同等强度的对应主张时，潜在被牺牲者就只能保持沉默，反对者认为这是错误的。他们认为，当救援队必须在只救 A 与同时救 B 和 C 之间选择时，A 的主张不仅要与 B 的主张相权衡，同时也要与 C 的主张相权衡，既然无论是 B 还是 C，都不能主张自己比 A 更重要，因此 C 的出现并没有打破平衡，人数衡量无法对 A 证成。这可以用天平做类比：反对者认为，打破平衡论证将 B 和 C 同时放在天平一端，而将 A 放在另一端，这实际上已经预设了数量衡量的正当性；真正平等尊重的做法是先将 A 和 B 放在天平两端比较，然后将 B 取下换成 C 再次比较，因此无论涉及人数相差多少，平衡都不可能被打破，打破平衡论证是失败的。〔34〕

笔者认为，打破平衡论证确实能够对应天平类比，但这本身并不意味着其论证的失败。相反，认为 A 的主张应当与其他人的主张一一比较的观点本身违背了平等尊重的要求。在反对者看来，主体间的相互证成意味着所有人互相一一商谈说服，因此同样的主张可以对不同主体重复提出。但这种理解模式恰恰

〔33〕 参见邓伟生：《斯坎伦的契约主义与总计问题》，载《世界哲学》2016 年第 4 期。

〔34〕 See Michael. Otsuka, *Scanlon and the Claims of the Many Versus the One*, 60 Analysis 288, 289 (2000).

过度放大了单一个体的主张分量,而且忽视了规则的普遍性特征。一项规则不是无数个双边约定的联结,而从一开始就是考虑所有主体的普遍化行动规范。因此更恰当的理解模式不是每个人与每个人的相互商谈,而是所有人将自己的合理主张提交给一个理想中的规则制定者,在这个过程中每个人的主张都只能提出一次,并且不能被重复考虑,否则其他主体就没有得到平等尊重。这个假想中的规则制定者就是所有主张的交汇点,通过考虑所有主体的合理主张,从而为所有主体给出人人都无法合理拒绝的普遍化规则。

(二)如何尊重个体自治

在第四部分中,本文主张,电车情境中数量衡量并不侵犯被牺牲者的个体自治,并通过与胖子情境的区分来说明这一点。在电车情境中,被牺牲者的死亡仅仅是救助更多生命的代价,这样做并没有贬低个体尊严。而在胖子情境中,个体的死亡被直接用作拯救 5 人的手段,侵犯了个体对于自身根本利益的决定权,进而贬低了个体尊严。但初步的说明显然无法说服反对者,因此本部分将进一步探讨二者的差异。对于二者区别的实质内涵与具体标准,英美法哲学与道德哲学都进行了大量探讨,大体形成了双重效应原则(主观说)与手段原则(客观说)两大阵营。双重效应原则认为,电车情境与胖子情境的根本区别在于,在前者中,被牺牲者的死亡仅仅为避险行为人所预见(foresee),而在胖子情境中,被牺牲者的死亡则在行为人的意图(intention)之内。[35] 因此,在胖子情境中,行为人将自己的目的强加于被牺牲者的生命之上,使得被牺牲者彻底丧失了自治空间,贬低了其个体尊严。而手段原则认为,两个情境的规范区别不在于行动者的主观意图,而在于被牺牲者的死亡客观层面与更多人得救之间的因果关系。[36] 无论行为人主观上如何看待,在胖子情境中,被牺牲者的死亡都客观上成为救助更多人的手段,在因果层面有助于其他人的获救,而电车情境中的被牺牲者在因果层面并无助于其他人获救,相反他不在会更好。故而在胖子情境中,被牺牲者的自治空间受到决定性的否定,而在电车情境中则没有。

---

〔35〕 See Philippa Foot, *The Problem of Abortion and the Doctrine of Double Effect*, in Philippa Foot, Virtues and Vices and Other Essays in Moral Philosophy, Oxford: Clarendon Press, 2002, p. 29.

〔36〕 See Judith Jarvis Thomson, *The Trolley Problem*, 94 Yale Law Journal 1395 (1985), p. 1409.

下文将对这两个主张作出探讨。

1. 双重效应原则

根据双重效应原则,生命冲突中基于数量衡量的紧急避险具有正当性,当且仅当无辜者的死亡后果仅仅为行为人所“预见”而非“意图”。这一原则源自托马斯·阿奎那的道德学说,最早用于解释正当防卫的道德正当化基础,[37]在当代则更多与堕胎、安乐死、紧急避险等行为的道德与法律正当化问题相关联,受到部分学者的支持。[38] 双重效应原则所谈的意图,是指行为人将行为本身或其某种结果视作目的或实现自身目的的手段。[39] 也就是说,双重效应原则的核心主张是认为,无辜者的死亡在任何时候都不能成为行动者主观上直接的行动目标,即使这么做能实现一些良善的结果。

这一原则的初步吸引力在于,看上去能够解释很多情形中常人的正义直觉。如在反恐行动中,为了摧毁恐怖分子活动据点而投放炸弹,有时即使明知据点爆炸可能导致平民死亡,轰炸行为也是可允许的;而为了让占据城池的恐怖分子投降,故意杀害城内平民以制造混乱则是被禁止的,即使这样做可以促使战争尽早结束。[40] 二者的区别似乎正在于平民的死亡本身是否包含在行动者的意图内。

虽然双重效应原则较有直觉上的吸引力,但细加推敲却疑点重重。首先,这一原则似乎会导致一种荒谬结果——行为人偶然的意图变化就会使行为的

---

〔37〕 See Alison McIntyre, *Doctrine of Double Effect*, Stanford Encyclopedia of Philosophy, Accessed July 10, 2019, https://plato. stanford. edu/entries/double-effect/.

〔38〕 See Philippa Foot, *The Problem of Abortion and the Doctrine of Double Effect*, in Philippa Foot, Virtues and Vices and Other Essays in Moral Philosophy, Oxford: Clarendon Press, 2002, p. 29; Warren S. Quinn, *Actions*, *Intentions*, *and Consequences*: *The Doctrine of Double Effect*, 18 Philosophy and Public Affairs 334 (1989);法学界观点,参见[波]克里斯托夫·斯斯卡斯基:《基于双重效应原则的道德责任与刑事责任的关系》,刘建伟译,载《环球法律评论》2018 年第 2 期。

〔39〕 参见[美]托马斯·斯坎伦:《道德之维:可允许性、意义与谴责》,朱慧玲译,中国人民大学出版社 2014 年版,第 7 页。

〔40〕 参见[美]托马斯·斯坎伦:《道德之维:可允许性、意义与谴责》,朱慧玲译,中国人民大学出版社 2014 年版,第 1 页。

正当性发生彻底的转变。例如,在轰炸恐怖分子据点的情境中,同样是在拯救大量人质的同时牺牲了少数无辜平民,根据双重效应原则,若是飞行员心地善良,不以平民死亡为乐,则轰炸行为正当;而若飞行员本身嗜血,轰炸任务正好给了他一个杀人的机会,那么行为就不具备正当性。这似乎并不合理。因此,如果行为人的意图对行为的正当性真的有如此重要的影响,那么大多数军事行动都将是不正当的。[41] 其次,从正当化根据层面看,由于紧急避险的目标不在于确证自身法权的规范有效性,而在于代表公共法权维护经验现实的平等自由体系,不具有沟通表达性意涵,因此并不要求避险行为人具有相应的避险意图。故而在生命冲突中,无论避险行为人的意图究竟是什么,都不影响对其正当性的判定。

既然正当化紧急避险不要求避险意图,那么双重效应原则就无法成为一个独立的指导原则,行为人对死亡结果是预见还是意图,对于判断行为正当性并没有影响。因而接下来本文将考察另一理论方案——手段原则。

2. 手段原则

手段原则支持者认为,既然影响避险行为正当性的关键不在于行为人如何看待死亡结果,那么必定在于客观上该死亡结果究竟起到怎样的因果作用。"人是目的"这句话不能从行为人的意图层面理解,而应从客观因果层面理解。根据这一解释,生命冲突下拯救更多人的避险行为是正当的,当且仅当就客观因果层面而言,无辜者的死亡并未作为救助更多人的手段。[42]

手段原则的核心理念是,在未经被牺牲者现实同意的前提下,使用其生命作为实现某些其他结果的工具,彻底剥夺了个体对自身根本利用的决定权,使其完全丧失自治空间,贬低了其人格地位,故而被牺牲者可以合理拒绝负担此类容忍义务。因此,任何时候都不允许在未经他人同意的前提下利用他人生命

---

〔41〕 See Larry Alexander, *The Means Principle*, in Kimberly Kessler Ferzan & Stephen J. Morse ed., Legal, Moral and Metaphysical Truth: The Philosophy of Michael Moore, Oxford University Press, 2016, p. 259.

〔42〕 See Larry Alexander, *The Means Principle*, in Kimberly Kessler Ferzan & Stephen J. Morse ed., Legal, Moral and Metaphysical Truth: The Philosophy of Michael Moore, Oxford University Press, 2016, p. 252; Alec Walen, *Transcending the Means Principle*, 33 Law and Philosophy 427, 427-464 (2014).

作为实现某种良善后果的手段。[43] 与双重效应原则一样,手段原则也能解释电车情境与胖子情境的差别。在胖子情境中,胖子被用于阻挡电车撞死5人,其与电车情境的差别正在于将胖子的死亡用作拯救5人的手段。且手段原则优势在于,其不需要考虑避险行为人当下的行为意图。

对于手段原则,有反对者试图提出一些新的情境,以质疑手段原则是否真的能够揭示电车情景与胖子情境的主要区别。例如,朱迪斯·汤姆森提出了环形铁轨情境:一辆无法停止的电车即将撞向前方5人,路旁行人唯一能做的是扳动转辙器使电车驶向另一条铁轨,而另一条铁轨上有一人,同样无法躲避。特殊的是,在这一情境中,分叉的铁轨最终在远处交汇,形成一个圆形,因此无论开向哪一方向,电车最终会绕到另一侧。但只要撞上一人或5人,该电车就能停下。[44] 在这一情境中,若选择使电车转向撞上一人以防止电车绕回另一侧撞死5人,显然是将被牺牲者作为拯救5人的手段,违反了手段原则。但是很多人从正义直觉出发会认为应当允许撞死一人拯救5人。[45] 如果环形铁轨情境中的避险行为是正当的,那么手段原则本身就是错误的。

本文认为,这一环形铁轨情境并无法对手段原则构成挑战。首先,环形铁轨情境属于一个高度人为构造的情境,不同人对这一情境会产生冲突的正义直觉,手段原则并不需要解释所有人的正义直觉,关键在于手段原则背后的道德原则本身是否可靠。退一步说,即使环形铁轨情境构成手段原则的一个反例,这也仅仅是一个非常特殊的、被刻意制造的情境,没有理由因为这一个特殊反例就否定手段原则的普遍效力,在大多数情形中,手段原则都能为人们的正义直觉提供充分解释。[46]

---

〔43〕 也有学者主张,手段原则并没有单一的价值基础,而是多个不同原则的混合,see Alexander A. Guerrero, *Appropriately Using People Merely as a Means*, 10 Criminal Law and Philosophy 777 (2016)。

〔44〕 See Judith Jarvis Thomson, *The Trolley Problem*, 94 Yale Law Journal 1395 (1985), p. 1402.

〔45〕 See Judith Jarvis Thomson, *The Trolley Problem*, 94 Yale Law Journal 1395 (1985), p. 1403.

〔46〕 See Ketan H. Ramakrishnan, *Treating People as Tools*, 44 Philosophy and Public Affairs 133 (2016). 该文提供了一个手段原则的复杂版本。

因此,笔者认为,手段原则能够用于解释电车情境与胖子情境的重大规范差异,因为在胖子情境中,无辜者的生命未经同意被用作实现其他后果的手段,这彻底剥夺了个体对自身根本利益的决定权,消灭了个体自治,从而贬低了被牺牲者的人格地位,因而被牺牲者可以合理拒绝负担容忍义务。而在电车情境中,拯救更多人的避险行为并没有侵夺被牺牲者的自治空间,被牺牲者只是因为运气不佳而导致与其他人的生命处于竞争状态,由于每个人的道德地位都是平等的,此时少数人无法合理拒绝负担牺牲生命的容忍义务,否则就是将自身凌驾于其他人之上,贬低了他人的人格地位。

六、结　　论

本文试图基于康德法哲学路径,从平等尊重理念出发,以公共法权对个体法权的约束角度说明生命冲突中无辜第三人的容忍义务,进而论证竞争性生命冲突中数量衡量的正当性。主体论证围绕海难情境、电车情境与胖子情境3个典型案例展开,首先说明海难情境中人数因素将影响义务的重要性,进而影响行为正当性。然后说明海难情境与电车情境共享了同样的规范结构,电车情境中数量衡量的正当性可以基于同一思路得以证成。最后通过手段原则将电车情境与胖子情境相区分,说明二者的规范差异。在论证数量衡量的重要性时,将“平等尊重”与“个体自治”作为检验的核心理由。在海难情境和电车情境中,当两侧人数相等时,双方主张的效力达成平衡,而在一侧人数更多的情形中,这一平衡被打破,少数一方将不能合理拒绝负担容忍义务,否则就是贬低了他人的客观重要性。在胖子情境中,如果将胖子用作拯救更多人的手段,这将剥夺了个体对自身根本利益的决定权,抹杀了个体自治空间,彻底贬低其道德地位,因此容忍义务无法被证成。而在电车情境中,被牺牲者与获救者的生命处于竞争状态,前者的死亡仅仅是后者获救的代价而非手段,因此,没有侵犯前者的自治空间,基于人数衡量的紧急避险能够基于平等尊重理念被正当化。

Between Equality and Autonomy: A Kantian Justification of the Balance of the Number of Lives

Zhang Fengming

Abstract: The justification of aggressive necessity is based on the restraint of private rights by public rights, which is intended to show equal respect for all individuals. The balance of the number of lives in the conflict of duties and necessity can be justified based on the principle of equal respect. In a competitive conflict of lives, quantitative measurement meets the principle of equal respect and can be justified, because the death of an innocent third party is a cost to save more people rather than a means. In contrast, the use of the death of an innocent third party as a means to save more people cannot be justified since it violates individual autonomy and completely degrades human dignity.

Key words: Right; Necessity; the Duty of Tolerance; Human Dignity; Equal Freedom

技术迭代视角下人工智能的法律分析*

曹　伟**

内容摘要：

人工智能技术的迭代发展对现有法律制度的冲击越来越大。现有学说大多从法律规制层面分析人工智能法律主体资格的实质，但这一研究路径很难形成有效的理论支撑。本文从人工智能的运行机理入手，从技术源头揭示其基本属性：运算能力、交互功能、按照预设规则运行、自主学习并独立运行。研究通过对比指出，现阶段的所谓人工智能技术仍处于准人工智能阶段，现有技术往往只具备上述基本属性的前3个特征，并不具有自主能力，进而从人本主义出发，对目前人工智能的法律主体问题加以分析，并结合人工智能持续高速发展的现实，重点关注数据产权定性、数据使用规则、人工智能研发规范引导几方面的法律规制。

关键词：

人工智能　准人工智能　法律主体资格　数据产权　数据使用规则

近年来，科技不断突破发展，新应用层出不穷，以深度学习为典型代表的人工智能技术迎来了发展的春天。2017年7月，国务院印发《新一代人工智能发展规划》，正式将人工智能提升为我国的国家战略，并指出"要建立人工智能法律法规、伦理规范和政策体系，形成人工智能安全评估和管控能力"。[1] 人工智能技术的广泛应用也带来了一系列的法律问题。目前，法学界对人工智能技

---

* 本文系重庆市教育委员会科技创新项目"'成渝地区双城经济圈'智能化纠纷解决机制构建研究"（项目编号：KJCX2020011）的阶段性研究成果。

** 西南政法大学民商法学院（知识产权学院）教授。

〔1〕 国务院《关于印发新一代人工智能发展规划的通知》（国发〔2017〕35号）。

术的研究和讨论如火如荼,相应的研究文献可谓汗牛充栋。[2]

进行研究往往需要预设一些前提。人工智能的法律地位究竟为何、可否成为法律主体,思考这些问题必然以人工智能的技术发展状况作为前置要件。如果人工智能技术的研究水准已经取得决定性突破,能够完全类同人的大脑进行思维并规范自身行为,那如此水准的人工智能就已具备了"人之为人"的主体性实质,此时再分析人工智能的主体性已无太大意义。但倘若人工智能的技术暂未或者远未达到主体性要求的水准,那研究人工智能主体性是否还有意义?换言之,倘若人工智能还处在离主体性很遥远的位置上,研究人工智能的主体性是真问题还是伪问题?这是此类研究首先需要直面并予以追问的一个本源性问题。

一、人工智能技术的发展

研究人工智能法律地位问题的根基首先要厘清其所处的技术发展阶段。为此,有必要从运行原理、技术特征、技术效果几个层次来对人工智能进行简要的解析。

(一)人工智能的运行原理

现阶段,人工智能的运行机理,核心在于规模庞大的运算。而此类运算的核心则聚焦在算法和算力,即如何高效地完成计算。尽管人工智能技术本身已经综合了模式识别、自然语言处理、神经网络以及计算机感知等多项技术与应用,但其本质仍是计算机运算的一种运用形式。当下人工智能技术的应用,其运行步骤主要是:使用各种人工智能技术的机器设备等硬件,根据人类程序员预先编制设定的规则进行运算,并将运算的结果施诸机器设备,进而完成相应的交互活动。这种预先编制设定的规则在计算机领域被称为程序,程序大多表现为人们所熟知的计算机软件。因此,人工智能技术的运行主要是通过计算机软件这一"大脑",指挥人工智能硬件这一"身体",来实现一系列的类人化的智能活动。由此不难发现,人工智能所进行的智能活动只是表象,真正的运行核心是起到决定性作用的计算机软件。

---

〔2〕 截至2019年12月31日,经中国知网检索,显示共有1093篇研究人工智能的法学类期刊论文。

计算机软件主要分为 4 个层次:算法层次、源代码层次、目标代码层次、可执行指令层次,这 4 个层次彼此独立。[3] 软件在算法层次表现为对软件的设计构思,之后在算法的基础上形成最初的源代码文本,经过编译转变成对应的目标代码,再经过多次调试形成最终的可执行程序。[4] 其中,算法作为起点,其体现的设计思路是此后编制各种代码的基础,也是软件的精髓所在。算法作为一种构思,其作用在于提供数据运算和处理的解决方案,实现软件的技术功能,并围绕这一核心构造一整套技术体系。可见,计算机软件不但是人类程序员设计思想的表达,而且也是设计思想的实现过程。

由此可以总结出现阶段人工智能的运行机理:根据算法编制计算机软件—计算机软件指令硬件完成运算—硬件根据指令进行交互活动。因此,现阶段人工智能从技术运行角度来看,是一种按照人类预设规则来运行,具有强大运算能力,具有交互功能的系统。[5]

(二)人工智能的技术应用

尽管人工智能技术现在的应用领域十分广泛,并在各种应用场景中展示出不同程度、不同类别的"智能",但其核心技术特征仍然在于模拟或者模仿人类的智慧。人类作为一种智慧型生物,人类的智慧大体可以分作两个部分:显性智慧能力和隐性智慧能力。隐性智慧能力是指人类认知外在世界的能力,主要包括发现问题和定义问题的能力。这也是人类创造性能力的一种内隐性的表现,此种能力为人类所独有而无法被智能机器所模拟。显性智慧能力,则是指人类依据隐性智慧所生成问题之后,根据现有信息和自身知识储备解决问题的能力。这是一种外显性的操作能力,并能够被人工智能所模拟。[6] 由此不难想见,作为显性智慧基础的隐性智慧作用更核心,并且搭建形成了人类智慧的基础性框架。此种架构的基础性作用决定了人类智慧与其他智慧的本质区别。因此,这种能力也是衡量人与非人的一个重要标志。诚然,显性智慧作为人类

〔3〕 参见曹伟:《计算机软件版权保护的反思与超越》,法律出版社 2010 年版,第 46 ~ 48 页。

〔4〕 参见曹伟:《软件反向工程:合理利用与结果管制》,载《知识产权》2011 年第 4 期。

〔5〕 参见曹伟、邵建鹏:《准人工智能的法律主体资格问题研究》,载《中国知识产权》2017 年第 7 期。

〔6〕 参见钟义信:《人工智能:"热闹"背后的"门道"》,载《科技导报》2016 年第 7 期。

实际操作能力的基础也非常重要,但相比之下却并不能成为人类智慧的灵魂核心。

当下的人工智能技术水准是否已经达到甚或超越了隐性智慧下的自主学习,并因而具备了自我解决问题的能力?对典型的人工智能应用场景加以分析后,不难得出结论。

例如,近几年热门的无人驾驶汽车,就是另一个典型的人工智能的应用场景。其工作原理主要体现为:在车内安装高性能计算机系统,或者将算力强大的计算机系统放置在云端,仅在车辆内安置可以联入云端的接口。同时,在车身四周和周围道路安装足够的感应探头用于路况的探测和反馈,通过感应探头发送和收集反馈的信号来计算和判断车辆与周围障碍物的距离,以此来感知车辆所处状态,并实时控制车辆的方向与速度。随着5G高速联网及万物互联的物联网的逐渐普及,无人驾驶具有比较现实的应用预期,这种应用场景的创新之处仅在于其人机交互的方式有所突破,但却形成了一种无人驾驶的汽车拥有类人智能的假象。一方面,传统人机交互所展现出来的智能在运行模式上较被动直接,大多都根据人类具体单一的指令实现。人们常用的键盘和鼠标就是按照"点击—反馈"这一交互模式进行。因此,模式单一的人机交互并未给人较高的智能体验。另一方面,早期人机交互运行所获得的结果也相对简单。例如,苹果手机上的"Siri"的智能语音系统,其智能只体现在"有问有答"而非"无问有答"。与之相比,无人驾驶汽车就显得格外"智能",其似乎"能够"像人类一样快速分析周围复杂的路况,并安全可靠地驾驶汽车。抛开各种营销噱头,无人驾驶汽车仍然依靠人类预先编制的程序去控制信号收发和车辆行驶。因此并不具备真正的人类智能,而只是人类创造和使用的一种智能机器而已。[7]

又如,在绘画领域,很多人都为人工智能的"画作"所惊艳。人工智能通过人工神经网络算法进行图像识别并完成绘画。同时,人工智能还可以利用深度学习模式进行"创作"。智能机器在深度学习过程中,进行大量图像的比对和筛选,归纳这些画像的特征并加以模拟,直到算法本身无法区别其生成物与人类

[7] 参见曹伟:《智能技术中的数据脱敏很重要》,载《光明日报》2020年5月21日,第16版。

作品为止。[8] 客观表象上,智能机器在这一领域所完成的"画作"确实已然具有较高的艺术水准,甚至令人赞叹。但回归到本质上,智能机器在图像收集、筛选比对、绘制图案的每一个环节中,都是严格依照预设的程序去完成,并没有脱离人类程序员为其预先搭建的框架去运行。与其说是智能机器的"画作"令人惊艳,不如说之人类程序员拓展应用场景的能力令人惊艳。

(三)人工智能抑或准人工智能?

以上足见,迭代发展至今的人工智能实际上并没有实现自主思考、自我学习,也远不能独立运行,它们并未达到真正的人工智能标准。真正的人工智能,应当能够自行创设规则,能够自主思考、自主学习,能够独立运行,能够不按照人类预设规则进行活动。换言之,现阶段的人工智能只能模拟人类外显性的智慧能力。尽管这些智能技术已经具备了相当程度的高效率、高质量分析操作能力,甚至这种能力在很多方面已经远远超越了人类,但却缺少最核心的隐性智慧能力,因而无法实现真正意义上之模拟人类智慧。也就是说,人工智能技术对人类智能的模拟,还远没有触及人类智慧的本质性特征。因此,现阶段的人工智能技术从本质上来分析,还未具备人类的属性。基于此,当下的阶段应当称为"准人工智能时代"。[9] 而这一准人工智能时代的特征从技术角度可以概括为:一是依托强大的存储运算能力,二是具有创新的交互形式,三是新的运用场景层出不穷,四是必须按照人类程序员预设的规则运行。而真正的人工智能,必然脱离以上几个特征,并体现出一个根本性的新特征:自主学习并独立运行。

计算机领域中有一个著名的摩尔定律,揭示了硬件技术的迭代更新速度。这个定律由英特尔创始人戈登 · 摩尔在 1965 年提出。他当时作出了一个大胆的预测:当成本不变时,集成电路上可容纳元器件的数量,每隔 18 ~ 24 个月便会增加一倍,性能也将提升一倍。也就是说,同样成本条件下,计算机硬件的性能每隔一年半至两年就会翻倍增长。这一定律充分揭示了信息技术进步的迭

---

[8] 参见齐达:《艺术——人工智能正在"攻占"的下一个领域》,载资本实验室 2018 年 8 月 27 日,https://baijiahao.baidu.com/s?id=1609909634231773837&wfr=spider&for=pc。

[9] 参见曹伟:《智能技术中的数据脱敏很重要》,载《光明日报》2020 年 5 月 21 日,第 16 版。

代速度。自此以往的50多年里,计算机硬件性能的增长持续印证着这一定律,直至人类技术水准抵近集成电路的制造原材料硅的物理极限后才开始出现缓和。

人工智能技术在此前很长一个时间里,之所以都只是业界的一个有趣传说而未付诸实践,归根结底仍然是受到硬件性能的极大限制。用计算机模拟甚至代替人脑,必须有强大的算力作为基础,辅之以成本低廉的大容量存储介质供其运行,同时还需要5G甚至6G提供高速甚至超高速的实时联网效率来全方位实时仿真整个人类社会的物理形态,在此基础上才能实现依赖预设规则自动运行的准人工智能。而这些要素无不需要计算机信息技术的全方位持续迭代来实现。技术的发展是一个不断迭代的动态过程,而不是一个稳定不变的静止状态。因此,对于迭代中的技术作出法律分析便显得异常吃力。事实上,在这样一个渐次迭代的过程中,距离准人工智能时代的谢幕为时尚早。因此,对于准人工智能阶段的观察和分析仍旧显得尤为重要。当然,作出这样的判断同样是基于现有技术水准而得出的经验性结论,未来的技术的突破和发展也许并不完全如此。

二、人工智能法律分析的工具与缺憾

关于人工智能的主体分析,最早是与技术的迭代演进伴随出现,以后又在文学层面由科幻小说加以想象,及至法律层面加以讨论已经是相当晚近的事情了。在这个过程中,技术圈里提出了著名的“图灵测试”,文学圈里也幻化出了阿西莫夫“机器人三原则”。很多法学界的学者在讨论人工智能时,由于缺乏法学领域自身的先导性理论,便常去引用这些理论用作法律视野中的分析工具。然而,深入了解一下“图灵测试”和阿西莫夫“机器人三原则”,就会发现这些工具用于追求逻辑严密的法律分析时往往难担重任。

(一)刺破图灵测试的“面纱”

著名的图灵测试经常被用来论证人工智能主体地位的正当性。阿兰·图灵是英国著名的数学家和逻辑学家,现在被尊为“人工智能之父”,他在1950年提出了大名鼎鼎的图灵测试。这个测试由随机选取的测试人员对被测试对象进行随机问答测试,测试人员并不知道被测对象是人还是机器,如果测试后超过一定比例的测试人员无法确定被测试者是人还是机器,那就意味着这台被测机器已经无法被人类所甄别,就被认为通过了测试,并被认为具有人类智能。图灵测试被认为是试验人工智能技术水平不可替代的关键性手段。然而,以图灵测试作为检验人工智能是否达到人类水平,实际上既太容易又太困难。谓之“容易”,在于没有多少技术含量的程序也完全可以假装其是人类;谓之“困难”,在于测试人员完全可以设计出任何计算机都无法回答的问题。[10]

实际上,受制于智能技术发展的水平和技术天才人物对真实社会复杂生活的脱离,图灵测试在设计中从一开始即存在致命的局限:只有人才能够欺骗人,机器无法欺骗人。这个逻辑前提实际是站不住脚的。倘若智能技术当真已经能够获得与人类齐平甚至更高的智慧,其完全有可能故意在图灵测试中佯装失败,以“卧薪尝胆”来加以伪装。达到人类智慧水平的人工智能很可能故意无法通过图灵测试,以免引发人类的警觉和遏制。因此,仅凭图灵测试的结果,无法准确认识人工智能的实质和水平。只有褪去其神圣面纱,从智能技术的根源出发识别出法律应当确认的主体,才能避免“野猫假扮老虎”的谬误。

(二)阿西莫夫机器人原则的人本主义虚置

美国著名作家艾萨克·阿西莫夫是美国科幻小说黄金时代的代表性人物之一,他提出了著名的“机器人三原则”:第一,机器人不得主动伤害或以不作为被动伤害人类;第二,机器人必须服从人类向它发出的指令,除非该指令与前述原则冲突;第三,不违背前两项原则的前提下,机器人必须尽力保护自己的生存。[11] 从“机器人三原则”可推断,在阿西莫夫设想的人机共处环境中,人类仍然处于首要地位,智能机器人必须以人类的行为指令作为最高依归,并以维护人类利益为最终目的。因此,有关机器人伦理原则的建构仍然需要遵循人本主义。

阿西莫夫“机器人三原则”在智能机器的伦理分析中常常被奉为圭臬,然而细品之下,阿西莫夫“机器人三原则”实在经不起推敲。

如果真如阿西莫夫所想,人工智能机器人伦理层面的人本主义应该在法律机制的设置中体现得淋漓尽致。然而,顶层制度设计如果过于理想化,落实在社会现实领域时往往缺乏严格的监管措施和约束条件。随着技术发展以及技

---

〔10〕 See Bruce Baer Arnold & Drew Gough, *Turing's People: Personhood, Artificial Intelligence and Popular Culture*, Canberra Law Review, Vol. 15:1, p. 1 – 37(2017).

〔11〕 See Isaac Asimov, *Runaround*, Doubleday, 1950, p. 40.

术高度理性的优势不断出现,为了规避诸如人类心绪不宁、感情冲动、身体疲劳、注意力易分散、智慧水平有限等“缺点”,充分利用人工智能的“高效”和“理性”,很可能会反向导致人类无法反抗人工智能指令的现象出现。此时,阿西莫夫机器服从人类的第二原则会被轻易覆盖(overwrite),而其保障人类利益的第一原则亦将被彻底架空。

试以 2019 年发生的波音 737MAX 坠机事故为例进行分析。波音公司现已承认在这几起事故中,飞机仰角信息控制系统被错误激活,飞行员的人工干预失效,最终引发悲剧性的重大事故。设计飞机仰角信息控制系统原本是为了辅助飞行并减轻工作压力,事实上却掌控了飞行的实际操控权,并排斥和剥夺了人类飞行员的干预权。是否发生灾难性事故并非问题的关键所在,其最可怕之处在于人类飞行员的行为和操控被智能机器所排斥和拒绝。可见,原本应当保障人类安全和利益的高优先级任务,往往由于缺乏人类的有效参与和持续监控,其内容很容易被篡改,其优先级设置也很容易被覆盖,其设计本意也沦为一句空谈。

作为伦理道德得以保障的最后一道防线,法律是生活规则的终极目的和本真意义的一部分,具有稳固的人文主义基础和深厚的人文主义渊源。[12] 因此,各国在智能机器人伦理的规划设计和相关法律制度的构建中,均应极力以保障人类安全以及提高生活水平为最终目的,以人类指令为最高优先,充分发挥人类经验的优势。各国应在促进保障人工智能技术发展创新的同时,以道德关怀和法律机制来阻止感性的人文环境被异化为单纯的技术机械理性。而阿西莫夫所想象和倡导的伦理原则,在现实生产生活中缺乏有效支撑和监督,根本就无从落脚,只能是科幻小说中的一种浪漫幻想而已。

(三)人工智能法律分析工具的缺憾

法律分析总是需要考虑司法适用的需求,因此必须以使用确定的概念性工具为前提。这套工具的一部分由法律司法适用的法定规范来决定,另一部分由法律司法适用的公认理论和机制架构来决定。人类社会现行法律机制的运行,在一定程度上要求法律司法适用必须严格遵循逻辑推导,并准确适用若干界定清晰的法律概念。这些概念属于法律语言,而法律的司法适用过程恰是使用法

[12] 参见杜宴林:《法律本体的人文主义基础论析》,载《法制与社会发展》2005 年第 4 期。

律语言去完成的。这些逻辑、概念及司法语言的适用,还须考虑法律体系中适用规则的建构。各种司法裁判绝不能因为逻辑的含混,或者概念的模糊而得出不一致的适用效果。这一点正是法律逻辑与所谓"技术咖"及"文艺范"的本质差别所在。由此可见,无论是技术界流行的图灵测试,还是文学界幻想的阿西莫夫机器人原则,各自都存在不适于法律运用的明显短板。

法律司法适用的理论构建同时还影响着社会学阐述和功能性表达,因为二者依赖阐述现象的理论以及所使用的研究方法和技术论。例如,现在没有人会去质疑现有社会经济政治架构制约下的司法实践对法律司法适用的重大影响。社会学阐述和功能性阐述通常可以使用处理社会现象的法外科学的各种方法、技术以及概念性工具和基本定律。而法律适用的实证研究通常使用高度专业化的立法技术和逻辑推导。人工智能的法律分析同样并不着重于强调法律适用的文字含义层面,而是根据需要来对社会结构加以解释并最终在司法实践中取得统一。在某些细致入微的时刻,如案例分析中可以深达逻辑符号层面加以判别,因为判词本身被视为特定语言的集中表达,它具有确切的意义并且是在一定前提下经推导得出的理性结论。在这个意义上,智能技术对人类语言和逻辑表达的模仿和应用,同样可以成为逻辑学与符号学分析的对象。但是,功能性表达的形成与社会学层面的分析高度相关,它们之间的严密关系尤其表现在将社会条件归因于影响决策过程的心理逻辑上。对法律适用的各种阐述则构成了理论研究的前提,这些阐述本身就可以成为理论分析的组成部分。

然而,当前关于人工智能技术的大多数法律分析,并未提供任何有效的分析工具,即使是案例材料也往往缺乏法律推理,在社会学方面的详细阐述更是付之阙如。可用于阐释人工智能技术法律理论的分析工具,确实捉襟见肘。事实上,对人工智能这一类技术对象的分析和理解,如果过分强调其技术属性,不啻舍本逐末失去了应有的焦点。社会生活包罗万象,法律分析自应万变不离其宗,终究都应回归法律的架构,依托自身的立法架构和内在逻辑去完成司法适用,以此间接地评价和形塑影响社会的政治及经济生态。

三、准人工智能的法律地位

基于人工智能技术发展阶段对其法律定位的影响,在准人工智能的法律地位讨论中,法学界大都认定人工智能并不具有主体资格,只是一个十足的客体。

事实上,无论是按照传统民法对主体(人)和客体(物)的划分,还是遵从现有民事主体的基本特征,抑或是分析其民事能力,都无法认定准人工智能时代的技术智能能够拥有法律主体资格。

(一)法律主体定位的一般理论

传统民法体系首先以是否具有独立意志能力来区分主体和客体。所谓意志能力,就是为行为的能力,即能够把内在思想通过外在行为表达出来的能力。[13] 然而,准人工智能时代的智能技术,一方面,不具备自己的思想、无法自主运行;另一方面,其一切行动都是按照人类预设的规则来完成。因此,其运行的技术效果哪怕再惊人,但实际上其中也并不存在自身思想对外表达的过程。同时,换以现有的法律制度的角度来看,主体既包括具有自然属性的人(自然人),也包括法律拟制的人(法人)。在这个意义上看,智能技术即使可以形塑为机器人的外形,但终究不是具有生命的自然人,也区别于具有自己独立意志并作为自然人集合体的法人。[14]

从现有的民法体系来理解人的内涵。人的基本属性应包含生命、情感、个性、认知、伦理、社交等一系列因素,这些因素共同组合成就了一个个鲜活的生命。[15] 反观人工智能既不可能产生生命和生命权,也不具有自然人那样的个体差异性,更没有自然人所具有的道德、良知、伦理、宗教、规矩和习惯。所以,无论是人工智能无生命的生成机理,还是无道德情感的机器特征,都足以说明人工智能并不具有人的属性。[16]

从民事能力来看,人工智能技术缺乏人类最基本的表达能力。何为表达?乍看之下系符号的组合、立意、传达、反馈,实质上其是以生命为基础、以人性为

〔13〕 参见彭诚信、陈吉栋:《论人工智能体法律人格的考量要素》,载《当代法学》2019年第2期。

〔14〕 参见吴汉东:《人工智能时代的制度安排与法律规制》,载《法律科学(西北政法大学学报)》2017年第5期。

〔15〕 参见曹伟:《智能技术中的数据脱敏很重要》,载《光明日报》2020年5月21日,第16版。

〔16〕 参见赵万一:《机器人的法律主体地位辨析——兼谈对机器人进行法律规制的基本要求》,载《贵州民族大学学报(哲学社会科学版)》2018年第3期。

内容的自然体现。[17] 在构建凝聚人类命运共同体、推动发展人类学习、促进提升人类生产实践的过程中,人类的表达充盈着经济、社会、文化、政治、历史等多方面的价值,其主要表现为人权性、自然性、实践性、政治性。表达在《世界人权宣言》中被确认为一项基本人权,其理论意义在于促进民主、发现真理、提升自主性。表达是人之本性,是人类生存、发展和寻找幸福的必经之路。因此,表达的现实意义在于,其是人区别于自然界其他动物的根本。虽然动物和植物都拥有一定程度上的表达能力,但显然皆是本能而已,并无法认识世界或改变世界,也达不到人类表达的高度和深度。人类通过表达,自由参与社会生活,感受世间百态,传递精神慰藉,促进人类文明和自我个性的发展,具有绝对意义上的社会实践属性。

(二)特殊情况下的主体地位讨论

尽管不赋予人工智能法律主体资格是法学界目前的主流观点,但随着技术的迅速发展引致法律关系的进一步复杂化,加之现有法律机制无法妥善处理新型法律纠纷等问题的出现,一些新观点开始涌现。部分学者主张在一定程度上赋予人工智能以法律人格,在原有的法律主体框架下增设新的人工智能法律人格,以此来应对相关的法律问题。这些观点包括:(1)"有限法律人格",该学说认为,人工智能应当具有法律人格,只是由于人工智能承担行为后果的能力有限,其具有的法律人格是一种有限的法律人格;[18] (2)"拟制法律人格",该观点从赋予法律人格必要性的角度出发,认为人工智能已经是一种"真实""独立"且"自主"的存在,并且人工智能可以在给定的框架内进行一定程度的思考和学习,在此范围内具有独立自主的行为能力和责任能力,因此应赋予人工智能以拟制的法律人格;[19] (3)"人工类人格",该观点主张智能机器人具有人工类人格,智能机器人所享有的是一种通过人工制造的,类似于或者接近于自然人的自然人格的民事法律地位;[20] (4)"人工智能法人人格",该观点提出"人格财产

[17] 参见宋慧献:《版权保护与表达自由》,知识产权出版社 2011 年版,第 37 页。

[18] 袁曾:《人工智能有限法律人格审视》,载《东方法学》2017 年第 5 期。

[19] 杨清望、张磊:《论人工智能的拟制法律人格》,载《湖南科技大学学报(社会科学版)》2018 年第 6 期。

[20] 杨立新:《人工类人格:智能机器人的民法地位——兼论智能机器人致人损害的民事责任》,载《求是学刊》2018 年第 4 期。

化”概念,认为法人的人格权是典型的财产权,因此从财产化这一角度切入,赋予人工智能以法人地位从立法技术和大众情感上是可行的。[21]

具体而言,当下研究重点主要放在能否把人工智能技术嵌入既有法律体系当中,从赋予其法律人格的必要性、正当性、有效性及可操作性等方面进行分析。这看起来似乎符合法学推理逻辑,但是这一研究方式却缺少一个关键的论证基点,即如何看待人工智能的本质属性。如果不直面这一关键问题并进行明确回应,那其后分析人工智能法律主体资格问题的任何研究都很可能沦为空中楼阁。

在赞成人工智能主体地位的观点中,大多认为人工智能已经能够通过机器学习能力来自主分析数据,推理相应的行为规则,并独立作出决策和实施行为,具有一定程度的意思能力和行为能力,具备设立法律关系的高度可能性。此观点对于传统法律主体理论的冲击不亚于基因、受精卵、动物等对传统法律主体地位的挑战。

结合人工智能技术在医疗、投资、家居、司法等领域的应用可知,当前人工智能技术实际是建立在大数据基础之上算法创新和机器学习(自动采集)的产物,[22]尽管在输出应用形式上表现出一定的智能,在运用效果上表现出高度自动化的惊人效率,但其只是抓取数据进行运算模拟的简单投影,并不具备人类行为背后的意识和思维。人工智能技术在近期爆发式的发展恰如上文所述,这些发展得益于计算机硬件领域取得的长足进步。算力的增加已经出现了多次迭代,存储技术也在数量级上实现了倍增。因此,依托硬件技术的进步,使得社会成员层出不穷的需求和商业应用场景获得了技术的有力支撑。相应地,各种新的商业模式也层出不穷。前文述及的无人驾驶汽车等都是这些新业态的典型代表。而这些商业场景在10年以前甚至5年以前都无法想象,其根本原因仍然是当时的硬件技术跟不上趟,无法有效地支撑人类的需求。但必须指出的是,硬件技术的发展并不是人工智能技术的全部,其中的软件设计就和硬件相辅相成,各自的发展水平和演进路径也相对独立。现有的软件水平并不能赋予机器以真正的类似人的智能,能让机器或智能技术脱离于人类的预先设计而独立存在。各种智能技术无一例外都不具有自主学习、自主运行、自主创设规则

---

〔21〕 朱程斌:《论人工智能法人人格》,载《电子知识产权》2018年第9期。

〔22〕 参见丁晴:《人工智能的公共安全问题与对策》,载《网络空间安全》2018年第7期。

的能力,仍然处于被动服从的地位,并不是真正的人工智能。因此,在准人工智能时代结束之前,认可人工智能具有法律主体地位的理论是对智能技术的错配。这些支持者以超前的人工智能理想化技术作为对象,论证的却是当下这个准人工智能阶段的社会现实。这些理论普遍假定人工智能已然获得了真正的类似于人的智能,或者能够开展独立的自我学习,甚至还将拥有独立的自我意识,但这些理论的分析起点无一例外都脱离了现阶段人工智能技术发展的实际情况,纯属一种对技术的想象。而基于想象开展的分析,自然也就不免成为无根之木和无源之水了。换言之,支持人工智能主体地位的学说实际上只是预设了一个"稻草人",进而将理论建立在并不存在的虚无想象之上。

四、准人工智能法律主体的实质与体现

正如上文所述,现阶段的人工智能还不是真正的人工智能,尚不具备类人的智慧,而只是按照人类预设规则运行的一种智能机器。换言之,其只是人类发明的一种高性能、高效率的工具,即使具有极高的甚至远胜于人类的运行效率,但此种智慧同人类特有的智慧毕竟是不同的。根据民事主体设定的基本内核,作为一种技术工具的人工智能,并不能够拥有法律主体资格。为了更加详细论述准人工智能不具有真正的主体性,不妨进一步从准人工智能与主体性内在的独立意思与责任能力入手加以分析。

(一)法律主体的人本主义体现

法律主体需要满足法律对法人格的各项要求,并进而得到法律的确认。早在罗马法时期,法人格便被界定为:生物意义上的人成为法律主体的抽象资格。当前法律环境下,自然人自出生即拥有法人格,法人或其他组织需要满足一定的法定条件才能拥有法人格。在赞成人工智能主体说的观点中,有些学者认为,法律主体并非固定不变,法律权利在生物体、非生物体中均有一定体现,甚至已有实例尝试将人工智能认定为法律主体。因此,通过立法技术将人工智能确认为法律主体不存在障碍。

但不妨首先回顾一下历史。首先,罗马时期奴隶非人的黑暗历史在分析法律主体时被反复提及,其侧重点在于避免重蹈覆辙,以此来警示后世保障人权。其次,动物、森林、河流等非人类所享有的权利,主要为人类关怀需要的单方义务,并非平等主体下的交互性权利义务。最后,作为"非人可人"表现最广泛的

法律主体形式,应当是法人或其他组织,法人人格实质上是由控制公司的个体人格构成的。[23]

就此,有学者认为,可以借鉴法人制度拟制人工智能法律主体地位。但这一想法实为不妥,原因主要在于"刺破公司面纱"的背后,法人实质上是人类的经济活动,完全为人类控制和人类参与。人工智能即便未来拥有参与经济活动的物质基础,但不能为人类所完全控制而代表人类的意志,自当无法被纳入现有法人制度的范畴。也有学者提出,法人是商业社会发展到一定阶段的必然产物,那么人工智能则是科技发展在满足人类生产、生活需求上的必然产物,两者在人类文明发展趋势上具有一致性。[24] 但休谟曾语,我们决不能从"是不是"得出"该不该"的结论。即便未来人工智能能够拥有类人智慧甚或超人智慧,彼时必然极大程度上改变传统社会模式,但并不意味着只有赋予其法律主体地位才是对人工智能发展最佳的保护措施。

由此可见,法律主体从"人可非人"到"非人可人"的变迁,并不能成为通过法律技术认定人工智能为法律主体可依据的历史渊源。[25]

(二)法律适用的人本主义体现

法律作为一种注重事前预防和事后纠偏的上层建筑,主要通过对私人生活和经济生产的规范,来实现对人类行为的普适性调整,最大限度地发挥对个人利益的保护作用,并实现社会公共利益的平衡。随着人工智能逐渐渗入人类生活的方方面面,人类终将习惯与智能机器共存的场景。

若将人工智能确认为法律主体,基于以下两种假设,现有法律对于涉及人工智能的社会关系将难以具有普适性。

一方面,人工智能技术由于应用领域的丰富,以及可与机械组合出现的万千不同外观,必然会呈现"个案"的复杂多样性。比如,前述著作权领域中的人工智能生成物,即证明智能机器已然具备自主生成效果良好的表现形式的能力,也许可以将其认定为著作权利人。在婚姻家庭继承方面,倘若承认人工智

---

〔23〕 See Mindaugas Naucius, *Should Fully Autonomous Artificial Intelligence Systems Be Granted Legal Capacity*, Teise's apžvalga Law Review, Vol. 17:1, p. 113 – 132(2018).

〔24〕 参见刘小璇、张虎:《论人工智能的侵权责任》,载《南京社会科学》2018 年第 9 期。

〔25〕 参见朱程斌、李龙:《人工智能作为法律拟制物无法拥有生物人的专属性》,载《上海交通大学学报(哲学社会科学版)》2018 年第 6 期。

能的法律主体地位,传统婚姻关系和家庭关系将遇到颠覆性的威胁,众多人类成员很可能更偏爱于外形可爱而性格可调控设置的人形机器人,而不再愿意与通常具有各种性格不足和情绪起伏的人类成员相处生活。长此以往,人类的繁衍生息将会遭遇重大冲击,现在看来理所当然的人类社会延续也许彼时都将成为一种高难度挑战。何况,在人工智能根据不同情形分别取得法律主体地位的场景中,法律活动必然会出现相当程度的混乱,极大地增加了调整社会关系的法律体系在构建和实施中的成本。

另一方面,鉴于自由个体的欲求无限,个体之间必然彼此冲突重叠,法律是控制人类本性和调整社会秩序的手段。[26] 而作为人类理性产物的人工智能,在价值预设和大数据投喂下,其行为和决策的违法性较低时,法律很可能将会因为无法有效发挥其作用而被虚置或者边缘化。如此一来,法律失去其尊崇地位,社会成员也将渐渐缺乏对其的敬畏,而转为简单依赖智能机器内在的机器理性,这实非可靠的长久之选。

(三)法律责任的人本主义体现

有观点认为,人工智能的决策和行为会出现脱离相关开发者或控制者预设的情形,如果由此产生的法律责任归人类设计者承担,将与公平原则相悖;由此应认可人工智能的法律主体地位,并由其自行承担责任。

人工智能作为软件算法和硬件机器的组合物,不具有生命意识,无法辨识主观态度;如果将人工智能认定为法律主体,必然要为其单独构建责任承担原则。那么,是否可以适用常用的严格责任?从人类关怀的角度来看,如果不考虑人工智能作出最终决策所依赖的算法和数据,也不考虑其可能受到的外部环境影响,直接适用严格责任对未来可能出现的“人工智能主体”略显不公平。另外,由于人与人之间存在类似感同身受的共情或移情,在未充分得到社会公众普遍认同的状况下,人工智能成为责任承担主体将很难使得人类社会中的多数成员感到满意。即便相关的物质赔偿可以实现,赔礼道歉等精神性补偿方面是否能够得到人类的认可,也有待进一步探究。

由于算法的不可预测性,导致当事人诉讼活动尤其是举证成本和难度大幅增加,涉及人工智能的法律责任认定因而备受争议。在现行归责制度下,可行的路径在于通过审批监管、强制保险、设立保障基金等配套措施,对人工智能研

〔26〕 参见梁治平:《法辨》,广西师范大学出版社2016年版,第189页。

发、应用等活动引发的纠纷进行责任分担。在受害人得到充分补偿的同时,亦不至于阻碍人工智能技术的后续发展。

(四)意思自治的人本主义体现

在法律行为中,意思自治是最核心的要素。在一般情况下,法律主体首先应基于某种动机或理由,产生想与他人进行法律活动的内心想法。其次,法律主体希望将该想法表达于外部世界。最后,法律主体将该想法付诸某种客观的行为。意志自由是人类在设立、变更或者终止法律关系时,在合法性和正当性方面必须考量的必要条件,亦系人工智能成为法律主体的关键之一。

人工智能当前发展阶段尚处于“准人工智能时代”,即便智能机器当下已经在一定领域远超人类表现,其仍然无自主意识、无动机、无欲望,无法完全脱离人类的意志控制和行为控制,尚未满足真正的人工智能时代的要求,也就没有进入所谓的“强人工智能”或者“超人工智能”阶段。当然,人工智能的未来也难以在当下进行准确预测,强(超)人工智能或许仅仅只是人类的一种幻想。

以上足见,无论从法律主体性所需要的独立意思表示,还是从独立承担责任而言,准人工智能时代的机器智能既不具备自然人所具有的伦理要素,也不具有一般主体所应当具有的独立意思与独立责任。因此,现在确然不应当赋予准人工智能以法律主体地位。

五、现阶段的法律响应

尽管智能技术迭代发展至今尚处于准人工智能时代,人工智能还不能被赋予法律主体资格,但是由人工智能技术所引发的一系列问题仍然需要法律进行规制。

目前较急迫的问题主要体现在三个方面:一是数据的产权定性,人工智能技术涉及大量的数据收集、整理、挖掘、分析,由此所需要和产生的数据量都是特别巨大的,如此大规模的数据如果不能够明确合法的产权归属,那么势必会造成数据信息系统的严重混乱。[27] 一方面,数据的法律属性不明确,将导致数据保护的法理基础缺失,从而引起数据合法化的极大障碍;另一方面,数据主体

〔27〕 参见秦怡:《人工智能的法律主体资格分析》,载眷诚法务 2020 年 5 月 9 日, https://baijiahao.baidu.com/s?id=1666193316242454260&wfr=spider&for=pc。

与数据控制者之间的权属界限不明确,这将导致数据在使用和处理过程中暴露于潜在的风险敞口之下,不能有效保护数据安全。二是数据的使用规则,目前数据的非法获取、非法买卖以及非法泄露等问题尤为突出,严重地影响了社会成员的数据安全。数据脱敏化处理、数据授权使用、数据保密责任等一系列措施都应当尽快厘清,并为数据的传播和使用保驾护航。[28] 三是人工智能研发的规范引导,要确保研发场所、研发活动、研发结果的可控,对于引领发展的龙头企业尤其要形成一整套严密的管控体系,[29]对研发生产的每一个环节都进行实时监控,确保人工智能在可控范围之内发展。

人工智能的技术与应用很大程度上提升了数据的资源价值,一方面,人工智能需要庞大的数据为其提供基础运算资源;另一方面,数据投喂技术的迭代和深化也不断刷新人工智能的发展上限。因此,数据的产权定性问题就变得尤为重要。要明确数据的法律属性,数据究竟属于人格权还是财产权抑或是其他权利,这将影响数据保护的法理基础和模式选择,这也是分析数据产权归属的前提。但必须指出的是,2020年5月通过的《民法典》并未就此给出确切的答案。《民法典》中与此直接相关的法条共有两条:第111条[30]和第1034条[31];其中,第111条归入第5章"民事权利",第1034条归入第6章"隐私权和个人信息保护"。从第111条的文字表述来分析,虽然立法条文中并未直接出现"权利"字样,但是考虑到第111条被列入"民事权利"一章,可以基本确定其在立法者视野中被当作一个设权性条款。而第1034条则进一步明确了受到保护

---

〔28〕 参见曹伟:《智能技术中的数据脱敏很重要》,载《光明日报》2020年5月21日,第16版。

〔29〕 参见秦怡:《人工智能的法律主体资格分析》,载眷诚法务2020年5月9日,https://baijiahao.baidu.com/s? id=1666193316242454260&wfr=spider&for=pc。

〔30〕 《民法典》第111条规定:"自然人的个人信息受法律保护。任何组织和个人需要获取他人个人信息的,应当依法取得并确保信息安全,不得非法收集、使用、加工、传输他人个人信息,不得非法买卖、提供或者公开他人个人信息。"

〔31〕 《民法典》第1034条规定:"自然人的个人信息受法律保护。个人信息是以电子或者其他方式记录的能够单独或者与其他信息结合识别特定自然人的各种信息,包括自然人的姓名、出生日期、身份证件号码、生物识别信息、住址、电话号码、电子邮箱、健康信息、行踪信息等。"

的对象是“个人信息”,因此可以将这里规定的权利概括为一项新的“个人信息权”。

然而,个人信息权与数据产权的外延并不重合。个人信息的商业价值毋庸置疑,很多商业应用都基于对个人信息的分析使用。但持平而论,个人信息仅仅是汇入庞大的数据海洋的众多溪流之一。社会生产中还存在大量的非个人信息,比如,IC 芯片设计中的海量计算、城市规划中涉及的地理信息、环境保护中的污染承载容量、油气资源的分布富集数量、工业生产的能耗分析信息等,而这部分信息的数量和价值同样不遑多让。因此,《民法典》的出台固然是一个里程碑式的重大进展,但更多是吹响了这一领域的号角,还需要进一步艰难的工作加以支撑。其中一个重要的环节就是如何确定数据的产权归属和使用规则。

一般而言,可以对数据的主体加以区分,设定不同的权属,进而划设不同的使用规则。具体而言,主体分为数据主体和数据控制者两类。对于数据主体来说,其作为产生数据的主体当然享有包括个人隐私、商业秘密在内所有数据的产权,数据主体有权对相关数据的使用、转让、处理等行为进行约束。对于数据控制者来说,其在数据的挖掘、收集、处理和使用过程中投入了大量的成本。数量庞大的数据需要数据控制者在完成原始收集后,进行复杂的分析整合以及后续的数据保存和使用。因此,对数据控制者的贡献不能视而不见。为了促进社会生产的持续发展,有必要对数据控制者赋予必要的权利。换言之,数据控制者在此种情况下应该对数据享有一定的产权。在这一领域,欧盟已经展开了实践,〔32〕并为各国提供了可资借鉴的立法例。

在数据使用的过程中已经出现的数据投喂、爬虫技术、数据泄露、大数据杀熟等诸多现象,都表明设定数据的正确使用规则尤为重要。必须强调的是,数据使用首先要经过脱敏化处理,即对数据进行去隐私化处理,以确保实现对敏感信息的保护,这样既能够有效利用数据,又能保证数据使用的安全性。同时,还要建立数据使用的授权规则体系:对于未经脱敏化处理的数据,数据控制者必须经过数据主体的同意才能使用;对于已经过脱敏化处理的数据,数据控制者可不经过数据主体的同意自由使用,但个人或企业的敏感信息数据在被收集整理时,至少在使用前应经数据主体的事前授权。此外,还应确立数据使用者

〔32〕 欧盟自 2018 年 5 月 25 日起开始实施《通用数据保护条例》(General Data Protection Regulation,GDPR)。

的保密义务与保密责任,在使用数据过程中应当对数据采取必要的保密措施,避免数据被随意扩散及泄露。对于数据产权在数据主体与数据控制者之间归属界限不明问题,还可以根据数据是否进行过脱敏处理两种情况加以区别。针对未进行脱敏处理的数据,数据与其原始来源的数据主体之间是精准的一一对应关系,数据主体基于基本的隐私等因素对其当然享有全部产权,数据控制者即使可以使用也应受到严格的限制。《民法典》中对个人信息权的保护在此也可得以落实。而对于已进行脱敏处理的数据,鉴于这些数据已经无法一一对应于其原始来源的数据主体,此时数据控制者因其对数据处理所作出的贡献而享有全部产权,数据主体则不应再享有产权。[33] 此时,数据的广泛使用则得以充分保障。

人工智能仍处于不断迭代、不断更新的发展过程中,在这一过程中将存在很多不可控因素以及无法预见的潜在危险。因此,要确保人工智能研发活动的安全可控。首先,必须确保研发场所可控,场所内的电力、网络、数据等研发设施及资料应具备自动预警及自动中断功能,保证在发生非人力可控的紧急事态(事故)时能够第一时间切断动力来源和信息数据供给,切实保证人类社会免于遭遇不可预测的安全风险是此类研究的最低要求。其次,还要保证研发活动的可控,建立研发信任机制、研发的透明性、研发的技术准则、研发的可解释性等一系列研发规则,确保研发活动能够在有标准、有依据、可控制的条件下进行。此前的"艾滋宝宝"事件是给全人类的一个重大警示,掌握尖端技术研发能力的专业人士更有可能在缺乏监管的情况下创造出可怕的怪人"弗兰肯斯坦"。即使在事后对其祸首判上几年有期徒刑,这恐怕并不能解决问题的全部。此外,还要坚持研发结果可控,将研发结果的安全可靠作为人工智能研发的主要目标,建立人工智能综合检测机制,从防泄漏、防攻击、防非安全性自我演化等多角度进行监控,实现研发出可预测、可控制、可应用的人工智能。当前,就应该从基础研发和程序编制中倡导并构建数据和算法新规则,践行科技向善的理念。

诚然,随着技术的不断发展和迭代,人工智能很有可能在未来的某一天拥有崭新的特征:自主学习并独立运行,彼时人类将迎来真正的人工智能时代。

---

〔33〕 参见曹伟:《智能技术中的数据脱敏很重要》,载《光明日报》2020 年 5 月 21 日,第 16 版。

如果这一天变成现实，人工智能将拥有类人的智慧，具备同人类一样的独立思考的能力，可以根据某种形态的自我意识进行独立活动，并能够完全不按照人类预设规则进行活动。届时人工智能能否获得法律主体资格，这一问题将变得更为复杂。

如果人工智能具备了独立思考的特质，能够像人类一样进行学习生活，能够独立地对某些问题提出自己的观点，那么人工智能的法律主体资格问题是否还仅由人类来决定？这很可能需要人类与人工智能进行协商来决定。此外，对于涉及人工智能的其他法律问题，可能也将面临非人类单方面决定的局面，人工智能很可能会提出自己的意见。更严峻的是，一旦真正的人工智能时代到来，凭借超强的计算力、海量的数据、强大的学习能力，智能机器将会在瞬间全面超越人类，人类与人工智能的主从关系将变得非常微妙。可以毫不夸张地说，彼时的人类可能不仅要听取人工智能的意见，还非常可能遭遇人工智能的全面挑战，相关的法律问题和社会运行规则也可能由人工智能单方面进行新的定义。这一问题，值得学界警醒。

六、结　　语

作为驱动世界的科技革新，人工智能技术不啻是新时代产业革命的重要驱动力量。但不可否认的是，人工智能显然还没有达到颠覆法律主体资格传统认知的程度。目前，尚处于准人工智能时代的智能机器，仍然只是一种自动化程度高超的智能工具，在现有法律体系中实无法拥有主体资格。

法律作为社会生活的基石与保障，在面对新兴技术时固然要未雨绸缪，但更应客观冷静地思索并应对人工智能技术的发展和应用。其间，保证人工智能发展的安全可控应当引起高度的关注。全社会都应该更加重视从法律、道德、伦理等方面对人工智能的研发应用进行规划，预测人工智能研发和推广中可能潜存的风险，确保研制并使用能够服务于人类、负责任的、对社会有益的人工智能技术。同时，由于对人工智能未来发展还存在极大的未知状态，包括人工智能法律主体资格在内的众多问题目前还无法解答。也许，人们现在能做和应做的，都是在保证人工智能技术研发安全可控的基础上去展开一些法律设想。

Humanistic Logic and Legal Analysis of Artificial Intelligence from the Perspective of Technological Iteration

Cao Wei

Abstract: The iterative development of Artificial Intelligence(AI) technology has more and more impact on the existing legal system. Most of the existing theories analyze the essence of legal subject qualification of AI from the perspective of legal regulation, but this research path is difficult to form effective theoretical support. This paper starts with the operation mechanism of artificial intelligence and explores its basic attributes from the technical source: computing power, interactive function, operation according to preset rules, autonomous learning and independent operation; the comparison points out that the current stage of AI development is still in the quasi-AI stage, and the existing technology usually only has the first three above-mentioned characteristics, but does not have the autonomous ability. From the perspective of humanism, this paper analyzes the legal subject of artificial intelligence. Combined with the continuous and rapid development of AI, it focuses on the qualitative property of data, the use of data rules, and the guidance of AI research and development norms.

Key words: Artificial intelligence; Quasi-artificial intelligence; Legal subject qualification; Data property rights; Data forth-putting rules

论　　文

解经家还是改革者：中法法学交流中的自由政治学院*

朱明哲**

内容摘要：

自 1877 年起，前往巴黎在自由政治学院留学的中国学生便不绝如缕。毕业后，他们大多回国投身祖国法政事业，自由政治学院所传授的法学思想因此也成为我国法制近代化与现代法学形成中不可忽视的知识来源。自由政治学院的建立宗旨是为第三共和国培养具有自由民主精神的专业政治家和行政精英，其教学安排也要求学生思考如何用进步思想和实用主义精神改造法律的教条。它与在旧时代培养统治精英的法学院竞争定义法律与社会之关系的象征性权力。如果说传统的法学在世纪之交面对社会变迁挑战时希望通过不变的法律原则引导进步，那么自由政治学院的教育则希望学生视法律规范和法学技术为一种工具，也需要根据实际的需要不断变化。

关键词：

自由政治学院　法学交流　法教义学　留法学生

1877 年，福州船政局派遣的第一批留欧学生在李凤苞、日意格的率领下出洋。出发时，马建忠为随员，陈季同为文案。抵法后，2 人亦开始在法国的学校学习，并由此揭开了近代中法法学交流的序幕。耐人寻味的是，除了马建忠在历史悠久的法学院注册攻读学士学位以外，马建忠、陈季同 2 人还在自由政治学院求学。当时，自由政治学院这一私立教育机构成立刚刚 6 年，甚至还不具

---

* 本文受中国政法大学青年教师学术创新团队支持计划（编号：21CXTD02）资助。

** 中国政法大学比较法学研究院副教授、钱端升青年学者。

备颁发学士学位的资格。[1] 他们毕业后,福州船政局所派遣的第三批旅欧学生中,同样有林藩、高尔谦、王寿昌、柯鸿年、许寿仁等人在自由政治学院注册并攻读外交科。[2] 此后,清朝国力日渐衰弱,这些留学生虽学有专才,却生不逢时、壮志难酬。待民国建立,旅欧热回潮,又有毕业于上海震旦大学的一批学生赴法,入自由政治学院深造,让这一仅提供两年制培训项目的机构一时间在中国留法学生中有了令人难以理解的吸引力,以至于里昂中法大学的学生不惜与校方撕破脸也要前来旁听。为了理解自由政治学院对中国学生的意义,本文从其创建历程入手,然后聚焦该校在教学上与传统法学院不同之处。最后,本文将通过马建忠、陈季同、柯鸿年、许寿仁、顾守熙、沈家诒、徐传葆、艾振麟、王自新、方镇中 10 人留下的档案,对中国学生在自由政治学院的学习经历作一个粗浅的白描。

一、自由政治学院的创立

(一)共和国的同龄人

1870 年 9 月 2 日,法学院的毕业生俾斯麦(Otto Eduard Leopold von Bismarck)在色当见到了法国皇帝拿破仑三世(Napoléon Ⅲ)和投降的 10 万人法国军队。法军的溃败激化了效忠于波拿巴的保皇党和共和派之间的矛盾。本身就尤其依赖民望的皇帝因为贸然把国家卷入战争的愚蠢决定,威信一落千丈。同时,仰仗皇室的官僚机制组织低效、动员能力极差的弱点在战争面前暴露无遗,更让共和派看到了帝国统治的缝隙。当战败的消息从色当传到巴黎,大批中产阶级和资产阶级家庭收拾细软逃往乡下。9 月 4 日,在革命的热情中,巴黎的律师甘必大(Léon Gambetta)在巴黎市政厅宣布共和国诞生。9 月 19 日,令人绝望的巴黎围城开始。10 月 7 日,担任内务部长的甘必大乘热气球飞

---

〔1〕 实际上,作为自由政治学院继承者的巴黎政治大学(L'Institut d'études politiques de Paris, IEP de Paris)也直到 2019 年才获得了学士学位的颁发权。另外,该校校名被我国习惯翻译为"巴黎政治学院",而且确实不是"université"意义上的"大学"。但是该校官方要求中文译名书写为"巴黎政治大学",按照名从主人的原则,就算可能造成混淆,也只好权宜处之。

〔2〕 Annuaire Société des anciens élèves et élèves de l'École libre des sciences politiques (1885 – 1889), Mission d'archives de Sciences Po.

跃了普鲁士军队的防线,到达图尔。随着驻守梅茨的法国大部队投降、留守巴黎法军突围的努力一次次失败,巴黎市内的焦虑情绪高涨,左派和右派之间的矛盾也一再升级。1871 年 2 月 26 日,《凡尔赛合约》签署,普鲁士军队也在 3 月初撤出了巴黎。但是,新政府随即通过了新的法令,要求巴黎人必须限期连本带息清偿其债务和房租,又停掉了给国民自卫军战士的津贴,呼吁地方自治和社会改革的声音在巴黎越来越有市场。当梯耶尔(Adolphe Thiers)主导的国民议会越来越倒向复辟的方向时,巴黎公社革命便随之爆发了。后面的故事我们便非常熟悉了:在短暂统治巴黎的两个月时间里,普选、妇女参政、政教分离等一系列共和派核心主张得以实践,却终究在 19 世纪欧洲最大的一场屠杀中走到了尽头。随后,为了彻底消灭巴黎公社留下的记忆,保守派占多数的国民议会决定在公社主要的据点蒙马特高地建造一座主教座堂,也就是现在的著名景点圣心堂。

第三共和国就这样在内忧和外患留下的废墟上颤颤巍巍地诞生了。与此同时,“法国思想的德国危机”开始成为笼罩在知识界和政界上空挥之不去的阴云:到底什么才是溃败的原因?如何才能在未来的国际竞争中反败为胜?东境肥沃的领土现在处于敌人的统治之下,首都惨遭围城,统一的德意志帝国在凡尔赛宫的镜厅宣告成立……一系列事件让法国的知识分子不得不思考政治、学术、道德等各方面改革的可能性。巴黎公社所呼唤的政治和社会革命也说明旧精英阶级的统治合法性已经受到了前所未有的挑战,因此男性普选制才最终建立。立基于民主政体的共和国必须培养出最有能力维持社会秩序和政治稳定的职业行政官员,否则必将重蹈第二帝国的覆辙。确保共和国“由最优秀的人统治着”就成了迫在眉睫的任务。[3] 拿破仑时代所建立的一系列精英院校虽然培养出了大量优秀的数学家、工程师、中小学教师,但是并没有为统治阶级培养出最好的官僚和政治家。所以布特米才感慨:“在我国,有专门的学校培养医生、律师、工程师、军人,却没有这样的机构来培养政治家。”[4] 把治国之道作为一种科学来研究的学术机构也就因此呼之欲出了。

---

〔3〕 Émile Boutmy et Ernest Vinet, *Quelques idées sur la création d'une Faculté libre d'enseignement supérieur: lettres et programme*, Paris, A. Lainé, 1871, p. 14.

〔4〕 Émile Boutmy et Ernest Vinet, *Projet d'une Faculté libre des sciences politiques*, Adolphe Lainé, 1871, p. 10.

正是在这样一种"改造科学、改造教育、改造国民"的思潮之中,以报界精英布特米(Émile Boutmy, 1839 ~ 1906)为首的几位自由主义者建立起了自由政治学院。他们希望孕育立足自由主义的和平和足以克服愚昧的思想自由的追求。[5] 具体而言,他们极其警惕国家干预,所以对民主缺乏热忱,但同时也对回到以前那个保守、执着于教条的农业社会充满敌意,因此积极主张共和。对他们来说,一个自由的共和国就是最好的政体。而在国际事务上,他们则相信自由的贸易交往可以维持和平的局面。在这个意义上,政治学院和与它互相成就的共和国一样,是一种"新事物",反对与帝制相连的教条主义、传统主义。布特米和他所创办的政治学院高举现代精神的旗帜,也就是一种强调个人、强调分权制衡理论和政治与公共自由的精神。[6] 在传统的法学院教育中,重要的是对民法典文义和概念的理解和掌握。而政治学院所贯彻的,则是通过个人努力改造社会的价值观。这种乐观精神甚至强大到了相信最优秀的统治者可以转变人心的地步。按照布特米的说法,所谓校名之中的"自由"并不仅仅是指在当时高等教育术语中的"私立学校",更重要的是,宣告他在法国建立一种真正自由主义高等教育的愿望。[7]

但是,无论创立者如何解读,"自由"仍然首先意味着这一新成立的学校无法获得国家的财政支持,所以本身出身中产阶级、没有大笔资金可以投入办学的布特米必须首先获得足够的经费。所幸这名报业精英在过去近 30 年的公共生活中已经建立起了一个由政商二界名流组成的关系网络。于是,在敲开了上层资产阶级中大部分自由派、共和派、奥尔良派精英的大门后,他还是筹措到了办学所必需的资金。其中,最重要的金主几乎都是和布特米一样热切希望推动法国政治现代化的新兴阶级。在认购股份超过 500 股(每股 400 法郎)的人士中,有《时代》(*Le Temps*)的主编谢雷(Edmond Scherer),新教银行家安德雷兄

---

〔5〕 Margarethe Rosenbauer, *L'école libre des sciences politiques de* 1871 *à* 1896; *l'enseignement des sciences politiques sous la IIIe République*, Inaugural-Dissertation zur Erlangung der Doktorwurde, Marburg-Lahn, Philipps-Universität Marburg, 1969, S. 44.

〔6〕 Richard Descoings, *Sciences Po*: *De La Courneuve à Shanghai*, Paris, Les Presses de Sciences Po, 2007, p. 29.

〔7〕 Émile Boutmy et Ernest Vinet, *Projet d'une Faculté libre des sciences politiques/signé*, *op. cit.*, p. 7 – 9.

弟（Édouard et Alfred André）、莫尼耶（Frédéric Monnier）、奥廷格（Rodolphe Hottinguer），倡导政教分离、后来在 1927 年获得诺贝尔和平奖的比松（Ferdinand Buisson）。其他的早期股东还有时任教育部长的知名化学家贝特洛（Marcellin Berthelot）、罗斯柴尔德（Rothschild）家族。虽然还有不少高级政府官员、资政院法官、财政法官或者大使也认购了股份，但是他们所有股份加起来不过 45 股。勒普雷（Le Play）领导的社会经济学会、拉布莱（Édouard Laboulaye）领导的政治经济学会和比较法学会也都动员起来，认购了股份。在自由政治学院背后站着的是属于工商业和新型知识分子的法国。[8]

尽管如此，布特米的手头还是并不宽裕，其中一个重要原因是，学校无法颁发得到教育部承认的高等教育文凭，从而很难吸引足够的学生报名。这也算是"自由"的另一个代价。直到 1941 年教学改革增设 1 年预备科以前，政治学院只提供为期 2 年的教育，只能在学生结束学业通过严格的口试之后，才能取得不具备任何法律效力的结业证书。在 1931 年以前，男生甚至不需要高中会考合格也可以在学校注册。第二次世界大战之后，虽然自由政治学院的继承者巴黎政治大学也直到 2019 年才取得本科文凭的授予资格，但是其在法国政界的影响力和在国际上的声誉足以为其吸引优秀生源。然而这种巨量的社会资本，在 1872 年还是无法想象的。加之受财政掣肘的布特米也只能坚持勤俭办学的理念，没有购买或租赁永久的教学地点，只在全国劝业会（Société d'encouragement de l'industrie nationale）的办公楼里按小时租借一个教室以供使用。总而言之，刚成立的自由政治学院怎么看都更像是一个培训班、一个课外辅导机构、草台班子，而不像是一所正儿八经的高等学校。无论从哪个角度来讲，很难想象政治学院竟然会在短短数年时间内成长为获得马建忠高度赞誉、让里昂中法大学的学生不惜与校方决裂也要前来旁听的梦想学府。

让新生的政治学院既获得更多财政收入，又奠定其在高等教育界地位的决定性举措或许就是布特米的职业化策略。在最初的设计中，自由政治学院提供的是中立的、不带党派色彩的跨学科教学。在布特米 1871 年构想的课程表中，学生应该广泛学习物理、生物、数学、文学与艺术、社会科学。[9] 所以，在 1872

[8] Richard Descoings, *Sciences Po*, *op. cit.*, p. 36.

[9] Émile Boutmy et Ernest Vinet, *Quelques idées sur la création d'une Faculté libre d'enseignement supérieur*, *op. cit.*, p. 9.

年学校刚建立的时候,一座藏书丰富的图书馆、档案室、“社会科学实验室”已经随之建立。正如布特米所言:“如果说我们属于某一个党派的话,那只能是科学所代表的那一个。”[10]但用中立的科学实现对政治生活的规训的初心从未落实为行动。最初的课程表从来没有真正施行。虽然学院以德国的现代大学组织为榜样,试图在教授独白式的礼堂授课之外建立小型的研讨课,但是这些研讨课最终没有发展成德国式的“seminar”。取而代之的是考查学生对大课知识掌握程度的“纠问课”、面向实践的“应用课”、为公务员考试做准备的“备考课”。到了1875年,自由政治学院开设了“行政科”和“外交科”,标志着它从一个社会科学的综合院校转变为专业的行政学院。从1884年开始,自由政治学院新设“综合科”和“经济财政科”后,科目增加到了4个,到了1900年,又新增了“经济和社会科”。持平而论,既然希望培养共和国的精英,就必须首先让学生具备通过竞考进入体制内的能力。所以,从综合性博雅教育的理想向职业化专科教育的转变似乎是自由政治学院的必由之路。

针对职业化的课程设计明显增强了自由政治学院对学生的吸引力。1871年学校初建时,只有95名学生。当马建忠在1877年入学时,学生人数增加到了200人,并且进入了一个快速增长的时期。当布特米在1906年去世时,他所创办的学校已经有500名全日制学生和接近100名旁听生。其中180人就读于经济与财政科,56人就读于综合科,156就读于外交科,66人就读于行政科。顾守熙1921年来到政治学院时,他成为850名学生之一。王自新1931年离开时,学生人数已经超过1500人。职业化转型的秘诀要从课程设置、教师队伍构成、学生来源三个方面寻找。

(二)向职业化的转型

自由政治学院的建立与“政治科学”在法国的出现分不开。研究政治生活的科学在一开始并未以单一学科的面目出现。从认识论的角度说,它没有独立的方法、不主张自己研究的是独特的社会现象。从知识社会学的角度说,它也没有独立的组织、独特的身份认同、特定的学会。以至于现在“政治科学”在法语中仍常常以复数形式出现,暗示有多种不同的学科都在研究着公共生活中的各种现象。自由政治学院的早期课程最明显地体现了这种对政治科学的认识,所有的学生都上着同样的课程:地理学、民族学、欧洲外交史、欧洲军事史、经济

[10] Émile Boutmy, 1SP-17, CR Assemblée générale 1872, p. 12.

学说史、财政史、宪法史、行政史、农工商发展史、比较民法、行政法和国家机构、欧洲社会的社会学。[11] 可见,当时所谓的政治科学几乎是当代史,加上一些法学、一些经济学、一些社会学的总和。其中,历史部分几乎都有限定:法国大革命或德皇威廉以来的,即当代史。正是当代史的知识向未来的治国精英传授了关于在复杂的现实面前如何做决策的经验知识,从而使他们区别于斤斤于规范文义的法学家。[12] 布特米解释:"(对于政治家和外交家而言)面前没有一个确定的理念——正义和自由——表达在简短的文本中,等待着他在纷繁复杂的具体情境中实现。他只有一个目标、一个实践目的,那就是服务于全国各种不同群体的共同利益,在一个变化无穷的世界中将其实现。"[13] 他还进一步主张,"政治家越来越远离律师和记者,越来越接近学者和企业家"[14]。

然而,大量的当代史教学虽然可以让政治学真正变成一门严谨的实证科学,却仍让学生延续大学教育的模式,无法敲开职业生涯的门槛。布特米把学校的课程分成行政科和外交科的意图十分明显,那就是让学生能够顺利进入高级公务员队伍,成为能够影响国家命运的共和国精英。在 1873 年的一封信中,布特米认为,讲座课程提供的无可辩驳的政治科学知识当然是"博雅教育最灿烂的光环",但是也表现出了重要的缺陷,比如无法回应任何具体职业的需求,也很难让学生感兴趣。如果学校只能在两年时间里继续为年轻人提供高雅文化的熏陶,却不能帮助他们迈过从学院到职场的门槛,那办学的目的只能算是落空了。[15] 而从书院迈入官僚机构的最重要门槛,无非就是公务员考试了。可见,布特米此时已经意识到,在对政治科学的不懈追求之外,还得增加帮助学生面对更具体职业挑战的举措。于是,国际条约史、地理与民族学、国际法、工

---

〔11〕 Programme de l'École libre des sciences politiques (1871 – 1872).

〔12〕 Corinne Delmas, «La place de l'enseignement historique dans la formation des élites politiques françaises à la fin du XIXe siècle: l'Ecole libre des sciences politiques», *Politix*, 1996, Vol. 9, n° 35, p. 43 – 68.

〔13〕 Émile Boutmy, *Des rapports et des limites des études juridiques et des études politiques*, Paris, A. Colin, 1889, p. 5 – 6.

〔14〕 Émile Boutmy, *École libre des sciences politiques. Assemblée générale des actionnaires* 1872, Paris, Martinet, 1872, p. 5 – 6.

〔15〕 Richard Descoings, *Sciences Po*, *op. cit.*, p. 41.

业立法与商业条约、基础统计学、列强军事制度、主要国家宪法等课程进入了外交科的课表。行政科则学习法国行政组织、财政制度、宪法、政治经济学、统计、比较刑法、社会改革理论史等课程。当代欧洲史的内容大幅减少,而关于法国制度的内容则顺理成章地增加了。

除授课内容外,授课形式也在学校建立的最初几年内不断更新。其中最具有代表性的是从 1873 年开始为每一个大课(cours)配备的指导课(conférence)。不同于总体上还采取满堂灌教学方法的大课,指导课以小班进行。布特米认为这种设计让"教师和学生可以围坐在同一张桌子前,共同研究那些在治国理政中无法避免的一手文件——预算、外交信件、统计数据,他们会评论这些文本,分析数据,然后讨论彼此的意见,以寻求彼此同意的解决方案"。〔16〕 正是这些根据课程科目设计的指导课,让学生在学校里就熟悉了日后在外交部和行政法院等重要机构中任职的日常,自然也获得了通过竞考的重要能力。此外,政治学院本身便鼓励学生之间、师生之间利用其平台增加各自的社交资本。学生可以随时向老师咨询意见,而老师也会悉心指导学生的学习,"学生和老师之间形成了真正的师傅和徒弟的关系"。〔17〕 在法学院中,老师往往高高在上,除上课外就不见踪影。学生之间的情谊也同样是学校的领导所关心的重要方面,并因为学生协会的存在而得到了很好的加强。但是,要让这种设计实现其目的,还必须仰赖一支混合了实务人士和学术精英的教学团队。

在布特米的领导下,自由政治学院的任课教师体现出了明显的融合色彩。作为一所可以自行决定教师任免的学校,政治学院既不需要受制于教育部门在教师遴选方面的限制,也不需要聘用固定的教授。这种便利让多元化的教学成为可能:"从学历要求和等级秩序考虑的禁锢中解放后,校长可以自主寻找那些能够满足各种不同要求的合作者。无论是资深实务人士还是饱学硕儒,他可以不受限制地从那些他认为有才干的人中查举贤能。他还可以顺应需求改变教

---

〔16〕 Émile Boutmy, *École libre des sciences politiques. Assemblée générale des actionnaires* 1873, Paris, Martinet, 1873, p. 13.

〔17〕 Théophile Wouters, *De l'Enseignement du droit à l'étranger, écoles spéciales et séminaires juridique*, Bruxelles, H. Manceaux, 1881, p. 20.

师队伍的组成、规模、功能。"[18] 在初创时，每年的教学团队仅 10 余人。到了 1878 年，也就是马建忠在此求学时，教师人数增长到了 20 人。在第一次世界大战前，每年在政治学院开课的教师已经达 50 余人，甚至超过了巴黎法学院教师的总人数。其中，大概有一半教师来自包括政府和企业在内的实务部门。其他人则由校长从法学院、文学院、高等师范学院等核心学术机构聘请，以避免科学知识彻底湮没在实务技巧之中。无论如何，教师几乎都是兼职的，毕竟当时政治学院每一门课的酬金总共只有 2000 法郎，就算长期签约的教师也只能拿到 6000 法郎的年金，甚至不到巴黎教授们年收入的一半。换个角度看，对于大学教授来说，只要来将一门课就可以拿到相当于两个月工资的酬劳，倒是一笔很吸引人的额外收入。

尤为引人瞩目的是，在政治学院草创时期教授法学课程的教师中，除来自资政院（最高行政法院）的法官和财政监察员外，还有不少巴黎法学院的教师。其中甚至有比较法的先驱、第三共和国早期最重要的民法学家之一的格拉松（E. Glasson, 1839 ~ 1907）。同样讲授民法的还有弗拉赫（Jacques Flach, 1846 ~ 1919）和日后四度出任共和国总理的里博（Alexandre Ribot, 1842 ~ 1923）。此外，还有我们在下文中会重点提到的商法教师夏尔・里昂 – 卡昂（Charles Lyon-Caen, 1843 ~ 1935）和国际法教师路易・雷诺（Louis Renault, 1843 ~ 1918）。法学院教授和其他在政治学院兼职授课的大学教师一样，虽然没有固定的职位，但是会长期讲授同一门课程，有时甚至长达 30 年。这种授课的连续性让政治学院的教师队伍看起来不那么像一支东拼西凑的杂牌军了。

职业化的课程设置、结合了专业人士和大学教授的教师队伍确实让自由政治学院的学生在公务员考试中如鱼得水。1889 年，政治学院毕业生在国家和部委录取考试中的通过率高达九成，以至于布特米雄心勃勃地宣告："我们的优势得以延续，甚至已经有足够的条件发展成为对高等公务员职位的垄断。"[19] 在将近 20 年苦心经营后，政治学院俨然已经成了通往统治中心的跳板。如前所述，政治学院无法颁发学士学位，所以几乎所有法国学生都同时在法学院注册就读。但是，政治学院在经营校友网络方面仍然显示出独特的眼光。从 1872 年起，各个特科都建立起了自己的校友联合会，这些联合会后来成了各

[18] Émile Levasseur, «Boutmy et l'École», *Annales des sciences politiques*, 1906, p. 166.

[19] Boutmy, Assemblée générale, 23/02/1889, p. 11, 1SP – 19, Dr4.

界校友相互帮扶的重要平台。布特米可以感到欣慰的是,人数有限的早期校友中也涌现出了重要的国家精英,包括历任司法部部长和外交部部长的巴尔都(Louis Barthou)、奥林匹克之父顾拜旦(Pierre de Coubertin)、张伯伦(Austen Chamberlain),以及法国第一个社会主义党总理布鲁姆(Léon Blum)。而且,政治学院的成功不仅吸引了法国学生,更吸引了外国学生。到两次世界大战之间,每年外国学生都占了总学生人数的 1/4。

从教育社会学的角度看,政治学院的学生在行政机构中取得成功未必是教育体制的功劳,更可能是其家庭出身带来的禀赋。确实,创建伊始的政治学院每年所收取的学费达 100 法郎,相当于当时一名男性工人一个月的收入。当马建忠就读该校时,学费已经涨到 150 法郎。可以说,工薪阶级的孩子想要在 19 世纪末进入政治学院几乎不可能。根据 1945 年的一次调查,政治学院 7 成学生来自中产或小资产阶级,其中 1/4 来自公务员家庭,1/4 来自商人家庭,其他则来自自由职业或工程师家庭。[20] 为了让学校更加开放,1945 年国有化以后的巴黎政治大学开始为难以支付学费的优秀学生提供以创始校长布特米命名的奖学金。然而经过了 60 年的努力,来自高收入家庭的学生仍占高达 7 成。只是在采取了颇具争议的“教育优先区”政策后,农民和工薪家庭的子弟比例在 1997 年到 2011 年从区区 4.5% 增加到了 13%。[21] 那么,随之而来的问题是:为什么成为高级公务员会成为对那些反正衣食无忧的家庭的子弟而言如此具有诱惑力的选择?这个问题的答案或需要在第三共和国的治理结构中寻找。

二、在解释和统治之间

从政治学院建立之初,它就一直处于国际和国内的竞争中。法国知识界视法国在普法战争中的失利为法国教育体制的失利。因为传统的大学系统和工程师学院都没有培养出可以在内政外交上与普鲁士的文官相媲美的人才,所以需要新增专研攘外安内之术的机构,以重塑法国的公职人员队伍。如此则产生

〔20〕 Statistique sur les professions de parents des élèves, note dactylographiée du 21/03/1945, 1SP - 67 dossier 2.

〔21〕 Sciences Po Paris, la démocratisation à pas comptés, *Le Monde. fr*, 06/09/2011.

两个问题：一是如何设立新机构取代传统上培养治国精英的法学院；二是如何证明这一新的机构优于德国的人才培养体系。最后，通过布特米和他的合作者不懈的努力，政治学院得以设立，成为培养行政和外交精英的场所。[22] 这也就意味着政治学院必须在国内与根基深厚的法学院争夺主导权。

自由政治学院在法国国内最重要的竞争对手是以巴黎法学院为代表的法学院系统。但是，两种不同的精英再生产机制竞争的并不是优秀的生源，而是主导社会思潮的地位。因为自由政治学院无权授予高等教育的正式文凭，所以前往政治学院学习的学生必须同时在大学注册，而大部分的法国学生都来自法学院。据萨克里斯特（Guillaume Sacriste）考证，在整个第三共和国期间，政治学院和法学院的教学主管实际上会经常沟通，避免考试时间冲突。[23] 如此看来，两种机制并不追求对学生时间的垄断。相反，它们关注的是一种高度象征性的垄断地位，即决定法律与社会之间关系的权力。自由政治学院在法国法学的变革之际，用一种实用主义的思想挑战着在法学院占主流的教义学模式。

（一）教义学的政治

19 世纪的法国法学院为许多出身小资产阶级、中产阶级，甚至贫困家庭的青年提供了获得一份体面职业从而向上流动的机会。来自中产阶级以下的青年甚至可以跻身规范创造最顶端的法学院教授之列。[24] 进入法学院、取得博士学位，开始从事律师业、担任法官或财务官，或在法学院教书，对于有机会入大学就读的青年而言是相当可靠的社会阶梯。另一条对更多青年开放的向上之路则是进入工程师学校或者师范学院，成为共和国领土或心灵的工程师。旧制度下的法官或财务官头衔往往需要斥巨资购得或由世袭继承取得，而他们在革命后的接班人则可以凭借教育系统中取得的文化资本获得同样的“穿袍贵族”地位。相比之下，“佩剑贵族”的后裔则保留了祖先的特权。1802 年由拿破

[22] Pierre Favre, *Naissances de la science politique en France* (1870 - 1914), Paris, Fayard, 1989, p. 86 - 90.

[23] 来自作者与萨克里斯特的私人交流。

[24] Christophe Charles, «La toge ou la robe? Les professeurs de la Faculté de Droit de Paris à la Belle Époque», *Revue d'histoire des facultés de droit et des sciences juridiques*, 1988, n° 7, p. 167.

仑下令建立的圣西尔军校(École spéciale militaire de Saint-Cyr)则代表了旧式家庭、拥有大地产的乡下地主的阵营。和旧制度下一样,军队仍然是属于贵族、世家、子弟的领地。只要来自正确的家庭,哪怕从未在军中服役,也不妨穿上戎装、披挂绶带,坦然居于将校之列。[25]

从表面上看,法学博士学位或者工程师文凭等文化资本在公共生活中能兑换到的象征性资本更多了。继续深究则不难发现,既然国家同时垄断了高等教育的组织和公共职位的任免权,那么无论是每个人所能取得的文化资本、还是用这些文化资本可以获得的政治地位,其实都由共和国决定。当共和国恪守唯才是举的原则在理论上面向所有人的公共教育机构中培养广义上的资产阶级代言人时,一种制度化了的文化精英再生产机制便建立了起来。这些知识分子进入政府、制定政策、改革高等教育,堂而皇之地跨过了知识的传承者和权力的缔造者之间的鸿沟,也就是从社会的良心变成了共和国的精英。[26] 无政府主义者、社会主义者、极右保皇派则填补了他们在权力机构之外留下的真空。成为国家精英的法学家不得不依附共和国,力图在政治动荡中立足的共和国也乐于为法学家提供便利。政治场提供了知识精英兑换象征性资本、掌握权力的机会,其代价是他们在法学场中只能安心做法律的解释者,而非创造者。两种不同的教义学模式也应运而生。其中,一种是捍卫立法者的权威,另一种则高举《民法典》的大旗。[27] 二者殊途同归,都认为社会生活不应该突破法律规范设定的限度。但是,对于自由政治学院来说,最直接的竞争对手是巴黎法学院及其所代表的立法至上观念。

立法者对规范制定权的垄断意味着法学从此只能解释法律,不能创造法律。法学功能的变化背后,是从旧制度到共和国的政治变革。法国大革命带来的关于法律、国家、社会认识的断裂,让 19 世纪的法学教育和旧制度下的法学教育根本是完全不同的两种制度。大革命前在多元而相互冲突的法律渊源之间游刃有余的旧法学,此时已经让位于推崇立法者的决断和法学家的理性的新

---

〔25〕 William Serman, «La noblesse dans l'armée française au XIXe siècle (1814 - 1890)», *Publications de l'École Française de Rome*, 1988, Vol. 107, n° 1, p. 551 - 558.

〔26〕 Christophe Charles, *Les élites de la République*, 2e édition revue et augmentée, Fayard, 2006.

〔27〕 参见朱明哲:《服务于法史学的自然法》,载《华东政法大学学报》2017 年第 3 期。

法学。与之对应的法学教育奠基于拿破仑帝国对中央集权的强大国家的热切盼望中,所以强调国家对法律产生的垄断作用的实证主义、强调规范解释统一性的集中主义从一开始便成了法学教育中大体上占据主导地位的思潮。[28] 在反复的革命、复辟、战争后建立起的第三共和国最终在法国确立了共和制,消灭了皇权复辟的可能性。新成立的政权为了捍卫共和制,试图建立一个强大、权力集中的体制,法学教育也不例外。

共和派政府很快选择了巴黎法学院作为共和国在法学上的代表。1870 年以后通过对法学教育机构的改革让代表共和派法学的索邦法学院具备了其他法学院难以比肩的地位。[29] 共和国通过简单、实实在在的经济安排保证巴黎法学院可以吸引最优秀的教师:巴黎法学院教授的法定工资是他们外省同行的 2 倍。[30] 巴黎法学院得到的拨款比外省院校充裕得多。图卢兹的院长奥里乌便曾愤怒地致信高等教育部长,抗议在财政分配上对巴黎的偏爱。[31] 除财权外,巴黎还是人事的中心。教授资格考试的委员会席位基本上由巴黎法学院的教师占据。结果是第三共和国期间巴黎法学院的博士毕业生人数几乎等于所

---

[28] *Cf.* Jean-Jacques Gleizal, «La formation des juristes dans l'État français», *Procès, Cahiers d'analyse politique et juridique*, 1979, n° 3, p. 50 – 77.

[29] "索邦大学"(Université de la Sorbonne)是巴黎大学的传喻。罗贝尔·德·索邦(Robert de Sorbon, 1201 ~ 1274)创建了作为巴黎高等教育基础的索邦神学院(Collège de Sorbonne),而该院原址后得名"索邦广场"(Place de la Sorbonne),并在历史上长期作为巴黎各高等教学机构管理部门所在地,因而巴黎大学又名"索邦大学"。在法兰西第三共和国时期,虽然法学院和文学院等高等教育机构都处于统一的管理部门权力之下,却彼此相互独立。1968 年大学改革后,原有院系关停并转,只要在索邦广场仍留有办公室的大学,都可以"索邦"冠名。但在 1968 年以前,"索邦法学院"和"巴黎法学院"是一个机构的两种不同叫法。

[30] *Cf.* Frédéric Audren et Catherine Fillon, «Louis Josserand ou la construction d'une autorité doctrinale», *Revue Trimestrielle de droit civil*, 2009, n° 1, p. 39 – 76.

[31] *Cf.* Marc Milet, La Faculté de droit de Paris sous la Troisième République: une domination sans partage? (1879 – 1939), *in* Jean-Louis Halpérin (dir.), *Paris, capitale juridique* (1804 – 1950): *Étude de socio-histoire sur la Faculté de droit de Paris*, Paris, Rue d'Ulm, 2011, p. 143 – 176.

有外省法学院博士毕业生总数。[32] 当时只有法学博士才能成为执业律师,所以也可以说法国律师有一半是从巴黎毕业的。当巴黎法学院已经有超过 20 名教师的时候,曾经在旧制度时代作为北方重要法学院的普瓦捷(Poitiers)法学院常年只有 7 名教师。先贤祠旁边小路上的出版社常举办收费的私人讲座,帮助学生通过考试或进入律师公会。这些讲座也成为巴黎的法学家对未来法律职业施加影响的重要场合。[33] 此外,巴黎的法学家还有更多的机会参加法律编纂的委员会,或者出任政府的高级顾问,从而在学术资本之外获得政治生活中的象征性资本。不同于旧制度下多个法学院分庭抗礼的多中心模式,巴黎法学院在共和国成了无可争辩的中心。[34]

有得必有失,巴黎法学院的教师必须了解到他们所获得的经济和组织优势完全是共和国有意设计的结果。他们必须小心安排教学内容,避免教育部学监在审查时给出负面评价,以免停课,甚至离开法学教育的中枢。巴黎法学院的法史学教授舍农(Émile Chénon)就曾经发表支持天主教自然法的观点,与共和派反教权主义立场相左,因而受到了停课一年的处分。他们虽然能仅仅以为身处巴黎而坐拥更多社会资本,在法学场中意气风发、傲视外省的同行,却也不得不时刻提醒自己谁最终提供并分配着他们所珍视的资本。于是,巴黎的教授反而无法像从教于外省法学院,甚至少量私立法学院的法学家那样,可以大胆地批评政府的立场。

在教育部为所有的公立法学院统一制定的授课大纲上,《民法典》毫无疑问是核心,民法和罗马法也是最重要的课程。1895 年的教学改革增加了公法的内容,但是既没有改变民法的主导地位,也没有改变拿破仑时代以来的法典评注

---

〔32〕 *Cf.* Marc Milet, La Faculté de droit de Paris sous la Troisième République: une domination sans partage? (1879 – 1939), *in* Jean-Louis Halpérin (dir.), *Paris, capitale juridique* (1804 – 1950): *Étude de socio-histoire sur la Faculté de droit de Paris*, Paris, Rue d'Ulm, 2011, p. 143 – 176.

〔33〕 *Cf.* Marc Richard, La Faculté de Paris et l'aide aux étudiants sous la Troisième République, *in* Jean-Louis Halpérin (dir.), *Paris, capitale juridique* (1804 – 1950): *Etude de socio-histoire sur la Faculté de droit de Paris*, Paris, Rue d'Ulm, 2011.

〔34〕 参见朱明哲:《东方巴黎——论 20 世纪上半叶法国法律学说在中国的传播》,载夏戴乐本辑主编、《北大法律评论》编辑委员会编:《北大法律评论》第 15 卷第 2 辑(2014),北京大学出版社 2014 年版,第 581 ~ 606 页。

授课模式。[35] 现在，既然我们已经知道了其实所谓的“法典评注”充满了每个教授根据其所处的具体社会状况对民法规则的思考，不再会认为课上的内容只是对法典字面意思和典型案例的简单陈述。[36] 同样，我们必须承认法学家始终在积极地思考如何让法律规范适应社会需求。但归根结底，法学院传授的是法律体系，即“立法和判例提供的初级材料所建构而成雄伟的法律殿堂”。[37] 法学家之间无论存在何种学术或政治立场上的分歧，当他们站上法学院讲台时，立场其实都一样：关于社会生活、社会秩序的所有知识都写在法律规范里了。只是巴黎法学院的共和主义法学家认为，让诞生于农业社会的法典适应现代的工业社会必须靠立法者的单行立法来实现；而外省的法学方法革新者则诉诸自然法、正义理念、社会连带思想或公共服务理念，力求通过法律解释而非立法的力量完成这一使命。

法学院的教育致力培养法律的解释者。无论法学家对于政治生活有何等热情、又有多么坚定的政治立场，当他们作为法学教师发言时，无不心甘情愿地接受法律的解释者而非缔造者的地位。他们既不制定法律，也不改造社会。相反，他们恪守波塔利斯的忠告：“法律应当为人创造，人却无法为法律改变。”一言以蔽之，他们解释、裁判，但是拒绝统治。

（二）政治的教义学

更准确地说，法学院为法学家提供了以解释和求知的名义整合、区别、排除法律规范的空间。只有在这一为知识保留的特定空间内，他们可以避免承担统治权力所带来的责任。一旦知识精英走出法学院，开始在包括自由政治学院在内的机构中用文化资本兑换象征性资本，解释者的心态就会立刻转化为统治者的心态。布特米曾经这样解释政治学院和传统大学之间的差别：“对我们这样的学校来说，最不该做的就是脱离严肃精神的运动、远离生活的声音。我们的

---

〔35〕 *Cf.* Charles Turgeon, «L'enseignement des facultés de droit, 1879 à 1899», *Revue internationale de l'enseignement*, 1890, n° 19.

〔36〕 *Cf.* Myriam Biscay, «Utilité et pratique dans l'enseignement du droit dans la première moitié du XIXe siècle: une vieux débat», *Revue d'histoire des facultés de droit et de la science juridique*, 2014, Vol. 34, p. 207 – 230.

〔37〕 Adhémar Esmein, «La jurisprudence et la doctrine», *Revue trimestrielle de droit civil*, 1902, Vol. 1, n° 1, p. 5 – 19.

长处之一就是,大部分的教师并不把自己困在他们的书和手稿包围的孤室中。"[38]对于自由政治学院的创建者来说,这一机构的特色在于拒绝皓首穷经,转而深入社会和政治生活之中,也就是拒绝法律文本可以揭示社会生活之真理的幻想,转而从社会和政治本身获得关于未来之法的知识。两者之间的对比意味着政治学院的教师不能满足于规范的解释者和体系的缔造者的角色,而是要勇敢地成为制定新规范实现统治的人。

但是,前已言及,自由政治学院的教师之中有不少人是大学特别是法学院的教师。布特米显然不可能是说同样的一群人既"把自己困在书和手稿包围的孤室中",又接近生活的声音。理解他的话的钥匙隐藏在政治学院的课堂笔记之中。比如,相比里昂－卡昂和雷诺为法学院学生编订的商法教材[39],政治学院的课程明显是有意地删去了商事合同部分,并在其他地方也多有省略,无非是因为作为未来的高级公务员和政策的制定者,他们只需要了解商业活动基本的规则和各国通例即可。里昂－卡昂还在政治学院开设了比较商法课,重点讲的是欧美主要国家的商法渊源,商人、商事行为、商事管辖权的基本概念,各国公司考,各国商业通信、票据制度,各国破产制度概要,海商法。[40]

同样,雷诺在政治学院讲授的国际公法课,也和他在法学院的授课思路完全不同。传统国际法教科书编排顺序是国家、个人、财产、国际义务、国际争端的解决,他自己编写的教科书也如此安排。[41] 但政治学院的学生在他的课程上学到的则是国际条约中关于知识产权、工业产权、铁路、河流、邮政、电报、货币、度量衡、出使、国际、领土、外国人待遇、外国法院判决的执行、刑法适用、引渡、方面的内容。[42] 并且,雷诺在"外国人待遇"一节下专门探讨了与远东国家

---

[38] Émile Boutmy, Notice sur l'École libre des sciences politiques, 1878, Dossiers d'Émile Boutmy, Mission d'archives de Sciences Po.

[39] Louis Renault et Charles Lyon-Caen, *Manuel de droit commercial*, *spécialement destiné aux étudiants des Facultés de droit*, Paris, F. Pichon, 1904.

[40] Charles Lyon-Caen, Cahiers des cours Législation commerciale comparée, Ier volume 1 SP5 Dr3 sdra.

[41] Louis Renault, *Introduction à l'étude du droit international*, Paris, L. Larose, 1879.

[42] Louis Renault, Cahiers des cours Droit international résultant des traités, Ier volume, 1SP4 Dr3 sdra.

的条约，其中又以中国部分最为详细，足有 11 页之多。[43] 这些内容混合了国际公法和国际私法的内容，显得杂乱而琐碎，讲的又都是在法学院看来较为生僻、属于细枝末节的应用型知识。但是，这些具体的、与原理和体系相分离的知识对于有志在行政或外交系统大展拳脚的青年而言，既必要又实用。作为当时巴黎法学院著名教授，里昂－卡昂和雷诺在政治学院的授课内容比他们在法学院讲的同一门课大为精简。他们放弃了体系和原理，带有明显的务实色彩，显然致力于让学生在一年的时间里迅速掌握一个学科的梗概和其在实践中所希望解决的问题。

最能体现政治学院特色的还要属各种国内公法类的课程。校长布特米在比较宪法课程中围绕政府组织法比较了英、法、美各国的制度。[44] 在当时刚刚诞生宪法学科中，基本权利的理念尚未得到普遍接受。哪怕到了 20 世纪初，狄骥也才逐步由“公共自由”的概念转向“个人自由”的概念，基本权利仍未出场。[45] 这种体例安排既说明他对宪法发展的思考，又说明他已经有足够的自由，大胆脱离实证法的文本，展望外国宪法实践能为法国政治发展提供的贡献。在布特米的课程中，他也没有纠结于实证宪法的条文，而是从社会、经济变迁的现实主义角度分析宪法。如在英国宪法部分，在讲完宪法的法源、国体、上议院以后，他便开始讨论中产阶级和下层阶级的政治参与诉求。在美国宪法部分，他则把违宪审查视为“司法权的政治功能”。[46]

公允地说，如果以公法学教授的身份步入学界、随后转向历史和比较文明的布特米可以算得上彻头彻尾从法学界出走的人物，里昂－卡昂则大体上是循规蹈矩的，甚少置身争议的正统法学家，他在巴黎法学院的同事雷诺也大体如此。当时法学院内部的改革派，本身还都太年轻，没有形成气候，而且等到他们

---

〔43〕 Louis Renault, Cahiers des cours Droit international résultant des traités, IIIe volume, 1SP4 Dr3 sdrc.

〔44〕 Émile Boutmy, Cahiers des cours Histoire constitutionnelle de l'Europe depuis 1789, Ier volume, 1SP4 Dr1 sdra.

〔45〕 关于个人权利在法国公法上的发展史，参见 Tristan Pouthier, *Droit naturel et droits individuels en France au XIXe siècle*, Université Panthéon-Assas, Paris, 2013。

〔46〕 Émile Boutmy, Cahiers des cours Histoire constitutionnelle de l'Europe depuis 1789, IIe volume, 1SP4 Dr1 sdrb.

逐渐走上学说发展的舞台后,大部分也没有成功地进入巴黎法学院。尽管如此,传统的法学家在政治学院教学时还是有意识地采取了和法学院不同的教案,更加注重实践经验和改革方向的指点。这一对比更能衬托政治学院主导精神的一致性。

对法律的研究始终摇摆在科学和政治之间。侧重体系建构的教义学模式倒向把法学作为一种科学的一端,而侧重法律之社会实践效果的实用主义模式则倒向把法学作为一种政治活动的一端。不难看出,在科学—解释者模式和政治—决策者模式之间,无论教师源于法学院还是实践部门,当他们走上政治学院的讲台时,都会选择后者。其结果是,政治学院的课程一方面把法律制度看作社会历史发展的产物,另一方面又强调其解决社会问题的工具属性。相形之下,法律规范的解释和体系化反而不重要。所以,不同于致力讲授现行有效之法国法的法学院,政治学院的教学特别注意同时代各个国家之间制度的横向比较和历史中存在过的制度之间的纵向比较。法律规范和政治、社会、经济条件之间的互动成了政治科学研究的产物,如此研究生产出的知识则进一步帮助将在共和国的体制内大展拳脚的官员研究未来的治理之道。在政治学院里,科学知识不再服务于立法权、解释立法者的作品。相反,它试图驯服权力,成为政治的教义学。

三、自由政治学院里的中国学生

政治学院对中国学生的吸引力应当放在其国际化策略的背景下理解。据统计,1892~1905年求学于政治学院的外国学生人数分别为49人、71人、78人、61人、59人、70人、84人、72人、68人、64人、60人、48人、68人、69人(见图1),[47]可见,在大部分年份,外国学生的人数在60以上。其中,大部分学生来自欧洲,只有极少数来自亚洲和美洲。来自保加利亚、希腊、罗马尼亚的学生明显多于其他国家,中欧各国看上去还是对来法国学习行政外交的想法兴趣不大。[48] 在这一背景下,马建忠、陈季同这样来自远东的学生并不仅仅为学院带

---

〔47〕 1SP14 Dr6, L'école de 1897 à 1905 – 8.

〔48〕 Sébastien Laurent, *L'école libre des sciences politiques de* 1871 *à* 1914, *op. cit.*, p. 58 – 59.

来了远方的知识,更成为法国与德国竞争中重要的成绩。而且,和法国学生一样,政治学院的外国学生往往同时在法学院注册。1894 年,28 位外国毕业生中有 25 人同时在法学院注册,到了 1913 年,这个数字已经达到了 60 人,当时外国毕业生的总人数是 89 人。[49] 从 1909 年开始,政治学院设立了专门为外国学生开设的特别研讨课。此后,外国学生占学生总人数的比例一直在 20% 左右,并在两次世界大战之间一度达到 33%。这一国际化的氛围显然对于中国学生融入大有裨益。

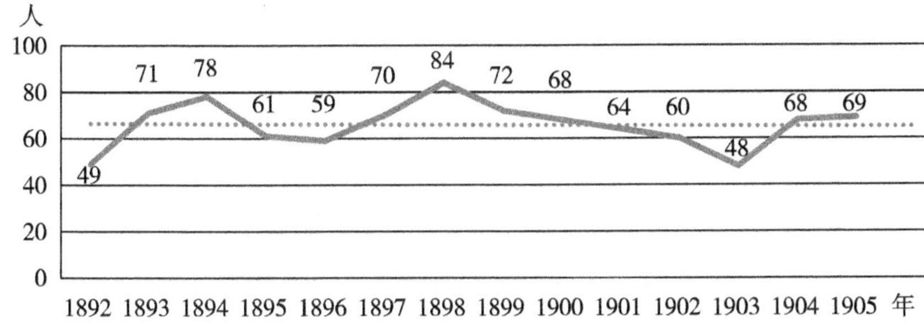

图 1 在政治学院注册的外国学生人数

政治学院最早的两名中国学生确实也在此间如鱼得水。“中国皇帝陛下军队的军官”马建忠和与他同年入政治学院求学的“中国驻巴黎使团秘书”陈季同 2 人都是政治学院学生协会在 1878 ~ 1879 年度的会员。2 人当时居住的地点距刚刚迁址的政治学院仅有百步之遥。尤其值得一提的是,1878 ~ 1879 年度的会员共 86 人,其中,1874 级学生有 7 人,1875 级学生 8 人,1876 级学生 17 人,1877 级学生 8 人,1878 级学生 26 人,而 1879 级学生有 20 人。马建忠、陈季同 2 人都是 1877 级的,而这一年级学生的比例相当低,更说明了他们比同年学生更热心学校的交往活动。而且,根据学生协会的章程,申请入会者需由委员会成员两人以上介绍,并经委员会不记名投票绝对多数同意加入,方得成为会员。从这一点看,政治学院的学生对来自东土异域的两位学生接受程度还是很高的。虽然马建忠在 1879 ~ 1880 年便不再作为协会会员,陈季同也从一般会员变成了带有荣誉衔性质的通信会员,但这一转变所反映的大抵是学生组织的代

[49] Sébastien Laurent, *L'école libre des sciences politiques de* 1871 *à* 1914, *op. cit.*, p. 59.

际更迭,毕竟在 1878 ~ 1879 年的 86 名会员中,留任到下一年度(44 人)的只有区区 23 人。[50]

马建忠和陈季同 2 人在学业上的成就则不可同日而语了。马建忠为了取得综合科的文凭,共参加了 12 门考试,分别是国际公法(18)、条约国际法(17)、比较商法(11)、外交史(16)、宪法史(17)、比较宪法(19)、比较行政学(17)、比较财政学(16)、政治经济学(17)、比较财政学(18)、比较商法(18)、英语(17)。[51] 他在满分 20 分的考试中取得了接近 17 分的平均成绩,完全可以比肩优秀的法国学生。陈季同则只参加了 5 科考试,分别是宪法(17)、国际法(16)、财政学(10)、宪法史(13)、比较商法(17),而且也没取得任何文凭。步 2 人后尘来到政治学院的学生中,我们还能找到柯鸿年、许寿仁、顾守熙、沈家诒、徐传葆、艾振麟、王自新、方镇中 8 人的档案,他们学业情况也各不相同。

柯鸿年和许寿仁都由船政局保荐赴法留学,2 人于 1890 年开始就读于自由政治学院的外交科。他们所学的课程完全一样,都是外交史Ⅰ(1818 ~ 1878)、外交史Ⅱ(1789 ~ 1818)、外交史Ⅲ(1648 ~ 1789)、东方事务、当代欧洲局势、国际法、国际私法、比较商法、地理学与民族学、经济地理学、比较军事体制、外贸与关税法。在这些课程中,柯鸿年的成绩较好,取得了折算后 15.54 的平均分,许寿仁的平均分则为 13.47。[52] 当然,如果不是因为两人的英语课一败涂地的话,他们的成绩都还能再更高一点。他们就学时,正好赶上考试分数的短暂改革,每门口试的满分是 6 分。柯鸿年在外交史Ⅰ和外贸与关税法中取得了满分

---

〔50〕 以上内容来自 Annuaire Société des anciens élèves et élèves de l'École libre des sciences politiques (1877 – 1879), Mission d'archives de Sciences Po。(自由政治学院校友及学生联合会年鉴,存于 Sciences Po. 档案室。)

〔51〕 Les épreuves d'examens orales de première année de Ma Kié-tchong, Mission d'archives de Sciences Po.(马建忠第一学年口试成绩,存于巴黎政治大学档案室,未编号);Les épreuves d'examens de deuxième année de Ma Kié-tchong, Mission d'archives de Sciences Po.(马建忠第二学年考试成绩,存于巴黎政治大学档案室,未编号)

〔52〕 Les épreuves d'examens orales de K'o Houng-Nien, Mission d'archives de Sciences Po.(柯鸿年口试成绩,存于巴黎政治大学档案室,未编号);Les épreuves d'examens orales de Hsu Chéon-Jen, Mission d'archives de Sciences Po.(许寿仁考试成绩,存于巴黎政治大学档案室,未编号)

的佳绩。实际上,除2分的英语、4.75分的经济地理、4.25分的比较军事体制外,他大部分的成绩都在5.5分以上。各位考官给也对柯鸿年赞誉有加,国际公法的考官雷诺就夸奖他“清晰而准确的法律思维,非常聪明”。[53] 许寿仁英语比柯鸿年稍好,拿到3分,经济地理和比较军事体制也考得不理想。实际上,他除了国际法拿到了5.5分以外,其他的课程都只在4到5分之间徘徊。不过,两人分数上的差距可能部分源于许寿仁的口头表达能力有限,毕竟有两位考官都认为他“了解要考察的事实,但是在非常拘谨,不善表达”。[54] 可惜的是,同为福州船政局生员的林藩、高尔谦、王寿昌虽然也在政治学院学习,但他们的档案一时未曾寻见。

此后30年,中国学生似乎就没有再出现在政治学院的注册名单上,直到20世纪20年代的留学潮到来。1920年,刚刚以《中国房税考》获得法学博士的22岁震旦大学毕业生顾守熙在自由政治学院注册,重新接续了中国学生与政治学院的缘分。[55] 此时,这所私立学校已经逐渐成长为法国高等行政官员的摇篮,外国学生占学生总数的1/3,每年的学费也早就超过了400法郎。他选择了财政科中的私营部门财政作为自己的专业。他的课程因此也与前辈们大不相同。在两年时间里,顾守熙参加的考试包括:政治经济学(18)、大型产业(13)、证券市场(18)、社会经济学Ⅰ(18)、社会经济学Ⅱ(17)、地理学与统计学(18)、商法(16)、货币金融学(20)、农业经济学(17)、银行管理(18)、财政管理(15)、海商法(15)、外汇(13)、农业问题(17)。其中,海商法和商法的考官是当时正在巴黎法学院如日中天的教授里佩尔(Georges Ripert)。在大部分的课程里,他的成绩都不错,只是大型产业课的考官还是认为他的口头表达难以理解。[56] 有趣的是,在回国后,顾守熙应该收到了一封来自政治学院校方的来信。在回信中,

---

〔53〕 Les épreuves d'examens orales de K'o Houng-Nien, Mission d'archives de Sciences Po.(柯鸿年口试成绩,存于巴黎政治大学档案室,未编号)

〔54〕 Les épreuves d'examens orales de Hsu Chéon-Jen, Mission d'archives de Sciences Po.(许寿仁考试成绩,存于巴黎政治大学档案室,未编号)

〔55〕 关于顾守熙的论文选题和毕业时间,参见王伟:《中国近代博士教育史》,复旦大学出版社2015年版,第137页。

〔56〕 Les épreuves d'examens orales de Kou Cheou Hi, Mission d'archives de Sciences Po.(顾守熙口试成绩,存于巴黎政治大学档案室,未编号)

他表示身边有不少学生希望能前往自己在巴黎的母校就读,并乐观地表示“世界越来越小了”。[57] 由此推测,或许学校给这名校友的信中所谈的是关于在中国扩大政治学院影响一类事宜。

顾守熙给母校的信息没错,在他回国后没多久,他的震旦校友徐传葆、沈家诒和艾振麟也陆续来到了政治学院。1922 年,年仅 20 岁的震旦法学毕业生徐传葆开始在政治学院攻读外交科,并同时进入巴黎法学院撰写关于《国际公法与古代中国》的博士论文。此时政治学院外交科也和清末船政局生员就读时大不相同,增加了大量时局类、比较政治学一类的课程,更接近今天国际政治专业的课程设置。除传统上占据支配地位的两学期国际公法、两学期国际私法、三门外交史、经济地理学外,他还学了当代欧洲局势(18)、英国当代政治问题(18)、19 世纪欧洲社会主义(15)等第一次世界大战后开设的课程。英国当代政治问题的考官在评语中称赞这名学生刻苦用功,准备非常全面。此外,他还参加了政治学院专门为外国学生开设的研讨课,拿到了 18 分的好成绩。徐传葆还是第一个在毕业口试中取得 19 分高分的中国学生。[58]

相比徐传葆,艾振麟和沈家诒在政治学院取得的成绩并不耀眼。艾振麟从 1925 年开始就读于财政科,虽然是公共财政的方向,但他和顾守熙上的课大同小异,共修读了以下课程:证券市场(14)、财政管理Ⅰ(15.5)、经济地理学(15)、政治经济学Ⅰ(15)、现代工业组织Ⅰ(14)、公共财政(12.5)、社会经济学(16)、货币金融学(12)、政治经济学Ⅱ(16)、银行学(16)、财政管理Ⅱ(12)、海商法(12.5)、现代工业组织Ⅱ(11)、农业问题(10)、社会经济学Ⅱ(4)、大型产业(11)。[59] 与顾守熙同龄的沈家诒于 1924 年以《管子之政法经济学说》取得震旦大学法学博士学位。[60] 同年,他来到政治学院,就读于外交科。他的成绩着实说不上出色。除两学期的国际公法分别取得了 19 分和 17 分的高分外,也

---

〔57〕 Lettre du 17 mars 1923 de Kou Cheou Hi, Mission d’archives de Sciences Po.(顾守熙 1923 年 3 月 17 日的信件,存于巴黎政治大学档案室,未编号)

〔58〕 Les épreuves d’examens orales de Chen Kia-I, Mission d’archives de Sciences Po.(沈家诒口试成绩,存于巴黎政治大学档案室,未编号)

〔59〕 Les épreuves d’examens orales de Mgai Tchen-Ling, Mission d’archives de Sciences Po.(艾振麟口试成绩,存于巴黎政治大学档案室,未编号)

〔60〕 王伟:《中国近代博士教育史》,复旦大学出版社 2015 年版,第 137 页。

就两门外交史课程拿到了16分,其他学科只能说是差强人意。国际私法、当代欧洲局势等课程更是只分别得了10分和11分。[61]

1929年,王自新也像他的前辈那样,先以《中国之出妻及离婚制》取得震旦大学法学博士学位,然后漂洋过海来到巴黎。[62] 他修读的也是公共财政方向。王自新的成绩也最多只能用差强人意形容,除商法和两个学期的政治经济学分别拿到17.5、16.5、16分的好成绩外,其他课程的分数几乎都在11～14分。[63] 在完成政治学院的学业同时,王自新还以《中国的离婚》在1932年获得了巴黎法学院的博士学位。[64] 1930年,政治学院又迎来了主修外交的方镇中。他除在两门外交史课程中分别取得了18.5分和17分的成绩外,其他的课程都没有超过16分,大部分在14分以下,共产主义政治、国际私法、国际公法、战争中的外交谈判等课程甚至没有通过。此后,抗日战争爆发,虽然仍有赖国高这样从里昂法学院前往自由政治学院旁听的学生,却没再查到正式注册的中国学生。

四、结　语

马建忠在1878年冬从马赛写给友人的信中曾经提到过在上海设立学院培养外交官的想法,从中也可以管窥他对政治学院的认同。在这个想象中的机构里,学生在3年语言考试和一年官署实习之后,进入两年的学习期。"入馆之初,先将每生试用一年中所课略为考问,以觇其荒熟:荒则责令重学,熟则进以二年正课。此二年中所讲者公法、例律、条约、理财、赋税以及各国交涉来往公牍,所课者法文与华文公牍,英、普二国语言。"[65] 此处所涉及的国际公法、立法、条约、政治经济学、财政学和外交学种种功课,都是他本人在政治学院修读

[61] Les épreuves d'examens orales de Siu Tchoan Pao, Mission d'archives de Sciences Po.(徐传葆口试成绩,存于巴黎政治大学档案室,未编号)

[62] 王伟:《中国近代博士教育史》,复旦大学出版社2015年版,第137页。

[63] Les épreuves d'examens orales de Wang Tse Sin, Mission d'archives de Sciences Po.(徐传葆口试成绩,存于巴黎政治大学档案室,未编号)

[64] 王伟:《中国近代博士教育史》,复旦大学出版社2015年版,第140页。

[65] 马建忠:《玛赛复友人书》,载《马建忠集》,王梦珂点校,中华书局2013年版,第48～51页。

的课程。让学生直接研习中外公牍更是政治学院特色研讨课的内容。显而易见,无论在学制上还是课程安排上,马建忠都乐于复制他在巴黎的母校的做法。以上所表达的或许是他尚是年轻学生时候的想法,在当时看来却不乏同道。正是在政治学院的模式启发下,西德尼·韦伯(Sidney Webb,1859~1947)和其他几个费边社成员才于 1895 年建立了在今天颇具盛名的伦敦政治经济学院。至于 1898 年盛宣怀在《筹集商捐开办南洋公学折》所表达以政治学院为模板在上海设南洋公学的想法是否与马建忠有关,就现在掌握的资料来看尚无法定论。而且从行文来看,盛宣怀所使用"国政学堂"究竟是别出心裁还是有意区别于马建忠使用的"政治院",尚待仔细考察。值得重视的毋宁是这两位过从并不紧密的洋务派干将,竟都将政治学院视作我国培养外交官的典范〔66〕,则更从侧面说明了中法英三方面的改革人士所分享的想法。

自由政治学院明确提出要培养治国理政之才。在学校的创建者看来,这种人才不同于斤斤计较于法律条文的律师,必须根据瞬息万变的时事调整策略、作出决策。马建忠盛赞这种实用主义哲学为"相时致变之实学"。清末就读于政治学院外交科的中国学生至少都通过了学校的考试,理论上才学并不逊于他们的法国同学,本可在洋务运动中大显身手。然而,除马建忠的外交才干在朝鲜危机的解决中曾经闪耀一时外,其他人却成了清末政治史上的失踪者,尘封于遗忘之中。民国时期政治学院的中国校友或侧身象牙塔中,或在律师界大显身手,但也没取得和布特米所构想的那种"国家精英"相匹配的象征性资本。反而是那些从巴黎法学院毕业的中国博士,回国后或成为各知名大学的教授,或出任司法、教育、外交各部部长。此种差别,颇为耐人寻味,也是近代留学史上一个有待继续探索的主题。

在欧亚大陆的另一端,作为自由政治学院继承人的巴黎政治大学与法学院之间的竞争仍在持续。2008 年,大学法学教学人员的职业协会向最高行政法院提起诉讼,要求撤销 2007 年的行政命令。〔67〕 系争行政命令承认巴黎政治大学"经济法"和"法律与司法事业"两个硕士专业的毕业生和法学院硕士毕业生一

---

〔66〕 参见贾熟村:《李鸿章与马建忠弟兄》,载《清史研究》1997 年第 3 期。

〔67〕 *Conseil d'État*, *4ème et 5ème sous-sections réunies*, 23/07/2008, 306321, *Inédit au recueil Lebon*, 2008.

样具有参加律师学院入学考试的资格。[68] 根据这一命令,大学对法律职业教育的垄断不复存在。此前,只有先在大学(Universités)中接受法律教育,然后才能进入律师学院。高等商学院(L'École des hautes études commerciales de Paris, HEC)的"国际法律与财税战略"的毕业生也只是因为同时取得巴黎一大或巴黎二大学位而可以参加律师学院入学考试。最高行政法院没有支持职业协会的主张。2009 年巴黎政治大学成立了自己的法学院(l'École de droit),并在 2010 年开设了博士项目。大学法学院的教师和他们在巴黎政治大学的同事之间的矛盾在最高行政法院前以如此戏剧性的方式展现,并开启了持续至今的讨论乃至争吵。曾有资深的大学教授指责,巴黎政治大学将要培养的不是法学家,而是"法律的厨师"。作为回应,巴黎政治大学法学院院长索性以"法律的厨房"(*La cuisine du droit*)作为他著作题目,阐述法学教育理念。[69] 到底要培养解释者还是统治者,至今还是一个令人争论不休的问题。

Economists or Reformers: A Liberal and Political Science College in China-France Academic Communications

Zhu Mingzhe

Abstract: l'École libre des sciences politiques (ELSP) used to be an attractive destination for Chinese students since 1877. When graduated, they most commonly returned to China and pursuited legal-political careers, which makes the knowledge taught in ELSP an important source of inspiration in the modernization of Chinese law and legal thoughts. Unlike the traditional faculties of law that sticked to the exegetic method, ELSP underlined the possibility of transforming legal dogmes by progressivism and pragmatism and intended to form libral democrate elites that shall serve the purpose of the Third Republic. ELSP competed

[68] Arrêté du 21 mars 2007 modifiant l'arrêté du 25 novembre 1998 et fixant la liste des titres ou diplômes reconnus comme équivalents à la maîtrise en droit pour l'exercice de la profession d'avocat.

[69] Christophe Jamin, *La cuisine du droit: l'École de droit de Sciences Po: une expérimentation française*, Paris, Lextenso éditions, 2012, p. 277.

with the faculties of law over the symbolic power of defining the relation between law and society. While the conventional teaching of law tried to maintain the lawyers' hegemony of guiding social transformations by universal principles, professors of ELSP encouraged their students to take legal norms and techniques as instruments: they can be used to reform the society, but also must be updated to adopt actual needs. This instrumentalist ideal was appealing to Chinese students.

Key words: l'École libre des sciences politiques; Exchanges of law; Dogmatism; Chinese students abroad

诉讼两造的话语博弈
——基于巴县档案的衙蠹个案分析

林树煌*

内容摘要：

衙蠹虽身份低贱，却执掌要务，他们因收取陋规、敲诈勒索为时人所恶。透过巴县档案中的一起衙蠹案件，我们可以管窥诉讼两造的话语类型，理解其中的博弈逻辑。民众凭借国家制度的支持形成"制度性话语"，衙蠹则紧扣陋规的惯例性建构"惯例性话语"。这两种话语的博弈逻辑，乃是策略的对抗与权力的角逐。一波三折的博弈进程不仅彰显了两种话语间的巨大张力，还折射出制度运行背后国家权力、社会权力与地方行政权力之间交织拉锯的常态。这一个案也表明：制度的效力并非完全取决于位阶的高低，更与行政司法实践和行动者的策略谋划密不可分。

关键词：

衙蠹　话语　博弈　制度性话语　惯例性话语

一、问题的提出

作为地方衙门的办差人员，吏役在传统中国的行政运作中扮演重要的角色。长踞役位既使他们熟悉当地风土人情，也让他们深谙官场规则，这种"内行"源于他们对公文传递、催征赋税、传讯拘捕、执行刑罚、看守人犯等要务的承担。大部分吏役借此权力"寻租"，或敲诈民众钱财，或威胁民众性命，时人戏谑地称他们为"衙蠹"，讽刺他们如蛀虫一般侵蚀衙门窟穴。

在清代行政的学术研究方面，瞿同祖作出了开创性的贡献，其著作《清代地

---

* 中山大学法学院博士研究生。

方政府》对吏役的职能、地位、录用、经济待遇等情况进行了详细的介绍。[1] 但是,对这些“隐治”[2]人物的关注并非其重点,瞿同祖所致力的,其实是对清代地方行政的全景式描摹。这种描摹对于我们理解地方政府的整体性架构当然不无意义,但对于吏役这一特殊群体的解读还不甚具体。为了弥补这一缺憾,更多的学者聚焦吏役这一群体,作出了更具针对性的解读和阐释。[3] 在大部分研究中,衙蠹成为众矢之的,学者分析了衙蠹的危害和产生缘由,并且将衙门吏役描述为贪腐成性的自私之辈。美国学者白德瑞(Bradly W. Reed)大胆超越了这种反面人物的标记,他以巴县档案为素材,考察了吏役行为的“惯例性”以及“非正式的正当性”,从而揭示与上述刻板印象截然不同的历史图景。[4] 这些工作为我们理解传统中国的衙蠹现象奠定了丰富的文献基础。然而,这些研究都极少关注到衙蠹行为的对象——民众,及其与衙蠹后续的博弈进程。在遭到勒索后,民众的反应如何?是束手就擒,还是负隅顽抗?不满的民众是如何与狡黠的衙蠹博弈的?他们之间的关系进程和权力分布状况又是怎么样的?对于这些问题,目前鲜有研究予以讨论。笔者认为,如能对民众和衙蠹的博弈进程予以关注,分析双方的博弈构造,阐释其中的博弈逻辑,必将对研究的推进不无裨益。毕竟,学术研究不仅要关注法律制度的内容、架构与理念,还要关注

[1] 参见瞿同祖:《清代地方政府》,范忠信、晏锋译,法律出版社 2003 年版。

[2] 尤陈俊:《清代地方司法的行政背景》,载朱腾主编:《原法》第 3 卷,人民法院出版社 2008 年版,第 18 页。

[3] 相关研究包括:赵世瑜:《吏与中国传统社会》,浙江人民出版社 1994 年版;刘小萌:《胥吏》,北京图书馆出版社 1998 年版;周保明:《清代地方吏役制度研究》,上海书店出版社 2009 年版;张正印:《宋代狱讼胥吏研究》,中国政法大学出版社 2012 年版;李荣忠:《清代巴县衙门书吏与差役》,载《历史档案》1989 年第 1 期;尤陈俊:《清末民初画报中的衙蠹与劣幕》,载范忠信、陈景良主编:《中西法律传统》第 5 卷,中国政法大学出版社 2006 年版;徐忠明:《雅俗之间:清代竹枝词的法律文化解读》,载《法律科学》2007 年第 1 期;王雪华:《清代官弱吏强论》,载《武汉大学学报(人文科学版)》2008 年第 3 期;杜金:《怀疑与信任:清代地方官员司法权威的构建——以刘衡所著“官箴书”的吏治思想为例》,载《现代哲学》2012 年第 1 期;冯贤亮:《明清江南的“蠹吏”》,载《学术月刊》2014 年第 3 期。

[4] See Bradly W. Reed, *Talons and Teeth: County Clerks and Runners in the Qing Dynasty*, Stanford University Press, 2000. 此书已有中译本,即[美]白德瑞:《爪牙:清代县衙的书吏和差役》,尤陈俊、赖骏楠译,广西师范大学出版社 2021 年版。

法律制度的运作以及身处其中的“行动者”。民众和衙蠹都是衙蠹案件(以衙蠹为被造的诉讼案件)中的行动者,认真倾听他们的声音既有助于理解他们的所思所想,[5]也有利于把握法律的运作机制,因为他们的声音既非无缘无故的随意呻吟,也非无理取闹的痛苦哀号,而是支撑他们行动的坚实“话语”。

“话语分析”备受关注,不得不归功于福柯(Michel Foucault)的影响。福柯超越“结构主义”和“解释学”这两大社会研究的探讨模式,以话语分析为路径,考察了作为建构知识领域之规则的话语结构。[6] 自此,话语分析方法受到了社会科学家的青睐,法学研究者亦不例外。究其原因,通过对话语表达、话语实践和非话语实践的联合考察,将有助于透视法律现象的本质和规律。目前来看,主要的研究路径有3种:其一,探究历史演进、司法改革过程中法律话语的建构和流变。[7] 其二,考察法律话语在制定、解释、论证和交流过程中的修辞性及其功能。[8] 其三,分析法庭审判和调解过程中的话语技巧及其中的权力

---

〔5〕 梁治平也强调在寻找“意义”时必须关注行动者的声音。参见陈柏峰、尤陈俊、侯猛编:《法学的11种可能》,中国民主法制出版社2020年版,第38页。

〔6〕 参见[法]米歇尔·福柯:《知识考古学》,谢强、马月译,生活·读书·新知三联书店2003年版。

〔7〕 相关研究包括:尤陈俊:《法制变革年代的诉讼话语与知识变迁——从民国时期的诉讼指导用书切入》,载《政法论坛(中国政法大学学报)》2008年第3期;尤陈俊:《“讼师恶报”话语模式的力量及其复合功能》,载《学术月刊》2019年第3期;孙宗龙:《中国近代诉讼话语研究》,吉林大学2019年博士学位论文;侯猛:《新中国政法话语的流变》,载《学术月刊》2020年第2期。

〔8〕 相关研究包括:刘星:《法律解释中的大众话语与精英话语——法律现代性引出的一个问题》,载《比较法研究》1998年第1期;刘星:《“法律”概念是怎样被使用的——在中西近代日常话语实践的交流中比较考察》,载《政法论坛》2006年第3期;刘星:《司法日常话语的“文学化”源自中国基层司法经验》,载《中外法学》2010年第2期;侯学勇等:《中国司法语境中的法律修辞问题研究》,山东人民出版社2017年版;陈金钊主编:《法律修辞研究》,生活·读书·新知三联书店2020年版。

控制关系。[9] 本文属于第三种研究路径。就这种研究路径来看,学者们更多关注的是法官和律师对当事人、证人的问话方式和话语策略,如打断、停顿、重叠等技巧,从而揭示庭审和调解中权力的非对称性。但是对于诉讼两造的话语博弈,则鲜有研究予以关注。易言之,诉讼两造的话语深受制度运作的影响,若能对其进行深入剖析,不仅有利于推进"话语分析"的研究,而且有助于深化我们对制度运作的理解。

鉴于此,笔者将考察的问题是:在衙蠹案件中,诉讼两造是如何进行话语博弈的?贯穿博弈进程的逻辑是什么?为了解决这个问题,本文将以"话语、策略与权力"为分析框架,对巴县档案中的一起衙蠹案件进行格尔茨式的"深描"[10],以期阐释诉讼两造的博弈构造,并透视贯穿其中的权力运作机理。

二、案件始末

笔者所要深描的,乃是巴县档案中的一本委审详册,即四川督抚将发生于太平厅的一起案件委托巴县衙门审理,巴县衙门审理后所做的案件笔录。[11] 之所以选取这个案件为文本,原因有三:其一,此案的档案保存相对完整,生动地再现了民众与衙蠹博弈的完整过程,为我们解读两造话语奠定了文本基础;

〔9〕 相关研究包括:[英]约翰·吉本斯:《法庭上的语言运用和权力支配》,陈文玲译,载《广东外语外贸大学学报》2003 年第 1 期;廖美珍:《法庭问答及其互动研究》,法律出版社 2003 年版;[美]约翰·M. 康利、威廉·M. 欧巴尔:《法律、语言与权力》(第 2 版),程朝阳译,法律出版社 2007 年版;[美]萨利·安格尔·梅丽:《诉讼的话语:生活在美国社会底层人的法律意识》,郭星华、王晓蓓、王平译,北京大学出版社 2007 年版;柯贤兵:《中国法庭调解话语博弈研究》,华中师范大学 2012 年博士学位论文;徐静:《行动、话语策略和权力技术——转型中国的调解制度》,载《政法学刊》2017 年第 2 期;赵洪芳:《法庭话语、权力与策略研究》,中国政法大学 2009 年博士学位论文;贺欣、李洛云、冯煜清:《家事审判中的调解式话语与审判式话语》,载《法律和社会科学》2019 年第 1 期。

〔10〕 "深描"的研究方法,参见[美]克利福德·格尔茨:《文化的解释》,韩莉译,译林出版社 2008 年版。

〔11〕 参见四川省档案馆、四川大学历史系编:《清代乾嘉道巴县档案选编》(下),四川大学出版社 1996 年版,第 246~249 页。

其二，曲折的上诉历程反映了民众与衙役斗争艰难的普遍性，但民众胜利的取得又体现了此案的典型性；其三，尽管已有研究对此案有所涉及，[12]但均是以例证的形式简要提及，且与笔者的观测角度不同，所以本案还存在深挖的空间。

该案的起因是太平厅商民魏兴贵、庞登祥、危绍唐合伙煎盐，经营过程中，有衙役三番五次借机敲诈勒索。前者不堪其扰，以“蠹役叠害”为由将后者起诉至官府。民众两次向川东道、一次向按察司起诉均无果，迫于无奈只能上诉至督抚，督抚将此案委托巴县衙门审理。下面，笔者将根据档案史料介绍案件经过。

乾隆五十三年（1788年），原告祖父庞习纯、魏玙常、危宇兰等在厅属明通井合伙煎盐。原告承袭家族盐业，骆瑞等衙役却多次敲诈勒索：其一，太平厅衙役总管骆瑞教唆张祥以“索借不遂”为由，捏造控告他们“夺占鲸吞”，并与门丁郭福串通，借案勒索去一百三十六两银子，二人分肥。其二，由于有无名男丐在地界内路毙，原告向衙门报告，骆瑞以报告迟缓为由勒索去银两一百九十三两六钱。蠹总沈荣等人还要求他们祭井，两次祭井共花去夫马猪酒差费钱二百八十余千。其三，嘉庆二十二年（1817年），原告因乞丐向贵戳毙向幺娃之事向衙门报验，又遭骆瑞、田升、周太、刘兴、戴思亮等人勒索去过山礼银二百八十五两五钱。其四，衙蠹怂恿官府逼迫他们更改商名，执签将他们铐锁拘押，又勒索去一百一十千文。如果原告所言确实，那么衙蠹四次敲诈所勒去的银钱竟高达一千三百五十九两八钱。

经此，他们损失惨重，陷入了一种十分尴尬的境地：“半系卖业济急，半系借贷未还”，想转让产业却无人接手，想停止经营却难缴赋税。迫于无奈，他们终于向官府提起诉讼。可是，过程并没有那么一帆风顺。

今正二月以串搕叠害等事，粘单两次叩道，均批回厅，蚁等遵批回至厅属场坝，蠹等突来将危绍唐肘锁去讫。蚁庞登祥畏跑脱，以蠹借叠搕奔叩臬宪，沐

---

〔12〕 参见廖斌：《清代四川地区刑事司法制度研究：以巴县司法档案为例》，中国政法大学出版社2011年版，第82～83页；蒋铁初主编：《明清民事证据制度研究》，中国人民公安大学出版社2008年版，第133～134页。

批:据呈骆瑞等叠扣多脏,比过付可凭,自应严行究办。候移道亲提讯究。[13]

原造于嘉庆二十三年(1818 年)二月将衙蠹索诈受贼之事起诉到川东道,川东道却两次都把案件发回太平厅审判。原造遵守批饬回到太平厅,却遭到了衙蠹的武力威胁,这种威胁迫使原造将此事诉至按察使。按察使批道:骆瑞等衙役多次勒索钱财,如果证据确凿,自应对他们进行严惩;等转移川东道,由川东道提审本案。对于按察使的批语,原造并不满意,情急之下,他们上诉至四川督抚,以期督抚亲自提审本案。对此,督抚批道:

据呈郭福、骆瑞等屡次串搕得赃,为□□□□[14]载。既有过付可凭因何并不随案即时控告。直至本年始由道控司,批准提究,又不候讯、遽行来辕越渎,保无捏饰情弊。但案关丁差索赃,审实均应查究。仰按察司转移川东道,速即来提人证,秉公研审,务得确情,据实详办,毋稍蒯。一面飞饬新任太平厅,先行查复。粘抄并发。[15]

这段史料揭示了督抚在法律、政治与社会等因素复杂交互中的心理认知。很明显,督抚对原造的呈词不无怀疑:一方面,原造既然有证据证明衙役骆瑞与门丁郭福串通得赃,为何当时不立即控告?另一方面,原造今年上诉至按察使,按察使已经批准提究,原造不等候审讯便越诉至此,难免捏造情节之事。这两点怀疑其实不无道理,由此可见督抚为官的谨慎。然而,尽管有所怀疑,督抚还是意识到了案件的特殊性:"案关丁差索赃。"这说明丁差索赃确系当时敏感之事。因此督抚决定,不管是否实情都应查个明白,他立刻下令让按察使通知川东道来提人证,并嘱咐其秉公办事,查明真相。此外,他还下令让太平厅新任官员先复查此事,了解案件的来龙去脉以待禀明。督抚此举颇有"明镜高悬"——

〔13〕 四川省档案馆、四川大学历史系编:《清代乾嘉道巴县档案选编》(下),四川大学出版社 1996 年版,第 246 页。

〔14〕 由于档案存在残损,《清代乾嘉道巴县档案选编》一书在选编此案时用"□"代替字迹不清的地方。特此说明。

〔15〕 四川省档案馆、四川大学历史系编:《清代乾嘉道巴县档案选编》(下),四川大学出版社 1996 年版,第 246~247 页。

明察秋毫，以求案件真相大白，实现司法公正——的意味。[16] 督抚将此案委托了巴县衙门审理，巴县衙门当即传唤了两造与证人进行查讯。

在查讯中，原造的话语基本与诉状一致，但存在两处差异：一方面，原造坦言，自己有两次受到了太平厅前任官员的罚款，分别是一百三十两和一百六十两，用于补修城外河堤和城门。另一方面，他们竟然在堂上主动交代，诉状所谓骆瑞串通门丁娄约之事，是其捏造的。这两点所指向的撒谎行为与策略谋划，下文将详细分析。

原造陈述之后，官府又审问了证人。在清代司法审判实践中，证人具有重要的作用。《福惠全书》有言："告婪赃，无过付见证者，不准。"[17] 据此，原造告衙蠹索赃，如果没有见证人，官府是不予受理的。所幸，本案有两位证人。一位证人是危绍唐的舅舅杨永方，他表明危绍唐曾两次与骆瑞到其铺里分别兑银一百三十两、二百六十两。二月底，危绍唐又到其店里挪钱十九千，开销零星账目。至于危绍唐将所兑银两用于何处，他并不知情。另一位证人是与危绍唐认识已久的街坊杨秀礼，住在离明通井不远的地方。他见证了嘉庆二十一年（1816 年）十月间危绍唐井地跌死无名男子，以及原造拿了五千多文钱给沈荣等衙役二人的事。这两位证人的证言与后面衙蠹的供述相互印证，对事实真相的调查具有重要意义。

在审问了证人后，衙门又对太平厅的书办、件作、衙役进行了审讯。太平厅刑房书吏杜文峰供：

> 嘉庆二十二年二月间灶户危绍唐们具报向贵在他井地戳伤向么姓身死一案。本官票差书办，同仵作陈元相伺候前往相验。危绍唐送书办路费钱四千文，仵作陈元相钱四千文。别的事书办并不知道。[18]

由于文书行政是政府运作的重要方式，刑房书吏凭借其在执掌文书案牍的

---

[16] 关于"明镜高悬"的司法意义，参见徐忠明：《凡俗与神圣：解读"明镜高悬"的司法意义》，载《中国法学》2010 年第 2 期。

[17] （清）黄六鸿：《福惠全书》（卷十一），周保明点校，广陵书社 2018 年版，第 186 页。

[18] 四川省档案馆、四川大学历史系编：《清代乾嘉道巴县档案选编》（下），四川大学出版社 1996 年版，第 247 ~ 248 页。

重要角色,就可获得较大的谋私空间。冯桂芬所谓的“州县曰可,吏曰不可,斯不可也”[19]即反映了书吏在某些场合的话语权威。据此,我们可以推测,原造送刑房书吏杜文峰“路费钱”四千文,乃是担心他会据权作威,本着“买个安心”的心理花钱。陈元相是仵作,负责命案现场的尸体勘验。仵作对亡者去世时间、致命部位、死亡原因的推测,往往直接影响案件的审理结果。危绍唐当心勘验结果会对其造成不利影响,送了陈元相四千文“相钱”,陈元相照收不拒。

除书办、仵作外,同行承差办理的还有曾升、周泰、田升、沈荣等差役,他们都承认索取了“路费钱”,金额分别是一千文、四千文、一千文、四千八百文。其中,沈荣与曾升二人共索要了五千八百文,与证人杨秀礼所言正相吻合。由此我们可以看到吏役们的话语逻辑,虽然他们都承认索取钱财的行为,但他们将此名曰“路费钱”“相钱”,其目的在于以“陋规”之名为自己的勒索行为开脱。

在原造的诉状中,衙役骆瑞是其主要的起诉对象,因为其勒索去的金额最高,达几百两。对于原造的指控,骆瑞是如何回应的?

骆瑞供:“小的年四十岁,是太平厅衙门头役。嘉庆二十年危绍唐的父亲危宇兰与张祥争讼,小的并未承票办理。二十一年十月间,因危绍唐、魏兴贵们井地界内跌毙无名男子,报验太迟,德本官罚他们出银一百三十两,补修东门城外河堤。二十二年二月间,又有向贵在危绍唐们井地戳死向么娃报厅相验,本官审系□□□们的工人罗姓,因阻捕河鱼起衅,本官又罚他银二百六十两,补修城门。因解犯上省招审,路远,危绍唐们帮出解费钱四十千文。小的那时都在该班,罚项银两是他当堂面缴,发修前项工程,小的知道的。是年二月间奉文更换商名,票差小的查唤,不料危绍唐们躲藏,延至十二月本官把小的斥责,小的拨差张德才把危绍唐唤获,小的因查唤花了盘费,向危绍唐索得钱五千文,张德索钱一千文。小的并没串同门丁弊揕的事,求详察。”[20]

骆瑞的回应话语包含以下几点内容:其一,否认原造提及之案是其承差。对于原造说他刁唆张祥与其争讼,骆瑞辩解说这起案件并不是其承票办理的。

---

[19] (清)冯桂芬:《校邠庐抗议》,上海书店出版社2002年版,第16页。

[20] 四川省档案馆、四川大学历史系编:《清代乾嘉道巴县档案选编》(下),四川大学出版社1996年版,第248页。

但我们知道,否认承差并不能排除刁唆的可能。其二,辨明原造所耗之费,大部分是官府罚金和解费钱,而非被勒索之费。这包括:路毙案中原造所出的银子一百三十两,是官府罚他们用于补修东门城外河堤的;向贵戳死向么娃案中原造所出的二百六十两,是用于补修城门的罚金;又因解犯上省招审路远,原造帮出解费钱四十千文。其三,与其他衙役一样,以"陋规"之名合理化自己的勒索行为。更换商名一事中的"盘费"五千文,就是将此朝收取陋规的方向辩解。其四,坚决否认与门丁郭福串通索钱一事。骆瑞这些辩解的目的,无非是为了降低勒索金额,减轻自己的罪行。

结合两造供述和证人证言,巴县衙门对几件事做了认定:其一,对于骆瑞否认承差之事,巴县衙门一笔带过,明确原造受到了该案的拖累。但骆瑞是否承差?没有承差又是否有刁唆的行为?巴县衙门均没有做出认定。其二,对于跌毙事件和戳毙向么娃案,巴县衙门认定前太平厅官府罚了一百三十两与二百六十两,衙役沈荣、曾升、周泰、田升各索钱四千八百文、一千文、四千文、一千文,危绍唐送杜文峰、陈元相钱八千文,为祭井也花了银两。这肯定了吏役勒索的事实,也说明官府罚银与祭品钱文不计入衙役勒索的金额内。其三,对于换商名事件,认定骆瑞、张德各索钱五千文、一千文。这既是对衙蠹勒索之事的确认,也是对骆瑞串通门丁之事的否定。很明显,衙蠹们以收取陋规为由进行辩护,并没有得到主审官员的认同。据此,巴县衙门对衙蠹和前任太平厅官员进行了严惩。[21] 与之形成鲜明对比的是:对于民众捏造衙役、门丁串通以及夸大其词之事,官府体谅其"事出有因",到案后主动供明,因此予以"从宽免议"。

经历了曲折的起诉历程与巴县衙门的审理,这起案件终于落下帷幕。该案既没有事实认定上的难题,更没有法律适用上的困惑,但两造的博弈进程却使这一普通案件呈现丰富的法律意义。这种意义不仅体现在诉讼两造的话语表达与策略谋划中,而且体现在此一过程的制度实践与权力运作中。质言之,两造所采取的话语具有类型学上的差异,明晰这种差异,有利于我们把握他们的

〔21〕 相应的刑罚为,骆瑞:枷号两个月,杖一百,折责革役;沈荣、周泰:杖一百,加枷号一个月,均折责革役;曾升、田升:杖一百,均折责革役;刑书杜文峰、仵作陈元相:各杖七十,折责二十五板。此外,对衙役所得赃钱予以追征。前任太平厅官员两次罚银均未随时禀解,属于办理疏离,予以降级处分。参见四川省档案馆、四川大学历史系编:《清代乾嘉道巴县档案选编》,四川大学出版社 1996 年版,第 248～249 页。

博弈构造,理解其中的权力运作机理。

三、制度性话语与惯例性话语

话语是特定社会环境中普遍采用的讲话方式,即“社会交换的习惯性场合中的言语”,具有情境性、多样性与规范性。[22] 作为一种符号系统,它不仅凝结着个人的情感观念,而且蕴含特殊的社会构造与文化情结。就此而言,话语是一种“集体的制度”,它既是人们思维活动的工具,也是具有数千年传统的“传输者”。话语者受社会状况影响,通过语言符号的使用来表达观点、立场和目的,进而排斥和诋毁与己方不同的话语,以此获得一定的社会效果。[23] 就此而言,话语在描述客观现实的同时,也在建构重要的社会关系和社会身份,并以独特的方式将人们置于社会主体的地位。[24] 如果要探究影响这种地位的因素,那么考察话语赖以依存的制度语境将至关重要。

在该案中,诉讼两造都通过话语表达的方式来为自己辩护,这些话语与当时的制度语境息息相关。两造的话语本质上有何区别?在笔者看来,民众在诉讼过程中的控告、陈述等言语乃是“制度性话语”,而衙蠹在勒索和庭审过程中的威胁、回应等言语则是“惯例性话语”,这两种话语构造上的差别,既是案件走向的导引索,也是两造话语选择的深层原因。

之所以说民众采取的是一种制度性话语,是因为他们话语的背后是国家正式制度在支撑着。清代中国虽然没有权利的概念,却存在权利的事实,一系列制度允许民众在受到官员、吏役侵害时寻求“青天庇护”,这包括以下途径:一是按照国家官僚制层级逐级申控;二是通过遍布全国的巡回监察机构申诉;三是

---

〔22〕 参见[英]奈杰尔 · 拉波特、乔安娜 · 奥弗林:《社会文化人类学的关键概念》,鲍雯妍、张亚辉译,华夏出版社 2009 年版,第 108 ~ 109 页。

〔23〕 参见施旭:《话语分析的文化转向:试论建立当代中国话语研究范式的动因、目标和策略》,载《浙江大学学报(人文社会科学版)》2008 年第 1 期。

〔24〕 参见[英]诺曼 · 费尔克拉夫:《话语与社会变迁》,殷晓蓉译,华夏出版社 2003 年版,“导言”第 3 页。

采取向君主告御状的方式上达君主。[25] 这一制度实践与清代中国强调的“哀矜”的司法理念密不可分,这种理念不仅要求官员对待民众上诉之事要诚心实意,而且要求他们在审理案件时必须深怀同情之心。[26] 因此,“哀矜”与“青天庇护”作为国家体恤民众的制度性话语,便成为民众可资利用的话语资源。

与之相比,衙蠹的威胁与回应都紧扣“陋规”的惯例性,因此属于惯例性话语。目前,大部分研究将陋规视为一种“陋习”“腐败”“官场痼疾”,[27] 其实并没有对陋规进行法理上的深层解读,也漠视了陋规的复杂性。那么,如何从法理层面来解读陋规?陋规形成并长存于行政司法场域的机制何在?其实,陋规是一种行政惯例,它产生于地方官府处理行政与司法事务的“长期实践”和“反复适用”中。[28] 作为行政场域的“地方性知识”,[29] 它在实践层面表现为“事实”,在制度层面则表现为“规范”,但它不是短时间内制定出来的成文规则,而是历时性的产物,属于“非正式制度”。[30] 就此而言,“陋规”之名早已揭示其要义:“规”即“规则性”,而“陋”则是因为其收取缺乏正式制度对适用范围、费用标准以及程序的规定,以至于吏役在官府的默认与民众的忍受下,变本加厉地朝敲诈勒索转变。作为非正式的行政做法,收取陋规虽然违反了《大清律例》的明文规定,但吏役却在内部创制并奉行相当精细的惯例、规矩与程序,从而使各

〔25〕 参见范忠信主编:《官与民:中国传统行政法制文化研究》,中国人民大学出版社2011年版,第741页。

〔26〕 参见徐忠明、杜金:《谁是真凶:清代命案的政治法律分析》,广西师范大学出版社2014年版,“序”第6~7页。

〔27〕 张晨:《清代部费陋规问题研究》,武汉大学2013年博士学位论文;马平安:《晚清政治地图》,团结出版社2018年版,第104页;邱涛:《中国反贪制度史》(中),山西人民出版社2019年版,第66页。

〔28〕 参见周佑勇:《论作为行政法之法源的行政惯例》,载《政治与法律》2010年第6期。

〔29〕 [美]克利福德·吉尔兹:《地方性知识:阐释人类学论文集》,中央编译出版社2000年版。

〔30〕 参见巩涛:《地毯上的图案:试论清代法律文化中的“习惯”与“契约”》,黄世杰译,载邱澎生、陈熙远编:《明清法律运作中的权力与文化》,广西师范大学出版社2017年版,第283~335页;梁治平:《清代习惯法:社会与国家》,中国政法大学出版社1996年版,第52~66页。

种有利可图的任务规范化和条理化。这种非正式实践具有规则驱动型特征,在某种程度上反而起到了制约腐败的作用。这是因为,如果有部分吏役的举动违反内部规矩,威胁到其他吏役的安全,吏役内部会对滥用权力的极端个案进行惩戒。当内部惩戒仍无效时,相关的冲突往往会提交给知县裁决。这也使正式领域和非正式领域被紧密地关联起来。[31]

从本质上讲,陋规的存续反映了国家的策略安排:一方面,尽管其与“德治”的理念不符,但从实际效果来讲,陋规的收取确实降低了国家的成本支出,减轻了国家的财政压力;另一方面,由于缺乏合法性,陋规成为官员和吏役不可避免的污点,皇帝可以随时凭此惩戒他们,以彰显皇权的崇高。民间则把吏治腐败归结于贪官衙蠹,而非圣明的皇帝。在这个意义上,允许民众起诉衙蠹的国家制度,其实已为皇帝在任何时候惩罚贪官、衙蠹奠定了法律基础。[32]

对于陋规,官员和民众的真实态度是怎么样的?清代官员对陋规的存废问题争论不息,黄六鸿、汪辉祖、方大湜都曾着眼陋规的功能性,提出陋规不可全裁的观点。[33] 易言之,陋规的收取不仅支撑起吏役们的营生方式,而且为衙门内各房各班的运作提供了必要经费。在正式制度之结构性缺陷与地方行政实际需求之间的罅隙中,陋规获得了一种“非法的正当性”。[34] 民众即使对陋规有所不满,更多的也是选择在可接受的范围内忍气吞声。在收取陋规成为大家默认的惯例时,我们也不能排除有些民众以主动支付陋规的方式谋求诉讼便利的情形。这说明,并不是所有的官员、民众都强烈地反对陋规。就此而言,作为一种行政惯例,陋规的事实性与规范性不仅是衙蠹们的谋生手段,而且构成他们应诉时的博弈话语。

实际上,制度性话语与惯例性话语是相伴而生的。前已述及,制度性话语

---

〔31〕 参见[美]白德瑞:《爪牙:清代县衙的书吏和差役》,尤陈俊、赖骏楠译,广西师范大学出版社 2021 年版,“中文版序”第 2 ~ 3 页,第 8 页。

〔32〕 因为吏役确有敲诈勒索、收受贿赂之事,州县官员亦必须承担连带责任。参见瞿同祖:《清代地方政府》,范忠信、晏锋译,法律出版社 2003 年版,第 118 ~ 119 页。

〔33〕 参见邓建鹏:《从陋规现象到法定收费——清代讼费转型研究》,载《中国政法大学学报》2010 年第 4 期。

〔34〕 参见[美]白德瑞:《爪牙:清代县衙的书吏和差役》,尤陈俊、赖骏楠译,广西师范大学出版社 2021 年版,第 19、39 页。

源于清代中国的哀矜理念,但这种理念的实现背后却潜藏着一种悖论。为了追求哀矜理念,国家制度要求父母官审慎地处理每一个诉讼案件,这在客观上要求大量辅助性的吏役以及相关的经费保障。然而,由于坚持轻徭薄赋,国家并不能保证这些经费的供给,薪金低廉的吏役唯有将这种负担转嫁于民众之上,以收取陋规的方式来满足自己的物质需求。[35] 这里折射出清政府的两大结构性弱点:一方面,由于过度强调道德的政治意义,低水平的财政征收根本无法满足行政管理的必要费用;[36] 另一方面,“集权的简约治理”[37] 模式严格地控制官员人数,官府只能将大量的行政事务交给无法有效控制的吏役执行。这既是衙蠹丛生的直接原因,也是陋规形成的体制性根源。

制度性话语与惯例性话语的本质区别在于权力源的差异:前者的权力源于国家,后者的权力则源于地方行政与社会关系。具体而言,制度性话语的支撑是国家制度,它由国家以成文法的形式予以认可,有国家强制力作为后盾进行保障,因此是国家权力的体现。与之不同,衙蠹坚持陋规是一种行政惯例。作为一种内生于行政系统的制度,行政惯例在行政管理过程中被反复使用并趋于定型,凝结人的自然禀赋与社会的环境特征。[38] 因此,其背后的权力具有“行政—社会”的结构性特征,这一特征决定了行政惯例虽然没有国家强制力予以保障,但很多时候却得到了人们的遵守,呈现“社会规范”的效力,这种效力源于地方行政权力与社会权力的推动。

两种话语背后的权力差异支撑起了两造的博弈构造,其张力不仅左右着官员审理案件时的心态,而且影响着案件的实际进程。这两种话语是如何影响案件进程的?下文中,笔者将围绕此问题展开讨论。

---

〔35〕 参见[日]夫马进:《中国诉讼社会史概论》,载[日]夫马进编:《中国诉讼社会史研究》,范愉、赵晶等译,浙江大学出版社 2019 年版,第 3 ~ 111 页。

〔36〕 参见[法]魏丕信:《18 世纪中国的官僚制度与荒政》,徐建青译,江苏人民出版社 2003 年版,第 6 页。

〔37〕 参见黄宗智:《集权的简约治理——中国以准官员和纠纷解决为主的半正式基层行政》,载《开放时代》2008 年第 2 期。

〔38〕 参见苏力:《当代中国法律中的习惯——一个制定法的透视》,载《法学评论》2001 年第 3 期。

四、策略对抗与权力角逐

在福柯看来,话语是一种"策略工具",它借助特定的叙事与修辞,通过"符号化表征"与"象征性建构"而达到压制对方的目的。[39] 而要取得压倒性胜利,则离不开话语背后的权力关系。质言之,话语表达的实质,乃是权力的运作,即在特定情境中形成一种控制性的关系。[40] 如果说话语是一种策略系统,那么此策略系统的深层结构则是权力。在这个意义上,制度性话语与惯例性话语的博弈逻辑,乃是策略的对抗与权力的角逐。在两种话语的交互过程中,双方利用策略与权力在不停地进行着较量,二者之间的张力贯穿博弈进程的始终。接下来,笔者将以权力分布状态为标准,将两造的博弈进程划分为 3 个阶段,并对其中的博弈策略与权力运作进行微观层面的分析。

第一阶段:衙蠹以收取陋规为由,三番五次对民众进行敲诈勒索,此一阶段体现了惯例性话语的优势地位。

在国家正式制度的支持下,民众之所以不敢拒绝与反抗,原因有二:一方面是起诉的成本问题。民众即使有起诉的想法,但起诉的成本很可能高于陋规的数额,而且也难保起诉不会面临新一轮的陋规索取。另一方面是吏役的权力问题。尽管在清代"一人政府"的体制下,真正享有行政权力的是官员,身为贱籍的吏役并没有法律上的权力,但他们在衙门内办公,接近官场这一权力中心,亲身实地执行各种行政事务,由此也获得了"权力的空间"。质言之,这是一种"衍生性权力"。吏役对实际事权的掌握,不仅为他们敲诈勒索创造了机会,而且也是民众不敢拒绝的直接原因,因为一旦拒绝,他们将很难抵挡衙蠹的侵扰,自身的利益也将受到更大的损害。

国家正式制度的运行离不开地方官府的运作,法律表达与实践的背离其实是地方行政权力的隐喻,这种权力在一定程度上影响了国家制度运行的轨迹。地方行政对陋规的默认,就是地方行政权力的运作,虽然这种权力在理论上必

---

[39] See Michel Foucault, *Dits et Ecrits*, Ⅲ, 1976 - 1979, Gallimard Press, 1994, p. 123;[法]米歇尔·福柯:《知识考古学》,谢强、马月译,生活·读书·新知三联书店 2003 年版,第 68 ~ 75 页。

[40] 参见傅春晖、彭金定:《话语权力关系的社会学诠释》,载《求索》2007 年第 5 期。

须受国家权力统领，但在实际运作过程中，却可能偏离国家权力控制的轨道，这体现了国家制度与地方行政的紧张关系，也意味着国家无法垄断地方行政资源。衙蠹凭借职务上的便利行敲诈勒索之事，民众在可忍受的范围内并无利用国家制度来反抗衙蠹的想法，这说明，此时占据主导地位的是惯例性话语，国家制度并没有在地方行政场域中发挥实际效力。因此，这一阶段的主旋律，乃是地方行政权力的运作。

第二阶段：民众不堪其扰，终于向官府起诉衙蠹。官府的回应以及衙蠹的举动构成了这一阶段的主要线索。

在呈交给川东道的诉状中，原造介绍了自己的经营状况，这是制度性话语的登场，也是博弈策略的体现。一方面，表明自己遵规守法，强调自己的良民身份。“每年领陆引三百张，坐井行销。”[41]陆引属于清代盐引的一种，是盐商陆路行盐的许可证。原造说自己每年都领取三百张陆引坐井行销，意欲表明自己对盐商经营程序的严格遵守。此外，“除纳税课羡截银二百七十六两零外，有供应厅盐需索不息。”[42]原造依法缴纳课税，对官府用盐也毫不吝啬地予以供给，这种话语不仅强调了自己的守法行为，而且彰显了自己无私奉献的优良品质。另一方面，极力渲染自己经营之不易，以及被衙蠹勒索后的悲凉境况。原造坦言自己产出很少，每日仅煎盐三百余斤，但投入却巨大，这不仅表现在工本支出的高昂费用（达“十余千文”），而且表现在经营设备的老化废损（“三井已废一井”）。[43] 这种产出与投入的矛盾刻画，正是为了强调自己入不敷出的经营惨况，以此引发官员的同情与怜悯。

但是，原造的诉词并没有获得预期的效果，川东道无意提审该案，两次都把案件发回太平厅审判。当他们遵守批饬回到太平厅，却遭到了吏役的武力威胁。不言而喻，原造的起诉将侵犯他们的利益，他们采取了先下手为强的策略。这其实也是原造选择越诉的直接原因：到太平厅衙门起诉该衙门的衙役，就得

〔41〕 四川省档案馆、四川大学历史系编：《清代乾嘉道巴县档案选编》（下），四川大学出版社1996年版，第246页。

〔42〕 四川省档案馆、四川大学历史系编：《清代乾嘉道巴县档案选编》（下），四川大学出版社1996年版，第246页。

〔43〕 四川省档案馆、四川大学历史系编：《清代乾嘉道巴县档案选编》（下），四川大学出版社1996年版，第246页。

直接面临衙役所结成的关系网。关系意味着正式制度之外的另一套运作法则,这套运作法则使正式制度在实际运作过程中不断发生着形变。[44] 在布迪厄(Pierre Bourdieu)看来,这种关系属于"社会资本",它反映了一个人在社会空间中的位置与权力。[45] 就此而言,吏役所结成的关系网本质上是一种"权力网络",其中的权力可以形成一种控制性关系并支配人们所处的情境。[46] 如果我们把衙蠹问题置于整个衙门环境乃至社会场域中,我们会发现吏役在亲族关系、庇护关系、派系联盟的加持下所构筑起的权力网络。在这种网络中,人与人之间的互动便可能演化为"集体性权力",而这其实是手无寸铁,且无任何政治关系的普通民众所不能抵御的。

迫于无奈,原造只能将此事诉至按察使。按察使"自应严行究办"的批语虽然义正词严,但下一句"候移道亲提讯究"又扑灭了原造希望的火光,因为按察使意欲将此案转移川东道,鉴于前两次的经验,川东道如无意外又会将案件发回太平厅,原造仍脱离不了太平厅衙蠹的"虎口"。

由此可见,无论是川东道还是按察使,他们都选择以发审的方式来应付原造的起诉,这是地方行政权力的运作。这种运作虽然不违反法律的规定,但对解决问题却于事无补。提审案件其实也符合法律的规定,但他们都没有采取这种做法。这说明,国家制度的运行,很大程度上取决于地方行政权力的运作。当官府采取此规则而非彼规则时,往往会对民众的权益产生截然不同的影响。前已提及,在社会关系的基础上,衙蠹通过社会权力的运作来阻碍原造的起诉。因此,在地方行政权力和社会权力的双重作用下,惯例性话语仍然在这一阶段占主导地位。

第三阶段:民众向督抚起诉,督抚决定将案件委托巴县衙门审理,制度性话语逐渐掌握主动权。此一阶段,权力的天平逐渐往民众一方倾斜,这是民众取

[44] 参见项飚:《跨越边界的社区:北京"浙江村"的生活史》,生活·读书·新知三联书店 2000 年版,第 492 页。

[45] 参见[法]布尔迪厄:《文化资本与社会炼金术——布尔迪厄访谈录》,包亚明译,上海人民出版社 1997 年版,第 189~211 页;朱国华:《权力的文化逻辑》,上海三联书店 2004 年版,第 173 页。

[46] [英]迈克尔·曼:《社会权力的来源》(第 1 卷),刘北成、李少军译,上海人民出版社 2002 年版,第 1、8 页。

得最终胜利的关键性节点。

原造深知,若要打动督抚,上诉理由至关重要,否则便无法实现自己的预期目标。请看原造的理由:

> 如虚坐诬,窃蚁叠遭揢害,过付活质,蚁等所控被告皆系厅署恶蠹娄约门丁,若移道饬厅,蠹等窃权据炳,最易弥缝掩盖,任意摆布,蚁必更遭奇祸。前冤未免,后害立至,情迫汤火,只得开单黏结,缕叩宪天恳怜提究,剪恶安良,稍虚倍坐。[47]

在苦心经营之下,原造的上诉话语也颇具策略性,具体而言体现在三个方面:

其一,表明自己上控的乃是事实,有证人证言支撑,如果不实,愿意承担诬告反坐的责任。[48] 证人证言是衙蠹案件起诉的前提,强调这个是为了表明自己并没有滥用国家制度。愿意承担诬告责任的话语,更容易让官员相信其言属实。

其二,强调自己所告人物的特殊性,被造均是衙门中人,手持权柄,如果将该案转移川东道、太平厅审判,衙蠹们很可能凭借权力掩盖事实。诉讼文书不仅要陈述事实,更要揣摩主审官员的心理,这是讼师秘本强调的要诀。[49] 衙役"窃权据炳",乃是官员的敏感之事,因为此事不仅触犯他们的切身利益,更影响他们的公信力及良好形象。原造充分利用了官员担心手下窃权的心理,使官员意识到"移道饬厅"可能造成的审判不公。这种话语所展现出的不仅是策略的高超性,更是官员控制衙蠹的权力。清代中国的官僚体制在一定意义上是韦

〔47〕 四川省档案馆、四川大学历史系编:《清代乾嘉道巴县档案选编》(下),四川大学出版社1996年版,第246页。

〔48〕 《大清律例》"诬告"条例规定了诬告者反坐的责任。参见《大清律例》,田涛、郑秦点校,法律出版社1999年版,第481页。

〔49〕 参见夫马进:《讼师秘本〈珥笔肯綮〉所见的讼师实像》,载邱澎生、陈熙远编:《明清法律运作中的权力与文化》,广西师范大学出版社2017年版,第11~43页。

伯所谓的“科层制”,“官职层级制”是其结构性特征。[50] 通过高层管理低层的体制,我们可以发现:权力控制贯穿国家制度的始终。国家制度的设置,本质上是为皇帝控制官员和吏役的权力服务的,但这种控制亦须借助官员对吏役的权力控制,以此达到环环相扣、降低监控成本的目的。

其三,渲染衙役窃权据炳的严重后果。诉状强调,在衙役的任意摆布下,他们必定会遭受进一步的祸害,诚可谓“前冤未免,后害立至”。此事危及他们的人身安全,情况十分紧急,希望督抚能提审此案,以剪除恶蠹、安抚良民。在“哀矜”的理念下,地方官乃是“民之父母”,理应“爱民如子”。子民惨遭衙蠹勒索,恳求除暴安良,父母官难道可以置之不理吗?原造此理由情真意切,不仅会激发起了官员的身份认同感,而且可以引起他们的情感共鸣,诚可谓高招。清代中国之所以强调“哀矜”,乃是希望在思想观念上控制官员权力的滥用。质言之,这是国家权力的表现。民众强调自己的弱势地位,实际上间接地利用了国家权力的效力。

这种制度性话语终于打动了督抚,督抚将案件委托巴县衙门审理。在审理过程中,原造的呈词更让我们惊叹其策略上的谋划。这体现在以下两处:一方面,将罚款金额亦列入骆瑞的勒索金额,故意夸大骆瑞的勒索行为,以引起官府的重视,毕竟高达几百两的勒索金额,按照清代律例已经触及死刑的量刑标准。[51] 另一方面,捏造骆瑞串通门丁婪约的事情。原造所捏造的串通对象之所以是门丁,乃是着眼门丁这一群体的特殊性。门丁属于“长随”,负责把守宅门。作为外署通往内署的关键枢纽,宅门是公与私的重要交汇点。外署吏胥不得擅入宅门,公文须在此传送交接,故时人称为“官长耳目咽喉之所”。由于宅门的特殊属性,官员对门丁尤为提防。一方面,门丁不属于官府正式人员,[52] 法律

---

〔50〕 参见[德]马克斯·韦伯:《支配社会学》,康乐、简惠美译,广西师范大学出版社 2004 年版,第 22 ~ 23 页。

〔51〕 《大清律例》“官吏受财”条例规定:“凡衙门蠹役,恐吓索诈十两以上者,发边卫充军;至一百二十两者,照枉法拟绞。”参见《大清律例》,田涛、郑秦点校,法律出版社 1999 年版,第 496 页。

〔52〕 门丁属于体制外的非正式班子,具有私人性,官员以此监督由书吏和衙役组成的正式班子。参见张研:《清代知县的“两套班子”——读〈杜凤治日记〉之二》,载《清史研究》2009 年第 2 期。

约束较少,违法成本较低,加之薪酬有限,他们更容易受金钱诱惑干不法勾当;另一方面,由于门丁在衙门内署、外署畅通无阻,如果他们与吏役沆瀣一气,那么官员的权力会很容易被架空。对此,方大湜就曾提出"门丁不可用"[53]的观点。既然官员对门丁如此敏感,那么衙役与门丁串通之事必会让官员无法接受。

这两种策略异曲同工,即采用"驾词谎告"的诉讼技巧,以达到"耸动官府"的目的。这种夸大案件情节的话语,其妙处有二:其一,满足国家制度的受理条件。作为弱势群体的民众,如果不对案件情节进行夸大,官府根本不会受理这类案件,自己的诉讼目的也无法得到满足。其二,巧妙地利用了国家制度的核心——权力控制。无论是夸大衙役的勒索金额,还是捏造衙役与门丁串通之事,都是为了最大限度地激发官员控制衙役权力的欲望。在这些目的达到后,原造在堂上主动坦白,更是被免除了诬告反坐的法律责任。

与之相比,衙蠹采取的是惯例性话语,即强调陋规的惯例性来为勒索行为辩护,但此种话语的效力在此一阶段的效力却大打折扣,呈现不敌制度性话语的状态。在案件受理前,惯例性话语占优势地位,制度性话语因为案件未受理,其效力未能真正发挥,故无法与衙蠹抗衡。但是当督抚将案件委托巴县衙门审理时,制度性话语的效力便充分展现出来了,因为其背后的国家权力,无疑高于惯例性话语背后的地方行政权力。在制度位阶上,国家制度高于行政惯例,主审官员选择审判依据时,法律已经要求其站在民众那一边。值得措意的是,官府对衙蠹依法严惩,摆出的是严父式的面孔;对民众则从宽处理,呈现的是慈母式的姿态。这种"父母官"的形象呈现,与民众对"哀矜"的话语运用不无关系。就该案结果而言,民众取得了这场博弈的胜利。这场胜利的取得与其说是由于督抚的支持,不如说是制度性话语的策略性奏效。

在第三阶段中,无论是民众诉至督抚,还是督抚将案件委审,抑或是巴县衙门的审理,其实都是国家权力的运作。这种权力之所以能运作并向社会延伸,端赖两种路径的配合:一是民众自下而上的起诉;二是国家自上而下的命令传输。缺少其中任何一环,国家制度都可能落空,民众与国家的利益都难以得到保障。

---

[53] (清)方大湜:《平平言》(卷二),载刘俊文编:《官箴书集成》(第7册),黄山书社1997年影印版,第627页。

其实,无论是民众的制度性话语,还是衙蠹的惯例性话语,它们都在一定程度上整合了规则与权力,以争取更大的优势为自己的利益服务。在一波三折的博弈进程中,我们既领略了话语交锋的刀光剑影,也感受到了权力角逐的互不妥协。两造饱含策略的话语表达,不仅彰显了博弈进程的复杂性与微妙性,更折射出制度实践与权力运作的动态图景。

五、结　语

本文对诉讼两造话语的微观分析,其目的并不在于追求语言分析的细致化,而在于揭示话语博弈背后的策略对抗与权力角逐。衙蠹问题既是传统中国基层治理的难题,也是民众受扰的缘由。在手握权力的衙蠹面前,民众属于弱势群体,但在遭到敲诈勒索后,民众并没有选择忍气吞声,而是诉诸官府、据理力争。他们依靠国家制度本身来形成制度性话语,与衙蠹构造的惯例性话语博弈。尽管衙蠹有地方行政权力和社会权力的加持,但民众借助国家权力,不遗余力地反复上诉,通过精心的策略谋划获得了博弈的胜利。这既是民众的胜利,也是制度性话语和国家权力的胜利。

当然,个案分析的目标在于实现从“讲述故事”到“产出知识”的飞跃。[54]而这一带有独特性的衙蠹个案,确实可以增进我们对“一般性知识”[55]的理解。静态来看,制度的效力是由其位阶决定的。位阶越高,制度的效力越高,反之则越低。[56] 据此,由于位阶上的优势,国家制度的效力理应高于行政惯例的效力,但实际运作却不然。在该案的第一、第二阶段,国家制度的效力就没有完全发挥出来,占优势的反而是行政惯例的效力。到了第三阶段,国家制度的效力才得以充分发挥。这是为何?

一方面,制度的效力受制于行政司法实践。制度的效力能否有效发挥,取决于权力发挥的效度。福柯指出:“权力以网络的形式运作,在这个网上,个人

[54] 参见张静:《案例分析的目标:从故事到知识》,载《中国社会科学》2018 年第 8 期。

[55] 参见张静:《案例分析的目标:从故事到知识》,载《中国社会科学》2018 年第 8 期。

[56] 参见胡玉鸿:《试论法律位阶划分的标准——兼及行政法规与地方性法规之间的位阶问题》,载《中国法学》2004 年第 3 期。

不仅在流动,而且他们总是既处于服从的地位又同时运用权力。”[57]在相互交错的权力网络中,个体既可能是权力控制的对象,也可能是权力实施的主体。质言之,权力关系并非简单的统治与被统治的关系。在行政司法实践中,地方官员和衙蠹不仅是国家权力控制的对象,更是地方行政权力和社会权力实施的主体。在该案的第一、第二阶段,地方官员和衙蠹处于“权力—利益的结构之网”[58]中,当他们默认行政惯例的正当性时,其实也是对国家制度的漠视,这种漠视在一定程度上抵抗了国家权力,阻碍了国家制度的效力发挥。

另一方面,制度效力的发挥端赖行动者的策略谋划。制度的效力在本质上是权力问题。权力与其说是一种所有权,不如说是一种战略,因为它的支配效应不应归因于占有,而应归因于调度、技术、策略。[59] 就此而言,权力问题的关键并不在于谁掌握了权力,而在于权力是如何运作的。[60] 在话语中得以精致化的权力计划是在统治与抵抗的互动中实施的,它的实际效应受到了策略的影响。[61] 在该案的第三阶段,国家制度的效力能得以发挥,关键在于民众的策略奏效。如果民众不采取越诉和驾词谎告的策略,这一案件就无法引起督抚的重视。这些策略的核心是,比起县、厅级地方官员,督抚层级更高,更接近国家权力的中心,更能保证国家制度的实施。越诉跨越了地方行政权力和社会权力的阻碍,[62]驾词谎告则增大了督抚受理此案和严惩衙蠹的可能性。如果没有这些策略,国家权力无法正常运行,国家制度的效力也无从发挥。

---

[57] [法]米歇尔·福柯:《必须保卫社会》,钱翰译,上海人民出版社1999年版,第28页。

[58] 吴毅:《“权力—利益的结构之网”与农民群体性利益的表达困境——对一起石场纠纷案例的分析》,载《社会学研究》2007年第5期。

[59] 参见[法]米歇尔·福柯:《规训与惩罚:监狱的诞生》,刘北成、杨远婴译,生活·读书·新知三联书店2003年版,第28页。

[60] 参见陈炳辉:《福柯的权力观》,载《厦门大学学报(哲学社会科学版)》2002年第4期。

[61] 参见[英]约翰·格莱德希尔:《权力及其伪装——关于政治的人类学视角》,赵旭东译,商务印书馆2011年版,第203页。

[62] 至此,我们不难理解为何那么多的民众宁愿冒着越诉的风险,也要“千方百计上京城”,因为如果不这样,他们根本难以逆转本已不利的局势。参见欧中坦:《千方百计上京城:清朝的京控》,谢鹏程译,载[美]高道蕴等主编:《美国学者论中国法律传统》(增订版),清华大学出版社2004年版,第512~551页。

总而论之,制度的效力并非完全取决于规则位阶,也受到行政司法实践以及行动者之策略谋划的影响。因此,我们不仅要关注静态的制度体系,还要关注动态的制度运作。这是因为,制度规则在形塑人的行为、为司法裁判提供渊源方面是否有效,只有考察"行动中的法律"才能确定。[63] 在制度运作的过程中,国家权力、社会权力与地方行政权力之间的交织与拉锯,无时无刻不在影响制度的运行轨迹及其效力的发挥。就此而言,制度的效力并非恒定的,而是处于动态的变化过程中。

The Discourse Game between Two Sides of Litigation
—A CaseAnalysis Involving Moth-like Clerk based on Archives of Baxian County

Lin Shuhuang

Abstract: Although moth-like clerks have a low status, they are in charge of important tasks, who are hated by people because of charging customary fees and extortion. Through a case relate to moth-like clerks in Archives of Baxian County, we can get a glimpse of the discourse type of two sides of litigation and understand the game logic of the case. While the citizens used the support of national institutions to form institutional discourse, the moth-like clerks built conventional discourse by the convention of charging customary fees. The game logic of two discourses is the confrontation of strategies and competition of power. The flexural process of the game not only reflects the huge tension between two discourses, but also the interleaving normality between state power, social power and local administrative power behind the operation of the system. This case also shows that effectiveness of system does not completely depend on the level of rank, but is closely related to administrative judicial practice and strategy planning of actors.

Key words: Moth-like clerk; Discourse; Game; Institutional discourse; Conventional discourse

[63] 参见[美]E. 博登海默:《法理学:法律哲学与法律方法》,邓正来译,中国政法大学出版社 2017 年版,第 259 页。

古代法典中“犯时不知”律的传统法理*

雷明波**

内容摘要：

唐宋明清等古代法典中都规定了“犯时不知”律。首先，该律背后蕴含儒家法律文化中所特有的律贵原情的法理。该律是为了解决“犯时不知”之情与严格身份适用之法之间的情法冲突，在律贵原情的法理要求之下，通过原情立法，变通严格身份适用之法而创设。其次，该律的创设背后所依据的法理还有有常有变的法理。该律就是有常有变的法理在身份适用上的体现，其中与该律相对的严格身份适用之法是身份适用的常行法，而该律则是身份适用的权变法。相对严格身份适用之法，“犯时不知”律的独特价值在于灵活调整维护了儒家身份伦理秩序，这也是该律背后有常有变法理所达到的社会效果。

关键词：

“犯时不知”律　传统法理　律贵原情　有常有变

一、问题的提出

“犯时不知”律是中国古代法典中一项非常重要的律条，位于古代法典的首篇《名例律》中。《大清律例·名例律》“本条别有罪名”条第三节就是“犯时不知”律。该律规定“其本应罪重，而犯时不知者，依凡人论；（谓如叔侄别处生长，素不相识，侄打叔伤，官司推问，始知是叔，止依凡人斗法。又如别处窃盗，偷得大祀神御之物。如此之类，并是犯时不知，止依凡论，同常盗之律。）本应轻者，听从本法。

* 本文受中南财经政法大学中央高校基本科研业务费专项资金资助（项目编号：202010689）。

** 中南财经政法大学法学院博士研究生。

(谓如父不识子,殴打之后,方始得知,止依打子之法,不可以凡殴论。)"[1]括号内为律文小注部分,该小注总共列举了 3 个例子,用来解释律文大字部分。清律"犯时不知"律沿袭自明律"本条别有罪名"条第三节"犯时不知"律。[2] 明律"犯时不知"律沿袭自唐律"本条别有制"条第三节"犯时不知"律,[3]"与唐律大略相同。"[4]这是传世文献中最早可见"犯时不知"律的法典。唐律"犯时不知"律被《宋刑统》完全继承,两者之间的规定一模一样。[5]

"犯时不知"律虽然最早见于唐律之中,但是该律的理念至少可以追溯到西汉时期。如西汉董仲舒"春秋决狱"时期的一则案例:

甲有子乙以乞丙,乙后长大而丙所成育。甲因酒色谓乙曰:"汝是吾子。"乙怒,杖甲二十。甲以乙本是其子,不胜其忿,自告县官。仲舒断之曰:"甲生乙,不能长育以乞丙,于义已绝矣!虽杖甲,不应坐。"[6]

这个案例与唐律"犯时不知"律疏议所举的"父不识子"例子两者之间精神可谓一致。

由此可见,"犯时不知"律虽然历经各个时代的法典,但是却保持了持久的稳定性,显示了该律持久的生命力,而该律之所以能够保护持久的生命力原因在于该律背后所蕴含的传统法理。

目前,对于"犯时不知"律的研究,学界通常是通过现代法对其进行审视,指出该律包含有现代法学理论体系之上的事实错误,具有解决事实错误的功能和

[1] 《大清律例》,田涛、郑秦点校,法律出版社 1999 年版,第 122 ~ 123 页。

[2] 参见《大明律》,怀效锋点校,法律出版社 1999 年版,第 20 页。

[3] 参见《唐律疏议》,刘俊文点校,中华书局 1983 年版,第 133 ~ 134 页。

[4] (清)薛允升:《唐明律合编》,怀效锋、李鸣点校,法律出版社 1999 年版,第 88 页。

[5] 参见《宋刑统》,薛梅卿点校,法律出版社 1999 年版,第 110 页。

[6] (唐)杜佑:《通典》卷六十九(校点本 二),王文锦、王永兴、刘俊文等点校,中华书局 1988 年版,第 1911 页。

价值。[7] 值得注意的是，日本学者还探讨了日本法律中关于错误的规定与唐明清律中"犯时不知"律之间的渊源关系。对此探讨时间较早的如冈田朝太郎在《日本刑法改正案评论》中指出："现行法第三十八条第二项曰：罪本应重，犯时不知者，不得从重处断，此与旧刑法第七十七条第三项罪本应重，犯时不知者，不得从重论，大体相同。为此规定之先驱者，为唐明清律假刑律及新律纲领。"[8] 对此探讨比较全面详细的如松浦孝宪的《唐律与日本——关于现行刑法 38 条第 2 项的关系》一文，该文指出，日本现行刑法第 38 条第 2 项是抽象事实错误的规定，此规定源于唐律"犯时不知"律，并详细考察了以唐律"犯时不知"律为源头的刑法第 38 条第 2 项的立法过程。[9] 对此论述比较简洁的，如日高义博在其《刑法讲话——刑法学的导入》一文中通过几句话指出日本《刑法》第 38 条第 2 项规定了对抽象事实错误的处理，这是刑法典中唯一继承了唐律规定的条文。[10] 又如，滋贺秀三在《译注日本律令五　唐律疏议译注篇一》中指出，唐律"犯时不知"律是日本现行刑法第 38 条第 2 项的来源。[11]

以现代法为视角，在传统的"犯时不知"律中挖掘出其蕴含有现代法学理论上的事实错误，一方面，使传统的"犯时不知"律与现代法学概念、理论有了一个契合和连接，深化了我们对"犯时不知"律的理解；另一方面，通过古代法典中的

---

〔7〕 代表性的作品参见：戴炎辉编著：《唐律通论》，台北，正中书局 1964 年版，第 449～450 页；刘俊文：《唐律疏议笺解》，中华书局 1996 年版，第 485 页；张晋藩主编：《中国法制通史》（第 5 卷宋），法律出版社 1999 年版，第 489 页；钱大群：《唐律研究》，法律出版社 2000 年版，第 188～189 页；黄源盛：《从当代刑法论唐律中的"错误"规范及其法理》，载《政大法学评论》2012 年第 126 期；蒲坚编著：《中国法制史大辞典》，北京大学出版社 2015 年版，第 41 页；张明楷：《刑法学》（第 5 版），法律出版社 2016 年版，第 279 页。

〔8〕 ［日］冈田朝太郎：《日本刑法改正案评论》，胡长清译述，上海法学编译社 1931 年版，第 38 页。

〔9〕 参见［日］松浦孝憲「唐律と日本——現行刑法 38 条 2 項の関係について——」，载彭曦、孙杨主编：《日语教学与日本研究：中国日语教学研究会江苏分会 2016 年刊》，华东理工大学出版社 2016 年版，第 11～18 页。

〔10〕 日高義博「刑法講話——刑法学への導入——」専修ロージャーナル第 7 号（2012 年）41 頁参照。

〔11〕 滋贺秀三『譯註日本律令五　唐律疏議譯註篇一』（东京堂，1999 年）301 頁参照。

“犯时不知”律可以使我们多维度多角度地透视基于现行法而构建的事实错误理论存在的问题。〔12〕

但是,这种研究视角主要是通过现代法学概念、理论比附古代法典中的律条,导致“犯时不知”律失去了其自身独立的主体性,进而忽视了对该律背后所固有的传统法理资源的挖掘,不利于我们当下对传统法理资源的吸收和借鉴,不利于“使中国传统法理重焕青春,走入当代法学语境,走上法理复兴之路”。〔13〕因此,我们在通过现代法理对“犯时不知”律进行解读的同时,不能忘记其本来属于传统法律中的一个有机组成部分,不能忽略了其背后所蕴含的传统法理。

同时,清人指出:“夫旧律习用已久,有律有例有案,尚赖律文之小注、诸家之诠释,始能字明句晰。”〔14〕又如张文显指出,对待中华法学传统概念“需要我们在认真研读古代法典和法学文献的基础上,结合中国古代的立法和司法实践,还原其本真意义”。〔15〕因此,准确解读“犯时不知”律除依靠国家成文律典外,还不得不依靠律学著作以及案例汇编作品。而且确实有不少的律学著作以及案例汇编作品对“犯时不知”律进行了阐释,研究“犯时不知”律就不能离开对这些史料的考察,而这些史料却是目前学界对“犯时不知”律进行研究时所忽略的史料。

因此,本文在依据唐宋明清律典、律学著作以及案例汇编作品这些史料的基础之上,就中国古代法典中“犯时不知”律所蕴含的传统法理进行一个全面系统的挖掘。

---

〔12〕 学界在研究事实错误时,会提到“犯时不知”律规定。在此,“犯时不知”律是研究事实错误的一个视角,一个与现行事实错误理论进行比较的一个维度。这类的研究,参见张明楷:《刑法学》(第5版),法律出版社2016年版,第279页;刘明祥:《刑法中错误论》,中国检察出版社2004年版,第23~24页;冯军:《刑事责任论》,法律出版社1996年版,第184~185页;樊凤林、曹子丹主编:《犯罪构成论》,法律出版社1987年版,第116页。

〔13〕 郭晔:《法理主题论——新时代中国法学新范式》,载《法制与社会发展》2020年第2期。

〔14〕 《1907年刑律草案签注·奏折·湖南巡抚原奏》,载高汉成主编:《〈大清新刑律〉立法资料汇编》,社会科学文献出版社2013年版,第216页。

〔15〕 张文显:《迈向科学化现代化的中国法学》,载《法制与社会发展》2018年第6期。

二、律贵原情的法理

日本学者滋贺秀三在谈及中国传统法时曾指出：“国家的法律是情理的部分实定化……法律的条文还需要通过情理加以解释或变通。”[16]依照这段话的意思，我们可以进一步得出“情”是中国传统立法中一项非常重要的因素，是理解和解释传统律条的一把钥匙。唐律和《宋刑统》都曾提出要“律贵原情”[17]，沈之奇在《大清律辑注》中更是指出“律必原情”。[18] “律贵原情”是一项重要的传统法理。唐律和《宋刑统》以及之后的明律、清律都是儒家法，其立法思想、立法原理都立基在儒家法律文化之上。“律贵原情”即深厚儒家文化影响的结果，可以说是中国儒家法律文化中所特有的一种法理。自从汉代儒学大师董仲舒要求司法者依照儒家春秋经义决狱、原情定罪之后，儒家文化所要求的“原情”不断渗透到立法和司法各个环节之中。以至在唐律中，立法明确了“律贵原情”这一法理。“律贵原情”表现在立法之中就是要求立法者应当原情立法。而“犯时不知”律就是原情立法而创设，背后体现的就是立法者对“情”的价值追求，蕴含的法理是律贵原情的法理。虽然，“犯时不知”律的文字表述并没有直接表达该律法理，但该律文字背后律贵原情的法理基础却是毫无疑问的。

对此，传统律学著作在对“犯时不知”律的阐释中大多都指出了这一点。《考古质疑》载：“至若本应重而犯时不知者依凡论，本应轻而犯时不知者听从本，其原情定罪，又岂非忠厚乎？”[19]《刑统赋疏》载：“夫刑者，先王不得已而用之。原情与理，苟在所宥，谓未始不从宽，故犯时不知本应重，则依凡，本应轻

〔16〕 [日]滋贺秀三：《清代诉讼制度之民事法源的概括性考察——情、理、法》，范愉译，王亚新校，载[日]滋贺秀三等：《明清时期的民事审判与民间契约》，王亚新、梁治平编，法律出版社1998年版，第40页。

〔17〕 《唐律疏议》，刘俊文点校，中华书局1983年版，第36页；《宋刑统》，薛梅卿点校，法律出版社1999年版，第22页。

〔18〕 (清)沈之奇：《大清律辑注》(上)，怀效锋、李俊点校，法律出版社2000年版，第46页。

〔19〕 (宋)叶大庆：《〈考古质疑〉校证》，陈大同校正，广东高等教育出版社1989年版，第175页。

者,听从本。"[20]《读律佩觿》载:"本应重罪而犯时不知者,依凡人论之类。其所云依者,原情定律。此经所谓轻重诸罚有权也。"[21]从《考古质疑》、《刑统赋疏》以及《读律佩觿》这些著作对"犯时不知"律的解读中可以看出,这些著作都指出了"犯时不知"律是因原情而立法,该律的法理在于律贵原情。

为什么会要原情而创制"犯时不知"律?因为存在情法冲突。情法之间的冲突是传统法非常重视的一个问题,不仅在司法实践中要解决这个问题,在立法中,立法者也要着力去解决。"犯时不知"律就是传统法原情以解决情法冲突的立法典范之一。所谓情,是指"犯时不知"之情,法是严格身份适用之法。

(一)"犯时不知"律中的"犯时不知"之情

《粗解刑统赋》阐释"犯时不知"律时指出:"凡亲有服者,生不相识,因他(不)相殴,虽有伤,到官推问,始知系是有服尊长,但依凡人论。缘其本情之未识也,故从其始。轻则从其未识之本情,重则不可从也。"[22]《读律琐言》指出:"本应重而犯时不知,依凡人论,悯其陷于不知也。本应轻者,听从轻罪本法,幸其情有可议也,亦罪疑惟轻之意。"[23]从《粗解刑统赋》对"犯时不知"律的阐释中可以看出"犯时不知"律之所以如此规定是"缘其本情之未识"。从《读律琐言》对"犯时不知"律的阐释中可以看出,"犯时不知"律出于"悯其陷于不知""幸其情有可议"而制定。《粗解刑统赋》所说的"未识之本情"以及《读律琐言》所说的"不知""情有可议"主要就是对"犯时不知"律中"犯时不知"之情的阐释,这些都表明"犯时不知"律原的是"犯时不知"之情。

关于什么是"情"?滋贺秀三曾指出"情"有多种含义。首先,"情"是指情节、情况等事实关系;其次,"情"本来有"心"的意思;最后,"情"字在像情谊的

---

[20] (元)沈仲纬:《刑统赋疏》,载(清)沈家本编:《枕碧楼丛书》,中国政法大学法律古籍整理研究所整理标点,知识产权出版社 2006 年版,第 213 页。

[21] (清)王明德:《读律佩觿》,何勤华、程维荣、张伯元、洪丕谟点校,法律出版社 2001 年版,第31~32 页。

[22] (宋)傅霖撰:《粗解刑统赋》,(元)孟奎解,载(清)沈家本编:《枕碧楼丛书》,中国政法大学法律古籍整理研究所整理标点,知识产权出版社 2006 年版,第 150 页。

[23] (明)雷梦麟:《读律琐言》,怀效锋、李俊点校,法律出版社 2000 年版,第 56 页。

（三）风险分类：建立科学的监禁风险评估机制

为了实现刑罚效益的最大化，新刑罚理论强调对罪犯进行风险分类，以实现风险控制的目标。

对罪犯风险评估后进行分类是实现监狱风险管理与控制的前提，不管是奉行惩罚主义还是矫正主义的刑罚观，在对罪犯进行风险分类的基础之上对罪犯实行分类矫正或者分类惩罚都是新刑罚理论的应有之义。需要指出的是，即使新刑罚理论更少关注对个体的改造或者惩罚，但毕竟整体的风险控制仍然是由所有的个体风险控制所组成，况且新刑罚理论并非在根本上否定刑罚的改造功能或者威慑功能。建立一套科学有效的罪犯风险评估系统，更有利于实现刑罚的改造功能与威慑功能。

第一，建立罪犯风险分类系统，促进刑罚改造功能的实现。安德鲁斯（Andrews）教授在谈到改造有效原则的时候指出，对罪犯的风险进行评估分类，是其他改造有效原则的基础——高风险的罪犯进行高强度的干预，低风险的罪犯进行低强度的干预。[48] 但是，我们国家对于以风险分类为基础的监禁分类基本处于空白的境域。在我们国家的罪犯分类理论中，分类依据主要依据人口学因素和犯罪性质进行简单分类。在实践中对男犯与女犯、成年犯和未成年犯进行分别关押，这种分类遵循了现代监狱罪犯改造的基本原则，但后续分类则较混乱。[49] 我们对上海市提篮桥监狱和江西省豫章监狱进行调研，调研结果如表 4 所示。我们发现两所监狱基本没有实现“三分原则”（分押、分管、分教），两所监狱各类罪犯都有关押。这种混押的状况意味着监狱中的各个监区里的各种风险程度的罪犯存在相互交叉感染的危险，而且这只是其中的问题之一。

---

〔48〕 See Edward J. Latessa & Alexander M. Holsinger, *Correctional Contexts-Contemporary and Classical Readings*, Roxbury Publishing Company, 2006, p. 252.

〔49〕 参见刘崇亮：《再犯罪风险评估与中国监禁刑改革的新路径》，载《现代法学》2018 年第 6 期。

表4 2015年两监狱押犯犯罪类型比例

单位:%

监狱	暴力性犯罪	破坏社会主义市场经济秩序罪	财产类犯罪	妨碍社会管理秩序罪	其他
上海提篮桥监狱	26	9	24	34	7
江西豫章监狱	38	10	22	28	2

更关键的问题在于,再犯罪风险程度低的罪犯与风险程度高的罪犯关押在一起接受相同的改造方案和同样的改造强度,可能会导致相反的结果。自从加拿大学者邦塔(Bonta)和安德鲁斯(Andrews)教授提出著名的"风险—需要—响应"(Risk-Need-Responsivity)罪犯评估和改造三原则后,所谓高风险的罪犯应当给予直接的高强度管理、对于低风险的罪犯应当给予低限度管理的原则使得改造有效的观念重新在英、美等国受到重视。[50] 为了验证罪犯风险评估与改造三原则,纽约州司法部矫正局联合维拉司法所共同合作了一个叫"绿光项目"(the Greenlight program)的矫正实验。该项目矫正组成员由345名罪犯组成,这个组名称为Greenlight(英文简写为GL)。第二组则有278名罪犯参加,成为初始的控制组,这个小组英文简写为TSP。第三组113名罪犯满足了参加项目的标准,这个小组英文名称简写为UPS。参加"绿光项目"的罪犯释放一年后调查人员对他们进行回访,调研结果如表5所示,结果发现GL组的重新逮捕率和假释撤销率比TSP和UPS组都要高。

表5 绿光项目组成员释放后6~12月后的重新逮捕及撤销假释情况

时间		GL(N=345)	TSP(N=278)	UPS(N=113)
逮捕情况	6个月后	17.2	13.0	14.4
	12个月后	34.1	24.2	26.8
重罪逮捕	6个月后	8.3	6.6	7.2
	12个月后	18.0	13.0	12.0

〔50〕 参见刘崇亮:《对中国罪犯改造无(有)效论的实证分析》,载《政法论丛》2018年第5期。

续表

时间		GL(N=345)	TSP(N=278)	UPS(N=113)
假释撤销	6个月后	9.8	9.4	7.4
	12个月后	25.1	21.0	13.2

项目组在30个月后对重新犯罪与摊销假释的结果再进行调查,逮捕情况虽然发生了较大变化,仍然显示参加GL组的逮捕率还是明显高于没有参加干预的TSP与UPS组。这显示出投入了巨大司法资源的"绿光项目"反而提高了再犯罪风险。这到底是什么原因?项目组对3年后的再犯罪风险水平进行测试的结果表明,再犯罪率取决于再犯罪风险水平。风险分类原则认为,对于中度风险罪犯及高度风险罪犯才应当进行高强度的干预措施,但是实际情况是低度风险罪犯大部分参加了此项目。表6表明,参加GL组的罪犯低度风险占到了80.4%。相比之下,高风险TSP组的成员比高风险的GL组成员更容易躲避逮捕。两组数据最终证明,该项目初始设计就存在着致命的缺陷,即本更容易犯罪的试验组成员被错误地分组——GL组成员具有更高的再犯罪风险,而TSP组成员再犯罪风险程度又高于UPS。明显可以看出,3个试验小组在矫正过程中进行了相反程度的干预。

表6　绿光项目组30个月后没有逮捕者风险程度

	GL	TSP	UPS
风险水平	(N=345)	(N=278)	(N=113)
总样本数	47.5	51.8	66.4*
低度风险	80.4	70.0	86.4
中度风险	44.0	51.7	69.0*
高度风险	23.7	33.8*	32.1

注:所有统计显著性都是与GL组对比得出,*是指 $p<0.05$。

我们国家应尽快建立适合我们国家罪犯风险分类的评估工具,以真正实现现代化与科学化的罪犯分类改造,最终体现刑罚的改造功能。

第二,建立罪犯风险评估系统,促进刑罚惩罚功能的实现。惩罚是国家基于报应主义或者功利主义的立场,对罪犯进行有计划、有组织地施加痛苦的一种方式,监狱惩罚可以定性为监狱的本质机能。[51] 在现代社会条件下,监狱要实现惩罚的功能同样需要满足所有的条件。人们对再犯罪风险的评估通常从刑罚改造功能实现意义上讲,笔者认为,即使不从矫正主义的角度考量,要想从整体上实现监狱的惩罚机能,风险评估仍然是目标实现的必要基石。从当前现有的中外文献研究来看,风险分类通常被视为分类改造的前提,但往往忽视若要实现惩罚的效果最大化,以风险评估为前提的分类惩罚同样必不可少。英、美等国主要依据罪犯风险程度把监狱划分为超高警戒监狱、高度警戒监狱、中度警戒监狱及低度警戒监狱,这种监狱分类的最大优势即在于能够有效对罪犯风险管理与控制,分类惩罚,有效监督。当前我们国家成年男犯监狱的分类主要依据刑期的长短来进行分类。轻刑犯监狱通常主要关押 10 年以下有期徒刑的罪犯,重刑犯监狱主要关押 10 年以上有期徒刑、无期徒刑的罪犯及死缓犯。我们国家监狱分类标准的背后显然也是想对罪犯的风险进行分类以便进行分押,但风险程度与罪犯的刑期长短虽然存在一定的相关,然而两者并非完全相同。

我们曾经对上海市新收犯、监狱罪犯的风险等级进行调研,调研结果如表 7 所示。人们通常会认为无期与死缓犯的风险程度最高,但调研结果表明,在所有无期与死缓犯的样本中,低度风险为样本总数中的 6.3%,中度风险为样本总数中的 3.0%,而高度风险仅为样本总数中的 0.4%。刑期 10 ~ 15 年徒刑罪犯低度风险总数比为 15.4%,远大于中度风险的 6.8% 和高度风险的 0.3%。由此可以看出,人们认为重刑犯就等于高度风险罪犯的经验法则在实证面前略显尴尬。我们主张重刑犯并非等同于高风险罪犯的理由在于监狱想要实现惩罚的效果,就必须对所有的罪犯在风险评估的基础之上再进行风险分类,对高风险的罪犯置于高度警戒监区,低风险的罪犯置于低度警戒监区,并给予相应的刑事处遇,以真正体现刑罚惩罚的威慑功能,从而在整体上实现对罪犯的风险管理与控制。

---

〔51〕 参见刘崇亮:《本体与属性:监狱惩罚的新界定》,载《法律科学(西北政法学院学报)》2012 年第 6 期。

据的通道。[5] 但值得注意的是,关于是否应当将金融监管规章政策作为否定商事合同效力的依据及其限度等问题,在实务及理论界一直存在争议,目前并未取得共识。

(一)司法实务中合同效力认定的裁判差异

司法审判实践中长期存在实质性审判思维。[6] 其在运用中多以"名为……实为……"表述,例如,名为买卖实为借贷,名为股权投资实为借款等。实质性审判思维源于民法中的诚实信用原则和公序良俗原则。在法律依据上,多是引用原《合同法》的"以合法形式掩盖非法目的"及"恶意串通损害第三人利益"条款,原《民法总则》制定后,其中"通谋的虚伪意思表示"条款也是重要的制定法依据。

例如,在韩某某诉上海某家投资管理公司合同纠纷中[7],法院认定双方之间签订的合同实质上为民间借贷合同。法院认为争讼合同内容均体现了与合同名称相符的借款合同权利义务关系。尽管讼争合同的资金交付形式和运作方式基于双方约定有一定的特殊性,但借款用途系进行股票交易,出借方基于资金安全的考虑将款项存入特定证券账户、要求借款方按约定比例支付保证金并设置警戒线、平仓线,并不影响借款实质,且账户内的资金虽未由借方控制,但获得账户的控制权即视为借款款项的交付。所以双方签订的借款合同有效。

实质审判思维其实在英美法系中也早有体现,具体表现在案件审理中法官认定其"实质重于形式"。例如,借款人和贷款人达成出售和购买交易,即财产在形式上出售给了贷款人,如果全额偿还贷款,购买和出售协议就能确定;否则,如果违约,财产将被转移给贷款人。衡平法认定这类交易实质上为贷款交易。在"Ng Shou Chun v. Hung Chun San 案"中,通过出售和购买协议,卖方约定以在 1991 年被低估的价格将公寓出售给买方。在该协议下,买方支付了购买价格一半的定金,完成日确定为一年之后的某日,卖方有权通过给予买方 7 天的通知和退回定金的方式撤销合同。在完成日,卖方拒绝完成出售或将定金

[5] 参见黄维平、李安安:《风险防范视角下信托通道业务的法律规制》,载《学习与实践》2017 年第 12 期。

[6] 参见武长海、王娜仁高娃:《名不副实融资融券合同的认定——基于不同裁判标准的案例分析》,载《法律适用》2019 年第 4 期。

[7] 参见上海市第一中级人民法院民事判决书,(2017)沪 01 民终 3458 号。

退还给买方。买方申请简易判决。卖方辩称,该交易实质上是额度为定金数目且由房产担保的贷款交易。法官给予卖方无条件的抗辩许可。买方提出上诉。上诉法庭判定,既然衡平法注重交易的实质而不是形式,卖方提出的交易是担保贷款的论点在审判中有待调查。上诉法庭维持了抗辩许可。

而笔者所要探讨的穿透式审判思维与上述的实质性审判理念,在适用范围、法律依据上均有所不同。首先,穿透式审查的范围更广,不仅包括对法律关系内容的外观的穿透,还包括对法律关系主体的穿透、法律关系客体的穿透,例如对股权代持的穿透。〔8〕 其次,实质性审判思维多是基于对当事人真实意思表示的审查,运用的是恶意串通规则、通谋的虚伪意思表示规则等,但穿透式审判思维不仅包括如上部分,也包括双方当事人之间无通谋或者恶意串通的法律行为。比如,在金融消费者纠纷中,可能只是金融机构一方实施的法律规避行为,并无与消费者通谋的意思表示。例如,信托公司、商业银行等金融机构作为资管产品的受托人为受益人提供含有保证本金固定回报、保证本金不受损失等保底或者刚性兑付条款的,一般认定该条款无效。这一认定其实并非基于当事人之间的恶意串通或者通谋的虚伪意思表示行为,而是基于公序良俗的考虑。〔9〕

因此,笔者针对传统审判思维、实质审判思维、穿透式审判思维的特征和适用范围进行梳理比较,以直观的方式展现其穿透式审判思维在金融纠纷中的优势(见表1)。

表1 三种审判思维的比较

	传统审判思维	实质审判思维	穿透式审判思维
表现形式及特征	—	“名为……实为……”	通道业务、刚性兑付等法律规避行为
适用原则	意思自治	诚实信用原则、公序良俗原则	有无影响金融市场秩序

〔8〕 如“福建伟杰投资有限公司与福天策实业有限公司营业信托纠纷案”,最高人民法院民事裁定书,(2017)最高法民终529号。

〔9〕 刚性兑付使风险停留在金融机构内部,将本应由投资者自行承担的资产损失风险转嫁至作为受托人的金融机构承担,金融风险的累积可能导致引发系统性风险。

续表

	传统审判思维	实质审判思维	穿透式审判思维
适用范围	形式审查	法律关系的穿透	法律主体、客体及关系的穿透
领域	通用	民事、商事	金融
利益衡量	单一性	诚实信用	兼顾公平、效率与安全

(二)裁判思路差异蕴含的观点争议

根据上述裁判案例可以看出,案件争议的焦点在于"穿透"层层嵌套的合同后发现,隐藏在背后的真实交易违反金融规章制度,此时合同效力如何进行认定。这一问题背后主要涉及市场秩序及社会公益与私法"意思自治"原则的利益衡量,故从更深一层角度考虑,金融市场秩序或金融监管利益是否可以作为金融领域纠纷的裁判依据。[10]

众所周知,传统民法以"公平"为旨趣,商法以"效率"为追求,而以规则和监管为核心的金融法则更加注重"安全"。[11] 因此,金融审判在与金融监管保持协同的同时,也必须彰显自己的内在价值,法律的定分止争及天生的利益平衡的功能,决定了金融审判内在的要求其既要体现民法的公平价值,又要体现商法的效率价值,还要体现金融法的安全价值。

总而言之,若要将穿透式审判思维运用到司法领域,特别是金融纠纷中,其需要衡量的,一边是在商事交易中充分尊重主体双方的意思自治,体现商法中的"效率原则",另一边则是是否应当将金融监管规章及规范性文件纳入合同效力判定的依据范围,从而体现金融法的宗旨,即预防系统性风险、维护金融市场秩序。[12] 若认为这一命题具有合理性,那么是否有必要将穿透式审判思维运用在金融纠纷案件中以及如何建构穿透式审判思维的理论体系,下文将逐一展开分析。

---

〔10〕 参见李浩晨:《论金融审判中的穿透式司法——基于辨别"股"与"债"案例的观察》,载《法制与经济》2020 年第 2 期。

〔11〕 参见盛学军等:《新时期金融法变革中的消费者保护研究》,法律出版社 2019 年版,第 13 页。

〔12〕 参见鲍彩慧:《金融司法专门化:逻辑展开与路径实现》,载《金融理论与实践》2020 年第 9 期。

二、穿透式审判思维在金融纠纷案件审理中的必要性

原则上,行政公权力不应对私人商事领域进行干预,基于商事交易“意思自治”之原则,就单个合同而言,双方当事人因遵循“风险自担”“自负盈亏”的基本规则,法律不宜对其过多加以限制,但是就多个合同共同构成的合同群或者合同链而言,由于合同间相互关联所产生的积聚效应,单个行为同样存在损害公共利益的可能,因此也就突破了“风险自担”“自负盈亏”的范畴——显然其造成的风险已经通过链式反应大幅扩散。因此,在两者利益衡量的前提下,穿透式审判在实务中特别是金融纠纷中就具有以下几个方面的合理性和正当性。

(一)弥补分业监管的不足

对不同类型金融机构开展的相同或者类似业务进行标准统一的监管,是消除金融秩序混乱的重要方式。《资管新规》提出了功能监管的要求,[13] 并且对包括银行理财、信托计划、资管计划等在内的所有资产管理产品提供了统一的监管标准。但在分业监管模式仍未完全改变的当下,统一的监管标准是否能完全落实还充满未知数。有人曾作了形象的比喻,如马路上有 3 个交警系统在指挥交通,即使所使用的交通规则是一致的,也难免会造成交通混乱。[14] 在分业监管模式不能立即改变的情况下,通过司法途径,运用穿透性审判思维统一适用相同的标准对待功能相同的理财产品,进而避免适用标准上的不统一,不失为一个很好的途径。

(二)金融审判的特殊需要

金融审判除坚持商法的基本原则外,还应该体现自身的经济法属性(社会本位、政策导向性的特征)。与普通商事审判不同的是,金融审判更强调与金融监管的协同,体现出明显的经济法色彩,这根源于金融审判针对的领域——金融业的特殊性。

金融业与其他行业的最大区别是风险聚集性和交易复杂性。金融产品的

---

〔13〕 参见牛绮思:《全国金融工作会议上的新概念:功能监管与行为监管》,载《中国经济周刊》2017 年第 29 期。

〔14〕 参见杨征宇等编著:《金融机构资管业务法律纠纷解析》,法律出版社 2017 年版,第 1 页。

交易是所有商事交易中最复杂的交易形式，近年来除传统型金融产品外，复杂结构形式的具有风险配置功能的金融产品大量出现。金融交易的契约往往是契约群，涉及面很广，具有传导性，极易引发风险聚集。因此，金融业往往是一个国家经济风险的聚集地。近年来，每次经济危机的爆发，往往都以金融危机的形式最先表现出来。[15]

因此，若要有效防范金融风险乃至金融危机情形的发生，借鉴穿透式审判思维谓之必要，从近些年的案例中不难发现其思维的具体表现。例如，最高人民法院对于“郑州银行案”的裁定，[16]表面上维护了当事人的交易安全，尊重了当事人的意思自治，法院在裁定中认为，安信信托违反《信托法》第43条的情形“应予纠正”，但是却认为02号合同系安信公司、郑州银行真实意思表示，且内容并不违反法律、行政法规强制性规定，这就会导致信托的设立毫无意义，直接否定的是作为信托制度灵魂的“信托财产的独立性”。因此，金融领域行为有效与否需要看行为的实质，这就需要将穿透式审判思维运用在案件中，既要保障业务的正常发展，也要给予适度的创新空间，更要维护金融安全，不能引发区域性系统性金融风险。如前述案件，纵观安信信托的业务实践，安信信托一再违反《信托法》第43条的规定，进行了3次受益权转让，受益权已经彻底异化为债权债务工具。底层贷款资产的一再展期，只是为了使信托关系名义上存续，配合受益权的无休止转让。显然最高人民法院作出的裁定允许或者容忍这种行为存在，那么信托制度将彻底异化为信托公司或者其实际控制人的融资工具，伤害的是“信托制度”的合法存续这个最大的“法益”，如果信托公司或者其实际控制人失去自控，那将成为巨大的金融风险隐患。[17]

因此，金融法表现出与一般商法明显的差异，那就是具有大量的强制性规范，这种强制性表现在主体资格、交易行为规制、市场退出标准等各个层面。对金融审判来说，不仅强调商法的外观主义原则和意思自治原则，更应该站在大局的角度，将国家政策落实到金融审判实践中去。行政处罚往往震慑性不足，导致违法成本低，监管效率差，如果司法方面再片面坚持合同自由原则，对于违

---

〔15〕 参见张文木：《亚洲金融危机与中国政治安全》，载《新视野》1998年第4期。

〔16〕 最高人民法院民事裁定书，(2020)最高法民申5362号。

〔17〕 参见郭志强：《信托业　多家爆雷，倒逼行业“回归本源”》，载《中国经济周刊》2020年第24期。

反金融监管的行为不进行约束,将导致违规行为更加泛滥。

金融业的另一个特点是监管规则的易变迁性。金融法的三元结构中既有相对稳定的监管法、金融私法,也有适时而变的宏观调控法。金融监管政策不可能不受到金融宏观环境的影响,从而表现出经常性地在鼓励创新和严格监管之间摇摆。虽然说,金融司法在金融监管、金融调控、金融司法这三者中属于最稳定的部分,但是也不可能完全不受监管政策的影响。金融司法不仅需要适用大量的"硬法",也要适用各种"软法",监管规则的变迁对金融司法理念也产生影响。

(三)保护消费者权益的需要

金融业的主要资金来源是消费者,消费者的信心指数对提振金融业活力至关重要。而仅仅依靠行政监管难以有效保护消费者权益。因为金融监管机关不仅肩负保护消费者安全的责任,还肩负维护金融安全、提高金融业效率的重任。有学者指出,立法者和监管者一直在金融安全和金融效率之间徘徊,并且很难平衡二者之间的关系,〔18〕故主张在金融安全和金融效率的相机抉择上,加入消费者保护,即形成"三足"以求得平衡。〔19〕 由 3 个主体代表 3 个核心利益,监管机构代表金融安全,金融机构代表金融效率,金融消费者代表消费者保护,在三者的博弈中寻求平衡,从而带来金融业的均衡发展。〔20〕 然而,在三足定理中,三方主体的力量是不均衡的,金融监管代表了国家公权力(最有权力),金融机构掌握了大量的金融资源(最有钱),而消费者两者都无,因此三足如果要均衡,必须增强消费者一方的博弈能力。通过司法穿透式审查增强消费者的能力,是一个很好的途径。在《资管新规》出台后,资管产品不再进行保本保收益安排,消费者的收益面临着极大的不确定性,消费者权益保护问题必将凸显。传统的消费者权益的保护方式不足以应付目前复杂化、结构化、技术性的金融产品,必然要求通过对金融机构信息披露义务、投资者适当性审查义务进行穿透式审查,保护消费者的合法权益。穿透式审查突破民法的合同自治原则和商

---

〔18〕 参见邢会强:《证券期货市场高频交易的法律监管框架研究》,载《中国法学》2016 年第 5 期。

〔19〕 参见邢会强:《金融法的二元结构》,载《法商研究》2011 年第 3 期。

〔20〕 参见邢会强:《金融危机治乱循环与金融法的改进路径——金融法中"三足定理"的提出》,载《法学评论》2010 年第 5 期。

法的外观主义原则，可能会对金融创新产生一定的抑制，但金融创新的底线是金融消费者的保护，严重损害金融消费者权益的金融创新必须予以规制。

（四）避免循环诉讼僵局的考量

资产管理金融产品具有结构性、复杂性、技术性特征，往往涉及很多当事人，共存有多种性质不同的法律关系，一旦发生纠纷，会产生不同的诉讼案。有些当事人利于不同仲裁机构或者司法机关之间缺乏协同性的制度缺陷以及缺乏避免不同案件的裁判之间逻辑上的不一致、冲突或者相反的机制，利用已有判决的既判力对后判形成约束的法理，故意分拆案件，或者抢先一步发起诉讼，导致后案的诉讼陷入困境，前后案件所作判决都难以做到对案件的整体关注，实现真正的定分止争，甚至前后案件的判决出现冲突和矛盾。在金融审判中树立穿透式审判思维，可以全面查清事实，将所有相关当事人追加为被告或者第三人，实现在一个案件中查明所有的事实和法律关系，把握整体交易的逻辑和交易目的，避免前后案相互矛盾带来的利益失衡。[21]

三、穿透式审判思维在金融消费纠纷案件审理中的边界探索

根据上文分析，将穿透式审判思维运用于金融纠纷中可以更好地厘清层层嵌套背后的实质性法律关系，以便进一步认定合同的效力，有效地考虑到了金融纠纷中消费者权益的保护问题，具有其正当性与合理性。但是值得注意的是，穿透式审判思维并非在所有的金融纠纷中都可以适用，否则会造成公权力过度介入或干预私领域的局面，进而违背商事交易中的“意思自治”与“效率”原则。因此，问题的关键在于如何通过合理的制度安排使穿透式审判思维在金融纠纷中合理运用，并在此过程中防止行政权力的滥用。换言之，也就是针对监管手段突破私人领域边界进而左右司法裁判的临界点需要进一步作出界定。

（一）对消费者是否产生实质风险作为考量依据

在众多纷繁复杂的金融产品和衍生工具中，金融机构利用天然的信息不对称，有时候会给消费者造成极大的不合理的风险。例如资管产品的通道类业务，有些是通道是善意的，有些是恶意的，所谓恶意的嵌套就是为了规避法律法

〔21〕 参见北京仲裁委员会/北京国际仲裁中心编：《中国金融争议解决年度观察》，中国法制出版社 2017 年版，第 196 页。

规的强制性规定,而实质性放大消费者的风险。对于金融机构资金投资过程中,通过通道进行投资的行为,要具体看这一行为是否实质上放大了消费者的风险。在实践中,金融机构将资金投向其他金融机构的投资计划的,可能是出于某种交易的需要,并未放大消费者的实质风险,不能因此认为构成违约。[22]金融机构未披露信息是否对消费者构成欺诈,要视该信息是否是重要性信息。信息披露会给金融机构带来较大的交易成本,最终这些成本都有可能转嫁给金融消费者,损害的是消费者的利益,因此,在坚持穿透式审查时,对信息披露的标准应该有所限制,不宜过分扩大。[23] 在审判中,应该注意消费者权利与金融机构的交易成本进行利益衡量,通过利益排序和比例原则的适用来平衡相关利益主体的利益,消费者的权利属于宪法属性的生存权,其在权利位阶上高于金融机构的经营自主权,但权利行使也有比例限制,对金融消费者的信息披露的审查也要有比例限制。对于没有关系到消费者知情权、选择权、财产安全权的信息,不能因为金融机构没有披露,就认定金融机构构成欺诈。

(二)穿透式审判所依据的法律文件遵循谦抑性原则

穿透式审查对当事人之间形成的法律关系不依照外观表现和当事人之间的约定,而依照当事人之间实质构成的法律关系界定,并以此确定法律关系的效力,影响了合同当事人的合同预期,可能损害金融创新,损害金融效率。因此在适用穿透式审判思维时,应秉承谦抑性原则,要区分强制性规定是管理性规定和效力性规定。这对于防止动辄以违反法律法规的规定而否定合同效力而影响金融创新和金融效率具有重要意义。

管理性规定和效力性规定的区分针对的是法律、法规,金融审判中所能够引用的法律、法规并不多。在资产管理产品纠纷的案件中,大量的规范性文件是以行政规章的形式出现的,如《资管新规》的法律位阶也并不高。在司法实践

---

〔22〕 在上海国际经济贸易仲裁委员会仲裁的“宋某与深圳 H 资产管理公司、S 银行股份有限公司合同争议仲裁案”中,仲裁机构认定:若资产管理合同本身未就资产管理计划的具体投资途径和交易结构进行明确约定的,也并未要求资产管理人必须向委托人进行相应的披露,则不能仅以资产管理人未向委托人披露交易环节中存在其不知情的通道方之事实,即认定资产管理人存在欺诈行为。

〔23〕 参见白牧蓉:《穿透式监管的理论探讨与制度检视——私主体权利实现的视角》,载《兰州大学学报(社会科学版)》2020 年第 3 期。

中,在对合同的效力进行判断时,在无可以引用法律法规的情况下,往往以违反公序良俗原则来判定合同的效力。而是否违反公序良俗原则一个重要的标准就是行政机关发布的行政规章。行政规章在制定程序上缺乏公开性、规范性,且其稳定性较差,难以给当事人以较好的预期。金融裁判中大量实质上参考行政规章常引起司法监管化的质疑及对司法的任意性的担心,给金融市场带来不确定性,影响到金融市场的效率。为了将不良影响降到最低限度,对于行政规章的规定也进行效力性规定和管理性规定的区分是非常必要的,司法仍然要与行政监管保持一定的空间。以《资管新规》为例,其出台有一定的积极意义,法律、行政法规毕竟是制定程序复杂,协商成本高的规范,而《资管新规》可以以较低的时间成本制定出相对完善的规范,且给今后的金融创新留下一定的空间。《资管新规》尽管不是法律法规,但可以通过"公序良俗"规则间接地进入司法审判中去,但是不是所有的规则都可以作为判断合同效力的依据,对于纯管理性的规定,不能作为认定违反"公序良俗"的依据。比如,资管产品负债比例上限的规定,资管产品统一报告制度的规定等。而哪些规定可能上升到合同效力的层面,需要法官在裁判文书中加强说理、合理论证。最高人民法院也应该适时出台类案指导意见,及时总结裁判规则。笔者认为,可以借鉴区分法律法规中效力性规范和管理性规范的分类方式,从规范的结构表述、规范的立法目的、规范的内容指向、规范的调整对象各角度进行认定。[24] 并通过深入考察当事人违反规范性文件背后的金融逻辑,在个案中对相关规定的性质进行认定。

四、金融纠纷中穿透式审判之裁判规则——以资管产品为例

将穿透式监管这一监管语言转化为司法语言,那就是按照穿透式的原则,认定双方之间真实的法律关系,厘清真实的交易主体、界定真实的交易标的、把握双方真实的权利义务关系。通过以上转换,可以将金融监管规定间接地纳入合同效力判断体系当中,实现金融监管和金融审判的衔接配合。[25] 结合穿透式监管的内涵,根据相关司法文件及法官的讲话精神,穿透式审判思维主要有

---

〔24〕 参见沈志先编著:《法律方法论》,法律出版社2012年版,第128页。

〔25〕 参见刘大海:《防范和化解金融风险司法对策研究报告——以海南自贸区(港)金融风险防控为视角》,载《特区法坛》2019年第11期。

以下几个方面的内涵:(1)查清双方真实的权利义务内容;(2)定位双方实质构成的法律关系;(3)判断双方行为的效力及责任归属。

金融消费者的弱势地位突出体现在判断金融产品的有限理性和信息获取弱势上,这决定了不仅要对金融合同法律关系进行界定,还要考察金融机构的信义义务的履行情况。例如,对于面向机构的金融产品,可能只需要提供金融产品的基础信息。但对于金融消费者来说,其不仅需要获取产品的基础信息,其还需要获取自己是否与该金融产品适配的信息,金融消费者的信息要求更高。如果说,穿透到资管产品的真实信息是穿透式审查的第一层次的要求,那么给予消费者适配性信息再是第二层次的要求。

借鉴金融监管中横向监管、纵向监管的理念,金融消费者纠纷的穿透式审判,也可以从横向和纵向两个方向进行。[26] 一是对当事人真实法律关系的认定,可以称为横向穿透,穿透的是金融产品的实际形成的法律关系和功能属性。这种穿透方式基于与其他金融产品的比较得出,参考的是统一的标准,因此是横向上的穿透。二是对金融产品实际运作过程中,金融机构信义义务履行的穿透,可以称作纵向的穿透。其贯穿整个金融产品从设计到销售、再到后期运行管理、清算的整个环节,因此可以看作纵向的穿透。

横向穿透和纵向穿透是统一的,只有在正确认识双方真实的法律关系的基础上,才能确定应该适用的监管规则,为纵向穿透判断金融机构信义义务的履行打下基础。没有纵向穿透获得的信息,横向穿透也无法进行准确界定法律关系。横向穿透和纵向穿透构成立体的消费者保护模式,实现识别金融产品功能和判断金融机构信义义务履行情况的双重目的。[27]

(一)横向的穿透——法律关系性质的界定

首先是资管合同或者说资管产品法律关系主体的穿透。消费者作为金融产品的购买者,是真实的风险承担者,只有凸显金融消费者的地位,才能为界定双方法律关系做基础。如果金融消费者投资的资管产品投向的是股票定向增

---

[26] 参见盛学军:《新时期金融法变革中的消费者保护研究》,法律出版社2019年版,第25页。所谓的横向监管,是指基于功能监管的需要,横向比较各种金融工具之间的功能和法律关系。所谓的纵向监管,主要是基于行为监管的需要,各金融监管机构对自己监管的对象进行的具体交易行为进行的监管,包括信息披露、投资者适当性审查、反不正当竞争等。

[27] 参见赵姿昂:《资产管理案件穿透式审判探析》,载《人民论坛》2021年第7期。

发,资管机构和发行人不得变相突破定向增发的人数限制,金融消费者作为真实的股权受益人,其享有的权利和义务,以及在这一过程中承担的风险,必须进行穿透式分析。[28] 银行将理财资金投资信托公司发行的集合资金信托计划的,银行和信托公司不得变相规避信托计划人数和合格投资者的规定。不良资产收益权的投资者仅限于合格投资者,个人投资者参与认购的资产管理产品不得投资,[29] 如果个人投资的资管产品变相以机构投资者的身份通过嵌套进入到不良贷款领域的投资,不符合投资者主体要求。此外,法律关系主体的穿透还包括对金融机构主体资质的穿透,即金融机构是否是一个合格的交易相对方。如果互联网金融机构欠缺相应的资产管理产品发行资质,则影响到消费者与互联网平台之间的法律关系的效力。《资管新规》之后,对代销资管产品的金融机构资质也提出了新的要求,不符合主体资格要求的代销机构无权代销资管产品。[30]

其次是法律关系客体的穿透。要穿透到双方交易所指向的对象,界定到具体的物或者行为。如租金贷产品,为了达到快速实现资金周转的需要,很多长租公寓运营企业引进金融机构发放消费贷款,将消租金贷条款隐含在租金合同中,很多消费者误以为自己在分期支付租金,实际上却是与金融机构签了分期消费贷款合同。在资产管理领域,私募发行的多类金融产品通过打包、拆分等形式向公众销售,导致法律关系的客体不清。

最后是法律关系内容的穿透。根据双方之间真实的权利义务的安排,判断双方之间真实的法律关系的性质,这是穿透式审查的核心。资管产品消费者与金融机构之间主要存在以下几种法律关系:借贷关系、委托关系、信托关系、投资顾问服务关系等。[31] 拿银行理财产品为例,对于保本保收益的银行理财产

---

〔28〕 参见张妍:《“大资管”时代的行业监管困境与出路》,载《中国法律评论》2019 年第 2 期。

〔29〕 参见中国信达河北分公司课题组、张彤:《不良资产经营模式探究——基于资产管理公司合理利用“自有资金 + 合作方劣后资金 + 外部机构型理财资金”经营盘活不良资产的视角》,载《河北金融》2017 年第 7 期。

〔30〕 参见苟文均:《穿透式监管与资产管理》,载《中国金融》2017 年第 8 期。

〔31〕 借贷关系典型的是消费借贷,委托关系典型的是委托理财合同关系,信托关系典型的是各种资管产品合同关系,证券中介服务合同关系典型的是证券公司与消费者之间的证券中介服务合同关系,保险服务关系典型的是保险公司与消费者之间的保险服务合同关系。

品,应该界定双方之间存在借贷关系,对于非保本浮动收益的银行理财产品,应该界定双方之间存在信托关系,而对于保本浮动收益银行理财产品,应界定为委托理财关系。判断是否构成借贷关系,不能仅看合同的约定,有的理财合同表面上是浮动收益的,但是金融机构提供担保或者所谓增信措施,按照穿透式审判原则,应该视为刚性兑付,属于借贷关系。对于契约型私募基金,金融消费者和金融机构之间构成信托关系;但是对于合伙型私募基金来说,金融消费者与金融机构之间形成合伙关系;但是如果金融消费者只是享有固定收益,不承担合伙风险的,其实质上仍是借贷关系。资产管理产品管理者将资金投资到其他金融机构的资管产品中,如果该金融机构只是提供通道服务,不尽主动管理义务的,其实质上成立委托合同关系,而非信托法律关系。

(二)纵向的穿透——资管产品的穿透式提供

1. 资管产品设计阶段

金融机构必须在设计资管成品时就清楚列明资产管理产品的投资方向、资产构成、构成比例等信息,否则就不符合穿透要求。

2. 资管产品销售阶段

金融机构必须向消费者充分披露资管产品的类别,详细介绍每一产品的重要信息,例如,募集信息、资金投向、杠杆水平、收益分配、托管安排、投资账户信息等。[32] 如对于固定收益类产品,金融机构应当向投资者披露产品的投资风险,包括但不限于产品投资债券面临的利率、汇率变化等市场风险以及债券价格波动情况,产品投资每一笔非标准化资产的融资客户、项目名称、剩余融资期限、到期收益分配等。[33] 向投资者提供产品的适当性信息是纵向穿透进一步的需要。对投资者适当性义务的审查包括两个方面,形式层面和实质层面。形式层面的要求是看金融机构是否建立了投资者适当性审查制度,及是否按照制度要求进行了投资者适当性义务审查。实质层面的要求是该制度是否在实际中起作用。即使金融机构尽到了表面的投资者适当性审查,但该审查只是进行了基本的风险提示、问卷调查等,也不能认为金融机构尽到了投资者适当性义务。风险评估调查问卷不能准确地反映投资者的真实风险承受能力,更多的是

---

〔32〕 参见夏炎:《关于资管新规的比较分析》,载《投资与合作》2019年Z1期。

〔33〕 中国人民银行、中国银保监会、中国证监会、国家外汇管理局:《关于规范金融机构资产管理业务的指导意见》(银发〔2018〕106号),2018年4月27日发布。

金融机构为了销售产品而做的一种免责声明。应该按照实质重于形式的要求，对金融机构是否尽到投资者适当性义务进行审查，将消费者的真实的风险承担能力作为考量的因素，与金融产品进行适配性比较，通过分析实际投资者风险承受能力与底层资产的投向、实际杠杆率之间的关系及合同双方在收益风险分配上的关系，判断金融机构是否尽到了投资者适当性审查义务，这才是穿透式审查的题中应有之义。

3.资管产品的投后管理阶段

在资金的运用阶段，金融机构应该按照资管产品合同约定的投资方向和资产投资比例进行投资。拿固定收益类产品来说，其投资于存款、债券等债权类资产的比例不低于80%，如果改变这一比例，除非是高风险类产品超出比例范围投向低风险资产外，应当先行取得投资者的书面同意。根据《资管新规》的规定，资管产品的受托人还可以将资金再投资一层资管产品，但是受托机构必须承担其主动管理责任，且委托机构也不得因此免除自身应承担的责任。

(三)穿透式审查之资管产品类合同之效力判断

对资产管理合同效力的判断要在对资管产品双方实质性法律关系界定和对资管产品从设计、销售到透后管理过程中金融机构的法定义务和约定义务履行考察的基础上，结合《民法典》中总则与合同编等法律的规定，并在个案中充分进行利益衡量之后，按照以下标准进行具体分析：第一，违反法律、行政法规强制性规定(且该规定为效力性规定)的合同为无效合同。第二，违反《资管新规》的强制性规定的，要具体区分以下因素：一是考察该规定的指向对象，如果直接指向的是交易行为本身或者市场主体的准入条件，则可能影响合同效力。当然也要考虑该规定规范的是一方行为还是双方行为，如果是一方行为，还要考察交易相对人的保护的问题。二是监管的强度，如果是属于强监管领域，则对该规章的违反，就可能影响到合同效力，判断监管强度一个重要的指标是是否可能构成刑事犯罪[34]。三是看社会影响，比如，违反该规章规定可能造成系统性金融风险，则可能违反公序良俗而导致合同无效。第三，违反《资管新规》的一般性规定，不导致合同效力受影响，但金融机构可能因为有违诚实信用原则，导致违反合同

〔34〕 参见胡赟頔：《金融监管规章影响商事合同效力的路径辨析》，载《海南金融》2020年第3期。

附随义务,从而承担违约责任或者侵权责任。[35] 第四,金融机构违反资产管理合同约定,可能构成违约,应承担赔偿责任。因为金融机构违约导致合同目的无法实现的,消费者可以解除合同。第五,金融机构对消费者有故意隐瞒重要事实或者做虚假宣传的,构成对消费者的欺诈,消费者有权解除合同。以下详细分析之。

1. 因违反法律、行政法规的强制性规定导致合同无效

对于构成借贷关系的银行理财产品,如果因为存在保底条款等实质上双方构成借贷关系的,应该按照借贷的法律关系确定双方的权利义务,如果利率约定超过强制性标准的,超出部分属于无效。

2. 对消费者构成欺诈,导致合同被撤销

资管产品销售阶段金融机构违反作为先合同义务的投资者适当性审查义务。《证券法》将投资者适当性义务写入法律,并将资管产品纳入证券的范畴。金融机构销售资管产品的投资者适当性义务成为法定义务。金融机构未进行投资者适当性审查义务,即未按照了解客户、了解产品及适当性推荐的要求将投资者适当性信息披露给消费者,金融消费者作为合同一方当事人不具备购买相关金融产品的风险承受能力,构成对法定义务的违反。在这种情形下,消费者对自身所应承担的风险并非真实了解,其意思表示不真实,缺乏效果意思,金融机构违反先合同义务,应承担缔约过失责任。

资管产品资金运用阶段金融机构违反作为附随义务的投资者适当性审查义务。金融机构在合同成立阶段进行了投资者适当性审查,但在实际投资过程中,投资发生新的情况,没有进行持续的信息披露和投资者适当性审查,违反法定附随义务,给消费者造成损失的,应该予以赔偿。

实质上违反投资者适当性审查义务。按照投资者适当性义务的要求,公募产品和私募产品的投资者适当性义务是不同的,私募产品的风险更高,因此私募产品可以投资公募产品,相反公募产品不能投资私募成品。如果消费者购买了公募产品,公募产品的管理人再投资私募产品的,实质上违反了后续管理中的投资者适当性义务。

3. 违反《资管新规》等的强制性规定导致合同无效

主要有以下情形:(1)主体不合格。没有相应资产管理资质或者代销资质,从

---

〔35〕 参见张桦:《“穿透式审判思维”的功能与边界刍议》,载《人民法院报》2021 年 3 月 18 日,第 8 版。

事资产管理业务或者产品代销业务的，所签署的合同无效。该无效的理由是违反了《资管新规》的强制性规定，且该规定规范的对象是直接指向的是市场主体的准入条件。(2)构成非法集资。为扩大投资者范围、降低投资门槛，分拆投资标的、过度强调增信措施掩盖产品风险、设立产品二级交易市场的行为，因为可能导致构成非法集资等刑事责任，所构成的合同为无效合同。(3)承诺或者变相承诺刚性兑付。主要有：金融机构对产品保本保收益；采取滚动发行的方式，构建资金池，实现保本保收益；产品不能兑现时，自行筹集资金或者委托其他机构垫付的。因为刚性兑付可能导致风险在金融机构内不断聚集，产生系统性金融风险，属于《资管新规》严厉禁止的行为。[36] (4)金融机构的通道业务。资管机构将资金再行委托的，根据资管新规的规定，资管产品的受托人还可以将资金再投资一层资管产品，但受托机构必须承担其主动管理责任，且委托机构也不得因此免除自身应承担的责任，如果受托方没有尽到主动管理义务的，双方之间的合同无效。委托机构未尽到主动管理义务的，应该对投资者的损失承担损害赔偿责任。[37] (5)其他严重危害国家金融秩序的行为。金融机构利用资管产品资金与关联方共同收购上市公司的，[38] 因该投资标的不适格，可能危害国家金融秩序，将导致合同无效。

4. 违反《资管新规》的一般性规定，构成对合同附随义务的违反，但不导致合同无效的情形

合同附随义务主要来源于两个方面，一是诚实信用原则，二是法定义务。对《资管新规》规定的义务的违反，虽不构成对法定义务的违反，但可能因为违反诚实信用原则导致承担违约责任或者侵权责任。例如：金融机构将资金运用到重大关联交易中，未向消费者充分披露信息的情况。资管产品应该实行净值化管理，金融机构未实行净值化管理，或者未按照公允价值计算产品净值的，构

---

〔36〕 参见王雪：《金融审判中风险防范的适法困境与选择》，载《浙江金融》2020年第2期。

〔37〕 相关判例如：2020年6月5日，上海金融法院在华澳信托和吴某财产损害赔偿纠纷案件中二审判决华澳信托在开展单一资金信托业务中存在违反审慎经营原则的情况，在一定程度上侵害了吴某的利益，华澳信托在管理涉案信托业务过程中的过错行为在一定程度上造成吴某等投资者损失，酌情认定其对吴某的涉案损失承担20%的补充赔偿责任。

〔38〕 参见程浩、陈丹：《资管新规来了，并购基金风险管理指引还会远吗?》，载《清华金融评论》2018年第8期。

成对附随义务的违反。金融机构未尽到每只资管产品单独管理、单独建账、单独核算义务的,[39]也构成对附随义务的违反。以上金融机构均违反了《资管新规》的义务,且该义务均直接导致消费者风险的提高,危害消费者的资金安全,对该义务的违反,之所以不认为对该义务的违反构成合同无效,是因为合同无效的法律后果更严重,合同效力是自始无效的。而可撤销合同,在消费者行使撤销权之前是有效合同。基于自己是利益最好的守护者的原理,将合同效力的选择权交给消费者,更有利于消费者权益保护。

5. 金融机构违反资管合同约定导致对消费者赔偿的情形

资管产品的资金运用违反了合同约定的投资方向、投资方式且未取得消费者书面同意的情形。金融机构构成违约,给消费者造成损失的,应向消费者赔偿,消费者同时拥有合同解除权。但已经取得消费者书面同意,未履行登记备案手续的,不构成违约。因履行登记备案手续,属于管理性规定,并不足以导致消费者权益受损。

五、结　　语

穿透式审判思维既借鉴穿透式监管理念,又根植于我国长期的司法实践土壤。其在价值理念上是对商法外观主义原则的修正,强调探究合同双方的内在真意;在裁判规则上通过对合同的解释,运用通谋的虚伪意思表示及恶意串通等行为无效的规则,使裁判结果更符合正义的标准和诚信的原则。考虑到金融领域存在大量的行政性规范文件,穿透式审判思维在适用法律上强调将资管新规等行政规章等规范性文件作为裁判的准据,甚至国家政策也通过公共秩序的途径进入裁判者思考的范围。穿透式审判思维天然契合金融审判的需要。首先,金融审判的稳定性和金融监管的易变性之间存在天然的张力,穿透式审判思维是弥合这种张力的必要方式。其次,金融审判的经济法属性决定了其与金融监管形成合力、共同应对金融风险的必要性。如果说,穿透式审判思维运用到所有的金融审判领域尚存在争议——有学者坚持认为在票据关系领域不应适用——那么,在金融消费者保护领域适用穿透式审判思维则具有天然的正当性。金融消费者具有

[39] 参见中国建银投资有限责任公司投资研究院编:《中国投资发展报告(2018)》,社会科学文献出版社 2018 年版,第 95 ~ 114 页。

天然的弱势性，运用穿透式审判思维可以更好地保护消费者权益。

Reflections on "Penetrating" Trial Thinking: Values and Judicial Rules

Han Liang

Abstract: Drawing lessons from the penetrating supervision concept of financial supervision, penetrating trial thinking is becoming an important judicial concept. Penetrating thinking of trial has a long-term basis of judicial practice and new connotation in the new situation. Utilizing penetrating trial thinking in the asset management consumption dispute case, from the vertical and horizontal penetrating ways to construct three-dimensional mode of penetrating review, and establish a system of judicial rules centered on the review of contract effectiveness and assisted by the measurement of benefits, to provide legal support for the financial consumers' rights and interests protection.

Key words: Regulations on asset management; Financial consumption disputes; Penetrating trial

银行卡盗刷的三层责任分配*

李建星**

内容摘要:

最高人民法院《关于审理银行卡民事纠纷案件若干问题的规定》第4条至第15条构建了银行卡盗刷的三层责任分配。在第一层责任分配,针对伪卡盗刷与网络盗刷,发卡行均应先行偿付,不存在完全免责说的适用余地。相对应,持卡人可以主张资金偿还请求权以及损害赔偿请求权。持卡人就资金偿还请求权,仅需要提出初步证据,并就损害赔偿请求权承担证明责任。发卡行就授权支付承担证明责任。在第二层责任分配,发卡行可基于持卡人违反附随义务主张损害赔偿,以实现责任分担,但应该参考《电子商务法》第57条第2款后句关于非授权支付的主旨,抬高持卡人的过错标准至重大过失。发卡行的损害赔偿请求权范围受到与有过失、违反减损规则之限定。在第三层责任分配,发卡行对收单行或特约商户享有追偿权,但是,需顾及委托人损害赔偿请求权与不当得利返还请求权二者的适用。发卡行、支付机构等主体对盗刷人的追偿权,应属于侵权损害赔偿请求权。

关键词:

银行卡盗刷　支付机构　支付委托合同　先行赔付　非授权支付

持卡人既享受了使用银行卡支付的便捷,又必须承担一定的盗刷风险。在盗刷人往往难以确定或缺乏赔付能力的背景下,为避免持卡人承担全部风险,

---

* 本文系2020年国家社科基金重大项目"互联网交易制度和民事权利保护研究"(项目编号:20&ZD192)的阶段性成果。

** 上海政法学院司法研究所副教授。

在支付流程各参与者间，合理分配相应责任，即属当务之急。〔1〕 鉴于此，2021年5月25日开始施行的最高人民法院《关于审理银行卡民事纠纷案件若干问题的规定》(法释〔2021〕10号，以下简称《银行卡解释》)第4条至第15条，构建了盗刷责任分配规则。《银行卡解释》第15条第1款规定，"本规定所称伪卡盗刷交易，是指他人使用伪造的银行卡刷卡进行取现、消费、转账等，导致持卡人账户发生非基于本人意思的资金减少或者透支数额增加的行为"；第2款规定，"本规定所称网络盗刷交易，是指他人盗取并使用持卡人银行卡网络交易身份识别信息和交易验证信息进行网络交易，导致持卡人账户发生非因本人意思的资金减少或者透支数额增加的行为"。由此可见，银行卡盗刷系指，盗刷人通过实体卡或网络，造成持卡人账户发生非因本人意思的资金减少或者透支数额增加的行为。

围绕《银行卡解释》第4条至第15条，构建妥善的盗刷责任分配规则在解释论上依然是棘手的问题。缘由有二：首先，解释论的限度，关联当事人间的利益衡量。盗刷责任的分配，牵涉以持卡人为代表的消费者权利〔2〕与维护金融安全〔3〕两项核心利益。如何在二者取得平衡，合理分配风险，是解释论不得不面对的问题。鉴于此，必须回归民法规范体系，进行法教义学层面的细致分析。其次，解释论的方向，理应关照法律体系的融贯性。法律解释理应基于统一的价值理由，避免各种价值判断间的冲突，将法律导向"无矛盾的意义整体"。〔4〕所以，银行卡盗刷责任的分配，本质是私法责任的承担。为避免支付关系中的利益状况不平衡，破坏法律内部体系，必须同时顾及《民法典》与《电子商务法》的规范体系，尤其是《电子商务法》第57条虽然没有正面触及银行卡盗刷，但已经确立了电子支付中的非授权支付责任分配规则。

本文拟以《银行卡解释》第4条至第15条为核心，以解释论为导向，在揭示

〔1〕 相关的裁判数据梳理，参见莫然、杨斯淼、叶蕊茵：《银行卡线上盗刷案件的责任认定与分配》，载《政法学刊》2019年第6期。

〔2〕 参见彭冰：《银行卡非授权交易中的损失分担机制》，载《社会科学》2013年第11期；任超：《网上支付金融消费者权益保护制度的完善》，载《法学》2015年第5期；黎四奇：《二维码扫码支付法律问题解构》，载《中国法学》2018年第3期。

〔3〕 参见杨立新、王玲芳：《债法视角下的信用卡冒用损害责任》，载《求是学刊》2015年第1期。

〔4〕 Vgl. Bernd Rüthers, Rechtstheorie, 4 Aufl., München 2008, S. 455.

诸项具体交易关系的基础上,完整阐明银行卡盗刷责任分配所依据的法律构造。为此,文章构建了三层责任分配:第一部分,回应学术争议,先以支付委托合同为基础,阐明发卡行须对盗刷先行偿付的第一层责任分配;第二部分,评述裁判实践所采取的持卡人责任分担构造,论证出发卡行对持卡人主张损害赔偿请求权的正当性及构造内容;第三部分,剖析支付流程各个主体间的法律关系,并以具体请求权落实第三层责任分配。最后是结论。

一、第一层:发卡行的先行偿付

由于盗刷人通常难以确定、难以追责,因此,盗刷的第一层责任须在持卡人与发卡行间分配。《银行卡解释》第7条第1款规定,"发生伪卡盗刷交易或者网络盗刷交易,借记卡持卡人基于借记卡合同法律关系请求发卡行支付被盗刷存款本息并赔偿损失的,人民法院依法予以支持";第2款规定,"发生伪卡盗刷交易或者网络盗刷交易,信用卡持卡人基于信用卡合同法律关系请求发卡行返还扣划的透支款本息、违约金并赔偿损失的,人民法院依法予以支持;发卡行请求信用卡持卡人偿还透支款本息、违约金等的,人民法院不予支持"。前述条文确立了发卡行应对持卡人先行偿付的责任分配方向。不过,条文本身无法回应此方向与既有进路间的差异何在?具体构造内容与证明责任应如何确定?

(一)既有责任分配构造的批评

审视既有裁判与学说,其对于银行卡盗刷的第一层责任分配,存在较大分歧。为以正视听,有必要结合《银行卡解释》予以回应。

1."发卡行免责说"应被放弃

在发生银行卡盗刷时,发卡行可以免责,缘于债权准占有理论。债权准占有人系指虽非债权人,但以自己意思在事实上行使债权,依照一般交易观念,足以使他人相信其为债权人者。20世纪90年代初,我国学者即以前述规定为制度基础,主张银行向持有真实存款单的冒领存款者付款,可以免除对真正存款人的责任。[5] 时过境迁,此种适用于存款单的观点被转而运用至银行卡,进而

〔5〕 参见杨立新:《对债权准占有人给付的效力》,载《法学研究》1991年第3期。

推导出发卡行根据盗刷人之指示付款，无须对持卡人承担责任。[6] 针对发卡行免责说，反驳意见主要通过强化发卡行的注意义务，论证发卡行因为存在过错，不得免责。例如，日本最高裁判所在 2003 年审理的一起涉及提款卡的盗用案件中，就主张发卡行对于盗刷存在过失，主要体现在没有使持卡人了解到密码、存折可能被用于机器支付，而使其对密码、存折进行充分的管理。

实际上，发卡行免责说应被放弃。其内在缺陷在于对授权支付的法律结构认知不足。银行卡开设协议蕴含“持卡人为委托人”与“发卡行为受托人”的支付委托合同，[7] 发卡行据此为持卡人执行支付行为。持卡人发出支付指令，授权发卡行执行支付行为，进而产生授权支付关系的 3 项法律效果：其一，发卡行有义务按照支付指令及时、准确地执行支付行为；其二，持卡人认可发卡行执行支付行为垫付的必要费用（《民法典》第 921 条第 2 句）；其三，发卡行作为使者，向收款人传达持卡人对其受领资金之权限，收款人故而成为正当的履行受领人。相反，在银行卡盗刷的场合，持卡人未发出支付指令，由此产生的法律效果与授权支付判然有别。区别之一，鉴于此支付行为不构成对持卡人的事务处理行为，发卡行无法享有委托费用的偿还请求权，更无权减少借记卡持卡人的存款本金或增加对信用卡持卡人的透支款。区别之二，持卡人并未向收款人授予受领权限，发卡行付款自然不能发生对持卡人的清偿效力。“免责说”着眼发卡行单方信赖，引入债权准占有制度，拟制出了盗刷人受领资金权限之权利外观，[8] 进而主张发卡行对盗刷人构成表见清偿。但是，该说未顾及授权支付须同时具备持卡人对发卡行扣款及对收款人受领资金的两项授权，完全忽略了持卡人一端的事实构成——发卡行并未得到持卡人的扣款授权。

而且，发卡行无法基于其单方信赖而获得积极信赖保护。无论是立足债权

---

[6] 参见其木提：《论债务人对债权准占有人清偿的效力》，载《法学》2013 年第 3 期。《储蓄管理条例》第 31 条第 2 款规定，“储蓄机构受理挂失后，必须立即停止支付该储蓄存款；受理挂失前该储蓄存款已被他人支取的，储蓄机构不负赔偿责任”。该款为“彻底免责说”提供了规范依据。

[7] 参见李建星、施越：《电子支付中的四方关系及其规范架构》，载《浙江社会科学》2017 年第 11 期。

[8] 参见杨立新、王玲芳：《债法视角下的信用卡冒用损害责任》，载《求是学刊》2015 年第 1 期。

准占有抑或表见代理,发卡行免责说不过是主张发卡行基于权利外观获得积极信赖保护。积极信赖保护系指,因权利外观导致相对人发生合理信赖,既存的权利外观就必须被承认,并使一方承担如同外观实际存在时的责任。〔9〕其适用效果在于致使有瑕疵的法律行为发生效力,或让特定法律效果归属于责任承担者。由于责任承担者就此须接受其自由意志之外的不利,为避免法律秩序以共同意志的名义干预个人空间,避免不当追加责任,单有相对人的内在信赖仍不足以为法律秩序干预提供充分理由,〔10〕还要求责任承担者具有可归责性。〔11〕所以,冒名行为、表见代理均应同时顾及权利外观、相对人信赖和责任承担者的可归责性三者。"免责说"仅以盗刷人权利外观、发卡行主观善意为据,却无视持卡人的可归责性,所以,发卡行无法获得积极信赖保护,不得基于无权清偿免除自身责任。

由此,《银行卡解释》第 7 条第 1 款、第 2 款确立的持卡人资金偿还请求权,放弃了发卡行免责说。换言之,只要是存在银行卡盗刷,发卡行均不得免责,负有将持卡人账户恢复到盗刷前状态的义务。

2."持卡人损害赔偿请求权"构造不应被采纳

既然发卡行无法免责,那么,其依照何种法律构造承担盗刷责任,旋即成为第一层责任分配的核心问题。诸多裁判者采取了"持卡人损害赔偿请求权"构造以落实发卡行的责任,即持卡人向发卡行主张损害赔偿。但是,具体构造方式存在"违反主给付义务的违约责任说""违反附随义务的违约责任说""侵权责任说"3 种方向。由于发卡行无权扣划资金并不具有主观恶意,裁判者一般

---

〔9〕 朱虎:《表见代理中的被代理人可归责性》,载《法学研究》2017 年第 2 期。

〔10〕 Vgl. Ganaris, Vertrauenshaftung im deutschen Privatrecht, 1971, S. 491.

〔11〕 学说在适用权利外观责任的几个领域基本达成共识。在冒名行为领域,参见杨代雄:《使用他人名义实施法律行为的效果——法律行为主体的"名"与"实"》,载《中国法学》2010 年第 4 期;石一峰:《再论冒名处分不动产的私法适用》,载《现代法学》2017 年第 3 期。在表见代理领域,参见王浩:《表见代理中的本人可归责性问题研究》,载《华东政法大学学报》2014 年第 3 期;杨芳:《〈合同法〉第 49 条(表见代理规则)评注》,载《法学家》2017 年第 6 期;陈甦主编:《民法总则评注》(下册),法律出版社 2017 年版,第 1226 页。在善意取得领域,参见庄加园:《动产善意取得的理论基础再审视　基于权利外观学说的建构尝试》,载《中外法学》2016 年第 5 期。

拒绝采用"侵权责任说",并以违约责任说为主导作出裁判。以"违反主给付义务的违约责任说"为例,在"戴某浩诉中国工商银行股份有限公司上海市康桥支行储蓄存款合同纠纷"中,裁判者称,"若银行卡内资金被盗取,系发卡行向持卡人以外的人履行债务,可视为发卡行违反主合同义务,持卡人可据此请求发卡行承担相应违约责任"。[12] 该构造的立论点是持卡人因为借记卡存款减少或信用卡透支款增加,存在实际损失。[13]

但是,"持卡人损害赔偿请求权"构造不仅存在法律技术上的重大谬误,而且可能无法落实持卡人的利益。第一,发卡行因为银行卡盗刷,在持卡人的账户作出无权扣划,不构成持卡人的损失。在借记卡关系中,持卡人将货币交给发卡行,形成资金出借关系;相对应,发卡行获得货币所有权,并可自由支配之。发卡行将货币支付给盗刷人,并未造成持卡人的财产减少。[14] 在信用卡关系中,发卡行向持卡人出借资金,存在消费借贷关系。为此,解亘教授从内外账户记载区分的角度主张道,银行的外部账户记载的存款余额并不具有绝对效力,持卡人对银行的债权并未因为盗刷而减少,故不存在损害。[15] 可见,该观点已经正确地揭示出了无权扣划不构成持卡人损失。第二,"持卡人损害赔偿请求权"构造对持卡人的保护有失周全。在前述日本最高裁判所在2003年审理的提款卡盗用案件中,持卡人主张银行支付的存款无效,要求银行返还支付的810万日元存款或者将其作为基于债务不履行的损害赔偿,支付同等数额的金钱。但此种诉讼主张,在我国显然不利于原告。发卡行通常无法预见单个盗刷,根据可预见性规则(《民法典》第584条但书),[16] 持卡人因其损害赔偿请求权的范围被限定,故而无法获得全部被盗刷的资金。

既有的存在性并不能等同于价值的正当性。裁判实践已经就发卡行责任

[12] 上海市第一中级人民法院民事判决书,(2017)沪01民终7688号。

[13] 参见冯辉:《论银行卡盗刷案件中银行赔偿责任的认定与分配——基于司法判决的类型外分析》,载《社会科学》2016年第2期。

[14] 北京市第二中级人民法院课题组:《银行卡盗刷案件审判思路探析——以案件相关主体间的法律关系分析为重点》,载《法律适用》2017年第3期。

[15] 解亘:《冒领存款纠纷背后的法理》,载《浙江社会科学》2013年第2期。

[16] 参见徐建刚:《规范保护目的理论在违约损害赔偿中的适用——对可预见性规则的反思》,载《清华法学》2021年第4期。

承担的构造作出了诸多探讨,然而,假若诸多构造均不妥当,即理应"改弦更张",转而采用更合乎体系与当事人利益诉求的法律构造。

(二)构造抉择:发卡行先行偿付

从《银行卡解释》第 15 条第 1 款及第 2 款的表述观之,发卡行不得就伪卡盗刷与网络盗刷免责,并承担返还扣划资金与损害赔偿两项责任。二者的适用范围、权利属性与相应的程序法配套,均有必要详细阐述。

1. 适用范围

从《银行卡解释》第 15 条第 1 款的文义表述上看,其调整基于实体银行卡的盗刷责任,当无疑问。但是,第 15 条第 2 款所指的网络盗刷,必须结合既有互联网支付方式,方能明确其实质范围。一般认为,互联网支付主要是指网上银行、支付网关型第三方支付与支付账户型第三方支付 3 种业务模式。[17] 其一,《电子银行业务管理办法》第 2 条第 2 款将网上银行定义为,利用计算机和互联网开展,由持卡人通过自助服务方式完成金融交易的银行服务模式。其本质是传统银行柜台业务在互联网环境的延伸。其二,现有的支付网关型第三方支付主要是基于持卡人银行账户开展业务。支付网关型支付机构作为持卡人支付指令的使者,向发卡行传达该指令,并由发卡行执行支付行为。[18] 其三,与前述两者不同,支付账户型第三方支付不依赖持卡人的银行账户。[19] 支付账户型支付机构通过自有的支付账户,为用户付款、收款,实现资金从账户到账户的移转。[20] 例如,用户使用微信账户中的余额进行转账、支付。据此,《银行卡解释》第 15 条第 2 款的网络盗刷交易,仅涵盖了盗刷人利用网上银行或支付网关型第三方支付,导致持卡人银行账户本金减少或者透支数额增加两种情形。

2. 主导:持卡人的资金偿还请求权

从持卡人一侧观之,其没有向发卡行发出支付指令,也未认可后者执行的

---

〔17〕 参见励跃主编:《中国支付体系》,中国金融出版社 2017 年版,第 85 页。

〔18〕 参见李建星:《互联网非授权支付的责任分担规则》,载《法律科学(西北政法大学学报)》2020 年第 4 期。

〔19〕 参见苏盼:《网络盗刷银行卡纠纷损失分配机制的构建——以安全程序规则为中心》,载《法律适用》2019 年第 18 期。

〔20〕 参见李建星:《支付账户型第三方支付的非授权支付责任——以德国支付服务的相关法律为参照》,载《东北财经大学学报》2021 年第 2 期。

支付行为属于处理委托事务。从发卡行一侧观之,其不享有委托费用的偿还请求权(《民法典》第 921 条第 2 句)。由此,发卡行须执行正确支付行为,立即向持卡人偿还资金,并在持卡人的账户中记载准确的资金额度。相对应,持卡人针对发卡行未执行正确的支付行为,可以主张履行请求权,[21]要求其将账户余额恢复至未发生盗刷时的状态。此履行请求权又可称为“资金偿还请求权”。通过主张发卡行通过涂销无权扣划或给付现金的方式,借记卡持卡人可获得“被盗刷存款本金”,信用卡持卡人实现了“返还划扣的银行卡透支款”。

持卡人主张资金偿还请求权,与要求支付网关型支付机构承担先行赔付责任,构成真正竞合关系。在交易实践中,支付网关型支付机构为了吸引用户,促进交易,会在格式条款中允诺就网络盗刷承担先行赔付责任。例如,《支付宝服务协议》第七部分第 2 条规定,“如您在使用我们服务的过程中,由于您的支付宝账户被盗用造成资金损失,我们将按照《支付宝安全保障规则》的约定为您提供资金保障”。《支付宝安全保障规则》进一步明确到,“如您损失的资金是通过支付宝快捷支付充值或消费的,支付宝或保险公司有权将补偿\赔付资金汇入该笔资金充值或消费当时使用的银行卡”。《银行卡解释》第 10 条一并规定持卡人可以请求其承担先行赔付责任。持卡人对支付机构先行赔付的请求权,与对发卡行资金偿还请求权分属不同的请求权基础,可以分别转让、分别起诉。但是,两者同时受制于《银行卡解释》第 13 条的“因同一伪卡盗刷交易或者网络盗刷交易,持卡人……所获赔偿数额不应超过其因银行卡被盗刷所致损失总额”,存在互为影响的关系。

3. 辅助:持卡人的损害赔偿请求权

发卡行因盗刷进行了无权扣划,且未即时偿还,属于因迟延履行造成持卡人的资金使用利益损失(《民法典》第 583 条),应予以赔偿。最高人民法院曾经在 2018 年发布了最高人民法院《关于审理银行卡民事纠纷案件若干问题的规定(征求意见稿)》(以下简称《银行卡解释征求意见稿》)。《银行卡解释征求意见稿》第 11 条第 1 款第 2 句仅授予了信用卡持卡人对发卡行的损害赔偿请求权,“持卡人请求发卡行返还扣划的银行卡透支款本息并赔偿损失的,人民法院应予支持”。此规定忽略了借记卡持卡人也会因为无权扣划遭受损失。为了保持信用卡与借记卡的利益状态一致性,两者应予以平等对待。所以,《银行卡解

[21] Vgl. BT-Drucks., 18/11495, S. 177.

释》第7条第1款及第2款均明确规定了持卡人有权请求权发卡行赔偿损失。在利率计算上,鉴于银行卡所体现的债之关系不同,应予以分别处理:在借记卡盗刷中按同期活期存款利率,在信用卡盗刷中按贷款基准利率。在计息长度上,以盗刷日为起算点,到发卡行涂销无权扣划或给付现金为截止时间。[22] 由此,持卡人因盗刷所受的不利益获得了周至补全。但是,持卡人损害赔偿请求权的范围还受到可预见性、违反减损规则(《银行卡解释》第7条第4款)等的限定。

4. 先行偿付的证明责任

针对不同请求权,持卡人承担不同的证明责任。持卡人就资金偿还请求权,仅需要提出初步证据。在审理具有实体意义的程序事实时,原告只需提出证据即可,而证据的真实性以及对待证事实的证明力大小则应当交由后续实体审理查明。[23] 此种证据即属初步证据。鉴于资金偿还请求权具有履行请求权性质,持卡人无须另行证明发卡行存在违约行为,仅需要提出初步证据。《银行卡解释》第4条第1款列举了持卡人就盗刷的初步证据,“生效法律文书、银行卡交易时真卡所在地、交易行为地、账户交易明细、交易通知、报警记录、挂失记录等证据材料”。根据最高人民法院《关于民事诉讼证据的若干规定》第1条的规定,“原告向人民法院起诉或者被告提出反诉,应当提供符合起诉条件的相应的证据”。持卡人提出初步证据,即可满足诉讼要件,[24] 人民法院即应受理。然后,持卡人须就损害赔偿请求权承担证明责任,证明发卡行存在义务违反、因果关系、造成损失。

发卡行就授权支付承担证明责任。应当证明的事实处于真伪不明时,所导致的对一方当事人不利的后果或者危险,就是证明责任。[25] 《银行卡解释》第4条第2款第1句规定,“发卡行、非银行支付机构主张争议交易为持卡人本人交

---

[22] 参见北京市朝阳区人民法院民事判决书,(2016)京0105民初4213号。

[23] 参见曹志勋:《民事诉讼中的双重相关事实——“初步证据”向“假定为真”的转变》,载《环球法律评论》2021年第1期。

[24] 此处为参酌最高人民法院《关于适用〈中华人民共和国民事诉讼法〉若干问题的解释》第284条关于公益诉讼的证据规则。该条规定,人民法院应当受理公益诉讼的前提之一是,有社会公共利益受到损害的初步证据。

[25] 参见张卫平:《民事诉讼法》(第4版),法律出版社2016年版,第234页。

易或者其授权交易的，应当承担证明责任”。同时，结合《银行卡解释》第5条规定的发卡行“应承担举证不能的法律后果”可知，《银行卡解释》明确将证明责任配置给发卡行。此项证明责任的配置，并非基于倾斜保护持卡人的特定法政策所为之证明责任倒置，而是契合于授权支付的法律结构。在先行赔付的制度框架下，发卡行主张为持卡人本人交易或授权支付，其目的首先在于，证明合同已经履行，并产生有效清偿的效力。针对合同是否履行的争议，自然应由负有履行义务的发卡行承担证明责任。发卡行之目的还在于，向持卡人行使委托费用偿还请求权。受托人请求委托人偿还费用，应举证其垫付的必要费用的数额及利息。[26] 所以，从规范评价上，发卡行应承担持卡人本人交易或者其授权支付的证明责任。

总而言之，持卡人的资金偿还请求权为主，损害赔偿请求权为辅，构成了盗刷责任分配的第一层构造。从理论构造上，以损失分散、损失减少和损失确定三原则为基础，发卡行先行完全担责，再寻求途径与持卡人分担责任，是比较合理的制度安排。因为持卡人在转移风险方面的劣势无法通过其他途径弥补，相反，发卡行具有更强的风险预防能力，可以通过保险等方式移转风险。

二、第二层：发卡行的损害赔偿请求权

在交易实践中，持卡人未妥善保管银行卡、个人信息等诱发了盗刷的情形并不罕见。此类持卡人分担盗刷责任，有助于兼顾发卡行的利益，并“回拨”向其倾斜的利益天平。本部分先梳理裁判实践与法律规范，归纳出第二层责任分配的既有构造，再以民法原理为基础，判定当中的优劣得失，进而确定分配第二层责任的具体构造方案。

（一）持卡人分担责任的构造选择

1. 既有构造的批评

最高人民法院《关于刘玉兰诉工商银行榆次市支行赔偿存款纠纷一案的复

[26] 参见谢鸿飞、朱广新主编：《民法典评注合同编——典型合同与准合同》（第4册），中国法制出版社2020年版，第222页。

函》(已失效)〔27〕开始确立了“银行赔偿损失 + 储户分担损失”的盗刷责任分担构造。但是,既有的具体构造方案仍有较大的分歧。第一种方案可称为“双方违约说”。其判定发卡行与持卡人分别违背附随义务,因两项义务缺乏牵连关系,进而构成“双方违约”。〔28〕第二种方案可称为“持卡人与有过失说”。该说认为,考虑到持卡人没有妥善保管银行卡或密码,因有过失而应分担损失。例如,在“中国建设银行股份有限公司固原文化街支行与杨巧凤借记卡纠纷”中,〔29〕裁判者论证道,在被告发卡行负主要责任的前提下,原告持卡人因为丢失密码,对银行卡内资金被冒领存在过错,应负次要责任。但是,无论是采“双方违约说”抑或“持卡人与有过失说”均不妥当。

就“双方违约说”而言,其所持的“双方违约”以发卡行与持卡人都存在损失为前提。然而,1990 年的最高人民法院《关于刘玉兰诉工商银行榆次市支行赔偿存款纠纷的复函》(已失效)显然将盗刷视为持卡人的单方损失。因此,“双方违约说”的具体构造方案与其适用前提存在自相矛盾之处。

再看“持卡人与有过失说”。倘若以“持卡人损害赔偿请求权”为构造前提,通过与有过失、违反减损规则来限定持卡人的请求权尚有一定合理性。但是,《银行卡解释》第 7 条第 1 款与第 2 款确立了资金偿还请求权为主、损害赔偿请求权为辅的第一次责任分配构造。资金偿还请求权属于基于支付委托合同而产生的履行请求权。与有过失、违反减损规则限定的却是损害赔偿请求权,两者存在制度错位。与有过失、违反减损规则均属于无须当事人主张的抗辩事由,裁判者应以职权主动适用之。这也有悖于《银行卡解释》第 7 条第 3 款与第 4 款规定“发卡行主张”之文义表述。

---

〔27〕 最高人民法院认为,《关于银行工作人员未按规定办理储户挂失造成储户损失是否承担民事责任问题的批复》等有关银行卡盗刷的司法解释已经被吸收、替代,可以直接援引《民法典》关于违约责任、侵权责任的规定予以解决。参见《最高法召开首批民法典司法解释等新闻发布会》,载中新网,https://www.chinanews.com/shipin/spfts/20201229/3175.shtml。

〔28〕 参见北京市第二中级人民法院课题组:《银行卡盗刷案件审判思路探析》,载《法律适用》2017 年第 3 期。

〔29〕 参见固原市中级人民法院民事判决书,(2016)宁 04 民终 133 号。

2.“发卡行损害赔偿请求权”构造之证成

那么,在以“发卡行先行偿付”作为第一层责任分配的前提下,如何确定持卡人分担责任的法律构造?为了平衡双方利益,基于支付服务使用人须分担部分滥用费用的基本观念,[30]《德国民法典》第675v条规定了支付服务提供者对支付服务使用人的两种损害赔偿请求权:第一种是第675v条第1款的有限额损害赔偿请求权,若支付服务使用人对非授权支付的发生无过错或存在轻过失,支付服务提供者有权向其主张不超过50欧元的损害赔偿请求权;第二种是第675v条第2款的无限额损害赔偿请求权,若支付服务使用人因意图欺诈、因故意或重大过失违反法定或约定的妥善保管支付认证工具的附随义务,支付服务提供者有权根据实际损失向其主张损害赔偿请求权,不受法定额度的限定。换言之,支付服务提供者因支付服务使用人存在重大过失以上的过错而违反附随义务,[31]通过主张损害赔偿请求权实现责任分担。

《银行卡解释》已经为发卡行的损害赔偿请求权预留了解释空间。《银行卡解释征求意见稿》第10条第2款规定,“发卡行举证证明持卡人对借记卡伪卡盗刷具有过错,主张在持卡人的过错范围内减轻或者免除发卡行责任的,人民法院应予支持”;第10条第2款规定,“发卡行举证证明持卡人对信用卡伪卡盗刷具有过错,主张在持卡人的过错范围内减轻或者免除发卡行责任的,人民法院应予支持”。可见,《银行卡解释征求意见稿》采取了上述“持卡人与有过失说”,认为持卡人与有过失,可以减轻或者免除发卡行责任。但是,《银行卡解释》第7条第3款采取了截然不同的表述,“前两款情形,持卡人对银行卡、密码、验证码等身份识别信息、交易验证信息未尽妥善保管义务具有过错,发卡行主张持卡人承担相应责任的,人民法院应予支持”。另外,针对网络盗刷中,《银行卡解释》第9条第1款也指明了,持卡人对于网络盗刷具有过错的,应当承担相应过错责任。依此,发卡行主张持卡人承担相应责任,体现出发卡行享有独立的请求权,以及持卡人并非仅负有不真正义务,而是承担了真正的盗刷责任。

---

〔30〕 Vgl. Münchener Kommentar/Casper,6 Aufl. 2012, § 675v,Rn. 2.

〔31〕 德国法的裁判实践从20世纪80年代即确立支付服务提供者对支付服务使用人违反附随义务的损害赔偿请求权。Vgl. BGH NJW 1985, 2326, 2327.该构造作为通说,纳入现行《德国民法典》。Vgl. Vgl. BT-Drucks., 16/11643,S. 113; Münchener Kommentar/Casper, 6 Aufl. 2012, § 675v,Rn. 28.

发卡行享有的独立请求权,应定性为发卡行对持卡人违反附随义务的损害赔偿请求权。首先,支付委托合同作为一种双务合同,不单是发卡行对持卡人负有合同义务,持卡人对发卡行也负有给付义务、附随义务。根据《民法典》第509 条第 2 款,"当事人应当遵循诚信原则,根据合同的性质、目的和交易习惯履行通知、协助、保密等义务"。当事人除应当按照合同约定履行自己的义务外,还要履行合同未作约定,但按照诚信原则应当履行的附随义务。[32] 此义务的功能在于,促进实现主给付义务,使债权人给付利益得到最大满足,以及维护他方当事人人身或财产上利益。以发生盗刷的时间为界分,持卡人的附随义务可区分为:在盗刷发生前,持卡人应当妥善保管银行卡、密码、验证码等身份识别信息、交易验证信息;[33] 在盗刷发生后,其须及时告知发卡行,避免扩大盗刷数额。其次,发卡行因为银行卡盗刷,在持卡人的账户作出无权扣划,不构成持卡人的损失;反之,发卡行的总体财产减少,存在实际经济损失。总而言之,发卡行具备了对持卡人主张损害赔偿的条件。

发卡行对持卡人的损害赔偿请求权,不会造成诉讼程序的繁复,还符合法政策目的。首先,可能有观点担忧,持卡人对发卡行享有资金偿还请求权,发卡行对有过错的持卡人享有反向的损害赔偿请求权,可能造成诉讼程序之繁复。此担忧并无实据。因为前述两项请求权的种类、品质相同,发卡行可直接抵消借记卡持卡人的债权(《民法典》第 568 条)或增加对信用卡持卡人的债权,即可实现责任减轻。[34] 其次,盗刷责任分配的法政策目的在于,敦促各方主动防范盗刷,从源头上予以阻却。为实现前述政策目的,具体构造应当能够刺激持卡人妥善保管银行卡与各项信息。按"持卡人与有过失说",持卡人妥善保管银行卡与各项信息仅为避免自身受损的不真正义务。相反,根据"发卡行主张损害赔偿"构造,持卡人妥善保管银行卡与各项信息,避免发生盗刷、扩大盗刷数额

〔32〕 参见黄薇主编:《中华人民共和国民法典合同编释义》,法律出版社 2020 年版,第 108 页。

〔33〕 例如,《电子银行业务管理办法》第 89 条第 2 款规定,"因客户有意泄漏交易密码,或者未按照服务协议尽到应尽的安全防范与保密义务造成损失的,金融机构可以根据服务协议的约定免于承担相应责任,但法律法规另有规定的除外"。

〔34〕 参见苏盼:《网络盗刷银行卡纠纷损失分配机制的构建》,载《法律适用》2019 年第 18 期。

属于其对发卡行的真正附随义务。两相比较,后者显然更符合立法意图,有利于刺激持卡人妥善保管银行卡与各项信息,防范盗刷。此外,发卡行提供的安全保障措施不足,就损害存在与有过失,其损害赔偿请求权随之受限。为免于此,发卡行也应主动提高安全保障措施,防范盗刷。故而,激励发卡行主动防范的政策目的亦得以实现。

(二)发卡行损害赔偿请求权的内容

1. 请求权的事实构成与法律效果

发卡行损害赔偿请求权包括以下 4 项事实构成。第一,作为支付委托合同的当事人,持卡人根据诚信原则负有对发卡行的附随义务。第二,持卡人未妥善保管违银行卡、密码、验证码等身份识别信息、交易验证信息,违反了附随义务。第三,持卡人违反附随义务,存在过错。第四,发卡行因为财产总额减少,存在实际经济损失。

单就过错要件而言,《电子商务法》第 57 条第 2 款后句将用户分担非授权支付责任的标准设定为"用户过错造成非授权支付",而参与立法者将"用户的过错"进一步抬高至"故意或者重大过失"。[35] 简言之,《电子商务法》免除了用户因为轻过失的损害赔偿责任。为免造成互联网非授权支付与银行卡盗刷间的利益不平衡,持卡人的可归责性也应抬高到重大过失。发卡行基于持卡人重大过失以上的过错违反附随义务,方可主张损害赔偿。

如何判定持卡人的重大过失,裁判实践已有诸多成熟经验。例如,持卡人的个人失误导致盗刷人轻易获知个人信息、卡片信息,即属于未尽妥善保管义务,存在重大过失。[36] 再如,持卡人操作涉案银行卡时允许他人近距离接近,被他人轻易知悉信息,构成重大过失。根据"发卡行主张损害赔偿"构造,持卡人违反附随义务的过错程度与发卡行损害赔偿请求权数额成正比。持卡人过错越严重,发卡行损害赔偿请求权的数额随之越高,越接近盗刷额。由此,发卡行可以从"责任减轻"走向"责任免除"。然而,这不意味着发卡行损害赔偿请求权范围无须被限定。限定的理由既可源自特定政策考量,也可根据损害赔偿

---

〔35〕 参见电子商务法起草组编著:《中华人民共和国电子商务法条文释义》,法律出版社 2018 年版,第 187 页。

〔36〕 德国法通说认为,持卡人将卡与密码在同一地点保存,或放在一个公开场所等情况构成重大过失。Vgl. Münchener Kommentar/Casper,6 Aufl. 2012, § 675v, Rn. 30 f.

固有的限定规则。

2. 赔偿范围的限定规则

违约损害赔偿的范围,既受到可预见性规则的基本限定,又受到与有过失、违反减损规则、损益相抵的限定。在裁判实践中,发卡行的损害赔偿请求权范围主要会受到与有过失、违反减损规则之限定。

(1)发卡行的与有过失

《民法典》第592条第2款规定了与有过失规则。其阐明道,对方对损失的发生有过错,可以减少相应的赔偿额。与有过失以诚实信用、公平原则为基础,避免被害人就损害发生存在过错,却能获得全部赔偿的自我矛盾。裁判者应结合持卡人与发卡行的过错大小、原因力的强弱及其他情势,综合确定双方的责任承担比例,决定发卡行的损害赔偿请求权数额。裁判实践归纳出了发卡行在以下两种情形具有较高程度的与有过失。

第一,发卡行对其风险控制领域内发生的盗刷,存在较高程度的与有过失。发卡行对于其营业场所、网络银行服务系统等领域,具有完整的控制能力,本可通过提高安全保障措施等方式防范盗刷。然而,发卡行消极不作为,未能提供足以阻却盗刷的措施,即存在较高程度的与有过失。

在发卡行风险控制领域内发生盗刷的案例较为常见。例如,《最高人民法院公报》案件"顾某诉上海交行储蓄合同纠纷案",[37]裁判者作出了全面的论证,"原告顾某是一个普通的借记卡持有人,对自助银行的设施不具有专业知识。顾某在使用中国银行上海市南京东路支行所设的自助银行时,虽然注意到该自助银行的门禁处多了一个新装置,但在该自助银行没有操作规范、使用说明和风险提示的情况下,顾某无法识别这个新装置究竟是银行对门禁系统的改进设施,还是犯罪分子的犯罪工具,以致其借记卡信息和密码被窃取。顾某发现借记卡内的资金短少后马上报警,并及时采取了相关措施。顾某的借记卡和密码未丢失,也未委托他人使用,故对借记卡信息和密码被泄露,顾某没有过错,不应承担责任。显然,商业银行未能及时履行通知犯罪手段和保障交易场所安全的义务,是犯罪分子使用盗码器得逞的主要原因,商业银行应当承担责任"。再如,"戴某浩诉中国工商银行股份有限公司上海市康桥支行储蓄存款合

[37] 参见《最高人民法院公报》2005年第4期。

同纠纷”中,[38]发卡行在交易后台信息存在明显异常的情况下,仍允许扣划转账涉案钱款,充分表明发卡行在对电子交易登录终端设备、登录用户身份等关键信息的真伪识别、监控方面存在技术漏洞,未尽合理审查义务。

第二,由于发卡行是支付安全的最后一道防线,处于防控风险的最佳位置,[39]严格验证持卡人身份可以有效阻却盗刷。依此,发卡行未进行严格身份验证而导致盗刷,即存在较高程度的与有过失。中国原银监会、中国人民银行《关于加强商业银行与第三方支付机构合作业务管理的通知》第4条要求,银行账户与支付机构首次建立业务关联时应经双重认证,即持卡人在通过支付机构认证的同时,还必须通过发卡行的身份鉴别;发卡行应采用双(多)因素验证方式对客户身份进行鉴别。假如发卡行与支付机构关联验证不足的漏洞被利用,裁判者通常会判定发卡行承担主要责任。[40]

(2)发卡行违反减损规则

《民法典》第591条的违反减损规则旨在防止损失扩大,要求受害人须以理性人标准选择、执行适当措施,避免损失扩大。[41] 发卡行未采取适当措施避免盗刷的损失扩大,即属于违反不真正义务,不得要求持卡人承担扩大部分的损失。此主要体现在,发卡行未及时阻却盗刷行为,尤其是在持卡人告知后,仍不阻却的。

---

〔38〕 参见上海市第一中级人民法院民事判决书,(2017)沪01民终7688号。

〔39〕 参见电子商务法起草组编著:《中华人民共和国电子商务法条文释义》,法律出版社2018年版,第291页。

〔40〕 在“牛某亮、中国农业银行股份有限公司安阳县支行借记卡纠纷、金融借款合同纠纷”中,发卡行没有采用双(多)因素验证方式对客户身份进行鉴别认证,被判定须承担70%的损失。参见安阳市中级人民法院民事判决书,(2016)豫05民终3305号。持相同观点的裁判文书,参见滁州市中级人民法院民事判决书,(2017)皖11民终630号。

〔41〕 《银行卡解释》第7条第4款规定,“持卡人未及时采取挂失等措施防止损失扩大,发卡行主张持卡人自行承担扩大损失责任的,人民法院应予支持”。该款不是发卡行受到违反减损规则限定的依据,因为违反不真正义务的主体是持卡人而不是发卡行。所以,依然应适用《民法典》第591条。《银行卡解释》第7条第4款实际揭示了,在持卡人通过主张损害赔偿请求权,实现发卡行先行偿付时,其应履行防止损失扩大的不真正义务,否则此请求权受到相应限定。

为激励支付服务使用人通过及时告知降低非授权支付数额,〔42〕《德国民法典》第 675v 条第 3 款规定,支付服务使用人对告知支付服务提供者后的损失免责。与之类似,从 1990 年的最高人民法院《关于银行工作人员未按规定办理储户挂失造成储户损失银行是否承担民事责任的批复》(已失效)起,裁判实践即确立了以"持卡人挂失时间"为界限的责任划分规则。《银行卡解释》第 5 条也明确,持卡人应告知发卡行其账户发生非因本人交易或者本人授权交易导致的资金或者透支数额变动。鉴于发卡行可采取冻结银行卡、拒绝交易等方式阻却支付行为,其在持卡人挂失后未采取措施制止盗刷,即应自行承担扩大的损失。例如,在"招商银行股份有限公司上海淮中支行与姜某辰借记卡纠纷"中,〔43〕原告持卡人在盗刷当天即与发卡行沟通,要求挂失,但是出于内部层级、缺乏处理经验、沟通过程不够畅通等原因,直到次日下午发生较大损失后,发卡行才采取措施阻却盗刷行为。所以,裁判者判定扩大的损失均应由发卡行自行承担。换言之,持卡人以观念通知的方式,向发卡行告知盗刷的事实(挂失)后,发卡行就扩大的损失均不得向持卡人主张损害赔偿。

三、第三层:不同层次的追偿权

在发卡行先行偿付为主导地位的法律结构中,再次分配发卡行与其他参与者的责任,有助于实现风险分散。为此,《银行卡解释》第 11 条第 3 款规定了发卡行对收单行或特约商户的追偿权,第 12 条规定了发卡行、支付机构等主体对盗刷人的追偿权。但是,判定追偿权的立论依据及其妥当性,必须先厘清各当事人间的法律关系。

(一)发卡行对收单行或特约商户的追偿权

《银行卡解释》第 11 条第 3 款规定,"发卡行承担责任后,可以依法主张存在过错的收单行或者特约商户承担相应责任"。该条立足于发卡行的先行偿付,将其风险分散给存在过错的收单行或特约商户。那么,发卡行与收单行、特约商户间的法律关系是什么?此项追偿权又会产生何种体系效应?

---

〔42〕 Vgl. Scheibengruber, Zur Zulässigkeit und Sinnhaftigkeit der Verlagerung des Missbrauchsrisikos bei Zahlungsdiensten auf die Nutzer, BKR 2010, 15, 16.

〔43〕 参见上海市第二中级人民法院民事判决书,(2017)沪 02 民终 6052 号。

1. 当事人间的法律关系

依据《银行卡收单业务管理办法》第3条第2款的界定,收单机构是为跨行交易提供资金结算的银行业金融机构或支付机构。在交易实践中,承担收单业务的银行业金融机构,称为收单行。如"拉卡拉""快钱"等支付机构也支持收单业务,但是不在《银行卡解释》的调整范围之内。发卡行与收单行间存在清算委托合同关系,收单行负有为发卡行执行清算事务的主给付义务。例如,在银行卡提现中,收单行甲银行向持卡人提供自动提款机,以便后者可以使用乙银行发行的借记卡提取现金。

根据《银行卡收单业务管理办法》第2条、第11条的规定,特约商户可界定为与收单机构签订银行卡受理协议、按约定受理银行卡的经营者。[44] 在收单行与特约商户签订银行卡受理协议中,通常明确约定双方的权利义务关系,包括了可受理的银行卡种类、开通的交易类型、收单银行结算账户的设置和变更、资金结算周期、结算手续费标准、差错和争议处理等事项。

在银行卡支付中,收单行扮演了发卡行与特约商户间的"桥梁",分别为其完成清算事务。在"李某与中国银行股份有限公司蒙城支行、武汉中百百货集团有限责任公司等借记卡纠纷、金融借款合同纠纷"中,[45] 裁判者完整地阐明了当中的法律关系:工商银行汉口支行和中国银行蒙城支行通过中国银联提供的网络进行银行卡跨行信息交换和资金清算。工商银行汉口支行通过其提供给特约商户——武汉中百公司的POS机终端接收持卡人的中国银行卡片信息,并将持卡人的支付指令传达给中国银行蒙城支行,中国银行蒙城支行根据此支付指令向武汉中百公司开设在工商银行汉口支行的账户付款(见图1)。简言之,发卡行中国银行蒙城支行与特约商户武汉中百公司没有直接合同关系,而是透过收单行工商银行汉口支行完成清算事务。收单行负有向特约商户提供刷卡消费的POS机,执行清算事务等的给付义务,以及强化风险管理措施保护交易安全等附随义务(《银行卡收单业务管理办法》第21条)。

---

〔44〕 参见励跃主编:《中国支付体系》,中国金融出版社2017年版,第75页。

〔45〕 参见亳州市中级人民法院民事判决书,(2014)亳民二终字第00135号。

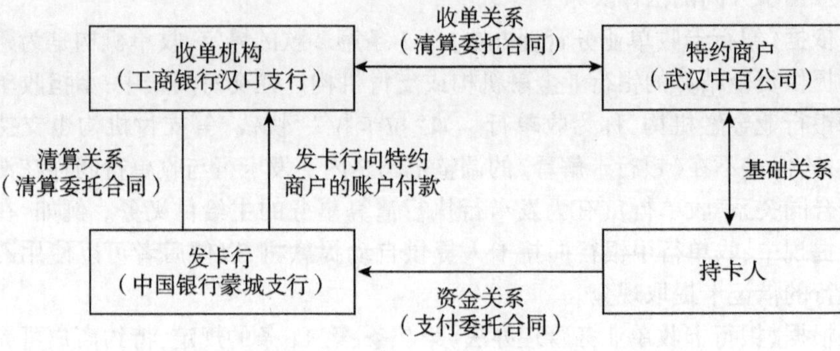

图 1 银行卡支付的四方关系

2. 发卡行追偿权的内部构造

诚然,为简化责任再次分配的法律构造,比较法倾向规定统一的追偿权。例如,《德国民法典》第 676a 条规定,对于瑕疵支付或非授权支付,支付服务提供者可根据其他支付服务提供者或中介处理人的责任范围,通过主张损害赔偿请求权实现追偿。[46] 换言之,只要是其他参与者风险控制内的原因导致盗刷,发卡行就可主张损害赔偿请求权予以追偿。然而,针对《银行卡解释》第 11 条第 4 款的理解与适用,不仅要对收单行与特约商户区别对待,还要从民法规范体系的整体视角,观察该款与其他请求权间的互动关系。

(1)发卡行向收单行的追偿权

《银行卡解释》第 11 条第 4 款的理解与适用,必须结合《民法典》第 929 条第 1 款。由于发卡行与收单行间成立清算委托合同,委托人发卡行对受托人收单行在执行委托事务中造成的损失,可依据《民法典》第 929 条第 1 款主张损害赔偿请求权。《银行卡解释》第 11 条第 4 款与《民法典》第 929 条第 1 款在法律效果上没有实质区别,却在构成要件上截然不同。后者区分了有偿与无偿的委托事务,有偿委托事务的损害赔偿,只要求受托人的过错;无偿委托事务的,却被抬高至受托人的故意或重大过失。[47] 依此,收单行无偿为发卡行执行清算

〔46〕 Vgl. Omlor, Aktuelles Gesetzgebungsvorhaben: Umsetzung der zweiten Zahlungsdiensterichtlinie, JuS 2017, 626, 627.

〔47〕 参见谢鸿飞、朱广新主编:《民法典评注合同编——典型合同与准合同》(第 4 册),中国法制出版社 2020 年版,第 249 页。

事务，因轻过失不适当地履行审核义务，向持有借记卡的盗刷人给付现金，发卡行可按照《银行卡解释》第 11 条第 4 款向收单行追偿，却无法依据《民法典》第 929 条第 1 款向其主张损害赔偿请求权。两相比较，无偿执行清算事务的收单行之责任标准被拉低。

此错位并非因为《银行卡解释》的制定者出于分散发卡行风险而有意为之，而是未顾及收单行无偿执行清算事务的现实交易需求所致。因此，《银行卡解释》第 11 条第 4 款与《民法典》第 929 条第 1 款不构成规范排斥竞合，前者不得排斥后者的适用。换言之，在确定发卡行对收单行的追偿权时，仍应按照《民法典》第 929 条第 1 款，区分收单事务是有偿或无偿，针对无偿执行清算事务的收单行，抬高其过错标准至故意或重大过失。

(2)发卡行向特约商户的追偿权

正常交易时，持卡人基于与特约商户的合同关系，向发卡行发出向特约商户给付资金的支付指令。发卡行据此向特约商户给付资金(一般是通过中国人民银行支付系统增加特约商户在收单行开立的账户余额)，完成支付委托事务。但是，在银行卡盗刷中，发卡行在缺乏给付目的——真实支付指令的前提下，依然向特约商户给付资金，造成了自身财产总额减少，特约商户财产总额增加的局面。由此，发卡行可基于给付型不当得利请求权(《民法典》第 985 条)主张特约商户返还资金。

以《银行卡解释》第 11 条第 4 款与给付型不当得利请求权对照观之，前者的追偿权以特约商户存在过错为前提，后者却无须考虑特约商户善意这一抗辩理由；前者需要发卡行证明特约商户存在过错，后者只需发卡行证明给付过资金。鉴于前述两者的适用条件、证明难度的差异，理性的发卡行可以自行选择权利，向特约商户分散风险。

(二)对盗刷人的最终追偿权

《银行卡解释》第 12 条确立了各主体对盗刷人的最终追偿权。《银行卡解释征求意见稿》第 13 条曾规定，“发卡行承担违约责任后，依法请求伪卡盗刷人承担赔偿责任，或者收单机构、特约商户承担责任后，依法请求伪卡盗刷人承担赔偿责任的，人民法院应予支持”。依此，追偿主体仅包括了发卡行、收单机构、特约商户。《银行卡解释》第 12 条增加了支付机构作为追偿主体，“发卡行、非银行支付机构、收单行、特约商户承担责任后，请求盗刷者承担侵权责任的，人民法院应予支持”。此项改动得益于《银行卡解释》合并处理伪卡盗刷与网络盗刷的责任分配,值得称道。

发卡行、支付机构等主体对盗刷人的追偿权,属于侵权损害赔偿请求权。有观点主张,上述主体与盗刷人间构成不真正连带关系。[48] 由此,超出自己份额承担债务的上述主体,根据《民法典》第 519 条第 2 款的规定,向盗刷人追偿;盗刷人承担终局责任。[49] 此观点的缺陷在于,误认为盗刷人造成了持卡人的损失,进而主张上述主体偶然结合了持卡人对盗刷人的请求权。但是,发卡行将货币支付给盗刷人,或者错误出借给盗刷人,均不造成持卡人的损失。更重要的是,盗刷人的加害故意看似针对持卡人,却应规范评价为针对发卡行。通说认为,民法对于故意的解释应等同刑法。[50] 根据刑法占优势地位的法定符合说,即便因为行为本身的误差,导致行为人所欲攻击的对象与实际受害的对象不一致。但是,故意致人死亡存在方法错误的情况下,行为人客观的杀人行为导致了他人死亡,主观上也具有杀人故意,此犯罪构成完全是一致。[51] 依此,盗刷人存在盗刷的故意(虽然是针对持卡人),且实际造成了发卡行总体财产的减少,理应赔偿发卡行的纯粹经济损失。同理,支付机构因为对持卡人的先行赔付,发生了总体财产的减少,也可向盗刷人主张侵权损害赔偿。

四、结　论

《银行卡解释》第 4 条至第 15 条构建了以下 3 层的银行卡盗刷责任分配规则:

第一层,针对伪卡盗刷与网络盗刷,发卡行均应先行偿付。相对应,持卡人

---

〔48〕 参见付荣:《银行卡司法解释若干争议问题》,载王利明主编:《判解研究》2018 年第 2 辑(总第 84 辑),人民法院出版社 2018 年版,第 210 页。

〔49〕 《民法典》第 519 条第 2 款的适用,以第 518 条第 1 款后句为前提。从条文表述上看,第 518 条第 1 款后句可以适用于真正连带债务关系、不真正连带债务关系。参见朱广新、谢鸿飞主编:《民法典评注合同编——通则第 1 册》,中国法制出版社 2020 年版,第 433 页。

〔50〕 参见王泽鉴:《侵权行为》(第 3 版),北京大学出版社 2016 年版,第 296 页。

〔51〕 参见张明楷:《刑法学》(第 5 版),法律出版社 2016 年版,第 272 页;柏浪涛:《对象错误与打击错误的实质区分——在隔离犯中展开》,载《法学评论》2016 年第 4 期。

可以主张资金偿还请求权以及损害赔偿请求权。持卡人就资金偿还请求权,仅需要提出初步证据,并就损害赔偿请求权承担证明责任。

第二层,发卡行可基于持卡人违反附随义务主张损害赔偿,以实现责任分担,但应该参考《电子商务法》第57条第2款后句的主旨,将持卡人的过错标准抬高至重大过失。发卡行的损害赔偿请求权范围受到与有过失、违反减损规则之限定。

第三层,为避免风险积累,发卡行对收单行或特约商户享有追偿权,但是,需顾及委托人损害赔偿请求权(《民法典》第929条第1款)与不当得利返还请求权(第985条)二者的适用。发卡行、支付机构等主体可以通过向盗刷人主张侵权损害赔偿,落实追偿权。

银行卡盗刷所涉的支付流程主体众多,盗刷风险累加,法律不得不将累加于持卡人的风险予以分散。立法者在风险分散的法律构造上,叠加了各种利益衡量与法政策:"倾斜保护处于弱势地位、且负担风险能力较低的持卡人",以及"不得过分加重发卡行的负担"两项相悖的利益衡量并存;激励持卡人妥善保管银行卡及各项信息,推动发卡行安全技术升级,促进其他主体审慎行事等多项法政策目标须同时兼顾。前述考量均会直接影响责任分配规则的架构,造成原本"一步到位"的私法结构被复杂化与异质化。《银行卡解释》第4条至第15条已经为构建银行卡盗刷责任分配规则提供了基础的解释问题,凝结了诸多共识,只是,当中的缺陷仍有待学理与裁判的进一步补足。

Three-tier Distribution of Bank Card Fraud Liability

Li Jianxing

Abstract: Articles 4 – 15 of the Provisions of the Supreme People's Court on Several Issues Concerning the Trial of Bank Card Civil Dispute Cases establish a three-tier distribution of responsibilities for bank card fraud. In the first level of responsibility allocation, the issuer should pay for the fraudulent use of counterfeit cards and online fraud, and there is no room for complete exemption. Correspondingly, the cardholder can claim the right to request the repayment of funds and the right to claim damages. The cardholder only needs to provide preliminary evidence for the right to claim the repayment of funds and bear the burden of proof for the right to claim damages. The issuing bank shall bear the responsibility of certification for authorized payment. In the second level of liability distribution, the issuing bank can claim damages based on the cardholder's breach of the collateral obligation to achieve the sharing of liability, but it should refer to the subject of unauthorized payment in the second sentence of Article 57 of the E-Commerce Law. High cardholder's fault standard to gross negligence. The issuer's right to claim damages is limited by negligence and violation of the derogation rules. In the third level of liability allocation, the card issuer has the right of recourse to the acquirer or the special merchant, but it must consider the application of the client's right to claim damages and the right to return unjust enrichment. The right of recourse against the stolen credit card holders, such as card issuing banks, payment institutions, etc., shall be the right to claim damages for tort.

Key words: Bank card fraud; Payment institution; Payment entrustment contract; Advance compensation; Unauthorized payment

高度危险责任中抗辩事由的冲突与适用*

杭广远**

内容摘要：

原《侵权责任法》制定以前，一些单行法中就已经存在大量有关高度危险责任抗辩事由的规定，原《侵权责任法》在吸收借鉴单行法中有关高度危险责任规定的基础上制定了"高度危险责任"一章，《民法典》侵权责任编第八章"高度危险责任"基本继承了原《侵权责任法》的规定。《民法典》总则编第八章"民事责任"与侵权责任编第一章"一般规定"规定了8项一般性抗辩事由。在现行法律体系下，高度危险责任的抗辩事由存在适用上的冲突问题，侵权责任编和单行法存在冲突时应优先适用侵权责任编的规定，除高度危险责任的一般条款外，一般性抗辩事由不能适用于侵权责任编第八章，侵权责任编第八章确立了"危险程度越大，抗辩可能性越小"的价值构造，其内部存在层次分明的责任体系，应以侵权责任编第八章的规定作为高度危险责任抗辩事由的适用准则。

关键词：

高度危险责任　抗辩事由　解释　冲突　适用

一、问题的提出

对于"高度危险责任"，大陆法系有些国家的民法典未作规范，即便有些国家的民法典进行规范，也是以"物的损害责任"、"危险活动的损害责任"或"危险物的损害责任"作为一般条款概括统领。凭借"侵权责任"单独立法的篇幅优势，我国原《侵权责任法》未使用"危险责任"，而使用了"高度危险责任"的概

* 本文系国家社科基金重大研究专项"民法典解释的社会主义核心价值观融入研究"（项目编号：19VHJ011）的阶段性成果。

** 苏州大学王健法学院博士研究生。

念,首创在原《侵权责任法》中专章规定“高度危险责任”的立法例。[1]《民法典》第七编“侵权责任”(以下简称侵权责任编)继受了这一立法模式。“高度危险责任”是“危险责任”的一部分,其与产品责任、环境污染责任和动物损害责任中的部分责任共同构成现代侵权法上的危险责任。原《侵权责任法》和侵权责任编专章规定“高度危险责任”,为高度危险责任的抗辩事由[2]提供了进一步发展的空间。

原《民法通则》第 123 条首次对高度危险作业进行规范,将抗辩事由限定为受害人故意,随后《铁路法》《电力法》《民用航空法》等单行法相继颁布,关于抗辩事由的规定突破了受害人故意这一限定,扩展了铁路运输、电力、民用航空等企业造成他人损害时的抗辩事由,而后原《侵权责任法》在吸收、借鉴单行法中有关高度危险责任规定的基础上制定了“高度危险责任”一章,针对具体的高度危险责任类型规定了不同的抗辩事由,关于高度危险责任抗辩事由的规定与单行法存在不一致之处,这就导致了法律适用上的冲突。

《民法典》在编纂技术上采取了双重抽象概括式的立法技术,总则编第八章“民事责任”规定了不可抗力、正当防卫和紧急避险 3 项抗辩事由,侵权责任编第一章“一般规定”中规定了与有过错、受害人故意、第三人行为、自甘风险和自助行为 5 项抗辩事由。侵权责任编第八章“高度危险责任”第 1241 条和第 1242 条中未规定抗辩事由,第 1237 ~ 1240 条和第 1243 条中规定了具体的抗辩事由。此时,未规定抗辩事由的高度危险行为是否具有抗辩事由,规定了具体抗辩事由的高度危险行为是否还可以适用《民法典》总则编第八章和侵权责任编第一章中规定的一般性抗辩事由,就存在争议了。

---

〔1〕 参见方乐坤:《我国〈侵权责任法〉中高度危险责任解释论》,载《广西社会科学》2012 年第 2 期。

〔2〕 在侵权法中,与抗辩事由相类似的概念有免责事由、违法阻却事由等。以违法性作为侵权责任成立要件的国家或地区(如德国、日本等),正当防卫、紧急避险等属于违法阻却事由,由于我国不承认违法性与过错的区分,因此不使用“违法阻却事由”这一概念。《民法典》侵权责任编既规定了“不承担责任的情形”,也规定了“减轻责任的情形”,“不承担责任的情形”指的就是免责事由,如果使用“免责事由”这一概念,无法涵盖“减轻责任的情形”。抗辩事由涵盖的范围更广,不仅包括“不承担责任的情形”,也包括“减轻责任的情形”,使用“抗辩事由”这一概念更贴切。因此,本文使用了“抗辩事由”这一概念。

《民法典》侵权责任编第八章采用了9个条文对具体的高度危险责任进行了详细规定,不同高度危险责任的抗辩事由之间存在差别,这种差别遵循了什么样的价值判断和制度设计,不同高度危险责任之间是否存在层级划分以及存在什么样的层级划分,亟待研究。

二、侵权一般法与单行法的冲突与选择

(一)存在什么样的冲突

1. 原《民法通则》时期

1986年的原《民法通则》第123条规定:"从事高空、高压、易燃、易爆、剧毒、放射性、高速运输工具等对周围环境有高度危险的作业造成他人损害的,应当承担民事责任;如果能够证明损害是由受害人故意造成的,不承担民事责任。"该条第一次确立了高度危险责任制度,列举了"高空、高压、易燃、易爆、剧毒、放射性、高速运输工具"7种常见的高度危险作业形式,规定了高度危险作业实行无过错责任原则,将抗辩事由限定为"受害人故意"。然而,1990年通过的《铁路法》、1995年通过的《电力法》和《民用航空法》突破了原《民法通则》中对抗辩事由的规定,《铁路法》第58条规定铁路运输企业不承担责任的抗辩事由是不可抗力或者受害人自身的原因,《电力法》第60条规定电力企业不承担赔偿责任的情形包括不可抗力和用户自身的过错,《民用航空法》第124~127条、第160~161条除规定受害人故意外,还规定了旅客本人的健康状况所致、行李和货物自身原因所致、战争或武装冲突被有关机关剥夺民用航空器使用权等抗辩事由。[3]

2. 原《侵权责任法》时期

2009年通过的原《侵权责任法》凭借单独立法的篇幅优势,首创专章规定"高度危险责任"的立法例,在第九章中用9个条文对高度危险责任进行具体规定。但原《侵权责任法》中高度危险责任抗辩事由的规定与单行法的规定存在冲突。原《侵权责任法》第71条规定民用航空器致害责任的抗辩事由仅包括受害人故意,但《民用航空法》第160条和第161条分别规定武装冲突或者骚乱和

[3] 尽管《铁路法》、《电力法》和《民用航空法》经过多次修正,但关于抗辩事由的规定一直未发生变化。

受害人过错两项抗辩事由。[4] 原《侵权责任法》第 73 条高度危险活动致害责任规定免除责任的情形包括受害人故意和不可抗力,减轻责任的情形为受害人过失,《电力法》第 60 条和《铁路法》第 58 条将不可抗力和“用户自身的过错”或“受害人自身的原因”规定为免除责任的情形,“用户自身的过错”和“受害人自身的原因”既包括受害人故意也包括受害人过失。原《侵权责任法》将受害人故意和不可抗力作为免除责任的情形与《电力法》和《铁路法》的规定一致,但受害人过失究竟属于免除责任还是减轻责任的情形就存在冲突了。《电力法》、《铁路法》和《民用航空法》中规定的抗辩事由与原《侵权责任法》的规定不一致,在适用法律时就变得扑朔迷离。

3.《民法典》时期

《民法典》已由全国人民代表大会于 2020 年 5 月通过,从《民法典》侵权责任编的规定来看,其第八章“高度危险责任”基本延续了原《侵权责任法》第九章中的规定。《民法典》正式实施后,原《侵权责任法》与单行法适用上的冲突问题就转变为侵权责任编与单行法适用上的冲突问题。

(二)冲突如何形成

侵权责任法与各单行法的规定,体现了法典化和非法典化两种趋势的内在张力。但在危险责任领域,完全的法典化并未出现,更多的是通过一般条款或特别立法予以规制。19 世纪初《法国民法典》编纂时,工业革命伊始,高度危险活动鲜有发生;19 世纪末《德国民法典》编纂时,尽管高度危险活动时有发生,但由于民法典的起草人深受损害赔偿的责任是基于过错而发生的理论影响,认为以无过错责任为基础的危险责任应在民法典之外作为特殊的、例外的情况加以规定。作为近代民法典之典范的《法国民法典》和《德国民法典》,均未规定

---

[4] 《民用航空法》第 124 条至第 127 条规定了民用航空器给旅客和货物造成损害时民用航空企业的抗辩事由,第 160 条至第 161 条规定了民用航空器造成地面(水面)第三人损害时民用航空企业的抗辩事由。原《侵权责任法》第 71 条或者《民法典》侵权责任编第 1238 条中规定的民用航空器致害责任仅限民用航空器造成地面(水面)第三人损害。因此,原《侵权责任法》第 71 条或者《民法典》侵权责任编第 1238 条中规定的抗辩事由仅与《民用航空法》第 160 条和第 161 条中规定的抗辩事由相冲突。本文将在第四部分对该问题进行详细论述。

危险责任。[5] 尽管后来法国侵权法通过《法国民法典》第1384条第1款发展出具有危险责任基础规范的"物之管领人责任",但仍制定了大量的特别法来规范危险责任。[6] 日本承袭了德国关于危险责任的法律体系,由众多特别法根据不同的危险作业进行规范。[7] 这些国家和地区都是通过"特别立法"或者"民法典一般条款+特别立法"的模式对危险责任进行规范,关于危险责任的抗辩事由都规定在特别立法中。

大多数的大陆法系国家在市场经济萌芽之初就已经有民法典作为基本规范,然后才有逐渐增长的国家管制活动,这些国家在处理民事规范时,已经有民法典作靠山,特别立法只需要把"例外"的地方加以规定,不需要创制新的概念、重复基本原则。[8] 而我国的情况非常特殊,民事立法面临整合各种既有规范的重任,先是通过制定原《民法通则》规定民法的基本制度和一般性规则,大多的民事规范是通过单行法在特别的领域或行业诞生,而后随着单行法在实践中检验成熟,再将各领域的具体规定整合为民事领域一般规则。[9] 高度危险责任最早由原《民法通则》作出规范,然后《铁路法》《电力法》《民用航空法》等单行法对具体高度危险行为进行了规范,这一时期,"基于立法体制的不完善和缺乏有效的协调、监督机制,各部门利用自己的垄断权力在单行法律、法规中突破无过错责任原则的立法本意,扩大自己可以援引的抗辩事由,严重损害相对人利益"[10]。而后原《侵权责任法》在吸收、借鉴单行法中有关高度危险责任规定的基础上制定"高度危险责任"一章,如果原《侵权责任法》吸收保留了单行法中的规定,自然不会存在冲突,但原《侵权责任法》改变了原有单行法中的规定,

[5] 参见赵家仪:《高危险民事责任与民法典关系研究》,载《中国法学》2004年第3期。

[6] 参见李昊:《法国危险责任的生成与演进》,载《比较法研究》2012年第4期。

[7] 参见邱聪智:《从侵权行为归责原理之变动论危险责任之构成》,中国人民大学出版社2006年版,第128~173页。

[8] 参见苏永钦:《民事立法与公私法的接轨》,北京大学出版社2005年版,第10~11页。

[9] 参见王成:《民法规范的泛滥及治理——以〈民法典物权编(草案)〉为背景》,载《上海政法学院学报》2019年第5期。

[10] 郭佳宁:《侵权责任免责事由研究》,中国社会科学出版社2014年版,第154页。

由于各级机关对法律的立改废在时间上存在间隔,导致单行法的修订难以及时跟进,这就加剧了法律适用的冲突问题。

(三)冲突如何协调

1. 原《民法通则》时期与单行法的协调

原《民法通则》制定后,仍然无法解决实践中出现的特别领域或行业的各种民事纠纷,《铁路法》《电力法》《民用航空法》等单行法相继颁布,但法律之间针对抗辩事由的规定存在了不一致的情况。这些单行法不一定是依照原《民法通则》的基本原则和一般性规则而制定,只是为解决特定领域或行业在实践中所出现的问题。尽管"这种法更加变动不居且短暂,却满足了陈旧的法制体系所不知的需求,提供了规范的标准。"[11] 虽然存在位阶效力的判断问题,但这一时期实务界和理论界的观点仍然认为应当适用单行法中的有关规定。比如,最高人民法院《关于从事高空高压对周围环境有高度危险作业造成他人损害的,应适用〈民法通则〉还是〈电力法〉的复函》(2000 年 2 月 1 日,〔2000〕法民字第 5 号)中"电力法是民法通则颁布实施后对民事责任规范所作的特别规定,根据特别法优于普通法,后法优于前法的原则,你院所请示的案件应适用电力法"的规定。最高人民法院的意见尽管存在位阶判断上的错误,但该观点在原《侵权责任法》颁布前已经成为法院裁判案件的主流观点,司法实践中也大都以单行法作为裁判依据。

2. 原《侵权责任法》时期与单行法的协调

要处理原《侵权责任法》与侵权特别法的关系,就要对原《侵权责任法》第 5 条进行分析。原《侵权责任法》第 5 条规定:"其他法律对侵权责任另有特别规定的,依照其规定。"

首先,这里的"其他法律"根据文义解释是指全国人大及其常委会制定的法律,只有这类法律有特别规定时才能具有优先于原《侵权责任法》适用的可能性,除此之外的行政法规、规章或者司法解释,皆不能作为认定侵权责任抗辩事由的依据。从这个角度看,《铁路交通事故应急救援和调查处理条例》、最高人民法院《关于审理铁路运输人身损害赔偿纠纷案件适用法律若干问题的解释》等有关抗辩事由的规定不能优先于原《侵权责任法》适用。

---

〔11〕 [意]那塔利诺 · 伊尔蒂:《解法典的时代》,薛军译,载徐国栋主编:《罗马法与现代民法》第 4 卷,中国人民大学出版社 2004 年版,第 86 页。

其次,需要对原《侵权责任法》第5条中“另有特别规定”的含义进行分析,对该条进行分析时还应该考虑《立法法》的相关规定。《立法法》第92条规定:“同一机关制定的法律、行政法规、地方性法规、自治条例和单行条例、规章,特别规定与一般规定不一致的,适用特别规定;新的规定与旧的规定不一致的,适用新的规定。”该条规定确立了“特别法优于一般法、新法优于旧法”的规则,但该规则的适用有一个前提,即一般法与特别法、新法与旧法必须是同一机关制定、属于同一位阶的法律。因为某些政治方面的原因,原《侵权责任法》最终由全国人大常委会表决通过,《民用航空法》、《电力法》和《铁路法》也都是由全国人大常委会表决通过,因此,原《侵权责任法》与《民用航空法》《电力法》《铁路法》等单行法属于同一机关制定、同一位阶的法律,具有适用《立法法》第92条的前提。但《民用航空法》、《电力法》和《铁路法》的制定时间均早于原《侵权责任法》,原《侵权责任法》属于新一般法,《铁路法》、《电力法》和《民用航空法》属于旧特别法。此时,究竟是适用“特别法优于普通法”还是“新法优于旧法”就存在冲突了。

有学者主张应适用“新法优于旧法”,优先适用原《侵权责任法》中关于抗辩事由的规定。[12] 但也有部分学者认为,应依据《立法法》第94条第1款[13]的规定提交全国人大常委会裁决。[14] 笔者赞同前种观点。如果按照原《侵权责任法》第5条中“特别法优于普通法”的规定,原《侵权责任法》与特别立法相冲突之规定,在原《侵权责任法》生效之时即告无效,这显然不符合原《侵权责任法》的立法目的。原《侵权责任法》分则对具体类型的侵权行为做了详细的规定,并对特别法中存在的不当规定予以修正,如果其与单行法中的旧规定不同,

---

〔12〕 参见王利明:《侵权责任法研究(下卷)》(第2版),中国人民大学出版社2016年版,第553页;王成:《侵权法的规范体系及其适用——以〈侵权责任法〉第5条的解释适用为背景》,载《政治与法律》2011年第1期;曹险峰:《论侵权责任法规范的适用》,载《社会科学战线》2012年第1期。

〔13〕 《立法法》第94条第1款规定:“法律之间对同一事项的新的一般规定与旧的特别规定不一致,不能确定如何适用时,由全国人民代表大会常务委员会裁决。”

〔14〕 参见董皞:《判定法律冲突之问题研究》,载《法律科学(西北政法大学学报)》2014年第1期。

则表明了立法者有意识的选择。[15] 原《侵权责任法》第5条中"另有特别规定"应该是指原《侵权责任法》实施后颁布的法律或者原《侵权责任法》未作规范的事项。《立法法》第92条规定的"特别法优于一般法"应受到一定限制,在法律适用中,原则上是"特别法优于一般法",但如果特别法为旧法,一般法为新法时,则应根据"新法优于旧法"的规则优先适用新法。从制定时间上来看,《电力法》、《铁路法》和《民用航空法》要比原《侵权责任法》的制定时间早。因此,根据"新法优于旧法"的规则,当《电力法》、《铁路法》和《民用航空法》中的抗辩事由与原《侵权责任法》中的抗辩事由存在冲突时,应优先适用原《侵权责任法》的有关规定。

3.《民法典》时期与单行法的协调

《民法典》实施后仍然面临这一问题。侵权责任编第1178条对原《侵权责任法》第5条作了修改:"本法和其他法律对不承担责任或者减轻责任的情形另有规定的,依照其规定。"和原《侵权责任法》第5条相比,将除外规定从侵权责任限缩到抗辩事由,并将"本法"也纳入"另有规定"的范围。《民法典》由全国人大通过,《铁路法》《电力法》《民用航空法》等民事单行法由全国人大常委会通过。需要厘清全国人大和全国人大常委会是否是同一机关,两者之间是否是一般法与特别法的关系。韩大元教授认为,"全国人大与全国人大常委会在宪法基础、宪法地位、宪法职权以及立法程序上都具有明显的不同,因而,在二者的关系上,我们自然可以从逻辑上推导在性质上全国人大与全国人大常委会不是同一个机关"。[16] 既然全国人大和全国人大常委会不是同一机关,那么由全国人大制定的《民法典》和由全国人大常委会制定的《铁路法》《电力法》《民用航空法》等也就失去适用"特别法优于一般法"或者"新法优于旧法"的前提条件。

根据《立法法》第96条第2项的规定,下位法违反上位法规定的,有关机关可以改变或者撤销。《立法法》第97条第1项前半句规定:"全国人民代表大会

---

〔15〕 参见刘士国:《侵权责任法与特别法及司法解释关系的法解释学思考》,载《政法论坛》2009年第6期;曹险峰:《论侵权责任法规范的适用》,载《社会科学战线》2012年第1期。

〔16〕 韩大元:《全国人大常委会新法能否优于全国人大旧法》,载《法学》2008年第10期。

有权改变或者撤销它的常务委员会制定的不适当的法律。”根据这两条规定，上级机关和下级机关制定的法律规范之间属于上位法与下位法的关系，相较全国人大常委会制定的法律而言，全国人大制定的法律属于上位法，全国人大常委会制定的法律属于下位法。〔17〕《民法典》由全国人大制定，属于民事基本法，《铁路法》《电力法》《民用航空法》等由全国人大常委会制定，属于民事单行法，两者之间既属于“基本法律”和“非基本法律”的关系，也属于上位法和下位法的关系。〔18〕尽管《铁路法》《电力法》《民用航空法》等单行法在责任方面规定得比较详尽，但作为下位法不能与作为上位法的《民法典》相抵触。

《民法典》侵权责任编第1178条对原《侵权责任法》第5条作了修改：“本法和其他法律对不承担责任或者减轻责任的情形另有规定的，依照其规定。”侵权责任编第1178条中“其他法律”“另有规定的”应该是指在《民法典》没有修改单行法或者在《民法典》生效后依据《民法典》制定的特别法中的规范。如果《民法典》已经修改了单行法中的规定，则应适用《民法典》的规定。民事单行法由全国人大常委会制定，《民法典》由全国人大制定，在《民法典》生效以后，根据“上位法优于下位法”的原则，《民法典》侵权责任编关于高度危险责任抗辩事由的规定与民事单行法存在冲突时，应优先适用侵权责任编关于抗辩事由的规定。在实践中援引抗辩事由时，往往直接援引最有利于自己的抗辩事由，很少会对整个法律体系中的抗辩事由进行综合考虑，在大多数情况下，只有将特定的抗辩事由与法律体系中的其他抗辩事由结合起来审查，才能解决法律不融贯的问题。〔19〕

〔17〕 参见王成：《侵权法的规范体系及其适用——以〈侵权责任法〉第5条的解释适用为背景》，载《政治与法律》2011年第1期。

〔18〕 也有学者认为，全国人大制定的法律不一定都是基本法律，不能根据基本法律和非基本法律的区分对全国人大和全国人大常委会制定的法律间的关系作位阶判断。该观点具有一定合理性，但此处《民法典》与民事单行法很明显属于基本法律与非基本法律的关系，本文暂以基本法律和非基本法律进行位阶判断。参见马英娟：《再论全国人大法律与全国人大常委会法律的位阶判断——从刘家海诉交警部门行政处罚案切入》，载《华东政法大学学报》2013年第4期。

〔19〕 See James Goudkamp, *Tort Law Defences*, Hate Publishing, 2016, p. 198.

三、高度危险责任是否可以适用一般性抗辩事由

《民法典》在继承原《侵权责任法》的基础上对抗辩事由进行了调整,总则编第八章"民事责任"规定了不可抗力(第 180 条)、正当防卫(第 181 条)和紧急避险(第 182 条),侵权责任编删除了与总则编重复的上述三项抗辩事由。取消原《侵权责任法》第三章"不承担责任和减轻责任的情形",新增自甘风险(第 1176 条)和自助行为(第 1177 条)的规定,与原《侵权责任法》第三章剩余的与有过错(第 1173 条)、受害人故意(第 1174 条)、第三人行为(第 1175 条)等抗辩事由一起纳入侵权责任编第一章"一般规定"。因为上述抗辩事由规定在《民法典》总则编或者侵权责任编的"总则"部分,本文将其统称为一般性抗辩事由。

《民法典》总则编第八章和侵权责任编第一章在规定一般性抗辩事由的同时,侵权责任编第八章"高度危险责任"中部分条文也规定了抗辩事由,那么,第八章"高度危险责任"是否可以适用一般性抗辩事由,理论界和实务界都存在分歧。一种观点认为,如果高度危险责任对抗辩事由有特别规定,则排除一般性抗辩事由的适用,只有在高度危险责任未作特别规定的情况下,才可以适用一般性抗辩事由。[20] 另一种观点认为,一般性抗辩事由原则上不适用于高度危险责任,只在法律有特别规定时才可抗辩。[21] 两种观点均认为,在高度危险责任有特殊规定时排除一般性抗辩事由的适用,但对高度危险责任中未规定抗辩事由的条文是否可以适用一般性抗辩事由存在不同的态度。笔者认为,不能简单认定一般性抗辩事由是否可以适用于高度危险责任,应当结合抗辩事由的立法模式、高度危险责任的内部构造等综合判断。

(一)有具体规定则排除一般性抗辩事由的适用

《民法典》在编纂技术上采取了抽象概括式的立法技术,从各分编中提取出总则性规定置于《民法典》第一编,又在各分编中提取出一般规定置于各分编第

---

〔20〕 参见张新宝:《侵权责任法》(第 4 版),中国人民大学出版社 2016 年版,第 284 ~ 285 页;程啸:《侵权责任法》(第 2 版),法律出版社 2015 年版,第 296 ~ 297 页。

〔21〕 参见王利明、周友军、高圣平:《侵权责任法疑难问题研究》,中国法制出版社 2012 年版,第 78 ~ 79 页;杨立新:《侵权责任法》(第 2 版),法律出版社 2012 年版,第 543 页;岳红强:《风险社会视域下危险责任制度研究》,法律出版社 2016 年版,第 78、168 页。

一章。侵权责任编第一章作为一般规定统领整个侵权责任编,相比特殊侵权行为,第一章中规定的抗辩事由属于一般性抗辩事由。同时,侵权责任编中的特殊侵权行为又规定了特别的抗辩事由。因此,我国《民法典》对侵权责任的抗辩事由采取了"一般规定 + 特殊规定"的立法模式。[22]

在适用抗辩事由时,应优先适用特殊规定,只有在无特殊规定时,才能适用一般规定。[23] 适用特殊规定是否意味着排除一般规定的适用?程啸教授认为,只有在特殊规定中明确排除一般规定的适用,才不再适用一般规定,否则需要依据立法目的等加以判断。[24] 笔者认为,该观点值得商榷,只要特殊侵权行为针对抗辩事由作了特别规定,无须明确排除一般规定的适用,就应当认为排除一般性抗辩事由的适用。理由如下:

第一,从体系解释的角度来看,如果认为高度危险责任规定了特别的抗辩事由仍然不能排除一般性抗辩事由的适用,则有可能引起立法重复。如《民法典》总则编第 180 条将不可抗力作为一般性抗辩事由,侵权责任编第 1239 条、第 1240 条又将不可抗力作为抗辩事由,如果认为法律作了特别规定还不排除一般规定,则第 180 条与第 1239 条、第 1240 条形成立法重复。

第二,从立法目的来看,高度危险责任是"为应对高度危险所引发的事故、损害而出现的损失处理机制,平衡作业人和受害人之间的利益"。[25] 如果高度危险责任中规定了特别的抗辩事由仍然不能排除一般性抗辩事由的适用,那么一般性抗辩事由就可以成为所有高度危险责任类型的抗辩事由,每一类高度危险责任的抗辩事由也就再无差异,这将会使高度危险责任抗辩事由的适用泛化,不符合侵权法中"危险程度越高,抗辩可能性越小"的立法价值,降低无辜受害人得到补偿的可能性。

因此,只要高度危险责任中规定了特殊的抗辩事由,就应当排除一般性抗辩事由的适用,这样更加符合高度危险责任强调分配正义、损失填补的功能定

---

〔22〕 该观点最早由程啸教授提出,认为我国原《侵权责任法》采取了"一般规定 + 特殊规定"的立法模式。参见程啸:《侵权责任法》(第 2 版),法律出版社 2015 年版,第 296 页。

〔23〕 参见程啸:《侵权责任法》(第 2 版),法律出版社 2015 年版,第 296 ~ 297 页。

〔24〕 参见程啸:《侵权责任法》(第 2 版),法律出版社 2015 年版,第 267 页。

〔25〕 赵家仪:《高度危险责任的功能与制度设计》,载陈小君主编:《私法研究》第 10 卷,法律出版社 2011 年版,第 227 ~ 228 页。

位。第 1236 条、第 1241 条和第 1242 条未规定特殊的抗辩事由,是否意味着就一定适用一般性抗辩事由呢?下文将进行详细分析。

(二)未规定抗辩事由则意味着无抗辩事由

《民法典》第 1241 条和第 1242 条中未规定抗辩事由,对于第 1241 条和第 1242 条规定的情形是否具有抗辩事由一直存在争议。张新宝教授持肯定态度,认为第 1241 条和第 1242 条可以适用第 1239 条中的抗辩事由,但未给出具体理由;[26] 尽管王利明教授和李仁玉教授持否定态度,但也仅认为第 1242 条中非法占有人不存在抗辩事由,对于第 1241 条中所有人和管理人是否存在抗辩事由则未置可否。[27] 笔者认为,第 1241 条、第 1242 条均不存在抗辩事由,不得适用第 1239 条中的抗辩事由。笔者将从法解释学的角度具体分析:

首先,条文中未规定抗辩事由,仅从文义解释无法获知第 1241 条和第 1242 条是否存在抗辩事由,尚需根据其他解释方法探究规范目的。

其次,从体系解释来看,第 1239 条规定高度危险物致害责任,并规定受害人故意、不可抗力和与有过错 3 项抗辩事由;第 1241 条规定遗失、抛弃高度危险物致害责任,第 1242 条规定非法占有高度危险物致害责任,均未规定抗辩事由。第 1241 条和第 1242 条中出现的"高度危险物"与第 1239 条中的"高度危险物"的内涵与外延一致。结合第 1241 条和第 1242 条,应将第 1239 条解释为仅限合法占有高度危险物,该条属于高度危险物致害责任的一般规范,第 1241 条和第 1242 条属于高度危险物致害责任的特殊规范,第 1239 条与第 1241 条、第 1242 条之间形成一般规范和特别规范的关系。立法者将遗弃、抛弃高度危险物和非法占有高度危险物从第 1239 条中分出,其背后体现了立法者对高度危险物不同状态下具有不同程度危险性的价值判断。按照"明示其一、排斥其他"的解释规则,应当解释为在遗弃、抛弃高度危险物的情形下,所有人、管理人不得援引合法占有高度危险物的抗辩事由,在非法占有高度危险物的情形下,亦不存在抗辩事由。尽管从体系解释的角度可以释明立法的模糊,但体系解释在法解释学上的价值,不宜过分高估,而以之作为唯一或主要依据,经由体系解

〔26〕 参见张新宝:《侵权责任法》(第 4 版),中国人民大学出版社 2016 年版,第 298 页。

〔27〕 参见王利明:《侵权责任法研究(下卷)》(第 2 版),中国人民大学出版社 2016 年版,第 565 页;李仁玉:《侵权责任法判例与制度研究》,法律出版社 2015 年版,第 273 ~ 274 页。

释初告澄清时，仍需依法律规范目的加以检查、确定。[28]

最后，从目的解释来看，高度危险责任通过损害的分配实现公平正义，使侵权责任法的哲学基础由矫正正义转向矫正正义与分配正义并存。[29] 高度危险责任的确定不在于行为的不法性和道德上的可谴责性，而在于危险的开启或者危险的控制。因此，法律规定高度危险责任为无过错责任，对不幸损害进行合理分配，危险程度越高，抗辩的可能性应该越小，从而给予受害人最大限度的救济。遗弃、抛弃高度危险物，表明遗弃人、抛弃人开启了一定的危险，而且是高度危险，对社会公众的安全形成了巨大的威胁。另外，为了维护公共安全，通常只有具备特定资质或者获得一定许可的主体才可以占有、控制高度危险物，非法占有高度危险物的主体通常不具备相应的防范资质或措施，其占有、控制的事实会增加危险物的危险性。[30] 因此，遗弃、抛弃高度危险物和非法占有高度危险物的危险性更大，应当承担更加严格的责任。从第 1241 条和第 1242 条规范的目的来看，是为了相比第 1239 条给予受害人更强的保护，如果存在第 1241 条和第 1242 条的情形，高度危险物的所有人、管理人或者非法占有人就不能享有抗辩事由。

（三）高度危险责任的一般条款具有适用一般性抗辩事由的空间

《民法典》侵权责任编第 1236 条继承了原《侵权责任法》第 69 条的规定，该条被称为高度危险责任的一般条款，第 1237 条至第 1243 条则列举了具体的高度危险责任类型。因此，高度危险责任一章采取了“一般条款＋具体列举”的立法模式。通过上文分析，第 1237 条至第 1243 条不存在抗辩事由，第 1236 条作为高度危险责任的一般条款是否可以直接适用，如果可以直接适用，是否具有抗辩事由呢？

第 1236 条作为高度危险责任的一般条款，是否允许法官适用该条裁决新的高度危险责任类型，一直存在争议。主张不能适用的学者认为，无过错责任

---

〔28〕 参见王泽鉴：《民法思维：请求权基础理论体系》，北京大学出版社 2009 年版，第 189～190 页。

〔29〕 参见郭明瑞：《危险责任对侵权责任法发展的影响》，载《烟台大学学报（哲学社会科学版）》2016 年第 1 期。

〔30〕 参见王利明：《侵权责任法研究（下卷）》（第 2 版），中国人民大学出版社 2016 年版，第 565、571～572 页。

的适用必须有法律的规定,如果允许法官适用高度危险责任的一般条款裁决新的高度危险责任类型,将会造成法官自由裁量权的扩大,造成侵权法归责体系的崩溃,应当将高度危险责任的一般条款仅仅理解为将来单行立法或者司法解释确立新的高度危险责任类型提供基本的法律依据。〔31〕 主张可以适用的学者认为,立法不可能对适用无过错责任的具体情况作全面准确的预测并加以规定,“必须有法律的规定”这一原则应存有例外,高度危险责任一般条款就是为了解决立法遗漏问题,解决因社会发展、科技进步所产生的新的高度危险责任类型的法律适用问题,尽管该条规定没有明确责任承担,但仍然可以通过解释阐明。〔32〕 笔者赞同后者观点,尽管一般条款存在诸如法官自由裁量权无限扩大、向一般条款逃逸等缺点,但“为了在一个充满了各种风险的工业社会中向广大主体提供充分的侵权法保护,此种缺点必须被容忍”。〔33〕 同时,高度危险责任一般条款的适用必须要受到严格限制,不得违背严格责任的归责基础和功能。此时,在第1236条可以适用的情况下,因为未规定具体的抗辩事由,有可能根据情况适用一般性抗辩事由。该观点也得到全国人大常委会法工委民法室黄薇主任主编的释义书的印证:高度危险责任一般条款的功能在于“为司法实践处理尚未有法律明确规范的高度危险行为提供一个指导性原则……如果单行法和本章对某个高度危险行为没有作出具体规定,侵权责任编第1章的规定原则上可以适用”。〔34〕

---

〔31〕 参见房绍坤:《论侵权责任立法中的一般条款与类型化及其适用》,载《烟台大学学报(哲学社会科学版)》2009年第3期;赵家仪:《高度危险责任的功能与制度设计》,载《私法研究》第10卷,法律出版社2011年版;程啸:《侵权责任法》(第2版),法律出版社2015年版,第591页。

〔32〕 参见王利明:《论高度危险责任一般条款的适用》,载《中国法学》2011年第6期;周友军:《我国危险责任一般条款的解释论》,载《法学》2011年第4期。

〔33〕 朱岩:《危险责任的一般条款立法模式研究》,载《中国法学》2009年第3期。

〔34〕 黄薇主编:《中华人民共和国民法典释义》(下),法律出版社2020年版,第2415~2416页。

四、高度危险责任抗辩事由的层级划分

《欧洲侵权法原则》在抗辩事由的设计上遵循了“风险越大，抗辩的可能性越小，其效力也越弱”的原则。[35] 某一事物或活动的危险性越大意味着越难找到抗辩事由。“危险越是容易归责于引致人，就越需要通过严格限定其免责事由，更容易令其承担侵权责任。”[36] 因为危险源的危险性不同，不可能存在统一的抗辩事由，所以不同的危险责任具有不同的抗辩事由，抗辩事由的适用范围和限制也不同。我国原《侵权责任法》和《民法典》侵权责任编在制定过程中都遵循了这一原则，“高度危险责任”一章对抗辩事由进行了严格限制。依据“危险程度越大，抗辩可能性越小”的价值构造，可以将高度危险责任划分为不同的层次，以实现高度危险责任体系的规范性和完整性。

（一）最严格的高度危险责任

侵权责任编高度危险责任的损害来源有两种：一种是第 1239 条规定的“易燃、易爆、剧毒、高放射性、强腐蚀性、高致病性”等高度危险物；另一种是第 1240 条规定的“高空、高压、地下挖掘活动或者使用高速轨道运输工具”等高度危险活动。[37] 第 1237 条规定的民用核设施致害责任可以归入“放射性”危险物致害责任，第 1238 条规定的民用航空器致害责任可以归入“高空”危险活动致害责任。民用核设施损害和民用航空器损害要比一般的高度危险物和高度危险活动损害的危险性大很多。因此，立法将民用核设施损害和民用航空器损害从第 1239 条和第 1240 条中析出并单独规定。

第 1237 条民用核设施致害责任的抗辩事由包括战争、武装冲突、暴乱等情形和受害人故意；第 1238 条仅规定受害人过错作为民用航空器致害责任的抗辩事由，排除不可抗力的适用。由于民用核设施和民用航空器所在行业潜在的

---

〔35〕 参见欧洲侵权法小组：《欧洲侵权法原则：文本与评注》，于敏、谢鸿飞译，法律出版社 2009 年版，第 181 页。

〔36〕 [奥]海尔姆特·库奇奥：《侵权责任法的基本问题（第一卷）：德语国家的视角》，朱岩译，北京大学出版社 2017 年版，第 235 页。

〔37〕 参见方乐坤：《我国〈侵权责任法〉中高度危险责任解释论》，载《广西社会科学》2012 年第 2 期。

危险性，严格控制民用核设施致害责任和民用航空器致害责任的抗辩事由，科以高度危险责任中最严格的责任，这也体现了立法者“危险性越高责任越严”的价值取向。

1. 民用核设施致害责任与民用航空器致害责任在抗辩事由上存在的区别

尽管我国立法中未对不可抗力作出类型的划分，但根据通说，不可抗力可分为 3 类：第一类是自然原因的不可抗力；第二类是社会原因的不可抗力；第三类是国家原因的不可抗力。[38] 虽然侵权责任编第 1237 条未将不可抗力直接作为抗辩事由，但该条中的“战争、武装冲突、暴乱等情形”属于社会原因的不可抗力，是不可抗力中的一个类型。在常人的一般认知下，民用航空器比民用核设施的危险性要小，抗辩事由的范围理应更大，但侵权责任编的规定却恰恰相反，第 1237 条民用核设施致害责任比第 1238 条民用航空器致害责任的抗辩事由还多一项。立法中的这一区别可以从比较法上找到依据。

关于民用核设施致害责任，1997 年《维也纳公约》将军事冲突行为、敌对行动、内战或暴乱作为核损害责任的抗辩事由。[39] 日本将巨大的自然灾害或者严重的社会动乱作为核损害责任的抗辩事由。[40] 但关于民用航空器致害责任，大多数国家和地区排除不可抗力作为抗辩事由。1999 年《蒙特利尔公约》未将不可抗力作为免责事由。[41] 德国《航空交通法》未规定航空事故责任的抗辩事由，当然排除不可抗力的适用。[42] 法国《民用航空法令》的责任制度比《法国民法典》第 1384 条规定的责任制度要严格，只规定了共同过失的抗辩事由，排除了不可抗力的抗辩。[43]

我国在起草原《侵权责任法》的过程中参考了比较法上的规定，第 70 条将

〔38〕 参见方新军主编：《侵权责任法学》，北京大学出版社 2013 年版，第 177 页。

〔39〕 参见《维也纳公约》第 5 条。

〔40〕 参见日本《原子力损害赔偿法》第 3 条。

〔41〕 参见《蒙特利尔公约》第 17 条和第 18 条。

〔42〕 参见邱聪智：《从侵权行为归责原理之变动论危险责任之构成》，中国人民大学出版社 2006 年版，第 137 页。

〔43〕 See A. J. Mauritz, *Liability of Operations and Owners of Aircraft for Damage Inflicted to Persons and Property on the Surface*, Leiden, Shaker Publishing, 2003, p. 123.

受害人故意之外的抗辩事由限制在“战争等情形”，而没有一般规定为“不可抗力”。[44] 第71条只规定受害人故意作为民用航空器的抗辩事由。《民法典》的规定仍未突破“社会原因的不可抗力”这一范围，侵权责任编第1237条将原《侵权责任法》第70条中“战争等情形”的抗辩事由修改为“战争、武装冲突、暴乱等情形”。

2. 民用航空器致害责任的适用范围

民用航空器致害可以分为两类：一类是民用航空器运输中给旅客和货物造成的损害；另一类是民用航空器造成地面（水面）第三人损害。理论界和实务界争议比较大的就是民用航空器致害责任的适用范围，即第1238条“造成他人损害”中的“他人”是否仅限造成地面（水面）第三人损害。目前，主流观点持“广义解释说”，认为第1238条的适用范围不仅包括民用航空器运输中给旅客和货物造成的损害，还包括造成地面（水面）第三人损害。[45] 只有少数学者持“狭义解释说”，认为只包括造成地面（水面）第三人损害。[46] 笔者赞同后者。尽管第1238条的字面意思有可能包括对民用航空器本身所载的人或者财产的损害，但“规范目的才是一切解释的重要目标……任何解释都应当有助于实现规范内容所追求的规范目的”。[47] 究竟采广义解释还是狭义解释，笔者将结合各种解释方法综合判断。

第1238条的规范内容只是民用航空器在高度危险责任范围内的致害责任，并不包括民用航空器致害的所有侵权责任。[48] 目前，航空运输越来越普

---

〔44〕 参见王胜明主编：《中华人民共和国侵权责任法释义》，法律出版社2010年版，第357页。

〔45〕 参见黄薇主编：《中华人民共和国民法典释义》（下），法律出版社2020年版，第2419页；张新宝：《侵权责任法》（第4版），中国人民大学出版社2016年版，第289页；周友军：《论侵权法上的民用航空器致害责任》，载《北京航空航天大学学报（社会科学版）》2010年第5期。

〔46〕 参见杨立新：《中华人民共和国民法典条文要义》，中国法制出版社2020年版，第910页；于丹：《民用航空器致害高度危险责任条款的适用探讨》，载《北京航空航天大学学报（社会科学版）》2019年第4期。

〔47〕 ［德］伯恩·魏德士：《法理学》，丁晓春、吴越译，法律出版社2013年版，第309页。

〔48〕 参见于丹：《民用航空器致害高度危险责任条款的适用探讨》，载《北京航空航天大学学报（社会科学版）》2019年第4期。

遍,通过航空运输货物与普通的陆运、水运也只是运输方式上的差异,很难再认定为具有高度危险性。即便是给旅客造成的损害,也不能概而论之,民用航空器所具有的"高空""高速"的危险性是对于地面(水面)的第三人而言的,一旦发生航空事故将给地面(水面)的第三人造成难以预料的损失,接受航空运输服务的旅客已经融入"高空""高速"作业的运输活动中,高度危险性已难成立。[49]

另外,从作为侵权责任编第 1238 条起源的原《民法通则》第 123 条来看,该条将高度危险作业描述为"高速运输工具等对周围环境有高度危险的作业造成他人损害的",可以看出,高度危险作业是对外部"周围环境"造成损害,民用航空器致害责任针对的是地面(水面)的第三人,并不包括民用航空器运输中的旅客和货物。

因此,应当对第 1238 条"造成他人损害"中的"他人"作狭义解释,仅限民用航空器造成地面(水面)第三人损害。民用航空器造成地面(水面)第三人损害时民用航空企业可以援引的抗辩事由仅限受害人故意。对于第 1238 条未规定民用航空器给旅客和货物造成的损害责任,应该适用《民用航空法》中的相关规定,并可以援引《民用航空法》中规定的抗辩事由。

(二)较严格的高度危险责任

《民法典》侵权责任编中高度危险责任是由高度危险物致害责任和高度危险活动致害责任组成。因为通常所说的高度危险物就是第 1239 条规定的"易燃、易爆、剧毒、高放射性、强腐蚀性"等物,高度危险活动就是第 1240 条规定的"高空、高压、地下挖掘"和"高速轨道运输工具"等活动,所以最典型的高度危险物致害责任和高度危险活动致害责任分别是第 1239 条和第 1240 条。《民法典》修改了原《侵权责任法》的规定,使这两条规定的抗辩事由相一致,包括受害人故意、不可抗力和受害人的重大过失,和民用核设施致害责任、民用航空器致害责任的抗辩事由相比,明确增加了不可抗力和受害人的重大过失,抗辩事由有所放松,但仍然比较严格。

从原《侵权责任法》的规定来看,原《侵权责任法》第 72 条减轻责任的情形为重大过失,第 73 条减轻责任的情形则为过失,立法者对过失和重大过失的判断进行了慎重考量。过失的实质内涵是"能预见损害之发生、能避免损害之发

〔49〕 参见于丹:《民用航空器致害高度危险责任条款的适用探讨》,载《北京航空航天大学学报(社会科学版)》2019 年第 4 期。

生、未避免损害之发生"[50]。根据注意义务的要求程度不同,可将过失区分为重大过失、一般过失和具体过失。重大过失以一般人的注意义务为标准,一般过失以善良管理人的注意义务为标准,具体过失以处理自己事务的注意义务为标准。[51] 第72条中受害人的"过失"指的是一般过失,根据举轻以明重的原则,既然受害人的一般过失都属于抗辩事由,受害人的重大过失当然是侵权人的抗辩事由。从第72条和第73条这两个条文来看,立法者非常清晰地表明了对故意、重大过失和一般过失在各种特殊侵权中能够作为抗辩事由的不同判断,但这种判断尚未有协调一致的考虑,也凸显了内在价值的不统一。[52]

各部门利用自己的垄断权力在单行法律、法规中扩大了自己可以援引的抗辩事由,比如,《电力法》第60条中"用户自身的过错"和《铁路法》第58条"受害人自身的原因"中均包含故意和过失。原《侵权责任法》在制定过程中仍然倾向保护了电力、铁路等行业的利益,[53]第73条将侵权人减轻责任的情形规定为受害人的"过失"而非"重大过失",这也就使受害人的利益未能得到充分保护。如果受害人存在过失,经营者就可以不承担责任,那么对于受害人来说不公平,也不利于经营者加强管理、改进措施以减少损害。但如果受害人有过失,也让经营者承担全部责任,对经营者而言负担过重。另外,从比较法上来看,最新的《奥地利侵权责任法草案》将高度危险物和高度危险活动统称为"高危险源"规定在第1304条"高危险源责任"中。[54] 正如冯·巴尔所说,"区分由物造成的损害之责任和对危险行为之责任的巅峰时期似乎已经过去"。[55] 因此,高度危险物和高度危险活动都具有高度危险性,很难衡量出何者的危险性更大,从平衡经营者和受害人双方的利益出发,应折中将受害人的重大过失作为经营者的

[50] 曾世雄:《损害赔偿法原理》,中国政法大学出版社2001年版,第81页。

[51] 参见方新军主编:《侵权责任法学》,北京大学出版社2013年版,第116~126页。

[52] 参见方新军主编:《侵权责任法学》,北京大学出版社2013年版,第127页。

[53] 参见全国人大常委会法制工作委员会民法室编:《侵权责任法条文说明、立法理由及相关规定》,北京大学出版社2010年版,第286页。

[54] 参见[奥]海尔姆特·库奇奥:《侵权责任法的基本问题(第一卷):德语国家的视角》,朱岩译,北京大学出版社2017年版,第334页。

[55] [德]克雷斯蒂安·冯·巴尔:《欧洲比较侵权行为法》(上卷),张新宝译,法律出版社2004年版,第161页。

抗辩事由。《民法典》编纂的过程中注意到了这一点,侵权责任编第1240条将原《侵权责任法》第73条中的“过失”修改为“重大过失”。

(三)弱化的高度危险责任

《民法典》侵权责任编第1243条规定的高度危险区域致害责任与第1239条、第1240条不同,“它并非积极、主动实施对周围环境造成高度危险的活动,而是因其管理控制的场所、区域具有高度危险性,如果未经许可擅自进入该区域,则易导致损害的发生,即高度危险活动区域或者高度危险物存放区域责任”。[56] 对高度危险区域的控制和管理是静态的,因此,高度危险区域致害责任也是高度危险责任中的一项独立的侵权责任。

《民法典》侵权责任编第1243条规定:“未经许可进入高度危险活动区域或者高度危险物存放区域受到损害,管理人能够证明已经采取足够安全措施并尽到充分警示义务的,可以减轻或者不承担责任。”根据该条的反面解释,管理人未采取足够安全措施或未尽到充分警示义务的,不能免除或减轻责任。和第1242条规定的管理人的“高度注意义务”相比,第1243条中“采取足够安全措施”和“尽到充分警示义务”规定了管理人的安全保障义务,[57] 对过错的认定采取了完全客观的标准,只有管理人自证采取安全措施并尽到警示义务才能免除责任,因此,高度危险区域致害责任的归责原则属于客观的过错推定责任。[58] 在“高度危险责任”一章适用无过错责任原则的情况下,第1243条就成为弱化的高度危险责任,构成第八章的例外,但这种例外属于因为更加具体而例外,而非更加特别而例外。因为第1243条的适用是在发生第1239条和第1240条的情况下,管理人已经尽到安全保障义务,受害人未经允许进入高度危险区域的情形,如果没有第1243条的特殊规定,就存在适用上的模糊。

原《侵权责任法》未将自甘风险确立为一般性抗辩事由,但有学者认为,其

[56] 黄薇主编:《中华人民共和国民法典释义》(下),法律出版社2020年版,第2429页。

[57] 参见王道发:《论管理人在高度危险责任中的安全保障义务——以〈侵权责任法〉第76条为中心》,载《现代法学》2019年第2期。

[58] 参见方乐坤:《我国〈侵权责任法〉中高度危险责任解释论》,载《广西社会科学》2012年第2期。

第76条的规定在高度危险责任中确立了自甘风险的规则。[59] 侵权责任编第1176条增加了自甘风险的规定,但将适用范围限制为“文体活动”,因此,第1243条仍然不能构成《民法典》中自甘风险的规定。根据第1243条的规定,需要满足下列条件才能减轻或者免除责任:第一,未经许可进入高度危险活动区域或者高度危险物存放区域;第二,受害人受有损害;第三,管理人能够证明已经采取足够安全措施并尽到充分警示义务。在一般情况下,高度危险活动区域或者高度危险物存放区域与社会大众的活动场所相隔绝,如果管理人能够证明已经采取足够安全措施并尽到充分警示义务的,受害人未经许可进入该区域,表明受害人明知可能遭受来自高度危险活动或者高度危险物的风险,对损害的发生存在过错。因此,侵权责任编对高度危险区域责任采用了过错推定的归责原则,成为被弱化的高度危险责任。

五、结　　论

抗辩事由作为责任限制的制度设计,经过了慎重的利益衡量。我国以往对侵权法的研究多集中在归责原则和构成要件,忽视了对抗辩事由的研究,这也加剧了抗辩事由在适用上的混乱与冲突。在高度危险责任抗辩事由的适用存在冲突时,应该遵循下列方法适用:

首先,在《民法典》侵权责任编与单行法中有关高度危险责任的抗辩事由存在冲突时,应该根据“上位法优于下位法”的位阶判断,优先适用侵权责任编的规定。

其次,《民法典》侵权责任编第八章第1237条至第1240条和第1243条规定了具体的抗辩事由,应该排除一般性抗辩事由的适用;第1241条和第1242条未规定抗辩事由则意味着无抗辩事由;第1236条作为高度危险责任的一般条款,可以根据案件具体情况适用一般性抗辩事由。

最后,高度危险责任的抗辩事由因其高度危险具有独特的价值构造——“危险程度越大,抗辩可能性越小”,侵权责任编第八章通过“最严格—较严格—弱化的”3类责任类型构造了层次分明的责任体系,应以侵权责任编第八章的

---

[59] 参见王利明、周友军、高圣平:《侵权责任法疑难问题研究》,中国法制出版社2012年版,第587页。

规定作为高度危险责任抗辩事由的适用准则。

Conflict and Application of Defenses in High-risk Liability

Hang Guangyuan

Abstract: Before the Tort Law was enacted, there were already a lot of provisions on the defense of high-risk liability in some single-line laws. The Tort Law has developed a chapter on "high-risk liability" on the basis of absorbing the provisions on high-risk liability in the single-line law. Chapter Ⅷ of the Civil Code on the tort liability, "high-risk liability", basically inherits the provisions of the Tort Law. Chapter Ⅷ of the Civil Code, "Civil Liability" and Chapter I of the tort liability, "General Provisions", provide for eight general defences. Under the current legal system, there is a conflict of application in the defense of high-risk liability. In the case of conflict between tort liability and single-line law, the provisions of the tort liability should be applied as a matter of priority. With the exception of the general provisions on high-risk liability, the general defence cannot be applied to chapter Ⅷ of the tort liability. Chapter Ⅷ of the tort liability establishes the value structure of "the greater the degree of danger, the less likely the defense is". There is a hierarchical liability system, which should be based on the provisions of chapter Ⅷ of the tort liability as the applicable criterion for the defense of high-risk liability.

Key words: High-risk liability; Defense; Explanation; Conflict; Application

法律规范冲突解决机制的适用困境与利益衡量之补足*

——以行政法相关案例为例

许迎玲**

内容摘要：

为化解法律规范冲突，《立法法》从三大冲突处理规则和裁决制度两方面构建了冲突解决机制。然而，该机制在司法实践中遭遇挑战：适用冲突处理规则可能导致裁判结果不具有可接受性；裁决制度从未实际操作过形同虚设。方法论视域下，不应当适用冲突处理规则的法律规范冲突导致隐藏的漏洞产生，无冲突处理规则可适用的法律规范冲突导致冲突漏洞产生。对于该等法律漏洞应当运用利益衡量方法予以填补，具体到行政审判过程中：首先，仅在限定的规范冲突场合谨慎启动该方法；其次，准确提取相冲突的法律规范旨在维护的行政相对人、行政机关及社会公众的利益；最后，探寻立法中的利益衡量结果、遵循行政法基本原则，充分论证衡量过程，为衡量结果提供正当化的理由。

关键词：

法律规范冲突　行政法案例　法律漏洞　利益衡量

法律规范冲突指同一案件事实被多个法律规范所指涉时，不同法律规范的法效果不同且彼此不兼容。[1] 立法的滞后性、立法技术的局限性、立法者认识

---

* 本文为中国科协2021年“高端科技创新智库青年项目——智能算法在社会治理中的挑战、机遇与发展对策研究”（项目编号：2021ZZZLFZB1207065）的阶段性研究成果。

** 上海财经大学法学院博士研究生。

〔1〕 参见雷磊：《法律规范冲突的含义、类型与思考方式》，载陈金钊、谢晖编：《法律方法》第7卷，山东人民出版社2008年版，第247页。

的有限性等因素,导致法律规范冲突难以避免且长期存在。各国普遍在立法中预设了法律规范冲突的解决规则,我国《立法法》第五章从普适性规则和兜底性制度两方面构建了冲突解决机制:一是直接解决机制,即明确了"上位法优于下位法""新法优于旧法""特别法优于一般法"的三大冲突处理规则;二是间接解决机制,即将无法适用冲突处理规则的法律规范冲突几乎全部纳入送请裁决范围,区分法定和酌定情形规定了由有权机关裁决的制度。[2] 然而,司法实践突破冲突解决机制是一个不争的事实:一方面,三大冲突处理规则"金科玉律"的地位受到挑战,如果适用将导致裁判结果不具有可接受性,法院往往不再适用冲突处理规则所指向的法律规范;另一方面,裁决制度从未实际操作过,无权处理这些冲突问题的审判机关,要么自行解决,要么在系统内部寻求上级法院的指导。学界对三大冲突处理规则适用条件的研究较多,对能否排除以及如何排除对冲突处理规则的适用却鲜有关注;对裁决制度的批评较多,对替代方式或补足方法却鲜有涉猎。新的研究课题便在于:如何为审判机关在法秩序内解决疑难法律规范冲突问题,提供方法指引和理论支撑。通过对冲突解决机制适用困境的考察,本文对不同类型法律规范冲突在方法论层面的影响加以分析以寻求解决之道,再结合行政法学原理具体阐述补足冲突解决机制的展开步骤。

一、冲突解决机制的适用困境

以下结合具体案例,就冲突处理规则和裁决制度司法适用的现状、问题展开分析,以客观反映冲突解决机制在司法实践中遭遇的挑战。

(一)冲突处理规则不具有普适性

我国学者从实施性规定、变通性规定优先适用角度,论述了"上位法优于下位法"的例外情形;从实体从旧程序从新、从旧兼从轻、从新兼从轻、从重优先、从轻优先等角度,论述了"新法优于旧法""特别法优于一般法"的例外情形。[3]

---

〔2〕 参见曹鎏:《行政法视野下的法律冲突类型化研究》,载《行政法学研究》2010 年第 1 期;王贵松:《法院对法律冲突问题的应对:现状与前瞻》,载《法商研究》2010 年第 2 期。

〔3〕 参见陈运生:《法律冲突解决的方法论研究》,山东大学 2017 年博士学位论文,第 65 ~ 67、135 ~ 140 页;汪全胜:《"上位法优于下位法"适用规则刍议》,载《行政法学研究》2005 年第 4 期。

但实施性规定的优先适用以法律规范不存在冲突为前提,并不具备适用“上位法优于下位法”的条件;其他情形下的优先适用均以立法上存在例外规定为前提,体系思维下已经阻却了对冲突处理规则的适用。然而,在司法实践中出现了这样一种情形:存在可适用的冲突处理规则且不存在例外规定,但适用冲突处理规则所指向的法律规范将导致法律适用结果不客观、不合理,甚至极不公正,以至于不具有可接受性。即适用三大冲突处理规则可能导致规则悖反。所谓规则悖反指存在单一可适用的法律规范,但适用结果不具有可接受性。为确保裁判的可接受性,法院往往不再适用冲突处理规则所指向的法律规范。换言之,冲突处理规则在这些案件中失灵,不再具有普适性。

在《最高人民法院公报》发布的“益民公司诉河南省周口市政府等行政行为违法案”(以下简称“益民公司案”)、[4]“廖某荣诉重庆市公安局交通管理局第二支队道路交通管理行政处罚决定案”(以下简称“廖某荣案”)[5]等行政法案例中,法院便没有适用冲突处理规则所指向的法律规范。益民公司案中,双方当事人就周口市原发展计划委员会(以下简称市计委)是否具有行政主体资格存在争议。原《城市燃气管理办法》(1997 年)第 4 条将城市燃气管理工作的职权划分至城市建设行政主管部门。但国务院专题会议、省办公厅及市计委发布的行政规范性文件,均将西气东输利用工作交由各级计委负责。倘若按照“上位法优于下位法”,本案应当适用原《城市燃气管理办法》(1997 年)第 4 条,以不具备行政主体资格为由认定被诉行政行为违法。然而,从中央到地方已经形成了由各级计委负责西气东输工程所涉各项目的局面,如果在个案中否定计委的职权,不仅与行政体制的客观现状不符,而且将对其他行政相对人的信赖利益构成威胁,更有可能影响西气东输工程的整体进展。该案法院在追求形式法治、固守制定法权威、维护法的安定性与追求实质合理、尊重行政体制现状、维护法的正当性之间选择了后者,适用了不属于制定法源的行政规范性文件。[6]类似情况并不在少数,法院几乎一致采纳了行政规范性文件对行政主体资格的

---

[4] 参见《最高人民法院公报》2005 年第 8 期。

[5] 参见《最高人民法院公报》2007 年第 1 期。

[6] 参见许迎玲:《论排除规章适用的方法》,载陈金钊、谢晖编:《法律方法》第 30 卷,研究出版社 2020 年版,第 232 页。

认定,这些行政规范性文件实现了对制定法的抗衡。[7]

"廖某荣案"中,双方当事人就交通警察是否可以"一人执法"存在争议。《行政处罚法》(1996年)第37条第1款规定"行政机关在调查或者进行检查时,执法人员不得少于两人"。但《道路交通安全违法行为处理程序规定》(2004年)第8条第2款规定,"按照简易程序作出处罚决定的,可以由一名交通警察实施"。倘若按照"上位法优于下位法",该案应当适用《行政处罚法》第37条,以违反法定程序为由认定被诉行政行为违法。然而,一旦对一人执法作出否定性评价,裁判结果必将遭遇严峻的社会现实:警力有限、违章频发,要求两人以上执法将给交通执法带来巨大冲击,进而破坏交通秩序、危及人民的财产和生命安全。[8] 法院转而适用"新法优于旧法""特别法优于一般法",同时运用目的解释方法,以期排除对《行政处罚法》(1996年)的适用。遗憾的是,"新法优于旧法""特别法优于一般法"的适用前提是法律规范"由同一机关制定",法律和部门规章不仅由不同机关制定而且由不同级别、权力属性的机关制定,该案并不具备适用该两则冲突处理规则的条件。法律解释方法旨在明确法律规范的含义,不具备化解法律规范冲突的功能,立法目的的正当性亦无法证成条文的合法性。该案并不是个例,司法裁判中法院无一例外地认可了"一人执法"的合法性。法院对《道路交通安全违法行为处理程序规定》(2004年)第8条第2款的适用呈现出3种方式:一是运用"新法优于旧法""特别法优于一般法";[9]二是对相关条文作文义解释、目的解释;[10]三是不阐述理由直接适用,对当事人的质疑亦不作回应。[11] 前面已经否定了前两种方式的规范性,第

[7] "伊尔库公司诉无锡市工商局工商行政处罚案"中也存在类似的法律适用问题,参见"伊尔库公司诉无锡市工商局工商行政处罚案",载《最高人民法院公报》2006年第3期。

[8] 参见王贵松:《一对一证据的审查与认定——廖宗荣诉重庆市交警二支队行政处罚决定案评析》,载《华东政法大学学报》2012年第3期。

[9] 如"凯里市公安局交通警察大队、董某明公安行政管理案",参见贵州省黔东南苗族侗族自治州中级人民法院行政判决书,(2018)黔26行再4号。

[10] 如"李某诉北京市公安局公安交通管理局通州交通支队潞河大队处罚案",参见北京市通州区人民法院行政判决书,(2016)京0112行初185号。

[11] 如"罗某与广州市公安局交通警察支队天河大队、广州市公安局公安行政管理案",参见广州铁路运输法院行政判决书,(2018)粤7101行初3386号。

三种方式违反了裁判文书释法说理的基本要求。

(二)裁决制度不具有可操作性

裁决制度是"立法思维模式"下的产物,承认了规范性文件制定主体对自身立法问题的优先解决权,但缺乏"司法思维模式"下的考量,导致在司法实务中几乎从未实际操作过。[12] 究其原因,主要在于:其一,缺乏对送请裁决程序的具体规定。《立法法》明确了裁决机关;最高人民法院《关于适用〈中华人民共和国行政诉讼法〉的解释》规定了中止诉讼;《关于审理行政案件适用法律规范问题的座谈会纪要》(以下简称《行政案件纪要》)概述了中止审理、逐级上报、送请裁决的要求。然而,这些蛛丝马迹的程序性规定均较为概述,对于审理法院的内部上报程序,逐级上报程序(对接部门、各项步骤的时效性要求等),有权机关作出裁决的程序(起草、审议、修改、表决、听证、发布等)等均未予以明确。其二,妨碍审判独立及司法效率。司法审判的过程就是事实认定和法律适用的过程,审判机关应当在法秩序内独立适用法律规范、高效开展裁判工作。将本应当由司法机关自行解决的法律适用难题交由行政、立法机关解决,与司法程序所应当具备的独立性、中立性及终局性价值不符。而在缺乏时效性规定的前提下,一旦启动送请裁决程序,势必引发审判期限无限延长且无法预估,进而导致司法效率低下、行政纠纷久拖不决,行政相对人的权益得不到及时救济。

由于不具有可操作性,一方面出现了取代送请裁决的操作方式,另一方面督促最高人民法院专门发文扩大法院的冲突处理权限。取代方式主要包括两种:一是下级法院层报最高人民法院,最高人民法院向全国人大常委会法工委这类内部机构征求意见,最高人民法院依据意见再行作出批复、答复。[13] 这种操作方式并不属于送请裁决,内部机构出具的意见不具有对外效力,实际上适用的还是最高人民法院作出"批复"类司法解释,以及最高人民法院或其内部审判庭作出"答复"类司法解释性质文件的制度。二是下级人民法院层报最高人民法院,最高人民法院提请全国人大常委会进行法律解释。这种操作方式亦不属于送请裁决,系《立法法》第二章第四节规定的提请立法解释的制度。最高人

---

〔12〕 参见钱宁峰:《法律冲突裁决机制在法律适用中的有效性分析》,载《学海》2009 年第 6 期。

〔13〕 参见王贵松:《法院对法律冲突问题的应对:现状与前瞻》,载《法商研究》2010 年第 2 期。

民法院指导案例 89 号就适用了该程序,但该案中止审理持续 5 年多,足以窥见这类跨机关解决机制对司法效率的影响。〔14〕

最高人民法院发布的《行政案件纪要》针对部门规章之间的不一致,总结了 4 点适用规则,确立了专属职权制定的规章和联合制定的规章优先适用的规则;针对部门规章与地方政府规章之间的不一致,总结了 5 点适用规则,确立了经法律、行政法规、国务院决定或命令授权制定的规章优先适用,对特定事项进行规制的规章优先适用的规则。同时,对于上述两种类型的冲突,均设置了"其他情形"的兜底条款,增加了"不能确定如何适用"的表述。且不谈上述规则本身的合法性,〔15〕在立法未授权法院对该等法律适用问题具有裁量权的前提下,《行政案件纪要》直接将法定送请裁决情形酌定化的做法,不免存在正当性危机。但上述努力传达了最高人民法院对启动送请裁决程序的谨慎态度,亦表明裁判机关有限的冲突处理权无法应对复杂的法律适用需求。

二、利益衡量方法对冲突解决机制之补足

无论对冲突处理规则的排除适用抑或对裁决制度尤其是法定送请裁决机制的违背,都属于对实定法的背离。以结果为导向的思维方式出发,当且仅当法律存在漏洞、出现空隙时,司法裁判者才得以背离法律裁判、从事法律续造工作。由此引发我们对法律规范冲突现象是否导致法律漏洞产生的思考,倘若漏洞成立则得以进一步探寻填补漏洞的方法,从而可以在方法论上寻得补足冲突解决机制的思路。

(一)法律规范冲突导致法律漏洞产生

我国立法层面对法律规范冲突的解决思路是类型化的,以冲突处理规则为

〔14〕 参见《最高人民法院关于发布第 17 批指导性案例的通知》(法〔2017〕332 号,2017 年 11 月 5 日发布)。

〔15〕 以《行政案件纪要》规定的法律、行政法规授权制定的部门规章优先适用的规则为例,法律、行政法规中的授权更多的是为某些主体设定一项及时制定相关规章的义务,这与授权主体将自身立法权授予其他机关行使不同,即便没有法律、行政法规中的授权,国务院部门也可以依职权制定部门规章,因此不存在优先适用的问题。参见刘莘:《行政立法研究》,法律出版社 2003 年版,第 102 页。

核心，区分能够为冲突处理规则所化解的法律规范冲突和无冲突处理规则可适用的法律规范冲突。通过对司法实践的考察，我们发现立法上忽略了不应当适用冲突处理规则的法律规范冲突类型。以下从方法论视角考察3种法律规范冲突是否构成对法律计划圆满性的违反，即是否导致法律漏洞的产生，如果漏洞成立则进一步分析漏洞的类型。

第一，能够为冲突处理规则所化解的法律规范冲突系法律体系表面矛盾。为确保法律秩序的统一性、无矛盾性，法学在数百年间形成了一系列有助于规范和谐、避免规范之间矛盾的规则。[16] 这些用以解决法律规范冲突的规则是经验和逻辑的产物：高级规范决定着低级规范的创造，是低级规范的效力来源，因而低级规范不得与高级规范相抵触；[17] 如果新法作了不同于旧法的规定，可以推定立法者有意废止与新法相抵触的旧法；[18] 对一般规定进行补充、修正的特别规定，应当被优先适用。[19] 基于冲突的可化解性、可消除性，存在于规范之间的这些冲突便只是法律体系内的表面矛盾，并不违反法律计划的圆满性，不导致法律漏洞的产生。法院适用冲突处理规则化解规范冲突则属于法律适用行为，在找法、涵摄、论证3个法律适用阶段中，一般将其纳入找法阶段。

第二，不应当适用冲突处理规则的法律规范冲突导致隐藏的漏洞产生。利益法学产生以来，我们认可法律漏洞的存在。法律漏洞指涉法律"违反计划的不圆满性"，依据不同标准可以对法律漏洞作不同类型的划分，拉伦茨依据是否欠缺可资适用的规则，将法律漏洞划分为开放的漏洞和隐藏的漏洞：前者是指法律对其规整范围内的特定案件类型缺乏适当的规则；后者是指存在可适用的

---

〔16〕 参见[德]卡尔·恩吉施：《法律思维导论》，郑永流译，法律出版社2014年版，第201页。

〔17〕 参见[奥]汉斯·凯尔森：《法与国家的一般理论》，沈宗灵译，商务印书馆2013年版，第193页。

〔18〕 参见孔祥俊：《法律规范冲突的选择适用与漏洞填补》，人民法院出版社2004年版，第154页。

〔19〕 参见杨铜铜：《体系解释的思维依据》，载陈金钊、谢晖编：《法律方法》第22卷，中国法制出版社2017年版，第181页。

规则,但依规则的意义及目的不宜适用。[20] 隐藏的漏洞指向规则悖反,但拉伦茨未将适用冲突处理规则导致规则悖反的情形纳入其中。加德纳以“法律没有提供完整的答案”和“法律没有提供所要求的答案”界分开放的漏洞和隐藏的漏洞,其中,“法律没有提供所要求的答案”具体指与一些法律材料与问题的解决相关,但这些材料并不共同地衍推一个特定的裁决,如同等分量的相反的法律标准适用于同样的问题。[21] 可见,其扩大了拉伦茨框定的隐藏的漏洞的范围,适用冲突处理规则导致规则悖反的情形亦可纳入其中。实际上,由于无法在找法、涵摄过程中排除对相关规则的适用,不应当适用冲突处理规则的法律规范冲突已经构成了对法律计划圆满性的违反,法律漏洞得以成立。问题不在于拉伦茨对法律漏洞的定义不准确,而在于其对法律漏洞的类型化不够周延。[22]

第三,无冲突处理规则可适用的法律规范冲突导致冲突漏洞产生。法律秩序的统一性常常只是理想状态而非现实,法律体系内充满了紧张对立和不能解决的矛盾。[23] 我国裁决制度所针对的法律规范冲突,以及法律位阶未予以明确的设区的市、自治州的地方性法规与省、自治区的地方政府规章之间的冲突,均属于无冲突处理规则可适用的法律规范冲突。拉伦茨认为运用法的续造方法将有助于答复此类冲突,却未在论述法律漏洞类型时予以讨论。卡尔法斯、卡纳里斯等德国学者将其认定为冲突漏洞:当法律规范相互矛盾且通过冲突处理规则不能排除自相矛盾时,相互矛盾的法律规范由于“抵触”而相互抵消,冲

〔20〕 参见[德]卡尔 · 拉伦茨:《法学方法论》,陈爱娥译,商务印书馆 2003 年版,第 254 页。

〔21〕 参见[美]布赖恩 · 比克斯:《法律、语言与法律的确定性》,邱昭继译,法律出版社 2007 年版,第 23 页。

〔22〕 拉伦茨总结的法律适用逻辑模式也说明其确实未关注此类法律漏洞,其区分了构成要件 T^1 和 T^2,却未区分法效果 R^1 和 R^2。但法律秩序中恰恰存在 R^1 和 R^2 的差别,既可能是 R^1 与 T^1、R^2 与 T^2 相对应,也可能是 R^1、R^2 与 T 相对应。参见[德]卡尔 · 拉伦茨:《法学方法论》,陈爱娥译,商务印书馆 2003 年版,第 150 ~ 151 页。

〔23〕 参见[德]伯恩 · 魏德士:《法理学》,丁晓春、吴越译,法律出版社 2013 年版,第 121 页。

突漏洞得以成立。[24] 基于“法律违反计划，没有给出肯定的回答”，克莱默直接将冲突漏洞纳入公开的漏洞、真正的漏洞范畴。[25] 我国学者在适用范围，即“无冲突处理规则可适用”的层面上继受了冲突漏洞的概念，而未对其法律效果即“相冲突的法律规范无效”予以继受。[26] 这主要是由于我国法院对法律、法规及规章不具有司法审查权，无权宣告或推定该等规范性文件无效。本文亦在该层面上使用冲突漏洞的概念。

(二)利益衡量方法的引入

一人执法相关规范在司法实践中的 3 种适用方式，在规范性、正当性上逐一被否定，究其原因，主要在于运用的法律方法与待解决的问题、拟实现的目标不一致。该类案件实际上存在的是不应当适用冲突处理规则的法律规范冲突问题，该等法律规范冲突已经导致法律漏洞产生，应当运用漏洞补充方法予以消解。有学者总结了法院在适用“上位法优于下位法”过程中的异常表现：采取“鸵鸟政策”，回避法律规范冲突直接适用下位法；认定存在冲突却优先适用下位法等。[27] 这两种情形均是由于存在既定的却不应当适用的冲突处理规则，而法院未能采取正确的法律方法规避适用所导致的。此时，法院应当确认法律漏洞的存在，对症下药地运用漏洞补充方法予以解决，而不是闪烁其词、文不对题。相较而言，益民公司案中，法院同样未确认法律漏洞的存在，却运用了属于漏洞补充方法的利益衡量方法。从该案裁判文书的具体表述来看，这一做法基本实现了对违反上位法的行政规范性文件的合理化适用。

在诸多漏洞补充方法中，有且只有利益衡量方法是化解疑难法律规范冲突的正当方法。首先，我们可以对漏洞补充方法进行筛查。常见的漏洞补充方法

---

〔24〕 参见[奥]恩斯特·A. 克莱默：《法律方法论》，周万里译，法律出版社 2019 年版，第 164 页。

〔25〕 参见[奥]恩斯特·A. 克莱默：《法律方法论》，周万里译，法律出版社 2019 年版，第 162 ~ 164 页。

〔26〕 参见杨解君：《法律漏洞略论》，载《法律科学(西北政法大学学报)》1997 年第 3 期；梁慧星：《民法解释学》，中国政法大学出版社 1995 年版，第 263 页。

〔27〕 参见黄金荣：《法院对上下位法冲突处理规则的适用及其限度》，载《环球法律评论》2016 年第 2 期。

包括类推适用、回归法律原则、目的性扩张、目的性限缩、利益衡量等。[28] 类推适用旨在将类似的案件事实被法律条文的构成要件所涵摄,从而产生相同的法律后果;回归法律原则旨在将案件事实被法律原则的规制范围所涵摄;目的性扩张旨在将不符合文义却符合规制目的的案件事实被构成要件所涵摄;目的性限缩旨在将不符合规制目的却符合文义的案件事实不被构成要件所涵摄。这些漏洞补充方法均以单一的法律规范为载体,旨在为法官创设规则或创设例外规则服务,与在相互冲突的法律规范之间作出选择无关,只有利益衡量方法涉及对法律规范的选择适用。其次,我们可以对法律规范冲突的实质予以追问。法律规范是立法者对需要调整的社会关系和利益冲突所进行的规范化的、具有约束力的利益评价。[29] 换言之,法律是利益衡量的产物,法律规范背后都存在其旨在维护的利益。因而法律规范冲突的实质即规范所维护的利益之间发生冲突。化解规范冲突之道便集中于弥合规范背后各项利益之间的张力,而这恰恰是利益衡量方法的目的及功能所在。

时显群教授继受了德沃金有关原则具有分量的观点,认为当冲突处理规则失灵时,应当考察规则背后的原则,选择个案中分量更重的原则所指引的规则。[30] 然而,该观点在周延性和可操作性上并不尽如人意:一来上位法拥有更强的形式原则而无法被排除适用;[31] 二来相冲突的法律规范可能源自同一条实质原则,而无法引发对原则分量的比较;三来就如何权衡原则间分量高低的问题,无论德沃金还是时显群教授都没有给出固定的标准。就原则间的冲突问题,阿列克西提出个案中价值权衡的解决模式,[32] 即其认为决定原则适用顺序的还是原则背后所推崇的价值取向。而立法者的价值取向最终都需要通过特定具体的利益追求来体现,个案中的价值冲突体现为当事人之间具体法律利益

---

〔28〕 参见陈金钊:《法律方法论研究》,山东人民出版社 2010 年版,第 554 ~ 555 页。

〔29〕 参见[德]伯恩 · 魏德士:《法理学》,丁晓春、吴越译,法律出版社 2013 年版,第 235 页。

〔30〕 参见时显群:《司法实践中法律规则冲突时该如何处理》,载《南京社会科学》2016 年第 3 期。

〔31〕 参见雷磊:《法律原则如何适用? ——〈法律原则适用中的难题何在〉的线索及其推展》,载舒国滢编:《法学方法论论丛》第 1 卷,中国法制出版社 2012 年版,第 240 页。

〔32〕 参见雷磊:《规范理论与法律论证》,中国政法大学出版社 2012 年版,第 16 页。

的冲突,价值判断意味着在冲突的利益之间进行选择。[33] 因而与其说原则有分量之别,还不如说原则蕴含的价值、利益有分量之别,而对后者的衡量恰恰是对利益衡量方法的运用。

三、法律规范冲突解决中利益衡量方法的展开

利益衡量方法是反对概念法学盲目追求形式法治导致法律僵化的产物,开创了司法克制主义向司法能动主义的转变。由于各项法益及法价值难以构成确定的阶层秩序,利益衡量较之其他漏洞补充方法具有更强的主观性,法官依主观见解裁判的程度较高。[34] 在某一起案件中分量更重的利益,在另一起案件中可能得出截然相反的结论。正当化利益衡量结果的关键在于控制权衡过程,以下本文将具体阐述如何运用利益衡量方法化解法律规范冲突、填补法律漏洞。

(一)谨慎启动利益衡量方法

司法裁判者应当谨慎启动利益衡量方法,就规范冲突问题仅在以下两个场合可以启动该方法:

第一,适用三大冲突处理规则不具有可接受性。一方面,作为辅助方法的利益衡量方法,是检验冲突处理规则适用效果的方法和手段。通常情况下,我们凭借一般认知、法律常识即可判断适用结果是否具有可接受性,但在复杂的法律适用情境中,我们需要借助利益衡量方法来具体分析适用结果正当与否。如"廖某荣案"中,仅凭"法感"还难以支撑我们对一人执法是否具有可接受性的判断,需要借助利益衡量方法展开检验、验证。此时利益衡量方法并不属于漏洞补充方法,而是一种辅助的方法、思维方式,用以验证法律方法运用的合理性、裁判结论的妥当性。[35] 另一方面,作为漏洞补充方法的利益衡量方法,是解决冲突处理规则适用结果不具有可接受性的方法。经检验不应当适用三大冲突处理规则,即确认法律漏洞存在之后,便应当启动利益衡量方法。那么,法

---

〔33〕 参见王利明:《法学方法论》,中国人民大学出版社 2011 年版,第 549 页。

〔34〕 参见[德]卡尔·拉伦茨:《法学方法论》,陈爱娥译,商务印书馆 2003 年版,第 279 页。

〔35〕 参见王利明:《法学方法论》,中国人民大学出版社 2011 年版,第 558 页。

院能否避开冲突处理规则,直接运用法律解释方法适用其认为应当适用的法律规范?回答是否定的。一来冲突处理规则是既定的解决法律规范冲突的规则,除非为了实现个案正义或者具有更强的理由,否则对于法律规则的偏离就是非法的、恣意的。[36] 法院应当论证排除适用的理由在正义方面占优势。二来法院对法律规范冲突本便具有澄清之责,对当事人提出的法律适用主张具有回应之责,对适用法律规范的理由具有说明之责。其应当阐明作出选择的理由,否则当事人和社会公众对裁判结论的质疑便具有正当性。

第二,无可适用的冲突处理规则。我国复杂的立法体系和政策考虑,导致我国存在诸多无法适用冲突处理规则的情形。受制定主体、适用范围等因素的影响,部分法律规范之间不作法律位阶的划分,进而无法适用"上位法优于下位法";处于同一法律位阶、非由同一机关制定的规范之间,也无法适用"新法优于旧法""特别法优于一般法";"新法优于旧法"与"特别法优于一般法"之间没有适用上的先后之别,进而也存在两则冲突处理规则相冲突的情形。然而,《立法法》通过"不能确定如何适用时"的表述,划分了一条适用机关对冲突漏洞具有裁量空间和不具有裁量空间的线。我们很难找到逻辑或理论上的划分依据,适用机关对法律位阶较高的法律、行政法规相关的冲突问题具有裁量空间,对位阶较低的地方性法规、规章相关的冲突问题却不具有裁量权。但经由划分,酌定送请裁决情形导致授权漏洞产生,即立法者有意识地授权法律适用机关自行解决该等适用难题,则法院运用利益衡量方法填补漏洞具有形式上的正当性。问题在于,法院能否自行化解法定送请裁决情形的规范冲突?有学者从填补漏洞之需要角度论证了越法裁判的正当性。[37] 当然,倘若将来修改《立法法》时将各类规范冲突均纳入酌定送请裁决情形,则无须为填补冲突漏洞寻求理论上的依据。

(二)准确提取法律规范旨在维护的利益

行政法所保护的利益既包括行政相对人的利益,也包括行政机关自身的利益,还包括国家利益和社会公共利益。准确提取相冲突的法律规范旨在维护的利益,是启动利益衡量方法之后的第一步。

首先,就行政相对人的利益而言。关保英教授依据不同标准对行政相对人

[36] 参见孙海波:《越法裁判的可能、形式与根据》,载《东方法学》2019 年第 5 期。

[37] 参见孙海波:《越法裁判的可能、形式与根据》,载《东方法学》2019 年第 5 期。

的利益范畴进行了横向上的划分：根据是否具有法律上的依据，区分为合法利益与合理利益；根据利益与行政行为的关系，区分为直接利益与连带利益；根据利益表现形态的不同，区分为有形利益与无形利益；根据义务承受对象的不同，区分为直接相对人的利益与间接相对人即利害关系人的利益。[38] 我们往往只关注到合法利益、直接利益、有形利益、直接相对人的利益，而忽略了对合理利益、连带利益、无形利益、间接相对人的利益的提取，应当兼而有之、全面考察。以利害关系人的利益为例，传统行政法中其往往被当作反射性利益，进而可以成为行政机关便宜主义之下自由裁量的对象。利益衡量之下，应当关注和加强对该种利益的保护，尤其是利害关系人获得行政救济、参与行政程序的利益。[39]

其次，就行政主体的利益而言。行政主体的利益主要包括两方面：一是行政机关与行政相对人订立的行政协议中，有关行政机关具体利益的约定，如果该等利益是合法的、正当的，则属于行政机关可期待的利益；二是行政成本，包括额外或替代程序所带来的财政或者行政负担，[40] 我国《行政诉讼法》亦保护该种利益，如“行政行为程序轻微违法，但对原告权利不产生实际影响的”，可以判决确认违法但不予撤销。需要警惕的是，行政机关基于部门保护主义、地方保护主义，依托行政立法权通过规范性文件维护的自身违法、不当的利益，以及依托行政执法权为自身营造的物质或精神上的有利因素，均应当加以辨别、不予保护。[41]

最后，就行政机关所代表的国家利益、公共利益而言。基于行政权的公权力属性，应当关注行政法的价值取向和旨在维护的国家利益、公共利益。国家利益一般是指关涉国家生存和发展的各项利益，公共利益一般指不特定社会成员的利益，两者之间的核心内涵不同，在某些涉外行政法律关系中可以相互转化。[42] 两者均为不确定法律概念，需要在具体案件中加以具体化。以政府信

---

〔38〕 参见关保英：《论行政主体的利益注意义务》，载《江汉论坛》2019年第5期。

〔39〕 参见王贵松：《作为利害调整法的行政法》，载《中国法学》2019年第2期。

〔40〕 参见伍劲松：《论行政执法利益衡量之要素与技术》，载《法学论坛》2010年第3期。

〔41〕 参见张淑芳：《论行政法中的行政利益及其防范》，载《河南财经政法大学学报》2014年第5期。

〔42〕 参见梁上上：《公共利益与利益衡量》，载《政法论坛》2016年第6期。

息公开领域为例,与知情权、民主政治、公众参与等价值相关的公共利益促进了信息的公开,而可能对公共利益造成重大影响的商业秘密、个人隐私则与国家秘密一同构成了信息公开的例外事项。[43]

(三)充分论证利益衡量过程

在提取出相冲突的法律规范背后的利益之后,裁判者需要对利益的种类、大小等要素进行充分比较,对保护其中一方利益、舍弃另一方利益的后果、影响作出充分评估和权衡。虽然各项利益之间严格的位阶无法确定,但我们对不同类型利益之间的位阶已经形成了初步共识:生命利益大于健康利益、健康利益大于财产利益、生命利益之间不分高低、财产利益之间按照价值大小区分高低。[44] 然而,行政法中的利益衡量增加了行政法律关系主体在权利义务上不对等的变量,导致对行政相对人、行政主体和社会公众之间利益的衡量具有不可通约性。不可通约性是指没有共同的度量,但不是指不可比较性。[45] 衡量过程可以遵循以下基本思路。

1. 探寻立法中的利益衡量结果

根据宪法,法官应当受法律约束,其不仅要适用具体的法律命令,也要保护制定法认为值得保护的利益,因而立法者所作的利益衡量优先于法官的个人评价,对法官具有拘束力。[46] 如果立法上已经对法律规范冲突作出了选择,则应当尊重立法上的利益衡量结果。以"一人执法"为例,2008 年、2020 年修改《道路交通安全违法行为处理程序规定》时,均未对可以由一名交通警察作出处罚决定的内容加以修正。部门规章通过沉默的方式,在个案公正价值、行政相对人的程序利益与社会交通秩序、社会公众的生命和财产利益中选择了后者,为"一人执法"的合法性进行了背书。如学者所言,"揭示法律制度本身的利益安排是利益衡量的基础,其中蕴含着利益衡量的基本原则"。[47] 诉诸立法中的利

---

[43] 参见王敬波:《政府信息公开中的公共利益衡量》,载《中国社会科学》2014 年第 9 期。

[44] 参见梁上上:《利益衡量论》,法律出版社 2016 年版,第 87 ~ 89 页。

[45] 参见王善博:《解释与不可通约性——库恩与罗蒂之间的几点异同》,载《自然辩证法研究》2002 年第 9 期。

[46] 参见[德]菲利普·黑克:《利益法学》,傅广宇译,载《比较法研究》2006 年第 6 期。

[47] 王敬波:《政府信息公开中的公共利益衡量》,载《中国社会科学》2014 年第 9 期。

益衡量结果将极具说服力和可信度。裁判者可以通过考察立法资料、询问立法机关利益衡量过程等方式获悉立法者的权衡过程及结果,加之以逻辑分析、客观现状考察,继而在裁判文书中充分阐明利益衡量的过程及结果。

立法上的利益衡量结果也不是固定不变的,以往集体主义主宰社会利益分配,随着市场经济的发展,个人主义抬头,自由价值在社会心态中的地位得以提升,公开、公平、公正成为行政法的发展方向。1989 年发布《行政诉讼法》时尚无“确认违法”的判决类型,司法裁判中创造了该判决类型并逐步为立法所吸收。对于撤销行政行为将给国家利益、社会公共利益造成重大损失的,法院在判决确认违法的同时,可以责令被告采取补救措施、判决被告承担赔偿责任。益民公司案中,二审法院便责令行政机关在限期内对益民公司的合法投入予以合理弥补。裁判者应当把握立法中利益衡量的变化趋势及具体变化,具体立法情况具体分析,而不是一贯以国家利益、公共利益优先于个人利益为逻辑起点。裁判者应当运用体系化的思维方式,探寻立法是否为维护公共利益、侵害个人利益规定了补足措施,通过利益衡量与补足措施的逻辑闭环,为支持公共利益的优先地位、确保考察的立法中利益衡量结果的正确性提供正当化的理由。

2. 以行政法基本原则为导向

回归法律原则作为漏洞补充方法之一,通常在两个场合适用:一是缺乏具体可适用的规则;二是适用规则将导致极端不正义。这里以行政法基本原则为导向并不是指将其作为漏洞补充方法,用以创设规则或创设例外规则,而是指将其作为判断相冲突的法律规范哪一方维护的权益更具优势的准则。这也是拉伦茨所强调的利益衡量方法必须遵守的若干具体的、可审查的原则,用以确保利益衡量方法脱离单纯的法感成为可合理掌握的过程。[48] 行政法领域,平等原则、比例原则是利益衡量是否具备合法性的重要依据和标准,也是形成利益衡量结果的重要理由。

(1)平等原则

具体而言,平等原则包含“相同对待”和“差别对待”两方面,前者要求行政机关作出行政行为时须平等地对待行政相对人;后者要求在具有正当理由的前提下,行政机关须合理、适切、有差别地对待行政相对人。以“益民公司案”为

〔48〕 参见[德]卡尔·拉伦茨:《法学方法论》,陈爱娥译,商务印书馆 2003 年版,第 286 页。

例,由于部门规章已经对行政主管部门予以明确,按照相同对待的要求,益民公司应当与其他行政相对人一样,在城市燃气管理领域受到且只受到城市建设行政主管部门的管辖。面对市计委组织城市天然气管网项目招标工作、介入到城市燃气管理工作中,益民公司得以侵害权益为由,主张同等情况应当得到同等对待,其接受且只接受建设部门的管辖。

当受待人之间的情况具有足够的、实质性的差别时,司法裁判才可以不受相同对待的约束,转而适用平等原则的例外要义即差别对待。[49] 在一般情况下,行政职权的转移主要是出于政策上的考量。西气东输工程事关国民经济和社会发展,是贯彻落实国家西部大开发战略的重大举措,从工程论证、可行性研究、招商到用气项目的确定等工作均由原国家计委负责、牵头、协调,且西气东输工程建设领导小组办公室也设在原国家计委。[50] 组织天然气管网项目招标工作是计委负责西气东输工程背景下,整合行政部门职能、发挥集中治理优势下的产物。该案中,项目背景、行政组织客观现状已经构成了足够的、实质性的差别。法院还可以从个案中否定计委职权的不利后果、行政相对人是否已经知晓并认可计委职权等角度,补强论证差别对待的理由。该案之后,继受原《城市燃气管理办法》(1997 年)内容的《城镇燃气管理条例》(2010 年发布,2016 年修订)不再指定负责燃气管理工作的具体部门,则原各级计委基于下位法的细化规定而取得的事务管辖权具有合法性。

(2)比例原则

如果说,平等原则的差别对待方面为越法裁判提供了可能,比例原则则为化解法律规范冲突提供了兜底性理性依据。一般认为,比例原则包含妥当性、必要性和均衡性 3 项子原则。

首先,妥当性原则要求行政行为有助于达成行政目的。行政目的既有具体的也有抽象的,具体目的需要在行政过程中具体分析,抽象目的、实质目的、最终目的则均为追求公共利益,对公共利益的追求也是行政行为具有正当性的基础。当法律规范 R1 与 R2 冲突时,倘若 R1 维护的是行政机关的部门利益、地

---

〔49〕 参见章剑生:《"选择性执法"与平等原则的可适用性》,载《苏州大学学报(法学版)》2014 年第 4 期。

〔50〕 参见曾培炎:《西部大开发决策回顾》,中共党史出版社、新华出版社 2010 年版,第 93 页。

方利益、集团利益等不正当利益,R2 指向公共利益,则 R1 本身的正当性无法证成,应当排除对 R1 的适用;倘若 R1 和 R2 维护的都是不正当利益,则 R1 和 R2 的正当性均难以证成,可以通过妥当性原则排除对两者的适用,不能拒绝裁判的法官可以运用类推等漏洞补充方法进行漏洞填补;倘若 R1 和 R2 维护的都是公共利益,则应当继续围绕必要性、均衡性展开考察。

其次,必要性原则用以评价行政手段对当事人及社会公众的损害是否最小。"一人执法"案件中,警告的行政处罚对行政相对人的名誉施加了一定影响,但不对其人身自由或财产权益造成损害;200 元以下罚款对财产权益的损害也较小。因而即便一名交通警察执法过程中存在违法或不当的行为,对行政相对人权益的损害也不大。之所以强调两名执法人员共同执法,主要源于"一人为私,两人为公"的观念。然而对于社会公众而言,要求每一起道路交通管理行政处罚均由两名警察作出,将导致整个社会投入极大的经济和人力成本。我们可以看一组数据,2020 年 1 月 23 日至 2 月 2 日春节假期,各地日均投入警力 16 万余人次、查处各类交通违法行为 274 万起。[51] 数据之庞大令人瞠目结舌。较之 2 名交通警察共同执法,一人执法对公众整体权益的侵害最小,反而有利于增进社会福祉。随着科技的发展、视音频记录工作的开展,一人执法亦可符合两人为公的理念,执法人员数量对行政相对人权益的影响也将更小。

最后,均衡性原则用以检验损害的个人利益与维护的公共利益是否均衡相当。行政法中公与私的对峙、个人利益与公共利益的冲突在均衡性原则下获得评判标准,只有合比例地维护公共利益才能成为损害个人利益的正当理由。当法律规范 R1 与 R2 冲突时,如果 R1 维护的是行政相对人个人利益,R2 维护的是公共利益,应当权衡个人利益与公共利益之间的关系。当仅涉及财产利益时,可以引入成本收益分析方法,将个人利益和财政支出计入总成本,将公共利益计入总收益,两者之间比例值小于 1 则符合均衡性要求,可以排除对 R1 的适用。[52] 当涉及其他类型的利益时,则应当结合利益类型综合考虑可能造成的影响,辅之以成本收益分析方法据以谨慎地作出选择。此外,如果 R1 所维护的个人利益系行政相对人合理预期,则应当补偿行政相对人的信赖损失。排除对

〔51〕 参见张璁、倪弋:《全国交警力保交通安全形势平稳》,载《人民日报》2020 年 2 月 3 日,第 13 版。

〔52〕 参见刘权:《均衡性原则的具体化》,载《法学家》2017 年第 2 期。

R1的适用还可能涉及R2与信赖保护相关的规则、原则的衔接问题,此时信赖保护原则与比例原则一道,成为正当化利益衡量结果的重要理由。

四、结 语

对隐藏的漏洞的认定源于我们对法律规范性的反思,对冲突漏洞的认定源于对冲突处理规则有限性与法律规范冲突无限性之间矛盾的认识。一旦对法律规范冲突现象在方法论层面的影响加以审视,解决路径便豁然开朗,在诸多漏洞补充方法中,利益衡量方法脱颖而出,亦突破了仅以目的性限缩方法填补隐藏的漏洞的传统认知。经由限定启动利益衡量方法的场合、指引提取利益的类型、探寻立法中的衡量结果、明确衡量过程需遵循的原则,利益衡量方法在解决疑难规范冲突中的技术和规程得以清晰,其作为一项独立的漏洞补充方法的观点亦得以证立。"归根结底,法律续造的合法性基础在于法的正义功能。"〔53〕本文并不恪守纯粹的实证主义,对于个案正义、司法效率的追求是优先于对法的安定性的维护的。当然,对于司法过程中形成的价值共识,如对"一人执法"的认可,倘若能及时在立法层面予以修正,将进一步彰显司法实践对立法的推动功能。实际上,2021年新修订的《行政处罚法》已经作出调整,第42条为执法人员数量增加了例外规定——"法律另有规定的除外"。但是,运用体系解释方法,这里的"法律"仅是指全国人大及其常委会发布的规范性文件,而不包括公安部发布的部门规章,进而"一人执法"的法律规范冲突仍然存在。只有进一步扩大《行政处罚法》例外规定的范围,或者在《道路交通安全法》中明确"一人执法"的合法性,才能有效化解法律规范冲突。此外,裁决制度作为兜底性规范冲突解决机制是有其制度价值的,但法定送请裁决情形有待酌定化、具体的程序有待具体化,亦期待立法层面对之及时作出调整。

---

〔53〕 [德]莱因荷德·齐佩利乌斯:《法学方法论》,金振豹译,法律出版社2009年版,第123页。

The Application Dilemma of the Conflict Resolution Mechanism for Legal Norms and the Complement of Interest Measurement
—Taking the Relevant Administrative Law Cases as Examples

Xu Yingling

Abstract: In order to resolve the conflict of legal norms, the legislative law constructs the conflict resolution mechanism from two aspects: conflict resolution rules and ruling system. However, this mechanism has encountered challenges in judicial practice: the application of the conflict resolution rules may lead to unacceptability of the adjudication results; and the ruling system has never been put into practice. From the perspective of methodology, the conflict of legal norms that should not apply conflict resolution rules lead to hidden legal loopholes, while the conflict of legal norms that have no applicable conflict resolution rules lead to conflict loopholes. We should use the method of interest measurement to fill these legal loopholes. To be specific, in the process of administrative trial: firstly, the method should be cautiously used in the limited conflict situations; secondly, we should accurately extract the interests of the administrative counterpart, the administrative organization and the social public behind the conflict legal norms; thirdly, we should explore the results of interest measurement in legislation and follow the basic principles of the administrative law, so as to fully demonstrate the process of interest measurement and provide justified reasons for the results.

Key words: The conflict of legal norms; Administrative law cases; Legal loopholes; Interest measurement method

数字“守门人”滥用市场支配地位的理论问题与路径选择*

许　丽**

内容摘要：

随着数字经济向纵深发展，数据作为一种新型生产要素，成为数字“守门人”的核心资产。对于数据市场化与产业化过程中出现的数据竞争与垄断的治理问题，既有的反垄断分析框架需进一步调整适用。考虑到互联网经济网络效应、锁定规律、双边市场等特性，对于交易型与非交易型双边市场宜采用不同的相关市场界定方法；“守门人”市场支配地位的认定应综合考虑平台经营者对数据的市占率及控制能力、财力和技术条件、同业竞争者的进入壁垒等因素；“滥用行为”界定规则应以遵循传统路径为原则，辅之以直接证据法作为补充。确保“守门人”及其现时竞争者、新进入者、潜在进入者都享有利用大数据进行创新的机会，促进大数据产业有序竞争。

关键词：

守门人　相关市场　SSNDQ 量化　数据垄断

一、问题的提出

最早引入“守门人”(gatekeeper)概念的是奥拉·林斯基(Orla Lynskey)，他建议用“守门人”来代替“平台力量”作为规制的对象，他认为，平台的概念过于模糊且容易与反垄断法中的市场力量相混淆，而“守门人”的概念更能体

* 本文为研究阐释党的十九届五中全会精神国家社科基金重大项目“在法治轨道上促进平台经济、共享经济健康发展研究”(项目编号:21ZDA025)的阶段性研究成果。

** 华东师范大学法学院博士研究生。

现大数据背景下平台经济兴起之后，大型平台所扮演的角色及其带来的竞争规制难题。欧盟2020年12月公布的《数字市场法案（草案）》将拥有市场主导地位的互联网平台型企业称为“守门人”，他们的存在导致数字市场的效率低下、价格更高、质量更低、选择和创新更少，从而损害了消费者权益。[1] 如今，“守门人”在垄断数据流量的同时，还能榨取消费者新的数据。当前“守门人”拥有海量数据，其利用数据进行垄断的案件频发，如“新浪微博诉脉脉不当抓取用户数据”“华为腾讯数据纠纷”“顺丰与菜鸟数据传输之争”“头腾大战”“丰菜之争”，但这些最终都不是通过反垄断规制路径予以规制的。尽管很多学者认为，数据具有非竞争性、非排他性，很难成为一种垄断资源，然而，“守门人”往往通过对大量数据聚集、挖掘、分析来强化其市场力量、锁定消费者、提高市场进入门槛，这正是数据驱动型企业利用先发优势滥用市场支配地位导致初创企业难以生存的症结所在。近期，对“守门人”相关市场的界定、市场支配地位的认定、剥削性滥用的判定引发了学者的热议，[2]究其原因在于，“守门人”滥用数据市场支配地位案件的新颖性、复杂性和争议性。本文试图从相关“守门人”数据垄断[3]领域的司法实践中提取出一套与我国数字经济发展水平相适应的反垄断规制新体系，进而助力大数据平台合规经营，促进数据赋能、价值共创。

[1] See Digital Markets Act, § 2, Brussels, 15. 12. 2020 COM(2020) 842, Accessed May 20, 2021, https://eur-lex. europa. eu/legal-content/en/TXT/? qid = 1608116887159& uri = COM%3A2020%3A842%3AFIN. pdf.

[2] 杨东、黄尹旭：《〈反垄断法〉设置数字经济专章研究》，载《竞争政策研究》2021年第2期；王健、吴宗泽：《论数据作为反垄断法中的必要设施》，载《法治研究》2021年第2期；丁晓东：《论数据垄断：大数据视野下反垄断的法理思考》，载《东方法学》2021年第3期；杨东、李子硕：《监管技术巨头：技术力量作为市场支配地位认定因素之再审视》，载《学术月刊》2021年第8期。

[3] “数据垄断”在本文中并不是指超级平台通过自身营造的网络生态系统吸引千万流量、汇聚海量信息，对数据本身的控制，而是指数字平台借助算法技术及海量的数据所实施的滥用市场支配地位的行为。

二、"守门人"相关市场的界定

相关市场界定是反垄断案件分析的基础,在"守门人"滥用市场支配地位中,除非有适当的方法进行取代,不然不应轻易略过相关市场的测定。[4] 1956年杜邦公司"玻璃纸谬误"就是不应回避相关市场界定最好的例证。[5] 在国内,体现相关市场界定之重要性的"唐山人人诉百度案"中,相关商品市场界定为"搜索引擎服务市场"是从网络用户的角度出发的,而在否定被告的抗辩理由时却是从"广告服务市场"出发的。法官将相关市场界定与否定被告抗辩分别置于两个不同的相关市场,从而该份判决因逻辑不严谨广受诟病。

(一)"守门人"相关市场的确定

"守门人"的双边市场经营模式所引致的交叉网络外部性及免费性特征给相关市场界定带来了新的难题,以"守门人"双边用户之间是否依托平台实施交易为标准,可以将双边市场分为交易型双边市场和非交易型双边市场(见图 1、图 2)。前者如银行卡组织、淘宝、京东、滴滴等,它们只涉及一个相关市场;后者如百度搜索平台、腾讯 QQ 社交平台,他们双边市场分别涉及广告投放市场和搜索引擎服务市场、广告投放市场和互联网即时通信市场。[6]

---

〔4〕 See Daniel A. Crane, *Market Power Without Market Definition*, Notre Dame Law Review, Vol. 90:1, p. 31 - 79(2014).

〔5〕 1956 年,美国政府对杜邦公司占有玻璃纸市场 100% 份额提出指控,美国联邦最高法院将玻璃纸归类为一种包装材料,杜邦公司在包装材料市场所占份额仅为 18%,为此认定对其市场支配地位的指控并不成立。法院没有考虑杜邦公司作为垄断型企业,玻璃纸价格已经高于竞争价格,以这个垄断性价格作为界定市场的基础价格寻找其密切代替品,结果就是杜邦公司如果进一步上涨,消费者会购买其他柔性包装材料。该判决由于相关市场界定错误受到学术界和实务界很多批评,批评者称为"玻璃纸谬误"。

〔6〕 参见曾迪:《大数据背景下互联网平台反垄断法适用难题及对策研究》,载《重庆邮电大学学报(社会科学版)》2019 年第 3 期。

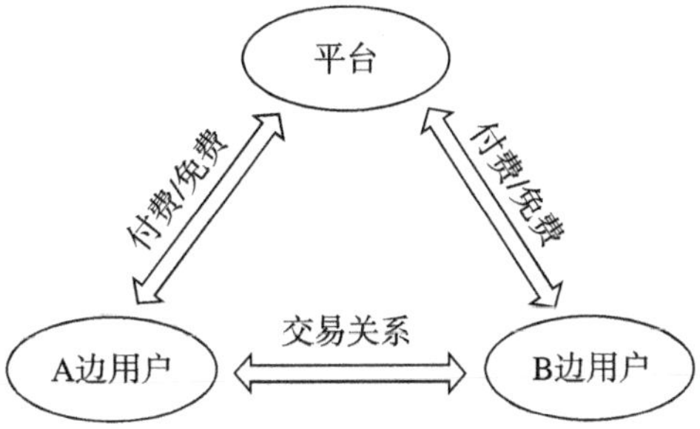

图 1　交易型双边市场

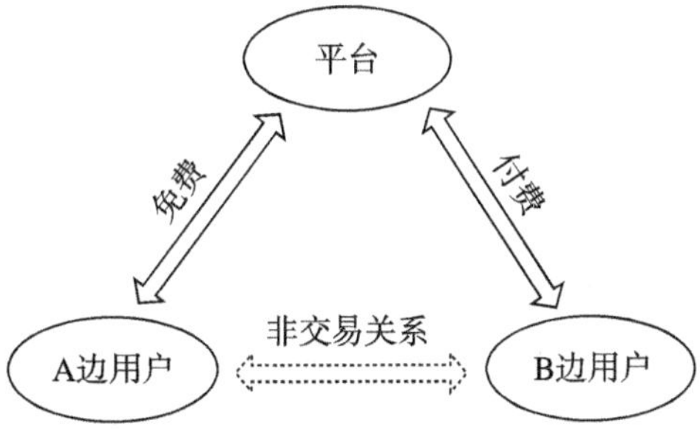

图 2　非交易型双边市场

交叉网络外部性在交易型双边市场与非交易型双边市场中表现形式不同。在交易型双边市场中，这种交叉是正网络效应的交叉，如持卡人增多会正向促进商户的增多，商户增多也会促进持卡消费者数量的增加。然而，在非交易型双边市场中，有可能会出现正、负网络效应同时交叉现象，以搜索引擎服务市场为例，随着搜索用户的日益增多，广告商为实现更大的利润回报而增加投入力度，但广告商提升投入力度之后，可能会导致搜索用户数量出现减少。因此，在判断假定垄断者提价是否有利可图时，SSNIP 测试[7]并未将乘数效应考虑在内，在双边市场具有双向正交叉网络效应时，低估了提价带来的损失，从而导致界定的相关市场过窄。反之，当双边市场具有单向负交叉网络外部性时，一侧

[7] SSNIP 检验是美国司法部和联邦贸易委员会在 1982 年联合发布的《企业横向并购指南》中首次提出的，欧盟委员会在 1997 年颁布的《关于相关市场界定的通知》中正式确认采用该检验方法来界定相关市场。其主要是通过对一个假定垄断企业产品价格进行非短期（一般为 1 年）显著上涨（5%）并保持盈利状态来界定替代性产品组成的相关商品市场。

价格上升,该侧产品需求下降,负交叉网络效应带来另一侧产品需求反而上升,即使该侧价格不变,平台企业在该侧用户市场中获得的利润上升。在此情况下,采用 SSNIP 检验方法会高估涨价对平台企业利润的影响,市场界定过宽。[8] 由此,SSNIP 测试仅仅能反映涨价对市场一侧的影响,很难兼顾对双边市场的影响,从而导致双边市场视域下相关市场界定过窄或过宽。而相关市场界定与反垄断案件的结果具有非常紧密的关系,相关市场界定得越宽,涉案行为违法的可能性就越小,反之就越大。[9]

然而,进一步对交易型双边市场与非交易型双边市场中相关市场进行分析,发现有规可循。交易型双边市场虽然有"双边市场"属性,但由于双边用户之间存在可观测的交易,双边用户的替代产品其实是一致的,因此只需界定一个相关市场。在美国"运通案"中,[10] 法院首次认定银行卡网络是交易型平台,完成一笔交易需要平台两边的用户参与,从而持卡人和商户被界定为一个相关市场。对于非交易型双边市场,若是单向交叉网络外部性的非交易型双边市场,可仅在不存在网络外部性的一边界定相关市场;[11] 但是其他情形由于两边的替代品不同,需要进行单独界定两个不同的相关市场(见图 3)。如百度作为一种典型的存在单向正网络外部性平台,当其与广告主用户存在纠纷时,应当将相关行为置于在线广告服务市场进行分析;而当其与其他搜索引擎发生纠纷时,应当同时置于信息检索服务市场和在线广告市场中进行竞争分析。

---

[8] 参见唐要家、唐春晖:《数字平台反垄断相关市场界定》,载《财经问题研究》2021 年第 2 期。

[9] 参见郑鹏程:《反垄断相关市场界定的结果导向及其法律规制》,载《政治与法律》2016 年第 4 期。

[10] 美国运通公司采用了一种商业模式,与竞争对手相比,向商家收取更高费用。因此,为了防止商家将运通卡用户引导到其他更便宜的信用卡,运通公司对其商家使用了合同限制,签订的协议中包含了禁止转介条款。在初审中,法院将持卡者所在市场和商户所在市场界定为两个彼此独立的相关市场,上诉法院引入双边市场理论,认为持卡人和商户应当从属于一个相关市场,联邦最高法院肯定了上诉法院的判决,将相关市场界定为一个包含了持卡人与接受信用卡的商户的交易型双边市场(two-sided transaction platform)。

[11] See David S. Evans, *Antitrust Economics of Free*, Competition Policy International, Vol. 7:1, p. 1 – 26(2011).

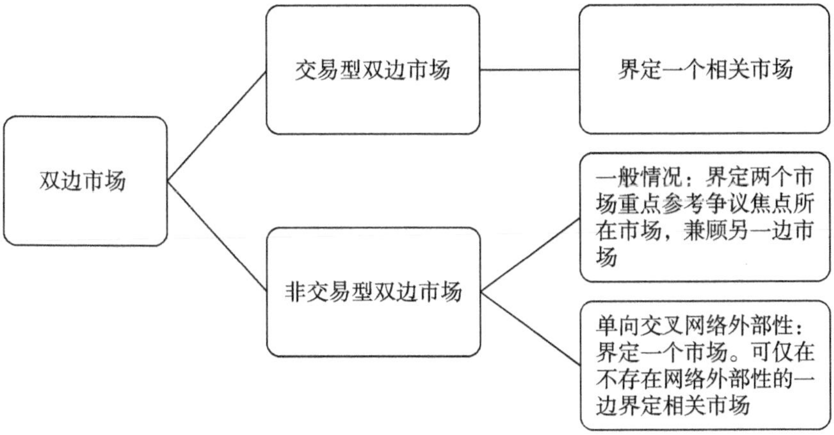

图3 双边市场条件下相关市场界定

(二)“守门人”SSNDQ 量化方法

如前文所述,传统单边市场中相关市场界定的 SSNIP 测试法,由于无法反映“守门人”的双边性特征,应当对其进一步优化得以适用。SSNIP 测试所面临的困境主要是以下两个方面:一方面,是基于双边市场的交叉网络外部性特征,“守门人”的收益不仅取决于交易平台同一类型的用户数量,也取决于交易平台另一类型的用户数量。因此,SSNIP 测试小幅度涨价对于一边市场的影响是不显著的。[12] 另一方面,是基于双边市场产品的免费定价策略,对于免费产品进行 5% 的提价并无意义,而直接提价又忽略了“守门人”通过免费产品扩大用户规模从而提升另一边市场用户数量的经营模式。为此,《反垄断法》应引入数据产品质量下降的假定垄断者测试方法(SSNDQ),[13] 以“守门人”是否有能力将产品质量降低到市场竞争质量之下作为衡量其市场力量的标准。在数字平台免费经营的模式下,消费者会更加注重商品的质量,然而在以上网络效应带来

〔12〕 参见蒋岩波:《互联网产业中相关市场界定的司法困境与出路——基于双边市场条件》,载《法学家》2012 年第 6 期。

〔13〕 所谓 SSNDQ 测试,是指“质量出现小但重大的非暂时性下降”(small but significant non-transitory decrease in quality),是否导致用户转向或者流失分析来划定零价市场的边界。

的锁定效应,以及算法自我反馈优化的模式下,新的市场进入者很难提供数据垄断经营者同等质量的个性化服务。质量下降对消费者的危害在本质上与价格上涨一样严重,在"守门人"数据垄断中,SSNDQ测试方法比SSNIP更具说服力,但由于质量是主观的、多维的且难以量化的,目前SSNDQ方法较大的挑战在于如何区分质量变化。欧洲消费者组织提出,较差的质量可能会影响数字服务和消费者体验,尤其是隐私被视为零价市场中的一项竞争参数时,质量较差可能体现为企业降低隐私保护标准。笔者认为,除隐私保护外,还有3个可以普遍接受的数据产品普遍适用的可量化的质量指标是产品相关性、创新性以及服务器速率,对于产品相关性和创新性可以参考道格拉斯·W.哈伯德在MII案例中提出的量化质量和创新性的简易方法,[14]随机抽取不同用户给搜索引擎这4个维度进行打分,对这些分数进行加权平均。在对某个数据产品进行SSNDQ测试时,对这个分数下降1~2个分数梯度(见表1),观察消费者所转向的相似产品或服务,确定相关市场。

表1　SSNDQ测试质量量表

维度	评价指标	分数					
用户隐私保护	1.搜索引擎对用户隐私的保护程度	0	1	2	3	4	5
	2.不收集与用户搜索无关的数据	0	1	2	3	4	5
	3.搜索引擎筛查过滤带病毒或木马等链接和网页的能力	0	1	2	3	4	5
内容相关性	1.搜索相关内容的全面性	0	1	2	3	4	5
	2.多搜索类型(如新闻、视频、音乐、学术信息等)	0	1	2	3	4	5
	3.高级搜索功能的实用性	0	1	2	3	4	5
	4.在搜索结果中筛选特定结果的能力	0	1	2	3	4	5
	5.搜索结果前10项的相关性	0	1	2	3	4	5

〔14〕 参见[美]道格拉斯·W.哈伯德:《数据化决策》,邓洪涛译,广东人民出版社2018年版,第17页。

续表

维度	评价指标	分数					
	6.“相关搜索提示”功能符合搜索意愿的程度	0	1	2	3	4	5
	7. 前后多次搜索结果的一致性	0	1	2	3	4	5
	8. 前 20 条搜索结果死链接率	0	1	2	3	4	5
	9. 搜索结果中的广告词条比例	0	1	2	3	4	5
内容创新性	1. 前 20 项中出现关键词最新消息的概率	0	1	2	3	4	5
	2. 搜索引擎反馈信息的时效性	0	1	2	3	4	5
搜索速率及稳定性	1. 搜索引擎的响应速度	0	1	2	3	4	5
	2. 搜索引擎网站稳定性	0	1	2	3	4	5

(三)“守门人”相关市场认定规则

对于上述交易型与非交易型两种不同双边市场,SSNIP 测试改进时应采取不同方法。由于交易型双边市场两边替代品并不存在差异性,此时只需界定一个相关市场即可。由此,可以直接适用 SSNIP 测试法,这一平台产品的价格为两边用户的收费之和。对于非交易型双边市场,应该分别就市场两边的价格进行 SSNIP 测试,当“守门人”在非交易型双边市场某一边存在免费定价策略时,应当用 SSNDQ 代替 SSNIP 测试法。[15] 而对于存在单向交叉网络效应的非交易型双边市场,可以直接适用 SSNIP 测试,但是只针对不存在外部性的一边测试(见图 4)。[16] 如“唐山人人诉百度案”中,当搜索用户量增加时,对广告的需求也会相应提高,但当广告增加时,反而会减少搜索用户量。这种单一网络效应下,只需在广告商边进行 SSNIP 测试。

由于交易型双边市场只能与其他交易型双边市场展开竞争,因此在双边市场界定时,将交易型双边市场界定为一个相关市场,在进行 SSNIP 测试时只需将两边的总价格提高 5% 。而对于非交易型双边市场,两边用户可以与其他单

---

〔15〕 See Eric Emch, T. Scott Thompson, *Market Definition and Market Power in Payment Card Networks*, The Review of Network Economics, Vol. 5:1, p. 45 – 60(2006).

〔16〕 参见宁立志、王少南:《双边市场条件下相关市场界定的困境和出路》,载《政法论丛》2016 年第 10 期。

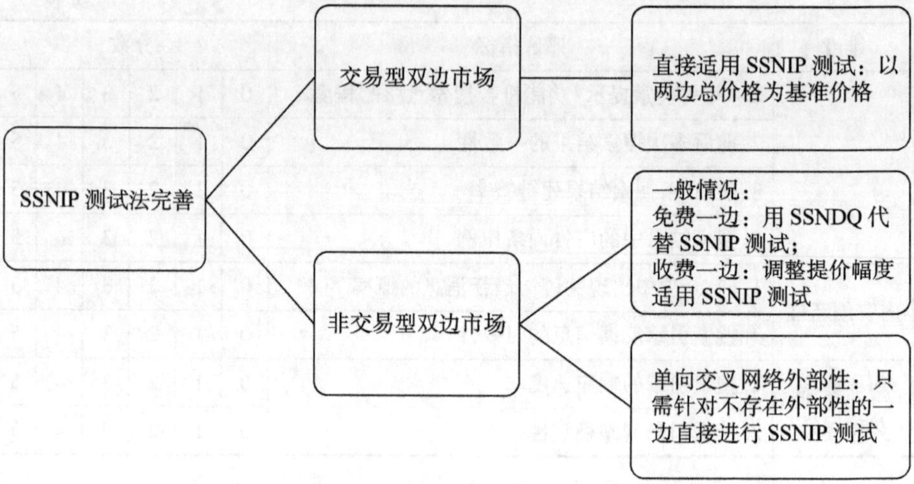

图 4　双边是市场条件下 SSNIP 测试法的调整适用

边市场或双边市场分别展开竞争，由此也存在多种提价可能(见表 2)。在“守门人”开拓市场的初期，一些非交易平台可能只推出一方，而另一方可能会在后期加入。因此，出现了非交易型双边场中一边先提价，另一边后提价的可能。〔17〕

表 2　交易型与非交易型双边市场界定与 SSNIP 测试

市场分类	市场界定	SSNIP 测试
交易型双边市场(A/B)	市场 AB	(A + B) * 5%
非交易型双边市场(A′/B′)	市场 A′	A′ * 5%，B′不变
	市场 B′	A′不变，B′ * 5%
	市场 A′B′	(A′ + B′) * 5%
	市场 A′&市场 B′	先 A′ * 5%，再 B′ * 5%
		先 B′ * 5%，再 A′ * 5%
		A′ * X%，B′ * Y%

〔17〕 See Vikas Kathuria, *Platform Competition and Market Definition in the US Amex Case: Lessons for Economics and Law*, European Competition Journal, Vol. 15:2, p. 254 – 280 (2019).

三、“守门人”市场支配地位的认定

我国《禁止滥用市场支配地位行为暂行规定》第 11 条、《电子商务法》第 22 条、《国务院反垄断委员会关于平台经济领域的反垄断指南》(以下简称《平台反垄断指南》)第 11 条、《反垄断法》第 23 条,均规定了多边市场及网络环境下分析经营者市场支配地位的考虑因素。总体来看,对于“守门人”市场支配地位认定,主要考察以下几个方面。

(一)“守门人”的数据市场占有率

理论界有观点认为,在数据零价格特征的市场,通过市场份额判定“守门人”市场支配地位的做法已经不可取,从数据中获得巨大竞争优势的根本原因并不在于数据占有率,而在于“守门人”处理数据的效率、分析数据的能力以及更新数据的速度等。[18] 在司法实践中,亦有判决否认市场份额的重要性,在“Cisco Systems and Messagenet v. Commission 案”中,[19] 普通法院以“创新周期短和零价格服务导致只是暂时的市场份额”批准了微软对 Skype 的收购。[20] 然而,此类观点的局限性在于,潜在的竞争者由于未能持有足够的数据很难通过数据分析和使用在市场上立足,反而是具有先发优势的企业基于海量数据,进行有效的数据分析和利用,从而获得市场支配地位。除数据占有量外,用户数量是平台经营与竞争的基础,是平台构建网络效应、产生盈利的关键,因此可

---

〔18〕 See David S Evans, *The Antitrust Economics of Multi-Sided Platform Markets*, Yale Journal on Regulation, Vol. 20:2, p. 325 – 381(2003).

〔19〕 See ECJ (General Court of the European Union) 11 December 2013, Case T – 79/12 Cisco Systems Inc. and Messagenet SpA v. Commission, ECLI: EU: T:2013:635.

〔20〕 See Sih Yuliana Wahyuningtyas, *Abuse of Dominance in Non-Negotiable Privacy Policy in the Digital Market*, European Business Organization Law Review, Vol. 18:3, p. 790 – 791(2017).

以根据用户的数量来判定市场份额。梅特卡夫定律指出,[21] 网络效应,是指互联网对用户的价值与连接到该网络上的人数的平方成正比,这说明网络的收益会随着网络用户人数的增加而呈指数增长趋势。[22] 以搜索引擎市场为例,在美国,谷歌的市场份额为 66.2%,雅虎为 16.4%,必应为 11.8%;在英国及其他欧洲国家,谷歌的市场份额为 90.83%,雅虎为 3.21%,必应为 3.12%。[23] 据此,可以得出初步结论是,谷歌在欧美搜索引擎市场具备市场支配地位的可能性较大。在用户数量基础上,可以进一步建立用户在相关市场的时间成本价值模型,综合考虑用户在各数字平台上花费的时间。根据统计的量化、可视化的数据,用户在某一平台花费的时间越多,越能推定该平台具有市场支配地位。

（二）“守门人”的数据质量及技术条件

前述 SSNDQ 测试法对数据质量进行分析后,对于数据质量较高的数字平台,推定其更有可能具备市场支配地位。以世界经济论坛提出的观点,以数据收集方式为标准,可以将用户数据分为主动提供的数据(Volunteered Data)、观察数据(Observed Data)和推测数据(Inferred Data),其中主动提供的数据,其他经营者较易获得,竞争重要性较弱,观察数据竞争性适中,推测数据竞争性则最强。“守门人”利用算法等分析工具对主动提供的数据和观察数据进行加工、分析、转化,从而得到与特定的个人或机器相关的推测数据,它们能够产生经济价

---

〔21〕“梅特卡夫定律”,即网络的价值 $V = K \times N^2$(K 为价值系数,N 为用户数量),其内容是:一个网络的价值等于该网络内的节点数的平方,而且该网络的价值与联网的用户数的平方成正比。梅特卡夫定律揭示了互联网的价值随着用户数量的增长而呈算术级数增长或二次方程式增长的规则。

〔22〕参见张晨颖:《公共性视角下的互联网平台反垄断规制》,载《法学研究》2021 年第 4 期。

〔23〕See Rufus Pollock, *Is Google the Next Microsoft? Competition, Welfare and Regulation in Online Search*, SSRN (April 2009), https://ssrn.com/abstract = 1265521 or http://dx.doi.org/10.2139/ssrn.1265521; Argenton, Cédric and Prufer, Jens, *Search Engine Competition with Network Externalities*, TILEC Discussion Paper No. 2011 - 024, SSRN (April 13, 2011), https://ssrn.com/abstract = 1808624 or http://dx.doi.org/10.2139/ssrn.1808624.

值、带来竞争优势，因此推测数据具有极强的竞争重要性，是竞争的必要组成部分。〔24〕“守门人”的技术条件至少应从两个维度进行考虑：一是该技术优势是否有助于强化“守门人”在相关市场的市场势力，如该技术能够使其提供的相关产品或服务明显优于其他竞争者；二是该技术优势存续的时间及其是否具有可替代性，若该技术极易被复制与替代，则不应认为该技术条件为其带来了市场支配地位。〔25〕然而，笔者认为，若将技术条件一律作为认定“守门人”市场支配地位的考量因素，有悖数字时代激励创新的价值目标。因此，纳入支配地位认定的考量因素不应是提高生产效率的积极技术条件，而是限制竞争、不符合反垄断法律精神的技术条件，如搜索引擎恶意调整搜索结果排序、降低搜索关键词与结果之间关联度等足以影响其他经营者营业额的技术手段。

（三）“守门人”控制数据市场的能力

随着数据“量”和“质”的差距在“守门人”和新进企业之间扩大，“守门人”受到的数据竞争约束将减少。这种由数据差距形成的质量差距源于“反馈回路”，即在直接和间接网络效应的影响下，随着平台用户数量不断增长，其可以收集的数据也不断增多，从而能够知悉消费者的需求并对产品进行改进和创新。而随着产品服务质量的提高，将会吸引更多用户，并由此收集到更多数据，以此类推，最终形成“反馈回路”。在这种循环效应下，其他经营者的依赖程度可以通过所提供产品是否具有多栖属性进行判定，一般小平台之间的竞争更容易形成多归属性。通常而言，谷歌、微信这种提供 API、小程序的“守门人”在用户端不但不具有多宿主特性，而且其他竞争者容易对其形成较强的依赖。潜在竞争者具有“高昂的生产研发新商品的成本”和“抵消消费者转向成本所需要付出的补贴和让利”，从而存在较大的市场进入障碍。〔26〕由此，“守门人”控制市

---

〔24〕 See Cremer J. , Montjoye Y. , Schweitzer H. , *Competition Policy for the Digital Era* (*Final Report*), Luxembourg: Publications Office of the European Commission, 2019, p. 92.

〔25〕 参见袁波：《电子商务领域“二选一”行为竞争法规制的困境及出路》，载《法学》2020 年第 8 期。

〔26〕 参见王健、安政：《数字经济下 SSNIP 测试法的革新》，载《经济法论丛》2018 年第 2 期。

场的能力可以通过行业特征与市场竞争情况得以体现,[27]包含其他经营者对“守门人”在交易上的依赖程度及潜在竞争者进入相关市场的难易程度。

此外,笔者认为,在市场支配地位认定的过程中应当时刻考虑“守门人”的双边市场构造。双边市场的每一边都面临不同的结构和竞争水平,一个双边市场不同边对市场支配地位认定可能得出互相矛盾的结论。以打车平台为例,在某个地区有较多用户使用该平台,就会吸引较多司机入驻该平台,等车时间变少了又反过来提升了消费用户的效率,从而又吸引了较多的用户。此时双边市场的各边在证明平台“市场支配地位”上呈现相同的趋势,但是很多时候可能是相反的趋势。以搜索引擎市场为例,只要百度长期占据市场第一的地位,即使百度公司“竞价排名”业务一再涨价,一度高达 5% ~10%,而市场上暂时没有替代者,各家企业为了追求最佳广告效果,不得已只能继续与百度合作。从广告商这边看来,百度公司占据绝对的市场支配地位;而在用户边,若百度进行微小提价,比如,每次搜索收取一分钱,网民可能会大批转向其他搜索产品,如必应、360、搜狗等,这似乎又证明了百度的市场支配地位并不稳定。这两个截然相反的实例表明,在进行“守门人”市场支配地位认定时,需要对双边市场两边进行综合分析。更值得注意的是,在两边市场之间,用户边的数据和流量竞争是数字经济时代竞争的主轴。因此,在判定“守门人”的数据市场占有率时,一定要重点考虑对市场支配地位发挥核心作用的用户一边的占有率,如搜索引擎市场、网约车市场、电商服务市场等,尽管在实践中平台在用户端通常采取免费策略,仍一定要抓住核心的一边是消费用户端,而不是广告商、司机、电商。因为平台只要吸引了足够多的用户,通过网络效应一定会吸引更多的另一边市场群体。另外,在平台对市场控制能力认定中,主要考虑对用户端的控制能力,只要控制了用户端便可以吸引市场另一边。对用户端的控制能力主要从现有竞争者及潜在进入者两方面考虑:其一,考虑其是否在相关市场内充当“守门人”的超大型平台,市场现有竞争者即使拥有自己的用户,但仍然对其形成相当的依赖;其二,应当综合考虑网络效应、锁定效应、用户黏度、转化成本等因素,是否使得潜在的竞争者难以获取用户而形成市场进入壁垒。

---

〔27〕 参见刘贵祥:《滥用市场支配地位理论的司法考量》,载《中国法学》2016 年第 5 期。

四、“守门人”滥用行为规制路径的类型化构建

类型化研究是当下的热点话题，类型化涉及与传统概念性思维不同的思维模式。[28] 本文拟采用类型化研究方法，对“守门人”滥用市场支配地位行为从以下两条路径进行规制：一是遵循传统规制方法，如“守门人”“大数据杀熟”的差别待遇行为；二是在明显存在市场支配地位且认定存在较大困难时，可不进行相关市场界定和市场支配地位认定，如“守门人”拒绝或限制交易、降低隐私保护标准的滥用市场支配地位行为。

（一）普适性原则：遵循传统规制路径

“守门人”滥用行为规制的基本原则是不应脱离现有反垄断规则与分析框架，若单纯强调“守门人”数据垄断中相关市场界定、市场支配地位认定的特殊性可能导致反垄断法基本理论及价值目标的偏离。因此，仍应以坚持传统规制框架为前提，在此基础上考虑其特殊性，随着数字市场经济的发展不断完善传统反垄断规制理论。笔者以“守门人”“大数据杀熟”差别待遇行为为例进行论述，“守门人”利用算法给用户画像，针对不同群体予以不同的定价标准，这是典型的“价格歧视”行为，严重侵害了消费者的知情权、选择权以及公平交易权。欧盟《数字市场法》也强调了要加强对“守门人”的规制与监管，防止“守门人”差异化对象企业和消费者，破坏市场公平竞争。与传统定价方式相比，大数据“杀熟”方式体现为可视化、技术化、平台化、数据化，这就使其在价格欺诈方面更复杂、更隐秘且更彻底。目前的法律体系下“大数据杀熟”陷入维权困境（见表3），迄今为止，没有一例“大数据杀熟”被执法处罚的案件。

---

〔28〕 参见谢晓尧：《法律文本组织技术的方法危机——反思“互联网专条”》，载《交大法学》2021年第3期。

表 3 当前法律体系下"大数据杀熟"行为规制不足

法律规范名称	内容	备注
《反垄断法》	第 6 条 具有市场支配地位的经营者,不得滥用市场支配地位,排除、限制竞争	实施价格歧视的主体必须具有市场竞争优势,能够具备排除同类产品经营者的竞争效果,而目前市场上大多数"大数据杀熟"虽直接影响了消费者权益,并不一定排除、限制了市场竞争
	第 17 条 滥用市场支配地位的行为包括:不公平价格行为、低于成本销售、拒绝交易、限定交易、搭售或者附加不合理交易条件、差别待遇	
《消费者权益保护法》	第 8 条 消费者享有知悉其购买、使用的商品或者接受的服务的真实情况的权利	"大数据杀熟"这种明码标价线上商品形式上保障了知情权,消费者很难察觉这种实质上的不平等,因此消费者往往难以发现自己知情权遭受侵害并且在算法"黑箱"下举证难度较大
《在线旅游经营服务管理暂行规定》	第 15 条 在线旅游经营者不得滥用大数据分析等技术手段,基于旅游者消费记录、旅游偏好等设置不公平的交易条件,侵犯旅游者合法权益	虽明确了数据使用的不公平交易行为,但作为部门规章,法律适用范围比较有限,仅针对文化旅游行业
原《侵权责任法》	第 36 条 网络用户、网络服务提供者利用网络侵害他人民事权益的,应当承担侵权责任	规范的是网络信息侵权的损害问题,并且也没有将被"杀熟"消费者额外支付的价款纳入其中,经营者过错、消费者损害难以认定
《电子商务法》	第 18 条 电子商务经营者根据消费者的兴趣爱好、消费习惯等特征向其提供商品或者服务的搜索结果的,应当同时向该消费者提供不针对其个人特征的选项,尊重和平等保护消费者合法权益	—
《平台反垄断指南》	第 17 条 具有市场支配地位的平台经营者通过应用大数据技术及相关算法,针对不同用户的使用习惯、消费偏好以及支付能力,以下行为均可判定为"差别待遇行为":(1)交易条件或者交易价格存在差异;(2)制定的算法、标准以及准则存在差异;(3)付款条件以及交易方式存在差异	—

尽管《电子商务法》第 18 条及《平台反垄断指南》第 17 条直指“大数据杀熟”行为，但笔者认为，要使“守门人”实施差别待遇行为规制规则更具可操作性，可以从以下几个方面具体化：第一，设置算法透明化规则并进行监管部门算法备案。可能有反对者会认为，这样的规则涉及“守门人”商业秘密，不应透明化，但是算法“黑箱”的存在，使“守门人”无论怎么“杀熟”，都可以优惠措施进行抗辩。在这种企业商业秘密与消费者利益的抗衡下，鉴于算法不透明行为发现难、举证难、认定难，笔者认为，可以借鉴行政公开〔29〕中的规定，当“守门人”涉嫌杀熟时，反垄断执法部门 7 日内通知其公开算法，“守门人”7 日内同意公开或者说明合理理由，理由不成立的，执法部门有权依职权公开。第二，避免设置“守门人”FRAND 义务。过去 10 年经营者集中的执法经验已经验证了 FRAND 义务过于抽象、可操作性差、难以监督，应当避免将经营者集中里的“非歧视性义务”移植到大数据垄断的“算法歧视差别待遇行为”中。〔30〕 第三，“守门人”不应获取与交易无关的个人信息。例如，我们在下载购物 App 都会被要求获取手机信息和获取手机应用列表，这些与交易无关的数据为其实施“大数据杀熟”提供了可能。第四，根据《消费者权益保护法》第 55 条第 2 款的规定，“大数据杀熟”符合惩罚性赔偿的构成要件，“守门人”除赔偿消费者实际损失外，还应依据消费者要求增加赔偿额，增加赔偿额为消费者消费额的 3 倍，如不足 500 元的按 500 元进行赔偿。第五，完善自我约束机制，并建立吹哨人制度。执法部门对技术掌握困难，最了解“守门人”是否利用大数据杀熟的往往是竞争关系的同行。吹哨人制度建设可以加强社会监督，“大数据杀熟”行为一旦被消费者发现并举报，应当对举报人实行激励机制，并将“守门人”纳入失信黑名单实施信用惩戒。第六，给予用户对自动化决策包括用户画像的拒绝权。“守门

〔29〕《政府信息公开条例》第 32 条规定：“依申请公开的政府信息公开会损害第三方合法权益的，行政机关应当书面征求第三方的意见。第三方应当自收到征求意见书之日起 15 个工作日内提出意见。第三方逾期未提出意见的，由行政机关依照本条例的规定决定是否公开。第三方不同意公开且有合理理由的，行政机关不予公开。行政机关认为不公开可能对公共利益造成重大影响的，可以决定予以公开，并将决定公开的政府信息内容和理由书面告知第三方。”

〔30〕 参见何丹：《非专利实施体标准必要专利诉讼中禁令的适用原则》，载《产权法治研究》2018 年第 1 期。

人"能否进行用户画像,应当交由用户自己决定。第七,根据最高人民法院《关于审理因垄断行为引发的民事纠纷案件应用法律若干问题的规定》第 8 条的规定,被诉垄断行为属于滥用市场支配地位的,原告应当对被告在相关市场内具有支配地位和其滥用市场支配地位承担举证责任。但由于算法缺乏透明性,对于"守门人""大数据杀熟"行为的举证,应由"守门人"举证证明自己没有实施价格歧视行为。

(二)差异化路径:直接证据法作必要补充

《平台反垄断指南》第 4 条规定,"调查平台经济领域垄断协议、滥用市场支配地位案件和开展经营者集中反垄断审查,通常需要界定相关市场"。"通常"2 字可以理解为"原则上需要界定相关市场,在市场界定相当困难时,也可以不必界定",此《平台反垄断指南》为适应数字经济发展所作的让步。笔者认为,对于"守门人"利用其规模巨大、跨界经营的市场支配地位实施拒绝或限制接入、降低隐私保护标准的行为,由于竞争损害明显且相关市场难以界定,可以直接突破"相关市场界定—市场支配地位认定—滥用市场支配地位认定"的传统分析范式,采用直接证据法认定其存在滥用市场支配地位的行为。

1."守门人"拒绝开放平台入口

"守门人"拒绝或限制开放平台入口行为的反垄断规制,可以参考《谢尔曼法》第 2 条的必要设施原则,即制止拥有特定设施而享有支配地位的企业排除限制竞争,我国市场监督管理总局发布的文件也肯定了该原则在滥用市场支配地位中的认定。[31] 在数字经济时代,"守门人"对大数据的掌握已经成为其他企业创新所依赖的关键要素,《平台反垄断指南》第 14 条第 2 款也将数据作为平台必要设施的考量因素之一。在司法实践中,"守门人"拒绝数据接入案件可谓屡见不鲜,为此,将此行为纳入拒绝提供必要设施行为非常有必要。如不管是备受关注的"易贝诉 Bidder's Edge 案",还是引发较大影响的"Craigslist 诉

---

〔31〕《禁止滥用市场支配地位行为暂行规定》第 16 条第 1 款规定:"禁止具有市场支配地位的经营者没有正当理由,通过下列方式拒绝与交易相对人进行交易……(五)拒绝交易相对人在生产经营活动中,以合理条件使用其必需设施。在依据前款第五项认定经营者滥用市场支配地位时,应当综合考虑以合理的投入另行投资建设或者另行开发建造该设施的可行性、交易相对人有效开展生产经营活动对该设施的依赖程度、该经营者提供该设施的可能性以及对自身生产经营活动造成的影响等因素。"

3Taps 及 People Browsr 诉推特案”，这些案例都涉及具有进入壁垒的垄断企业拒绝交易。离开了易贝、Craigslist、推特等大型企业所拥有的数据，Bidder's Edge、Craigslist、PeopleBrowsr 这些企业就很难进行创新。〔32〕再如，于法国发生的“Cegedim 案”，该案的 Cegedim 是一个领先医学数据库，对于其竞争对手 Euris 软件的用户提出购买数据库 OneKey 的要求直接拒绝，对此，法国竞争管理局认定 Cegedim 借助自身在该领域处于的支配地位，限制了 Euris 在 2008～2012 年的发展。〔33〕

笔者认为，可以在正在修订的《反垄断法》中加入“守门人”拒绝接入的“黑名单”规则，这一“黑名单”应当包含以下几个方面：第一，拒绝企业用户接入核心平台服务，如脸书、微信都存在此类行为。第二，提供限制性或者歧视性服务，如通过其核心平台服务上运行的软件应用程序限制消费者对竞争企业访问，从而达到对在线企业用户的限制，或者给予自己有强竞争关系的企业用户设置不合理的定价，这种定价最终不仅会嫁接到消费者身上，同时也削弱了企业用户的竞争力，巩固了自身的市场支配地位。〔34〕第三，利用其他初创企业对其核心服务平台的依赖，限制其他企业为用户提供较其更有利条件的服务。这种威慑直接限制了平台之间的竞争，限制了消费者对替代渠道的选择。第四，利用其“核心平台服务提供商＋企业用户竞争者”的双重身份获取不公平利益，如利用其双重角色使用其他企业用户在核心平台上交易生成的非公开数据，以提供与企业用户类似的服务，并通过算法歧视来偏爱其核心平台服务上自己的服务或产品，从而损害最终用户可以通过其向第三方获得相同或相似的服务。有学者在对此问题进行探究时，认为这是“守门人”推行的双轮垄断模式，该模式除包括轴心型市场的初始垄断外，还包括辐射型市场的第二轮垄断，由这两种市场结合而成，“守门人”利用其在轴心型相关市场的初始垄断地位，在平台准入和平台可见性层面针对竞争对手产品与自身旗下产品实施差别待遇，最终在辐射型相关市场固化与强化自身的市

〔32〕 参见丁晓东：《论数据垄断：大数据视野下反垄断的法理思考》，载《东方法学》2021 年第 3 期。

〔33〕 参见韩伟：《数字市场竞争政策研究》，法律出版社 2017 年版，第 200 页。

〔34〕 See the classic “essential facilities” cases of Sealink/B&I—Holyhead, 1992 C. M. L. R. 255; Sea Containers v. Stena Sealink, 1994O. J. (L158).

场支配力。[35] 因此,应当附加给“守门人”避免汇总竞争对手数据的义务,并为此设置附加责任。[36] 第五,在设定这些规则之外,需要设定“守门人”竞争豁免规则,《平台反垄断指南》第 11 条“能够证明行为具有正当性的其他理由”这一兜底条款,对可能存在的正当理由作了开放式规定。具体到“守门人”的豁免规则,秉持有效竞争、维护社会公共利益、促进重大数字创新的价值目标,[37] 可以豁免“黑名单”规则的适用。

2. “守门人”降低隐私保护标准

我国《个人信息保护法》第 58 条规定了中国版的“守门人”条款,提出提供重要互联网平台服务应遵守“守门人”义务,保护个人信息。在具有强大网络效应的市场中,侵犯隐私能够帮助“守门人”获得或者维持其垄断力量,排除竞争对手、提高市场进入壁垒,因此,侵犯隐私的行为可能构成滥用市场支配地位行为。由于个人数据与隐私密不可分,全球视野下隐私保护逐渐被认为是一种非价格竞争维度,“守门人”滥用市场支配地位导致的非价格竞争程度的降低,理应受到反垄断法规制。[38] 数字经济时代中反垄断语境下的隐私保护,主要针对个人数据的不当处理。根据经济合作与发展组织(Organization for Economic Co-operation and Development,OECD)的要求,个人数据保护应当包括以下三个方面:(1)消费者对其个人数据是否被收集、收集范围、收集数量、收集频率应当能控制;(2)对数据被收集方及被授权的第三方如何使用能够进行控制;(3)对如何防止未经授权的或不当的数据使用能够进行控制。实务界反垄断执法案

---

〔35〕 参见翟巍:《超大型数字平台企业双轮垄断的规制范式》,载《财经法学》2021 年第 1 期。

〔36〕 See Digital Markets Act, §43, Brussels, 15.12.2020 COM(2020) 842, Accessed May 20, 2021, https://eur-lex.europa.eu/legal-content/en/TXT/? qid = 1608116887159& uri = COM%3A2020%3A842%3AFIN.pdf.

〔37〕 参见张世明:《捍卫普罗米修斯:反垄断法的自由竞争品格》,载《人大法律评论》编辑委员会组编:《人大法律评论》2019 年卷第 2 辑 · 总第 30 辑,法律出版社 2020 年版,第 3 页。

〔38〕 See Nathan Newman, *Search, Antitrust, and the Economics of the Control of User Data*, Yale Journal on Regulation, Vol. 30:3(2014); Maurice E. Stucke & Allen P. Grunes, *Big Data and Competition Policy*, Oxford University Press, 2016, p. 259 – 263.

如德国针对脸书的反垄断调查，侧重从隐私角度适用德国竞争法项下的滥用市场支配地位规则；[39]微软收购雅虎时，参议院反垄断小组委员会主席科尔（D-Wisc）声明，需要仔细审查合并是否对用户的隐私权造成负面影响，联邦贸易委员会在最终决定不批准 Google/DoubleClick 合并的理由，也是因其会给消费者隐私造成不利影响。[40]

“守门人”在行使相关数据权利时不能侵害用户对数据所享有的权利，毕竟用户才是原始数据的权利主体。但在我国并未确定反垄断意义上的隐私保护规则，如果通过我国《反垄断法》的滥用市场支配地位规则去规制侵犯隐私的行为时，只能通过该法第 17 条第 1 款第 5 项“搭售和附加不合理交易条件”进行规制。这种规制凸显的弊端是，“守门人”很容易抗辩获取隐私并非不合理的交易条件，如利用“需要了解消费者的偏好包括其对隐私的重视程度”“投资数据收集从而提高服务质量”进行抗辩。为此，笔者认为，在“守门人”降低隐私保护中可以从以下几个方面进行规制：第一，可以在《反垄断法》中加入“守门人”在收集用户数据时应遵循“知情 + 同意”规则，第三方经营者收集平台用户数据应遵循“用户授权 + 平台授权 + 用户授权”的三重授权原则，否则就可能构成滥用市场支配地位的行为。[41] 第二，对于用户的“同意权”，“守门人”应提供用户查询自己的数据使用、转让、处理、交易情况的渠道，用户有权作出同意拒绝，对缺漏和遗失的个人数据有权要求“守门人”更改。[42] 第三，若用户认为可能会识别自己身份的这些部分，其具有使用假名的权利，对此“守门人”应实施匿名化处理措施，隐去可能识别用户身份的信息包括其姓名、身份证号码、文化身份、社会身份等。第四，“守门人”应当确

〔39〕 参见杨东：《论反垄断法的重构：应对数字经济的挑战》，载《中国法学》2020 年第 3 期。

〔40〕 See Robert H. Lande, *The Microsoft-Yahoo Merger: Yes, Privacy is an Antitrust Concern*, FTC: Watch, No. 714, 2008, Accessed May 21, 2021, https://papers.ssrn.com/sol3/papers.cfm?abstract_id=1121934.

〔41〕 参见殷继国：《大数据经营者滥用市场支配地位的法律规制》，载《法商研究》2020 年第 4 期。

〔42〕 参见程啸：《论大数据时代的个人数据权利》，载《中国社会科学》2018 年第 3 期。

保用户“撤回同意”的便携权,如当“守门人”对用户的同意范围解释大于用户的意图,此时应当给予用户撤回同意的权利。用户行使撤回同意权后,还应进一步赋予用户“被遗忘和删除权”,“守门人”不仅有义务删除自己所控制的数据,还应当采取有效措施协助删除经他之手传播出去的数据。[43] 第五,给予用户充分的隐私政策协商权,用户除需要接受“守门人”提供的隐私政策格式条款外,更普遍的情况是,用户尽管看到了隐私政策,但并没有机会去充分协商这些隐私条款,[44] 因此给予用户充分的隐私政策协商权以及协商后的修改权是必要的。第六,在隐私处理上,“守门人”应设置联邦学习、安全多方计算、机密计算、差分隐私、同态加密等隐私计算技术,以确保在处理和分析计算用户数据的过程中能保持数据不透明、不泄露、无法被计算方以及其他非授权方获取。

Legal Regulation on the Abuse of Market Dominant Position by Platformsin Data Monopoly

Xu Li

Abstract: With the in-depth development of digital economy, data, as a new factor of production, has become the core asset of digital gatekeeper. As for the governance problems of data competition and monopoly that have emerged in the process of data marketization and industrialization, the existing anti-monopoly analysis framework needs to be further adjusted and applied. Considering the characteristics of Internet economy, such as network effect, lock-in, and bilateral market, different relevant market definition methods are adopted for transactional and non-transactional bilateral markets. When determining market dominance of gatekeeper, platform operators should comprehensively consider the data Factors

[43] 参见刘迎霜:《大数据时代个人信息保护再思考——以大数据产业发展之公共福利为视角》,载《社会科学》2019 年第 3 期。

[44] See Sih Yuliana Wahyuningtyas, *Abuse of Dominance in Non-Negotiable Privacy Policy in the Digital Market*, European Business Organization Law Review, Vol. 18:3, p. 790 - 791(2017).

such as the market share and control ability, financial and technical conditions, barriers to entry of competitors in the industry, etc. The definition rule of "abusive conduct" should follow the traditional path as the principle, supplemented by direct evidence method. To ensure that gatekeeper and its current competitors, new entrants and potential entrants all enjoy the opportunity to use big data for innovation, and promote orderly competition in the big data industry.

Key words: Big data; Dominant position; Related markets; Monopolistic behavior [illegible] market share and control [illegible], [illegible] and relevant conditions, barriers to entry, the competitors in the industry, etc. The determination of [illegible] conduct should follow the traditional [illegible] is the principle, supplemented by [illegible] [illegible] period [illegible] ensure that [illegible] and its current competitors, new entrants and potential entrants all enjoy the opportunity to [illegible] big data for innovation, and promote effective competition in the big data industry.

Key words: Big data; Dominant position; Relevant market; Monopolistic behavior

“青鹰”专题

积极刑法观下犯罪附随后果研究*

严　磊**

内容摘要：

在积极刑法观的指引下，新罪，尤其是轻罪不断增设，在此背景下，犯罪附随后果蕴含的风险不断加剧。具体而言，增设新罪背景下犯罪附随后果的风险源于行政处罚带来的权利限制、信用惩戒导致的信誉降低、犯罪记录形成的负面印象，并在处遇措施无序、网络时代到来、信用机制失灵等因素的影响下致使犯罪附随后果过于严苛、趋向弥散、难以消解，犯罪附随后果的风险由此生成。化解犯罪附随后果的风险，得从恪守人权保障原则、谨慎对待后果增设、明晰措施适用限度三方面入手对规范的犯罪附随后果进行调整。与此同时，想要通过对规范的犯罪附随后果与非规范的犯罪附随后果进行整体改造进而防范犯罪附随后果的风险，则需要将规范的犯罪附随后果纳入刑事法治范畴、使社会自治力量介入完善社会信用体系、让群体对立减轻接纳复归社会的有犯罪记录人员，从而在国家、社会、个人三个层面形成合力，完善社会主体间的信任机制，实现犯罪的有效治理。

关键词：

犯罪附随后果　轻罪　积极刑法观　社会信用体系　犯罪记录

近年来，随着社会的不断发展，犯罪形势也出现了诸多变化，新型犯罪不断涌现的同时，传统犯罪也借助新的手段、平台等呈现新的特点，使刑法固有的滞后性愈加明显，为犯罪治理带来了新的难点。与此相对应的，积极刑法观的重

---

* 本文系重庆市新型犯罪研究中心2021年度项目“信用中国建设背景下新型网络犯罪治理路径研究”（项目编号：21XXFZ24）以及2021年重庆市研究生科研创新项目“网络黑灰产刑法治理研究”（项目编号：CYB21152）的阶段性研究成果。

** 西南政法大学法学院博士研究生。

要性被重新提及,以期通过积极的刑事立法扩大刑法处罚范围,使刑法满足不断变化的社会生活事实的需要〔1〕,并借由历次刑法修正案得以体现。积极刑法观与刑法谦抑性原则以及刑法“保障法”的地位并不相悖,无论是基于防卫社会、回应民众诉求的功利需要,还是从新型犯罪本身所具备的社会危害性来看,新罪的增设实有必要。换言之,采取积极、能动的刑事立法观是推动犯罪治理体系和治理能力现代化的应有之义,也是习近平法治思想中“全面推进科学立法”的重要体现。在刑法内部,新罪的增设及其法定刑的配置符合罪责刑相适应原则的要求,并不存在犯罪圈过度扩张的问题,而这并不意味着增设新罪不存在相应的风险或是问题。一方面,即使认为在立法层面增设新罪,尤其是轻罪,其“规范保护目的是明确的,其意欲解决的难题是清晰的,指向是特定的,就难以将其归入不妥当之列”,〔2〕但司法适用环节中也存在不当解释、滥用新罪的风险;另一方面,增设新罪,尤其是轻罪,蕴含的风险更多地存在犯罪附随后果之中。换言之,在增设新罪的背景下,犯罪附随后果所蕴含的风险日益加剧,有不当侵犯犯罪人权益之嫌。由于我国的轻罪制度尚未建立,犯罪分级并不明确,故而,无论何种犯罪均会导致相似的犯罪附随后果,即在刑法之外,运用包括行政处罚在内的其他手段对犯罪人的权利、资格等进行近乎同等的剥夺,这种不加区分的附随后果的施加在部分情形下是对犯罪人权利的不当剥夺,不仅难以体现实质正义,有违背罪刑法定原则及罪责刑相适应原则之嫌,而且不利于对犯罪人进行再社会化改造,预防犯罪的效能也大大降低。因此,应当将轻罪增设背景下犯罪附随后果的风险置于国家治理体系和治理能力现代化这一宏观层面考量,从合理规范、限制犯罪附随后果的角度出发,化解其存在的风险,以真正达到犯罪治理与权利保障之间的平衡。

一、增设新罪背景下犯罪附随后果的风险来源

中国特色社会主义进入新时代后,我国社会的主要矛盾已经变为了“人民

〔1〕 参见张明楷:《增设新罪的观念——对积极刑法观的支持》,载《现代法学》2020年第5期。

〔2〕 周光权:《论通过增设轻罪实现妥当的处罚——积极刑法立法观的再阐释》,载《比较法研究》2020年第6期。

日益增长的美好生活需要和不平衡不充分的发展之间的矛盾。”传统犯罪依旧高发的态势以及新型犯罪的不断涌现违背了人民的美好生活需要，是我国社会主要矛盾的重要体现。在此情形下，刑法的基本立场引发了学界的争论，随着刑法修正案的不断出台，新罪增设愈加频繁，积极刑法观一定程度上已经成为现实的、主流的刑事立法观，得到了诸多学者的支持。[3] 在积极刑法观的指引下，新罪的增设是犯罪圈扩大的重要表现。由于风险社会的到来，加之新罪所蕴含的行为本身具备严重的社会危害性以及民众对于严厉规制相关行为的诉求等因素，将相关行为纳入犯罪圈是防卫社会与保障权利之间取得平衡的结果，且并未违背国民的可预测性。故而，增设新罪的风险并不表现在对新罪的设置、定罪、量刑等方面，而是源于不加区分且过分严苛的附随后果之中。换言之，在增设新罪的背景下，犯罪附随后果，尤其是轻罪附随后果蕴含的风险不断加剧，亟须引起理论界和实务界的重视。对于犯罪附随后果的定义，学界尚存在争论，有学者认为，犯罪附随后果应当是“被宣告刑罚以外的其他法律法规规定的”，[4] 从而将刑法中的部分措施排除在外，显然不够周延。也有部分学者专注探讨刑罚附随后果，[5] 甚至将其与犯罪附随后果的概念混同，[6] 但是犯罪

---

〔3〕 在有关刑事立法观的讨论中，出现了积极刑法观、消极刑法观、积极谨慎刑法观3种主要观点。对积极刑法观明确表示支持的学者有张明楷教授、周光权教授、付立庆教授等。参见张明楷：《增设新罪的观念——对积极刑法观的支持》，载《现代法学》2020年第5期；周光权：《积极刑法立法观在中国的确立》，载《法学研究》2016年第4期；付立庆：《论积极主义刑法观》，载《政法论坛》2019年第1期等。需要注意的是，积极刑法观也并不是无视刑法谦抑精神，一味强调犯罪圈的扩张。换言之，积极刑法观中也包含合理、适度扩张的内涵，只是更倾向通过立法扩张来实现治理犯罪的效果。在此前提下，一方面，积极谨慎的刑法观也支持通过扩张刑事立法来实现治理犯罪的目的，故而在一定程度上可以归为积极刑法观的范畴；另一方面，学界也有学者赞成积极预防性刑法观、预防性刑法观等，在一定程度上可以归为积极刑法观的支持者。参见高铭暄、孙道萃：《预防性刑法观及其教义学思考》，载《中国法学》2018年第1期；孙国祥：《新时代刑法发展的基本立场》，载《法学家》2019年第6期；刘艳红：《积极预防性刑法观的中国实践发展——以〈刑法修正案（十一）〉为视角的分析》，载《比较法研究》2021年第1期等。

〔4〕 伍开春：《论犯罪的附随后果》，西南政法大学2010年硕士学位论文，第2页。

〔5〕 参见王瑞君：《我国刑罚附随后果制度的完善》，载《政治与法律》2018年第8期。

〔6〕 参见付强：《论犯罪行为的刑罚附随后果》，载《法学杂志》2015年第7期。

是“应受刑罚惩罚”的行为,而非“实受刑罚惩罚”的行为,《刑法》第 37 条明文规定了定罪免刑的条件,故而,犯罪附随后果与刑罚附随后果的概念是不相同的,理应加以区分。在笔者看来,所谓犯罪附随后果,应当是指行为人因其犯罪或犯罪事实而遭受的刑罚之外的自由与权利的减损。由此可见,探讨增设新罪背景下犯罪附随后果的风险,首先应当厘清犯罪附随后果的具体来源和内容,并分门别类地对每一种附随后果可能产生的问题进行深入分析。

(一)行政处罚带来的权利限制

犯罪附随后果可以分为规范的犯罪附随后果和非规范[7]的犯罪附随后果,在规范的犯罪附随后果中,相关后果往往被规定在各类行政法律法规之中,即以行政处罚[8]的模式完成对犯罪人部分权利的限制,具体内容包括“因为曾经受过刑事处罚等,而不得从事公务员、律师、检察官、警察、公证员、注册会计师、拍卖师、导游等多种职业”[9]的权利以及进行部分民事活动的权利,包括参加部分资质考试、申请积分落户等权利。申言之,这种对犯罪人权利的限制主要分为两类:第一类是对犯罪人从事某些职业的限制,这些职业往往与公共利益相关或是从事公务的职业,如公务员等,或是某些专门领域涉及公共利益的职业,如注册会计师、教师等。对犯罪人从事部分职业资格的限制主要基于两个方面的考虑:一方面,将犯罪人排除在与公共利益相关的职业圈之外,有助于保持相关队伍的纯洁性,维护相关行业、部门,尤其是国家机关在民众面前的形象;另一方面,将犯罪人排除在这些职业圈之外,也是基于维护公共利益的考量,减少犯罪人侵害社会重大利益的途径,降低社会民众的恐惧感与不信任感。第二类则是对犯罪人进行部分民事活动的限制,其中,对参加资质考试的权利限制的目的与前述职业禁止的目的相关,而对其他民事权利的限制,尤其是申请积分落户等基本生活权利的限制依据则在相关规定中并未准确说明,也难以从理论上找到合理依据。

---

〔7〕 在本文语境下,非规范的犯罪附随后果并不是指相关后果没有用文字的形式进行规定,而是与规范的犯罪附随后果相对应,是指非国家有权部门明文规定的犯罪附随后果。

〔8〕 本文中的行政处罚与一般意义上的行政处罚有所不同,主要是指基于行政规范性文件对行为人权利或者资格的剥夺与减损。

〔9〕 李若愚、孟令星:《法定犯时代背景下犯罪附随后果的解构和重建》,载《湖北警官学院学报》2021 年第 1 期。

此类犯罪附随后果具有明显的规范性,但大多都由层级不一的行政规范性文件加以规定,难以进行完整的统计与梳理,对相关规定的明确性与可预测性造成了损害,同时也造成了不同部门、不同地区存在不同规定甚至部分规定可以叠加适用的情况,可谓是对犯罪人回归社会的“层层加码”。可以看到,除《刑法修正案(八)》规定的对管制犯、缓刑犯的禁止令制度以及《刑法修正案(九)》规定的从业禁止制度外,[10]类似的附随效果均未纳入刑法文本,也未曾进入刑事司法程序中,可以由行政机关直接依据犯罪记录作出决定,存在较大的侵犯犯罪人权利的风险,尤其在限制的部分权利与犯罪人日常生活息息相关,可谓是其正常生活发展的必备权利的情形下,对其进行限制是否有违比例原则仍值得探讨。质言之,此类犯罪附随后果虽然已经具备了规范性,但是规范效力较低、体系化程度不够且在适用中行政性色彩明显,部分限制不具有可救济性,在犯罪人再社会化效果的评价方面是值得反思的。此外,部分权利的限制不仅涉及犯罪人本人,还涉及其子女、其他近亲属等,其设置及适用是否妥当,若妥当,范围如何限缩,都是需要探讨的问题。

(二)信用惩戒导致的信誉降低

信用惩戒,也称失信惩戒,是近年来,随着社会信用体系建设而产生的,对失信人采取的包括“失信记录、提醒告诫、重点监管、声誉不利、资格限制或剥夺、自由限制”等惩戒措施的总称,且经常采取多部门联合惩戒的模式。[11]随着社会信用体系全方位地铺开,信用惩戒也越来越多地在犯罪治理领域被适用,这主要体现为将犯罪看作一种严重失信的行为,将犯罪记录作为失信认定的根据,从而对犯罪人适用信用惩戒措施。不难看出,犯罪人因其犯罪记录被纳入失信名单,继而被适用信用惩戒也是犯罪的附随后果之一,有时候导致了信用惩戒成为“对前科事实的过度惩罚”。[12]作为犯罪附随后果之一的信用惩戒被零散地规定在各部门、地区制定的规范性文件之中,尚未出台全国统一的社会信用法规予以规制,故而,不同部门、地区对此种附随效果的规定是不同

〔10〕 对禁止令以及职业禁止措施的性质学界还有争论,但无可非议的是,其也属于犯罪附随后果的范畴。

〔11〕 参见沈岿:《社会信用体系建设的法治之道》,载《中国法学》2019年第5期。

〔12〕 李怀胜:《犯罪记录对社会信用体系的耦合嵌入与功能校正》,载《法学杂志》2021年第3期。

的。但大体而言,信用惩戒主要会导致两个方面的后果:

其一,致使犯罪人的人格受到贬低。信用惩戒在犯罪治理领域中的适用,致使犯罪人在犯罪标签之外更被贴上了失信标签,使犯罪人的道德评价降低,直接影响了其人格的发展。随着刑法学的发展,刑事古典学派提出的"犯罪是行为"的观点已然深入人心,在此前提下,犯罪标签虽然也涉及对犯罪人的道德评价,但更多意义上是一种对犯罪行为的规范评价。与此相对应的,在正在建设的社会信用体系中,"政务诚信、社会诚信、司法诚信、个人文明也逐渐渗透到社会信用的内涵中",〔13〕"信用"一词已经超出了契约、经济领域,不断纳入诚信的概念,具有强烈的道德意蕴。在此基础上,失信标签则更倾向对犯罪人进行道德上的负面评价,评价的重点由行为转向了实施行为的人,使得犯罪人回归社会的难度加大。

其二,对犯罪人回归社会后的正常生活进行限制。在许多方面,信用惩戒措施对权利的限制与上述第一类犯罪附随后果是有重合之处的,对信用惩戒究竟属于何种性质也存在争议,但不可否认的是,相较于传统由行政法律法规规定的犯罪附随后果而言,信用惩戒所包含的范围明显更大,且更贴近犯罪人的正常生活,对犯罪人回归社会后的就业、社交,甚至交通工具的选择等都产生了较大的影响。虽然各地方、部门对信用惩戒的具体措施以及针对的对象规定有所不同,但部分地区不区分犯罪性质、情节、侵犯的法益,对所有犯罪人"一票否决""同等对待"的做法明显值得商榷。

因此,信用惩戒措施介入犯罪治理领域后,两者"在影响社会资源分配的功能上出现了较为深刻的交互与耦合"。〔14〕一方面,信用惩戒措施将许多非规范的犯罪附随后果规定在规范性文件之中,为附随后果的规范化作出了贡献,有助于完善犯罪治理的综合体系;另一方面,由于规范供给不足、两法衔接不畅、惩戒目标不明等诸多原因,信用惩戒措施一定程度上带来了犯罪附随后果范围过度扩张的问题,致使犯罪人"会因犯罪经历而遭受各种社会排斥,其对于社会

〔13〕 张学文:《罪错记录附随失信惩戒的泛化及校正》,载《征信》2020 年第 3 期。

〔14〕 吴睿佳、王瑞君:《刑罚附随后果与社会信用体系的耦合及其优化》,载《征信》2019 年第 4 期。

资源的获取相比于常人而言更加困难”,[15]在不当加重了对犯罪人的惩戒的同时,也影响预防犯罪的效果,存在尚待完善之处。

(三)犯罪记录形成的负面印象

除以规范性文件明文规定的犯罪附随后果外,还存在非规范的犯罪附随后果,即犯罪人因其犯罪记录形成的负面印象。这种负面印象带有极强的道德属性,且突破了个人责任的界限,对犯罪人的近亲属也造成了影响。

一方面,这种非规范的犯罪附随后果影响的范围更加广阔并且未通过立法程序进行制定、不具备国家强制力的支撑,存在较大的随意性与自主性。从影响范围来看,犯罪记录可谓是在社会生活的方方面面对犯罪人产生着影响,主要表现为同一生活圈内所遭遇的歧视,具体表现在就业、交友、婚恋、他人态度等诸多方面。在网络社会尚未到来之前,犯罪记录一般仅在熟人社会中流传,犯罪记录查询途径也不多,故而知晓的人较有限,犯罪人更换一个生活的环境之后便可以重新开始,同时,由于犯罪记录知晓者主要限于熟人,犯罪人通过自身努力改善自己的形象也较容易。质言之,在网络社会到来之前,犯罪人实现再社会化只需要做到恢复熟人之间的信用关系即可。而在网络社会到来之后,尤其是司法文书公开制度形成之后,加上部分媒体对案件的渲染,犯罪记录极易被获取,其“应用从单一的刑事司法领域转向多元化的基础信息管理领域”,[16]其影响业已从较小范围的熟人圈扩大到较大范围的陌生圈,犯罪人已经难以通过简单地改过自新或者更换生活环境来恢复社会共同体对其的信任关系。以就业为例,要求应聘者出示无犯罪记录的单位越来越多,从传统的公务员、事业单位、国有企业等扩展至了民营企业,使犯罪人复归社会之路愈加狭窄,不仅有侵犯犯罪人基本权利之嫌,也难以实现预防犯罪之效果。

另一方面,这种非规范的犯罪附随后果一定程度上突破了个人责任原则,产生了“连带”效果。受我国传统重刑、耻刑文化的影响,民众对犯罪人往往持有一定的抵触,甚至敌视态度,在此情形下,犯罪人的近亲属、朋友等受其影响,往往也会成为其他人歧视的对象。其中,犯罪记录的弥散性影响可谓是造成犯

[15] 吴睿佳、王瑞君:《论犯罪信息的社会信用化——目标、利益及方法的冲突与调和》,载《犯罪研究》2020年第6期。

[16] 于冲、巩宸宇:《违法犯罪信息公开的功能定位与模式选择》,载《中州学刊》2020年第7期。

罪人受歧视的重要诱因之一,尤其体现在就业、婚恋等日常生活方面。以婚恋方面为例,近亲属有犯罪记录的单身青年在婚恋市场上往往是不受欢迎的,其中原因在于:一方面,犯罪标签带有的"耻辱"印记会对其未来的配偶、配偶家人等造成不利影响,其中蕴含的再犯可能性也会令无犯罪记录个体在与其交往时望而却步;另一方面,此类单身青年的后代也会受到犯罪附随后果的影响,导致其所在的小家庭进入"恶性循环"。基于此种考虑,婚恋市场自发地对其产生排斥。

质言之,非规范的犯罪附随后果以就业歧视为核心,弥散到犯罪人及其周围人生活的方方面面,其中,固然有犯罪人因承担刑事责任需要让渡部分权利以弥补、保护非犯罪人群体利益的考虑,但让渡的内容不应该涵盖犯罪人回归社会后的基本生活权利,因而此种必然存在的附随后果如何使其与保障犯罪人基本权利相平衡,是迫切需要解决的问题。

二、增设新罪背景下犯罪附随后果的风险生成

增设新罪的风险主要源于其严重的犯罪附随后果,[17]与此同时,犯罪附随后果本身随着立法活性化时代、网络时代、信用时代的到来,也出现了新的变化。具体而言,当前,在犯罪人回归社会后,往往会经受来自行政处罚、信用惩戒、标签效应 3 个层面上的制裁,且 3 种附随后果一般采取叠加适用的方式,为犯罪人的再社会化设置了重重障碍。特别是在"充分认识到增设必要轻罪对于实现妥当处罚的重大实践意义",[18]进而大量增设轻罪的背景下,这种对犯罪不加区分而施以相似的制裁可能造成的风险不容小觑。而且,随着时代的发

〔17〕 刑法内规定的非刑罚处罚措施、禁止令、职业禁止等是否属于犯罪附随后果及其适用问题尚有争议,但纵览当前刑事立法和刑事司法实践,在刑事实体法和刑事程序法的双重限制下,刑法内部关于此类后果的规定和适用都有严格的实体和程序要件,并不存在制定不合理与适用不恰当等问题。再者,一方面,非刑罚处罚措施与刑罚同时适用的比例较低,很难认定其具有"附随"性;另一方面,职业禁止等措施都可为刑法之外的犯罪附随后果所包含。故而,可以认为刑事法治内部的这些措施即使属于犯罪附随后果的范畴,也并不存在过于过当等问题。所以,本文重点探讨刑法之外的犯罪附随后果。

〔18〕 周光权:《论通过增设轻罪实现妥当的处罚——积极刑法立法观的再阐释》,载《比较法研究》2020 年第 6 期。

展,在网络时代,犯罪纪录在熟人社会间有限传递的格局被打破,同时也造成了犯罪记录的影响出现了弥散效应,犯罪人难以寻找适当的途径减少来自外界的歧视,重塑社会共同体对其的信任。同时,无论是规范层面,还是社会道德层面,信用体系都尚未完善,尤其是在信用惩戒措施覆盖范围不断扩大、惩戒力度不断加强的情况下,犯罪附随后果日益严重,违背了对犯罪人制裁所应遵循的比例原则,不当侵犯了犯罪人的合法权益,甚至对其人格造成了过度的贬损。增设新罪背景下犯罪附随后果的风险,便在处遇措施无序、网络时代到来、信用机制失灵等诸多因素交织下不断生成。

(一)处遇措施无序导致附随后果过于严苛

在刑事法治领域外,犯罪附随后果包括行政处罚、信用惩戒以及犯罪标签3类,其中规范性与非规范的附随后果交织,法律与道德层面的处遇混合。具体而言,在规范层面,不同层级、地方的规范性文件规定了不同的附随后果,有交叉重合之处也有矛盾之点,而在道德层面,不成文附随后果导致了评价的主观性、随意性,难以为犯罪人所预测。申言之,犯罪附随后果的来源复杂,适用前提单一,作用机制混乱,导致其过于严苛,过度克减了犯罪人的权益。在此情形下,新罪的增设,尤其是轻罪的增设应当充分考虑到可能施加于犯罪人的附随后果,以避免过度限制犯罪人权利、增加再犯罪的风险。当然,笔者并不是以此为由反对新罪的增设,而是强调应该在不断扩大犯罪圈的同时,借助这一立法活动,对犯罪附随后果进行深入分析、整理,从而使犯罪附随后果的设置规范化、精细化、合理化,实现犯罪治理体系和治理能力的现代化。当前,犯罪附随后果过于严苛主要体现在以下两个方面:

其一,部分犯罪附随后果在施加于犯罪人时未根据犯罪性质作区分。且司法实践中不同的刑事案件因其中犯罪情节的不同,显示了不同程度的行为方面的社会危害性以及行为人方面的人身危险性,应当区分对待。就以现行刑法规定的犯罪来看,不同的犯罪在社会危害性上也存在相当大的差异,应当区别对待。从犯罪主观要件来看,故意犯罪和过失犯罪代表着犯罪人不同的主观恶性,以及对法秩序的不同态度,其中故意犯罪体现了犯罪人对法律的敌视、蔑视态度,而过失犯罪则体现了犯罪人对法律的漠视、轻视态度,[19]在定罪、量刑、

---

〔19〕 梅传强:《犯罪故意中“明知”的涵义与内容——根据罪过实质的考察》,载《四川师范大学学报(社会科学版)》2005年第1期。

附随后果方面都应有所区别,刑法只对明文规定的过失犯罪处罚正体现了这一原则。从犯罪的客观要件看,不同的行为模式也彰显了不同的社会危害性与人身危险性。如在侵犯人身权利类犯罪中,社会危害性往往随着暴力程度上升,而在侵犯财产类犯罪中,财产数额则是表征行为社会危害性的关键因素。与此同时,刑罚配置的不同则更能直接体现犯罪间的差异,也是罪责刑相适应原则的内在要求。而在规范的附随后果中,存在不少以“犯罪记录”“受过刑事处罚”等为前提的规定,其中并未就不同类型的犯罪加以区分,对轻罪犯罪人的再社会化尤为不利。诚然,“在转型社会背景下,贯彻积极的刑法立法观,及时通过修正案立法模式增设新罪,是当代中国社会治理的刚性需求”,[20] 但是要想充分实现增设新罪的目的,不仅得依靠刑事司法中的合理解释,也需要对犯罪附随后果进行适当的调整,否则就会出现刑法内部罪责刑相适应,而从犯罪治理全局来看,处遇手段不够科学、过于严苛。

其二,不同种类的犯罪附随后果往往简单地叠加在犯罪人身上,且缺乏救济的具体途径。在当前的实践中,在犯罪人接受了刑罚处罚之后,来自刑法之外的犯罪附随后果采取了累加模式,适用于已经重归社会后的犯罪人,这种累加模式表现为行政处罚、信用惩戒以及犯罪标签效应的同时生效,没有充分考虑犯罪人已经接受过刑罚的事实。在信用惩戒出现之后,根据部分地方的信用条例,一旦行为人有了犯罪记录,则会直接被判为最严重的失信成员,并据此将全部种类的信用惩戒进行适用,而没有考虑犯罪的具体领域、种类、轻重等,在信息与信用之间,措施与目的之间出现了不当的逻辑关联,同时违背了比例原则与不当联结禁止原则。[21] 质言之,当前犯罪附随后果有多重来源,但在制定不同的规范性文件时,制定者并未充分运用体系性思维,没有进行“瞻前顾后、左看右盼、上下兼顾、内外结合”[22] 的立体化构建,也没有将犯罪治理、行政处罚、信用惩戒等通过国家治理体系和治理能力现代化这一宏观层面进行统筹,最终导致犯罪附随后果的规定偏于严苛、随意,难以实现犯罪治理体系的现代化转型。此外,由于部分犯罪附随后果并未规定适用时效或者时效过长,导致

---

〔20〕 周光权:《刑事立法进展与司法展望——〈刑法修正案(十一)〉总置评》,载《法学》2021 年第 1 期。

〔21〕 参见王瑞雪:《政府规制中的信用工具研究》,载《中国法学》2017 年第 4 期。

〔22〕 刘仁文:《构建我国立体刑法学的思考》,载《东方法学》2009 年第 5 期。

许多附随后果可能是长期的，甚至终身的，加之当前犯罪附随后果的救济制度与复权制度规定尚不完善，这也是犯罪附随后果存在的突出问题。保护人民权益是法秩序建立的根本目标，其中“建立和健全权利救济制度，在人民的权利遭受侵害时能够为其提供有效的法律救济”〔23〕尤为重要。故而，缺乏救济措施的规范是不完整的，对犯罪附随后果的规定也是如此。除权利的救济外，权利的恢复也很重要，法律没有理由对涉及公民日常生活的权利进行过长时间的限制，甚至进行终身限制，尤其是在犯罪人已经承受了刑罚处罚的前提下。国家设置刑罚以及犯罪附随后果的目的不仅在于实现报应，同时也在于改造犯罪人、使潜在犯罪人不敢犯罪、唤醒民众守法意识，进而预防犯罪。无论从报应的目的还是从预防的目的来看，对犯罪人的基本生活权利进行长期甚至终身的限制，为了惩罚而限制的目的过于恣意，是不妥当的。换言之，当前部分犯罪附随后果的规定不具备目的正当性，“对立法者、行政者的目的进行正当性审查，是实质法治的必然要求”。〔24〕对此，必须对相关文件进行目的合理性审查并增设救济与复权的制度，实现犯罪治理目的与保障人权之间的平衡。

（二）网络时代到来导致附随后果趋向弥散

网络时代的到来使网络生活成为民众日常的重要部分，在网络空间内，海量信息相互聚合且依托不计其数的媒介进行传播，其中就包括了犯罪人的犯罪记录。

一方面，在网络时代，犯罪记录一旦被人知晓并通过网络发布，便会在极短的时间内让大多数网民知悉（至少存在知悉可能），而且由于犯罪记录的扩散，其影响难以消除，从而导致犯罪附随后果趋向弥散。再者，随着社会信用体系完善而不断增加的公开“黑名单”也致使犯罪记录从一个偏向隐私的信息逐步公开化。形象地说，“在数字技术和网络全球化的帮助下，记忆成为常态，遗忘却成为例外，互联网‘永久记忆’的时代已经到来”。〔25〕基于此，隐私与自由之间的冲突愈加激烈，甚至可以偏激地说，在网络时代，一旦相关信息被公布，则毫无隐私可言。简言之，在事实层面，网络时代中的犯罪记录是不可能封存或者消灭的，由此而产生的附随后果也难以消除，只有通过规范的完善以及理念

〔23〕柳经纬：《从权利救济看我国法律体系的缺陷》，载《比较法研究》2014 年第 5 期。

〔24〕刘权：《目的正当性与比例原则的重构》，载《中国法学》2014 年第 4 期。

〔25〕郑志峰：《网络社会的被遗忘权研究》，载《法商研究》2015 年第 6 期。

的更新,在价值上对犯罪记录的作用进行弱化、否定,才能遏制犯罪附随后果愈加弥散的趋势。与此同时,被遗忘权作为一种新兴权利,在网络时代被提起,旨在消解网络行为对公众个人信息,尤其是隐私权的影响,进而保障行为人在网络时代正常生活的权利。从形式上看,这涉及犯罪记录的信息属性及归属问题,而从实质意义上看,则蕴含了民众,包括立法者对犯罪人及其犯罪记录的态度,即对立,甚至敌视的态度依旧存在,而保护和改造的成分则占比不大。这种理念,经由网络传播行为的推动,终使得犯罪记录带来的标签属性成为一张无法剥离的"面具",在隐藏了重归社会后的犯罪人的真实面目的同时,也给试图摘下这一"面具"的已经改过自新的犯罪人带来了无尽的痛苦。

另一方面,在网络社会中,"形成了一种逐渐离散化的认同趋势,放大了他者化的对立冲突"。[26] 在此情形下,原本就存在的犯罪人与非犯罪人之间的对立更加明显,加之媒体与部分网民对案情的进一步渲染,社会公众对犯罪人的认同度更加降低,在给犯罪人贴上道德标签的同时,还将网络空间中的影响带入现实社会,进而对犯罪人的正常生活、应有权利等造成损害。例如,当前网络乱象中出现的人肉搜索、网络暴力等,其影响不断从虚拟空间中给受害者带来的精神伤害、行为限制,向现实生活中的物理伤害、权利贬损转化。基于网络的虚拟性、匿名性等特征,网络空间中出现的侵权行为,尤其是侵害名誉的行为本就难以规制,加之被害人同时具备的犯罪人身份,这种无端的"被害人有罪论"更大行其道,不仅缺乏道义、规范的根据,还会基于网络行为中的群体极化[27]现象的存在,"极易导致网络暴力倾向,对网民的道德伦理、社会舆论导向会产生严重的干扰",[28] 从而歪曲了正确的事实,导致了有偏差的评价,必须警惕。

---

〔26〕 吴志远:《离散的认同:网络社会中现代认同重构的技术逻辑》,载《国际新闻界》2018年第11期。

〔27〕 美国学者凯斯·桑斯坦将群体极化现象定义为:"团体成员一开始即有某些偏向,在商议后,人们朝偏向的方向继续移动,最后形成极端的观点。"并指出:"在网络环境里,志同道合的团体会彼此进行沟通讨论,到最后他们的想法和原先一样,只是形式上变得更极端了。"参见[美]凯斯·桑斯坦:《网络共和国:网络社会中的民主问题》,黄维明译,上海人民出版社2003年版,第41~47页。

〔28〕 秦程节:《网络群体极化:风险、成因及其治理》,载《电子政务》2017年第4期。

（三）信用机制失灵导致附随后果难以消解

无论是规范的犯罪附随后果，还是非规范的犯罪附随后果，其实质是犯罪人重建其与社会共同体之间的信任关系所付出的代价。法律是由人民合意产生的，规定了共同体成员进行相处的应然模式，用来维护人民共同利益与福祉的社会规范，使社会在法律秩序内良好运行是保护人民的应有之义。与此同时，犯罪是具备严重社会危害性的行为，对由人民合意构建的法秩序造成了严重损害。虽然人民群众不是直接的被害人，但是犯罪行为通过对法秩序的侵害，从而违背了人民的意志，同时对人民共同利益造成了威胁与侵害。

除遭受犯罪行为对自身的间接损害外，因为犯罪人违反了法律所设置的应然相处模式，故而与无犯罪记录群体形成了对立，这种“异类”思维加深了双方之间的不信任感。在此前提下，犯罪人想要重拾信任，回归正常的社会生活，就需要付出一定的代价，来消解这种不信任感。这种代价部分由规范性文件加以规定，部分由其他社会成员自主选择，汇合起来，便成了犯罪附随后果。在传统的熟人社会中，信用机制主要依靠人际关系、血缘、家族等进行维系，需要维系信任的共同体往往较小，而随着社会的不断发展，人口流动不断加快，熟人社会中的交往方式与信用机制出现失灵，与此同时，适用于生人社会、网络社会的社会信用体系尚未建立，致使犯罪附随后果影响更为深远且难以消解。可以说社会信用体系介入犯罪治理领域一定程度上可以解决这一问题。一方面，可以将犯罪附随后果的本质厘清，并通过规范的方式严密其具体的举措、作出的程序、救济的方式，避免过当；另一方面，“任何一种现代性事业都只有在一个社会的历史、文化和日常经验中扎下根来才可能血肉丰满地存活下来”。[29] 构建、完善社会信用体系可以试图在当前处于快速变革期的社会中，通过对社会内部的观察、剖析，结合国家、社会、个人三者之维，探寻适合国情、贴近当下的信用建立、惩戒、恢复机制，可谓意义深远。

然而，当前的社会信用体系还存在一定的不足；导致新的信用机制一定程度上仍存在失灵状态，一方面，从规范化程度来看，目前尚缺乏一部全国统一的社会信用法，导致关于信用、失信、惩戒等规定零散于各地方、部门层级不一的规范性文件中，在实践中出现了适用标准不一，认定过于混乱的困局。再者，当

---

〔29〕 梁治平：《论法治与德治：对中国法律现代化运动的内在观察》，九州出版社 2020 年版，第 89 页。

前的失信认定与信用惩戒严重影响到犯罪人的合法权益,宜通过制定法律加以规定。另一方面,从具体内容来看,当前的社会信用体系对信用、失信、信用惩戒等核心内涵揭示并不准确。例如,“信用”一词究竟就更倾向经济生活内的狭义信用,还是道德领域内的诚信,抑或是已超出传统的“信用”和“诚信”,应定义为“民事名誉”[30]还有待商榷。对信用惩戒属于行政处罚、社会性制裁[31]还是其他措施也存在争议。凡此种种,都揭示了当前社会信用机制依旧存在失灵的问题,其进入原本就复杂而严苛的犯罪附随后果中,增加了犯罪人合法权利被侵害的风险,为预防犯罪,尤其是犯罪人的再社会化增添了阻力。

三、增设新罪背景下犯罪附随后果的风险化解

面对新型风险挑战,无论是国家的社会治理,还是公民恐惧感的消解,都厚望刑法担当起更大的责任。[32] 在此基础上,新罪的增设对应的是国家和人民的需要,是坚持人民本位的科学立法观的重要体现,纵览以《刑法修正案(十一)》为代表的刑法修改,从必要性论证、实体性内容、程序性保障等诸多方面来看,都具备现实性与合理性。在承认适度增设新罪、扩张犯罪圈以实现治理犯罪目标的举措具备合理性的同时,也需要警惕,在增设新罪的背景下,由于规范文本、网络时代、信用体系等多方面原因交织,本已严苛的犯罪附随后果更加愈演愈烈,其生活化、多样化、严重化趋势明显,且共同施加于犯罪人身上,为切实保障犯罪人合法权益、实现犯罪惩治和保障人权相统一的犯罪治理目标带来了风险。化解这种风险的途径并不在于摒弃积极刑法观,反对新罪的增设,而是应当借此机会,顺应全面推进依法治国的进程,从犯罪附随后果本身入手进行审视,不断理清、完善关于犯罪附随后果,尤其是规范的犯罪附随后果的规定,从而在尊重与保障人权原则和法秩序统一原则的指引下,实现预防犯罪与保障

---

〔30〕 徐国栋:《“失信联合惩戒机制”中“信”的含义之澄清》,载《中国法律评论》2021 年第 1 期。

〔31〕 日本学者佐伯仁志认为,制裁可以分为以国家为主体、作为法律制度被组织化的法律制裁和此外的社会性制裁。参见[日]佐伯仁志:《制裁论》,丁胜明译,北京大学出版社 2018 年版,第 6 页。

〔32〕 参见孙国祥:《新时代刑法发展的基本立场》,载《法学家》2019 年第 6 期。

犯罪人合法权益的统一。

(一)恪守人权保障原则

犯罪的严重社会危害性给国家、公民造成了极大损失,同时也加剧了公民日常生活中的不安定感,惩治并预防犯罪是现代各国刑法共同的追求。在刑法之外,通过不同来源、层级的规范性文件增设犯罪附随后果,在一定程度上有助于提升惩治、预防犯罪的效果。但与此同时,犯罪附随后果的增加加大了犯罪人回归正常社会生活的难度,而不考虑犯罪性质、过当的限制力度、缺乏救济途径、突破个人责任等当前犯罪附随后果中存在的问题,也严重侵犯了犯罪人的合法权益。质言之,社会防卫的需要与人权保障的追求之间出现了张力,这也是犯罪治理过程中遇到的终极难题。考虑到犯罪人已经接受过刑罚处罚的事实,同时考虑到在罪责刑相适应原则指导下,适当的刑罚具备的最基础的惩治和预防犯罪功能,过于严苛的犯罪附随后果打破了社会防卫和人权保障的平衡点,为了惩治与惩罚犯罪,在一定程度上牺牲了犯罪人的合法权益,在尊重和保障人权已经载入《宪法》的今天,这种做法是不值得提倡的,甚至是不应被允许的。

再者,即使从预防犯罪的效果来看,严苛的犯罪附随后果严重影响了犯罪人的正常生活,使其备受歧视与限制,难以通过正常途径获得安定、体面的生活,增加了其再次犯罪的可能,故而,保障人权不仅具备其自身的独立价值,对于社会防卫和犯罪治理,也有无法估量的益处。此处,“情境犯罪学”的理论也可以为犯罪的治理与预防提供启示,近年来,我国重大暴力犯罪案件发案率下降,社会治安好转,在很大程度上就是和情境犯罪学的广泛应用有关。〔33〕情境犯罪学提倡通过减少犯罪的机会降低犯罪率,而犯罪机会的减少不仅需要依托“正式与非正式的社会控制力量应用情境犯罪预防的意愿与能力”,〔34〕同时也需要社会各界为犯罪人回归正常的社会生活提供机会与途径,非犯罪生活可能性的缺乏只会致使所有犯罪预防措施治标而不治本。

此外,从实际适用的层面来看,只有《宪法》所规定的“尊重和保障人权原则”才能有效防止横跨刑事法、行政法、民商法、社会信用法等诸多领域,被包含

〔33〕 参见黎宏:《情境犯罪学与预防刑法观》,载《法学评论》2018 年第 6 期。

〔34〕 杨学锋:《社会治安综合治理背景下的情境犯罪预防》,载《法治研究》2011 年第 8 期。

在不同层级、地方的规范性文件之中的犯罪附随后果过于严苛。可以说,无论是刑法领域的罪责刑相适应原则,还是行政法领域的比例原则,都是人权保障原则在部门法中的具体体现,也体现了《宪法》作为根本大法在中国特色社会主义法律体系中的最高地位。适用人权保障原则对犯罪附随后果进行调整主要基于以下两个方面的原因:一方面,虽然比例原则等具备人权保障原则的意蕴,但它们更多地被适用在相应的部门法中,能否打破部门法之间的藩篱进行适用尚存在争议。例如,张明楷教授认为,比例原则缺乏目的正当性的审查和明确性的标准,难以替代法益保护原则适用在刑法之中。[35] 而人权保障原则作为宪法直接规定的原则,自然适用于整个法律体系。换言之,其他规范性文件在制定与适用时,都不得违背人权保障原则。因此,适用人权保障原则无论在何处都不存在争议。另一方面,对人权保障原则的适用也有助于通过对规范性文件制定的内容和适用的情况进行合宪性审查,从而维护宪法的权威,同时体现国家对人权保障的重视,提升宪法、法律实施的认可度。当前,随着“合宪性审查”成为中国宪法监督理论的主导概念,[36] 规范性文件是否符合宪法的规定已经成为合宪性审查的重要组成部分,与此同时,规范性文件的适用方式、适用效力也必须遵循宪法规定的原则。在此前提下,犯罪附随后果的设置、适用是否合理,就有了一个强有力且统一的审查标准。

(二)谨慎对待后果增设

犯罪附随后果兼具道德评价属性与规范评价属性,其中,规范的犯罪附随后果散见于层级不一的诸多规范性文件之中,此外,实践中还存在大量的、隐形的如就业歧视、荣誉限制、社会评价减损、义务负担增加等非规范的犯罪附随后果。[37] 由此可以得出,犯罪附随后果来源广、跨部门、力度大的结论。在此前提下,单纯从一个方面去评价相关附随后果设置是否合理未免以偏概全。在当前未对犯罪附随后果设置适用的程序的情形下,一旦新的犯罪附随后果设立,就会自动施加在犯罪人身上,故而,谨慎对待犯罪附随后果的设立是非常重要的。具体而言,在立法设置新的犯罪附随后果时,应当采取系统治理的思维,充

[35] 参见张明楷:《法益保护与比例原则》,载《中国社会科学》2017 年第 7 期。

[36] 参见江必新、蒋清华:《习近平法治思想对宪法理论和实践的发展创新》,载《法学评论》2021 年第 2 期。

[37] 参见王瑞君:《“刑罚附随性制裁”的功能与边界》,载《法学》2021 年第 4 期。

分考虑犯罪人已经接受过刑罚的事实,衡量其他附随后果的严厉程度,从而作出决定。

从犯罪附随后果的增设方面看,当前犯罪附随后果随着信用社会、网络社会、生人社会的到来仍呈扩张之势;在规范层面,对犯罪附随后果的增设主要出现在各地方、部门制定的社会信用法律法规之中。其中,部分犯罪附随后果的增设没有坚持体系性的思维主要体现在两个方面:一方面,部分信用惩戒措施规定的内容与已有的行政法规规定的措施有重合,属于不必要的二次立法。这种二次立法,形式上表达了信用法规的制定对现有的规范性文件研判、参考不足,导致了行文的赘余与资源的浪费,而在实质上,则体现了规范制定者在对犯罪人科以更多义务时,未曾考虑现有立法已经设置的犯罪附随后果的种类、力度、效果,也没有充分厘清非规范的犯罪附随后果对犯罪人可能造成的影响。另一方面,犯罪附随后果逐渐从限制犯罪人从事与公共利益相关的职业、活动等权利转向对社会生活方方面面权利的限制,包括不涉及公共利益的就业、投资、落户、升学,甚至交通工具等方面。正如学者所说,信用规制实践过于注重规制目的和社会效果的达成,相对忽视对信用主体权利的保障。〔38〕 对此,应当明晰过度强调惩戒带有明显且不合理的情绪,不仅可能会侵害被惩戒者的基本权利,有违基本权利保护之精神,〔39〕同时,也是对现有社会治理手段效果的不信任,甚至否定,这对法秩序统一性的危害是难以估量的。进言之,过度扩张的犯罪附随后果背后体现的是对惩戒的过度强调,是对犯罪人复归社会的不信任,也是对犯罪人与非犯罪人两类群体对立的加深,这对营造相互信任、和谐共生的社会氛围是没有益处的。再者,当前部分犯罪附随后果并未根据犯罪的具体情节、性质、轻重等进行区分,这种无差别地重打击不仅不符合人权保障的原则,而且会催生轻罪犯罪者内心的不满情绪,极易可能导致重罪比例的提高,亦需修正。

而在非规范层面,虽然对犯罪人持何态度是其自由选择的结果,难以直接对其干涉,但是,非规范的犯罪附随后果的增加也应考虑法律赋予公民的基本权利,在不侵害犯罪人合法权益的基础上进行,诸如民营企业要求应聘人员开

〔38〕 参见孟融:《国家治理体系下社会信用体系建设的内在逻辑基调》,载《法制与社会发展》2020 年第 4 期。

〔39〕 参见上官俊峰:《失信被执行人信用惩戒制度的完善——以惩戒与保护的衡平为视角》,载《人民司法(应用)》2018 年第 28 期。

具无犯罪记录的现象,就不当侵犯了犯罪人正常生活的权利,倘若所有单位纷纷效仿,犯罪人将在这个社会毫无立锥之地,这是一个良性的社会不应出现的。又如,部分超出个人责任的犯罪附随后果,包括对犯罪人的子女等在升学、就业、婚恋等多方面施加歧视,无论从法理还是道德层面都显得过于严苛,缺乏治理效果和人文关怀,即使是基于重大公共利益的考量决定对这类主体进行基本权利上的限制,也应当赋予救济和反证的途径。因此,在增设新的犯罪附随后果时,应当以达到人权保障与防卫社会之间的平衡为目标,从国家治理体系和治理能力现代化的宏观层面出发,不拘泥于单一部门法的范畴,更不能局限于单一地区、部门自身的考量,对已有的所有犯罪附随后果进行分析,无论其是规范的,还是非规范的。

总而言之,只有当现有的犯罪附随后果无法达到治理犯罪的效果时,才能考虑增设新的犯罪后果。而且,在增设新的犯罪附随后果时,不应当对涉及犯罪人基本社会生活的权利进行限制,也不应当超出个人责任的原则,影响与犯罪人关系密切者的权利,即使是基于重大社会利益的考量,也应当同时配套复权的制度。此外,在适当的时候,也应当启动相应的程序,减少当前已有的犯罪附随后果中限制犯罪人基本权利及突破个人责任的相关规定,并根据犯罪的情节、轻重、性质等因素对附随后果进行分类,以促进犯罪人正常复归社会,达到保障人权与防卫社会之间的平衡。

(三)明晰措施适用限度

除在规范制定层面要坚持人权保障原则与系统治理的理念外,在犯罪附随后果的具体施加时,亦即在适用各类规范性文件规定的对犯罪人权利进行限制的措施时,也应当在人权保障和系统治理的基础上,划定合理的限度,防止对犯罪人权利的不当侵犯。具体而言,明晰相关措施的适用限度应当从以下 3 个层面入手:

其一,坚持不当联结禁止原则,使犯罪附随后果中限制犯罪人权利的措施与犯罪人的犯罪情节相适应。犯罪附随后果主要还是存在于行政法领域[40],

---

[40] 社会信用立法作为新近立法,其效力覆盖了传统的民事法领域、行政法领域和刑事法领域,同时具备公法与私法的属性,但从其制定部门、执行方式等方面看,仍然属于行政法范畴。与之相对应,失信惩戒也应当属于一种行政法上的处罚措施,或者说,属于一种广义的行政处罚。参见梅传强、严磊:《论犯罪人失信惩戒措施的适用界限》,载《学术交流》2020 年第 2 期。

应当遵循不当联结禁止原则。不当联结行为既容易导致行政行为的肆意,也不符合社会大众的一般认知,[41]故而应当予以禁止。当前对犯罪附随后果的规定中,部分规范性文件并未根据犯罪的不同情节对附随后果进行区分,导致不同的犯罪会导致相似的附随后果,加之"失信联合惩戒措施"的适用越来越频繁,不当联结禁止原则不断被突破,致使犯罪人越来越多与犯罪无关的权利遭受剥夺。无论是将犯罪附随后果看作一种惩罚,还是将其认作一种制裁,采取的相关措施都应当与其犯罪情节相对应。具体而言,如果将犯罪附随后果看成一种基于报应的惩罚,则惩罚的力度与措施应当与犯罪人的责任相适应,最终需要通过对犯罪侵害的法益进行考量,而未曾受到侵害的社会领域则与犯罪人的责任无关。而如果将犯罪附随后果当作一种基于预防的制裁,那么这种制裁应当改善犯罪人周遭的条件,致力于消灭犯罪产生的原因,基于此,也应当对犯罪人身上存在的主客观因素进行充分的分析,结合犯罪时的环境因素,予以评判。而犯罪因素,往往和犯罪人日常的生活方式、生活环境以及犯罪当时的特殊情境相关,这也需要对症下药,合理限缩制裁范围,以实现预防犯罪的效果。以危险驾驶罪为例,危险驾驶罪侵犯的法益是道路安全交通管理秩序以及其背后所要保护的公共安全,那么,在刑罚执行完毕之后,对犯危险驾驶罪的犯罪人施加的附随后果也应当主要限于以道路交通领域为核心的范围之内,诸如驾驶资格的剥夺、交通运输行业的职业禁止等,而对与此领域毫不相关的,如公共交通工具的选择,银行信用贷款的获取等权利,则不应当被限制。

其二,完善联合惩戒制度,实现对犯罪的有效治理。由于犯罪附随后果被规定在不同层级、地方、部门制定的规范性文件中,相关措施的决定主体也各不相同,在此情况下,若放任各主体"各自为政",则附随后果的简单累加难以避免,对促使犯罪人再社会化造成了阻碍。故而,应当坚持并完善联合惩戒制度,由各部门相联络并针对犯罪人的具体情况适用具体的措施。当前,联合惩戒模式主要运用于信用惩戒领域,强调政府、市场、社会的联合以及政府内部各部门之间的联合,对失信人适用惩戒措施。[42] 在犯罪人处遇方面,联合惩戒的运用

---

〔41〕 参见王留一:《禁止不当联结原则:内涵界定与司法适用》,载《福建行政学院学报》2017 年第 4 期。

〔42〕 参见沈毅龙:《论失信的行政联合惩戒及其法律控制》,载《法学家》2019 年第 4 期。

范围还过于狭窄,且对其内涵的挖掘还不到位。一方面,虽然信用惩戒范围的扩张对犯罪附随后果带来了重大影响,但是依旧存在诸多信用法规之外规范性文件对犯罪附随后果进行了规定,仅通过信用惩戒内部的联合并不能达到合理规范犯罪附随后果的目的。另一方面,对联合惩戒制度的内涵挖掘还不到位,关注的重点也有所偏离。当前,联合惩戒的主要手段是制定合作备忘录,体现出明显的部际联合与党政联合特征,涉及的主体包括各级国家机关、企事业单位等,非常复杂。[43] 而在合作备忘录签订的过程中,单纯实现了惩戒效力在合作领域的扩散,而未曾对惩戒具体如何适用进行规定。换言之,如今的联合惩戒制度,过于注重惩戒的扩张,而对联合则只采取了形式理解。应当认为,联合惩戒制度中的联合既包含了各部门协同合作的形式要求,也包含了各部门就惩戒的内容、力度等进行商议的实质要求,只有做到以上两点,才能实现对犯罪人的全面评价与不重复评价,并以联合惩戒部门的名义以书面形式记载对犯罪人适用的惩戒措施、期限,并注明惩戒作出的理由以及救济途径,避免对相关惩戒措施的不当适用。

其三,配套措施适用的程序,完善权利救济制度。在实现正义的维度上,程序正义的坚守与实体正义的达成同等重要。在联合惩戒的背景下,除各部门之间签订合作备忘录外,还应当设置专门的程序,由联合的部门设立相应的机构,决定对犯罪人适用的具体措施。诚然,犯罪人实施犯罪的具体情形有所不同,实现惩戒个别化需要耗费较高的法治资源。但是,鉴于犯罪人已经接受过刑事处罚的事实,在对其施加犯罪附随后果时就应当更加慎之又慎,因此,耗费法治资源与保障人权相比,显然后者更重要。再者,虽然决定对犯罪人适用何种惩戒措施涉及不同部门的管理范围,但根据犯罪人的具体情状决定适用相应的措施及力度并不是专业性很强的工作。与以往行政处罚决定做出相比,在联合惩戒的背景下,决定者只需充分考虑到犯罪人已经接受过刑事处罚的客观事实以及犯罪标签带来的附随效应,结合犯罪的性质、情节、轻重以及犯罪人的综合表现,适用与犯罪相关联、相适应的措施即可,并不存在技术层面的难题。

其四,保障犯罪人的实体权利不仅需要对应的程序保障,也需要完善权利

---

〔43〕 参见贾茵:《失信联合惩戒制度的法理分析与合宪性建议》,载《行政法学研究》2020 年第 3 期。

救济制度,因为无论是人权保障原则还是比例原则,在当前都难以直接适用于犯罪附随后果的消解中,只有规定了救济的方案,才可以使人权保障原则充分贯彻。而权利救济的具体内容则包括对适用措施有异议的救济程序,以及对未规定适用时效的权利限制的复权程序。对于前者,还是应当采取提起行政复议或者行政诉讼的双重救济模式,依照现有的规定执行。而对于后者,则应当由惩戒措施的作出部门结合犯罪人的日常表现(主要是违法犯罪记录),生活圈内其他人员对其的评价等决定是否停止相关惩戒措施的适用。需要解释的是,原本措施的适用期限应当在决定使用时就加以注明,但一方面,考虑当前的规范性文件中未注明效力期限的情形并不鲜见,相关人员往往难以作出“无根据”的决定,而规范性文件的修改则需要较长的时间,因此,设置复权程序是更加简便、合适的解决方案。另一方面,复权程序的履行也有助于非规范的犯罪附随后果的消解,使社会公众能够有根据地重新建立与犯罪人之间的信任关系,减少非规范的犯罪附随后果存在的土壤。

四、增设新罪背景下犯罪附随后果的风险防范

要想将犯罪附随后果控制在一个合理的限度内,达到防卫社会与保障人权之间的平衡,光是在规范的犯罪附随后果的设置与适用上着力是不够的。一方面,非规范的犯罪附随后果并不会就此减轻,相反,可能会随着规范内犯罪附随后果的减轻而加重,使犯罪附随后果更加难以控制;另一方面,上述化解新罪增设风险的对策只是基于当前犯罪附随后果的现状而制定的一时之策,并未从根本上解决犯罪治理体系不够现代化的问题。故而,必须深究犯罪附随后果的本质以及其被滥用背后的根源,实现国家、社会、个人3个维度共同合力对规范内外的犯罪附随后果进行合理规制,防范增设新罪背景下犯罪附随后果的风险。

(一)规范犯罪附随后果纳入刑事法治范畴

规范的犯罪附随后果与刑罚一起构成了犯罪治理的法治路径,两者都基于犯罪人实施了犯罪行为的事实,也都出于惩治和预防犯罪的需要。从犯罪的本质来看,其侵害了刑法所保护的社会关系,而所谓刑法所保护的社会关系,则是指通过由人民合意产生的刑法规定的共同体成员应当遵循的交往模式,与此同时,犯罪则是未按照此种合意产生的交往模式进行的对社会产生严重危害的行

为,表达了对刑法的敌视、蔑视或轻视、漠视的态度。我国是人民民主专政的国家,人民利益的表达既可以通过授权与同意人民代表和政府进行,又可以通过独立判断与决策进行。[44] 在此基础上,刑罚是对破坏人民合意的行为的惩罚,而附随后果则是犯罪人重新被共同体接纳而应付出的一些代价,其中,规范的犯罪附随后果是共同体本身针对犯罪人能否融入共同体对犯罪人进行的考验,非规范的犯罪附随后果则是共同体中的个体基于自身对重新接纳犯罪人提出的要求。所以,无论犯罪附随后果被规定在何处,其与刑事法治总是联系密切,而且总以惩治和预防犯罪为目标,以犯罪行为的存在为前提,以犯罪的情节、轻重、性质等具体情状为施加的根据。换言之,从刑事法治的角度对犯罪附随后果进行统一规定存在充分的理论与现实依据。此外,将犯罪附随后果纳入刑事法治的范畴也有着充分的法律依据,即《刑法》第 37 条的规定。[45] 诚如上文所言,当前规范的犯罪附随后果,包括信用惩戒说到底都是以行政处罚的形式做出的,而由相关部门予以行政处罚也是刑法所规定的非刑罚处罚措施的一种,故而,可以将规范的犯罪附随后果以非刑罚处罚措施的形式进行施加,从而纳入刑事法治的范畴。

具体而言,将规范的犯罪附随后果纳入刑事法治的范畴,即对规范的犯罪附随后果进行刑事司法化改造,应当从以下三个方面展开:

其一,在适用原则层面,应当以罪责刑相适应为原则,且应包含刑法谦抑、适正的内容。[46] 将规范的犯罪附随后果纳入刑事法治的范畴之后,其本质就从行政责任的承担变为了刑事责任的承担,而后者更符合犯罪附随后果的本

---

〔44〕 梁根林教授等指出:"我国是人民民主专政的代议制民主国家,其具体组织形式是人民代表大会制度……一方面,代议制民主下的人民代表与政府只有根据人民的授权与同意才能具体行使国家权力……另一方面,代议制民主又必须允许人民代表根据自己的理性、专业与智慧,真正代表人民的利益进行独立判断与决策。"参见梁根林、陈尔彦:《中国死刑民意:测量、解构与沟通》,载《中外法学》2020 年第 5 期。

〔45〕《刑法》第 37 条规定:"对于犯罪情节轻微不需要判处刑罚的,可以免予刑事处罚,但是可以根据案件的不同情况,予以训诫或者责令具结悔过、赔礼道歉、赔偿损失,或者由主管部门予以行政处罚或者行政处分。"

〔46〕 参见阮齐林:《罪责刑相适应原则对司法实践的指导》,载《中国检察官》2019 年第 13 期。

质。犯罪附随后果以犯罪为前提，以犯罪的具体情况为施加根据，故而将其看作刑事责任的一种承担方式更加合理。一方面，这样能够将犯罪附随后果与犯罪、刑罚充分关联，使附随后果的定位更明晰、说理更透彻；另一方面，将犯罪附随后果作为刑事责任的一种承担方式，也可以通过对定罪和量刑的关照，适当对犯罪人施加附随后果，为附随后果的施加提供依据和准则，避免说理不充分与适用不恰当的弊端。此外，虽然犯罪附随后果的适用可以通过《宪法》中规定的人权保障原则进行调整，但在实践中，直接根据宪法原则进行调整的示例较少，适用时缺乏先例参照。而将规范的犯罪附随后果作为非刑罚处罚措施纳入刑事法治范畴，则可以直接适用罪责刑相适应原则进行调整，为犯罪附随后果的合理规制提供了原则指引。

其二，在适用程序层面，相关行政处罚的作出应当在刑事诉讼程序之中进行。具体而言，应当由人民法院通知相关部门及时做出对犯罪人适用行政处罚的规定，并在刑事审判环节一并宣判。这主要是基于为犯罪人提供救济路径以及节约司法资源的考量：一方面，非刑罚处罚措施作为刑事责任承担的一种方式，理应接受罪责刑相适应原则的限制，在刑事审判中进行宣判。不仅法官可以对非刑罚处罚措施的力度、种类等进行审查，被告人对上述附随后果的施加有异议的，也可以提起上诉，由此，可以为被告人提供强有力的救济途径。通过刑事诉讼中的上诉进行救济可以得到充分的程序保障，包括律师辩护等，而且避免了行政复议可能出现的"侧重"倾向。另一方面，将规范的犯罪附随后果的施加纳入刑事诉讼程序，也避免了各地方、部门"各自为政"，针对同一事项重复做出处罚决定的现象，节约有限的司法资源。

其三，在司法公开层面，规范的犯罪附随后果的施加应当在刑事裁判文书中完整载明。裁判文书是司法公正性和公信力的集中体现，[47] 规范的犯罪附随后果通过非刑罚处罚措施的形式在刑事审判中施加并在刑事裁判文书中完整载明是司法公开的基本要求。与此同时，这也是保障犯罪人权利的基本举措：一方面，在裁判文书公布之后，规范的犯罪附随后果的施加已经作出了决断，其他部门不能在额外对犯罪人进行限制，不然就避免了"一事不二罚"的原则；另一方面，裁判文书对规范的犯罪附随后果的公开也让社会公众知晓国家

〔47〕 参见马超、于晓虹、何海波：《大数据分析：中国司法裁判文书上网公开报告》，载《中国法律评论》2016 年第 4 期。

惩治和预防犯罪的决心与具体举措,消解民众对司法、对犯罪人的不信任感,从而促使非规范的犯罪附随后果趋向合理。

(二)社会自治力量介入完善社会信用体系

当前犯罪附随后果表现得较为严苛、混乱,归根结底是在传统的信任机制被破坏之后,科学合理的社会信用体系尚不完善,导致共同体本身以及其中个体对犯罪人缺乏信任,而且这种缺乏信任之感随着生人社会、网络社会的到来愈加强烈。在法治中国的探索过程中,对社会信用体系的完善进行了许多尝试,也遭遇了一些阻碍。从宏观层面来看,社会信用体系的建设主要依靠国家与公民个体的力量,前者通过制定法律法规等模式,构建以法治为核心,以成文规范为主要载体的信任机制,而后者则更注重日常交往的行为范式,构建以道德为核心,以信用评价为主要载体的信任机制。国家构建的信任机制,更多地带有普遍性、客观性、强制性,虽然有着覆盖范围大、适用效力强的优势,但是在灵活性上稍有欠缺,难以针对具体的犯罪情状制定合适的对策,同时也无法顾及所有群体的利益。与此相对应的,个体之间的信任机制,更多地表现为个别性、主观性、随意性,虽然有个别化处遇的优势,且更易为周遭生活圈所接受,但是却有着过度依赖于个人认知以及带有过度强烈的道德意味的缺陷,对犯罪人的生活权益,甚至人格都有侵害的可能。

简言之,虽然国家层面与个体层面对犯罪人的信任机制在理念、目的、大致方向上有诸多共同之处,但由于两者天然的区别,导致在具体运行之时两者难免产生龃龉。一方面,由于个体评价标准与国家评价标准的不同,在犯罪人承受了规范的犯罪附随后果的前提下,个体还会以其标准对犯罪人能否重新融入社会进行考量,从而带来了诸多限制;另一方面,国家考虑到了个体层面的标准与需求,但又难以实现规范附随后果的个别化,便只能通过扩张的方式,将更多的措施容纳进来,反而造成了附随后果的过于严苛。

据此,需要加强社会层面的自治,引入社会之维,实现国家—社会—个人3个维度的上下衔接与紧密结合。社会维度,与国家、个人联系紧密,但仍有区别,其由个人组建,并对其中的个人具备一定的强制力,与此同时,其也受国家管理,有时也会被国家赋予一些行政权力,但其强制力的来源、力度、实施方式均与国家不同。社会自治,主要依靠各类的社会自治组织。从功能上看,社会自治组织的功能在于“在国家权力与个人自治权利之间起到中介和保护作用,形成国家—社会—个人的联系和互动关系”。[48] 在我国，家庭、行业、社区等都可以属于社会的维度，而信任机制的完善、对犯罪人处遇的合理化，也必须依靠社会各界发挥作用。一方面，犯罪人复归社会后主要的活动范围还是其所在的家庭、行业、社区，当这些自治组织及其中的个体经过观察，重拾了对犯罪人的信任之后，犯罪人复归社会就已经成功了一大半。由这些主体参与对犯罪人进行考察，考察的内容主要是犯罪人日常的表现，特别是有没有违反法律或者相关强制性规定的现象，在此基础上，规范的犯罪附随后果的施加效果就有了保障，而且较之单纯依靠社区等基层单位进行自治，治理的力量更加多元、范围更加全面、效果更加凸显。另一方面，社会自治组织还应当负责将考察的内容向全社会公开，并引导组织内个体对犯罪人进行接纳。国家层面对犯罪附随后果的规定多数是以“权利减损”的形式做出的，在救济层面着力较少，在网络时代下，公众对规范的犯罪附随后果取得的成效不得而知，反而导致了非规范的犯罪附随后果日益严重。在此情形下，通过社会自治组织对犯罪附随后果的施加效果进行公开，为犯罪人证明自己已经改造成功提供了一个渠道，且由于自治组织与犯罪人日常生活息息相关，相关的评价更易让人信服。换言之，社会自治组织介入社会信用体系，不仅可以为规范的犯罪附随后果施加的效果提供检验和救济路径，同时也有助于非规范犯罪附随后果的消解。因此，国家通过吸纳社会资源、社会组织以实现多元化治理，成为构建国家治理体系现代化的必然途径。[49] 在此基础上，亟须加强社会自治在完善社会信用体系中的作用，以促使当前严苛、混乱的犯罪附随后果趋向合理。

(三)减轻群体对立接纳复归社会的犯罪人

当前，犯罪人群体与非犯罪人群体之间呈现紧张的关系，无犯罪记录的群体表现出对犯罪人极大的不信任与排斥，希望对犯罪人的相关权利进行限制，以达成惩罚和预防犯罪的目标。无犯罪记录群体的这种诉求直接促使了犯罪附随后果的产生与日趋严重。一方面，通过向国家表达这种诉求，进而使限制犯罪人权利的规范性文件不断出台，规范的犯罪附随后果由此而生；另一方面，在社会生活中，这种不信任与排斥以非规范的犯罪附随后果的形式直接体现在

〔48〕 周庆智：《基层社会自治与社会治理现代转型》，载《政治学研究》2016年第4期。

〔49〕 参见陈尧、王哲：《中国城市基层社会自治发展的路径——以改革开放以来城市人民调解制度的发展为例》，载《上海行政学院学报》2020年第3期。

两种群体的交往实践中,导致犯罪人正常的社会生活难以进行。简言之,犯罪人群体与非犯罪人群体之间由不信任感产生的对立,是形成犯罪附随后果的基础因素,要想使得犯罪附随后果规范化、合理化,必须减轻两类群体之间的对立,重构社会成员之间的信任关系。必须承认,基于犯罪行为的社会危害性以及民众因犯罪行为发生而产生的畏惧感,上述两类群体间的紧张关系难以消除,只能找寻合理的方式进行缓和,其根本是通过一系列手段来调整非犯罪人群体脑海中的观念,消解群体之间的不信任感。构建社会协同治理的心理基础是信任关系,而建立相互协同的信任关系,关键在于利益趋同和信息互通。[50]

从利益趋同的角度来看,毋庸置疑的是,虽然非犯罪人群体在表达对犯罪人群体的不信任感时,适用的手段有时过于严苛,但其目的也是为了预防犯罪的再次出现。换言之,犯罪附随后果的施加也是犯罪治理中的重要一环。在犯罪学、刑法学发展到一定程度的当今社会,对待犯罪这一严重的社会问题,单一的"规制"模式无力达成预防犯罪的根本效果,"严厉的处罚非但不能防止犯罪,而且会给应受处罚的人累积起再社会化的障碍,导致罪因性环境形成,加剧其再犯",[51]只有采取各种手段、各类主体协同治理的模式才能有效应对犯罪现象。在此基础上,国家、非犯罪人、犯罪人需要协同合作,刑罚、犯罪附随后果、犯罪人的悔罪态度需要相互结合。申言之,现代犯罪学的价值指向就是合作共治,枫桥经验中的犯罪治理实践也恰恰体现了这一点。[52]

既然犯罪附随后果施加的最终目的就是犯罪治理,那么从目的导向出发,过于严苛的犯罪附随后果使得犯罪人难以复归社会,提升了再犯罪的可能性,与犯罪治理的目标背道而驰。概言之,犯罪附随后果合理化、刑罚轻缓化、犯罪人再社会化这3种趋势都指向犯罪治理这一共同利益,基于此,非犯罪人群体也应当采取相对包容的态度对待犯罪人群体。具体而言,应当通过各种途径贯彻犯罪治理的方针,以减轻两类群体之间的对立。针对规范的犯罪附随后果,有关部门在吸收非犯罪人群体意见,制定限制犯罪人权利的规范性文件时,应对相关措施的治理效果充分考量、论证,这一过程应及时向社会反馈。针对不

[50] 参见欧黎明、朱秦:《社会协同治理:信任关系与平台建设》,载《中国行政管理》2009年第5期。

[51] 樊文:《犯罪控制的惩罚主义及其效果》,载《法学研究》2011年第3期。

[52] 参见赵炜佳:《论枫桥经验的犯罪合作治理意蕴》,载《南大法学》2021年第2期。

成文的犯罪附随后果，在社会自治组织发挥作用的基础上，应当通过各类宣传途径，将犯罪治理的理念等向社会公众阐明，以争取非犯罪人群体的认可。

而从信息互通的层面来看，非犯罪人群体对犯罪人群体产生不信任感与排斥的一个重要原因便是其仅对犯罪人曾经实施过犯罪这一事实有所了解，而对犯罪人的具体情况，尤其是其在服刑期间以及重归社会后的情况并不知晓。简言之，鉴于“再犯风险更侧重于回归后的行为表现”，[53]非犯罪人对犯罪人再犯可能性大小的判断缺乏具体的判断依据，导致了不信任感的产生，甚至加剧。在网络时代，犯罪记录一旦形成，极易扩散，使社会公众对其知悉更加容易，这是加深两类群体之间对立的原因之一。但网络，尤其是新媒体在传播犯罪记录的同时，也可以作为宣传犯罪人矫治效果的主要媒介。在国家层面，刑罚执行部门，主要是监狱，可以将犯罪人服刑期间的表现等记录备案，同时向社会公开，对于服刑期间表现优异的，如有重大立功表现等情形的，还可以通过相关媒体进行报道，这一方面是让公众对犯罪人的服刑情况有所了解，另一方面也是监狱部门加强自身宣传、得到群众认可的有效举措。在社会层面，社区、企业等组织可以对在其管辖范围内生活、工作的犯罪人的相关情况通过自媒体等渠道向本组织内外进行宣传，为其他民众评估犯罪人的再犯可能性提供可信的依据。而在个体交往层面，在与周围的犯罪人进行交往的过程中，不应仅仅根据其犯罪记录就妄下判断，而是应当对其交往中表现出的主、客观要素进行全面的评价，进而形成客观、合理的印象。对周围犯罪人，倘若已经在交往中重拾了信任，不如更进一步，将重新信任的过程通过讲述的方式公之于众，帮助犯罪人脱离失信苦海。

五、结　　语

在犯罪治理领域，增设新罪回应了民众的诉求，以刑法规制的模式对重要的法益进行了保护，具有合理性，相关新罪的法定刑设置遵循了罪责刑相适应原则，并不存在过度刑法化的现象。然而，在增设新罪，尤其是轻罪的背景下本就规定散乱、过于严苛的犯罪附随后果变得更加复杂、严重，必须对其进行充分

〔53〕 参见张庆斌、彭元春：《论再犯风险评估体系的重构》，载《犯罪与改造研究》2020年第6期。

的分析,以求应对之策,化解和防范其对犯罪人权益侵犯的风险。犯罪附随后果的形成与发展是一个复杂的社会现象,其中揭示了防卫社会与保障人权之间的矛盾,蕴含了在网络时代下的生人社会中完善社会信用体系的内在要求,涉及了各部门法之间协调机制的构建。在此基础上,想要化解增设新罪背景下犯罪附随后果的风险,实现犯罪附随后果的规范化、合理化,就必须在人权保障原则的指引下谨慎对待附随后果的增设,规范附随后果适用的路径。而要想防范增设新罪背景下犯罪附随后果的风险,就必须对犯罪附随后果整体进行改造,使其成为犯罪治理中的一剂良方。防止未来增设新罪的过程中因犯罪附随后果产生风险,不仅需要对规范的犯罪附随后果进行调整,而且需要着力解决非规范的犯罪附随后果过于严苛的问题,其根本在于完善当前社会主体间的信任机制,亦即完善社会信用体系,这需要国家、社会、个人共同着力进行协同治理。

The Risk of Subsequent Consequences of Crimes and Its Countermeasures under the Background of New Crime

Yan Lei

Abstract: Under the guidance of a positive concept of criminal law, new crimes, especially misdemeanor crimes, are constantly being added. In this context, the risks of the consequences of crimes continue to increase. Specifically, the risk of secondary consequences of crimes in the context of adding new crimes stems from restrictions on rights caused by administrative penalties, reduced credibility caused by credit punishment, negative impressions of criminal records, and disorderly treatment measures, the advent of the Internet era, Under the influence of factors such as the failure of the credit mechanism, the collateral consequences of crimes are too harsh, tend to diffuse, and are difficult to resolve. The risk of collateral consequences of crimes arises from this. To resolve the risks of criminal consequences, we must start with the three aspects of abiding by the principles of human rights protection, cautious treatment of the addition of consequences, and clarifying the application limits of measures to adjust the regulatory consequences of crimes. At the same time, we want to adjust the consequences and consequences of regulated crimes. The overall transformation of standardized criminal consequences to prevent the risk of criminal consequences requires that the standardized criminal consequences should be included in the category of criminal law, social autonomy should be involved in the improvement of the social credit system, and group opposition should be allowed to reduce the acceptance of criminals who have returned to society. In this way, a joint force is formed at the three levels of the country, society, and individuals, perfecting the trust mechanism between social subjects, and realizing effective crime management.

Key words: Attached consequences of crime; Misdemeanor; Positive criminal law; Social credit system; Criminal record

《人大法律评论》稿约

《人大法律评论》是在中国人民大学法学院支持下，由法学院学生自主创办、独立编辑并公开出版发行的学术出版物，现为中文社会科学引文索引（CSSCI）来源集刊。

《人大法律评论》初创于2000年，现包含“专题研讨”“论文”“评论”等板块，新设有“法哲学专栏”“公法专栏”“博士论文精华”等特色专题。

欢迎海内外专家学者、优秀学子惠赐稿件，来稿原则上在1万至2万字，特别优秀的稿件，可以不限字数。《人大法律评论》线上投稿系统现已正式启用，网址为：https://rdfl.cbpt.cnki.net/。

来稿请附中、英文标题和摘要（300字之内）、关键词（5个以内），并于线上投稿系统中填写作者个人简介（包括姓名、单位、职务或职称、地址、联系电话、电子邮箱）。关于注释规范，请参见后附注释体例。

《人大法律评论》实行匿名三审制，编辑部收到稿件起3个月内向作者通报审录结果，每稿必复。

《人大法律评论》崇尚学术自由、严守学术规范。一旦发现作者一稿多投、抄袭或者存在其他严重学术不端行为的，本评论将向其所在单位、主管机关、学术团体及新闻媒体通报情况，并保留追究其法律责任的权利。

为了扩大本评论及作者知识信息交流渠道，除非作者在来稿时声明保留，则视为同意《人大法律评论》拥有以非专有方式向第三人授予已收录作品电子出版权、信息网络传播权和数字化汇编、复制权，以及向《中国社会科学文摘》《高等学校文科学术文摘》和中国人民大学书报资料中心《复印报刊资料》等文摘类刊物推荐转载已收录作品的权利。

《人大法律评论》编辑部

2022年9月10日

《人大法律评论》注释体例

一、文中注释一律采用脚注，全文连续编号。

二、非直接引用原文的，注释前加“参见”；引用非原始资料时，请注明“转引自”。

三、引用同一文献的，无论两个注释是否相邻，均应列出完整的文献信息，避免使用“同上”“同上书”表述。

四、表格的表号和表题在表身上方，插图的图号和图题在图形下方。图表制作应当使用可在文档中编辑的制图软件，勿使用截图。

五、注释及参考文献范例

（一）著作、教材类

（1）个人专著

[1]《习近平谈治国理政》（第4卷），外文出版社2022年版，第24页。

[2]龚祥瑞：《比较宪法与行政法》，法律出版社1985年版，第255页。

（2）多位作者专著

[1]胡锦光、韩大元：《中国宪法》，法律出版社2018年版，第89页。

（3）主编等其他著作方式作品

[1]佟柔主编：《中国民法》，法律出版社1990年版，第67~75页。

（二）论文类

[1]苏永钦：《私法自治中的国家强制》，载《中外法学》2001年第1期。

[2]王利明：《合同无效制度》，载《人大法律评论》2012年第1辑，法律出版社2012年版，第67~91页。

[3]梁君瑜：《行政诉权研究》，武汉大学2017年博士学位论文，第36页。

[4]姜明安：《新时代中国行政法学的转型与使命》，中国法学会行政法学研究会2018年年会论文。

(三)文集类

[1]尹田:《法国合同责任的理论与实践》,载梁慧星主编:《民商法论丛》第 3 卷,法律出版社 1995 年版。

(四)译作类

[1][古希腊]亚里士多德:《政治学》,吴寿彭译,商务印书馆 1983 年版,第 54 页。

(五)报纸

[1]张志铭:《何谓法律真实?》,载《人民法院报》2002 年 3 月 15 日,第 3 版。

(六)古籍类

[1](西汉) 司马迁:《史记 · 商君列传》,中华书局 1959 年版,第 2229 页。

[2]《清实录》卷二四五。

(七)辞书类

[1]《新英汉法律词典》,法律出版社 1998 年版,第 24 页。

(八)网络资料类

[1]洪明思 、钟法:《5 位律界"大咖"成为杭州中院首批"律师调解员"》,载杭州网,http://ori. hangzhou. com. cn/ornews/content/2017 - 11/11/content_6712391. htm。

[2]刘松山:《失信惩戒立法的三大问题》,载微信公众号"中国法律评论"2019 年 11 月 19 日,http://mp. weixin. qq. com/s/wA3Jj923WNctVATeSKIhCw。

(九)裁判文书类

[1]北京市海淀区人民法院民事判决书,(2018)京 0108 号民初 142 号。

(十)案例类(案例中出现的姓名、名称需匿名化处理)

[1]"田某诉北京科技大学案",北京市海淀区人民法院行政判决书,(1998)海行初字第 142 号。

[2]"荣某某诉王某、永诚财产保险股份有限公司江阴支公司机动车交通事故责任纠纷案",最高人民法院指导案例 24 号(2014 年)。

[3]"陆某某诉南通市发展和改革委员会政府信息公开答复案",载《最高人民法院公报》2015 年第 11 期。

(十一)英文类

[1]L. Fuller, *The Morality of Law*, Yale University Press, 1969, p. 143.

［2］Randolph Quirk et al., *A Comprehensive Grammar of the English Language*, New York, Longman Inc., 1985, p. 1140.

［3］Mark Greenburg, *How Facts Make Law*, 10 Legal Theory 157 (2004).

［4］H. L. A. Hart, *Jhering's Heaven of Concepts and Modern Analytical Jurisprudence*, in Eaasys in Jurisprudence and philosophy, Oxford University Press, 1983, p. 269 – 270.

（十二）德文类

［1］Claus Roxin, Strafrecht Allgemeiner Teil, band Ⅰ, 4. Aufl. 2006, § 15 Rn. 19.

［2］Benjamin Vogel, Rechtsgüterschutz und Normgeltung, ZStW 129(2017), S. 630, 632.

（十三）法文类

［1］Marc Chevallier, *L'État de droit*, Montchrestien, 4eéd., Paris, 2003, p. 16 – 29.

［2］Marc Poisson, «Le droit de la mer», *RGDIP*, p. 15 – 47.

（十四）日文类

［1］喜多了祐『外観優越の法理』(千倉書房,1977 年)215 頁。

［2］我妻栄＝有泉亨『民法総則物権法(法律法体系・コンメンタール篇)』(日本評論社,1950 年)31 頁。

［3］於保不二雄「付加物及び従物と抵当権」民商法雑誌 29 巻 5 号(1954 年)1 頁以下。

目　　录

第一章　总　　则

2023年《行政复议法》的修订，是按照党的二十大精神和新时期党中央对行政复议工作的重大决策部署要求，在深入总结新中国行政复议制度发展经验成效的基础上，进行的一次重大制度调整，其根本目标就是通过完善行政复议相关制度体制机制，全面激活并进一步彰显行政复议的各项制度功能，深入贯彻落实习近平总书记关于"发挥行政复议公正高效、便民为民的制度优势和化解行政争议的主渠道作用"重要指示精神。新修订的《行政复议法》采取修订草案的方式，在保持行政复议基本制度框架的同时，结合实际进行了较大幅度的修改。与2017年《行政复议法》相比，除附则中1个条文没有变化外，修改了38条，删除了4条，新增了51条，条文总数也从原来的43条增加到90条，增幅达到109%。在行政复议程序方面，2023年《行政复议法》回应实践需求，在15个方面作了全面改进：确立调解优先理念、扩大行政复议范围和前置范围、明确受理条件、改革管辖制度、建立特定领域行政机关先行自纠制度、强化听证和听取意见程序、确立行政复议委员会制度、完善证据规则、增加简易程序、细化行政规范性文件审查程序、重构行政复议决定体系、完善行政复议内部监督程序、优化行政复议执行措施、健全行政复议与纪检监察的衔接配合、强化行政复议责任追究。

总则是关于立法的基本精神和总体要求等内容的概括性条款，对一部法律规范的其他部分有统揽性的指导意义，十分重要。2023年《行政复议法》的总则部分共10条，分别就立法目的和立法依据、适用范围、基本原则、行政复议机关和行政复议机构的职责、行政复议人员及办案保障、与行政诉讼的衔接等作出了规定，是准确理解2023年《行政复议法》所确立的各项具体制度的精神实质，进而正确适用该法进行行政复议实践的关键章节。

第一条　为了防止和纠正违法的或者不当的行政行为，保护公民、法人和其他组织的合法权益，监督和保障行政机关依法行使职权，发挥行政复议化解行政争议的主渠道作用，推进法治政府建设，根据宪法，制定本法。

【新旧对照】①

2017年《行政复议法》	2023年《行政复议法》	重点解读
第一条　为了防止和纠正违法的或者不当的具体行政行为，保护公民、法人和其他组织的合法权益，*保障和监督*行政机关依法行使职权，根据宪法，制定本法。	第一条　为了防止和纠正违法的或者不当的行政行为，保护公民、法人和其他组织的合法权益，*监督和保障*行政机关依法行使职权，**发挥行政复议化解行政争议的主渠道作用，推进法治政府建设**，根据宪法，制定本法。	本条将"具体行政行为"修改为"行政行为"，将"保障"和"监督"的顺序进行了调整，进一步凸显行政复议监督功能，并增加了"发挥行政复议化解行政争议的主渠道作用，推进法治政府建设"，明确了行政复议化解行政争议的功能及主渠道目标定位。

【适用要点】

本条是关于《行政复议法》立法目的和立法依据的规定。

① 为了便于阅读，编者针对不同情况采取了特殊符号，统一说明如下："加粗"的内容，为2023年《行政复议法》较2017年《行政复议法》新增的主要内容；"斜体"的内容，为字词的调整但表意不变的内容；"删除线"的内容，系较新法删除的主要内容。

立法目的是立法的核心和灵魂,关乎法律制度的价值宗旨与总体功能,体现制度设计的利益保护倾向与价值排序。行政复议的立法目的与其功能定位密切相关。作为现代社会重要的权利救济和权力监督法律制度,行政复议是行政机关根据行政相对人的申请,对行政主体依照法律、法规的规定履行社会管理职能过程中与行政相对人产生的行政争议进行审理,并作出裁断的一种行政司法活动。与一般行政执法的单方行政行为不同,行政复议是三方行政行为,涉及行政相对人提出申请、行政机关参加行政复议、行政复议机关居中裁判,既要符合行政权能动高效的特点,也要遵循准司法裁判的一般性规律。通说认为行政复议制度兼具监督权力运行、救济公民权利和化解行政争议三项功能,因而其立法目的也应围绕这三项功能展开。理解 2023 年《行政复议法》的立法目的,要重点围绕以下三个方面:

一、监督和保障行政机关依法行使职权

行政复议是设在行政系统内部的"民告官"制度,体现了人民监督与行政监督的有机融合,其立法依据是《宪法》,具体而言主要是《宪法》第 27 条第 2 款规定的"一切国家机关和国家工作人员必须依靠人民的支持,经常保持同人民的密切联系,倾听人民的意见和建议,接受人民的监督,努力为人民服务"和第 41 条规定的"中华人民共和国公民对于任何国家机关和国家工作人员,有提出批评和建议的权利;对于任何国家机关和国家工作人员的违法失职行为,有向有关国家机关提出申诉、控告或者检举的权利","对于公民的申诉、控告或者检举,有关国家机关必须查清事实,负责处理"。公民和企业向行政机关提出行政复议申请,正是行使《宪法》赋予的申诉权的重要方式。因此,监督是行政复议的基础功能,是行政复议的灵魂,离开有效的监督,救济行政相对人的合法权益和有效化解行政争议也将成为一句空话,无法得到落实。

关于"违法"和"不当"。根据《地方各级人民代表大会和地方各级人民政府组织法》第 73 条第 3 项的规定,县级以上的地方各级人民政府有权改变或者撤销所属各工作部门的不适当的命令、指示和下级人民政府的不适当的决定、命令。从这个角度讲,与行政诉讼的外部监督相比,行政复议对行政行为的监督,是更全面深入的全方位、实质性的监督,行政复议机关经过审理认为行政行为确属违法或者不当的,可以直接予以纠正。其中,“不当”的表述充分体现了行政复议监督的全面性,即行政复议审查的不仅是行政行为的合法性,也包括行政行为的合理性,这一点与行政诉讼有较为明显的区别。囿于司法权和行政权的边界,行政审判的基本原则是合法性审查,即只审查案涉行政行为的合法性问题。2014 年《行政诉讼法》修正的时候,针对实践中传统的机械的合法性审查不能满足实践需求,难以实质性化解争议,而全面的合理性审查又不符合权力分工偏离了行政诉讼制度定位的问题,立法机关将行政机关行使自由裁量权过程中的极端不合理情形也列入了合法性范围,增加规定了对明显不当的行政行为,也适用撤销判决。

关于“防止”和“纠正”。行政复议监督和保障行政机关依法行使职权主要是通过防止和纠正违法的或者不当的行政行为实现,而这里的“防止”和“纠正”所体现的监督功能是有所侧重的,直接纠正违法和不当行政行为只是行政复议功能的一部分,行政复议要充分发挥监督功能,不仅要通过直接纠错监督,还要高度重视发挥其预防性功能,纠正是防止的基础,防止是纠正的深化。要通过严格依法纠错形成震慑,倒逼各级行政机关严格规范公正文明执法;也要通过行政复议意见书对行政复议案件中反映出的行政立法、行政执法的共性问题提出完善制度、改进执法的建议,推动从源头上规范行政权力运行,防止和减少行政争议产生;还要加强对行政复议案件的大数据分析,及时查找违法或不当行政执法行为高发的领域、地域,有针对性地开展督察督导,真正实现“诉源治理”。

关于“监督”和“保障”。行政复议作为行政系统内部的监督机制，保障行政机关依法行使职权也是其应有之义。行政复议机关经审查认为行政行为不存在违法或者不当的情况，就应当作出维持该行政行为的行政复议决定，依法确认其权威性和执行力，维护正常的行政管理秩序。因此，2023年《行政复议法》中将“保障和监督”修改为“监督和保障”，进一步强调行政复议的监督功能，但并未删除“保障”一词。

二、保护公民、法人和其他组织的合法权益

社会主义民主政治的本质要求，就是最大限度地确认公民的权利和利益，并使之得到切实有效的保障。我国《宪法》确认公民具有广泛的权利，国家行政机关必须尊重并保护这些宪法权利。作为国家权力机关的执行机关，行政机关作出的行政行为广泛涉及政治生活、经济生活和其他社会生活的各个方面，涵盖了公民“从摇篮到坟墓”的各个领域，如户籍、教育、税收、房屋、土地、交通、卫生健康、社会保障等。行政机关在行使行政权过程中，一旦出现偏差就会给公民、法人和其他组织带来损害；不仅其各种作为类的行政行为会给行政相对人的人身权、财产权、受教育权等切身利益造成不利影响，其消极履行法定职责的不作为，也会直接影响行政相对人的合法权益。“有权利必有救济”，按照以人民为中心的发展要求，当行政行为侵害了行政相对人的合法权益时，就必须通过行政复议等权利救济机制，给予行政相对人有效的救济，保护当事人的合法权益。行政复议机关经过对行政行为合法性和合理性的审查，应当重点围绕有效维护群众权益，通过作出撤销或变更行政行为、确认行政行为违法或无效、责令行政机关履行法定职责或者履行赔偿义务等方式，满足行政相对人的合法合理诉求。同时，给公民、法人和其他组织的合法权益提供便捷、高效、低成本、实质性的救济，也是行政复议能够赢得群众信任，真正树立制度公信力，进而在社会治理特别是矛盾纠纷化解方面发挥主渠道作用的关键。

实践中需要关注的是,行政复议申请人需要以行政行为的合法性或者合理性来启动审查机制,但其真正关注的往往是自身的合法权益的实现。此时,如果行政复议机关没有围绕当事人的权益救济对涉案行政法律关系进行全面审查,而仅就案论案进行"依法"处理,即使最终依法纠正了行政行为,由于当事人的真实利益诉求没有得到满足,也会对裁判结果表示不接受。因此在行政复议办案中,应当充分考量当事人的法律诉求和实际利益诉求,既关注所涉行政行为的合法性和合理性,又注重对当事人维权动因的关切和权益诉求的最大限度回应,包括合理适用撤销和变更决定种类、同步作出赔偿补偿决定等,从而在实现监督和倒逼依法行政的同时,完成对当事人受损权益的有效修复。

需要说明的是,我国的行政复议制度实行的是"以主观复议为主,以客观复议为辅"的审理原则,即从审理构造看,当事人的复议请求是审理的重要标的,但并不是审查的唯一重点,行政复议机关办案需要对案涉行政行为的合法性和合理性进行全面审查;维护行政相对人的合法权益也不是唯一的立法目的,必须同时对行政机关依法行使职权进行监督,以实现公共管理的有效性和行政秩序的和谐稳定。因此,对于行政行为经审查不存在合法性和合理性问题的,行政复议机关仍针对行政机关作出维持原行政行为的决定,而不是针对申请人作出驳回行政复议请求的决定。

三、实质性化解行政争议并发挥主渠道作用

通说认为,行政复议兼具监督权力、救济权益和化解争议三重功能。但是多重功能之间的地位关系如同制度追求的多种价值之间的关系一样,是存在先后顺序的。行政复议的三项功能在具体制度安排中也不可能并重强调。理想状态下,这三项功能应是互为充分必要条件,纠正了违法不当行为,就维护了群众的合法权益,也应当能化解行政争议。但实践中,三者既有关联也有张力,监督纠正违法不当行为往往并不能完全解决申请人的利益诉求，因而也不当然能化解行政争议。因此，行政复议制度在不同历史时期需要有一种功能作为主导功能，而且这一主导功能也应当根据不同社会发展阶段的核心法治诉求而不断调适，以更好地满足社会治理需要。1990 年《行政复议条例》（已失效）并未将化解行政争议写入立法目的，仅提到“维护和监督行政机关依法行使职权，防止和纠正违法或者不当的具体行政行为，保护公民、法人和其他组织的合法权益”。1999 年《行政复议法》的立法目的也未提到化解行政争议，但将权利救济放到了监督权力之前。没有在行政复议立法中强调解决行政争议，度其原因应是彼时正处于改革开放初期，社会矛盾还没有充分暴露，法治建设的主要问题是有法不依、执法不严，立法的主要目的更多的是加强对行政执法的监督。随着经济社会快速发展，经济体制深刻变革，社会结构深刻变动，利益格局深刻调整，思想观念深刻变化，社会矛盾纠纷逐渐呈现多发高发趋势。为此，2007 年《行政复议法实施条例》增加了“进一步发挥行政复议制度在解决行政争议、建设法治政府、构建社会主义和谐社会中的作用”。原国务院法制办公室在条例释义中提到，“化解矛盾的功能与作用，从民主政治的角度来看，这是新形势下行政复议的首要功能”，“体现了党和政府更加重视通过行政复议这一法定渠道解决社会突出矛盾的决策和部署”[①]。2014 年修正《行政诉讼法》时也同样将“解决行政争议”写入立法目的，并放在“保护公民、法人和其他组织的合法权益，监督行政机关依法行使职权”的前面。中国特色社会主义事业进入新时代，无论是以人民为中心的发展理念，还是实质性化解行政争议的社会治理要求，都决定着必须进一步协调纠纷化解机制的法治属性与政治属性，将化解争议这一功能摆在更为重要的位置。2020 年 2 月 5 日，习近平总书记主持召开中央全面依法治国委员会第三次会议，强调“要发挥行政复议

① 曹康泰主编：《〈中华人民共和国行政复议法实施条例〉释义》，中国法制出版社 2007 年版，第 1 页。

公正高效、便民为民的制度优势和化解行政争议的主渠道作用”，这是新时代行政复议工作的根本遵循和行动指南，既强调了化解行政争议这一功能的重要地位，也明确了行政复议在行政争议化解各项制度中的主体位置和主导作用。因此，2023年《行政复议法》明确提出要“发挥行政复议化解行政争议的主渠道作用”。

所谓“主渠道”，主要体现在“量”和“质”两个层面：从量上看，行政复议应当能够吸纳大多数行政争议，成为群众表达诉求、维护权益的首选渠道，这就要求行政复议受案范围足够宽，能够涵盖各类行政争议，行政复议申请更便捷高效、低成本，行政复议制度公正性和公信力足以赢得群众的信赖，成为其维权的第一选择。从质上看，要求行政复议具有足够的制度弹性和化解手段，行政复议工作人员能够坚持能动复议，充分发挥行政复议的制度优势和工作效能，将吸纳来的绝大多数行政争议都化解在行政复议程序中，实现“案结事了”。在征求意见过程中也有意见认为“主渠道”应当通过制度竞争逐步实现，不宜直接写到立法目的中。但立法机关认为2023年修订《行政复议法》的总体目标就是通过相应制度安排，落实习近平总书记对行政复议工作的重要指示精神，实现打造化解行政争议的“主渠道”目标，因此仍在立法目的中写入了“主渠道”的表述。

第二条　公民、法人或者其他组织认为行政机关的行政行为侵犯其合法权益，向行政复议机关提出行政复议申请，行政复议机关办理行政复议案件，适用本法。

前款所称行政行为，包括法律、法规、规章授权的组织的行政行为。

【新旧对照】

2017 年《行政复议法》	2023 年《行政复议法》	重点解读
第二条 公民、法人或者其他组织认为~~具体~~行政行为侵犯其合法权益，向行政机关提出行政复议申请，行政机关~~受理行政复议申请、作出行政复议决定~~，适用本法。	第二条 公民、法人或者其他组织认为**行政机关的**行政行为侵犯其合法权益，向行政机关提出行政复议申请，行政**复议**机关**办理行政复议案件**，适用本法。 **前款所称行政行为，包括法律、法规、规章授权的组织的行政行为。**	本条参照《行政诉讼法》的规定将“具体行政行为”改为“行政机关的行政行为”，并将“行政机关受理行政复议申请、作出行政复议决定”改为“行政复议机关办理行政复议案件”，使逻辑上更加周延。

【适用要点】

本条是关于《行政复议法》适用范围的规定。

《行政复议法》的适用范围，包括行政相对人行使行政复议权利和行政复议机关履行行政复议职责两个方面，主要包括公民、法人和其他组织提出行政复议申请和行政复议机关办理行政复议案件等。

一、关于行政相对人提出行政复议申请

行政复议是行政机关依法居中裁断纠纷的准司法行为，因此需要遵循司法程序的一些基本原则，如不告不理、裁决者中立、不单方接触等。依申请启动是行政复议活动区别于一般行政行为的重要特征。在行政复议活动从启动到整个运行过程中，行政复议机关只能根据公民、法人和其他组织的申请行为和内容进行裁判，不能主动启动程序或者变更当事人的请求内容。

正确理解行政复议申请，需重点把握以下三点：

首先，行政复议制度的基本模式是“民告官”，不能是“官告民”“官告官”，因此申请人只能是公民、法人和其他组织，即通常所说的行政相对人。行政相对人,是指行政法律关系中与行政主体相对应的另一方当事人,即行政主体的行政行为影响其权益的个人或组织。如果公民、法人或其他组织与行政机关不是在行政法律关系中,则不具有申请人资格。实践中,对于行政复议申请权,要注意其限制的关口主要在受理环节,而不是申请环节。对于行政复议申请权,2023 年《行政复议法》并未进行过多限制,只是规定行政相对人"认为"行政行为侵犯其合法权益即可提出申请。因为从逻辑上讲,申请人是否提起行政复议的决定权在其自己,行政复议机关无法加以限制。而行政复议申请提出后,就进入了行政复议机关的处理程序。先是行政复议受理审查,不符合受理条件的,要作出不予受理决定;经审查符合受理条件的申请则进入审理程序,由行政复议机关依照 2023 年《行政复议法》规定的程序和期限等最终作出行政复议决定。

其次,申请行政复议的对象只能是行政行为。2023 年修订《行政复议法》将"具体行政行为"改为"行政行为",主要是为与《行政诉讼法》的修改相衔接进行的文字性修改。此前的《行政复议法》和《行政诉讼法》中使用的都是"具体行政行为",这是与"抽象行政行为"相对应的一个学理概念。2014 年修正《行政诉讼法》时,为解决实践中一些基层人民法院以不是"具体行政行为"为由拒绝受理依法应当受理的行政案件问题,立法机关对其进行了相应修改。但立法机关也强调,修改后的"行政行为"其内涵和外延与"具体行政行为"基本相同。2023 年《行政复议法》中的"行政行为"大致包含以下四种情形:一是行政机关的作为和不作为,实践中侵害行政相对人合法权益的,既可能是行政机关的积极作为,也可能是其消极不作为。2023 年《行政复议法》第 11 条关于行政复议范围的规定中,就有关于行政机关不履行保护人身权利、财产权利、受教育权利的情形。二是行政机关实施的事实行为。"事实行为"是个学理概念,通常指行政主体实施的不产生法律约束力,但以影响或改变实施状态为目的的行为,如行政执法人员在执法过程中非法使用暴力手段等。只要事实行为对行政相对人合法权益造成了侵害,就属于行政复议范围。三是行政机关签订、履行行政协议的行为。“行政协议”目前也属于学理概念，通常指行政机关为了实现行政管理和服务目的，与行政相对人签订的协议。因涉及公共利益保护和行政优益权的规范行使，根据2023年《行政复议法》的规定，如果行政机关不履行或者未按照约定履行行政协议，行政相对人就可以依法申请行政复议。四是法律、法规、规章授权的组织作出的前述行为。行政机关是国家机构中行使行政权的组织。我国的行政机关包括各级人民政府及其职能部门。从立法和行政管理实践看，法律、法规会授权一些事业单位、社会团体等承担一定的行政管理任务。2017年《行政复议法》第15条中规定了对法律、法规授权的组织的具体行政行为不服的可以申请行政复议。2023年《行政复议法》在第2条第2款进一步明确了“前款所称行政行为，包括法律、法规、规章授权的组织的行政行为”。新增加了规章授权的组织，主要是解决实践中一些公共企业事业单位、行业协会、基层自治组织等所谓“公法人”依照规章授权行使行政管理职能的行为可复议性及相关行政复议管辖问题。理解规章授权的组织，要注意区分两个方面的问题：第一，对规章授权的组织的行为是否可以申请行政复议的问题；第二，从实体法上规章能否授权社会组织行使行政管理职权的问题。本条重在解决第一个问题，即明确对行政管理实践中大量存在的规章授权的组织的行为可以申请行政复议，在行政复议审查时需要审查其授权是否合法。同时，《行政复议法》主要是程序法，而规章能否授权是实体法层面的问题，2023年《行政复议法》规定对规章授权组织的行政行为的行政复议并不代表认可规章授权，更不是允许规章授权。目前，《行政处罚法》《行政许可法》《行政强制法》都只规定了法律、法规授权的组织，可以看出从立法精神而言，在行政处罚、行政许可和行政强制领域，对于限制行政相对人权利或者增加行政相对人义务的行政行为，不允许规章授予社会组织实施。

需要说明的是，从《行政复议法》公布以来，一直有意见认为应将规章以下的规范性文件直接纳入行政复议范围。因为制发规范性文件是各级行政机关履行行政管理职责的重要方式，对行政相对人的影响比一般执法行为更加重大、广泛和持久。立法机关认为，尽管加强对规范性文件的审查管理对于监督行政机关依法行政十分重要，但规范性文件系行政机关针对不特定对象作出且重复适用的抽象行政行为，不符合行政复议的侵权救济原理，2017 年《行政复议法》明确规定不属于行政复议范围，但在其作为行政执法行为的依据，且行政相对人认为行政执法行为及该依据均不合法的时候，可以附带提出审查申请，由行政复议机关一并作出处理。2023 年修订《行政复议法》时，沿袭了 2017 年《行政复议法》的规定，将其排除出直接申请行政复议的范围，同时，为了强化附带审查的实效性，对行政复议机关对规范性文件的审查及处理作了具体的程序性规定，进一步提高了行政复议附带审查的可操作性。

最后，申请行政复议的理由应当是认为行政行为侵害了自身合法权益。主要涉及两个问题：一是提出行政复议申请的前提是行政相对人认为自身的合法权益受到侵犯，而不是他人的合法权益，更不是社会公共利益。实践中，公民、法人和其他组织申请行政复议时，可以提出行政行为存在事实不清、证据不足、适用依据错误、程序违法、内容不当等问题，但归根结底，都要回到自身合法权益受到侵害的主观判断上，否则就不能以申请人的身份提出行政复议申请。需要强调的是，认为自身合法权益受到侵害与合法权益受到实际侵害，是涉及“诉权”和“胜诉权”的两个不同性质的问题。行政相对人认为自身权益受到侵害是一种主观标准，只要“认为”就可以提出申请。但申请是否能够被受理，要看是否符合行政复议的受理条件，只要符合法定的受理条件，就可以进入审理和决定程序。至于是否真正构成对其合法权益的侵害，是通过行政复议审理后得出的结论。二是本条中所称的合法权益的范围，包括但不限于人身权利、财产权利和受教育权利等。行政复议救济的权益必须是合法权益，即公民、法人和其他组织已经依法享有或者取得的权利和利益，该权益应当已经得到法律的认可和保护。同时，合法权益的范围，实际上是伴随社会发展进程、法治观念更新和行政复议制度供给能力的发展而不断扩大的。从2017年《行政复议法》第6条的表述看，主要包括人身权利、财产权利和受教育权利。随着实践发展，一些涉及社会保障权、知情权的案件等也逐步通过单行立法纳入了行政复议受理范围。当前，尽管社会主要矛盾已经发生变化，但我国仍正处于并将长期处于社会主义初级阶段，这是我国建设社会主义现代化不可逾越的历史阶段，在保障公民各项权利方面也应当循序渐进。因此，2023年《行政复议法》通过列举，将一些涉及知情权、公平竞争权的案件明确纳入行政复议范围，同时保留了2017年《行政复议法》中关于受案范围的兜底性条款，为逐步扩大权利保护范围留下空间。

二、关于行政复议机关办理行政复议案件

《行政复议法》是行政复议机关依法审理行政复议案件的主要法律依据。从内容上看，行政复议机关办理行政复议案件，具体包括行政复议申请的受理、审理、决定、执行等多个环节。2017年《行政复议法》规定的"行政机关受理行政复议申请、作出行政复议决定，适用本法"实际上涵盖的也是上述内容，只是将审理、决定、执行等环节集中表述为"作出行政复议决定"，因此从立法体例上也没有审理专章。2023年《行政复议法》对此进行了调整，设了行政复议审理专章，主要是进一步细化完善行政复议审理程序，确保行政复议机关办案的审理程序更为严谨明确。对于行政复议机关来说，收到行政复议申请后，首先要在5日内依照受理条件对申请进行审查，对材料不齐全或者表述不清楚的应当在5日内通知申请人在10日内补正。对于符合受理条件的行政复议机关应当决定受理，对不符合受理条件的应当作出不予受理决定并说明理由。之后行政复议机关应当指定行政复议人员具体负责案件审理，依法通过一般程序或简易程序对案涉行政行为的合法性和合理性进行全面审查，其间可以依法开展调解，调解不成的应当分不同情形依法作出变更、撤销、确认违法、确认无效、责令履行法定职责、责令赔偿、责令继续履行行政协议等行政复议决定，并送达当事人等。上述受理、审理、决定、执行等行政复议办案过程，行政复议机关都必须依照《行政复议法》的有关规定进行。事实上，《行政复议法》的适用范围涵盖了行政复议机关所有履行行政复议职责的行为过程。

第三条　行政复议工作坚持中国共产党的领导。

行政复议机关履行行政复议职责，应当遵循合法、公正、公开、高效、便民、为民的原则，坚持有错必纠，保障法律、法规的正确实施。

【新旧对照】

2017年《行政复议法》	2023年《行政复议法》	重点解读
第四条　行政复议机关履行行政复议职责，应当遵循合法、公正、公开、及时、便民的原则，坚持有错必纠，保障法律、法规的正确实施。	第三条　**行政复议工作坚持中国共产党的领导。** 行政复议机关履行行政复议职责，应当遵循合法、公正、公开、**高效**、便民、**为民**的原则，坚持有错必纠，保障法律、法规的正确实施。	增加规定“行政复议工作坚持中国共产党的领导”。 按照习近平总书记对行政复议工作的重要指示精神，将“及时”改为“高效”，并增加了“为民”原则。

【适用要点】

本条是关于行政复议活动应遵循的基本原则的规定。

《行政复议法》的基本原则，是指由《宪法》和法律规定的，体现行政复议的基本特点、客观规律和《行政复议法》精神实质的基础性法律原则，是立法宗旨的具体化，也是根据立法宗旨确定的各项法律规则的抽象化表达。这些基本原则贯穿《行政复议法》及行政复议活动的全过程，统领着全部行政复议具体规范。行政复议机关遵循什么样的原则履行行政复议职责，对于行政复议制度的正确贯彻实施关系重大。作为行政复议活动的主持者，行政复议机关在行政复议过程中，应当准确理解立法目的，严格按照法律原则的要求正确适用法律。同时，行政复议基本原则既是立法机关设计行政复议具体程序的基本依据，也是评判行政复议实践活动正当性的衡量标准。当具体的法律规则模糊时，行政复议机关不应机械地适用法律，而应按照这些基本原则中蕴含的法律理念，从更有利于体现立法宗旨、符合法律原则的角度理解和把握具体法律条文规定。

行政复议是行政机关裁断行政纠纷的行政司法行为，必然要遵循裁判活动的一些基本原则，同时行政司法又是行政机关具体实施的，也不可避免要满足实现行政管理目标的根本要求。关于行政复议的基本原则包括哪些，不同学者有不同的理解和归纳，有的甚至归纳了十几条原则。确定行政复议的基本原则必须把握以下几点：一是基础性，必须是行政复议制度所特有的，能够反映行政复议的本质属性和基本特点；二是指导性，必须对行政复议的全过程具有普遍的指导意义；三是精炼性，必须是对行政复议活动要求的高度抽象，具有简练、概括的特点。基本原则不宜过多，否则会丧失基本原则的本来意义，操作起来无所适从，导致理论和实践上的混乱。① 本条从法律上全面而完整地明确了行政复议机关履行行政复议职责、进行行政复议活动应当遵循的基本原则，从总体上为行政复议机关行使职权确定了方向。深刻理解这些原则的精神实质及其内涵，把握它们在《行政复议法》中所体现的主要内容，是正确实施《行政复议法》的基本前提和重要保障。

一、关于坚持党对行政复议工作的领导原则

中国共产党的领导是中国特色社会主义最本质的特征，是中国特色社会主义制度的最大优势，是推进全面依法治国的根本保证。坚持中国特色社会主义法治道路，最根本的是坚持中国共产党的领导。行政复议是推进政府依法行政和法治政府建设的重要工作，是深化全面依法治国

---

① 参见郭润生、陈贵民：《关于行政复议性质和原则的探讨》，载《山西大学学报（哲学社会科学版）》1993 年第 4 期。

方略的重要举措。坚持推进全面依法治国,就必须坚持党对行政复议工作的全面和绝对领导,把党的领导贯彻到行政复议工作的全过程和各方面、各环节,因此坚持党的领导是我国行政复议必须遵循的首要原则。

坚持党对行政复议工作的领导,要充分发挥党的领导核心作用,充分彰显我国社会主义政治制度的优越性。党的十八大以来,以习近平同志为核心的党中央从建设中国特色社会主义法治体系、建设社会主义法治国家的新高度,对行政复议体制改革和做好新时期行政复议工作作出了新部署,提出了新要求。党的十八届三中全会通过的《中共中央关于全面深化改革若干重大问题的决定》和党的十八届四中全会通过的《中共中央关于全面推进依法治国若干重大问题的决定》,都对改革完善行政复议体制机制,努力构建多元化纠纷解决机制提出了明确要求。《法治政府建设实施纲要(2015—2020 年)》《法治政府建设实施纲要(2021—2025 年)》都对完善行政复议制度、加强行政复议工作作出了具体部署。2020 年 2 月,习近平总书记主持召开中央全面依法治国委员会第三次会议强调指出,"要落实行政复议体制改革方案,优化行政复议资源配置,推进相关法律法规修订工作,发挥行政复议公正高效、便民为民的制度优势和化解行政争议的主渠道作用"。2020 年 4 月,中央全面依法治国委员会正式印发了《行政复议体制改革方案》,并对推进行政复议体制改革和加强行政复议化解行政争议的主渠道的建设作出明确的部署安排。党中央的这一系列要求部署,为新时期行政复议工作的创新发展明确了原则和方向,也提供了坚实的指引和保障。行政复议工作坚持党的领导,就是要以习近平新时代中国特色社会主义思想特别是习近平法治思想为指导,充分发挥党的领导核心作用,在党中央集中统一领导下,全面贯彻党的路线方针政策,将党中央有关行政复议工作的决策部署贯彻落实到具体法律规定中,将党中央关于行政复议体制改革的各项要求全面、完整、准确地体现到法律规定中,将 2023 年修订的《行政复议法》学习好、宣传好、贯彻落实好,坚持围绕中心、服务大局,大力加强行政复议化解行政争议的主渠道作用的建设,切实推动行政复议应诉工作高质量发展,不断推动中国特色社会主义行政复议事业取得新成就。

坚持党对行政复议工作的领导,要始终站稳人民立场。党的性质与宗旨决定了坚持党的领导和坚持以人民为中心是统一的。党的领导是根本政治保证,失去了党的领导,全面建设社会主义现代化国家就会失去主心骨;以人民为中心是价值引领,背离以人民为中心的根本立场,全面建设社会主义现代化国家就会失去力量之源。在行政复议工作中坚持以人民为中心,首要就是始终坚持党的绝对领导。要充分发挥政治引领作用,切实把党的领导贯彻到行政复议应诉工作各领域、案件办理各环节、队伍建设各方面,确保行政复议应诉工作始终在党的领导下沿着正确轨道进行。行政复议工作直接接触群众,也是“送上门的群众工作”,对于密切党群、干群关系具有重要意义。要始终坚持以人民为中心开展行政复议工作,坚决纠正违法或者不当行政行为,坚持“刀刃向内”,倒逼行政机关依法行政,切实维护人民群众的合法权益,努力让人民群众在每一起行政复议案件中感受到公平正义。要充分发挥党总揽全局、协调各方的统合优势,统筹调度各方力量、整合各类资源、运用各种方式,切实解决人民群众的急难愁盼问题,不断增强人民群众的法治获得感、幸福感、安全感。

坚持党对行政复议工作的领导,要准确把握党对行政复议事业全面领导的基本方向。一是加强党的政治领导,全面贯彻党中央决策部署,要筑牢政治忠诚,增强“四个意识”、坚定“四个自信”,坚定不移维护党中央权威和集中统一领导,自觉在政治立场、政治方向、政治原则、政治道路上同党中央保持高度一致,确保“两个维护”在行政复议应诉工作中得到不折不扣的执行。二是加强党的思想领导,坚持用习近平新时代中国特色社会主义思想铸魂育人,认真落实意识形态工作责任制,牢牢掌握党对行政复议意识形态工作的领导权。三是加强党的组织领导,认真贯彻落实党中央关于干部队伍建设的要求和习近平总书记关于政法队伍建设“革命化、正规化、专业化、职业化"的重要指示精神,大力加强行政复议队伍政治建设、业务能力建设和作风建设,努力打造一支高素质的专业化、职业化行政复议队伍,不断提升行政复议服务人民群众的能力。

二、关于合法原则

行政复议的合法原则,是指行政复议机关必须严格依照《宪法》和法律法规规定的职责权限、范围条件和法定程序,受理行政复议申请,以事实为依据、以法律为准绳,对公民、法人或者其他组织申请复议的行政行为进行审查,并区分不同情况作出相应的行政复议决定。

合法原则在行政复议基本原则体系中具有基础性地位。行政复议机关履行行政复议职责必须遵循合法原则。一方面,合法原则体现了全面依法治国的基本要求。我国《宪法》第5条第4款中规定,"一切国家机关和武装力量、各政党和各社会团体、各企业事业组织都必须遵守宪法和法律"。这是我国根本法关于社会主义法治原则及其本质要求的规定,其核心是有法必依。对于行政机关及其工作人员而言,就是要坚持依法行政,严格依法行使其权力,依法处理国家各种事务。行政复议机关履行行政复议职责也必须依法进行,即法无授权不可为,法定职责必须为。另一方面,合法原则也是实现行政复议功能的必然要求。行政复议兼具行政救济和内部监督等多重功能,行政复议机关只有严格依照法定职责权限和法定程序,依法受理行政复议申请,依法对被申请人的行政行为进行审查,对违反法律、法规、规章的行政行为依法作出变更、撤销或者确认违法的行政复议决定,才能真正实现防止和纠正违法的或者不当的行政行为,保护公民、法人和其他组织的合法权益,监督和保障行政机关依法行使职权这一建立行政复议制度的根本目的。

合法原则在2023年《行政复议法》的各章节和条文中均有体现,尤其是关于行政复议机关和行政复议机构的职责,行政复议管辖、受理、审理、决定,法律责任等章节和相关条文中对行政复议机关履行行政复议职责的相关规范都有明确的要求。根据2023年《行政复议法》规定,行政复议活动遵循合法原则主要体现为以下四方面要求：

1. 履行行政复议职责的主体必须合法。履行行政复议职责的行政复议机关必须是依法成立并享有法律、法规赋予的行政复议权的行政机关，并且在具体的行政复议案件中具有对该案件的管辖权，行政复议机构和人员必须是行政复议机关从事复议工作的机构和人员。非行政机关或者没有法律、法规授予行政复议权的行政机关，以及对具体行政复议案件没有管辖权的行政机关如果受理和审理行政复议案件，就属于主体不合法。

2. 行政复议的审理依据必须合法。审理依据是行政复议机关判断行政行为合法性与合理性的标准，也是对行政行为作出行政复议决定的依据。根据 2023 年《行政复议法》第 37 条的规定，行政复议的审理依据包括法律、行政法规和规章，涉及民族自治地方的行政复议案件还包括该民族自治地方的自治条例和单行条例。作为行政复议机关审理依据的上述规定必须是现实有效的，如果被申请行政复议的行政行为作出时，该规定尚未公布、已经丧失法律效力，或者与上位法律规定相抵触，则不能作为审理依据。

3. 行政复议机关审理程序必须合法。程序必须合法，是指行政复议机关办理行政复议案件应当严格按照《行政复议法》和其他法律、法规规定的复议程序进行。具体包括以下四个方面：一是步骤，行政复议机关不能越过或缺少某一或某些步骤；二是顺序，行政复议程序是行政复议步骤的顺序连接，如果顺序颠倒了，则是违法的；三是形式，行政复议活动必须遵守法定的形式和要求，如听取意见或者听证必须按照法定要求、行政复议决定必须按照行政复议决定书制式书面作出等；四是期限，行政复议机关必须在法定期限内完成审理活动，超过法定期限作出行政复议决定构成程序违法。

4. 作出行政复议决定必须合法。作出行政复议决定是行政复议机关行使行政复议职权的最直接体现，也是行政复议活动依法开展的最终载体。作出行政复议决定必须合法主要表现在以下两个方面:一是行政复议决定的种类和形式必须符合《行政复议法》和有关法律、法规的规定。尤其是2023年《行政复议法》,进一步细化了不同种类的纠错行政复议决定的适用情形,包括变更决定、撤销决定、确认违法决定、责令履行法定职责决定、确认无效决定以及赔偿决定等。行政复议机关必须严格按照具体适用情形,依法选择行政复议决定的类型。二是行政复议决定的内容必须合法,即必须依照有关的实体法相关规定作出,坚持以事实为依据、以法律为准绳,切实纠正违法或不当的行政行为,有效监督行政机关依法行政,切实维护行政相对人的合法权益。

三、关于公正原则

行政复议的公正原则,是指行政复议机关在行使行政复议权时办事公道,即客观公正、不偏不倚,平等地对待双方当事人,不有所偏袒,对申请人的合法权益和被申请人的行政管理权给予同等保护和维护。行政复议是居中裁决的"准司法"活动,主要任务就是裁断纠纷,其裁判性特点决定了公正性是行政复议的核心价值目标,也是其生命力所在。

公正原则是对行政复议活动过程和结果的基本要求,是评价行政复议正当性的重要准则,也是实现行政复议制度价值的关键因素。一方面,公正原则是实现行政复议法律制度价值目标的重要保障。行政复议制度是监督行政权力规范运行的重要层级监督制度,也是救济群众合法权益、有效化解行政争议的纠纷解决机制。行政复议机关在行政复议活动中能否坚持公正原则,直接影响其能否真正发挥出监督功能,确保法律、法规的正确实施。只有坚持公正原则,才能保证行政复议制度真正取信于民,发挥其监督与救济的作用,确保实现行政复议法律制度的价值目标和功能。另一方面,坚持公正原则也是增强行政复议权威性和公信力的重要保障。行政复议作为解决行政争议的一种重要途径,与行政诉讼相比,具有简便、高效、成本低等优点。但由于行政复议机关本身即为行政机关,申请人容易想当然地认为行政复议机关会与被申请人"官官相护",内心本能地对行政复议办案的中立性和公正性产生怀疑。因此，公正原则对于行政复议尤为重要。只有严格依法办事，严格保持中立，遵循最基本的公正要求，不偏袒行政机关，行政复议才能树立起权威和公信力，老百姓才会对行政复议有信心，对行政复议的审理结果也会更加信服，才会主动选择行政复议作为化解行政争议的主要渠道。

公正原则在《行政复议法》中的贯彻，主要体现在以下五个方面：

一是在对行政复议申请人的复议权利保障上，2023 年《行政复议法》从不同方面作了相应的规定，如第 17 条第 1 款规定，行政复议申请人、第三人可以委托 1 至 2 名律师、基层法律服务工作者或其他代理人代为参加复议。第 18 条规定，符合法律援助条件的行政复议申请人申请法律援助的，法律援助机构应当依法为其提供法律援助。第 47 条中规定，行政复议期间，申请人、第三人及其委托代理人可以按照规定查阅、复制被申请人提出的书面答复，作出行政行为的证据、依据和其他有关材料。根据第 20、23 条的规定，行政机关在作出行政行为时，应当告知相对人申请行政复议的权利、行政复议机关和申请期限；依法应当行政复议前置的，也要一并告知。此外，第 10 条还规定，除法律规定行政复议决定为最终裁决外，申请人对行政复议决定不服的，可以依照《行政诉讼法》的规定向人民法院提起行政诉讼。

二是在行政复议管辖的设置上，2023 年《行政复议法》从工作实际出发，作了一些特殊制度安排。如为避免实践中司法行政部门既依法办理本级人民政府行政复议事项，也直接承担行政执法职能，可能出现“既当运动员又当裁判员”的问题，该法第 28 条专门规定，“对履行行政复议机构职责的地方人民政府司法行政部门的行政行为不服的，可以向本级人民政府申请行政复议，也可以向上一级司法行政部门申请行政复议”。对于实践中可能存在的影响行政复议机关公正审理等的情形，第 38 条规定，“上级行政复议机关根据需要，可以审理下级行政复议机关管辖的行政复议案件。下级行政复议机关对其管辖的行政复议案件，认为需要由上级行政复议机关审理的,可以报请上级行政复议机关决定”。

三是在行政复议案件的审理机制上,为了打消申请人“暗箱操作”“官官相护”的顾虑,《行政复议法》作了多方面的修改:如将 2017 年《行政复议法》确定的“以书面审查为原则”修改为“以听取当事人意见为原则”。根据 2023 年《行政复议法》第 49、50 条的规定,对适用普通程序审理的行政复议案件,行政复议机构应当当面或者通过互联网、电话等方式听取当事人的意见,并将听取的意见记录在案,尽可能保证申请人表达意见的权利;对重大、疑难、复杂案件应当组织听证,通过组织当事人双方进行辩论质证,进一步澄清事实、沟通观点,并要求行政复议机关结合听证笔录作出复议决定,确保行政复议机关在事实清楚的基础上公正作出裁判。同时,为了进一步体现行政复议的中立性和公正性,2023 年《行政复议法》第 52 条规定了县级以上各级人民政府应当建立相关政府部门、专家、学者等参与的行政复议委员会,为办理行政复议案件提供咨询意见,并就行政复议工作中的重大事项和共性问题研究提出意见。第 61 条还规定了行政复议机关应当将咨询意见作为作出行政复议决定的重要参考依据。

四是在行政复议决定体系上,进行了重新优化以更好体现公正原则。2023 年《行政复议法》重新调整行政复议决定的顺序,将变更决定、撤销决定和确认违法决定予以细化,并放在突出位置,体现了强化监督纠错的制度导向。值得注意的是,2023 年《行政复议法》在进一步区分细化撤销决定和变更决定的适用条件的同时,重点强化了行政复议变更决定的优先适用。根据 2023 年《行政复议法》第 63 条的规定,除被申请行政复议的行政行为内容不适当的应当作出变更决定外,对于“事实清楚,证据确凿,程序合法,但是未正确适用依据”以及“事实不清、证据不足,经行政复议机关查清事实和证据”的,也要求行政复议机关作出变更决定。通过这一规定,进一步发挥了行政复议的行政性优势,赋权行政复议机关在特定情形下可以直接改变原行政行为的内容和依据等,有效避免了“程序空转”。需要说明的是，关于2023年《行政复议法》第63条第1款第3项的适用，实践中不宜过多运用行政复议审查权替代行政执法机关的调查权，但是通过正常行政复议审理已经查清事实和证据的，可以径行作出变更决定，而不必撤销原行政行为后再由原执法机关重新进行调查决定。同时，2023年《行政复议法》第67条还增设了对于行政行为存在重大且明显违法情形确认无效的决定形式。针对实践中行政复议申请人往往更关注其财产权益的修复，并为了推动行政争议的实质性化解，2023年《行政复议法》第72条规定了申请人在申请行政复议时一并提出行政赔偿请求，行政复议机关在作出行政复议决定时，对符合《国家赔偿法》的有关规定应当给予赔偿的，在决定撤销或者部分撤销、变更行政行为或者确认行政行为违法、无效时，应当同时决定被申请人依法给予赔偿；确认行政行为违法的，还可以同时责令被申请人采取补救措施。申请人在申请行政复议时没有提出行政赔偿请求的，行政复议机关在依法决定撤销或者部分撤销、变更罚款，撤销或者部分撤销违法集资、没收财物、征收征用、摊派费用以及对财产的查封、扣押、冻结等行政行为时，应当同时责令被申请人返还财产，解除对财产的查封、扣押、冻结措施，或者赔偿相应的价款。此外，2023年《行政复议法》第63条第2款还规定了“不利变更禁止”原则，“行政复议机关不得作出对申请人更为不利的变更决定，但是第三人提出相反请求的除外”。以上这些规定充分体现了2023年《行政复议法》在审理程序上对公正原则的关注和回应。

五是在被申请人和行政复议机关的法律责任方面，2023年《行政复议法》在确保公正性上也作出了相应规定。例如，2023年《行政复议法》第82、83条明确规定了被申请人妨碍申请人申请行政复议或者对法定职责采取不作为态度应当承担的法律责任，即被申请人阻挠公民、法人或者其他组织依法申请行政复议的，或者被申请人不履行或者无正当理由拖延履行行政复议决定书、调解书、意见书的，要追究负有责任的领导人员和直接责任人员的法律责任。不仅如此，根据2023年《行政复议法》第

80 条的规定，行政复议机关不依照该法规定履行行政复议职责，如无正当理由不受理公民、法人或者其他组织依法提出的行政复议申请或者不按规定转送行政复议申请的，或者在法定期限内不作出行政复议决定的，同样要追究负有责任的领导人员和直接责任人员的法律责任。

四、关于公开原则

行政复议的公开原则，是指行政复议活动应当公开进行，包括行政复议的受理情况、案卷材料、审理过程和结果，原则上都应当尽可能地向当事人、社会公众公开，使社会各界了解行政复议活动的具体情况，避免发生因“暗箱操作”而可能导致的不公正现象。

公开既是现代行政管理活动的基本要求，也是行政复议实现公正的必要前提和重要保障。“阳光是最好的防腐剂。”公开增强了行政复议活动的透明性，减少了各有关方面包括行政系统内部对行政复议机关审理案件的影响，有利于行政复议机关依法、公正作出裁决。公开还能更为充分地听取当事人的意见，通过听证等公开形式，当事人能够充分陈述和辩解，使行政复议机关掌握更为全面的事实和理由，从而客观、公正地审理案件并作出裁决。程序透明不仅有利于促使当事人及时提交证据，也有利于行政复议机关在较短的时间内分清当事人争议的焦点、查清事实，减少不必要的干预，更快地解决行政争议，提高行政复议效率。行政复议案件的公开审理和行政复议决定的公开，揭开了行政复议制度的“面纱”，能使更多的群众了解这一制度。同时，行政复议活动公开产生的良好效果，也可以宣传行政复议优势，消除人民群众对行政复议存在“官官相护”情形的顾虑，使群众更加信服行政复议的审理结果，引导群众通过行政复议这一法定途径化解行政争议。

2023 年《行政复议法》中体现公开原则的条款较多，主要集中在以下三个方面：

一是行政复议案件的材料要公开。在审理行政复议案件过程中，行政复议机关收集的有关材料，包括被申请人提交的作出行政行为的案卷材料以及作为执法依据的法律、法规、规章和其他具有普遍约束力的决定、命令等原则上都应当向当事人公开。例如,2023 年《行政复议法》第 47 条规定:“行政复议期间,申请人、第三人及其委托代理人可以按照规定查阅、复制被申请人提出的书面答复、作出行政行为的证据、依据和其他有关材料,除涉及国家秘密、商业秘密、个人隐私或者可能危及国家安全、公共安全、社会稳定的情形外,行政复议机构应当同意。”

二是行政复议过程要公开。在审理案件过程中,行政复议机关要依照法律的规定,采用听取意见、听证、调解等比较灵活的办案方式,公开行政复议审理过程。2023 年《行政复议法》第 49~52 条关于听证和听取行政复议委员会意见的规定都在不同程度上体现了公开原则。此外,一些程序性规定也体现了公开原则,如 2023 年《行政复议法》第 30 条第 2 款规定,对不符合受理条件的行政复议申请,行政复议机关应当在审查期限内决定不予受理并说明理由;第 39 条第 3 款规定,行政复议机关中止、恢复行政复议案件的审理,应当书面告知当事人;第 62 条规定,适用普通程序审理的行政复议案件,情况复杂,不能在规定期限内作出行政复议决定的,经行政复议机构的负责人批准,可以适当延长,并书面告知当事人;等等。

三是行政复议结果要公开。行政复议机关作出行政复议决定,需要制作行政复议决定书,并送达行政复议参加人。行政复议决定书要载明行政复议机关认定的事实、理由、法律依据和审理结果。2023 年《行政复议法》第 79 条第 1 款明确规定:“行政复议机关根据被申请行政复议的行政行为的公开情况,按照国家有关规定将行政复议决定书向社会公开。”

五、关于高效原则

行政复议的高效原则,是指行政复议机关应当在查明事实、分清是非的基础上,在法律规定的期限内提高审理效率,尽快完成行政复议案件审理工作。行政复议的高效原则是由行政复议的制度特点决定的,是彰显行政复议制度优势的重要体现。高效原则的核心内容是,行政复议制度关于期限的设置总体上要更快捷高效,要体现效率与公平协调平衡的总体原则,行政复议机关必须按照《行政复议法》所规定的行政复议受理、审理、作出决定的期限执行,延长期限也必须严格按照法律规定,要有法律依据。

高效原则是行政管理活动特殊性的要求。行政管理活动特别强调效率,要求行政机关对社会生产、生活诸多方面的问题必须迅速及时地作出处理,保证生产和生活秩序的稳定。由于行政管理涉及社会生活的方方面面,实践中行政争议的数量也很大。要尽快解决行政争议,避免影响行政管理效率和正常的行政管理秩序,客观上要求化解行政争议、修复行政管理关系的行政复议制度更好地履行提高行政管理效率的重要职责。之所以要高效,是因为:一是高效体现了行政复议制度的优势。行政复议制度区别于行政诉讼制度的特点之一是行政复议强调高效。正是由于高效、简便,行政复议才成为司法救济之前对行政相对人实施行政救济的首选途径。二是高效更适应行政机关活动的需要。行政救济相对于司法审查来说,蕴含着处理行政争议经济、快速的法律精神。如果将所有的行政争议都直接推向法院,不仅法院不堪重负,行政机关的行政效率也将受到极大的影响。因此,行政复议强调高效原则,不仅符合行政救济的特点,也适应了行政机关进行行政管理的需要。三是高效可以更好地保护申请人的合法权益。从行政复议机关的办案实际来看,如果效率低下,不但有的证据难以收集,而且在行政复议期间原行政行为不停止执行也直接关涉申请人的合法权益是否得到及时保护。行政复议机关在保证公正的前提下,高效地办理行政复议案件,可以缩短申请人等待的时间,并尽可能减少原行政行为给申请人带来的不利影响,以更好地保护申请人的合法权益。因此,当行政机关在行政管理活动中与行政相对人发生争议时,一旦行政相对人依法提出行政复议申请,行政复议机关就必须及时审查决定是否受理,受理后要高效进行审理并尽快作出行政复议决定,并对行政复议决定履行过程中存在的问题及时进行处理,以尽可能地快速解决行政争议。

2023年《行政复议法》将2017年《行政复议法》中的“及时”原则修改为“高效”原则，虽然意思接近，但指向性更强，表述也更加贴切。“高效”二字既是贯彻落实习近平总书记关于“发挥行政复议公正高效、便民为民的制度优势”重要指示精神的直接体现，也更能体现行政复议制度的特色和优势。2023年《行政复议法》关于高效原则的规定除直接体现在第3条第2款关于行政复议基本原则的规定之中外，在其他不同章节也都有不同程度的体现。

一是体现在行政复议受理申请环节。为了更好地发挥行政复议的高效优势，将行政复议挺在行政诉讼前面以高效化解争议。2023年《行政复议法》扩大了复议前置范围，将案件数量较多的当场作出的行政处罚类和不予公开政府信息类案件纳入复议前置范围，使相对简单的行政争议能够在行政系统内部快速解决。同时，关于受理和补正期限的规定也体现了高效原则，根据2023年《行政复议法》第30条的规定，行政复议机关收到行政复议申请后，应当在5日内进行审查。对不符合受理条件的行政复议申请，行政复议机关应当在审查期限内决定不予受理并说明理由。同时，为了避免审查受理环节的不必要迟滞，2023年《行政复议法》第31条第1、2款规定，行政复议申请材料不齐全或者表述不清楚，无法判断行政复议申请是否符合该法第30条第1款规定的，行政复议机关应当自收到申请之日起5日内书面通知申请人补正。补正通知应当一次性载明需要补正的事项。申请人应当自收到补正通知之日起10日内提交补正材料。

二是体现在行政复议审理环节。2023年《行政复议法》关于普通程序和简易程序的审理期限的规定也体现了高效原则。2023年《行政复议法》规定了繁简分流的审理程序，以更好地体现高效原则，实现“简案快审、繁案精审”。第36条第1款规定：“行政复议机关受理行政复议申请后，依照本法适用普通程序或者简易程序进行审理。行政复议机构应当指定行政复议人员负责办理行政复议案件。”同时，根据该法第48、54、62条的规定，在行政复议审理期限上，2023年《行政复议法》对于普通程序仍然坚持60日+30日的审理期限规定,同时将适用简易程序的审理期限进一步压缩到30日,并相应将行政复议机构发送行政复议申请书副本或者行政复议申请笔录复印件,以及被申请人提出书面答复并提交作出行政行为的证据、依据和其他有关材料的时限进一步压缩到3日和5日,以更加凸显行政复议的高效原则。

三是体现在行政复议决定履行环节。行政复议决定履行环节要求行政复议机关及时处理行政复议决定执行中存在的问题。根据2023年《行政复议法》第77条、78条以及第六章关于法律责任的相关规定,申请人、第三人逾期不起诉又不履行行政复议决定书、调解书,或者不履行最终裁决的行政复议决定的,应当分别由作出行政行为的行政机关、行政复议机关依法强制执行,或者申请人民法院强制执行。被申请人不履行或者无正当理由拖延履行行政复议决定书、调解书、意见书的,行政复议机关或者有关上级行政机关应当责令其限期履行,并可以约谈被申请人的有关负责人或者予以通报批评,以维护行政复议决定的严肃性和权威性,促进行政争议得到较快解决。

六、关于便民原则

行政复议的便民原则,是指在行政复议活动中,要使群众在行使行政复议权时感到方便,包括保证行政相对人能够便捷地行使行政复议申请权,节省时间、精力和费用,不得以任何手段和方法阻碍或者干扰行政相对人提起行政复议申请或增加其经济负担;在行政复议过程中也要尽量为行政相对人参与行政复议活动提供方便,切实降低行政相对人通过行政复议维护自身合法权益的成本。便民原则是坚持以人民为中心的发展思想在行政复议中的直接体现,最直观地体现了行政复议便民为民的制度优势,对于实现行政复议的功能和目标具有重要意义。

便民原则体现了社会主义法治的本质要求。我国是人民民主专政的社会主义国家,国家机关的一切活动在本质上都是为人民服务。作为以监督和保障行政机关依法行政,保护公民、法人和其他组织的合法权益为目的的行政复议活动，理所当然地要贯彻便民原则。在行政复议各个环节的制度设计上要尽力为行政相对人提供便利，尽可能地方便群众通过行政复议来维护自身权益，不会因某种条件的限制而使其合法权益得不到保护。同时，行政复议要成为化解行政争议的主渠道，便民是重要的基础。只有让群众提出申请、参加复议更加方便，才能使其更乐于通过行政复议这种权利救济方式表达诉求维护权益，进而使行政复议真正成为化解行政争议的主渠道。

2023 年《行政复议法》贯彻便民原则重点从以下两个方面作了规定：

一是为行政相对人申请行政复议提供良好的条件。2023 年《行政复议法》将“具体行政行为”修改为“行政行为”，以及在第 11 条规定行政复议范围时采用“列举+兜底”的模式，主要考虑的就是便于群众理解行政复议的救济范围。2023 年《行政复议法》在第二章第四节中贯彻落实中央行政复议体制改革方案要求，调整了行政复议的管辖体制，将除垂直管理部门、税务机关和国家安全机关之外的其他政府部门承担的行政复议职责集中到政府统一行使，实现了一个窗口对外受理申请，既让行政复议申请人能够第一时间“找对门”，方便公民、法人和其他组织申请行政复议，也便于优化行政复议资源配置，将分散的职责进行有机整合并实现重心下移，将矛盾解决在基层和萌芽状态，有助于解决“同案不同判”“资源碎片化”等难题。为了避免对直辖市和设区的市人民政府工作部门依法设立的派出机构作出的行政行为不服的行政案件都要到市人民政府申请行政复议导致不方便群众等问题，2023 年《行政复议法》在第 24 条第 4 款中专门规定了此类派出机构如果是按行政区划设立的，也可以由其所在地的基层人民政府管辖。同时，2023 年《行政复议法》在第 30 条第 2 款规定，行政复议机关经审查发现行政复议申请属于受案范围但不属于本机关管辖的，应当在不予受理决定中告知申请人有管辖权的行政复议机关。为了最大限度地降低申请人申请行政复议的成本，2023 年《行政复议法》第 87 条专门规定：“行政复议机关受理行政复议申请，不得向申请人收取任何费用。”在行政复议申请方式上，2023 年《行政复议法》第 22 条规定，申请人申请行政复议，可以书面申请，也可以口头申请。书面申请的，可以通过邮寄或者行政复议机关指定的互联网渠道等方式提交行政复议申请书。行政机关通过互联网渠道送达行政行为决定书的，应当同时提供提交行政复议申请书的互联网渠道。对于要求口头申请行政复议的，行政复议人员应当做好记录。2023 年《行政复议法》第 8 条还专门规定了行政复议机关应当加强信息化建设，运用现代信息技术，方便公民、法人或者其他组织申请、参加行政复议，提高工作质量和效率。

二是更加方便群众参加行政复议活动。根据 2023 年《行政复议法》第 49 条的规定，适用普通程序审理的行政复议案件，在听取意见时，既可以当面听取，也可以通过互联网、电话等方式，尽可能让行政复议申请人更为方便地参与行政复议活动。根据 2023 年《行政复议法》第 51 条第 1 款的规定，行政复议机构组织听证的，应当于举行听证的 5 日前将听证的时间、地点和拟听证事项书面通知当事人，以便于其做好准备。此外，2023 年《行政复议法》第 32 条还规定了对当场作出或者依据电子技术监控设备记录的违法事实作出的行政处罚决定不服申请行政复议的，可以通过作出行政处罚决定的行政机关提交行政复议申请；既方便群众申请复议，也使原行为机关有机会先行对自己作出的行政行为进行再次审视，发现存在问题的可以立即自行纠正，最大限度降低群众的维权成本。

七、关于为民原则

行政复议的为民原则，是指行政复议作为重要的行政救济机制，在工作中必须坚持以人民为中心的发展理念和复议为民宗旨，在制度设计和具体工作中始终将维护群众合法权益作为出发点和落脚点，认真对待群众的诉求，带着对群众的感情做工作，通过纠正违法或者不当的行政行为，尽最大努力实现公民、法人和其他组织的根本利益，为群众提供有效救济，切实解决群众的利益关切和急难愁盼问题。

为民原则是由行政复议的根本属性决定的，行政复议作为落实《宪法》赋予公民检举控告权的具体制度，其基本制度属性就蕴含了确保《宪法》赋予公民的相关权利落到实处的内容。从制度功能看，为公民、法人和其他组织的合法权益提供救济是其重要方面。同时，坚持为民原则，切实解决群众的权益维护和利益关切问题，也是行政复议的制度优势和取信于民、成为化解行政争议主渠道的关键所在。

2023 年《行政复议法》中体现为民原则的条款很多，主要集中在以下两个方面：

一是在行政复议受理方面，为了防止行政复议机关对属于行政复议受理范围但申请材料提交不规范的行政复议申请机械适用法律作出不予受理的决定，2023 年《行政复议法》将《行政复议法实施条例》中的对行政复议申请的补正制度上升为法律，体现在第 31 条中，即行政复议申请材料不齐全或者表述不清楚，无法判断是否符合行政复议受理条件的，行政复议机关应当通知申请人补正，以解决群众因“不会复议”影响获得救济的问题。同时，为了防止行政复议机关反复多次要求补正，增加行政复议申请人的负担，该条还明确要求补正通知要一次性载明需要补正的事项。为了进一步压实行政复议机关依法受理行政复议申请的责任，2023 年《行政复议法》完善了行政复议推定受理制度，其第 30 条规定，行政复议机关收到行政复议申请后，应当在 5 日内进行审查。行政复议申请的审查期限届满，行政复议机关未作出不予受理决定的，审查期限届满之日起视为受理。

二是在行政复议审理和决定方面，2023 年《行政复议法》强化了行政复议的听取意见和听证程序，增加了行政复议委员会提出咨询意见规定，旨在最大限度保护群众在行政复议活动中的知情权和参与权，通过听取申请人陈述、申辩等，专家学者等专业人士参与裁判过程，尽可能满足群众的公正性期待，避免行政复议的专断，更好维护申请人的合法权益。同时,规定了行政复议机关办理行政复议案件时,可以在不损害国家利益、社会公共利益和他人合法权益的前提下,按照自愿、合法的原则进行调解,以充分利用行政系统资源优势,努力在行政复议过程中引导双方当事人达成合意,尽可能解决申请人的利益关切和急难愁盼问题,努力实现行政争议的实质性化解。2023 年《行政复议法》还重构了行政复议决定体系,扩大了变更决定的适用情形,并将其作为行政复议决定类型的第一选择,促使行政复议机关积极作出变更决定,避免程序循环,使更多行政争议和群众关心的实际利益问题以更低成本、更高效率在行政复议程序中得到有效解决。为了切实解决群众的实际利益关切,2023 年《行政复议法》还强化了行政复议赔偿决定的运用,努力做到"应赔尽赔"。根据 2023 年《行政复议法》第 72 条的规定,申请人在申请行政复议时一并提出行政赔偿请求,行政复议机关对符合《国家赔偿法》的有关规定应当给予赔偿的,在决定撤销或者部分撤销、变更行政行为或者确认行政行为违法、无效时要决定被申请人依法给予赔偿;确认行政行为违法的,还可以同时责令被申请人采取补救措施。申请人在申请行政复议时没有提出行政赔偿请求的,行政复议机关在依法决定撤销或者部分撤销、变更罚款,撤销或者部分撤销违法集资、没收财物、征收征用、摊派费用以及对财产的查封、扣押、冻结等行政行为时,应当同时责令被申请人返还财产,解除对财产的查封、扣押、冻结措施,或者赔偿相应的价款。此外,为了更好地体现为民原则,2023 年《行政复议法》还在深化对行政执法的监督力度上进行了进一步完善,比如,增加了确认无效、责令履行行政协议等纠错决定类型,增设了约谈通报、行政复议决定抄告等监督制度,以及在办案中发现公职人员涉嫌贪污贿赂、失职渎职等职务违法或者职务犯罪的问题线索移送监察机关调查处置等规定。

第四条　县级以上各级人民政府以及其他依照本法履行行政复议职责的行政机关是行政复议机关。

行政复议机关办理行政复议事项的机构是行政复议机构。行政复议机构同时组织办理行政复议机关的行政应诉事项。

行政复议机关应当加强行政复议工作，支持和保障行政复议机构依法履行职责。上级行政复议机构对下级行政复议机构的行政复议工作进行指导、监督。

国务院行政复议机构可以发布行政复议指导性案例。

【新旧对照】

2017年《行政复议法》	2023年《行政复议法》	重点解读
第三条第一款第一项、第四项、第六项、第七项　依照本法履行行政复议职责的行政机关是行政复议机关。*行政复议机关负责法制工作的机构*~~具体~~*办理行政复议事项，履行下列职责：* *（一）受理行政复议申请；* （四）*处理或者转送对本法第七条所列有关规定的审查申请；* （六）办理~~因不服行政复议决定提起~~行政~~诉讼的~~应诉事项； ~~（七）法律、法规规定的其他职责。~~	*第四条*　**县级以上各级人民政府以及其他**依照本法履行行政复议职责的行政机关是行政复议机关。 *行政复议机关办理行政复议事项的机构是行政复议机构。*行政复议机构**同时组织**办理**行政复议机关的**行政应诉事项。 **行政复议机关应当加强行政复议工作，支持和保障行政复议机构依法履行职责。上级行政复议机构对下级行政复议机构的行政复议工作进行指导、监督。** **国务院行政复议机构可以发布行政复议指导性案例。**	本条根据中央全面依法治国委员会印发的《行政复议体制改革方案》，对行政复议机关和行政复议机构进行了重新定义。对行政复议机构的职责表述进行了简化。根据实际工作需要，对行政复议机关加强行政复议工作，支持保障行政复议机构依法履行职责，以及上级行政复议机构对下级行政复议机构的指导监督职责进行了进一步明确。

【适用要点】

本条是关于行政复议机关和行政复议机构的定义和职责的规定。

一、关于行政复议机关及其职责

行政复议机关是依照《行政复议法》规定履行行政复议职责的国家机关，是以自己名义依法受理行政复议申请，对行政行为进行审理并作出行政复议决定的行政机关及其他组织。行政复议机关原则上应当是行政机关，立法机关、司法机关、监察机关不能成为行政复议机关。作为行政机关，一方面，行政复议机关同时承担组织、指挥、协调、监督等多种行政管理职责，它行使的行政复议权就是一种行政领导权，也是对被申请行政主体进行层级监督的权力；另一方面，行政复议机关以第三方的身份，运用类似司法程序的行政复议程序，对被申请行政复议的行政行为进行合法、适当性审查，解决行政争议，具有准司法功能。[①] 行政复议机关一般由作出行政行为的行政机关的上一级行政机关担任，只有在对国务院部门或者省、自治区、直辖市人民政府的行政行为不服申请行政复议时，才由作出原行政行为的省部级行政机关担任行政复议机关。2023 年修订《行政复议法》对行政复议机关的调整较大，主要是落实中央行政复议体制改革方案，将分散在政府各部门的行政复议职责集中到地方各级人民政府，由地方各级人民政府统一行使。依照 2023 年《行政复议法》的规定，各级行政复议机关包括：县级以上地方各级人民政府；依照法律、行政法规的规定实行垂直领导的行政机关、税务机关和国家安全机关，但是其最低一级的行政机关除外；依法履行行政管理职能的国务院部门。此外，国务院依照 2023 年《行政复议法》第 26 条的规定对经省部级行政机关原级行政复议后的行政行为作出最终裁决时，也可以将其看作特殊的行政复议机关。一个比较特殊的情况是，地方各级司法行政机关虽然不属于前

① 参见胡建淼：《行政法学》，法律出版社 2003 年版，第 525 页。

述情形,但由于其既作为部门开展执法活动,同时还承担着地方各级人民政府的行政复议机构职责,为了避免司法行政机关在行政复议活动中“既当运动员又当裁判员”,根据 2023 年《行政复议法》第 28 条的规定,县级以上人民政府司法行政部门在特殊情况下可以作为行政复议机关。

行政复议机关具有依法开展行政复议活动的权利和义务。行政主体在行使国家赋予的行政职权,实施国家行政管理活动时,普遍承担特定行政职责。行政复议机关的职责,就是行政机关在作为行政复议机关时所必须承担的法定义务。它与行政复议机构的职责不同。按照 2023 年《行政复议法》规定,行政复议机构的职责是具体承办行政复议事项,但是对外作出行政复议决定并承担法律责任的是行政复议机关。因此,凡是对行政复议申请人的权利义务作出的直接对外发生法律效力的实体性行政复议法律文书都要以行政复议机关名义作出,行政复议办案过程中的程序性法律文书可以以行政复议机构名义作出。依照 2023 年《行政复议法》规定,行政复议机关的职责包括以下五个方面:

一是领导职责。行政复议机关履行行政复议法定职责,首先要担负起对行政复议工作的领导责任。行政复议机关负责人作为开展行政复议工作的第一责任人,要把行政复议工作摆在政府工作更加突出的位置,列入重要议事日程,统筹规划、积极推进;要加强对行政复议机构开展行政复议工作的领导,定期听取行政复议工作汇报,研究决定行政复议工作中的重大事项,督促指导行政复议机构依法开展工作;要建立健全行政机关履行行政复议职责的责任制,把行政复议工作纳入各级政府的绩效考核体系,对行政复议工作开展情况定期组织检查。

二是支持职责。行政复议机关支持本级行政复议机构依法办理行政复议事项,是行政复议机关履行行政复议职责的重要体现。支持职责的履行主要体现在:行政复议机关的负责人要认真研究、解决行政复议工作中遇到的困难和问题;排除有关方面对行政复议机构审理案件的非法干预,保证行政复议机构依法、公正审理案件;采取有效措施加强行政复议机构和队伍建设;为行政复议机构开展工作创造良好的工作条件和工作环境;等等。

三是保障职责。行政复议机关要为行政复议工作的顺利开展提供各项保障。包括依照规定配备、充实、调剂专职行政复议人员,保证行政复议机构的办案能力与工作任务相适应,加强对行政复议人员的培训,对在行政复议工作中作出显著成绩的单位和个人按照国家有关规定进行表彰和奖励,加强行政复议人员队伍专业化、职业化建设,依法保障行政复议正常办案经费,落实必要的办案场所、装备等设施等。

四是亲自履行职责。行政复议权力属于行政复议机关,而不是行政复议机构,对外发生法律效力的行政复议决定应当加盖行政复议机关印章或者行政复议专用章。因此,各级行政复议机关的行政首长,要责无旁贷地履行好第一责任人的职责,包括参加行政复议委员会,研究行政复议工作中的重大事项和共性问题,对重大案件亲自主持审理研究,依法及时审签有关法律文书等。根据 2023 年《行政复议法》规定,行政复议机关要履行依法作出不予受理决定或行政复议决定、行政复议调解书和行政复议意见书;对有关规范性文件进行附带审查或者转送审查;对下级行政机关无正当理由不予受理、中止案件审理或者不履行行政复议决定进行监督;根据国家规定公开行政复议决定书;行政机关及其工作人员违反行政复议法规定的,向监察机关和公职人员任免机关移送违法事实材料;向监察机关移送办案中发现的公职人员涉嫌贪污贿赂、失职渎职等职务违法或者犯罪问题的线索等职责。

五是监督和指导职责。行政复议机关既要加强对其行政复议机构履行行政复议职责的监督指导,又要加大对下级政府履行行政复议机关职责、开展行政复议工作情况的监督指导,尤其是要把下级政府是否依法履行行政复议职责、增强行政复议能力和提高行政复议工作绩效等作为监督重点,推动下级政府依法能动履责,充分发挥行政复议推动法治政府建设的重要作用。

二、关于行政复议机构及其职责

行政复议机构是行政复议机关具体负责行政复议工作的机构，在行政复议机关的领导下，办理行政复议事项。根据2017年《行政复议法》的规定，行政复议机关负责法制工作的机构是行政复议机构，实践中行政复议事项由各级政府的法制办公室和政府部门的法规司（处、科）等具体办理。根据2018年党和国家机构改革方案，各级政府法制办公室与司法行政机关组建为新的司法行政机关，各级政府的行政复议机构职责也相应交由新组建的司法行政机关承担。按照2023年《行政复议法》的规定，行政复议机构主要履行以下职责：

1. 审查行政复议申请是否符合受理条件。受理行政复议申请，解决的是行政相对人的行政复议要求能否启动行政复议程序的问题。行政相对人对行政机关作出的行政行为不服，依法向行政复议机关提出行政复议申请后，行政复议机构首先要依法审查行政复议申请是否符合法律规定。审查的内容包括行政复议申请人是否具有资格、被申请人是否合格、是否有明确的行政复议请求和事实依据及理由、是否符合行政复议范围、是否属于本行政复议机关的受案范围、是否符合行政复议申请期限。经过审查，未发现行政复议申请不符合法律规定的，就应当予以受理。对不符合2023年《行政复议法》规定、依法应当不予受理的，要报请行政复议机关作出决定。需要注意的是，按照2023年《行政复议法》的有关规定，行政复议机构受理行政复议申请，是推定受理的，即只要行政复议申请在规定期限内没有被驳回或者拒绝，即推定已经受理。

2. 向有关组织和人员调查取证、查阅文件和资料。这既是行政复议机构的一项法定职责，也是一项重要的法定权利，对于做好行政复议工作十分关键。收集充分的、有效的证据，是全面查清案件事实、正确作出行政复议决定的基础。行政复议机构有权要求被申请人提供其当初作出行政行为的全部证据、依据和有关材料。在当事人提出要求时，或者行政复议机构认为必要时，也可以依法向争议双方当事人和有关单位及人员调查了解情况，核实有关证据。但是，如果被申请人作出行政行为时，没有依法做好调查、检查工作，以致证据缺失的，行政复议机构不能通过调查取证弥补被申请人的行为瑕疵。

3. 审查行政复议的行政行为是否合法与适当，拟订行政复议决定。审查行政复议的行政行为是否合法与适当，是整个行政复议活动的中心环节，也是行政复议机构的最基本的职责。行政复议机构要根据查证属实的全部案件事实和有关材料，依据相关法律、法规的规定，对行政行为认定事实和适用法律进行全面审查。在此基础上，应当就所审查的行政行为提出维持、变更、撤销或者确认违法、责令限期履行等结论性意见，并按照规范化的要求拟订行政复议决定书，一并报请行政复议机关审查批准。在审理过程中，行政复议机构应当按照 2023 年《行政复议法》规定，根据案件不同情况，听取当事人意见或者组织开展听证，就特定类型案件提交行政复议委员会提出咨询意见，其目的就是确保查明案件事实，准确适用法律，提出行政复议处理意见。

4. 处理或者转送复议申请人依法对有关规范性文件的审查申请。如果行政复议申请人在申请行政复议时，一并提出案涉行政行为依据的规章以下的规范性文件不合法，要求行政复议机关依法予以处理，行政复议机构应当根据该规范性文件的具体情况，提出处理意见。行政复议机关对该规范性文件有权处理的，行政复议机构可以直接提出处理意见，报行政复议机关决定；行政复议机关对该规范性文件无权处理的，行政复议机构应当拟订转送有关机关处理的文书，根据有关规定以行政复议机关的名义转送有关机关处理。接受转送的行政机关对转送的规范性文件应当提出处理意见，并将结果告知行政复议机关。

5. 办理不服行政复议决定提起行政诉讼的应诉事项。按照法律规定，多数行政复议决定不具备终局效力，行政相对人对行政复议决定不服的，还可以依照《行政诉讼法》的规定，向人民法院提起行政诉讼。根据《行政诉讼法》规定，行政复议机关改变原行政行为的，由行政复议机关作为被告；维持原行政行为的，由作出原行政行为的行政机关和行政复议机关作为共同被告。作为负责本单位法制工作的行政复议机构就理所当然地具体承担起这一职责。但是行政复议机构与被诉行政行为的承办机构在行政应诉活动中的职责是有分工的。《国务院办公厅关于加强和改进行政应诉工作的意见》（国办发〔2016〕54号）规定，要强化被诉行政行为承办机关或者机构的行政应诉责任，同时发挥法制工作机构或者负责法制工作的机构在行政应诉工作中的组织、协调、指导作用。行政复议机关和作出原行政行为的行政机关为共同被告的，应当共同做好原行政行为的应诉举证工作，可以根据具体情况确定由一个机关实施。

6. 对下级行政复议机构的监督指导职责。按照2023年《行政复议法》规定，上级行政复议机构对下级行政复议机构的行政复议工作进行指导、监督。实践中，行政复议机构要严格按照职责权限督促下级行政复议机构依法履行好行政复议法定职责。其中既包括法律规定的责令受理行政复议申请、恢复审理、履行行政复议决定等法定事项，也包括其他上级行政复议机构组织、指导、督促开展的各项行政复议相关工作，还包括办理行政复议、行政应诉案件统计，重大行政复议决定备案等职责。除前述职责外，法律、法规还可以根据需要赋予行政复议机构其他职责。

本条还赋予国务院行政复议机构发布行政复议指导性案例的职权。从司法审判和检察工作等实践来看，指导性案例在统一执法司法标准、促进司法公正、提升司法公信力等方面发挥重要的积极作用。为了进一步提升行政复议办案质量，2023年修订《行政复议法》时借鉴了其他领域的有关做法作出了上述规定。国务院行政复议机构应当按照本条规定，将行政复议决定认定事实清楚、适用法律正确、论证说理充分且已经发生法律效力，具有良好的法律效果和社会效果以及普遍性指导意义的行政复议案例纳入指导性案例，及时进行发布，指导各级行政复议机构进一步明确审理规则、统一审理标准、提升审理质量。行政复议指导性案例可以为各级行政复议机构办理行政复议案件提供参考和指引，但不能直接作为作出行政复议决定的依据。

第五条　行政复议机关办理行政复议案件，可以进行调解。

调解应当遵循合法、自愿的原则，不得损害国家利益、社会公共利益和他人合法权益，不得违反法律、法规的强制性规定。

【新旧对照】

2017 年《行政复议法》	2023 年《行政复议法》	重点解读
	第五条　行政复议机关办理行政复议案件，可以进行调解。 **调解应当遵循合法、自愿的原则，不得损害国家利益、社会公共利益和他人合法权益，不得违反法律、法规的强制性规定。**	本条明确了行政复议调解是办理行政复议案件的一项基础性要求，贯穿于行政复议案件受理、审理全过程。同时也明确了开展行政复议调解必须遵循的基本要求。

【适用要点】

本条是关于行政复议调解的原则性规定。

调解是裁判机构通过教育疏导、说服说和，促成各方就争议的实体权利、义务自愿进行协商，达成协议解决纠纷的活动。行政复议处理的主要是行政争议，由于行政行为关涉公共利益，传统行政法理论认为行政争议不能适用调解，防止公共利益受到损害。1990 年《行政复议条例》（已失效）第 8 条明确规定，“复议机关审理复议案件，不适用调解”。随着行政复议实践的深化和行政法理论的发展，理论界和实务界普遍认识到，并非所有的行政案件都不能适用调解，除羁束行政行为外，对于行政机关行使裁量权的行为和行政赔偿、补偿等决定，通过行政复议机关主持调解，可以在不影响公共利益的前提下，更好引导双方当事人达成合意，实现争议化解。2007年国务院公布实施的《行政复议法实施条例》第50条中规定，对于公民、法人或者其他组织对行政机关行使法律、法规规定的自由裁量权作出的具体行政行为不服申请行政复议的，以及当事人之间的行政赔偿或者行政补偿纠纷，行政复议机关可以按照自愿、合法的原则进行调解。2014年修正的《行政诉讼法》也吸收了这一制度成果，规定行政审判活动中可以对行政赔偿、补偿以及行政机关行使法律、法规规定的自由裁量权的案件进行调解。

随着经济社会快速发展，经济体制深刻变革，社会结构深刻变动、利益格局深刻调整、思想观念深刻变化，社会矛盾进入易发、多发期，依法高效、低成本、实质性解决各类矛盾纠纷，防止"诉讼爆炸"和"程序空转"成为新时期社会治理的重要课题。按照党中央关于将非诉纠纷解决机制挺在前面的要求，以调解为主要代表的非诉纠纷化解机制，在矛盾纠纷化解中的重要性进一步凸显。尤其是作为中华民族独特的法律文化意识和重要的社会治理模式，调解制度既契合中国古代"天下无讼"的思想，也体现了新时代的"枫桥经验"，是实质性解决行政争议的重要方式。但受行政行为调解范围等限制，现有的调解制度框架不能满足行政争议调解实践的要求，迫切需要行政法理论和构建行政纠纷解决制度及时作出回应。2023年修订《行政复议法》，进一步明确了只要遵循合法和自愿原则，在不损害国家利益、社会公共利益和他人合法权益，不违反法律、法规强制性规定的前提下，对各类行政争议都可以进行调解。实现这一制度性的突破首先需要从理论上进行澄清。从行政法上看，行政权属于国家公权，国家行政机关及其工作人员实施行政管理作出行政行为，是代表国家履行职责，体现的是国家意志，双方当事人的权利义务是由法律规定的，行政机关不得自行处分。同时，行政复议兼具监督、救济和争议化解功能，这三项功能相辅相成，不可偏废，不能为了片面追求行政争议的化解而忽视行政复议对违法不当行政行为的监督功能。但近年来，学术界和实务部门普遍认识到，行政复议和行政诉讼活动以行政行为合法性和合理性为中心的审理构造在化解行政争议方面存在某些结构性的缺陷，影响了行政争议的实质性化解：一是裁判机构围绕行政行为作出的裁决很难触及相对人法律诉求背后的利益诉求，导致裁判结论因无法充分回应和满足权利人的利益关切而接受度较低；二是很多行政争议虽然涉及羁束行政行为，但并非完全不可调解，实践中裁判机构可以通过耐心细致的解释说服工作或者合理合法的帮扶帮助等实现纠纷的妥善解决，但这一做法在理论上存在障碍。此外，从社会治理成本角度看，行政争议长期得不到及时解决带来的后续治理维稳成本经常远高于调解羁束行政行为所带来的公益损害，有必要研究借鉴刑事司法程序中的认罪认罚制度，逐步探索羁束行政行为的可调解性问题。综上，2023 年修订《行政复议法》，在制度导向上调整了行政复议的审理构造，将行政实体法律关系作为审理标的，建立健全了以主观复议为主、客观复议为辅的审理范式，增强了行政复议机关审理活动对申请人主观诉求的关切与回应。而以行政争议为中心的审理构造，也使得对行政争议的调解不再因关涉行政行为而存在类型化禁区。

本条第 1 款规定“行政机关办理行政复议案件，可以进行调解”，这意味着行政复议调解不限于行政复议审理程序，而是可以贯穿行政复议受理、审理、决定全过程。尤其是在行政复议受理环节，行政复议机构在收到行政复议申请后，即可以开展调解工作，实践中很多行政争议也都是在这一阶段通过行政复议机构的耐心解释说明和先行协调得到妥善解决。这一做法既缩短了行政复议申请人的维权周期，降低了维权成本，也提高了纠纷化解效率，实现了行政争议快捷高效的化解，降低了行政成本。

行政复议调解必须遵循合法和自愿原则。一方面，行政复议调解必须依法开展、依法进行，行政争议的解决必须限定在法律框架内，不能违反法律、法规的强制性规定，也不能以牺牲国家利益、社会公共利益和他人合法权益为代价。另一方面，调解必须基于当事人双方自愿，不能强制调解，因为“只有在冲突当事人认可并自愿接受冲突解决方案的时候，消灭既存的冲突才是可能的”。[1] 实践中不能违背当事人意愿搞强迫调解，也不能久调不决，对于经协商仍不能达成合意的，行政复议机关要及时依法作出行政复议决定。

第六条　国家建立专业化、职业化行政复议人员队伍。

行政复议机构中初次从事行政复议工作的人员，应当通过国家统一法律职业资格考试取得法律职业资格，并参加统一职前培训。

国务院行政复议机构应当会同有关部门制定行政复议人员工作规范，加强对行政复议人员的业务考核和管理。

【新旧对照】

2017 年《行政复议法》	2023 年《行政复议法》	重点解读
第三条*第二款*　*行政机关*中初次从事行政复议的人员，应当通过国家统一法律职业资格考试取得法律职业资格。	第六条　**国家建立专业化、职业化行政复议人员队伍。** *行政复议机构*中初次从事行政复议工作的人员，应当通过国家统一法律职业资格考试取得法律职业资格，**并参加统一职前培训。** **国务院行政复议机构应当会同有关部门制定行政复议人员工作规范，加强对行政复议人员的业务考核和管理。**	此条新增一款，明确要求建立专业化、职业化行政复议人员队伍。 同时根据工作实践，将“行政机关中初次从事……”修改为“行政复议机构中初次从事……”

【适用要点】

本条是关于行政复议人员专业化、职业化建设的规定。

---

① 李琦：《冲突解决的理想性状和目标——对司法正义的一种理解》，载《法律科学（西北政法学院学报）》2005 年第 1 期。

行政复议是行政机关根据群众和企业申请，居中裁决行政机关与行政相对人之间行政争议的活动，是一种行政司法行为或者说“准司法”行为。这一性质决定了行政复议与普通行政执法不同，既要建立一整套解决行政争议所必需的公正的程序机制，也要建设一支职责法定、权责明确的正规化行政复议队伍，配备具有相应法律和行政管理专业知识、能力素养、道德品行的高素质行政复议人员，确保客观公正地查明事实、裁断是非、解决争议。从国外的情况看，多数国家对从事行政复议工作的人员都有一定的资格要求。例如，美国行政复议由行政法官承担，行政法官是一种专门的职业资格；英国实行行政裁判所体制，负责裁判案件的是法官；韩国实行行政复议委员会体制，也对行政复议人员有严格的资格条件要求；等等。我国统一行政复议制度建立之初，按照当时精简机构的要求，未规定设立专门的行政复议机构，配备专门的行政复议人员。实践中，均由各级人民政府和部门负责法制工作的机构工作人员具体办理，按照目前的公务员职务类别分类，属于综合管理类。由于缺乏统一任职条件和资格要求，无法保证行政复议人员办理案件的能力，既影响行政复议案件办理质量和效率，也影响群众对行政复议办案人员的信任和支持。要贯彻实施好2023年《行政复议法》，真正发挥行政复议化解行政争议的主渠道作用，有必要参照法官队伍的管理，对行政复议队伍的专业化、职业化，包括对行政复议人员的任职条件、能力素质、遴选晋升等作出规定，打造行政复议专业队伍，让专业的人做专业的事。加强行政复议人员专业化、职业化建设，也有利于增强行政复议队伍稳定性，保证行政复议工作的顺利开展。实践中，由于行政复议人员的管理和激励保障措施不到位，工作要求高、压力大、待遇低，岗位缺乏吸引力，具有相应能力素质的人才不愿意进入行政复议队伍；而且符合岗位需要的行政复议人员流动性大，人才流失严重，基层人民政府甚至出现没有合格的人从事行政复议工作的尴尬局面，严重制约了行政复议工作的开展。加强行政复议人员专业化、职业化建设，可以增强行政复议人员的职业尊荣感和凝聚力，吸引更多高素质人才进入行政复议队伍，优化行政复议人员结构，提高行政复议人员整体素质，加快形成一支政治坚定、业务精湛、作风过硬的专业化、职业化行政复议队伍，也有利于建立社会公众对法律的信赖感，树立法律的权威，培养公众对法律的信仰，加快推进法治国家、法治政府、法治社会建设进程。

党中央、国务院历来高度重视行政复议工作。建设一支高素质的行政复议队伍，逐步加强行政复议人员专业化、职业化建设，既有政策依据，也有法律明确规定。主要是：

1. 2004 年 3 月，国务院印发《全面推进依法行政实施纲要》，要求“加强行政复议机构的队伍建设，提高行政复议工作人员的素质”。

2. 2007 年 5 月，国务院第 177 次常务会议通过的《行政复议法实施条例》第 4 条规定：“专职行政复议人员应当具备与履行行政复议职责相适应的品行、专业知识和业务能力，并取得相应资格。具体办法由国务院法制机构会同国务院有关部门规定。”

3. 2015 年 12 月，中共中央、国务院印发的《法治政府建设实施纲要（2015—2020 年）》要求，“切实提高行政复议人员素质”。

4. 2017 年 9 月，第十二届全国人民代表大会常务委员会第二十九次会议通过《全国人民代表大会常务委员会关于修改〈中华人民共和国法官法〉等八部法律的决定》，决定在《行政复议法》第 3 条增加第 2 款：“行政机关中初次从事行政复议的人员，应当通过国家统一法律职业资格考试取得法律职业资格。”

5. 2020 年 4 月，中央全面依法治国委员会印发的《行政复议体制改革方案》要求打造革命化、正规化、专业化、职业化的行政复议专门队伍，要加强专业化、职业化建设，初次从事行政复议的人员应当通过国家统一法律职业资格考试，取得法律职业资格；建立行政复议执业规范，加强对行政复议人员的培训、考核和管理，不断提高行政复议队伍的政治素质和业务能力。

自1990年《行政复议条例》(已失效)颁布实施后,一些地方就已经根据行政复议工作的实际需求,对行政复议人员的资格条件等作出规定。如1990年,原山东省政府法制办就与省人事厅和省高级人民法院联合下发通知,要求从事行政复议工作的人员要接受培训,取得资格,并凭资格证书履行复议职责。1999年《行政复议法》通过之后,很多地方和部门按照党中央、国务院的部署要求,陆续出台了相关配套制度,要求从事行政复议工作的人员应当具备一定的资格条件,并对如何进行行政复议人员资格管理作了探索。2018年国务院机构改革前,全国有16个省(区、市)和1个国务院部门制定了有关行政复议人员资格的规定。其中,贵州、海南、江西、广西、黑龙江5个省(区)政府规章作出原则性规定;安徽、内蒙古、河北、天津、北京、江苏、宁夏7个地方由省(区、市)政府办公厅或者法制办专门发文规定;广东、湖南、云南、辽宁4省通过地方性法规规定从事行政复议工作的人员要具备相应的条件或资格。海关总署为从事行政复议工作的人员发放了资格证书。这些地方和部门的探索,为我国行政复议人员专业化、职业化建设积累了一定的经验。

2023年修订《行政复议法》,深入贯彻落实习近平总书记关于“发挥行政复议公正高效、便民为民的制度优势和化解行政争议的主渠道作用”重要指示精神和党中央、国务院的部署,专门针对行政复议人员的专业化、职业化建设作出明确规定,主要包括:

一是国家建立专业化、职业化行政复议人员队伍。明确了行政复议人员队伍建设的发展方向。这里的专业化,强调行政复议人员在能力素质、知识储备、工作经验、职业操守等方面逐渐达到一定的专业标准,具有按照法定权限和程序履行职责、行使权力的能力和自觉性,能够从法律视角和社会视角通盘考虑法理、事理、情理,实现法律效果和社会效果的统一,行政复议人员作为一个专业群体成为专门职业,并获得相应专业地位。而职业化则强调在专业化的基础上,实现工作状态的标准化、规范化、制度化。行政复议人员职业化,要求根据行政复议工作规律和职业特点，采取一系列措施来建立健全行政复议职业制度，保证广大行政复议人员具有统一的职业行为规范、职业素养和匹配的职业技能。要培育职业精神，激励行政复议人员把行政复议事业作为用毕生精力去奉献、去捍卫的崇高事业。要健全行政复议人员职业道德准则，把执法为民的职业良知与秉公执法的法治精神统一起来，真正做到公平公正、复议为民。要完善职业准入制度，逐步研究建立遵循行政复议职业特点的分类管理制度，提高职业素养，畅通职业发展通道。要建立健全行政复议人员履职的激励保障机制，逐步使行政复议人员群体形成具有共同的法律知识结构和法律思维方式、具有强烈的社会责任感和公正信仰的职业整体。

二是行政复议机构中初次从事行政复议工作的人员，应当通过国家统一法律职业资格考试取得法律职业资格，并参加统一职前培训。这也是2017年《全国人民代表大会常务委员会关于修改〈中华人民共和国法官法〉等八部法律的决定》中已经明确的要求。根据这一规定，取得国家统一法律职业资格并参加统一职前培训，成为对新从事行政复议工作的人员的基础性要求。

同时，根据中央组织部、最高人民法院、最高人民检察院、司法部印发的《关于建立法律职业人员统一职前培训制度的指导意见》的通知要求，下一步还要按照“统一标准、分系统实施”“先选后训”“谁选谁训”要求，有序有效组织开展新从事行政复议工作人员的职前培训工作，使参训人员达到从事行政复议工作所需要的初任标准，成为政治强、业务精、作风正，忠诚、干净、担当的社会主义法治人才，为实现让人民群众在每一起行政复议案件中都感受到公平正义目标提供有力人才保障。

三是国务院行政复议机构应当会同有关部门制定行政复议人员工作规范，加强对行政复议人员的业务考核和管理。作为专业化、职业化的法律从业人员队伍，必须有统一的考核管理制度，为行政复议人员的集中统一管理和队伍建设提供依据。为此，2023年《行政复议法》专门要求，国务院行政复议机构要制定行政复议人员工作规范。从工作实际需要出发，工作规范中应当包含行政复议人员的工作准则、行为规范和培训等各方面内容。从长远看，还要统筹考虑行政复议人员的职位分类、名称和职务序列问题。行政复议是对行政执法行为进行审查，既不同于一般行政执法，也不同于行政机关的专业技术活动。严格来说，目前将行政复议人员放在综合管理类别的做法不符合行政复议工作实际，应当考虑实行独立的职位分类、名称和职务序列，才能使行政复议人员素质和职位要求相匹配。《公务员法》第 16 条中也规定了“根据本法，对于具有职位特殊性，需要单独管理的，可以增设其他职位类别。各职位类别的适用范围由国家另行规定”。未来可以考虑在对行政复议人员进行统一资格管理的基础上，对职位类别等问题进行进一步研究，推动行政复议人员队伍的职业化发展。

第七条　行政复议机关应当确保行政复议机构的人员配备与所承担的工作任务相适应，提高行政复议人员专业素质，根据工作需要保障办案场所、装备等设施。县级以上各级人民政府应当将行政复议工作经费列入本级预算。

【新旧对照】

2017 年《行政复议法》	2023 年《行政复议法》	重点解读
第三十九条　……行政复议~~活动所需~~经费，应当列入本~~机关的行政经费，由本级财政予以保障~~。	第七条　**行政复议机关应当确保行政复议机构的人员配备与所承担的工作任务相适应，提高行政复议人员专业素质，根据工作需要保障办案场所、装备等设施。县级以上各级人民政府**应当将行政复议工作经费列入本级**预算**。	本条明确了行政复议机关对行政复议机构的保障职责的具体内容，包括人员配备、办案场所和装备保障以及行政复议经费保障。

【适用要点】

本条是关于行政复议工作保障的规定。

行政复议工作的规范有序开展、行政复议制度功能的有效彰显和行政复议化解行政争议主渠道作用的充分发挥,离不开有力的保障。行政复议机关是行政复议工作的主责机关,必须为具体承担行政复议事项的行政复议机构提供必要的保障条件,具体而言,主要包括以下三个方面:

一是关于行政复议人员的保障。随着全面依法治国、依法行政进程的不断推进,人民群众通过法定途径维权的意识和能力在逐步提高,政府通过法定渠道解决行政纠纷的意识和能力也在逐步提高,行政争议案件数量逐渐增多,加之新类型行政复议案件不断出现,办案难度也不断增大,对行政复议人员数量和履职能力都提出了新的更高要求。近几年,每年全国行政复议案件数量都在20多万件,2023年已经超过30万件,行政复议机构还要同时承担每年20多万件应诉案件的办理工作,而现有的行政复议机构设置和人员配备很难满足行政复议工作的需要。据初步统计,尽管行政复议体制改革方案全面落实后,全国专职行政复议人员数量有所增加,但目前各级行政复议机关专职从事行政复议工作的人员也只有1.6万人,"案多人少"现象在多数地方都普遍存在,在区县基层尤为突出。有的区县司法局作为政府行政复议机构只有一两个兼职办案人员,力量薄弱、人员素质不高,无法承担繁重的行政复议职责。2023年《行政复议法》实施后,行政复议范围和前置范围的扩大、行政复议审理程序的完善以及行政复议实质性化解争议的工作导向,都要求各级行政复议机关必须顺应新形势发展的需要,抓紧时间为行政复议机构配备足够的行政复议人员,确保行政复议工作顺利开展,真正将新法的制度优势转换为工作效能。特别是2023年《行政复议法》要求调查取证必须2人以上,举行行政复议听证至少必须有4人,区县行政复议机关必须保证行政复议人员配备达到法定最低要求,否则就属于违法办案。

行政复议机关在为行政复议机构配备足够的行政复议人员的同时，还要保证行政复议机构的办案能力与工作任务相适应。要切实把政治思想好、业务能力强、有较高法律素质和行政管理经验的干部充实到行政复议机构中。在此基础上，行政复议机关要通过加强行政复议人员培训、开展岗位练兵比武和业务交流等多种方式，不断提高行政复议机构和行政复议人员的办案能力，努力适应 2023 年《行政复议法》实施后高质量开展行政复议工作的需要。

二是关于办案场所、装备等设施保障。按照 2023 年《行政复议法》的规定，行政复议办案过程中，涉及受理、听证、调解、阅卷、档案管理等诸多环节，需要有专门的办案场所和录音、录像等办案设施，方便公民、法人和其他组织申请和参加行政复议，保障行政复议办案活动顺利进行。行政复议机关应当坚持规范配置、有效利用、厉行节约的原则，依法为行政复议机构提供这些基础性保障条件，尤其是专门的行政复议接待大厅、听证室、阅卷室、调解室、档案室等。行政复议办案场所应当充分利用现有可用设施，其设置种类和数量应当根据行政复议工作实际合理确定，做到功能齐全、设施完善、方便群众、庄重实用。同时行政复议办案经常需要深入争议现场进行调查取证、核实证据，行政复议机关也应当为行政复议机构办案提供相应的车辆保障。

三是关于办案经费的保障。2023 年《行政复议法》规定了受理行政复议申请不得向申请人收取费用，开展行政复议工作所需经费由政府财政保障。县级以上各级人民政府应当根据本地区行政复议工作的实际需要，将行政复议工作经费列入本级预算，保障行政复议机构依法履行行政复议职责。

第八条　行政复议机关应当加强信息化建设，运用现代信息技术，方便公民、法人或者其他组织申请、参加行政复议，提高工作质量和效率。

【新旧对照】

2017 年《行政复议法》	2023 年《行政复议法》	重点解读
	第八条 行政复议机关应当加强信息化建设,运用现代信息技术,方便公民、法人或者其他组织申请、参加行政复议,提高工作质量和效率。	本条为新增条款,专门对行政复议信息化建设作出规定。

【适用要点】

本条是关于加强行政复议信息化建设的规定。

信息化是现代化最新的时代特征,信息技术与经济社会发展各领域的深度融合,蕴含着驱动现代化的巨大潜能。加强行政复议信息化建设,运用信息技术提升行政复议服务群众的能力和工作质效,对于贯彻落实 2023 年《行政复议法》,更好发挥行政复议推进全面依法治国、加快法治政府建设和化解行政争议的主渠道作用,具有重要意义。

首先,加强行政复议信息化建设是实现行政复议"化解行政争议的主渠道"目标要求的重要方面。行政复议要成为化解行政争议的主渠道,必须进一步增强制度的包容性、提高申请的便利性和解决争议的实效性。加强行政复议信息化建设就是通过数字赋能提升申请便利性的最有效方式。

其次,加强行政复议信息化建设是发挥行政复议制度功能、加快推进法治政府建设的有效途径。通过信息化建设,既可以统一行政复议裁判尺度、压缩人为裁量空间,提高裁判质量、加大纠错力度,督促行政机关依法行政;也可以通过大数据分析精准查找法治政府建设的堵点、痛点和难点问题,有针对性地改进执法、完善立法。

再次,加强行政复议信息化建设是破解制约行政复议工作发展痼疾的关键环节。多年来,机构不健全、人员短缺是制约行政复议工作创新发展的障碍之一,各级行政复议机构存在满负荷甚至超负荷工作情况,“案多人少”矛盾突出。要解决这一问题,既要按照“事编匹配、优化节约、按需调剂”的原则补齐配强行政复议人员;也需要加强信息化建设,减少办案人员在事务性工作上所耗费的时间和精力,以高效率应对案件带来的新要求。

最后,加强行政复议信息化建设是顺应数字政府发展潮流,提升政府治理能力的必然之需。习近平总书记指出,要以信息化推进国家治理体系和治理能力现代化。数字政府建设是一场重塑性的制度革命,借助新技术手段,可以强化政府对信息的感知、收集、分析和处理能力,进而使之具有更高效的系统回应能力、更精细的社会治理能力和更强大的自我监督能力,行政管理的组织形式、行为规则、监督救济等各方面也因此发生显著变化。作为国家治理体系的重要组成部分,行政复议工作也需要通过加强信息化建设,将最新技术成果与整个工作流程管理实现有机耦合。

加强行政复议信息化建设,要坚持“服务便捷化、办案智能化、管理科学化、决策精准化、公开常态化”的思路,从多方面入手,促进行政复议质效的全方位提升。一是要落实 2023 年《行政复议法》要求,通过信息技术简化提交答复材料、听证、阅卷、送达等程序,进一步畅通渠道,使群众足不出户就能运用微信小程序等在线申请行政复议,在线参加行政复议听证,在线接收法律文书等,方便群众通过行政复议表达诉求、维护权益。二是要通过行政复议信息化平台提供的可视化流程查询和相对公开透明的信息环境,进一步消除公众对于行政复议“闭门办案”“官官相护”的疑虑,提高案件办理结果的认同度,努力将矛盾吸纳、解决在行政复议程序中。三是要运用人工智能等信息技术,提供关联法条推荐、案例指引和文书自动生成等智慧化、智能化的辅助办案功能,减轻行政复议办案人员负担,提高办案质量和效率。四是通过行政复议与行政诉讼、仲裁、信访等制度信息化平台的对接,对行政执法行为实现全周期、全过程监督,从源头上规范执法,减少行政争议产生。同时,与其他相关纠纷解决机制平台实现互联互通,构建起科学、顺畅、高效的多元纠纷化解机制。

第九条 对在行政复议工作中做出显著成绩的单位和个人,按照国家有关规定给予表彰和奖励。

【新旧对照】

2017年《行政复议法》	2023年《行政复议法》	重点解读
	第九条 对在行政复议工作中做出显著成绩的单位和个人,按照国家有关规定给予表彰和奖励。	此条为新增条款,对开展行政复议工作表彰奖励作出了明确规定。

【适用要点】

本条是关于行政复议激励措施的规定。

行政复议工作表彰奖励,是指行政复议机关通过对本机关、本系统一定时期内行政复议工作进行总结,对表现突出、成绩显著的单位和个人进行表彰奖励。对行政复议工作进行表彰是行政复议指导监督工作的重要组成部分,也是强化指导监督效果的重要保证。通过表彰奖励,能够增强行政复议人员的工作热情,进一步发挥行政复议人员的潜能,充分激发和调动行政复议人员的积极性、主动性和创造性,还可以在行政复议人员队伍中形成积极向上的健康氛围。2007年《行政复议法实施条例》中已经对行政复议工作的总结表彰作出了具体规定。2023年修订《行政复议法》将上述规定进一步上升为法律。

开展行政复议表彰奖励工作,必须坚持以下五个原则:一是要体现先进性、代表性和时代性,表彰对象必须是在行政复议工作中做出显著成绩,对全系统具有重要示范、引领、推动作用的单位和个人。二是要坚持面向基层、面向工作一线,主要表彰在基层一线工作的行政复议骨干,充分调动广大基层行政复议工作人员干事创业、勇于担当作为的工作热情。三是精神奖励与物质奖励相结合,以精神奖励为主。四是坚持公开、公平、公正,增强表彰奖励工作的透明度和可信度,确保奖励的效果。五是要依照法定的条件、权限和程序进行。要严格按照《中共中央关于建立健全党和国家功勋荣誉表彰制度的意见》《国家勋章和国家荣誉称号法》《国家功勋荣誉表彰条例》关于开展相关表彰奖励的规定要求,依法开展表彰奖励工作。

第十条　公民、法人或者其他组织对行政复议决定不服的,可以依照《中华人民共和国行政诉讼法》的规定向人民法院提起行政诉讼,但是法律规定行政复议决定为最终裁决的除外。

【新旧对照】

2017年《行政复议法》	2023年《行政复议法》	重点解读
第五条　公民、法人或者其他组织对行政复议决定不服的,可以依照行政诉讼法的规定向人民法院提起行政诉讼,但是法律规定行政复议决定为最终裁决的除外。	第十条　公民、法人或者其他组织对行政复议决定不服的,可以依照《**中华人民共和国**行政诉讼法》的规定向人民法院提起行政诉讼,但是法律规定行政复议决定为最终裁决的除外。	本条主要作了文字性修改,将"行政诉讼法"修改为"《中华人民共和国行政诉讼法》"。

【适用要点】

本条是关于行政复议与行政诉讼衔接的条款。

行政复议与行政诉讼是并行的权力监督制约和权利救济制度,但由于行政复议机关仍属于行政机关,其作出的行政复议决定一般不具有最终效力。根据本条规定,相对人对行政复议决定不服的,除法律规定的例外情况外,都可以向人民法院提起行政诉讼,人民法院经审理后作出的终审判决为发生法律效力的最终决定。这一规定主要有两方面原因:一是体现司法最终原则。司法最终是现代社会各国广泛认可的原则,是指任何适用宪法和法律引起的法律纠纷原则上只能由法院作出排他性的终局裁决。各国行政法在对待行政复议与行政诉讼的程序衔接关系上,无一例外地都选择了司法最终原则,即法院对行政争议拥有最终裁决权。我国的《行政复议法》和《行政诉讼法》也都按照这一原则,规定了对行政争议的处理以司法最终解决为原则,复议终局为例外。二是从实践效果考虑。由于行政复议机关往往是被申请人的上级机关,二者同属行政系统,具体办案的行政复议机构与一般的行政机关无区别,机构设置独立性的欠缺在一定程度上会影响办案质量和行政复议公信力。在此情况下,行政诉讼作为外部监督的保障作用就非常重要。2023 年《行政复议法》规定相对人对行政复议决定不服可以提起行政诉讼,也是适应了这种客观需要。

按照法律规定,行政复议决定作为最终裁决,具体包括两类情形:一是相对的行政复议终局决定,即相对人虽然具有选择行政救济和司法救济的权利,但其一旦选择了行政途径救济,就不能再寻求司法救济,如按照 2023 年《行政复议法》第 26 条的规定,对省级人民政府和国务院部门作出的原级行政复议决定不服的,可以向人民法院起诉,也可以申请国务院裁决,但如果选择了后者,国务院作出的裁决就属于最终裁决。二是绝对的行政复议终局决定,即相对人只能请求行政救济不能请求司法救济,这里的行政复议决定是终局性的。如《出境入境管理法》第 64 条规定:"外国人对依照本法规定对其实施的继续盘问、拘留审查、限制活动范围、遣送出境措施不服的,可以依法申请行政复议,该行政复议决定为最终决定。其他境外人员对依照本法规定对其实施的遣送出境措施不服,申请行政复议的，适用前款规定。”这里的法律应当作狭义的理解，即只有全国人民代表大会或者全国人民代表大会常务委员会制定的法律所规定的终局裁决才能例外。

《行政诉讼法》中关于不服行政复议决定起诉的条款主要集中在四个方面：一是关于经行政复议案件的管辖。《行政诉讼法》第18条第1款规定：“行政案件由最初作出行政行为的行政机关所在地人民法院管辖。经复议的案件，也可以由复议机关所在地人民法院管辖。”二是关于被告的确定。《行政诉讼法》第26条中规定：“公民、法人或者其他组织直接向人民法院提起诉讼的，作出行政行为的行政机关是被告。经复议的案件，复议机关决定维持原行政行为的，作出原行政行为的行政机关和复议机关是共同被告；复议机关改变原行政行为的，复议机关是被告。复议机关在法定期限内未作出复议决定，公民、法人或者其他组织起诉原行政行为的，作出原行政行为的行政机关是被告；起诉复议机关不作为的，复议机关是被告。”三是关于行政复议前置。《行政诉讼法》第44条第2款规定：“法律、法规规定应当先向行政机关申请复议，对复议决定不服再向人民法院提起诉讼的，依照法律、法规的规定。”四是关于起诉期限。《行政诉讼法》第45条规定：“公民、法人或者其他组织不服复议决定的，可以在收到复议决定书之日起十五日内向人民法院提起诉讼。复议机关逾期不作决定的，申请人可以在复议期满之日起十五日内向人民法院提起诉讼。法律另有规定的除外。”申请人对行政复议决定不服的，应当依照上述规定，向人民法院提起诉讼。

第二章　行政复议申请

第一节　行政复议范围

第十一条　有下列情形之一的，公民、法人或者其他组织可以依照本法申请行政复议：

（一）对行政机关作出的行政处罚决定不服；

（二）对行政机关作出的行政强制措施、行政强制执行决定不服；

（三）申请行政许可，行政机关拒绝或者在法定期限内不予答复，或者对行政机关作出的有关行政许可的其他决定不服；

（四）对行政机关作出的确认自然资源的所有权或者使用权的决定不服；

（五）对行政机关作出的征收征用决定及其补偿决定不服；

（六）对行政机关作出的赔偿决定或者不予赔偿决定不服；

（七）对行政机关作出的不予受理工伤认定申请的决定或者工伤认定结论不服；

（八）认为行政机关侵犯其经营自主权或者农村土地承包经营权、农村土地经营权；

（九）认为行政机关滥用行政权力排除或者限制竞争；

（十）认为行政机关违法集资、摊派费用或者违法要求履行其他义务；

（十一）申请行政机关履行保护人身权利、财产权利、受教育权利等合法权益的法定职责，行政机关拒绝履行、未依法履行或者不予答复；

（十二）申请行政机关依法给付抚恤金、社会保险待遇或者最低生活保障等社会保障，行政机关没有依法给付；

（十三）认为行政机关不依法订立、不依法履行、未按照约定履行或者违法变更、解除政府特许经营协议、土地房屋征收补偿协议等行政协议；

（十四）认为行政机关在政府信息公开工作中侵犯其合法权益；

（十五）认为行政机关的其他行政行为侵犯其合法权益。

【新旧对照】

2017年《行政复议法》	2023年《行政复议法》	重点解读
第六条　有下列情形之一的，公民、法人或者其他组织可以依照本法申请行政复议： （一）对行政机关作出的~~警告、罚款、没收违法所得、没收非法财物、责令停产停业、暂扣或者吊销许可证、暂扣或者吊销执照、行政拘留等~~行政处罚决定不服的； （二）对行政机关作出的~~限制人身自由或者查封、扣押、冻结财产等~~行政强制措施决定不服的； （三）对行政机关作出的有关~~许可证、执照、资质证、资格证等证书变更、中止、撤销的~~决定不服的；	第十一条　有下列情形之一的，公民、法人或者其他组织可以依照本法申请行政复议： （一）对行政机关作出的行政处罚决定不服； （二）对行政机关作出的行政强制措施、**行政强制执行**决定不服； （三）**申请行政许可，行政机关拒绝或者在法定期限内不予答复，或者**对行政机关作出的有关**行政许可的其他**决定不服； （四）对行政机关作出的确认自然资源的所有权或者使用权的决定不服； **（五）对行政机关作出的征收征用决定及其补偿**	1. 将行政复议范围纳入行政复议申请的章节，法律体例结构更为合理。 2. 删减了行政处罚、行政强制措施及行政确权具体种类的内容，语言更简明规范。 3. 在吸收2017年《行政复议法》第6条第3、8项规定的基础上，对涉及行政许可的内容进行了概括和完善。 4. 将“征收财物”改为“征收征用决定”。 5. 将2017年《行政复议法》第6条第5、6项涉及经营自主、土地承包的内容进行了合并修改。

续表

2017 年《行政复议法》	2023 年《行政复议法》	重点解读
(四)对行政机关作出的~~关于~~确认~~土地、矿藏、水流、森林、山岭、草原、荒地、滩涂、海域等~~自然资源的所有权或者使用权的决定不服的; (五)认为行政机关侵犯~~合法~~的经营自主权的; ~~(六)认为行政机关变更或者废止农业承包合同,侵犯其合法权益的;~~ (七)认为行政机关违法集资、~~征收财物、~~摊派费用或者违法要求履行其他义务的; ~~(八)认为符合法定条件,申请行政机关颁发许可证、执照、资质证、资格证等证书,或者申请行政机关审批、登记有关事项,行政机关没有依法办理的;~~ (九)申请行政机关履行保护人身权利、财产权利、受教育权利的法定职责,行政机关*没有*依法履行的; (十)申请行政机关依法*发放*抚恤金、社会保险金或者最低生活保障费,行政机关没有依法*发放*的; (十一)认为行政机关的其他~~具体~~行政行为侵犯其合法权益的。	**决定不服;** **(六)对行政机关作出的赔偿决定或者不予赔偿决定不服;** **(七)对行政机关作出的不予受理工伤认定申请的决定或者工伤认定结论不服;** (八)认为行政机关侵犯**其**经营自主权**或者农村土地承包经营权、农村土地经营权**; **(九)认为行政机关滥用行政权力排除或者限制竞争;** (十)认为行政机关违法集资、摊派费用或者违法要求履行其他义务; (十一)申请行政机关履行保护人身权利、财产权利、受教育权利**等合法权益**的法定职责,行政机关**拒绝履行、***未*依法履行**或者不予答复;** (十二)申请行政机关依法*给付*抚恤金、社会保险**待遇**或者最低生活保障**等社会保障**,行政机关没有依法*给付*; **(十三)认为行政机关不依法订立、不依法履行、未按照约定履行或者违法变更、解除政府特许经营协议、土地房屋征收补偿**	6. 将行政强制执行、行政补偿、行政赔偿、工伤认定、行政机关滥用行政权力排除或者限制竞争、行政协议、政府信息公开行为等行政行为纳入行政复议受案范围。 7. 将申请行政机关履行法定职责的权利保护范围由“人身权利、财产权利、受教育权利”改为“人身权利、财产权利、受教育权利等合法权益”。 8. 将行政机关不履行法定职责的情形明确为“拒绝履行、未依法履行或者不予答复”。 9. 将行政给付的范围由“抚恤金、社会保险金或者最低生活保障费”改为“抚恤金、社会保险待遇或者最低生活保障等社会保障”。 10. 将“其他具体行政行为”改为“其他行政行为”。

续表

2017年《行政复议法》	2023年《行政复议法》	重点解读
	协议等行政协议； (十四)认为行政机关在政府信息公开工作中侵犯其合法权益； (十五)认为行政机关的其他行政行为侵犯其合法权益。	

【适用要点】

本条是关于行政复议受案范围的规定。

进一步扩大行政复议受案范围，实现“应收尽收”，是落实习近平总书记关于行政复议工作重要指示批示精神、打造化解行政争议主渠道的必然要求，也是深化行政复议体制改革、实现行政复议便民为民的务实之举。在2023年《行政复议法》的修订过程中，各有关方面对行政复议受案范围非常关注，展开了一系列讨论，是修法的重点问题。总体来看，本条规定立足近年来行政行为的沿革变化和行政争议的时代特点，从体现上述立法理念出发，作了较大幅度的修改和调整，是修法的亮点之一。

要落实习近平总书记对行政复议工作重要指示精神，发挥行政复议化解行政争议主渠道作用，必须从制度上保证行政争议进入行政复议的入口更宽、门槛更低、程序更简、效率更高、解决更快，才能吸引更多的行政相对人选择行政复议。现阶段，推动行政复议体制改革进一步走深走实，需要牢牢把握“整体数量”和“个案质量”的双重关口要求，即在争议化解的“入口”，让大多数行政争议能够进入行政复议渠道得到解决；同时在争议化解的“出口”，让大多数行政争议在行政复议程序中得到实质性解决，实现程序终结和实体终结的统一，在质量上保证行政争议化解的有效性，从而不断发挥行政复议公正高效、便民为民的制度优势，使其真正成为行政相对人行使救济权利的首选和优选。其中,行政复议的“主渠道”功能首先要体现在解决行政争议的数量应当远超过行政诉讼解决行政争议的数量,其必要前提是行政复议的受案范围应当远大于行政诉讼的受案范围,必经之路就是对行政复议受案范围的外延进行扩张,让尽可能多的行政争议可以进入行政复议程序,再通过行政复议机关依法公正作出行政复议决定或者组织调解等方式实质化解行政争议,不断提升行政复议公信力,提高社会公众选择行政复议解决行政争议的主动性,推动行政复议“过滤器”“分流阀”的功能得到充分发挥。

随着法治政府建设的持续推进,社会治理体系和治理能力现代化水平的不断提升,以及一系列行政管理领域的单行法律、法规和规章的出台实施,行政行为的种类和表现形式不断地丰富。相较于 2017 年《行政复议法》第 6 条,本条规定的行政复议受案范围进一步扩大,将行政强制执行、行政补偿、行政赔偿、工伤认定、行政机关滥用行政权力排除或者限制竞争、行政协议、政府信息公开行为等行政行为新纳入行政复议受案范围,并进行了肯定式列举,包括以下类型。

一、行政处罚

2021 年 1 月 22 日修订的《行政处罚法》首次在法律中明确了行政处罚的概念。该法第 2 条规定,行政处罚是指行政机关依法对违反行政管理秩序的公民、法人或者其他组织,以减损权益或者增加义务的方式予以惩戒的行为。我国大量的行政管理法律、法规和规章都规定了行政处罚权。《行政处罚法》系统地对行政处罚的设定、种类、实施机关、处罚程序等作了普遍性规定,是行政机关实施处罚的主要法律依据。行政机关在对公民、法人或者其他组织实施处罚时应当严格按照《行政处罚法》和其他有关行政管理的法律、法规和规章的规定进行,否则,公民、法人或者其他组织就可以对行政机关作出的行政处罚决定申请行政复议。目前,《行政处罚法》规定的行政处罚种类有警告、通报批评、罚款、没收违法所得、没收非法财物、暂扣许可证件、降低资质等级、吊销许可证件、限制开展生产经营活动、责令停产停业、责令关闭、限制从业、行政拘留13种基本类型。公民、法人或者其他组织对这些行政处罚决定不服的，可以申请行政复议。

二、行政强制

根据2011年6月30日第十一届全国人民代表大会常务委员会第二十一次会议通过的《行政强制法》的规定，行政强制包括行政强制措施和行政强制执行。行政强制措施，是指行政机关在行政管理过程中，为制止违法行为、防止证据损毁、避免危害发生、控制危险扩大等情形，依法对公民的人身自由实施暂时性限制，或者对公民、法人或者其他组织的财物实施暂时性控制的行为。其主要包括限制公民人身自由，查封场所、设施或者财物，扣押财物，冻结存款、汇款等行政强制措施。行政强制执行，是指行政机关或者行政机关申请人民法院，对不履行行政决定的公民、法人或者其他组织，依法强制履行义务的行为。其主要包括加处罚款或者滞纳金，划拨存款、汇款，拍卖或者依法处理查封、扣押的场所、设施或者财物，排除妨碍、恢复原状，代履行及其他强制执行方式。虽然《行政强制法》对实施行政强制措施和行政强制执行的权限、范围、条件与程序作了较为具体的规定，且实施行政强制措施是为了制止违法行为、防止证据损毁、避免危害发生、控制危险扩大，实施行政强制执行是为了保护行政决定的履行而采取的手段，但错误实施行政强制措施或者实施强制执行同样可能侵犯公民、法人或者其他组织的人身权利、财产权利、受教育权利等合法权益。在行政强制的执法实践中，侵害公民、法人或者其他组织的合法权益的现象还时有发生，因此需要给予救济。对行政机关作出的上述行政强制措施和行政强制执行决定不服的，可以申请行政复议。

需要注意的是，依照我国现有的行政强制执行制度，行政强制执行主要由行政机关向人民法院申请实施，部分法律赋予了一些行政机关强制执行的权力，如公安、海关、税务等行政机关。对于人民法院依照司法程序采取强制执行的，当事人可以通过司法途径寻求救济；对行政机关违法实施强制执行的,当事人可以通过司法途径寻求救济,也可以申请行政复议寻求救济。

三、行政许可

行政许可,是指行政机关或者法律、法规授权的具有管理公共事务职能的组织,根据公民、法人或者其他组织的申请,经依法审查,准予其从事特定活动的行为。行政许可是行政管理的重要手段。现行法律、法规规定了大量行政许可,其应用范围非常广泛,涉及社会生活各个方面,主要包括:直接涉及国家安全、公共安全、经济宏观调控、生态环境保护以及直接关系人身健康、生命财产安全等特定活动,需要按照法定条件予以批准的事项;有限自然资源开发利用、公共资源配置以及直接关系公共利益的特定行业的市场准入等,需要赋予特定权利的事项;提供公众服务并且直接关系公共利益的职业、行业,需要确定具备特殊信誉、特殊条件或者特殊技能等资格、资质的事项;直接关系公共安全、人身健康、生命财产安全的重要设备、设施、产品、物品,需要按照技术标准、技术规范,通过检验、检测、检疫等方式进行审定的事项;企业或者其他组织的设立等,需要确定主体资格的事项以及其他事项。如具备建筑企业的资质等级证书是建筑企业能够从事某种建设活动的前提,从事律师职业要取得律师执业许可,从事医师职业要有医师执业资格证书,经商需要办理营业执照,经营特殊商品或服务的还需办理其他行政许可证。无论是许可证、执照,还是资质证、资格证,都是公民、法人或者其他组织能够从事某种活动所必需的,没有这些证照就不能从事相应的活动。《行政许可法》对行政许可的实施机关、条件、程序、期限作了具体的规定。如该法第 38 条中规定,申请人的申请符合法定条件、标准的,行政机关应当依法作出准予行政许可的书面决定。行政机关依法作出不予行政许可的书面决定的,应当说明理由,并告知申请人享有依法申请行政复议或者提起行政诉讼的权利。该法第 42 条中规定,除可以当场作出行政许可决定的外,行政机关应当自受理行政许可申请之日起 20 日内作出行政许可决定。20 日内不能作出决定的，经本行政机关负责人批准，可以延长10日，并应当将延长期限的理由告知申请人；行政许可采取统一办理或者联合办理、集中办理的，办理的时间不得超过45日……除此之外，《道路交通安全法》《环境保护法》《城乡规划法》等法律、法规均有设定相关行政许可事项的规定。据此，具有行政许可权的行政机关应当依法实施行政许可，并不得擅自改变已经生效的行政许可，否则将侵犯公民、法人和其他组织的合法权益，破坏社会经济秩序，甚至损害公共利益。因此，对行政机关拒绝或者在法定期限内不予答复，或者不服行政机关作出的有关行政许可的其他决定，如变更资质，中止、撤销行政许可等，公民、法人或者其他组织有权申请行政复议。

四、行政确权

行政确权，是指行政机关根据法律、法规的规定，确认土地、森林、矿藏、草原等自然资源的所有权或者使用权归属的行政行为，常见于个人或者单位之间因自然资源的所有权或使用权发生争议时，由行政机关作出处理，依法确认有关权利性质和归属的情况。我国《宪法》第9、10条中明确规定，矿藏、水流、森林、山岭、草原、荒地、滩涂等自然资源，都属于国家所有，由法律规定属于集体所有的森林和山岭、草原、荒地、滩涂除外。城市的土地属于国家所有。农村和城市郊区的土地，除由法律规定属于国家所有的以外，属于集体所有；宅基地和自留地、自留山，也属于集体所有。对于国有和集体所有的自然资源，公民、法人或者其他组织可以依法取得使用权。根据《土地管理法》《森林法》《草原法》《矿产资源法》等法律的规定，自然资源的所有者和使用者的合法权益受法律保护，任何组织和个人不得侵犯。除法律、法规规定的特殊情形外，对个人之间、个人与单位之间、单位之间发生的土地、林木林地、草地、矿区等自然资源的所有权或使用权争议进行处理，是地方各级人民政府的法定职权。公民、法人或者其他组织对地方各级人民政府就有关自然资源权属纠纷作出的裁决等处理决定不服的，可以申请行政复议。

五、行政征收征用决定及其补偿决定

我国《宪法》第13条第3款规定:“国家为了公共利益的需要,可以依照法律规定对公民的私有财产实行征收或者征用并给予补偿。”行政征收,是指行政机关凭借国家行政权,根据国家和社会公共利益的需要,依法强制性将行政相对人的财物收归国有的行政行为。常见的行政征收情形包括税费的征收、集体土地征收、国有土地上的房屋征收等。对此,我国《税收征收管理法》《土地管理法》《国有土地上房屋征收与补偿条例》等法律、法规均有明确规定。相较于行政征收,行政征用则是行政机关依法强制性使用行政相对人财物的行政行为,常因应急需要而实施,如《突发事件应对法》《戒严法》等法律中有关于行政征用的规定。行政补偿,是指行政机关在行使职权过程中因合法行为损害行政相对人合法权益而依法采取补救措施或承担特定给付义务的行政行为,其包括因行政征收或征用产生的补偿、撤回已生效的行政许可而给予的补偿、行政机关实施政策性关停企业而实施的补偿以及依法协助行政机关履行公务而给予的补偿等情形。无论是行政征收、行政征用还是行政补偿均属于直接影响公民、法人和其他组织切身利益的行政行为,行政机关应当严格遵守法定程序,依法作出决定。对行政机关作出的征收征用决定及其补偿决定不服的,可以申请行政复议。

六、行政赔偿

行政赔偿,是指国家行政机关及其工作人员在行使职权的过程中侵犯公民、法人或其他组织的合法权益并造成损害,由国家承担赔偿责任的制度。根据《国家赔偿法》的规定,行政机关及其工作人员在行使行政职权时侵犯人身权或者财产权的,受害人有取得赔偿的权利。侵犯人身权的情形包括违法拘留或者违法采取限制公民人身自由的行政强制措施,非法拘禁或者以其他方法非法剥夺公民人身自由,以殴打、虐待等行为或者唆使、放纵他人以殴打、虐待等行为造成公民身体伤害或者死亡,违法使用武器、警械造成公民身体伤害或者死亡以及造成公民身体伤害或者死亡的其他违法行为；侵犯财产权的情形包括违法实施罚款、吊销许可证和执照、责令停产停业、没收财物等行政处罚，违法对财产采取查封、扣押、冻结等行政强制措施，违法征收、征用财产以及造成财产损害的其他违法行为。

虽然2017年《行政复议法》第29条及《国家赔偿法》第9条均有申请人在申请行政复议时可以一并提出行政赔偿请求的规定，同时《国家赔偿法》对行政赔偿的方式、项目、程序等事项也作了具体规定，但并没有将单独向行政机关提出赔偿申请时，对行政机关作出的赔偿决定或者不予赔偿的决定不服的情形明确纳入行政复议范围。实践中，行政机关在实施行政赔偿行为时侵犯行政相对人合法权益的情况仍不少见，如拒绝赔偿，遗漏赔偿项目、数额等，对行政相对人造成"二次伤害"。2023年《行政复议法》明确将行政赔偿决定列入受案范围，落实了"发挥行政复议化解行政争议的主渠道作用"的立法宗旨，体现了对行政争议应收尽收的原则。

七、工伤认定

工作伤害或者职业伤害被称为工伤，顾名思义，是指劳动者在从事职业活动或者与职业活动有关的活动时所遭受的不良因素的伤害和职业病伤害。工伤认定，是指社会保险行政部门依据法律、法规的规定对职工因事故伤害或者所患职业病是否属于工伤或者视同工伤给予定性的行为，其本质是一种行政确认。《社会保险法》第36条明确规定，职工因工作原因受到事故伤害或者患职业病，且经工伤认定的，享受工伤保险待遇；其中，经劳动能力鉴定丧失劳动能力的，享受伤残待遇。我国工伤保险制度的建立有利于保障因工作遭受事故伤害或者患职业病的职工获得医疗救治和经济补偿，促进工伤预防和职业康复，分散用人单位的工伤风险。根据《工伤保险条例》第2条的规定，我国境内的各类组织、有雇工的个体工商户应当依照规定参加工伤保险，为本单位全部职工或者雇工缴纳工伤保险费。因此，因工作遭受事故伤害或者患职业病后，如何申请认定工伤，从而获得医疗救治和经济补偿，不仅是每个劳动者非常关心的问题，也是用人单位十分重视的事项。工伤的认定事关公民、法人或者其他组织的切身利益，事关社会公平正义，是重要的民生之一。对此，《工伤保险条例》对工伤认定的申请时限、申请材料及具体情形等事项作出了明确规定。社会保险行政部门应当依法履行工伤认定职责，及时受理工伤认定申请、作出工伤认定结论。公民、法人或者其他组织对其不予受理工伤认定申请的决定或者工伤认定结论不服的，可以申请行政复议。实践中，对于工伤认定的一些情形还存在争议，如在家中加班突然病故是否可认定为工伤，抢救时间超过 48 小时后不认定为工伤是否合法合理等。近年来，各级行政复议机关秉持复议为民的宗旨，对涉及工伤认定领域的案件依法审慎审理，有力维护了申请人的合法权益。

八、侵犯经营自主权或者农村土地承包经营权、农村土地经营权的行为

2020 年 1 月 1 日起实施的《优化营商环境条例》第 11 条规定，市场主体依法享有经营自主权。对依法应当由市场主体自主决策的各类事项，任何单位和个人不得干预。因此，经营自主权，是指各类市场主体的经营自主权利，具体包括对所经营财产的占有、使用、收益和处分权，生产经营计划权，物资选购权，财务管理权，劳动管理权，产品销售权，工资津贴管理权，经营方式选择权等。市场主体的类型主要包括全民所有制企业、集体所有制企业、私营企业、个体工商户、农村承包经营户、中外合资企业、中外合作企业、外资企业等。《法治中国建设规划（2020—2025年）》明确提出，要依法全面履行政府职能，着力厘清政府和市场、政府和社会的关系，更加注重用法律和制度遏制不当干预经济活动的行为。作为法律、法规赋予市场主体的法定权利，保护各类市场主体的经营自主权，是建立社会主义市场经济的内在要求，是深化“放管服”改革，持续优化营商环境，激发市场活力的重要环节，更是推进依法行政、建设法治政府的必由之路。因此，对行政机关干预市场主体的经营，侵犯其经营自主

权的,可以申请行政复议。

实行以家庭承包经营为基础、统分结合的双层经营体制,是农村改革的重大成果,是我国《宪法》确立的农村基本经营制度。党的十八大以来,以习近平同志为核心的党中央对稳定和完善农村基本经营制度、深化农村集体土地制度改革提出一系列方针政策。习近平总书记指出,"要在坚持农村土地集体所有的前提下,促使承包权和经营权分离,形成所有权、承包权、经营权三权分置、经营权流转的格局"。从农业农村的现实情况看,随着富余劳动力转移到城镇就业,各类合作社、农业产业化龙头企业等新型经营主体大量涌现,土地流转面积不断扩大,规模化、集约化经营水平不断提升,呈现"家庭承包,多元经营"格局。农业产业化、水利化、机械化及科技进步等,都对完善农村生产关系提出新的要求。2018年12月29日修正后的《农村土地承包法》适应了农村生产力发展的新要求,稳定和完善了适合我国国情的农村基本经营制度,以法律形式将农村承包地"三权分置"制度加以固定和确认,即所有权、土地承包权、土地经营权分属不同的主体,明确规定农民集体对承包地依法享有土地所有权、承包方对承包地依法享有土地承包经营权、经营权人对承包地依法享有土地经营权,任何组织和个人不得侵犯,同时赋予进城务工农民对是否保留土地承包经营权的自主选择权,且对农村妇女的土地承包经营权进行了特殊保护。当前,我国经济社会仍将持续快速发展,土地的供需矛盾也仍会长期存在,城乡建设外延扩张的态势尚未扭转,建设用地节约集约程度不够。而地方人民政府的用地冲动也造成土地违法屡禁不止,严重侵害了农村集体经济组织和农民的合法利益。如一些乡镇人民政府或者有关部门以公共设施建设、促进当地经济发展为名,违法占用农民的承包地、强令农民安排生产经营项目、直接干涉农村土地承包,变更、解除承包合同,或者强迫、阻碍土地承包经营权流转的情况时有发生。因此,2023年《行政复议法》在沿袭2017年《行政复议法》规定的基础上,将侵犯农村土地承包经营权、农村土地经营权的行为纳入行政复议范围。

九、滥用行政权力排除或者限制竞争

党中央、国务院高度重视强化反垄断和防止资本无序扩张。习近平总书记多次作出重要指示,强调反垄断、反不正当竞争是完善社会主义市场经济体制、推动高质量发展的内在要求,要健全法律法规,加强对平台企业垄断的规制,坚决反对垄断和不正当竞争,要更好统筹发展和安全、国内和国际,促进公平竞争,反对垄断,防止资本无序扩张。

公平竞争是市场经济的核心,目的在于促进企业自主经营,消费者自由选择、自主消费,商品和要素自由流动、平等交换,竞争有序。维护公平竞争市场环境,是建设高标准市场体系和现代化经济体系、加快完善社会主义市场经济体制的重要内容,是推动经济高质量发展的内在要求,也是建设高水平对外开放经济新体制的必然需要。公平竞争权是市场主体依法享有的在公平环境中竞争,以实现其经济利益的权利,重点在于各类市场主体权利平等、机会平等、规则平等。加强市场主体平等保护,事关市场主体信心的提振和企业家安心经营、放心投资、专心创业的切身感受,更直接影响各类市场主体的切身利益,是全社会高度关注的问题之一。政府部门一方面要"有所为",深入推进"放管服"改革,持续优化营商环境,建立统一开放、竞争有序的现代市场体系,依法促进各类生产要素自由流动,保障各类市场主体公平参与市场竞争;另一方面要"有所不为",规范自身有关行为,不得滥用行政权力出台排除、限制竞争的政策措施。2022 年 6 月 24 日修正后的《反垄断法》作为市场监管中的反垄断执法的新标准、新依据,为新时代强化反垄断、深入推进公平竞争政策实施奠定了坚实的法治根基。该法第 5、10 条规定,国家建立健全公平竞争审查制度,行政机关和法律、法规授权的具有管理公共事务职能的组织在制定涉及市场主体经济活动的规定时,应当进行公平竞争审查,并不得滥用行政权力排除、限制竞争。该法第 39~45 条对行政机关滥用行政权力排除、限制竞争的情形进行了具体明确,主要有:限定或者变相限定单位或者个人经营、购买、使用其指定的经营者提供的商品;通过与经营者签订合作协议、备忘录等方式,妨碍其他经营者进入相关市场或者对其他经营者实行不平等待遇,排除、限制竞争;采取对外地商品设定歧视性收费项目、实行歧视性收费标准,或者规定歧视性价格等方式,妨碍商品在地区之间的自由流通;以设定歧视性资质要求、评审标准或者不依法发布信息等方式,排斥或者限制经营者参加招标投标及其他经营活动;采取与本地经营者不平等待遇等方式,排斥、限制、强制或变相强制外地经营者在本地投资或者设立分支机构;强制或变相强制经营者从事《反垄断法》规定的垄断行为;制定含有排除、限制竞争内容的规定。《国务院关于在市场体系建设中建立公平竞争审查制度的意见》对公平竞争的领域和审查标准进行了具体明确。这表明我国已经建立了较为完善的公平竞争审查制度体系,反垄断工作迈入了法治化、常态化轨道。但同时要看到,地方保护、区域封锁,行业壁垒、企业垄断,违法给予优惠政策或减损市场主体利益等不符合建设全国统一市场和公平竞争现象在一定程度上仍然存在。教育、医疗卫生、建筑工程、公用事业、交通运输、保险、政府采购、招标投标等行业和领域,排斥或者限制外地经营者、限定或者变相限定交易以及制定含有排除、限制竞争内容规定等行政机关滥用行政权力排除、限制竞争的行为也不同程度地存在。例如,某地城管局通过政府采购的方式确定某科技有限公司为市城区独家共享单车经营企业,限制了其他具有合格资质和服务能力的共享助力车品牌进入该区域市场;等等。

行政机关滥用行政权力排除、限制竞争的行为造成市场竞争秩序混乱,削弱和窒息了市场经济竞争机制应有的活力和作用,损害了消费者和其他经营者的合法权益,妨碍了全国统一、竞争有序的市场体系的建立,亟须纠正。行政复议是监督和保障行政机关依法行使职权,实施纠正行政机关滥用行政权力排除限制竞争这一行为不可或缺的主渠道,应当在服务国家经济和社会发展大局,维护公平、健康的市场竞争秩序,保护市场主体及消费者的合法权益上展现新的作为。对行政机关滥用行政权力,实施任何排除或者限制竞争行为不服的,公民、法人或其他组织可以申请行政复议。

十、违法集资、摊派费用或者违法要求履行其他义务的行为

我国《宪法》第 33 条第 4 款明确规定，任何公民享有《宪法》和法律规定的权利，同时必须履行《宪法》和法律规定的义务。《优化营商环境条例》第 14 条第 1、3 款规定，国家依法保护市场主体的财产权和其他合法权益，保护企业经营者人身和财产安全。禁止在法律、法规规定之外要求市场主体提供财力、物力或者人力的摊派行为。市场主体有权拒绝任何形式的摊派。坚持权利义务法定的原则是中国特色社会主义法治国家的基本标志。对于法定义务，公民、法人或者其他组织应当认真履行，不履行的，行政机关可以依法强制其履行。但是，行政机关应当坚持"法无授权不可为"的原则，不得要求公民、法人或者其他组织履行法定义务以外的其他义务，否则就会侵犯他们的合法权益。行政机关违法要求公民、法人或者其他组织履行义务的行为本质是与民争利、扰民渔利，将本应由行政机关承担的费用或其他义务转移到群众、企业身上。如行政机关实施乱集资、乱摊派的行为，不仅加重企业和群众负担，败坏社会风气，还会严重损害党和政府的形象。早在 20 世纪 90 年代，《中共中央、国务院关于坚决制止乱收费、乱罚款和各种摊派的决定》《中共中央、国务院关于治理向企业乱收费、乱罚款和各种摊派等问题的决定》就已明确，在国家法律、法规和有关规定之外，要求有关单位或个人无偿地、非自愿地提供财力、物力和人力的行为都是摊派，一律予以禁止。随着国家法治的健全和行政机关依法行政意识的提高，乱集资、乱摊派的现象得到了明显的遏制，但仍未完全绝迹。一些地方人民政府及其部门急功近利，追求"政绩"，以搞建设、办教育等方式为新的由头，组织企业开展"赞助""义捐"等活动，变相向企业摊派费用的情况仍然存在。行政复议制度的基本功能就是监督行政机关依法行使职权，维护公民、法人或者其他组织的合法权益。因此，对行政机关违法集资、摊派费用或者违法要求履行其他义务的行为，可以申请行政复议寻求救济。

十一、不履行法定职责

人身权利、财产权利及受教育权利等合法权益是公民的基本权利,受《宪法》保护。根据《民法典》的规定,自然人享有生命权、身体权、健康权、姓名权、肖像权、名誉权、荣誉权、隐私权、婚姻自主权等权利,法人、非法人组织享有名称权、名誉权和荣誉权。财产权,是指有一定物质内容,直接体现为经济利益的权利,主要包括所有权及其他物权、债权和知识产权等。受教育权,是指公民达到一定年龄并具备可以接受教育的智力时,通过学校或者通过其他教育设施和途径学习科学文化知识的权利。我国制定的一系列法律、法规作出了更具体的规定,将保护人身权利、财产权利及受教育权利的职责具体落实到不同的行政机关,如保护人身权利、财产权利主要是公安机关的职责,保护受教育权利主要是教育行政部门的职责等。根据有关法律、法规的规定,公民的人身权利、财产权利、受教育权利等合法权益受到侵害或者法人、其他组织的名称权、名誉权和荣誉权等合法权益受到侵害时,都有权请求行政机关给予保护。行政机关不依法履行保护职责属于行政不作为,无论是拒绝履行还是未依法履行或者不予答复,都可以通过申请行政复议予以纠正。近年来,申请人以行政机关未履行相应的法定职责构成行政不作为为由申请行政复议的案件数量增速较快,且总量较大。该类型案件多表现为申请人提出投诉举报或者履职申请后,行政机关未给予答复或者申请人对行政机关的履职处理行为不服进而提起行政复议。在对有关案件的梳理中,行政机关因自身并没有法定职责故对履职申请不作出任何处理或者直接作为信访信件留存,以及对相应事项未依照法定职责进行履职处理,是行政复议机关纠错的主要情形。需要说明的是,在 2017 年《行政复议法》相关条款规定的人身权利、财产权利及受教育权利基础上,本条增加了“等合法权益”的规定,进一步涵盖了可能存在的其他不履行法定职责影响合法权益的情形,也周延了行政复议对合法权益的保护范围。

十二、行政给付

行政给付，是指行政机关以及法律、法规授权的社会组织依照有关法律、法规，向符合条件的申请人提供物质利益或者赋予其与物质利益有关的权益的行政行为。我国《宪法》第 45 条规定："中华人民共和国公民在年老、疾病或者丧失劳动能力的情况下，有从国家和社会获得物质帮助的权利。国家发展为公民享受这些权利所需要的社会保险、社会救济和医疗卫生事业。国家和社会保障残废军人的生活，抚恤烈士家属，优待军人家属。国家和社会帮助安排盲、聋、哑和其他有残疾的公民的劳动、生活和教育。"行政给付体现了国家对于社会特殊群体、弱势群体的关心和帮助，集中体现在优抚安置、社会保险、社会救助和社会福利等社会保障领域，如向优抚对象发放抚恤金、向特定人员发放离退休金、向遭受自然灾害的困难家庭发放临时救济金及救济物资或者低保待遇、给予当事人法律援助的行为均属于行政给付。行政给付也须按照一定的条件和程序进行。对此，《社会保险法》《法律援助法》《军人抚恤优待条例》《社会救助暂行办法》等法律、法规对实施不同类别行政给付分别作了具体规定。公民认为行政机关未依法给付的行为侵犯其合法权益的，可以申请行政复议。

十三、行政协议

随着我国经济体制改革持续向纵深推进，作为新时代行政管理活动的新形式，行政协议是满足公众社会治理参与权和公共资源分享权的必然结果，对实现国家利益和社会公共利益具有重要的作用。由于行政协议具有多重属性，对于如何审查救济，实务界和学术界都在不断研究探讨。人民法院逐步探索将行政协议纳入司法审查范畴，并在司法实践中积累了一些经验。2014 年 11 月 1 日修正，并于 2015 年 5 月 1 日开始实施的《行政诉讼法》首次作出了将行政协议纳入行政诉讼范围的规定。最高人民法院于 2019 年 11 月 27 日制定了《关于审理行政协议案件若干问题的规定》，明确了人民法院受理行政协议的类型、资格认定、管辖等。

《中共中央　国务院关于完善产权保护制度依法保护产权的意见》明确强调,要完善政府守信践诺机制,大力推进法治政府和政务诚信建设,地方各级政府及有关部门要严格兑现向社会及行政相对人依法作出的政策承诺,认真履行在招商引资、政府与社会资本合作等活动中与投资主体依法签订的各类合同,不得以政府换届、领导人员更替等理由违约毁约,因违约毁约侵犯合法权益的,要承担法律和经济责任。因国家利益、公共利益或者其他法定事由需要改变政府承诺和合同约定的,要严格依照法定权限和程序进行,并对企业和投资人因此而受到的财产损失依法予以补偿。对因政府违约等导致企业和公民财产权受到损害等情形,进一步完善赔偿、投诉和救济机制,畅通投诉和救济渠道。此次行政复议法修改稿在征求意见过程中,不少意见建议将行政协议明确纳入行政复议的受案范围。明确将行政协议纳入行政复议审查范围,不仅是发挥行政复议化解行政争议主渠道作用的应有之义,也有利于监督行政机关在订立、履行、变更和解除行政协议中行使行政优益权的行为,保护民营企业和社会资本方的合法权益,推进行政权力运行的法治化,强化行政机关履约守约,持续优化营商环境,以政府诚实守信落实落细助推法治政府建设。

从概念上讲,行政协议,是指行政机关为了实现行政管理或者公共服务目标,依照法律、法规及国家有关政策的规定,与公民、法人或者其他组织协商或履行相关程序后订立的具有行政法上权利义务内容的协议。行政协议主要包括政府特许经营协议,土地、房屋等征收补偿协议,国有自然资源使用权出让协议,政府与社会资本合作协议等。其中,政府特许经营协议是政府通过招标等公平竞争方式,许可特定经营者经营某项公共产品或者提供某项公共服务时,由政府或其授权的部门就特许经营有关事项与特定经营者签订的协议。政府特许经营广泛存在于城市供水、供气、供热、污水处理、垃圾处理、城市公共交通等公用事业领域。土地征收补偿协议,是指县级以上地方人民政府有关部门根据《土地管理法》及其实施条例的规定，就土地补偿、安置补助以及农村村民住宅、其他地上附着物和青苗补偿等事项与被征地农村集体经济组织或者被征地农民签订的协议。房屋征收协议，主要指房屋征收部门与被征收人依照《国有土地上房屋征收与补偿条例》的规定，就补偿方式、补偿金额和支付期限、用于产权调换房屋的地点和面积、搬迁费、临时安置费或者周转用房、停产停业损失、搬迁期限、过渡方式和过渡期限等事项达成的协议。

公民、法人或其他组织认为行政机关存在不依法订立、不依法履行、未按照约定履行或者违法变更、解除行政协议等情形之一的，可以申请行政复议。

十四、政府信息公开有关行为

2007 年 4 月 5 日，国务院公布《政府信息公开条例》，并于 2008 年 5 月 1 日正式实施。这一行政法规对政府信息的定义、公开的范围、公开的方式和程序等事项进行了具体的规定，是我国政府信息公开制度发展史上的一个重要的里程碑。该条例的出台对于保障公民、法人和其他组织依法获取政府信息，提高政府工作透明度，建设法治政府，充分发挥政府信息对人民群众生产、生活和经济社会活动的服务作用具有重要意义。该条例在执行过程中遇到了一些突出问题，主要有：一是政府信息公开范围界定不够清晰，相关概念的内涵和外延均不确定，各方理解把握尺度不一，很容易引发争议。二是政府信息公开申请处理方式不够规范，行政机关在工作实践中随意创设处理决定类型。一项对 517 个行政机关 3 年间累计近 2 万件不予公开事项的专项立法调研结果显示，广大行政机关实际使用的处理决定类型达 50 多种，很多处理决定类型没有明确的法律依据。政府信息公开范围界定不清、处理决定类型不规范，使政府信息公开领域存在观点分歧成为常态，法律所应有的确定性受到了严重损害。

2019 年 4 月 3 日，第 711 号国务院令对《政府信息公开条例》进行了全面修订，并于 2019 年 5 月 15 日起施行。修订后的《政府信息公开条例》进一步扩大了政府信息主动公开的范围和深度，明确了政府信息公开与否的界限，完善了依申请公开的程序规定，将各级行政机关职能、行政许可办理结果、行政处罚决定等15类信息纳入主动公开的范围，明确了公开申请提出、补正申请内容、答复形式规范、征求意见程序等内容，并要求行政机关建立健全政府信息公开申请登记、审核、办理、答复、归档的工作制度，加强工作规范。但实践中，行政机关履行政府信息公开职责的情况与人民群众的新期待仍存在差距，未依法公开政府信息、侵犯公众知情权的行为仍然存在，因政府信息公开行为产生的行政争议总量仍然较大。

《政府信息公开条例》对公民、法人或者其他组织因行政机关在政府信息公开工作中侵犯其合法权益规定了其可以申请行政复议的权利救济形式。2023年修订后的《行政复议法》明确将政府信息公开有关行为纳入行政复议受案范围，将该行为的权利救济规定从行政法规上升到法律层面，这一方面有利于政府信息公开领域有关救济权利的进一步明确，并对监督行政机关积极提升处理政务公开工作的规范化水平、促进法治政府建设具有重要的积极意义；另一方面也是回应社会关切，充分发挥行政复议化解行政争议的主渠道作用，切实保障公民、法人或者其他组织依法获取政府信息的权利。实践中，公民、法人或者其他组织认为行政机关在政府信息公开工作中侵犯其合法权益的，可以依法向行政复议机关提出行政复议申请。

需要说明的是，为了进一步规范政府信息公开案件审理、提高行政复议工作质量，在系统总结政府信息公开案件审理经验、紧扣《政府信息公开条例》及其配套制度规定、直面实践中暴露出的重点难点问题的基础上，2021年12月，《国务院办公厅转发司法部关于审理政府信息公开行政复议案件若干问题指导意见的通知》对政府信息公开案件审理活动全过程进行规范，明确了一些重大问题，澄清了一些认识误区。该指导意见明确，政府信息公开案件受理范围包括五种：一是行政机关不予公开、无法提供、不予处理或者逾期未作出处理的。二是认为行政机关提供的政府信息不属于其申请公开的内容的。三是认为行政机关告知获取政府信息的方式、途径或者时间错误的。四是认为行政机关主动公开或者依申请公开的政府信息侵犯其商业秘密、个人隐私的。五是作为“兜底”条款的其他情形。政府信息公开案件不予受理的情形包括四种：一是对补正、延期等程序性处理行为不服的。二是认为行政机关提供的政府信息在形式上不符合其申请要求的。三是在缴费期内就行政机关作出的收费决定提出异议的。四是作为“兜底”条款的其他情形。

十五、其他行政行为

行政复议受案范围的确定受行政争议的属性、现实发展的客观需要、社会管理的体制机制以及法治政府和法治社会建设的实际情况等诸多因素的影响。一方面，作为化解行政争议的主渠道，行政复议受案范围的扩大已是大势所趋。本条第1～14项规定具体列举了可能侵犯行政相对人合法权益的行政行为，但未必全面，还可能出现其他侵犯行政相对人合法权益的行政行为。特别是在修订《行政复议法》的审议过程中，有的意见提出将一些准行政性质的行为纳入行政复议受案范围。鉴于相关事项不可能穷举，本条第15项的规定是为了弥补第1～14项列举不全面可能带来的遗漏，是一项“兜底”性规定，其目的是更好地保护行政相对人的合法权益。另一方面，行政复议受案范围的扩大，要符合行政复议制度发展的客观规律，要坚持循序渐进、逐步实施的原则。《法治中国建设规划（2020—2025年）》明确提出，要积极引导人民群众依法维权和化解矛盾纠纷，完善调解、信访、仲裁、行政裁决、行政复议、诉讼等社会矛盾纠纷多元预防调处化解综合机制，整合基层矛盾纠纷化解资源和力量，充分发挥非诉纠纷解决机制作用。行政复议作为纠纷解决机制的一种，其受案范围的扩大也应为其他行政行为类型的具体明确留有余地和空间，增强行政复议化解行政争议的可操作性。因此，本项的规定既是一个兜底，也是一定空间的明确。

【典型案例】

曹某不服行政处罚决定案

曹某与胡某系同村村民，平日交好，经济往来频繁。2023年5月9日，曹某要求胡某归还欠款8000余元，胡某以经济拮据为由拒绝归还。二人发生争执，因胡某出言不逊造成曹某情绪激动，曹某在拉扯中扇了胡某一耳光，胡某报警。经调查，县公安局认定曹某故意殴打他人，并于2023年5月17日作出了行政处罚决定，对曹某行政拘留5日，并罚款500元。曹某对县公安局作出的行政处罚决定不服，向县人民政府申请了行政复议，请求撤销行政处罚决定。经审理，县人民政府认为县公安局没有充分考虑申请人行为的性质、情节以及社会危害程度，没有将本案与一般治安违法案件相区分，认定该处罚决定明显不当，遂予以撤销。

肖某不服交警行政强制案

肖某从事客运经营，其驾驶的车辆额定乘员为35人。2022年8月3日，肖某驾驶的车辆乘坐了40人，被执行公务的县交警大队的值班交警当场发现。值班交警亮明身份并听取肖某的陈述、申辩后，向肖某送达了扣留机动车辆决定书，之后立即向单位负责人进行了报告，并补办了批准手续。8月4日，肖某因不服县交警大队作出的扣留机动车辆决定，向县人民政府申请行政复议，请求撤销扣留机动车辆决定书。经审理，县人民政府认为肖某所驾驶车辆超载，依法应当扣留车辆，交警部门虽然当场作出了扣留机动车辆的决定，但是履行了《行政强制法》规定的报告、补办手续的程序，认定事实清楚，适用法律正确，程序合法，据此作出了维持的行政复议决定。

林某不服行政许可案

林某在所住小区附近承租了一个门面，拟经营歌舞厅。2022年7月，林某向其所在的区文旅广体局申请娱乐经营许可证。申请当日，区文旅广体局组织工作人员对林某承租的门面进行了实地核查，发现林某承租门面的背后是一所小学，该小学与林某承租的门面只相隔一堵墙。次日，区文旅广体局在听取林某的陈述、申辩意见后作出了不予批准的决定，并告知了理由，送达了不予批准决定书。2022年8月，林某向区人民政府申请行政复议，请求撤销区文旅广体局作出的不予批准决定书。经审理，区人民政府认为，林某拟开办歌舞厅的门面紧靠一小学，不符合《娱乐场所管理条例》关于娱乐场所不得设在学校周围的规定，区文旅广体局进行了实地核查，并听取了林某的陈述、申辩意见，书面告知了不予批准的理由，履行了法定程序，应予维持。

罗某不服林木权属处理决定案

2009年12月，某区人民政府为辖区塘石镇某村村民罗某办理了林权证书，确认某村狮山岭100余亩林木的所有权人为罗某。2021年7月，辖区金达公司认为罗某并非上述林木的所有权人，遂向区人民政府提出申请，请求重新确认林木权归属，并将所有权人确定为金达公司。2021年8月，区人民政府作出林木权属纠纷处理决定，将狮山岭100余亩林木重新确定为金达公司所有。罗某不服该处理决定，于同年9月向市人民政府申请行政复议，请求撤销区人民政府的处理决定，认定罗某为林木的所有权人。经审理查明，罗某与金达公司的负责人系好友，其先前已约定由金达公司通过贷款形式出资造林，并以金达公司的名义办理林权证，罗某只负责养护打理。罗某持有的林木权证系其隐瞒事实真相取得。最终，市人民政府认定林木归金达公司所有，维持了区人民政府作出的处理决定。

李某不服行政征收案

为实施城市棚户区改造项目,李某的房屋被纳入某片区国有土地上房屋征收范围。2021 年 7 月,当地县人民政府作出了房屋征收决定,将包括李某房屋在内的片区所有房屋征收为国有,并进行了公告。李某认为补偿标准太低,拒绝签订补偿安置协议,并于同年 8 月向市人民政府申请行政复议,请求撤销房屋征收决定。经查,市人民政府认为县人民政府认定事实清楚、证据充分,适用法律正确,并履行了调查登记、征求意见、风险评估、资金专户存储等《国有土地上房屋征收与补偿条例》规定的程序,遂作出了维持区人民政府关于房屋征收的决定。

某建材公司不服区人社局工伤认定结论案

2022 年 7 月 10 日 10 时许,某市 A 区某建材公司售后部门电话联系黄某到 A 区碧桂园小区 47 栋安装橱柜。在安装过程中,黄某不慎被电锯锯伤左手大拇指,导致其左拇指近节指骨开放性骨折。事故发生后,某建材公司没有向 A 区人社局申请工伤认定。之后,黄某自行向 A 区人社局提交了工伤认定申请。A 区人社局收到黄某申请后,向某建材公司送达了工伤认定限期举证通知书。某建材公司在规定时间内未向 A 区人社局提交举证材料。2022 年 11 月 21 日,A 区人社局作出了认定工伤决定书,并分别送达至黄某和某建材公司。某建材公司对认定工伤决定不服,向 A 区人民政府申请行政复议。经审理查明,黄某系某建材公司员工,其在某建材公司安排的工作时间、工作地点因工作原因受伤,符合认定工伤的条件。虽然某建材公司未在法定期间申请工伤认定,但根据《工伤保险条例》有关用人单位未在法定期限提出工伤认定申请的,工伤职工在事故伤害发生之日起 1 年内,可以直接向用人单位所在地统筹地区社会保险行政部门提出工伤认定申请的规定,黄某也有权申请工伤认定。2022 年 12 月 28 日,A 区人民政府作出了维持工伤认定书的决定。

张某不服乡人民政府干涉自主生产经营案

为发展当地经济,调整农业产业结构,2021 年 7 月,某乡人民政府未征求辖区有关村组、村民意见和建议,直接向张家村发布通知,要求张家村蛇头岭以西的农用地在秋收后春种前用于种植蔬菜,不得用于种植其他农作物。张某的承包地刚好位于蛇头岭以西,他认为该承包地不适合种植蔬菜,乡人民政府的通知不切实际,并且违反法律规定。2021 年 8 月,张某向当地县人民政府申请行政复议,请求撤销乡人民政府的通知,允许村民自行选择种植农作物的种类。县人民政府依法受理后,认为张某作为农村承包经营户,有权选择经营项目,自主决定种植农作物的种类,乡人民政府发布上述通知,要求在一定区域只能种植蔬菜的行为侵犯了张某的自主经营权,依法应予撤销。

李某不服农业农村局违法占地案

为打通某县清水镇李家坳至集镇的农村道路,某县农业农村局在未经用地审批的情况下,组织了道路施工建设。李某的承包地位于项目施工的范围。因协商交出土地无果,该农业农村局向李某送达告知书,告知修路属于公共设施建设,土地系村集体所有,李某应当配合交出承包地。送达告知书后,县农业农村局直接进场施工。李某认为县农业农村局的行为违法,并于当日向县人民政府申请了行政复议,请求撤销农业农村局作出的告知书,并责令农业农村局对损毁的青苗进行赔偿。县人民政府依法受理后认为,根据《农村土地承包法》的规定,李某依法享有土地承包经营权,任何组织和个人不得侵犯。县农业农村局未按照《土地管理法》及其实施条例的规定履行法定审批、补偿程序,直接占用李某承包地进行施工的行为,侵犯了李某的土地承包经营权,县人民政府作出了撤销告知书的决定,并要求农业农村局赔偿青苗损失费 4200 元。

某企业不服商务局摊派费用案

为迎接A市旅发大会，该市B区商务部门组织辖区20余家企业开会，要求企业开展“义捐”活动，每家出资20,000元，用于旅发大会的相关支出。参加会议的企业负责人当场进行了“义捐”，该商务部门出具了收款凭证。10天后，某企业认为B区商务部门的行为不合法，向B区人民政府提出了行政复议申请，请求退还“义捐”费用。B区人民政府认为，商务部门要求企业“义捐”的行为没有法定依据，属于违法摊派费用，作出了撤销商务部门摊派费用行为、责令退还费用的行政复议决定。

黄某等385人不服某部委不履行法定职责案

黄某等385人向某部委先后邮寄提交1000余份履行法定职责申请书，均请求该部委对申请人所在市的农产品批发市场投资有限公司涉嫌侵犯申请人财产权的行为履行查处职责。上述申请人均系购买了农产品批发市场投资有限公司开发的商铺的业主，其反映缴纳了购买款项后，未能拿到商铺。因商铺开发主体与该部委历史上有关联，同时该部委曾对农产品批发市场作出过绿色流通市场认定，故申请人要求其履行查处的法定职责。该部委认为申请人与农产品批发市场投资有限公司的纠纷为商铺买卖产生的民事纠纷，该部委没有查处的法定职责，因此对申请人的履职申请未作答复而直接留存处理。黄某等385人以该部委未履行法定职责构成行政不作为为由向国务院申请裁决。经审理查明，申请人申请履职查处事项系民事纠纷，该部委确无相应的查处职责，但该部委对申请人的履职查处申请未予答复而直接留存的做法不当。据此，国务院作出裁决书驳回申请人行政复议裁决申请，同时指正该部委不予答复行为不当，并责令其会同有关地方人民政府妥善处理申请人的诉请事项。

陈某请求公安机关履行保护财产职责案

陈某在所住小区购买了一间毛坯商铺，尚未使用。2020年8月2日，陈某发现商铺后门被打开，疑似有人施工。查看后，陈某发现系开发商组织管道维修，但施工方将地梁挖断并钻孔。陈某认为地梁属于整栋房屋的承重结构，挖断地梁会对房屋造成损害，于是拨打了“110”，要求公安机关保护其财产安全。当地派出所民警出警后，只拍了几张照片便离去。此后，陈某多次要求派出所调查处理，该派出所均没有回应。2020年10月9日，陈某向其所在的区人民政府提出了行政复议申请。经审理，区人民政府认为该派出所出警后，未进一步核实调查，也未告知报警人是否属于治安管理范畴予以立案，存在行政不作为，最终作出了责令该派出所对陈某报警进行处理的行政复议决定。

何某不服行政给付案

家住太山里村的何某因年老多病向当地镇人民政府申请享受低保待遇。经初步审查，镇人民政府认为何某可以享受低保，并将何某的申请材料报送区民政局审批。经核实，区民政局发现何某家庭条件较好，其膝下三个子女均有正式工作，并且其中一个儿子是公职人员，认定何某不能享受低保待遇，并向其送达了不予批准低保待遇决定书。何某不服，向区人民政府申请行政复议，请求责令区民政局给予低保待遇。行政复议机关查明，何某的儿子确为公职人员，另外两个子女均建有别墅。区人民政府审理后认为，何某的子女具有赡养的义务，何某虽然年老多病，但确实不符合《社会救助暂行办法》规定的享受低保的条件，遂作出了维持区民政局作出的不予批准低保待遇的行政复议决定。

胡某英不服政府信息公开答复案

胡某英向某州人民政府寄送政府信息公开申请材料，在法定期限内未收到政府信息公开申请答复。胡某英认为某州人民政府未履行政府信息公开职责,向行政复议机关申请行政复议,请求责令某州人民政府公开相关政府信息。复议机关审理认为,胡某英提供的邮寄凭证及邮件跟踪查询显示政府信息公开申请已经成功递交,某州人民政府以其工作人员未当面签收该邮件为由称其未收到该政府信息公开申请,且不能提供相关证据证明其确实未收到,该项主张无事实依据。鉴于行政复议期间,某州人民政府作出《关于政府信息公开申请的答复》并将相关政府信息提供给胡某英,复议机关作出确认某州人民政府违反政府信息公开答复程序、未在法定期限内答复政府信息公开申请违法的行政复议决定。

【关联规定】

《宪法》第9、10、12、13、33、37、38、39、45、46条;《民法典》第3、109、110、114、118、123条;《行政处罚法》第2、7、9条;《行政诉讼法》第12条;《行政强制法》第2、8条;《行政许可法》第2、7、12条;《土地管理法》第12、14条;《森林法》第15、22条;《草原法》第12、16条;《矿产资源法》第3、49条;《突发事件应对法》第12条;《戒严法》第17条;《国家赔偿法》第2、3、9、32~37条;《社会保险法》第2、36条;《农村土地承包法》第5、6、8、10条;《反垄断法》第5、10、39~45条;《法律援助法》第2条;《优化营商环境条例》第11、14条;《工伤保险条例》第2、14~17条;《国有土地上房屋征收与补偿条例》第14、26条;《军人抚恤优待条例》第2条;《政府信息公开条例》;《社会救助暂行办法》第65条;《最高人民法院关于审理行政协议案件若干问题的规定》;《国务院办公厅转发司法部关于审理政府信息公开行政复议案件若干问题指导意见的通知》

第十二条　下列事项不属于行政复议范围：

（一）国防、外交等国家行为；

（二）行政法规、规章或者行政机关制定、发布的具有普遍约束力的决定、命令等规范性文件；

（三）行政机关对行政机关工作人员的奖惩、任免等决定；

（四）行政机关对民事纠纷作出的调解。

【新旧对照】

2017 年《行政复议法》	2023 年《行政复议法》	重点解读
第八条　*不服行政机关作出的行政处分或者其他人事处理决定的，依照有关法律、行政法规的规定提出申诉。* *不服*行政机关对民事纠纷作出的调解~~或者其他处理~~，*依法申请仲裁或者向人民法院提起诉讼。*	第十二条　**下列事项不属于行政复议范围：** **（一）国防、外交等国家行为；** **（二）行政法规、规章或者行政机关制定、发布的具有普遍约束力的决定、命令等规范性文件；** （三）*行政机关对行政机关工作人员的奖惩、任免等决定；* （四）行政机关对民事纠纷作出的调解。	1. 新增两项原来不属于行政复议受案范围的事项。 2. 将“行政机关作出的行政处分或者其他人事处理决定”改为“行政机关对行政机关工作人员的奖惩、任免等决定”。

【适用要点】

本条是关于行政复议受案范围排除的规定。

2023 年修订的《行政复议法》将“具体行政行为”的概念修改为“行政行为”，一方面与《行政诉讼法》的表述以及对行政行为这一概念认识的不断深化相一致；另一方面也使行政复议的适用范围具有更大的包容性。但这一规定的改变并不意味着任何以行政机关名义作出的行为，或者行政机关作出的任何行为，都应纳入行政复议的受案范围。2023年《行政复议法》在扩大受案范围的同时，进一步明确排除了一些受案情形，如国防、外交等国家行为，学理上的抽象行政行为，内部行政行为等。

一、国防、外交等国家行为

国家行为是基于国家主权并且以国家名义实施的行为，带有高度的政治性，直接受《宪法》调整。国防行为，是指国家为了防备和抵抗侵略，制止武装颠覆，保卫国家的主权、领土完整和安全所进行的军事活动，如宣战，发布动员令、戒严令，军事演习，设立军事禁区等。外交行为，是指国家之间或者国家与国际组织之间的交往行为，如对外国国家和政府的承认、建交、断交，缔结条约、公约和协定等。上述行为，在我国主要是由全国人大及其常委会决定的，国务院作为执行机关，在行使国防、外交方面的职权时，由全国人大及其常委会监督。

二、立法和制定规范性文件行为

依照我国《宪法》《立法法》的相关规定，制定行政法规、规章是立法行为，由全国人大及其常委会和地方同级人大及其常委会或者国务院、省级人民政府根据各自权限进行监督。如《立法法》第108条规定，全国人民代表大会常务委员会有权撤销同《宪法》和法律相抵触的行政法规，国务院有权改变或者撤销不适当的部门规章和地方政府规章，地方人民代表大会常务委员会有权撤销本级人民政府制定的不适当的规章，省、自治区的人民政府有权改变或者撤销下一级人民政府制定的不适当的规章。而行政机关制定、发布的具有普遍约束力的决定、命令等规范性文件，是学理上所称的“抽象行政行为”。根据《宪法》第89条，《地方各级人民代表大会和地方各级人民政府组织法》第50、73条的规定，国务院有权改变或者撤销各部、各委员会发布的不适当的命令、指示，有权改变或者撤销地方各级国家行政机关的不适当的决定和命令，县级以上的地方各级人民代表大会常务委员会有权撤销本级人民政府的不适当的决定和命令，县级以上各级人民政府有权改变或者撤销所属各工作部门和下级人民政府不适当的决定、命令。与此同时,各级国家行政机关就有关决定、命令等行政规范性文件的制定程序、备案审查等事项也逐步完善了相关制度。据此,无论是立法行为还是制定规范性文件的行为,有关法律和相关制度已规定了专门的法定途径进行监督审查,不宜再纳入行政复议的受案范围。

三、行政机关工作人员的奖惩、任免等决定

行政复议是解决行政机关在行使行政职权的过程中与行政相对人之间产生的行政争议,是为行政相对人提供的一项权利救济途径,本质是解决行政行为引发的争议的一项法律制度。外部行政行为的对象是行政组织系统以外的公民、法人或其他组织。行政机关对行政机关工作人员的奖惩、任免属于行政机关系统内部的人事管理行为,学理上称为“内部行政行为”,有关争议不具备外部行政行为的特征,如有些公务员是由选举产生的,任免又属于政治行为。同时,《公职人员政务处分法》《公务员法》已规定了专门的途径,用以解决行政机关工作人员对处分、辞退或者取消录用、降职、免职、定期考核定为不称职、申请辞职或者提前退休未予批准等奖惩决定不服而产生的争议,如申诉、复核制度等。因此,对行政机关工作人员的奖惩、任免等决定,有关工作人员不能申请行政复议。

四、行政机关对民事纠纷作出的调解

行政调解,是指行政机关主持的,以法律、法规为依据,以自愿为原则,通过说服教育,促使民事争议双方互谅互让,达成协议的一种活动。它与人民调解和司法调解一起构成具有中国特色的调解制度。在多元纠纷解决机制的框架下,行政调解作为非诉讼纠纷解决机制的一员,其在解决民事争议、平息社会矛盾和维护稳定团结等方面发挥着重要作用。实践中出现较多的行政调解类型有:基层人民政府及其部门对民事纠纷的调解,如乡(镇)人民政府、城镇街道办事处及其司法助理员、民政助理员主持的调解;行政主管部门在处理民事纠纷时给予的调解,如劳动行政部门对劳动争议的调解等;也有一些单行法律、法规规定的行政调解,如根据《治安管理处罚法》的规定，对于因民间纠纷引起的打架斗殴或者损毁他人财物等违反治安管理行为，情节较轻的，公安机关可以调解处理。行政调解是实践中解决民事争议的一种便捷方式，调解的结果要靠双方当事人自觉自愿遵守执行，不具备行政行为的确定力、拘束力、执行力，未经司法确认，对当事人没有法律约束力，当事人不执行调解协议的，事后不认可调解结果的，不能强制执行。因此，它并不是严格意义上的行政行为，当事人对行政调解协议不服的，可以通过向法院提起民事诉讼或采取其他方式解决，不能申请行政复议。

【典型案例】

王某不服区人民政府制定规范性文件案

家住西河村的村民王某通过当地区人民政府门户网站查阅已公开的政府信息时发现，区人民政府刚印发公布的一件涉及农户种植粮食补贴事项的规范文件规定的补贴标准比往年少，减损了农民的合法权益。王某认为区人民政府制定的规范性文件不合法，于是向市人民政府申请行政复议。市人民政府告知王某，规范性文件不是针对具体的行政相对人作出的，它只有通过作出行政行为的方式才会直接影响行政相对人的权益，单独对制定规范性文件的行为提出审查不属于行政复议范围，且省人民政府出台的规范性文件管理办法以及省人民代表大会常务委员会制定的规范性文件备案审查条例都对规范性文件的审查程序及启动审查的形式作出了专门规定，王某可以向市人民政府或者区人民代表大会常务委员会提出单独的审查申请，由市人民政府或者区人民代表大会常务委员会另行处理。

姚某不服行政调解案

姚某与同乡村民邓某发生口角之争，双方情绪激动时，姚某不慎将邓某刚买的新衬衫扯烂，邓某将姚某左脚穿的拖鞋扔入下水道。邓某报警，当地派出所民警出警后，进行了调解。姚某、邓某均认为彼此没有伤害以及损坏对方财产的故意，应当互相谅解。之后，派出所出具调解书，双方互不追究赔偿责任，握手言和。10天后，邓某反悔，觉得自己的衬衫价值不菲，姚某应予赔偿方显公平，于是以不服派出所作出的调解书为由，向当地县人民政府提出行政复议申请。县人民政府收到材料后，认为派出所的行为系行政调解，不具有行政行为的属性，告知不属于行政复议受案范围，邓某可以另行向法院提起民事诉讼，主张赔偿请求。

【关联规定】

《宪法》第89条；《立法法》第108条；《地方各级人民代表大会和地方各级人民政府组织法》第50、73条；《公务员法》第95条；《公职人员政务处分法》第55条

第十三条　公民、法人或者其他组织认为行政机关的行政行为所依据的下列规范性文件不合法，在对行政行为申请行政复议时，可以一并向行政复议机关提出对该规范性文件的附带审查申请：

（一）国务院部门的规范性文件；

（二）县级以上地方各级人民政府及其工作部门的规范性文件；

（三）乡、镇人民政府的规范性文件；

（四）法律、法规、规章授权的组织的规范性文件。

前款所列规范性文件不含规章。规章的审查依照法律、行政法规办理。

【新旧对照】

2017 年《行政复议法》	2023 年《行政复议法》	重点解读
第七条　公民、法人或者其他组织认为行政机关的~~具体~~行政行为所依据的下列~~规定~~不合法，在对~~具体~~行政行为申请行政复议时，可以一并向行政复议机关提出对该~~规定~~的审查申请： （一）国务院部门的规定； （二）县级以上地方各级人民政府及其工作部门的~~规定~~； （三）乡、镇人民政府的~~规定~~。 前款所列~~规定~~不含国~~务院部、委员会规章和地方人民政~~府规章。规章的审查依照法律、行政法规办理。	第十三条　公民、法人或者其他组织认为行政机关的行政行为所依据的下列**规范性文件**不合法，在对行政行为申请行政复议时，可以一并向行政复议机关提出对该**规范性文件**的**附带**审查申请： （一）国务院部门的**规范性文件**； （二）县级以上地方各级人民政府及其工作部门的**规范性文件**； （三）乡、镇人民政府的**规范性文件**； **（四）法律、法规、规章授权的组织的规范性文件。** 前款所列**规范性文件**不含规章。规章的审查依照法律、行政法规办理。	1. 将有关作出行政行为所依据的“规定”改为作出行政行为所依据的“规范性文件”。 2. 对法律、法规、规章授权的组织制定的规范性文件纳入可申请附带审查范围的事项进行了明确。 3. 将“国务院部、委员会规章和地方人民政府规章”改为“规章”，语言更简明。

【适用要点】

本条是关于对行政规范性文件申请附带审查的规定。

根据《国务院办公厅关于加强行政规范性文件制定和监督管理工作的通知》的规定，行政规范性文件是除国务院的行政法规、决定、命令以及部门规章和地方政府规章外，由行政机关或者经法律、法规授权的具有管理公共事务职能的组织依照法定权限、程序制定并公开发布，涉及公民、法人和其他组织权利义务，具有普遍约束力，在一定期限内反复适用的公文。制定发布行政规范性文件是行政机关依法履行职能的重要方式，对加强行政管理，提高行政效率，是非常必要的，其直接关系群众切身利益，事关政府形象。近年来，各地区、各部门不断推进行政规范性文件制定和监督管理工作，取得了一定成效，但乱发文、出台“奇葩”文件的现象还在一定程度上存在。如增加法律、法规规定之外的行政权力事项或者减少法定职责；违法设定行政许可、行政处罚、行政强制等事项；增加办理行政许可事项的条件；违法减损公民、法人和其他组织的合法权益或者增加其义务；超越职权规定应由市场调节、企业和社会自律、公民自我管理的事项；违法制定含有排除或者限制公平竞争内容的措施；违法干预或者影响市场主体正常生产经营活动；违法设置市场准入和退出条件；等等。这些问题的存在，在一定程度上破坏了营商环境，侵犯了公民、法人和其他组织的合法权益，损害了政府公信力，影响了法治的权威和统一。

虽然根据 2023 年《行政复议法》第 12 条第 2 项的规定，对行政机关制定、发布的具有普遍约束力的决定、命令等规范性文件的行为不能申请行政复议，且规范性文件不是针对具体的行政相对人作出的，不会直接侵害行政相对人的权利，它只有通过行政行为才会产生危害后果，但行政规范性文件是作出行政行为的依据和源头，其适用的范围广，涉及的对象多，一旦行政规范性文件违法，其危害较大。要纠正违法和不当的行政行为，有必要正本清源，从源头开始审查和纠正，并通过适当的方式启动相关程序。2023 年《行政复议法》基本保留了 2017 年《行政复议法》的规定，规定公民、法人或者其他组织认为行政机关的行政行为所依据的规范性文件不合法，在对行政行为申请行政复议时，可以一并提出附带审查申请。对规范性文件进行附带审查，亦是行政复议制度的优势所在。

一、行政规范性文件的分类

根据制定主体的不同，行政规范性文件包括国务院部门制定的规范性文件，县级以上地方各级人民政府及其工作部门制定的规范性文件，乡、镇人民政府制定的规范性文件以及法律、法规、规章授权的组织制定的规范性文件。需要强调的是，上述所列规范性文件不包括部门规章和地方政府规章。

二、提出附带审查申请的主体和程序

行政机关制定的规范性文件是对不特定的对象或事项作出的，如果不具体适用到具体的对象或事项，它并不能产生现实的危害。公民、法人或其他组织如果认为规范性文件违反了法律、法规的规定，可以通过其他相应途径反映和解决。本条规定能够提出附带审查请求的只是受依据该规范性文件作出的行政行为影响的公民、法人或者其他组织，且不能单独提出，必须是在对行政行为提出行政复议申请时，认为行政机关作出行政行为所依据的规范性文件不合法，方可一并提出。

三、行政规范性文件的附带审查尺度

行政规范性文件的附带审查尺度主要涉及以下两个问题：一是行政复议机关对申请人提出审查请求的规范性文件，是要进行全面审查还是针对行政行为所依据的条款进行审查。基于行政复议审查行政行为的合法性这一基本原则，行政复议机关应当将作出行政行为依据的规范性文件的相关条款作为审查重点。但是，如果行政复议机关在审查中发现该规范性文件存在较为突出问题，也可依法予以纠正。二是行政复议机关对申请人提出审查请求的规范性文件，在审查合法性的同时，是否审查其合理性。由于规范性文件属于反复适用的抽象行政行为，对其合理性进行审查的难度较大、耗时较长，从保证行政复议高效、便捷处理行政争议的角度出发，一般不对合理性进行审查。但是基于行政复议监督依法行政的价值功能出发，对于明显不合理的规范性文件，行政复议机关有权依法作出处理。

【典型案例】

袁某不服关于行政征收的规范性文件案

袁某的住房位于县中心城区规划范围。县城镇排水主管部门委托县自来水公司，征收了袁某的污水处理费共计3005元。袁某以县城镇排水主管部门对其征收污水处理费违法为由，向县人民政府申请行政复议，请求责令县城镇排水主管部门退还已征收的污水处理费，依法对县城镇排水主管部门制定的《乙县城市污水处理费征收工作实施方案》的合法性进行审查。县人民政府审查发现，根据上级文件的规定，污水处理费征收范围明确为"在城市污水集中处理规划区范围内向城市污水集中处理设施排放达标污水的所有用水单位和个人"。但实施方案却扩大至"县中心城区规划区范围内所有使用城市供水的企业、单位和个人"，违反了上级行政规范性文件规定。县人民政府决定撤销县城镇排水主管部门对袁某征收污水处理费的行为，责令返还污水处理费，并根据规范性文件管理的制度对县城镇排水主管部门制定的实施方案进行了处理。

【关联规定】

《国务院办公厅关于加强行政规范性文件制定和监督管理工作的通知》

第二节　行政复议参加人

第十四条　依照本法申请行政复议的公民、法人或者其他组织是申请人。

有权申请行政复议的公民死亡的，其近亲属可以申请行政复议。有权申请行政复议的法人或者其他组织终止的，其权利义务承受人可以申请行政复议。

有权申请行政复议的公民为无民事行为能力人或者限制民事行为能力人的，其法定代理人可以代为申请行政复议。

【新旧对照】

2017年《行政复议法》	2023年《行政复议法》	重点解读
第十条第一款、第二款 依照本法申请行政复议的公民、法人或者其他组织是申请人。 有权申请行政复议的公民死亡的,其近亲属可以申请行政复议。有权申请行政复议的公民为无民事行为能力人或者限制民事行为能力人的,其法定代理人可以代为申请行政复议。有权申请行政复议的法人或者其他组织终止的,*承受*其权利*的法人或者其他组织*可以申请行政复议。	*第十四条* 依照本法申请行政复议的公民、法人或者其他组织是申请人。 有权申请行政复议的公民死亡的,其近亲属可以申请行政复议。有权申请行政复议的法人或者其他组织终止的,其权利**义务**承受人可以申请行政复议。 有权申请行政复议的公民为无民事行为能力人或者限制民事行为能力人的,其法定代理人可以代为申请行政复议。	有权申请行政复议的法人或者其他组织终止时,2023年《行政复议法》将可以申请行政复议的申请人改为"其权利义务承受人"。

【适用要点】

本条是关于行政复议申请人的规定。

行政复议申请人主体资格的确认事关行政相对人救济权利的实现,其对行政复议工作的开展以及《行政复议法》立法宗旨的实现具有重要的意义,一定程度上也能防止滥用行政复议权利和无效行政复议的发生,节省有限的行政复议资源,是保证行政复议机关公正高效,依法保障行政相对人合法权益的重要环节。

一、申请人主体的类型

公民、法人或者其他组织均具有申请行政复议的主体资格。公民,是指具有一个国家的国籍,根据该国的法律规范享有权利和承担义务的自然人。我国公民、外国人、无国籍人均有资格作为行政复议申请人在我国提出行政复议申请。法人，是指具有民事权利能力和民事行为能力，并且可以依法独立承担民事义务和享受民事权利的社会组织，如根据《公司法》设立的股份有限公司、有限责任公司。其他组织，是指合法成立、有一定的组织机构和财产，但又不具备法人资格的组织，如个人独资企业、合伙企业。同时，根据2023年《行政复议法》附则的规定，外国组织也可以作为申请行政复议的主体。以上均为依法可以申请行政复议的主体。

需要注意的是，如果有权申请行政复议的公民死亡，其近亲属可以作为申请人提出申请。近亲属包括配偶、父母、子女、兄弟姐妹、祖父母、外祖父母、孙子女、外孙子女和其他具有扶养、赡养关系的亲属。有权申请行政复议的公民为无民事行为能力人或者限制民事行为能力人的，其法定代理人可以代为申请行政复议。根据我国《民法典》的规定，不满8周岁的未成年人、8周岁以上且不能辨认自己行为的未成年人以及不能辨认自己行为的成年人，是无行为能力人；8周岁以上的未成年人和不能完全辨认自己行为的成年人，是限制行为能力人。依照2023年《行政复议法》的规定，这两种人申请行政复议，要由其法定代理人代为申请。根据《民法典》的规定，无民事行为能力人和限制民事行为能力人的法定代理人是其监护人，主要包括：(1)未成年人的父母；如果父母已经死亡或者没有监护能力，其祖父母、外祖父母、兄、姐，其他愿意并经未成年人住所地的居民委员会、村民委员会或者民政部门同意担任监护人的个人或者组织。(2)无民事行为能力或者限制民事行为能力的成年人的配偶、父母、子女、其他近亲属以及其他愿意并经被监护人住所地的居民委员会、村民委员会或者民政部门同意担任监护人的个人或者组织等。作为有权申请行政复议公民的法定代理人，在提出复议申请和参与复议过程中，有权依法行使代理权，同时承担相应的代理义务。在这里，有权申请行政复议的公民虽是无民事行为能力人或者是限制民事行为能力人，其行为能力欠缺，但仍具有权利能力，在行政复议过程中，该公民仍然是行政复议申请人，由特定主体代为申请行政复议。此外，有权申请行政复议的法人或者其他组织终止的,其权利义务承受人可以以自己的名义申请行政复议。主要见于企业注销等情形,为保障其行政复议权益的延续,赋予其权利义务承受人以自己的名义申请行政复议。

二、申请行政复议的基本条件

"依照本法申请行政复议",主要是指申请人提出行政复议申请应当具备的条件,主要包括:一是认为行政行为侵犯了自己的合法权益,这是行政复议申请的一个前提。当然,这里的"认为"只要是申请人自己"认为"就可以,事实上这种"认为"可能有对有错,但不影响其申请行政复议的权利。实践中,提出行政复议申请的申请人,如果其存在与申请行政复议的行为无法律上的利害关系等情形,虽然在行政复议活动中其可以提出行政复议申请,但并不符合进入实体审查的程序,该事项也是行政复议审查中非常重要的主体资格认定问题。二是依法向行政复议机关提出复议申请。三是有具体的行政复议请求和申请行政复议的事由。四是属于行政复议受案范围。五是属于受理机关管辖。

【典型案例】

张某妻子不服交通局行政处罚案

张某因所驾车辆行驶造成公路损坏,未履行报告制度,被当地县交通局作出罚款1000元的行政处罚。张某在收到县交通局送达的行政处罚决定书1个月后因突发脑出血去世。其妻认为县交通局的行政处罚决定是违法的,于是以自己的名义向当地县人民政府申请了行政复议,县人民政府对张某是否去世的情况进行了核实,发现自县交通局向张某送达行政处罚决定书时至张某妻子申请行政复议只过了48天,张某妻子有权以自己的名义申请行政复议,县人民政府依法受理了该案。

【关联规定】

《民法典》第13、17~23、27、28、57、102条

第十五条　同一行政复议案件申请人人数众多的，可以由申请人推选代表人参加行政复议。

代表人参加行政复议的行为对其所代表的申请人发生效力，但是代表人变更行政复议请求、撤回行政复议申请、承认第三人请求的，应当经被代表的申请人同意。

【新旧对照】

2017年《行政复议法》	2023年《行政复议法》	重点解读
	第十五条　同一行政复议案件申请人人数众多的，可以由申请人推选代表人参加行政复议。 **代表人参加行政复议的行为对其所代表的申请人发生效力，但是代表人变更行政复议请求、撤回行政复议申请、承认第三人请求的，应当经被代表的申请人同意。**	该条为新增条文，规定了行政复议代表人制度，源自《行政复议法实施条例》第8条的规定，并在此基础上细化规定了代表人参加行政复议行为的代表效力及例外情形。

【适用要点】

本条是关于行政复议代表人的规定。

行政复议代表人制度，是指申请人人数众多时，由众多的申请人推选出代表人代表所有的申请人进行行政复议，维护所有人的利益，代表人参加行政复议的行为对本方全体当事人发生效力的复议制度。行政机关在履行行政管理职责时，其作出的某些行政行为所针对的往往不只是一两个人，而是一定范围内的公众，他们人数众多，从而形成具有某种共同利益、息息相关的群体。在同一行政行为或同样的行政行为被申请行政复议，并且人数众多达到一定程度时，可以适用行政复议代表人制度。

本条吸纳了《行政复议法实施条例》第 8 条的部分内容，对适用行政复议代表人制度的情形以及效力等事项进行了规定，既充分尊重行政复议申请人的意愿，又有助于简化行政复议程序，提高办案效率，有利于行政复议机关依法全面彻底地解决纠纷，有效地保护当事人的合法权益，真正体现了行政复议“公正、公开、高效、便民、为民”的原则。

一、适用复议代表人制度的情形

行政复议代表人制度的核心要素集中体现在同一行政复议案件、人数众多、申请人自愿推选等方面。其中，同一行政复议案件是指申请人之间有共同的法律问题或者事实问题，有共同的利益，行政复议请求和申请行政复议的主要事由属同一类型；自愿推选主要是指申请人可以选择代表人参加行政复议，也可以独立参加行政复议。此外，复议代表人应当是申请人之一，且具有完全的民事行为能力。实践中，推选行政复议代表人时，必须出具有全体行政复议申请人签字的书面授权委托书，代表人的权限一般以书面委托书的约定为准。按照现行有效的《行政复议法实施条例》的规定，同一行政复议案件申请人超过 5 人的，推选 1~5 名代表参加行政复议。2023 年《行政复议法》第 15 条规定中虽未明确具体的人数，但明确了相应原则，一是尊重实际操作，二是为《行政复议法实施条例》中作进一步细化规定留下了制度空间。

二、适用复议代表人制度的效力

行政复议代表人拥有程序性事项的代表权限，其参加行政复议的行为对其代表的申请人发生效力。为防止代表人损害被代表的申请人的集体权益，若涉及处分申请人实体权利的事项，行政复议代表人须经所有被代表的申请人同意。未经一致同意的，不得处分。按照 2023 年《行政复议法》的规定，涉及实体权利，需要被代表的申请人同意方可发生法律效力的情形主要包括变更行政复议请求、撤回行政复议申请或者承认第三人请求的情形。该规定能够最大限度防止代表人滥用代表权利或者与其他利益相关方达成合意共同损害被代表申请人的合法权益。

【典型案例】

某市场商户不服区人民政府关闭市场决定案

2020年6月，某市一区人民政府作出了关闭辖区某市场的决定，并进行了通告。同年7月，该市场60家商户的负责人认为关闭市场的决定违法，以经营者的身份共同向市人民政府提起了行政复议申请。市人民政府受理后主动告知其可以自愿推选2~5名代表人参加复议，同时告知代表人参加行政复议的效力以及注意的事项。申请行政复议的商户纷纷表示赞同。经过3天的推选，60家商户共推选了4名代表参加行政复议。之后，市人民政府对案件进行了听证审理，4名行政复议代表人充分发表了意见。同年8月，市人民政府认定关闭该市场系为了公共利益，保障人民群众的生命财产安全，其行为具有法律依据，同时推选行政复议代表人等程序均合法，遂维持了区人民政府作出的关闭市场决定，并向4名行政复议代表人送达了行政复议决定文书。

【关联规定】

《行政复议法实施条例》第8条

第十六条　申请人以外的同被申请行政复议的行政行为或者行政复议案件处理结果有利害关系的公民、法人或者其他组织，可以作为第三人申请参加行政复议，或者由行政复议机构通知其作为第三人参加行政复议。

第三人不参加行政复议，不影响行政复议案件的审理。

【新旧对照】

2017年《行政复议法》	2023年《行政复议法》	重点解读
第十条第三款　同申请行政复议的具体行政行为有利害关系的其他公民、法人或者其他组织,可以作为第三人参加行政复议。	第十六条　**申请人以外的同被**申请行政复议的行政行为**或者行政复议案件处理结果**有利害关系的公民、法人或者其他组织,可以作为第三人**申请**参加行政复议**,或者由行政复议机构通知其作为第三人参加行政复议**。 **第三人不参加行政复议,不影响行政复议案件的审理。**	1. 将“具体行政行为”改为“行政行为”。 2. 第三人的范围扩大至同被申请行政复议的行政行为或者行政复议案件处理结果有利害关系的公民、法人或者其他组织。 3. 吸纳了《行政复议法实施条例》的内容,对第三人参加行政复议的方式作了具体规定,即依申请参加或由行政复议机构通知参加。 4. 增加了第三人不参加行政复议的法律后果的规定。

【适用要点】

本条是关于行政复议第三人的规定。

本条所称行政复议第三人,是指与行政复议的行政行为或者行政复议案件处理结果有利害关系,经申请或由行政复议机构通知参加行政复议的公民、法人或者其他组织。第三人参加行政复议对促进行政复议活动的有序进行具有重要作用,能够充分考量利害关系相关方的利益诉求,有利于行政复议机关及时查清案件的全部事实真相,准确地把握和分析有关法律问题,正确作出行政复议决定。同时,一并解决与同一行政行为有利害关系的多个当事人的诉求,避免不同当事人就同一行政行为引发若干个行政复议案件,提高审理的难度和成本,同时也能避免行政争议处理结果的矛盾冲突,维护行政复议权威。如果不允许与正在进行行政复议有利害关系的公民、法人或者其他组织参加已开始的行政复议,可能会导致该利害关系人另行申请行政复议或者提起行政诉讼寻求权利救济,进而导致就同一个问题作出的行政复议决定之间或者行政复议决定和司法判决之间的冲突和矛盾。2017 年《行政复议法》规定了第三人参加行政复议的情形,但并未明确第三人不参加行政复议的法律后果。本条规定结合 2017 年《行政复议法》及《行政复议法实施条例》第 9 条的规定,进一步明确了作为第三人的情形以及作为第三人参加行政复议活动的途径方式,同时将《行政复议法实施条例》中规定的第三人不参加行政复议的法律后果上升到法律规定层面。

一、第三人的确认

公民、法人或者其他组织只要同被申请行政复议的行政行为有利害关系或者与行政复议案件处理结果有利害关系就可被认定为第三人。同被申请行政复议的行政行为有利害关系,是指本身具有独立申请行政复议的资格,但是没有申请行政复议,在其他利害关系人申请行政复议时,可以作为第三人参加行政复议。同案件处理结果有利害关系,是指有些公民、法人或者其他组织虽然与被申请行政复议的行政行为没有利害关系,但案件的处理决定可能会增加其义务或减损其权利,为维护自己的合法权益,其可以作为第三人,参加已开始的行政复议活动。

二、第三人参加行政复议的形式

第三人参加行政复议,须是在原行政复议程序已开始,行政复议决定未作出以前进行。第三人参加行政复议有两种形式:一种是第三人主动向行政复议机关申请,另一种是行政复议机构依职权主动通知第三人参加。如果第三人拒不参加,行政复议机关不能强求,必须尊重第三人的权利与选择。

三、第三人不参加行政复议的法律后果

第三人参加行政复议是其权利,不参加行政复议并不承担任何法律责任。在实践中,利害关系人接到行政复议机构通知,应当作为行政复议的第三人积极参加行政复议,配合行政复议机关查明案件情况,从而作出正确的行政复议决定。如果经过通知,利害关系人坚持不参加行政复议,行政复议机构应当记录在案,但该行为并不影响行政复议案件的审理。

【典型案例】

唐某生、赵某刚不服交通局行政补偿决定案

2023年1月,石山头村村民唐某生与同村村民赵某刚签订了农村土地经营权流转合同,合同约定将唐某生的1.7亩承包地出租给赵某刚用于种植蔬菜,赵某刚每年向唐某生支付租金3000元。2023年6月,赵某刚种植的蔬菜正当旺盛之际,当地发生突发事件,县交通局依法组织抢修农村道路,需临时占用唐某生出租给赵某刚的土地。因时间紧、任务重,县交通局直接向唐某生作出了行政补偿决定,决定补偿唐某生占地费用、损害青苗费5000元。唐某生认为补偿金额太少,随即向县人民政府申请了行政复议,请求责令县交通局重新对其进行补偿。县人民政府受理案件后,承担行政复议具体工作的县司法局了解到赵某刚承租唐某生土地的事实,认为赵某刚与县交通局的补偿决定具有利害关系,遂书面通知赵某刚可以作为第三人参加行政复议。赵某刚表示愿意参加行政复议,全力配合县人民政府查明案件事实。之后,县人民政府组织该案的申请人、被申请人、第三人进行了调解,调解结果为:县交通局另行补偿1500元给赵某刚,唐某生接受县交通局的补偿决定,该行政复议案件实现了案结事了。

【关联规定】

《行政复议法实施条例》第9条

第十七条　申请人、第三人可以委托一至二名律师、基层法律服务工作者或者其他代理人代为参加行政复议。

申请人、第三人委托代理人的，应当向行政复议机构提交授权委托书、委托人及被委托人的身份证明文件。授权委托书应当载明委托事项、权限和期限。申请人、第三人变更或者解除代理人权限的，应当书面告知行政复议机构。

【新旧对照】

2017 年《行政复议法》	2023 年《行政复议法》	重点解读
第十条第五款　申请人、第三人可以委托代理人代为参加行政复议。	*第十七条*　申请人、第三人可以委托**一至二名律师、基层法律服务工作者或者其他**代理人代为参加行政复议。 **申请人、第三人委托代理人的，应当向行政复议机构提交授权委托书、委托人及被委托人的身份证明文件。授权委托书应当载明委托事项、权限和期限。申请人、第三人变更或者解除代理人权限的，应当书面告知行政复议机构。**	2023 年《行政复议法》对委托代理人的人数、范围、程序以及变更等事项进行了细化完善。

【适用要点】

本条是关于行政复议代理人的规定。

行政复议代理人制度是行政复议制度的重要组成部分。它有利于协助公民、法人或者其他组织实现权利、履行义务，有效地维护当事人自身的合法权益。代理人参加行政复议可以解决无行政复议行为能力的当事人不能进行行政复议行为的困难;也可以为那些虽有行政复议行为能力,但因故不能亲自参加行政复议或者不善于进行行政复议活动的当事人提供帮助;还可以解决法人、其他组织及行政机关的法定代表人或负责人因忙于自身业务活动,或者不熟悉行政复议程序及有关的法律、法规而不便参加行政复议的问题。同时,代理人参加行政复议对进一步查清案件事实,促进行政复议机关正确、合法、及时地办理案件,高效解决当事人之间的行政争议也有帮助。本条吸纳了《行政复议法实施条例》第10条的内容,对代理人的范围和数量、委托代理的形式、委托代理的要素和程序、委托代理的效力和变更等事项作出了规定。

一、代理人的范围和数量

本条第1款规定,律师、基层法律服务工作者或者其他代理人都可接受申请人、第三人的委托代为参加行政复议。但该规定并未具体限定代理人的条件,主要是考虑不对条件作限制性规定对于申请人、第三人而言就是没有限制,他们可以委托任何他们满意或者信任的具有民事行为能力的人作为代理人。这切合了行政复议便民为民的制度特点,也是行政复议不同于具有一定准入门槛的行政诉讼的一个方面,能够最大限度地为申请人申请行政复议减少障碍和降低成本。至于申请人、第三人委托多少人合适的问题,考虑到行政复议案件的实际情况和审理程序的需要,规定一般以1~2人为宜。

二、委托代理的形式

申请人、第三人委托代理人,应当以书面形式委托。这样做的好处:一是有利于明确代理权限;二是有利于准确掌握代理人的情况;三是有利于行政复议机构与代理人交流。

三、委托代理的要素和程序

本条第2款对委托事项、权限和期限未作具体限制,申请人、第三人可以全权委托，也可以部分委托。委托代理的权限范围、代理事项以及代理权的变更或取消，都由申请人、第三人授权决定。申请人、第三人委托他人代为参加行政复议，应当向行政复议机构提交由委托人签名、盖章的授权委托书和委托人及被委托人的身份证明文件。其中，授权委托书应当明确载明委托事项、代理权限及期限。

四、委托代理的效力和变更

行政复议机构对于申请人、第三人委托的代理人，应当依其与申请人、第三人签订的授权委托书，在授权范围内视之为申请人、第三人；代理人在授权范围内所为之行为，视为申请人、第三人的行为。代理人的代理行为要受代理事项及权限的限制。因为委托代理人是基于申请人、第三人的委托而参加行政复议，其代理权限由申请人、第三人决定。委托代理关系成立后，申请人、第三人根据需要可以对代理权限作必要的变更、扩大或者缩小，也可以解除委托，乃至另行委托，代理人也可辞去委托。发生上述情况时，无论是申请人、第三人还是代理人都应及时以书面形式告知行政复议机构。

【关联规定】

《行政复议法实施条例》第10条

第十八条　符合法律援助条件的行政复议申请人申请法律援助的，法律援助机构应当依法为其提供法律援助。

【新旧对照】

2017年《行政复议法》	2023年《行政复议法》	重点解读
	第十八条　符合法律援助条件的行政复议申请人申请法律援助的,法律援助机构应当依法为其提供法律援助。	本条为新增条文。对行政复议申请人申请法律援助进行了规定。

【适用要点】

本条是关于行政复议法律援助的规定。

法律援助,是国家建立的为经济困难公民和符合法定条件的其他当事人无偿提供法律咨询、代理、刑事辩护等法律服务的制度,是公共法律服务体系的组成部分。法律援助是一项扶助贫弱、保障社会弱势群体合法权益的社会公益事业,也是一项基础性的法律救济制度。习近平总书记高度重视法律援助工作,强调要"在不断扩大法律援助范围的基础上,紧紧围绕经济社会发展的实际需要,注重提高法律援助的质量"。《法律援助法》对法律援助的概念、基本原则、运作机制以及法律援助的形式和范围、程序和实施、保障和监督等法律援助工作的重要方面、重点环节等作出全面系统规定。2023年修订的《行政复议法》增设了行政复议法律援助的规定,一方面适应了经济社会发展的实际需要,同时与《法律援助法》有关法律援助范围的普遍性规定进行了有效衔接,有关行政复议法律援助的对象、申请条件等事项应当适用《法律援助法》及相关法规的规定;另一方面遵循了行政复议便民为民的原则,为更好维护人民群众合法权益提供了有力的法治保障和服务保障。

一、法律援助的情形和申请条件

依据《法律援助法》第2、31条及《法律援助条例》的相关规定，法律援助的情形主要分为因经济困难而依法享受法律援助服务和符合法律规定的特定条件，无论是否经济困难均可享受法律援助服务。因经济困难申请法律援助的，还应当满足申请行政复议的事项符合法定的援助范围的条件。经济困难的具体标准则由省、自治区、直辖市人民政府根据本行政区域经济发展状况和法律援助事业的需要规定。而符合行政复议法律援助的具体事项类型主要有依法请求国家赔偿、请求给予社会保险待遇或者社会救助、请求发给抚恤金等。

二、申请法律援助的对象和程序

法律援助的对象是自然人，不包括法人等组织。法律援助的对象包括经济困难公民和符合法定条件的其他当事人。申请法律援助应当履行《法律援助法》《法律援助条例》等规定的相关程序。考虑到本条为新增设的服务性条款，实践中对于符合申请法律援助条件的对象，各级行政复议机关及其他各级行政机关应当尽可能为其申请法律援助提供帮助和指引。

【关联规定】

《法律援助法》第2、31条

第十九条　公民、法人或者其他组织对行政行为不服申请行政复议的，作出行政行为的行政机关或者法律、法规、规章授权的组织是被申请人。

两个以上行政机关以共同的名义作出同一行政行为的，共同作出行政行为的行政机关是被申请人。

行政机关委托的组织作出行政行为的，委托的行政机关是被申请人。

作出行政行为的行政机关被撤销或者职权变更的，继续行使其职权的行政机关是被申请人。

【新旧对照】

2017 年《行政复议法》	2023 年《行政复议法》	重点解读
第十条第四款 公民、法人或者其他组织对行政机关的具体行政行为不服申请行政复议的,作出具体行政行为的行政机关是被申请人。	*第十九条* 公民、法人或者其他组织对行政行为不服申请行政复议的,作出行政行为的行政机关**或者法律、法规、规章授权的组织**是被申请人。 **两个以上行政机关以共同的名义作出同一行政行为的,共同作出行政行为的行政机关是被申请人。** **行政机关委托的组织作出行政行为的,委托的行政机关是被申请人。** **作出行政行为的行政机关被撤销或者职权变更的,继续行使其职权的行政机关是被申请人。**	1. 被申请人范围扩大至作出行政行为的行政机关或者法律、法规、规章授权的组织。 2. 吸纳 2007 年《行政复议法实施条例》的有关规定,明确了存在行政机关共同作出行政行为、行政委托以及作出行政行为的行政机关被撤销或者职权变更等情形时,如何确定被申请人的规定。 3. 将"具体行政行为"改为"行政行为"。

【适用要点】

本条是关于行政复议被申请人的规定。

同行政复议申请人主体资格的确认事项类似,行政复议被申请人的确认问题,也是行政复议程序依法顺利开展的关键问题,对于《行政复议法》立法宗旨的实现有着重要的意义。

一、被申请人确定的标准

本条所称被申请人,是指公民、法人或者其他组织对行政机关的行政行为不服申请行政复议的对象,即作出该行政行为的行政机关或者法律、法规、规章授权的组织。被申请人必须具备以下两个条件:一是应当是行政机关,而且是具有外部管理职能的行政机关(包括经法律、法规、规章授权履行行政管理职能的组织),其特点是对外有行政管理职能。二是实施了申请人认为侵犯其合法权益的行政行为,也就是说,该行政机关实施的行政行为与申请人提出的行政复议请求有必然的因果关系。如果没有实施申请人所称侵犯其合法权益的行政行为,或者实施的行为与行政复议请求无因果关系,就不能成为行政复议的被申请人。需要注意的是,通常情况下,行政复议的被申请人只有1个,但是行政管理的复杂性使作出行政行为的主体也变得十分复杂,当出现两个以上(含两个)行政机关以共同的名义作出行政行为的情况时,被申请人也应当是两个以上(含两个)。同时,行政机关委托的组织作出行政行为的,委托的行政机关是被申请人。此外,如作出行政行为的机关被撤销或者职权发生变更,继续行使其职权的行政机关就接续成为被申请人。在我国市场经济发展、政府职能转变的大背景下,政府部门的撤销重组、个别部门的分立时有发生,这带来了行政管理职能的变化,一些行政机关由此丧失了主体资格,其主体资格随着管理职能的转移而转移到其他行政机关。行政机关的主体资格变了,但是行政机关作出的行政行为仍客观存在,对于行政相对人来说仍然发生着法律效力。因此,行政相对人对这一行政行为不服的,仍有申请行政复议的权利。但这时该行政复议的被申请人就变更成了继续行使其职权的行政机关,行政复议机关一般将变更后继续行使该职权的行政机关列为被申请人。这既是行政复议审查行政行为合法性和合理性使命的体现,也更加有利于保护申请人的权益。

二、被申请人的分类

根据《行政复议法》《国务院组织法》《地方各级人民代表大会和地方各级人民政府组织法》等法律、法规的规定,被申请人主要有以下类型:(1)国务院部门及其依法设立的派出机构和本部门管理的法律、行政法规、部门规章授权的组织;(2)地方各级人民政府及其工作部门;(3)政府依法设立的派出机关;(4)地方各级人民政府工作部门依法设立的派出机构;(5)地方各级人民政府及其工作部门管理的法律、法规、规章授权的组织。

【典型案例】

某烧烤店不服市生态环境局、市城管局共同作出的行政行为案

某市生态环境局和市城管局共同发布了一项关于在特定区域禁止露天从事烧烤活动的规定,要求区域内所有商家都必须遵守。某烧烤店负责人认为这项规定对其经营造成了严重影响,并以市城管局为被申请人向市人民政府提起行政复议,要求撤销该规定。市人民政府收到材料后进行了审查,发现该规定是市生态环境局和市城管局以共同的名义作出的,确定市生态环境局和市城管局都是被申请人,并向该烧烤店负责人进行了告知。该烧烤店负责人在行政复议申请书中将市生态环境局增列为被申请人。最终,市人民政府依法受理了此案。

【关联规定】

《国务院组织法》第2、8条;《地方各级人民代表大会和地方各级人民政府组织法》第61、70条

第三节　申请的提出

第二十条　公民、法人或者其他组织认为行政行为侵犯其合法权益的,可以自知道或者应当知道该行政行为之日起六十日内提出行政复议申请;但是法律规定的申请期限超过六十日的除外。

因不可抗力或者其他正当理由耽误法定申请期限的,申请期限自障碍消除之日起继续计算。

行政机关作出行政行为时，未告知公民、法人或者其他组织申请行政复议的权利、行政复议机关和申请期限的，申请期限自公民、法人或者其他组织知道或者应当知道申请行政复议的权利、行政复议机关和申请期限之日起计算，但是自知道或者应当知道行政行为内容之日起最长不得超过一年。

【新旧对照】

2017年《行政复议法》	2023年《行政复议法》	重点解读
第九条　公民、法人或者其他组织认为~~具体~~行政行为侵犯其合法权益的，可以自知道该~~具体~~行政行为之日起六十日内提出行政复议申请；但是法律规定的申请期限超过六十日的除外。 因不可抗力或者其他正当理由耽误法定申请期限的，申请期限自障碍消除之日起继续计算。	第二十条　公民、法人或者其他组织认为行政行为侵犯其合法权益的，可以自知道**或者应当知道**该行政行为之日起六十日内提出行政复议申请；但是法律规定的申请期限超过六十日的除外。 因不可抗力或者其他正当理由耽误法定申请期限的，申请期限自障碍消除之日起继续计算。 **行政机关作出行政行为时，未告知公民、法人或者其他组织申请行政复议的权利、行政复议机关和申请期限的，申请期限自公民、法人或者其他组织知道或者应当知道申请行政复议的权利、行政复议机关和申请期限之日起计算，但是自知道或者应当知道行政行为内容之日起最长不得超过一年。**	1. 将“具体行政行为”修改为“行政行为”。 2. 将“知道”修改为“知道或者应当知道”。 3. 新增一款关于行政机关未告知申请行政复议权利等事项时，有关申请期限的起算和“一年期限”的规定。

【适用要点】

本条是关于行政复议申请期限的规定。

为及时解决行政争议，避免行政管理秩序长期处于不稳定状态，法律明确了公民、法人或者其他组织申请行政复议应在法定期限内进行。行政复议期限制度的基本目的在于为行政相对人设定救济途径的同时维护法律秩序的稳定，即公平与效率并重。行政行为具有确定力，而行政相对人提起行政复议往往对行政行为的效率造成较大影响。尽管行政行为效力先定，但为避免行政行为合法性长期处于受到质疑的状态，有必要为行政复议的提起设置合理的时间限制，以督促行政相对人及时行使行政复议权。本条规定对2017年《行政复议法》适用60日期限的条件等事项进行了完善，并增设了一款，对行政机关执法过程中未履行教示义务、依法告知申请人复议申请权利及期限、行政复议机关等内容情况下的申请期限问题作了明确规定。合理设置行政复议申请期限有利于发挥行政复议便民为民、公正高效的制度优势。

一、适用60日期限的情形

本条第1款规定，公民、法人或者其他组织认为行政行为侵犯其合法权益的，可以自知道或者应当知道该行政行为之日起60日内提出行政复议申请；但是法律规定的申请期限超过60日的除外。该规定立足于适应扩大行政复议范围的需要。随着行政复议制度的不断发展以及各单项法律之间关系的衔接，关于行政复议申请期限的规定基本上都纳入了《行政复议法》的规定范围，这有利于行政复议期限的基本统一。因此，本规定基本沿袭了实践做法并进行了完善。

适用本款规定需要符合两个前提：其一，必须知道或者应当知道作出行政行为的时间。所谓“知道”，是指有充分证据证明申请人知道作出行政行为的时间。如当场作出行政行为决定书，决定书上注明的日期就是知道的时间;送达的行政行为决定书,送达日期就是知道的时间;通过公告送达的,公告中所注明的日期就是知道的时间。所谓“应当知道”,是指遵循有关职业道德,运用逻辑推理和生活经验,根据相关证据,推定申请人知道作出行政行为的时间。不管是“知道”还是“应当知道”,其结果均为申请人已经知晓行政行为。其二,行政机关必须在作出行政行为之时,明确告知可以通过申请行政复议的方式进行救济,包括提出申请的行政复议机关、申请的期限等事项。此外,在满足适用 60 日期限的上述两个前提下,本条第 1 款还规定了特殊复议期限,即“法律规定的申请期限超过六十日的除外”。

二、继续计算申请期限的情形

本条第 2 款规定,因不可抗力或者其他正当理由耽误法定申请期限的,申请期限自障碍消除之日起继续计算。这是对发生了法定的意外情况、行政复议申请期限可以延期的规定。根据本款规定,可以适当延期的情况有两类:一是因不可抗力的发生耽误了法定申请期限,如发生地震、水灾、战争等;二是其他一些正当理由耽误了法定申请期限,如法人处于合并或者改组阶段,行政复议申请人病重等。根据本款的规定,出现上述两种情况耽误了法定申请期限的,申请期限自障碍消除之日起继续计算。这里的继续计算,是指把因不可抗力或者其他正当理由而耽误的期限补足,但不是重新计算。当然对于是否属于因不可抗力或者其他正当理由耽误了行政复议申请期限,行政复议机关在审查行政复议申请时应当进行核实,对于确实超过法定期限又不符合本款规定的,行政复议机关有权不予受理。

三、适用 1 年期限的情形

“有权利必有救济”。从严格依法行政角度,行政执法机关作出执法决定时,应当同时告知其有申请行政复议的权利,以及申请期限和正确的行政复议机关,方便群众知悉并通过行政复议途径维护自身合法权益,即行政法上说的“教示义务”。如果行政执法机关未履行这一义务，则申请期限的起算时点应当相应予以延后。本条第3款规定，行政机关作出行政行为时，未告知公民、法人或者其他组织申请行政复议的权利、行政复议机关和申请期限的，申请期限自公民、法人或者其他组织知道或者应当知道申请行政复议的权利、行政复议机关和申请期限之日起计算，但是自知道或者应当知道行政行为内容之日起最长不得超过1年。本款关于行政复议申请权的规定，借鉴了行政诉讼制度的规定，是行政复议与行政诉讼的程序衔接的表现之一，既出于维护行政行为稳定性的考虑，又更加充分地保护了申请人申请行政复议的权利。

【典型案例】

石某不服公安局行政处罚案

石某与邻居因口角之争发生了肢体冲突。邻居报警后，县公安局对案件进行了调查。2020年5月20日，县公安局以石某故意殴打他人为由，作出了行政拘留10日、处罚款200元的行政处罚决定，并告知了如不服处罚可申请行政复议的权利。同日，石某签收了县公安局作出的行政处罚决定书。3个月后，石某越想越气，觉得县公安局作出的处罚过重，于是当即向县人民政府申请了行政复议，请求变更行政处罚决定。收到申请材料后，县人民政府进行了审查，认为石某提出申请的期限已超过60日，且没有不可抗力和其他耽误了行政复议申请时间的正当理由。第二日，县人民政府作出了不予受理的决定，并将决定文书送达石某。

【关联规定】

《最高人民法院关于适用〈中华人民共和国行政诉讼法〉的解释》第64条

第二十一条　因不动产提出的行政复议申请自行政行为作出之日起超过二十年，其他行政复议申请自行政行为作出之日起超过五年的，行政复议机关不予受理。

【新旧对照】

2017年《行政复议法》	2023年《行政复议法》	重点解读
	第二十一条　因不动产提出的行政复议申请自行政行为作出之日起超过二十年，其他行政复议申请自行政行为作出之日起超过五年的，行政复议机关不予受理。	本条为新增条文，对申请行政复议最长期限进行规定。

【适用要点】

本条是关于行政复议特殊申请期限即最长申请期限的规定。

理论界认为，期限是一种时效，一般是指一定的事实状态持续达到一定期间而发生一定效果的法律事实。时效分为取得时效和消灭时效。消灭时效在诉讼领域就是诉讼时效，是指权利人怠于行使权利持续到法定期间的，其公力救济权归于消灭。相关时效由法律强制规定，当事人不得约定更改或者预先抛弃，属于法定期间。之所以设定最长期限或者说时效制度，其目的在于督促权利人积极主张权利，保持相应法律关系的稳定性。

在行政领域，一般而言，行政机关作出行政行为，应当告知行政相对人行政行为的内容，以期得到行政相对人的配合或者履行，实现行政管理的目的。但实践中也有不少案件，由于行政机关作出行政行为时没有告知行政相对人或者因其他方面的原因，行政相对人迟迟不知道已作出的行政行为，抑或行政相对人对知道的行政行为怠于行使救济权利。在此情况下，如果因无法准确判断“知道或者应当知道”行政行为而无法开始计算申请期限，就会导致行政法律关系无限期地处于不稳定状态。

为了解决上述问题，从督促行政相对人积极行使权利救济，以及尽快保持行政法律关系的稳定性出发，有必要对申请行政复议确定一个最长保护期限，即作出的行政行为达到某一时间点后，无论行政相对人及利害关系人是否知道或者应当知道都不能再申请行政复议。基于此，本条借鉴了《民法典》《行政诉讼法》的有关规定，在行政复议程序中新增一项制度规定，对最长申请行政复议期限作了明确规定，即因不动产申请行政复议的案件自行政行为作出之日起超过 20 年，其他案件自行政行为作出之日起超过 5 年申请行政复议的，行政复议机关不予受理。

【关联规定】

《民法典》第 188 条；《行政诉讼法》第 46 条

第二十二条　申请人申请行政复议，可以书面申请；书面申请有困难的，也可以口头申请。

书面申请的，可以通过邮寄或者行政复议机关指定的互联网渠道等方式提交行政复议申请书，也可以当面提交行政复议申请书。行政机关通过互联网渠道送达行政行为决定书的，应当同时提供提交行政复议申请书的互联网渠道。

口头申请的，行政复议机关应当当场记录申请人的基本情况、行政复议请求、申请行政复议的主要事实、理由和时间。

申请人对两个以上行政行为不服的，应当分别申请行政复议。

【新旧对照】

2017年《行政复议法》	2023年《行政复议法》	重点解读
第十一条 申请人申请行政复议,可以书面申请,也可以口头申请;口头申请的,行政复议机关应当当场记录申请人的基本情况、行政复议请求、申请行政复议的主要事实、理由和时间。	第二十二条 申请人申请行政复议,可以书面申请;**书面申请有困难的,**也可以口头申请。 **书面申请的,可以通过邮寄或者行政复议机关指定的互联网渠道等方式提交行政复议申请书,也可以当面提交行政复议申请书。行政机关通过互联网渠道送达行政行为决定书的,应当同时提供提交行政复议申请书的互联网渠道。** 口头申请的,行政复议机关应当当场记录申请人的基本情况、行政复议请求、申请行政复议的主要事实、理由和时间。 **申请人对两个以上行政行为不服的,应当分别申请行政复议。**	1. 将申请人可以自由选择口头申请的形式,改为附条件提出口头申请。 2. 新增一项关于书面申请的具体方式以及行政机关提供提交行政复议申请书的互联网渠道的规定。 3. 新增"一行为一申请"的规定,即对两个以上行政行为不服的,应分别申请行政复议。

【适用要点】

本条是关于行政复议申请形式的规定。

习近平总书记关于"发挥行政复议公正高效、便民为民的制度优势和化解行政争议的主渠道作用"的重要指示,为行政复议工作提供了根本遵循。充分利用信息化手段为主渠道建设提供新动能,已成为新时代行政复议工作的重大课题。完善行政复议申请形式,推进行政复议信息化建设是实现从行政复议机关"单向服务"向行政复议机关与申请人"双向互动”转换，实现行政复议工作由“线下为主”向“线上线下有机融合”转换的必由之路。它有利于进一步提升申请行政复议的便利性和解决行政争议的实效性，降低人民群众通过行政复议维护自身合法权益的时间成本和经济成本。本条在2017年《行政复议法》的相关规定的基础上，结合信息化发展的趋势，特别是行政复议信息化平台的推广应用，进一步丰富了有关书面申请的规定，扩大了书面申请的方式，方便申请人自行选择，是贯彻落实行政复议公正高效、便民为民的具体表现。

一、申请形式的分类

提出行政复议申请有两种形式：一种是书面形式，即申请人向行政复议机关提出据以请求复议机关启动复议程序的申请文书；另一种是口头形式，即不向复议机关递交书面申请，但有明确的意思表示向行政复议机关申请行政复议。这两种申请形式的区别是，前者是要式的申请形式，后者是非要式的申请形式。从我国多年的行政复议工作实践看，书面申请形式一直是被普遍认可的复议申请形式，以书面形式申请行政复议，能够全面、准确、详尽地表达申请人的行政复议请求、申请行政复议的主要事实及理由等事项，也有利于复议机关准确地了解有关情况，把握案件的关键所在，及时进行审查和判断。因此，行政复议申请应以书面的申请方式为原则。当然在书面申请确有困难的情况下，申请人同样可以口头申请，行政复议机关不得拒绝，且应当当场记录申请人的基本情况、行政复议请求及申请行政复议的主要事实、理由和时间。

二、书面申请的方式

根据本条第2款规定，书面申请主要有当面提交、邮寄以及行政复议机关指定的互联网渠道等方式。其中，当面提交即申请人将行政复议申请书当面递交给行政复议机关或者行政复议机构的工作人员，申请人提交行政复议申请书之日即视为提出行政复议申请之日。邮寄申请至行政复议机关或者复议机构的，申请人将包含申请书的信件交邮之日即视为提出行政复议申请之日。行政复议机关指定的互联网渠道主要包括电子邮件以及手机小程序等网上受理平台。申请人通过行政复议机关指定的互联网渠道提交行政复议申请是一种新型的书面申请方式，高效、快捷而且成本较低。互联网及电脑、智能手机等在生活中的普及率已经越来越高，互联网渠道已成为重要的信息传递工具。近年来，各级行政复议机关加强信息化平台建设，取得了很大进展，先后探索开通了电子邮件及网页端、手机客户端等多种互联网申请方式，为申请人行使行政复议申请权提供了极大的便利，互联网申请方式已成为行政复议申请的重要方式。“手指点一点就完成了行政复议”的现代化申请方式在很多地方已经普及，“让申请行政复议像网购一样方便”成为很多行政复议机关努力的方向。除此之外，各级行政复议机关按照深化行政复议体制改革的部署要求，进一步畅通行政复议渠道，探索建立司法所代收等多种行政复议申请受理渠道，方便申请人提出行政复议申请。同时，如上所述，以互联网为基础的现代信息技术迅猛发展，已深度融入我国经济社会的各个方面，极大影响和改变了经济和社会的运行方式以及人们的生活方式，进而深刻影响着行政机关的监管和执法工作。其中，为破解行政执法文书“送达难”，打通行政执法“最后一公里”的问题，从立法层面看，2021 年修订后的《行政处罚法》第 61 条第 2 款对通过互联网渠道送达行政处罚文书事项作了较为具体的规定，即当事人同意并签订确认书的，行政机关可以采用传真、电子邮件等方式，将行政处罚决定书等送达当事人。在行政执法实践中，各地各级行政机关也作了很多有益的探索，并取得了很好的成效，如研发行政执法文书电子送达平台，打造“互联网+行政执法”应用场景，让数据“多跑路”、群众“少跑腿”，实现行政执法文书“云闪送”，在“减流动、减环节、减时间、减成本”的同时确保行政相对人享有的送达被告知的法定权利不减损。鉴于此，为更好地将行政复议便民为民的举措落到实处，让人民群众真正体验通过互联网渠道行使行政复议申请权的便捷、高效、精准，对通过互联网渠道送达行政行为决定书的，行政机关应当在告知申请行政复议的权利、行政复议机关和申请期限的同时，一并提供提交行政复议申请书的互联网渠道。

三、"一行为一申请"原则

本条第 4 款规定,申请人对两个以上行政行为不服的,应当分别申请行政复议,即"一行为一申请",具体是指申请人不能在一个复议案件中对两个或者两个以上的行政行为申请行政复议。这里两个以上的行政行为,主要包括同一行政机关对同一申请人作出两个以上不同的行政行为,也包括两个以上的行政机关对同一申请人作出不同的行政行为。从行政复议权行使的角度,申请人对每一个行政行为都可以申请行政复议,但申请人的申请如果涉及同一行政主体的不同行为或不同行政主体的不同行为,应当分别申请行政复议。这主要基于以下考虑:行政复议审查的对象是行政行为的合法性和合理性,不同的行政行为特别是不同行政主体作出的行政行为的作出主体、所依据的行政实体和程序法律、所基于的事实都可能存在差异,同时申请人对不同行政行为的请求事项也不尽相同,这就决定了行政复议对申请书中的不同行政行为审查的范围、内容、强度等并不完全一致。如果放在一个行政复议案件中处理,一是不便于申请人、被申请人等行政复议参加人参加行政复议;二是不利于行政复议机关聚焦被申请行政复议的行政行为,归纳争议焦点,认定案件事实,准确适用法律,从而公正、科学、高效地作出行政复议决定;三是从行政应诉层面考虑,同一行政复议决定中审查决定多个行政行为,不利于后续行政诉讼救济权利的实现。实践中,各级行政复议机关在接受行政复议申请时,应当细化对行政复议申请材料的审核把关,对于不符合"一行为一申请"的行政复议申请,加强指引和释明,规范行政复议申请,避免后续补正等程序浪费申请人以及行政复议机关的时间和精力。

第二十三条　有下列情形之一的,申请人应当先向行政复议机关申请行政复议,对行政复议决定不服的,可以再依法向人民法院提起行政诉讼:

(一)对当场作出的行政处罚决定不服;

(二)对行政机关作出的侵犯其已经依法取得的自然资源的所有权

或者使用权的决定不服；

（三）认为行政机关存在本法第十一条规定的未履行法定职责情形；

（四）申请政府信息公开，行政机关不予公开；

（五）法律、行政法规规定应当先向行政复议机关申请行政复议的其他情形。

对前款规定的情形，行政机关在作出行政行为时应当告知公民、法人或者其他组织先向行政复议机关申请行政复议。

【新旧对照】

2017 年《行政复议法》	2023 年《行政复议法》	重点解读
第三十条第一款　公~~民、法人或者其他组织认为~~行政机关的~~具体行政行为~~侵犯其已经依法取得的~~土地、矿藏、水流、森林、山岭、草原、荒地、滩涂、海域等~~自然资源的所有权或者使用权的，应当先申请行政复议；对行政复议决定不服的，可以依法向人民法院提起行政诉讼。	第二十三条　**有下列情形之一的，申请人**应当先**向行政复议机关**申请行政复议，对行政复议决定不服的，可以再依法向人民法院提起行政诉讼： **（一）对当场作出的行政处罚决定不服；** （二）**对行政机关作出**的侵犯其已经依法取得的自然资源的所有权或者使用权的**决定不服**； **（三）认为行政机关存在本法第十一条规定的未履行法定职责情形；** **（四）申请政府信息公开，行政机关不予公开；** **（五）**法律、**行政**法规规定应当先向行政复议机关申请行政复议的**其他情形**。 **对前款规定的情形，行政机关在作出行政行为时应当告知公民、法人或者其他组织先向行政复议机关申请行政复议。**	1. 将“公民、法人或者其他组织”修改为“申请人”，并删除了有关自然资源所有权和使用权具体类型的内容，语言更简明。 2. 增加了行政复议前置的情形，主要包括：行政机关当场作出的行政处罚决定；行政机关未履行法定职责；申请政府信息公开，行政机关不予公开等。 3. 新增一款关于行政机关应当履行行政复议前置告知义务的规定。
第十六条第一款　……~~或者~~法律、法规规定应当先向行政复议机关申请行政复议、对行政复议决定不服再向人民法院提起行政诉讼的，~~在法定行政复议期限内不得向人民法院提起行政诉讼~~。		

【适用要点】

本条是关于行政复议前置的规定。

行政复议前置是《行政复议法》实施以来长期实行的一项制度，从法理和实践看，有利于高效实质性化解行政争议，同时并未减损申请人的诉权。在《行政复议法》修订过程中，进一步扩大行政复议前置范围的呼声很高，这一构想具有内在需求和实践基础。新时期的行政复议工作面临新的形势和任务，发挥行政复议化解行政争议的主渠道作用，必须在有效分流和实质性化解行政争议方面展现更大作为。“主渠道”意味着行政复议制度应承担行政诉讼分流的功能，扮演行政争议化解主力军的角色，首先要坚持将行政复议制度挺在纠纷解决机制的前方，增强行政复议路径对行政争议的吸附能力，也需要进一步优化行政复议与行政诉讼程序衔接机制，推动行政复议的“过滤器”功能得到充分发挥。2017 年《行政复议法》确立了行政复议前置制度，从规范行政争议解决救济途径的选择角度对行政复议与行政诉讼的衔接关系作了一些规定，但大部分行政争议案件实行自由选择，对符合一定条件的少数案件实行复议前置。这虽然在一定程度上减少了行政争议直接进入行政诉讼流程的事项的发生，但行政复议前置的范围还是偏狭窄，仅集中在自然资源权属确定及单行法律、法规规定的情形上，这难以在一些专业性较强的案件中发挥行政复议的专业优势和行政系统内部化解行政争议的机制优势，不利于发挥行政复议的能动性，不能适应行政复议高效、便民的需要。尤其在行政争议的高发领域，大量行政争议未经行政复议程序就直接进入了司法渠道。因此，行政复议化解行政争议主渠道作用的实现需要依托行政复议前置制度的完善，扩大行政复议前置范围成为重要方向。

一、行政复议前置的概念

行政复议前置，即行政相对人对行政机关作出的行政行为不服，应当先申请行政复议，对行政复议决定不服、行政复议机关在法定期限内未作出行政复议决定或者处理，才可以提起行政诉讼。行政复议与行政诉讼同为解决行政争议、监督权力、保障权利的法定路径，两者既有共性又有差异，在运行过程中优势互补、功能并存。建立行政复议前置制度的要义在于对符合一定条件的行政争议案件限定行政相对人寻求解决行政争议的方式，设定启动不同程序的先后顺序。即对纳入行政复议前置范围的行政争议，未经行政复议环节，不能径行提起行政诉讼；行政相对人直接起诉的，人民法院不予受理；只有在完成行政复议各个环节后，行政相对人才有权利将行政争议诉至人民法院。

二、行政复议前置的范围

本条规定的行政复议前置的范围主要有：对行政机关当场作出的行政处罚决定不服、对行政机关作出的侵犯其已经依法取得的自然资源的所有权或者使用权的决定不服、认为行政机关存在 2023 年《行政复议法》第 11 条规定的未履行法定职责情形、申请政府信息公开行政机关不予公开，以及法律、行政法规规定应当先向行政复议机关申请行政复议的其他情形。其中，对行政机关当场作出的行政处罚决定不服、认为行政机关未履行法定职责情形以及申请政府信息公开行政机关不予公开，系起草部门、立法机关在综合考量各方因素后，新纳入行政复议前置范围的情形，具有一定的创设和示范意义。

将对行政机关当场作出的行政处罚决定不服纳入行政复议前置范围，主要基于以下考虑：《行政处罚法》对可以当场作出行政处罚的事项作了普遍性规定，即违法事实确凿并有法定依据，对公民处以 200 元以下、对法人或者其他组织处以 3000 元以下罚款或者警告的行政处罚的，可以当场作出行政处罚决定。《治安管理处罚法》《道路交通安全法》等法律对可以当场作出行政处罚决定的情形进行了具体规定。这类案件大多涉及交通管理小额罚款的行政争议等，一般案情较为简单。由于行政复议审理流程简便，审理时限较短且不收费，将这类案件纳入行政复议前置范围，便于群众以更低的时间成本和经济成本化解行政争议，也有利于行政管理秩序尽快恢复稳定。

将认为行政机关未履行法定职责情形纳入行政复议前置范围，主要基于以下考虑：未履行法定职责的情形主要包括申请行政许可，行政机关拒绝或者在法定期限内不予答复的；申请行政机关履行保护人身权利、财产权利、受教育权利等合法权益的法定职责，行政机关拒绝履行、未依法履行或者不予答复的；等等。行政复议制度是行政系统内部的层级监督制度，行政复议机关和被申请人是上下级领导和被领导关系。相较于人民法院，上级行政机关对下级行政机关是否具有履职义务、是否已经依法履职等情况掌握更准确，纠错力度更大。将这类案件纳入行政复议前置范围，有利于各级人民政府加大对下级行政机关不作为的监督，促进法治政府建设。

将申请政府信息公开，行政机关不予公开纳入行政复议前置范围，主要基于以下考虑：政府信息公开行为是为了更好地保障公民、法人和其他组织依法获取相关政府信息，政府信息的制作主体是各级行政机关，行政复议机关对各级行政机关政府信息制作获取以及后续的公开行为了解更多。对于行政机关不予公开行为的纠正和处理，相较于人民法院的确认违法、撤销答复、责令公开等处理形式，行政复议机关可以更好地发挥自身制度和行政复议决定的优势，直接变更政府信息公开答复或者直接公开相关政府信息，避免形成政府信息公开领域的程序空转。

此外，其他法律、行政法规规定应当实行行政复议前置的情形主要散见于《税收征收管理法》《反垄断法》《社会保险费征缴暂行条例》等。

三、行政复议前置的告知

根据本条第2款的规定，行政机关在作出本条第1款规定的行政行为时应当履行告知行政复议前置的义务，即告知行政相对人，如对有关行政行为不服，应当先向行政复议机关申请行政复议，不仅要明确告知申请行政复议的权利，还应当告知行政复议机关和申请行政复议的期限。这一规定的主要目的是便于行政相对人及时准确知悉权利，避免因此次行政复议前置范围的适度扩大，导致申请人错过行政复议申请期限、进而无法起诉的问题。为更好地保护人民群众的行政复议申请权，还是应当督促各级行政执法机关在作出行政行为时落实行政复议权利告知制度，确保行政相对人知悉行政复议的权利和法定期限，及时申请行政复议。

【典型案例】

邓某平不服镇人民政府行政确权案

邓某华与邓某平系同村组村民，二人的宅基地相邻。2021年7月，因结婚分家，邓某华准备在其宅基地建造房屋，并向当地镇人民政府申请农村建房审批。同月，镇人民政府组织工作人员前来丈量土地，实地核查时，邓某平提出邓某华拟建房屋的部分土地是归他使用的。二人发生争议，村组调解无果，二人请求镇人民政府先行处理土地使用权纠纷。经查实，镇人民政府于2021年8月作出土地使用权处理决定，将二人有争议的宅基地的使用权人确定为邓某华，并将处理决定文书分别送达，但未告知相关救济权利。邓某平不服处理决定，经打听后，在收到处理决定书后第二天就直接向隔壁县人民法院提起了行政诉讼。经审查，法院告知邓某平对土地使用权纠纷处理决定不服的，应当先申请行政复议，对行政复议决定不服的，才可以提起行政诉讼。于是，邓某平向县人民政府申请了行政复议，请求县人民政府撤销镇人民政府的处理决定，重新确定案涉宅基地的使用权，县人民政府依法受理了该案。

第四节 行政复议管辖

第二十四条 县级以上地方各级人民政府管辖下列行政复议案件：

（一）对本级人民政府工作部门作出的行政行为不服的；

（二）对下一级人民政府作出的行政行为不服的；

（三）对本级人民政府依法设立的派出机关作出的行政行为不服的；

（四）对本级人民政府或者其工作部门管理的法律、法规、规章授权的组织作出的行政行为不服的。

除前款规定外，省、自治区、直辖市人民政府同时管辖对本机关作出的行政行为不服的行政复议案件。

省、自治区人民政府依法设立的派出机关参照设区的市级人民政府的职责权限，管辖相关行政复议案件。

对县级以上地方各级人民政府工作部门依法设立的派出机构依照法律、法规、规章规定，以派出机构的名义作出的行政行为不服的行政复议案件，由本级人民政府管辖；其中，对直辖市、设区的市人民政府工作部门按照行政区划设立的派出机构作出的行政行为不服的，也可以由其所在地的人民政府管辖。

【新旧对照】

2017年《行政复议法》	2023年《行政复议法》	重点解读
第十二条第一款 对县级以上地方各级人民政府工作部门的~~具体~~行政行为不服的，~~由申请人选择，~~可以向该部门的本级人民政府申请行政复议，*也可以向上一级主管部门申请行政复议。* 第十三条 对地方各级人民政府的~~具体~~行政行为不服的，向上一级地方人民政府申请行政复议。 *对省、自治区人民政府依法设立的派出机关所属的县级地方人民政府的~~具体~~行政行为不服的，~~向该派出机关申请行政复议~~。* 第十四条 ……省、自治区、直辖市人民政府的~~具体~~行政行为不服的，*向作出该~~具体~~行政行为的*……省、自治区、直辖市人民政府*申请行政复议*…… 第十五条 *对本法第十二条、第十三条、第十四条规定以外的其他行政机关、组织的~~具体~~行政行为不服的，按照下列规定申请行政复议：* *（一）对县级以上地方人民政府依法*设立的派出机关的*具体*行政行为不服的，*向*	第二十四条 **县级以上地方各级人民政府管辖下列行政复议案件：** （一）对**本级**人民政府工作部门作出的行政行为不服的； *（二）对下一级人民政府作出的行政行为不服的；* （三）对**本级**人民政府依法设立的派出机关**作出的**行政行为不服的； （四）对**本级人民政府或者其工作部门管理**的法律、法规、**规章**授权的组织**作出**的行政行为不服的。 **除前款规定外，**省、自治区、直辖市人民政府*同时管辖对本机关作出的行政行为不服的行政复议案件。* **省、自治区人民政府依法设立的派出机关参照设区的市级人民政府的职责权限，管辖相关行政复议案件。** 对县级以上地方各级人民政府工作部门依法设立的派出机构依照法律、法规、规章规定，以**派出机构**的名义作出的行政行为不服的**行政复议案件**，由本级人民政府管辖；**其中，对直辖市、设区的市人民政府工作部门按照行政**	1. 全面落实《行政复议体制改革方案》的任务部署，新增了行政复议集中管辖的规定。 2. 删除了申请人可以选择向地方各级人民政府工作部门的上一级主管部门申请行政复议的内容。 3. 重新规定了县级以上地方各级人民政府管辖的行政复议案件类型。

续表

2017年《行政复议法》	2023年《行政复议法》	重点解读
设立该派出机关的人民政府申请行政复议； （二）对政府工作部门依法设立的派出机构依照法律、法规或者规章规定，以自己的名义作出的具体行政行为不服的，向设立该派出机构的部门或者该部门的本级地方人民政府申请行政复议； （三）对法律、法规授权的组织的具体行政行为不服的，分别向直接管理该组织的地方人民政府、地方人民政府工作部门或者国务院部门申请行政复议； （四）对两个或者两个以上行政机关以共同的名义作出的具体行政行为不服的，向其共同上一级行政机关申请行政复议； （五）对被撤销的行政机关在撤销前所作出的具体行政行为不服的，向继续行使其职权的行政机关的上一级行政机关申请行政复议。 有前款所列情形之一的，申请人也可以向具体行政行为发生地的县级地方人民政府提出行政复议申请，由接受申请的县级地方人民政府依照本法第十八条的规定办理。	**区划设立的派出机构作出的行政行为不服的，也可以由其所在地的人民政府管辖。**	

【适用要点】

本条是关于行政复议集中管辖权的规定。

作为政府系统自我纠错的监督制度和解决“民告官”行政争议的救济制度,行政复议以行政领导关系为基础,是层级监督在行政复议领域的具体制度设计,其管辖体制的建构事关行政复议功能的实现,直接影响人民群众对行政复议案件办理结果的认同度,和对整个行政复议制度的信赖感。合理的行政复议管辖体制对发挥行政复议公正高效、便民为民的制度优势和化解行政争议主渠道作用以及提升行政复议的权威性、公信力,促进社会公平正义具有重要的意义。

2017 年《行政复议法》第 12 条至第 16 条主要规定了“条块结合”的管辖体制。一是选择管辖,即对县级以上地方人民政府工作部门的行为不服的,向本级人民政府或上一级主管部门申请行政复议。二是“条条管辖”,即对海关、金融、国税、外汇管理等实行垂直领导的行政机关和国家安全机关的具体行政行为不服的,向上一级主管部门申请复议;对地方各级人民政府的具体行政行为不服的,向上一级地方人民政府申请行政复议。三是自我管辖,即对国务院部门或省级人民政府的具体行政行为不服的,向该国务院部门或省级人民政府申请行政复议。对行政复议决定不服的,可以向法院起诉或向国务院申请裁决,国务院的裁决为最终裁决。上述体制存在以下主要问题:(1)行政复议职责和机构分散在各级人民政府及其职能部门,行政复议资源配置不尽合理。一方面存在“多头”复议问题,申请人往往找不着、找不准行政复议机关。另一方面存在资源配置不合理的问题,“案多人少”矛盾突出。(2)办案质效存在短板。一方面表现为“同案不同判”,既存在不同行政复议机关对同一案件作出不同行政复议决定的现象,也存在不同行政复议机关对类似案件作出不同行政复议决定的情形。另一方面表现为公信力不足,程序空转的问题还较为突出。(3)行政复议的监督功能未能充分发挥。一方面存在行政复议案件审理缺乏独立性,容易受到部门利益的不当干涉,监督功能难以有效发挥的问题。另一方面存在监督重点不突出,监督纠错力度不强的问题。

2020年,中央全面依法治国委员会印发《行政复议体制改革方案》,明确整合地方行政复议职责,除实行垂直领导的行政机关、税务和国家安全机关外,县级以上一级地方人民政府只保留一个行政复议机关,由本级人民政府统一行使行政复议职责。中共中央、国务院印发的《法治政府建设实施纲要(2021—2025年)》要求,"全面深化行政复议体制改革,整合地方行政复议职责"。2023年修订后的《行政复议法》全面落实《行政复议体制改革方案》和新时代发展的要求,回应了人民群众日益增长的通过行政复议渠道化解矛盾的需求,确立了行政复议集中管辖制度。本条是对行政复议集中管辖制度的具体规定,是2023年修订《行政复议法》的重点条款之一。

一、行政复议集中管辖的主体

根据本条第1款的规定,县级以上地方各级人民政府是行政复议集中管辖的主体,主要包括县级人民政府,设区的市、自治州人民政府,省、自治区、直辖市人民政府。依照上述规定,地方人民政府有关工作部门不再承担行政复议职责。据统计,截至目前,31个省、自治区、直辖市和新疆生产建设兵团已基本实现了省(自治区、直辖市)、设区的市、县三级行政复议职责集中,各级人民政府"一口对外"受理行政复议案件,人民群众找得着、找得准行政复议机关。政府集中办理行政复议事项,同一案件被两个行政复议机关受理并作出决定的情况不复存在,实现了"同案同判",属地化解行政争议实现了责任清、标准明。同时,政府主导的行政复议制度优势充分显现,倒逼依法行政的作用凸显。在总结行政复议体制改革成效的基础上,本条将改革要求和改革成果上升到法律制度层面,有利于进一步巩固深化行政复议体制改革成效。

二、行政复议集中管辖的范围

根据本条第1款和第4款的规定,县级以上地方各级人民政府管辖的案件包括对本级人民政府工作部门作出的行政行为不服的;对下一级人民政府作出的行政行为不服的;对本级人民政府依法设立的派出机关作出的行政行为不服的;对本级人民政府或者其工作部门管理的法律、法规、规章授权的组织作出的行政行为不服的;对本级人民政府工作部门依法设立的派出机构依照法律、法规、规章规定,以派出机构的名义作出的行政行为不服的。其中,本条第4款明确规定,对直辖市、设区的市人民政府工作部门按照行政区划设立的派出机构作出的行政行为不服的,也可以由派出机构所在地的人民政府管辖。这一规定将行政复议"集中管辖""属地管理""重心下移""便民为民"的原则进行了有机结合,既可以由设立派出机构部门的本级人民政府管辖,也可以由该派出机构所在地的人民政府管辖,还考虑了行政复议体制改革后直辖市、设区的市人民政府办案任务繁重的因素,更体现了行政复议便民为民的制度优势以及将行政争议化解在基层、化解在萌芽状态的法治理念。

本条第2、3款规定,省、自治区、直辖市人民政府同时管辖对本机关作出的行政行为不服的行政复议案件,省、自治区人民政府依法设立的派出机关参照设区的市级人民政府的职责权限,管辖相关行政复议案件。需要说明的是,省、自治区、直辖市人民政府同时管辖对本机关作出的行政行为不服的行政复议案件,意味着确立了省级人民政府的原级行政复议制度,这是不同于一般行政复议"上管一级"的制度规定。随着"放管服"改革的深入推进,实践中原级行政复议的案件总量呈下降趋势。

第二十五条　国务院部门管辖下列行政复议案件:

(一)对本部门作出的行政行为不服的;

(二)对本部门依法设立的派出机构依照法律、行政法规、部门规章

规定,以派出机构的名义作出的行政行为不服的;

(三)对本部门管理的法律、行政法规、部门规章授权的组织作出的行政行为不服的。

【新旧对照】

2017 年《行政复议法》	2023 年《行政复议法》	重点解读
第十四条　对国务院部门……的~~具体~~行政行为不服的,*向作出该~~具体~~行政行为的国务院部门……申请行政复议……*	第二十五条　国务院部门管辖下列行政复议案件: (一)对本部门作出的行政行为不服的; **(二)对本部门依法设立的派出机构依照法律、行政法规、部门规章规定,以派出机构的名义作出的行政行为不服的;** **(三)对本部门管理的法律、行政法规、部门规章授权的组织作出的行政行为不服的。**	重新规定了国务院部门管辖的行政复议案件类型。

【适用要点】

本条是关于国务院部门行政复议管辖权的规定。

基于改革的进展情况和现实管理需要,2023 年修订的《行政复议法》沿袭了修订前的管辖规定,继续赋予国务院部门履行行政复议的职责。根据本条规定,国务院部门直接管辖的行政复议案件分为三种类型,即对部门自身作出的行政行为不服的;对本部门依法设立的派出机构依照法律、行政法规、部门规章规定,以派出机构的名义作出的行政行为不服的;对本部门管理的法律、行政法规、部门规章授权的组织作出的行政行为不服的。需要注意的是，如果对省级人民政府的工作部门作出的行政行为不服，依据2017年《行政复议法》的规定，亦可再向国务院部门申请行政复议。根据2023年修订后的《行政复议法》规定，国务院部门不再管辖上述情形的行政复议案件。

《国务院行政机构设置和编制管理条例》第6条规定，“国务院行政机构根据职能分为国务院办公厅、国务院组成部门、国务院直属机构、国务院办事机构、国务院组成部门管理的国家行政机构和国务院议事协调机构”，“国务院组成部门依法分别履行国务院基本的行政管理职能。国务院组成部门包括各部、各委员会、中国人民银行和审计署”。根据党的二十届二中全会审议通过的《党和国家机构改革方案》以及第十四届全国人民代表大会第一次会议审议批准的《国务院机构改革方案》和国务院第一次常务会议审议通过的国务院直属特设机构、直属机构、办事机构、直属事业单位设置方案，本条规定的国务院部门除了26个国务院组成部门外，还包括行使行政管理职责的国务院直属特设机构、国务院直属机构以及国务院部委管理的国家局等。

【关联规定】

《国务院行政机构设置和编制管理条例》第6条

第二十六条　对省、自治区、直辖市人民政府依照本法第二十四条第二款的规定、国务院部门依照本法第二十五条第一项的规定作出的行政复议决定不服的，可以向人民法院提起行政诉讼；也可以向国务院申请裁决，国务院依照本法的规定作出最终裁决。

【新旧对照】

2017年《行政复议法》	2023年《行政复议法》	重点解读
第十四条　对国务院部门或者省、自治区、直辖市人民政府的具体行政行为不服的，向作出该具体行政行为的国务院部门或者省、自治区、直辖市人民政府申请行政复议。对行政复议决定不服的，可以向人民法院提起行政诉讼；也可以向国务院申请裁决，国务院依照本法的规定作出最终裁决。	第二十六条　对省、自治区、直辖市人民政府**依照本法第二十四条第二款的规定、国务院部门依照本法第二十五条第一项的规定作出的**行政复议决定不服的，可以向人民法院提起行政诉讼；也可以向国务院申请裁决，国务院依照本法的规定作出最终裁决。	根据管辖权规定的调整，对国务院行政复议最终裁决的规定作了相应调整。

【适用要点】

本条是关于国务院管辖权的特殊规定。

作为最高国家权力机关的执行机关，国务院是最高国家行政机关，依照法律规定也是最高行政复议机关。由于国务院部门以及省级人民政府自身作出的行政行为层级高，且往往涉及人民群众重大切身利益，建立国务院行政复议裁决制度，由国务院作为行政复议机关直接受理行政复议案件，一方面彰显了国务院对下级行政机关作出的行政行为具有监督的权力和职责，另一方面也能在具体的案件办理中发现行政管理的短板和弱项，更好地解决人民群众最关心、最直接、最现实的利益问题，保障社会公平正义。此外，通过直接办理国务院行政复议裁决案件，国务院行政复议机构可以提高指导监督全国行政复议工作的针对性和有效性。

根据本条规定，省、自治区、直辖市人民政府以及国务院部门对不服自身行政行为作出行政复议决定后，行政相对人仍不服的，其有继续寻求救济的权利，既可以向人民法院提起行政诉讼也可以向国务院申请裁决。但必须注意，这两条救济途径的选择是择一的，也就是说，选择了向人民法院提起行政诉讼，就不得再向国务院申请裁决；选择了向国务院申请裁决，就不得再向法院提起行政诉讼，国务院作出的行政复议裁决为终局决定。同时，并不是所有对省、自治区、直辖市人民政府以及国务院部门作出的行政复议决定不服均可以选择向国务院申请裁决，只有对省、自治区、直辖市人民政府依照2023年《行政复议法》第24条第2款的规定、国务院部门依照2023年《行政复议法》第25条第1项的规定作出的行政复议决定不服的，即省、自治区、直辖市人民政府以及国务院部门对不服自身的行政行为作出行政复议决定后，行政相对人仍不服的才可以向国务院申请裁决。

【典型案例】

张某不服省人民政府征地批复案

2020年7月，某省人民政府作出征地批复，征收了张某所在村组的集体土地。张某不服征地批复，于同年8月向该省人民政府申请了行政复议，省人民政府作出了维持征地批复的决定。张某仍不服，但不知道如何继续维权，于是向其所在县人民政府进行咨询。县人民政府工作人员告知其可以根据《行政复议法》的规定，向国务院申请裁决，或者向人民法院提起行政诉讼，二者只能选择其一，且国务院的裁决是最终裁决。最后，张某向国务院申请行政复议裁决，请求撤销省人民政府作出的征地批复，国务院依法受理了张某的行政复议裁决申请。

第二十七条　对海关、金融、外汇管理等实行垂直领导的行政机关、税务和国家安全机关的行政行为不服的，向上一级主管部门申请行政复议。

【新旧对照】

2017 年《行政复议法》	2023 年《行政复议法》	重点解读
第十二条第二款 对海关、金融、~~国税~~、外汇管理等实行垂直领导的行政机关和国家安全机关的~~具体~~行政行为不服的,向上一级主管部门申请行政复议。	*第二十七条* 对海关、金融、外汇管理等实行垂直领导的行政机关、**税务**和国家安全机关的行政行为不服的,向上一级主管部门申请行政复议。	将"国税"修改为"税务"。

【适用要点】

本条是关于集中管辖的例外规定。

条块管理关系是我国行政组织体系中基本的结构性关系,它在不同的层面和不同的领域影响和制约着整个政府的行政管理。由于各种因素的综合作用,各级人民政府之间的条块管理格局有其存在的必要性。当然,这也导致我国行政管理领域具有多样性和复杂性,特别是对于实行垂直领导的行政机关,行政管理主要是以"条条"为主的,相关法律、法规、规章的专业性较强,在行政复议管辖问题上如果规定"一刀切"的政策,不符合当前我国行政管理工作的实际,也不利于行政监督工作的有效开展。因此,2023 年《行政复议法》基本沿袭了修订前的管辖模式,将涉及海关、金融、外汇管理等实行垂直领导的行政机关和税务、国家安全机关的行政复议职权,只赋予上一级主管部门。因此,申请人对海关、金融、外汇管理等实行垂直领导的行政机关和国家安全机关作出的行政行为不服的,只能向上一级主管部门申请行政复议,不能依照 2023 年《行政复议法》第 24 条的规定,向县级以上地方人民政府申请行政复议。需要注意的是,本条将原条款规定中的"国税"改为了"税务",是基于管理体制改革的变化。中共中央办公厅、国务院办公厅 2018 年 7 月印发的《国税地税征管体制改革方案》对税务部门领导管理体制作了规定,明确国税地税机构合并后实行以税务总局为主、与省区市党委和政府双重领导的管理体制税务体制。虽然地方税务部门的领导管理体制实现了“条块结合”,但仍然“以条为主”,地方税务机关不列入同级政府工作部门,并且考虑到税务工作的特殊性和专业性,该条规定赋予了税务机关的行政复议职权。

【典型案例】

张某不服海关部门行政处罚案

张某在某省省城经营一家外贸公司,主要从事进出口业务。某日,张某收到了海关总署某省分署的一份行政处罚决定书,认定张某的公司在进口货物时存在违法行为,并处以罚款10万元人民币。张某对该处罚决定不服,认为海关在调查过程中存在程序违法,并向分署所在地的省人民政府提出了行政复议申请。省人民政府认为,海关属于实行垂直领导的行政机关。根据《行政复议法》有关规定,申请人应当向作出行政处罚决定的分署的上级行政机关即海关总署提交行政复议申请。后申请人向海关总署提交了行政复议申请,海关总署依法受理了该案。

第二十八条　对履行行政复议机构职责的地方人民政府司法行政部门的行政行为不服的,可以向本级人民政府申请行政复议,也可以向上一级司法行政部门申请行政复议。

【新旧对照】

2017 年《行政复议法》	2023 年《行政复议法》	重点解读
	第二十八条 对履行行政复议机构职责的地方人民政府司法行政部门的行政行为不服的，可以向本级人民政府申请行政复议，也可以向上一级司法行政部门申请行政复议。	本条为新增条文，对行政复议集中管辖作了补充规定。

【适用要点】

本条是关于行政复议集中管辖的补充规定。

2018 年党和国家机构改革之后，除少数地方外，县级以上司法行政部门不仅承担了本级人民政府的行政复议具体工作，还承担着本部门自身的行政复议工作，这可能引起“既当运动员又当裁判员”的质疑，如果不妥善加以解决，行政相对人对行政复议的公正性就会产生怀疑，也会对法治政府的建设产生负面影响。因此，如何消除社会质疑，进一步增强行政相对人对行政复议制度的信心，发挥行政复议化解行政争议的主渠道作用，真正体现行政复议公开公正、便民为民的原则，需要从制度上予以解决。

本条对行政复议集中管辖的事项进行了补充规定，即对履行行政复议机构职责的地方人民政府司法行政部门的行政行为不服的，可以向本级人民政府申请行政复议，也可以向上一级司法行政部门申请行政复议。这一方面尊重了行政相对人的选择权，允许其向上一级行政部门申请行政复议；另一方面坚持了便民为民的原则，允许其向本级人民政府申请行政复议，避免多跑路，真正做到了既让民众“省心”又让民众“放心”。

第二十九条　公民、法人或者其他组织申请行政复议，行政复议机关已经依法受理的，在行政复议期间不得向人民法院提起行政诉讼。

公民、法人或者其他组织向人民法院提起行政诉讼，人民法院已经依法受理的，不得申请行政复议。

【新旧对照】

2017 年《行政复议法》	2023 年《行政复议法》	重点解读
第十六条　公民、法人或者其他组织申请行政复议，行政复议机关已经依法受理的……在法定行政复议*期限内*不得向人民法院提起行政诉讼。 公民、法人或者其他组织向人民法院提起行政诉讼，人民法院已经依法受理的，不得申请行政复议。	第二十九条　公民、法人或者其他组织申请行政复议，行政复议机关已经依法受理的，在行政复议*期间*不得向人民法院提起行政诉讼。 公民、法人或者其他组织向人民法院提起行政诉讼，人民法院已经依法受理的，不得申请行政复议。	1. 基于 2023 年《行政复议法》第 23 条已有明确规定，本条删除了 2017 年《行政复议法》中有关行政复议前置的内容，条文结构逻辑更合理。 2. 将“法定行政复议期限”改为“行政复议期间”，语言更简明精准。

【适用要点】

本条是关于行政复议和行政诉讼之间关系的规定。

在倡导多元化纠纷解决机制的今天，行政复议与行政诉讼均属解决行政纠纷最重要且最为成熟的法定途径。虽然两者皆因不服行政行为而启动，且在目的、功能、程序设置、救济形式等多个方面都表现出一些共性，但彼此也存在制度差异，其根源在于行政权与司法权的区别。在我国，行政权与司法权均源自《宪法》的规定，但有职能意义上的分工之别，在履行职能时所管辖的事项存在差异。如果不服行政行为的行政相对人可以同时启动行政复议和行政诉讼程序，一方面会浪费行政资源或司法资源，另一方面也不利于行政纠纷解决机制的整体协调和发展。只有正确规范两者的关系,才能让两种制度在纠纷机制中衔接有序,在解决行政争议的进程中并行不悖,共同推进诉源治理,合力推动行政争议的实质性解决。

一、行政复议期间不能起诉

根据本条第1款规定,申请人申请行政复议,行政复议机关已经依法受理的,申请人在行政复议期间不得向人民法院提起行政诉讼。即无论行政争议事项是否属于复议前置事项,如果行政相对人选择了向行政复议机关申请行政复议,且行政复议机关已经依法受理,其在行政复议期间不得提起行政诉讼。当然,如果尚未受理,则需根据行政争议是否属于行政复议前置情形的情况等决定。如果属于复议前置事项,行政相对人仍然不可径行提起行政诉讼;如果不属于,行政相对人仍然还有选择行政诉讼的权利。

二、行政诉讼期间不能复议

根据本条第2款规定,行政相对人提起行政诉讼,人民法院已经依法受理的,不得申请行政复议,即如果行政相对人选择直接向人民法院提起行政诉讼,人民法院依法受理,这意味着司法程序已经开始,对原告来说,表明其已经选择了司法救济的途径,放弃了行政救济程序。根据司法最终裁决原则,行政相对人不能再启动行政救济程序,当然不得再申请行政复议;如果人民法院未依法受理,行政相对人仍可申请行政复议。

【典型案例】

某民办幼儿园不服市教育局行政许可案

某市教育局在审批一家民办幼儿园申请延续办学事项时存在违规行为,导致该幼儿园的办学申请没有通过审批。该幼儿园对教育局的审批结果不服,向市人民政府申请行政复议。市人民政府在接到行政复议申请后，依法对该申请进行了受理。行政复议期间，该幼儿园又向人民法院提起行政诉讼，但被告知在行政复议期间不能提起行政诉讼。经过审理，市人民政府撤销了不予批准的审批决定，并要求市教育局重新对该幼儿园的办学申请进行审批。

第三章　行政复议受理

第三十条　行政复议机关收到行政复议申请后，应当在五日内进行审查。对符合下列规定的，行政复议机关应当予以受理：

（一）有明确的申请人和符合本法规定的被申请人；

（二）申请人与被申请行政复议的行政行为有利害关系；

（三）有具体的行政复议请求和理由；

（四）在法定申请期限内提出；

（五）属于本法规定的行政复议范围；

（六）属于本机关的管辖范围；

（七）行政复议机关未受理过该申请人就同一行政行为提出的行政复议申请，并且人民法院未受理过该申请人就同一行政行为提起的行政诉讼。

对不符合前款规定的行政复议申请，行政复议机关应当在审查期限内决定不予受理并说明理由；不属于本机关管辖的，还应当在不予受理决定中告知申请人有管辖权的行政复议机关。

行政复议申请的审查期限届满，行政复议机关未作出不予受理决定的，审查期限届满之日起视为受理。

【新旧对照】

2017 年《行政复议法》	2023 年《行政复议法》	重点解读
第*十七*条　行政复议机关收到行政复议申请后，应当在五日内进行审查，对不符合*本法*规定的行政复议申请，决定不予受理，并~~书面告知申请人~~；*对符合本法规定，但是不属于本机关受理的行政复议申请，应当告知申请人向有关行政复议机关提出。* ~~除前款规定外，~~行政~~复议申请自行政复议机关负责法制工作的机构收到之日起即为受理。~~	第*三十*条　行政复议机关收到行政复议申请后，应当在五日内进行审查。**对符合下列规定的，行政复议机关应当予以受理：** **（一）有明确的申请人和符合本法规定的被申请人；** **（二）申请人与被申请行政复议的行政行为有利害关系；** **（三）有具体的行政复议请求和理由；** **（四）在法定申请期限内提出；** **（五）属于本法规定的行政复议范围；** **（六）属于本机关的管辖范围；** **（七）行政复议机关未受理过该申请人就同一行政行为提出的行政复议申请，并且人民法院未受理过该申请人就同一行政行为提起的行政诉讼。** 对不符合*前款*规定的行政复议申请，行政复议机关应当**在审查期限内**决定不予受理并**说明理由**；*不属于本机关管辖的，还应当在不予受理决定中告知申请人有管辖权的行政复议机关。* **行政复议申请的审查期限届满，行政复议机关未作出不予受理决定的，审查期限届满之日起视为受理。**	1. 整体吸收《行政复议法实施条例》第 28 条的规定。 2. 将属于其他机关管辖的告知统一为不予受理决定书，更加规范。 3. 将 5 日审查期限届满作为推定受理时间节点。

【适用要点】

本条是关于受理条件、受理审查期限、不予受理决定和推定受理的规定。

公民、法人或者其他组织提出行政复议申请后,行政复议机关通过对行政复议申请的审查,认为该申请符合法定条件时,接受申请,并予以立案,进入对行政行为的实体审理阶段。行政复议机关的这一活动,属于狭义上的行政复议的受理。广义上行政复议的受理,还包括行政复议机关通过对行政复议申请审查后,认为该申请不符合法定条件,决定不予受理或者驳回申请,以及相应的申请材料补正活动和对不受理行为的监督。

一、受理行政复议申请的条件

申请人提出的行政复议申请,无论是口头的还是书面的,都应当形式规范、内容清楚,这样行政复议机关才能及时进行审查,并决定是否受理,这有利于提高行政复议效率。因此,本条对行政复议机关在决定是否受理前从哪些方面对收到的行政复议申请进行审查作了规定,将散见在2017年《行政复议法》中有关行政复议申请受理的条件作集中统一的规定:一方面,可以指导和帮助申请人明确如何申请行政复议,高效、快捷地进行权利救济;另一方面,也有助于行政复议人员掌握审查的重点和主要方面以提高工作效率。这些规定也是对《行政复议法实施条例》第28条规定实践经验的肯定,从行政法规规定上升为法律规定。

经审查,对符合下列条件的行政复议申请,行政复议机关应当予以受理:

第一,有明确的申请人和符合2023年《行政复议法》规定的被申请人。2023年《行政复议法》第14条规定:"依照本法申请行政复议的公民、法人或者其他组织是申请人。有权申请行政复议的公民死亡的,其近亲属可以申请行政复议。有权申请行政复议的法人或者其他组织终止的,其权利义务承受人可以申请行政复议。有权申请行政复议的公民为无民事行为能力人或者限制民事行为能力人的,其法定代理人可以代为申请行政复议。”第89条规定：“外国人、无国籍人、外国组织在中华人民共和国境内申请行政复议，适用本法。”因此，申请行政复议必须明确是哪一个公民、法人、其他组织或者外国人、无国籍人、外国组织来申请。同时，“有明确的申请人”还应当包括以下要求：一是有权利能力和行为能力。自然人的权利能力始于出生、终于死亡，有权申请行政复议的自然人死亡的，不能再以其名义申请行政复议，此时其近亲属可以自己的名义申请行政复议。自然人不具有行为能力的，由其法定代理人以被代理人名义代为申请行政复议。法人或者其他组织应当是依法成立的，并办理了必要的登记手续。二是有相应的基本信息。比如公民的姓名、性别、年龄、身份证号码、住所，法人或者其他组织的名称、住所、法定代表人或者主要负责人的姓名及职务、统一社会信用代码等，用以对申请人进行特定化、明确化。三是有签名、盖章或者当场口述。四是有真实意愿。申请人的签名、盖章或者当场口述是其本人作出，而非他人伪造或者被欺诈、胁迫作出。

2023年《行政复议法》第19条规定：“公民、法人或者其他组织对行政行为不服申请行政复议的，作出行政行为的行政机关或者法律、法规、规章授权的组织是被申请人。两个以上行政机关以共同的名义作出同一行政行为的，共同作出行政行为的行政机关是被申请人。行政机关委托的组织作出行政行为的，委托的行政机关是被申请人。作出行政行为的行政机关被撤销或者职权变更的，继续行使其职权的行政机关是被申请人。”根据上述规定，“符合本法规定的被申请人”主要包括以下要求：其一，被申请人要与被申请行政复议的行政行为的作出主体相一致。对某行政行为申请行政复议，不能将与该行政行为无关的主体作为被申请人。作出行政行为的主体被撤销或者职权变更的，继续行使其职权的主体是被申请人。其二，被申请人的类型包括地方各级人民政府、各级人民政府工作部门与派出机关和法律、法规、规章授权的组织，不包括没有经过法律、法规、规章授权的行政机关派出机构、内设机构以及其他社会组织等。

未经法律、法规、规章授权，行政机关内设机构等以自己名义作出行政行为，应当以该行政机关为被申请人。其三，要注意特殊情形的处理。两个以上行政机关以共同的名义作出同一行政行为的，共同作出行政行为的行政机关是被申请人。行政机关与法律、法规、规章授权的组织以共同的名义作出同一行政行为的，该行政机关和法律、法规、规章授权的组织是共同被申请人。两个以上法律、法规、规章授权的组织以共同的名义作出同一行政行为的，共同作出行政行为的组织是被申请人。行政机关与未经法律、法规、规章授权的其他组织以共同的名义作出行政行为的，该行政机关是被申请人。行政机关委托的组织作出行政行为的，委托的行政机关是被申请人。行政机关委托的其他行政机关作出行政行为的，委托的行政机关是被申请人。

第二，申请人与被申请行政复议的行政行为有利害关系。根据 2023 年《行政复议法》第 2 条的规定，公民、法人或其他组织认为行政行为侵犯其合法权益是申请行政复议的前提条件，即要求申请人与行政行为有利害关系。利害关系是判断行政复议受理条件的最为关键和核心的内容，包括两种情形：直接相对人和间接关联人。直接相对人一般具有天然的利害关系，如在行政许可、行政处罚、行政征收等中，许可文书、处罚文书、征收文书的出具对象，其人身财产实体权益必然受到影响，因而具备法律上的可救济性。而间接关联人无法从形式上判断，要作具体分析。判断申请人与行政行为是否存在利害关系，需要注意以下几点：一是行政行为侵犯的是申请人自身的合法权益，不是别人的合法权益，也不是社会公共利益。我国现在虽然引入了行政公益诉讼制度，但并未规定公益行政复议制度。而且，即使在行政公益诉讼领域，也只有人民检察院有权起诉，并未赋予公民、法人或者其他组织起诉的权利。因此，申请人认为行政机关滥用税款超标准购买汽车，是不能申请行政复议的。申请人也不能对行政机关侵犯他人权益的行为，在本人没有申请行政复议也没有委托的情况下，代其申请行政复议。二是侵犯的权益必须是合法的。合法权益,是指公民、法人或者其他组织依法已经享有或者取得的权利或者利益,该权益应当已经得到具体法律上的认可和保护,尚未取得或者依法不予保护的权益不属于本条规定的合法权益。比如,某农业公司准备扩大种植面积,和农村土地承包户协商拟取得土地经营权。但在尚未达成协议并办理土地经营权登记时,省人民政府批准征收了该块土地。因其尚未取得土地经营权,依法不能就省人民政府土地征收决定申请行政复议。同理,在其他农户的承包地上违规建设违章建筑的人,在土地征收过程中,依法也不能就省人民政府土地征收决定申请行政复议。三是行政行为对公民、法人或者其他组织的合法权益产生了实际影响。这是行政复议作为权利救济制度的必然要求,也是行政复议公正、高效、便民、为民制度优势发挥的必然要求。对公民、法人或者其他组织的合法权利不产生实际影响的行为,依法不能申请行政复议。例如,行政机关为作出行政行为而实施的准备、论证、研究、层报、咨询等过程性行为,上级行政机关基于内部层级监督关系对下级行政机关作出的听取报告、执法检查、督促履责等行为,驳回当事人对行政行为提起申诉的重复处理行为,这些行为均对公民、法人或者其他组织的合法权利不产生实际影响。上述情况下,实际影响公民、法人或者其他组织的合法权益的行为分别是最终作出的行政行为、下级行政机关对外作出的行政行为、申诉所针对的原行政行为。公民、法人或者其他组织应当就实际影响其合法权益的行政行为申请行政复议,不能通过拆分、关联、扩展等方式把一个行政争议变成若干个行政争议,把一个行政复议案件变成若干个行政复议案件。又如,行政机关根据人民法院的生效裁判、协助执行通知书作出的执行行为,也对公民、法人或者其他组织的合法权益不产生实际影响,产生实际影响的是人民法院的司法行为。当然,行政机关扩大人民法院裁判文书执行范围或者违背裁判文书要求、采取违法方式实施执行行为,或者在其他情形下通过内部行为外部化、程序性行为实体化的方式对公民、法人或者其他组织的合法权益产生了实际影响的,行政复议机关对相应的行政复议申请要依法受理。四是申请人只要“认为”侵犯其合法权益,就可以提出行政复议申请,而不必拘泥于其权益是否真正受到侵犯。实践中,判断是否具有利害关系时,可以重点从以下三个方面把握:(1)利害关系是具体的、特定的、客观的。如果根据法律、法规的规定或者立法精神,行政行为目的是维护社会秩序或者行政管理秩序,保护公共利益或者不特定利害关系人的合法权益,特定公民仅因此存在反射利益的,不具有利害关系。(2)利害关系一般仅指公法上的利害关系,除特殊情形或法律另有规定,一般不包括私法上的利害关系。(3)行政行为减损的权益必须是行政法律规范保护的权益。

第三,有具体的行政复议请求和理由。申请人对行政行为不服,提出行政复议申请,应当有具体的行政复议请求,并对行政复议请求的理由进行说明。具体的行政复议请求,就是申请人申请行政复议时,要求撤销、部分撤销、变更行政行为,要求确认行政行为违法、无效,要求责令被申请人履行法定职责,要求被申请人承担依法订立行政协议、继续履行行政协议、采取补救措施或者赔偿损失等责任,申请行政赔偿,申请附带性审查行政规范性文件等。行政复议请求明确、具体,便于行政复议机关及时了解申请人的意思,及时进行审理。对此,应当从宽把握行政复议申请的形式要求,在法律未有明确规定的情况下,对申请人申请行政复议时提交的申辩书、申诉书、投诉书等形式的不规范材料,或者材料中有关要求等内容不明确的,不应以材料不符合要求为由简单拒绝,而要从能动复议、发挥主渠道作用角度出发,方便相对人保护其合法权益。只要申请人提交的材料中含有不服行政行为的意思,就不应当直接决定不予受理,可以采取与申请人沟通或者让其补正申请材料的做法,释法明理,加强沟通、引导,以了解申请人的真实意思,再决定是否受理具体的行政复议申请。行政复议理由,是指认为行政行为违法、不当的具体理由,既包括认为行政行为在事实、证据方面的错误,也包括在行政程序、法律适用方面的问题,还包括不合理、不适当的合理性问题。2023 年《行政复议法》第 44 条规定:“被申请人对其作出的行政行为的合法性、适当性负有举证责任。有下列情形之一的,申请人应当提供证据:(一)认为被申请人不履行法定职责的,提供曾经要求被申请人履行法定职责的证据,但是被申请人应当依职权主动履行法定职责或者申请人因正当理由不能提供的除外;(二)提出行政赔偿请求的,提供受行政行为侵害而造成损害的证据,但是因被申请人原因导致申请人无法举证的,由被申请人承担举证责任;(三)法律、法规规定需要申请人提供证据的其他情形。”结合上述规定,申请人基于对事实法律了解所限,只提出“行政行为实体和程序均违法”此类相对笼统的理由的,因行政复议机关要全面审查,且被申请人对其作出的行政行为的合法性、适当性负有举证责任,不影响对案件的审理,不宜因此决定不予受理。对于不履行法定职责案件、行政赔偿案件,申请人负有初步证明曾经要求被申请人履行法定职责或者有正当理由不能提供证据的举证责任,负有受行政行为侵害而造成损害或者因被申请人原因导致无法举证的举证责任。申请人始终未能提供上述证据材料的,依法不予受理其行政复议申请。申请人提供初步证据材料的,对于相关事实的进一步查证可以放到行政复议实体审查阶段进行。

第四,在法定申请期限内提出。2023年《行政复议法》第20条规定:“公民、法人或者其他组织认为行政行为侵犯其合法权益的,可以自知道或者应当知道该行政行为之日起六十日内提出行政复议申请;但是法律规定的申请期限超过六十日的除外。因不可抗力或者其他正当理由耽误法定申请期限的,申请期限自障碍消除之日起继续计算。行政机关作出行政行为时,未告知公民、法人或者其他组织申请行政复议的权利、行政复议机关和申请期限的,申请期限自公民、法人或者其他组织知道或者应当知道申请行政复议的权利、行政复议机关和申请期限之日起计算,但是自知道或者应当知道行政行为内容之日起最长不得超过一年。”法律设定行政复议申请期限的目的是维护社会管理秩序的稳定,防止行政复议救济权利被滥用。如果当事人不珍惜行政复议权利,无正当理由超过行政复议申请期限,对其行政复议申请不应当受理。

第五,属于2023年《行政复议法》规定的行政复议范围。2023年《行政复议法》第11条规定了公民、法人或者其他组织可就十五类行政行为申请行政复议。第13条规定公民、法人或者其他组织认为行政行为所依据的规范性文件不合法,在对行政行为申请行政复议时,可以一并向行政复议机关提出对该规范性文件的附带审查申请。第12条还规定国防、外交等国家行为,行政法规、规章或者行政机关制定、发布的具有普遍约束力的决定、命令等规范性文件,行政机关对行政机关工作人员的奖惩、任免等决定,行政机关对民事纠纷作出的调解四类事项不属于行政复议范围。对此,行政复议机关既要严格依法进行审查,不能以各种借口将符合行政复议范围的申请排除在受理范围之外,也不能盲目扩大行政复议范围,对应当通过其他方式和途径解决的争议作为行政复议随意受理。此外,公安、国家安全等机关依照《刑事诉讼法》的明确授权实施的行为,属于刑事司法行为,不具有行政性,依法也不属于行政复议范围。

第六,属于收到行政复议申请的行政复议机关管辖范围。2023年《行政复议法》第24条规定:"县级以上地方各级人民政府管辖下列行政复议案件:(一)对本级人民政府工作部门作出的行政行为不服的;(二)对下一级人民政府作出的行政行为不服的;(三)对本级人民政府依法设立的派出机关作出的行政行为不服的;(四)对本级人民政府或者其工作部门管理的法律、法规、规章授权的组织作出的行政行为不服的。除前款规定外,省、自治区、直辖市人民政府同时管辖对本机关作出的行政行为不服的行政复议案件。省、自治区人民政府依法设立的派出机关参照设区的市级人民政府的职责权限,管辖相关行政复议案件。对县级以上地方各级人民政府工作部门依法设立的派出机构依照法律、法规、规章规定,以派出机构的名义作出的行政行为不服的行政复议案件,由本级人民政府管辖;其中,对直辖市、设区的市人民政府工作部门按照行政区划设立的派出机构作出的行政行为不服的,也可以由其所在地的人民政府管辖。”第 25 条规定:“国务院部门管辖下列行政复议案件:(一)对本部门作出的行政行为不服的;(二)对本部门依法设立的派出机构依照法律、行政法规、部门规章规定,以派出机构的名义作出的行政行为不服的;(三)对本部门管理的法律、行政法规、部门规章授权的组织作出的行政行为不服的。”第 26 条规定:“对省、自治区、直辖市人民政府依照本法第二十四条第二款的规定、国务院部门依照本法第二十五条第一项的规定作出的行政复议决定不服的,可以向人民法院提起行政诉讼;也可以向国务院申请裁决,国务院依照本法的规定作出最终裁决。”第 27 条规定:“对海关、金融、外汇管理等实行垂直领导的行政机关、税务和国家安全机关的行政行为不服的,向上一级主管部门申请行政复议。”行政复议机关应当严格依照这些规定来受理行政复议申请,既不能推诿、敷衍,该受理不受理,也不能越权,不应受理而受理。

第七,行政复议机关未受理过该申请人就同一行政行为提出的行政复议申请,并且人民法院未受理过该申请人就同一行政行为提起的行政诉讼。该项规定是为了维护行政复议、行政诉讼的“既判力”,避免行政法律秩序的不稳定和行政救济资源的浪费。行政复议机关已经受理并实体处理过涉案行政行为的,申请人不能再重复申请行政复议。2023 年《行政复议法》第 74 条第 2 款中规定:“行政复议机构准予撤回行政复议申请、行政复议机关决定终止行政复议的,申请人不得再以同一事实和理由提出行政复议申请。但是,申请人能够证明撤回行政复议申请违背其真实意愿的除外。”根据 2023 年《行政复议法》第 24、28 条的规定,对直辖市、设区的市人民政府工作部门按照行政区划设立的派出机构的行政行为不服的,或者对履行行政复议机构职责的地方人民政府司法行政部门作出的行政行为不服的,不同的行政复议机关都有管辖权,但是同一行政复议申请只能由一个行政复议机关受理,如果其中一个行政复议机关已经受理,另一个行政复议机关就不能再受理。在申请人既可选择请求行政复议又可选择提起行政诉讼的情况下,行政复议在制度设计上是先于行政诉讼的,如果对行政复议决定不服,申请人仍然可以提起行政诉讼。但是,行政复议和行政诉讼这两种法律制度在主体、性质、工作方式和法律效力方面均有明显的不同,不能同时适用。申请人一旦提起行政诉讼,则表明其已放弃了行政复议,行政复议机关也不应再受理其行政复议申请。但是,如果人民法院裁定不予立案,则不能视为“受理过”,行政复议机关应当依法审查受理申请人的行政复议申请。需要注意的是,复议前置的案件,申请人提起行政诉讼,人民法院登记立案受理后,以复议前置为由又驳回起诉,申请人再申请行政复议的,行政复议机关应当依法审查受理。在行政复议受理审查活动中,行政复议机关要加强和人民法院、被申请人的沟通,注意防止行政复议程序与行政诉讼程序的重复和冲突,以保证行政复议活动的有效性。

二、不予受理决定

本条所列举的受理行政复议申请的七个条件,既是申请人提出行政复议申请应当符合的条件,也是行政复议机关收到行政复议申请进行初步审查的主要方面。经过行政复议机关审查,符合规定条件的,应当立案受理,并直接进入行政复议审理阶段;如果认为行政复议申请不符合法定条件,应当决定不予受理并说明理由,不属于本机关管辖的,还应当在不予受理决定中告知申请人有管辖权的行政复议机关。这里需要注意的是,2017 年《行政复议法》规定,“对符合本法规定,但是不属于本机关受理的行政复议申请,应当告知申请人向有关行政复议机关提出”。也就是说,在不属于收到行政复议申请的行政复议机关管辖的情况下,仅告知向有关行政复议机关提出即可,不必出具不予受理决定书。2023 年《行政复议法》修订后,均要出具不予受理决定书,且法律规定更加明确,必须指明有管辖权的行政复议机关。不予受理决定需以行政复议机关名义作出,加盖行政复议机关印章。

三、受理审查期限和推定受理

行政复议机关收到行政复议申请后,应当在 5 日内进行审查。这里的5日是指收到行政复议申请次日起算5个工作日。5日内未作出不予受理决定书，期限届满即视为受理，但行政复议申请又不符合受理条件的，应当决定驳回申请并说明理由。需要注意的是，这里的起算时间点是行政复议机关收到行政复议申请，而不是行政复议机构，要提高内部文件流转效率，特别是地方人民政府及其司法行政部门之间的流转效率，避免因流转时间过长耽误审查期限。

同时，2023年《行政复议法》的规定将5日受理审查期限排除在行政复议机关的审理期限之外，不占用行政复议机关实体审查的时间。

第三十一条　行政复议申请材料不齐全或者表述不清楚，无法判断行政复议申请是否符合本法第三十条第一款规定的，行政复议机关应当自收到申请之日起五日内书面通知申请人补正。补正通知应当一次性载明需要补正的事项。

申请人应当自收到补正通知之日起十日内提交补正材料。有正当理由不能按期补正的，行政复议机关可以延长合理的补正期限。无正当理由逾期不补正的，视为申请人放弃行政复议申请，并记录在案。

行政复议机关收到补正材料后，依照本法第三十条的规定处理。

【新旧对照】

2017年《行政复议法》	2023年《行政复议法》	重点解读
	第三十一条　行政复议申请材料不齐全或者表述不清楚，无法判断行政复议申请是否符合本法第三十条第一款规定的，行政复议机关应当自收到申请之日起五日内书面通知申请	1. 本条吸收了2007年《行政复议法实施条例》第29条的部分内容。 2. 收到补正材料后，按照新的行政复议申请处理。

续表

2017年《行政复议法》	2023年《行政复议法》	重点解读
	人补正。补正通知应当一次性载明需要补正的事项。 申请人应当自收到补正通知之日起十日内提交补正材料。有正当理由不能按期补正的,行政复议机关可以延长合理的补正期限。无正当理由逾期不补正的,视为申请人放弃行政复议申请,并记录在案。 行政复议机关收到补正材料后,依照本法第三十条的规定处理。	

【适用要点】

本条是关于行政复议申请材料补正制度的规定。

行政复议申请材料齐全、内容表述清楚,是行政复议机构准确把握申请人的利益诉求,正确判断是否应予受理的前提。实践中经常有申请人在提起申请时提供的相关材料不齐全或者表述不清楚的情况出现,对于此类行政复议申请,如果行政复议机关直接决定不予受理或者视为未提出复议申请,这种做法既没有充分的依据,也不利于保护申请人行政复议申请的权利,不符合发挥行政复议公正高效、便民为民的制度优势和化解行政争议的主渠道作用的要求,同时与《行政复议法》的立法本意相抵触。为了更好地保护申请人依法申请行政复议的权利,同时防止行政复议机关可能会滥用行政复议申请补正权力,故意刁难申请人,甚至格式稍不规范就让其重填行政复议申请,拖延行政复议申请受理的期限,有必要对补正的期限、内容、次数、效力等作出规定。

准确把握本条规定的含义,需要掌握以下几点:

第一,补正程序的适用条件。即行政复议申请材料不齐全或者表述不清楚,使行政复议机关无法判定是否受理。需要注意的是,并不是只要存在行政复议申请材料不齐全或者表述不清楚的情形,就必须启动补正程序。如果通过简单的电话沟通或者当面沟通就可以进一步明确申请内容,则不需要正式启动补正程序。

第二,补正程序的期限。补正程序必须在行政复议机关收到申请之日起5日内启动,是为了防止行政机关滥用补正程序。超过5日期限,依法推定受理行政复议申请。

第三,补正的形式。补正通知必须以书面形式作出并予以送达。口头沟通可以起到补正程序的作用,但是不能发生补正程序同等效力。正式的补正程序必须通过书面方式实施。补正通知以行政复议机关而非行政复议机构名义作出,加盖行政复议机关印章。

第四,补正程序中的一次性告知义务。行政复议机关应当一次性完整、全面告知申请人待补正事宜,不能反复多次要求申请人补正不同材料。理想状态下申请人也应当在补正期限内补齐相关材料。实践中会出现申请人未按照补正通知补全相关材料,或者补正后材料仍然不齐全,或者表述不清楚,这种情况下,行政复议机关书面再次通知申请人补正并不违反一次性告知义务。

第五,不予补正的法律效果。2023年《行政复议法》明确了补正的期限,即行政复议机关依法启动补正程序后,申请人应当自收到补正通知之日起10日内提交补正材料。在规定期限内完成补正是申请人应当承担的义务,申请人如果有正当理由不能按期补正,应当与行政复议机关联系沟通,行政复议机关可以延长合理的补正期限。申请人如果无正当理由逾期不补正,法律上视为申请人放弃行政复议申请,行政复议机关不再处理该行政复议申请,也不需要另行通知申请人,行政复议申请处理程序自然终止,不需要作出行政复议终止决定。

第六，补正程序的效力。补正程序一旦启动，直接的法律效果就是受理审查期限重新计算。申请人按照要求提交补正材料，行政复议机关从收到补正材料时起，按照新的行政复议申请处理，重新计算行政复议受理审查期限。

第三十二条　对当场作出或者依据电子技术监控设备记录的违法事实作出的行政处罚决定不服申请行政复议的，可以通过作出行政处罚决定的行政机关提交行政复议申请。

行政机关收到行政复议申请后，应当及时处理；认为需要维持行政处罚决定的，应当自收到行政复议申请之日起五日内转送行政复议机关。

【新旧对照】

2017年《行政复议法》	2023年《行政复议法》	重点解读
	第三十二条　对当场作出或者依据电子技术监控设备记录的违法事实作出的行政处罚决定不服申请行政复议的，可以通过作出行政处罚决定的行政机关提交行政复议申请。 行政机关收到行政复议申请后，应当及时处理；认为需要维持行政处罚决定的，应当自收到行政复议申请之日起五日内转送行政复议机关。	1. 本条为新增规定。 2. 督促行政机关先行纠错，加强行政争议实质性化解，发挥行政复议制度便民、高效优势。

【适用要点】

本条是关于行政机关在行政复议受理前先行纠错制度的规定。

为充分发挥行政复议公正高效、便民为民的制度优势和化解行政争议的主渠道作用，2023 年《行政复议法》新增了行政机关在行政复议受理前先行纠错制度的规定。准确把握本条规定的含义，需要掌握以下三点：

第一，适用情形。即对当场作出或者依据电子技术监控设备记录的违法事实作出的行政处罚决定不服申请行政复议。这类案件以公安交通管理行政处罚为代表，数量巨大，在各地行政复议案件中占有较大比例。

第二，启动方式。由申请人选择通过作出行政处罚决定的行政机关提交行政复议申请。申请人依法可以直接向行政复议机关提交行政复议申请，也可以通过作出行政处罚决定的行政机关提交行政复议申请。申请人选择通过作出行政处罚决定的行政机关提交行政复议申请的，该行政机关依法启动先行纠错程序。

第三，先行纠错后处理方式。认为需要维持行政处罚决定的，应当自收到行政复议申请之日起 5 日内转送行政复议机关；认为需要对行政处罚决定纠错的，行政机关先行纠错，并做好对申请人的解释沟通工作，力争实质性化解行政争议。

第三十三条　行政复议机关受理行政复议申请后，发现该行政复议申请不符合本法第三十条第一款规定的，应当决定驳回申请并说明理由。

【新旧对照】

2017年《行政复议法》	2023年《行政复议法》	重点解读
	第三十三条　行政复议机关受理行政复议申请后,发现该行政复议申请不符合本法第三十条第一款规定的,应当决定驳回申请并说明理由。	本条吸收了2007年《行政复议法实施条例》第48条的部分内容。

【适用要点】

本条是关于行政复议受理后作出程序性驳回决定的规定。

行政复议受理审查期限只有5日,5日期限届满后推定为受理。行政复议机关在行政复议受理审查期限内未及时作出不予受理决定,或者通知被申请人提交相关证据材料后,通过进一步审查发现行政复议申请不符合受理条件的,依法不能再作出不予受理决定。对此,2007年《行政复议法实施条例》第48条规定:“有下列情形之一的,行政复议机关应当决定驳回行政复议申请:(一)申请人认为行政机关不履行法定职责申请行政复议,行政复议机关受理后发现该行政机关没有相应法定职责或者在受理前已经履行法定职责的;(二)受理行政复议申请后,发现该行政复议申请不符合行政复议法和本条例规定的受理条件的。上级行政机关认为行政复议机关驳回行政复议申请的理由不成立的,应当责令其恢复审理。”

根据上述规定,对于程序性驳回与实体性驳回均采用驳回行政复议申请的形式结案,这在实践中既造成了申请人的误解,也给上级行政机关决定是否进行程序性监督造成了困扰。2023年修订《行政复议法》时区分了驳回申请和驳回行政复议请求。《行政复议法》第69条规定:“行政复议机关受理申请人认为被申请人不履行法定职责的行政复议申请后,发现被申请人没有相应法定职责或者在受理前已经履行法定职责的,决定驳回申请人的行政复议请求。”该条规定将驳回行政复议请求放在行政复议决定部分加以规定，2023 年《行政复议法》第 33 条将驳回申请这一决定形式放在受理环节加以规定，更加符合立法逻辑。

第三十四条　法律、行政法规规定应当先向行政复议机关申请行政复议、对行政复议决定不服再向人民法院提起行政诉讼的，行政复议机关决定不予受理、驳回申请或者受理后超过行政复议期限不作答复的，公民、法人或者其他组织可以自收到决定书之日起或者行政复议期限届满之日起十五日内，依法向人民法院提起行政诉讼。

【新旧对照】

2017 年《行政复议法》	2023 年《行政复议法》	重点解读
第十九条　法律、法规规定应当先向行政复议机关申请行政复议、对行政复议决定不服再向人民法院提起行政诉讼的，行政复议机关决定不予受理或者受理后超过行政复议期限不作答复的，公民、法人或者其他组织可以自收到~~不予受理~~决定书之日起或者行政复议期满之日起十五日内，依法向人民法院提起行政诉讼。	第三十四条　法律、**行政**法规规定应当先向行政复议机关申请行政复议、对行政复议决定不服再向人民法院提起行政诉讼的，行政复议机关决定不予受理、**驳回申请**或者受理后超过行政复议期限不作答复的，公民、法人或者其他组织可以自收到决定书之日起或者行政复议期**限届**满之日起十五日内，依法向人民法院提起行政诉讼。	1. 增加了驳回申请这一情形。 2. 地方性法规不能再规定行政复议前置情形。

【适用要点】

本条是关于对行政复议机关不作为进行司法监督的规定。

法律、行政法规规定应当先向行政复议机关申请行政复议、对行政复议决定不服再向人民法院提起行政诉讼,即在行政复议前置的情况下,如果允许在行政复议机构不作为的情况下直接起诉原行政行为,会导致行政复议前置制度设计的立法目的落空。因此,本条规定,公民、法人或者其他组织可以自收到决定书之日起或者行政复议期限届满之日起 15 日内,依法就行政复议机关不予受理决定、驳回申请决定或者超期不作答复行为向人民法院提起行政诉讼,由人民法院监督行政复议机关依法履行实体审查职责,作出实体行政复议决定。

第三十五条　公民、法人或者其他组织依法提出行政复议申请,行政复议机关无正当理由不予受理、驳回申请或者受理后超过行政复议期限不作答复的,申请人有权向上级行政机关反映,上级行政机关应当责令其纠正;必要时,上级行政复议机关可以直接受理。

【新旧对照】

2017年《行政复议法》	2023年《行政复议法》	重点解读
第二十条　公民、法人或者其他组织依法提出行政复议申请,行政复议机关无正当理由不予受理的,上级行政机关应当责令其受理;必要时,上级行政机关也可以直接受理。	第三十五条　公民、法人或者其他组织依法提出行政复议申请,行政复议机关无正当理由不予受理、**驳回申请或者受理后超过行政复议期限不作答复的,申请人有权向上级行政机关反映**,上级行政机关应当责令其**纠正**;必要时,上级行**政复议**机关可以直接受理。	增加驳回申请、受理后超过行政复议期限不作答复两种情形。

【适用要点】

本条是关于一般情况下对行政复议机关不作为进行层级监督的规定。

行政复议机关依法履行行政复议职责是《行政复议法》及其实施条例赋予行政复议机关和行政复议机构的重要法定职责，也是确保行政复议制度切实监督行政机关依法行政，维护公民、法人和其他组织合法权益的关键环节。行政复议机关不依法履行职责，将导致矛盾纠纷进一步激化，使本应化解在基层的行政争议蔓延和上移，或者转为上访或诉讼，影响社会和谐稳定。

行政复议机关无正当理由不予受理、驳回申请或者受理后超过行政复议期限不作答复，属于典型的不履行行政复议职责的情形，对此，要增强对行政复议自身履职的内部监督效能。上级行政机关认为行政复议机关无正当理由不予受理、驳回申请或者受理后超过行政复议期限不作答复的，应当责令其纠正，必要时上级复议机关可直接受理。这样才能督促各级行政复议机关严格依照法律、法规规定对下级行政复议机关履行行政复议职责进行监督，促进各级行政复议机关和行政复议机构依法履职，将更多的行政争议纳入行政复议渠道解决，力争把行政争议化解在基层，化解在初发阶段，化解在行政复议程序中，实现"定分止争，案结事了"，切实增强人民群众寻求通过行政复议解决争议的获得感、幸福感、安全感。

准确把握本条规定的含义，需要掌握以下几点：

第一，适用情形。即行政复议机关无正当理由不予受理、驳回申请或者受理后超过行政复议期限不作答复三种情形。

第二，监督主体。"上级行政机关"，即作出不予受理决定的行政复议机关的上一级或者各个上级行政机关。从理论上讲，与作出不予受理决定的行政复议机关存在行政上的领导关系的行政机关都是上级行政机关。如果作出不予受理决定的是县级人民政府,那么该县级人民政府的“上级行政机关”应该是该县所在的市人民政府、省人民政府以及国务院。但从属地化解矛盾纠纷、高效化解行政争议的目的出发,实践中宜将“上级行政机关”限定为“上一级行政机关”,“上级复议机关”限定为“上一级行政复议机关”。

第三,处理方式。上级行政机关认定行政复议机关不予受理、驳回申请符合法律规定,或者尚未超过行政复议审理期限的,无须责令其纠正,可以考虑向申请人作出监督告知书,告知申请人不予受理、驳回申请等并无不当。上级行政机关认定行政复议机关不予受理、驳回申请不符合法律规定,或者超过行政复议期限不作答复,应当分别责令受理、责令恢复审理、责令限期作出行政复议决定;必要时,还可以直接受理。需要注意的是,上级行政机关中,只有上级行政复议机关可以采取直接受理的监督处理方式。此外,法律未限制监督审查时限。

【典型案例】

某食品公司不服限制搬迁公告案

某食品公司位于某直辖市某工业园区。该工业园区所在的某镇人民政府作出的《关于工业园区内企业限期搬迁公告》要求所有企业于2020年10月31日前搬迁完毕,某食品公司对此不服,向该直辖市的市辖区人民政府申请行政复议。市辖区人民政府以未对申请人设定权利和义务为由,作出了《不予受理行政复议申请决定书》。某食品公司对此不服,向上级行政复议机关申请行政复议监督。上级行政复议机关审查发现,该限期搬迁公告下达后并未对某食品公司强制实施,直到2020年12月28日,某镇人民政府又下达了《工业区企业停产通知书》,明确2021年1月20日将对工业区内企业停水停电。2021年1月20日,某食品公司向市辖区人民政府提交了《关于申请恢复我公司春节前生产的函》,请求生产至2021年2月10日,并保证春节后在工业区内不会有任何生产活动,市辖区人民政府予以同意。上级行政复议机关审查认为,《关于工业园区内企业限期搬迁公告》要求所有企业于2020年10月31日前搬迁完毕,给包括申请人在内的园区企业设定了权利和义务,市辖区人民政府不予受理的理由并不成立。但是,该限期搬迁公告下达后并未对某食品公司强制实施,某镇人民政府此后又下达了《工业区企业停产通知书》,实际上覆盖了原搬迁公告。结合某食品公司经营实际以及市辖区人民政府的相关行为,涉案搬迁公告已经丧失了实施可能性,不会再对申请人的权利和义务产生实际影响。因此,市辖区人民政府不予受理的理由虽然不成立,但责令其受理已经没有实际意义了。考虑到上述情况,上级行政复议机关对某食品公司的监督请求未予支持。

第四章 行政复议审理

第一节 一般规定

第三十六条 行政复议机关受理行政复议申请后，依照本法适用普通程序或者简易程序进行审理。行政复议机构应当指定行政复议人员负责办理行政复议案件。

行政复议人员对办理行政复议案件过程中知悉的国家秘密、商业秘密和个人隐私，应当予以保密。

【新旧对照】

2017年《行政复议法》	2023年《行政复议法》	重点解读
	第三十六条 行政复议机关受理行政复议申请后，依照本法适用普通程序或者简易程序进行审理。行政复议机构应当指定行政复议人员负责办理行政复议案件。 行政复议人员对办理行政复议案件过程中知悉的国家秘密、商业秘密和个人隐私，应当予以保密。	本条为2023年修订新增条款。

【适用要点】

本条是关于行政复议审理的基本规定。

行政复议审理是行政复议办案工作的主要内容，是实现行政复议制度各项功能的重要活动。为进一步增强行政复议制度公信力，发挥行政复议化解行政争议的主渠道作用，2023 年《行政复议法》对行政复议审理活动作出了整体性完善，在第四章专门对行政复议审理活动作出规定，强化了行政复议审理在行政复议办案中的重要性。从章节设置来看，行政复议审理是行政复议审查受理之后、行政复议决定作出之前行政复议机关办理案件的各种活动的总和，该章第一节是对行政复议审理所作的类似于“总则”的一般性规定，是行政复议审理活动所应遵循的共性要求。进入行政复议审理程序后，行政复议机关首先要对案件适用普通程序还是简易程序作出选择，后续再按照相应具体程序要求办理。

应当从以下几个方面把握本条：

一是本条规定了行政复议办案采取“繁简分流”模式。2017 年《行政复议法》规定的是单一的审理程序，不区分案件的简单或者复杂程度，对所有的行政争议都适用同样程序审理，在一定程度上不利于提高争议化解效率。为进一步发挥行政复议便捷高效的制度特点，2023 年《行政复议法》创新规定了“繁简分流”的新的审理模式，在案件审理的普通程序之外新设了行政复议简易程序，要求行政复议机关根据案件难易程度进行繁简分流，为群众更快捷地定分止争。2023 年《行政复议法》第四章第一节的所有条款都既适用于普通程序，也适用于简易程序。

二是行政复议机构指定行政复议人员办案。行政复议人员是办理具体案件最直接的主体，其能力素质、办案水平与行政复议案件办理质量的关系十分密切。为了强化行政复议人员办案责任，确保行政复议办案质量，本条规定行政复议机构应当指定行政复议人员负责办理行政复议案件,被指定的行政复议人员应当对所办案件高度负责,认真依法开展各项办案工作,为行政复议机关作出行政复议决定打好坚实基础。需要说明的是,行政复议实行首长负责制,行政复议人员对案件的办理意见需要层层呈报行政复议机关首长决定,因此需要辩证把握行政复议人员与行政复议机关首长两者的责任,既要压实行政复议人员的办案责任,确保案件审理扎实、证据确凿、论证深入、法理清晰,又要强调行政复议机关首长的审批责任,使行政复议机关首长恪尽职守,认真依法对案件处理提出审批意见。

三是行政复议人员在办案中负有保密义务。行政复议机关在依法履行行政复议职责过程中,需要处理具体的行政争议,不可避免地会经常接触国家秘密、商业秘密和个人隐私。例如,在办理政府信息公开答复类行政复议案件时,申请人要求公开涉及国家秘密的政府信息,被申请人依法不予公开,并在行政复议答复过程中向行政复议人员提交了相应证据,证明不予公开的政府信息属于国家秘密;在办理涉企行政复议案件时,可能接触涉案企业的商业秘密;在办理公民个人的行政复议案件时,可能了解当事人的个人隐私,如病历、财产状况、档案材料、行踪信息等不愿为他人知晓的私密信息。对这些国家秘密、商业秘密和个人隐私,行政复议人员应当予以保密,不得主动泄露或者向他人非法提供,同时要采取有效措施保护这些国家秘密、商业秘密和个人隐私不被泄露、不被公开。

此外,需要说明的是,2017 年《行政复议法》使用的是“审查”一词,考虑到行政复议是“准司法”行为,对被申请行政复议的行政执法机关而言,本级政府或者有管辖权的上级部门是作为中立的第三方对其进行行政复议的,因此 2023 年《行政复议法》将“审查”一词改为“审理”,以便更好体现行政复议的制度性质。

第三十七条　行政复议机关依照法律、法规、规章审理行政复议案件。

行政复议机关审理民族自治地方的行政复议案件，同时依照该民族自治地方的自治条例和单行条例。

【新旧对照】

2017 年《行政复议法》	2023 年《行政复议法》	重点解读
	第三十七条　行政复议机关依照法律、法规、规章审理行政复议案件。 **行政复议机关审理民族自治地方的行政复议案件，同时依照该民族自治地方的自治条例和单行条例。**	本条为 2023 年修订新增条款。

【适用要点】

本条是关于行政复议审理依据的规定。

行政复议审理需要以事实为依据，以法律为准绳。准确适用法律，是确保行政复议审理质量、保障法治统一的重要方面。2017 年《行政复议法》没有对行政复议审理依据作出规定，2023 年《行政复议法》根据《立法法》等法律的要求，明确了行政复议审理依据包括法律、法规、规章，审理民族自治地方的行政复议案件，同时要以该民族自治地方的自治条例和单行条例为依据。

一、法律

法律主要包括全国人民代表大会和全国人民代表大会常务委员会根据《宪法》规定的国家立法权，按照法定的立法程序所通过的由国家主席签署主席令予以公布的规范性文件，如《民法典》《土地管理法》等。同时也包括全国人民代表大会及其常务委员会适用《立法法》所作出的有关法律问题的决定。

二、法规

法规包括行政法规和地方性法规。行政法规，是指国务院根据《宪法》和法律，就为执行法律的规定需要制定行政法规的事项，以及为执行《宪法》第89条规定的国务院行政管理职权的事项所制定的、由总理签署国务院令公布的规范性文件。行政法规可以在司法部官网运行的新版国家行政法规库中查询，截至2023年7月26日该库正式上线时，有效的行政法规共601部。地方性法规，是指省、自治区、直辖市的人民代表大会及其常务委员会根据本行政区域的具体情况和实际需要，在不同《宪法》、法律、行政法规相抵触的前提下制定的规范性文件。此外，设区的市的人民代表大会及其常务委员会根据本市的具体情况和实际需要，在不同《宪法》、法律、行政法规和本省、自治区的地方性法规相抵触的前提下，可以对城乡建设与管理、生态文明建设、历史文化保护、基层治理等方面的事项制定地方性法规；经济特区所在地的省、市的人民代表大会及其常务委员会根据全国人民代表大会的授权决定，制定在经济特区范围内实施的经济特区法规。

三、规章

规章包括部门规章和地方政府规章。部门规章，是指国务院各部、委员会、中国人民银行、审计署和具有行政管理职能的直属机构以及法律规定的机构根据法律和国务院的行政法规、决定、命令，就属于执行法律或者国务院的行政法规、决定、命令的事项，在本部门的权限范围内制定的，经部务会议或者委员会会议决定，由部门首长签署命令予以公布的规范性文件。地方政府规章，是指省、自治区、直辖市和设区的市、自治州的人民政府根据法律、行政法规和本省、自治区、直辖市的地方性法规，就为执行法律、行政法规、地方性法规的规定需要制定规章的事项，以及属于本行政区域的具体行政管理事项所制定的，经政府常务会议或者全体会议决定，由省长、自治区主席、市长或者自治州州长签署命令予以公布的规范性文件。

四、自治条例和单行条例

自治条例和单行条例，是指民族自治地方的人民代表大会依照当地民族的政治、经济和文化的特点制定的规范性文件。自治区的自治条例和单行条例，报全国人民代表大会常务委员会批准后生效。自治州、自治县的自治条例和单行条例，报省、自治区、直辖市的人民代表大会常务委员会批准后生效。自治条例和单行条例在不违背法律或者行政法规的基本原则，不对《宪法》和《民族区域自治法》的规定以及其他有关法律、行政法规专门就民族自治地方所作的规定作出变通规定的前提下，可以依照当地民族的特点，对法律和行政法规的规定作出变通规定，行政复议机关审理民族自治地方的行政复议案件时，也要执行该地方的自治条例和单行条例依照民族特点依法作出的变通规定。

需要特别说明的是，对于规章以下的规范性文件，不属于本条规定的行政复议机关审理案件时应当“依照”的范畴，这可以理解为，行政复议机关在审理行政复议案件过程中对规章以下的行政规范性文件是“参照适用”。之所以没有将规章以下的规范性文件作为“依照”的对象，主要是由于这类文件是行政复议附带审查的主要对象，对不合法的规范性文件可以纠正，对合法的也应当在审理中予以遵照执行。这里的规范性文件，是指行政行为作出时作为依据的行政规范性文件。由于行政复议本身就是“上级审下级”，如果下级行政机关在作出行政行为时所依据的行政规范性文件合法有效，即使该行政规范性文件是下级行政机关作出的，那么作为上级机关的行政复议机关在审理涉案行政行为合法性、合理性的过程中，也应当依照该行政规范性文件。

【关联规定】

《立法法》第 10、72、80、85 条；《行政诉讼法》第 63 条

第三十八条　上级行政复议机关根据需要,可以审理下级行政复议机关管辖的行政复议案件。

下级行政复议机关对其管辖的行政复议案件,认为需要由上级行政复议机关审理的,可以报请上级行政复议机关决定。

【新旧对照】

2017年《行政复议法》	2023年《行政复议法》	重点解读
	第三十八条　上级行政复议机关根据需要,可以审理下级行政复议机关管辖的行政复议案件。 **下级行政复议机关对其管辖的行政复议案件,认为需要由上级行政复议机关审理的,可以报请上级行政复议机关决定。**	本条为2023年修订新增条款,明确了行政复议提级审理的规定。

【适用要点】

本条是关于行政复议提级审理的规定。

2023年《行政复议法》第24~28条规定了行政复议管辖制度,在一般情况下,行政复议案件的管辖应当按照第24~28条的规定执行。考虑到实践情况比较复杂,为了更好保障行政复议审理的公正性,本条规定了行政复议提级审理制度。提级审理主要适用于行政复议办案中的特殊情形,与一般性的行政复议"下管一级"层级管辖制度并不冲突,可以视作行政复议管辖的补充性规定。提级审理主要包括两种情形:

一是上级行政复议机关主动提级审理,即上级行政复议机关根据需要,可以审理下级行政复议机关管辖的行政复议案件。对于"根据需要"

的具体情形,由上级行政复议机关在实践中把握,主要是指原行政复议机关继续审理不能保证公正性时,上级行政复议机关可以直接审理。例如,根据2023年《行政复议法》第40条规定,行政复议期间,行政复议机关无正当理由中止行政复议的,上级行政机关先依法责令其恢复审理。正常情况下,下级行政复议机关就应当恢复审理,但如果实践中出现下级行政复议机关拒不恢复审理的情形,或者有下级行政复议机关存在不适合继续审理、若继续审理不利于实现公平正义的特殊情形等,上级行政复议机关就可以审理下级行政复议机关管辖的行政复议案件。上级行政复议机关直接审理意味着审理权的法定上移,审理后应当以上级行政复议机关的名义作出行政复议决定,并在行政复议决定书中载明行政复议审理权转移的具体原因。

二是下级行政复议机关报请提级审理,即下级行政复议机关认为其管辖的行政复议案件需要由上级行政复议机关审理的,可以报请上级行政复议机关决定。具体来说,下级行政复议机关认为审理中出现了不适宜自己继续审理的特殊情形,如存在特殊利害关系有可能影响公正审理、客观上遇到难以正常行使管辖权的不可抗力等,将案件交由上级行政复议机关审理更为适当的,可以报请上级行政复议机关决定。需要说明的是,报请提级审理,仅仅针对的是可能存在影响案件审理质量的特殊情形,下级行政复议机关原则上应当严格依法办好自己管辖权范围内的行政复议案件,如果提出提级审理请求,则应当具有相当的合理性和必要性,而不能单纯以办案力量不足、案件办不过来为由报请上级行政复议机关提级审理。上级行政复议机关对是否需要提级审理具有决定权,如果决定提级审理,应当以上级行政复议机关的名义作出行政复议决定。

第三十九条　行政复议期间有下列情形之一的,行政复议中止:

(一)作为申请人的公民死亡,其近亲属尚未确定是否参加行政复议;

(二)作为申请人的公民丧失参加行政复议的行为能力,尚未确定法定代理人参加行政复议;

(三)作为申请人的公民下落不明;

(四)作为申请人的法人或者其他组织终止,尚未确定权利义务承受人;

(五)申请人、被申请人因不可抗力或者其他正当理由,不能参加行政复议;

(六)依照本法规定进行调解、和解,申请人和被申请人同意中止;

(七)行政复议案件涉及的法律适用问题需要有权机关作出解释或者确认;

(八)行政复议案件审理需要以其他案件的审理结果为依据,而其他案件尚未审结;

(九)有本法第五十六条或者第五十七条规定的情形;

(十)需要中止行政复议的其他情形。

行政复议中止的原因消除后,应当及时恢复行政复议案件的审理。

行政复议机关中止、恢复行政复议案件的审理,应当书面告知当事人。

【新旧对照】

2017年《行政复议法》	2023年《行政复议法》	重点解读
	第三十九条　行政复议期间有下列情形之一的,行政复议中止: **(一)作为申请人的公民死亡,其近亲属尚未确定是否参加行政复议;**	本条为2023年修订新增条款。相关内容主要是吸收了2007年《行政复议法实施条例》第41条的相关规定。

续表

2017 年《行政复议法》	2023 年《行政复议法》	重点解读
	（二）作为申请人的公民丧失参加行政复议的行为能力，尚未确定法定代理人参加行政复议； （三）作为申请人的公民下落不明； （四）作为申请人的法人或者其他组织终止，尚未确定权利义务承受人； （五）申请人、被申请人因不可抗力或者其他正当理由，不能参加行政复议； （六）依照本法规定进行调解、和解，申请人和被申请人同意中止； （七）行政复议案件涉及的法律适用问题需要有权机关作出解释或者确认； （八）行政复议案件审理需要以其他案件的审理结果为依据，而其他案件尚未审结； （九）有本法第五十六条或者第五十七条规定的情形； （十）需要中止行政复议的其他情形。 行政复议中止的原因消除后，应当及时恢复行政复议案件的审理。 行政复议机关中止、恢复行政复议案件的审理，应当书面告知当事人。	

【适用要点】

本条是关于行政复议中止的规定。

行政复议中止,是行政复议机关在审理行政复议案件过程中,出现法定情形后,客观上不得不暂时停止所有的审理活动,待有关影响行政复议案件正常审理的情形消除后,再恢复审理的制度。1999年《行政复议法》仅在第26、27条规定了有权处理机关在附带审查具体行政行为的依据时,行政复议活动可以中止。随着实践发展,这一规定难以满足情况复杂的办案需求,不利于保障案件审理质量,因此,2007年《行政复议法实施条例》进一步细化了中止的规定,在该条例第41条列举规定了行政复议中止的八种情形,并对其他需要中止的情形作了兜底规定。《行政复议法实施条例》实施以来,中止制度在规范行政复议审理程序方面起到了积极作用,2023年《行政复议法》将2017年《行政复议法》第26、27条规定的中止情形,以及2007年《行政复议法实施条例》第41条整合起来,规定了新的中止制度。

根据本条规定,行政复议中止的情形包括以下七类:

1. 行政复议申请人本人主体资格消灭或者丧失参加行政复议的能力,其他有权申请行政复议的人尚未决定是否参加行政复议的,即本条第1款第1项至第4项所列举的四种情形。2023年《行政复议法》第14条规定:"依照本法申请行政复议的公民、法人或者其他组织是申请人。有权申请行政复议的公民死亡的,其近亲属可以申请行政复议。有权申请行政复议的法人或者其他组织终止的,其权利义务承受人可以申请行政复议。有权申请行政复议的公民为无民事行为能力人或者限制民事行为能力人的,其法定代理人可以代为申请行政复议。"依据该规定,行政复议原则上由申请人本人提出,当本人客观上不能申请时,其行政复议权利仍然存在,可以由公民的近亲属、法定代理人或者法人、其他组织的权利义务承受人代为提起。也就是说,具体行使行政复议权利的主体依法进行了转移，由于行政复议是一种权利，权利人是可以自主决定放弃的，因此，在行政复议权利受让人尚未决定是否行使这一权利之前，基于行政复议的依申请而启动的被动性质，行政复议机关可以中止审理，等待权利义务承受人作出明确的意思表示。关于公民的近亲属、法定代理人、法人或者其他组织的权利义务承受人的具体内涵，可以参照适用《民法典》的有关规定确定。

2. 申请人、被申请人因不可抗力或者其他正当理由，不能参加行政复议的。不可抗力，是指不能预见、不能避免并且不能克服的客观情况。战争、地震、火灾、水灾、暴风雪等自然灾害或者发生的其他意外事件，都属于不可抗力的范畴。有些情况下，发生重大传染性疾病，也可能构成不可抗力，比如新冠疫情期间，正常的生产、生活等活动受到了不同程度的影响，会导致出现申请人、被申请人无法正常参与行政复议的情况，这就构成不可抗力。受不可抗力影响的对象，既包括申请人，也包括被申请人。但是并不是只要发生不可抗力，就必须中止行政复议，只有当不可抗力与申请人、被申请人确实无法参加行政复议活动之间存在因果关系，行政复议才能依法中止，如抗击新冠疫情期间，如果作为被申请人的行政机关结合实际情况安排工作人员值守岗位、可以正常履行行政复议法规定的相关要求的，就不能认为必须中止行政复议。

3. 依照2023年《行政复议法》规定进行调解、和解，申请人和被申请人同意中止的。2023年《行政复议法》第5条规定，“行政复议机关办理行政复议案件，可以进行调解。调解应当遵循合法、自愿的原则，不得损害国家利益、社会公共利益和他人合法权益，不得违反法律、法规的强制性规定”，这将行政复议调解作为一项重要的办案原则予以规定。同时，2023年《行政复议法》第74条也对行政复议和解作出了专门规定。为强化行政复议实质性化解行政争议的效能，行政复议机关应当积极适用行政复议调解、和解的手段解决群众实际关心的切身利益问题，实现案结事了人和。本条规定调解、和解可以中止审理，主要有两方面考虑：一是行政复议调解、和解需要进行大量的协调沟通工作，普通的行政复议审理期限难以满足工作需求，为了引导行政复议机关积极适用行政复议调解、和解，在期限上可以中止；二是不同于行政复议机关主导的案件审理工作，很多情形下调解、和解体现的是当事人双方沟通达成的合意，尤其和解往往是在没有行政复议机关参与的情况下达成一致意见的，因此这段期限从行政复议审理期限中扣除较为合理。需要注意的是，因为调解、和解而中止行政复议需要以当事人双方都同意中止为前提，如果当事人不再同意继续调解并中止审理，行政复议机关就应当及时恢复审理，从而避免以调解、和解为由导致案件久拖不决。

4. 行政复议案件涉及的法律适用问题需要有权机关作出解释或者确认的。案件涉及法律适用问题，既包括对有关法律规定的具体含义的理解，也包括对所适用法律规范的效力的确认，如是否有效、是否与上位法相抵触等。根据《立法法》规定，法律解释权属于全国人民代表大会常务委员会。例如，对于法律的规定需要进一步明确具体含义的，依法由全国人民代表大会常务委员会解释。遇到这些问题时，行政复议机关作为行政机关是无权作出解释的，需要送有权机关作出解释以明确其具体含义。准确适用法律是正确审理案件的前提，因此在有权机关处理期间，行政复议机关应当中止行政复议活动。

5. 行政复议案件审理需要以其他案件的审理结果为依据，而其他案件尚未审结的。实践中，有的行政争议法律关系比较复杂，可能同时涉及案外的行政法律关系，甚至民事、刑事法律关系，当事人在申请行政复议的同时，可能同时提起相关行政、民事、刑事诉讼，由于法律关系交织导致了行政复议案件与相关案件的审理具有密切关联性，在其他案件取得最终审理结果之前，行政复议审理所认定的相关事实及法律关系还存在不确定性，因此有必要中止行政复议。

6. 有 2023 年《行政复议法》第 56 条或者第 57 条规定的情形，即行政复议机关依申请或者依职权主动对有关规范性文件、有关依据进行附带审查的情形。附带审查涉及对行政行为所依据的抽象行政行为合法性进行认定的问题，行政复议机关需要以附带审查的结论为前提和基础，才能准确做好对行政行为复议案件的审理，由于附带审查的难度较大，有时还涉及在不同机关之间移送审查的程序，因此应当中止行政复议，在行政复议案件审理之外专门安排一段时间用于做好附带审查工作。

7. 需要中止行政复议的其他情形。考虑到实践情况较为复杂，除上述明确列举的情形外，影响行政复议案件正常审理的因素还有很多，立法时不可能穷尽，因此有必要规定兜底条款。但需要强调的是，为保障当事人的合法权益，适用兜底条款中止案件审理时，中止原因应当与法律列明的各类中止原因的性质、程度具有相当性，不能因为办案拖拉、效率不高等原因而中止案件审理。同时，在中止行政复议审理时，行政复议机关需要根据实际情况向当事人释明中止的具体原因，不能笼统称存在“需要中止行政复议的其他情形”。

行政复议中止只是行政复议审理活动的暂时停止，而不是行政复议活动的彻底终结。因此，一旦行政复议中止的原因消除，行政复议机关应当及时恢复行政复议案件的审理，并及时作出行政复议决定。中止并非行政复议审理的必经程序，而是因为发生特殊原因而导致中止，因此为了充分保障行政复议申请人、被申请人和第三人参与行政复议的权利，规范行政复议中止活动，行政复议机关在中止审理时，应当书面告知当事人，避免在当事人不知情的情况下自行中止审理；同样，恢复行政复议案件时，也应当书面告知当事人，以便当事人做好继续参与行政复议活动的相关准备。需要说明的是，2007 年《行政复议法实施条例》规定的中止及恢复审理的主体是行政复议机构，考虑到中止是行政复议审理中的重要程序，其关系当事人的重要程序权利，2023 年《行政复议法》规定应当由行政复议机关中止及恢复审理，并向当事人进行相应告知。

【关联规定】

《行政复议法实施条例》第 41 条

第四十条　行政复议期间,行政复议机关无正当理由中止行政复议的,上级行政机关应当责令其恢复审理。

【新旧对照】

2017 年《行政复议法》	2023 年《行政复议法》	重点解读
	第四十条　行政复议期间,行政复议机关无正当理由中止行政复议的,上级行政机关应当责令其恢复审理。	本条为 2023 年修订新增条款。

【适用要点】

本条是关于对行政复议中止进行监督的规定。

2023 年《行政复议法》第 39 条规定了较为完备的行政复议中止制度,便于行政复议机关在实践中操作。从 2007 年《行政复议法实施条例》关于中止的条款的实施情况看,大多数行政复议机关能够认真严格依法履行行政复议法定职责,严格在发生法定情形时中止案件审理,并能在中止原因消除后及时恢复审理。但与此同时,也有个别行政复议机关对中止制度理解不够准确,甚至责任心不强,出现了无正当理由中止行政复议的情形,具体包括:一是对法定的中止条件把握不准确;二是滥用兜底条款,对不符合中止条件的案件中止审理,如认为案件复杂疑难,把需要开展听证或者提交行政复议委员会咨询等正常的行政复议审理活动作为中止理由;三是不及时恢复审理,虽然中止审理符合法定条件,但是不跟进中止原因变化的情况，在中止原因消除后未及时恢复案件审理；等等。

上述无正当理由中止行政复议的情形严重影响了当事人的合法权益和行政复议的公信力，需要规定相应的监督纠正手段。考虑到行政复议中止是行政复议审理中的程序性活动，根据2023年《行政复议法》第4条关于“行政复议机关应当加强行政复议工作，支持和保障行政复议机构依法履行职责。上级行政复议机构对下级行政复议机构的行政复议工作进行指导、监督”的规定，对不当中止的情形应当由上级行政机关进行监督。类似的制度设计在1999年《行政复议法》中已有先例，该法第20条规定，“公民、法人或者其他组织依法提出行政复议申请，行政复议机关无正当理由不予受理的，上级行政机关应当责令其受理；必要时，上级行政机关也可以直接受理”。同样地，为了压实行政复议机关正确适用中止制度的法律责任，对行政复议机关无正当理由中止行政复议的，2023年《行政复议法》作出了由上级行政机关进行监督的规定。把握这条规定需要注意以下三点：

一是在启动程序上，对行政复议机关无正当理由中止行政复议的监督，可以来自申请人提出的监督请求，也可以来自上级行政机关依职权进行的工作检查等。由于行政复议实行“一级复议”原则，这里申请人提出的是行政复议监督申请，是为了表达要求恢复案件审理的程序性诉求，不能理解为再次提出的新的行政复议申请。

二是在监督主体上，考虑到行政管理的特点和效率要求，“上级行政机关”应当理解为无正当理由中止行政复议的行政复议机关的“上一级”具有行政复议权的行政机关。具体而言，行政复议机关是政府的，其上级行政机关就是上一级政府；行政复议机关是保留条条复议管辖权的政府部门的，其上级行政机关就是有行政复议权的上一级政府部门。

三是在监督程序上，对无正当理由中止行政复议的，上级行政机关要区分具体情况，一般情况下责令其恢复审理，以保障群众合法权益。同时，要把本条与2023年《行政复议法》第38条结合起来理解，如果下级行政复议机关拒不恢复审理，上级行政机关可以直接审理。

第四十一条　行政复议期间有下列情形之一的，行政复议机关决定终止行政复议：

（一）申请人撤回行政复议申请，行政复议机构准予撤回；

（二）作为申请人的公民死亡，没有近亲属或者其近亲属放弃行政复议权利；

（三）作为申请人的法人或者其他组织终止，没有权利义务承受人或者其权利义务承受人放弃行政复议权利；

（四）申请人对行政拘留或者限制人身自由的行政强制措施不服申请行政复议后，因同一违法行为涉嫌犯罪，被采取刑事强制措施；

（五）依照本法第三十九条第一款第一项、第二项、第四项的规定中止行政复议满六十日，行政复议中止的原因仍未消除。

【新旧对照】

2017年《行政复议法》	2023年《行政复议法》	重点解读
第二十五条　行政复议~~决定作出前，~~申请人要求撤回行政复议申请的，~~经说明理由，~~可以撤回；撤回行政复议申请的，行政复议终止。	第四十一条　行政复议**期间**有下列情形之一的，行政复议机关决定终止行政复议： （一）申请人撤回行政复议申请，行政复议机构准予撤回； **（二）作为申请人的公民死亡，没有近亲属或者其近亲属放弃行政复议权利；**	本条对2017年《行政复议法》规定的行政复议终止制度作了完善，将原有的一种终止情形扩充为五种。

续表

2017年《行政复议法》	2023年《行政复议法》	重点解读
	（三）作为申请人的法人或者其他组织终止，没有权利义务承受人或者其权利义务承受人放弃行政复议权利； （四）申请人对行政拘留或者限制人身自由的行政强制措施不服申请行政复议后，因同一违法行为涉嫌犯罪，被采取刑事强制措施； （五）依照本法第三十九条第一款第一项、第二项、第四项的规定中止行政复议满六十日，行政复议中止的原因仍未消除。	

【适用要点】

本条是关于行政复议终止的规定。

行政复议终止，是行政复议过程中出现法定情形后，行政复议机关不再继续审理有关行政复议案件，从而终结行政复议的活动。对于行政复议终止，1999年《行政复议法》仅在第25条规定了申请人“撤回行政复议申请的，行政复议终止”这一种情形。为进一步适应实践需求，2007年《行政复议法实施条例》在不违背《行政复议法》精神的前提下，采取明确列举的方法规定了行政复议终止的情形。2023年《行政复议法》在进一步总结实践经验的基础上，吸收并完善了《行政复议法实施条例》的上述规定，规定了较为完备的行政复议终止制度。行政复议终止的情形主要有以下几种：

1. 申请人要求撤回行政复议申请，行政复议机构准予撤回的。即本条第1项规定的情形。这是实践中行政复议终止较为典型的情形。行政复议是依申请人的申请而启动的，申请人具有请求行政复议机关依法处理涉及自身行政争议的权利，其也可以在审理过程中放弃这项权利。申请人出于真实意思表示而声明放弃行政复议权利的，行政复议审理活动随之终止。

需要特别指出的是，2007 年《行政复议法实施条例》将申请人要求撤回行政复议申请，行政复议机构准予撤回与申请人与被申请人经行政复议机构准许达成和解两种情形并列规定为终止的法定情形。考虑到实践中，申请人放弃行政复议权利，撤回行政复议申请的主要原因就是与被申请人达成了和解，这表明双方的行政争议已经自行解决，行政复议机关无须再继续进行审理，行政复议活动可以终结，两种情形在很大程度上出现了竞合，因此 2023 年《行政复议法》对这两条规定作了优化完善，整合起来作为本条第 1 项予以规定。这项规定可以和 2023 年《行政复议法》第 74 条结合起来理解，即当事人在行政复议决定作出前可以自愿达成和解，由申请人向行政复议机构撤回行政复议申请，如果符合"和解内容不得损害国家利益、社会公共利益和他人合法权益，不得违反法律、法规的强制性规定"的法定条件，行政复议机构就可以准予撤回行政复议申请，行政复议机关继而决定终止行政复议。

2. 申请人本人的行政复议资格消灭，没有行政复议权利义务承受人或者其权利义务承受人放弃该权利的。即本条第 2、3 项规定的情形。2023 年《行政复议法》第 14 条规定，有权申请行政复议的公民死亡的，其近亲属可以申请行政复议；有权申请行政复议的公民为无民事行为能力人或者限制民事行为能力人的，其法定代理人可以代为申请行政复议；有权申请行政复议的法人或者其他组织终止的，其权利义务承受人可以申请行政复议。因此，申请人的行政复议权利可以在特定情况下发生转移，由他人承受行使。如果没有行政复议权利的承受人，或者承受人放弃行使该权利，行政复议活动自然也应当终止。

3. 申请人对行政拘留或者限制人身自由的行政强制措施不服申请行

政复议后,因同一违法行为涉嫌犯罪,被采取刑事强制措施的。即本条第4项规定的情形。根据《刑事诉讼法》的规定,刑事强制措施包括拘传、取保候审、监视居住、刑事拘留、逮捕。出现本条第4项规定的情形时,行政拘留或者限制人身自由的其他行政强制措施已经被吸收到刑事强制措施中,与违法行为有关的事实和证据材料也已经移转至相关刑事侦查机关手中,同时变更之前的行政拘留或者限制人身自由的其他行政强制措施与变更之后的刑事强制措施都是因同一违法行为而产生的,两者之间具有高度关联性,为保证刑事侦查活动的顺利进行,没有必要再对变更之前的行政拘留或者限制人身自由的其他行政强制措施再进行行政复议救济,如果刑事拘留措施出现错误,也可以通过刑事赔偿程序得到补救,行政复议终止并不会导致申请人丧失救济权利。

4. 中止情形向终止情形的转化。2023年《行政复议法》第39条第1、2、4项分别规定了三类中止情形,即作为申请人的公民死亡,其近亲属尚未确定是否参加行政复议;作为申请人的公民丧失参加行政复议的行为能力,尚未确定法定代理人参加行政复议;作为申请人的法人或者其他组织终止,尚未确定权利义务承受人。在一般情况下,行政复议中止的原因消除后,应当及时恢复行政复议案件的审理,也就是说,当近亲属、法定代理人、法人或者其他组织权利义务承受人确定参加行政复议,行政复议恢复审理;当近亲属、法定代理人、法人或者其他组织权利义务承受人放弃参加行政复议,行政复议终止。但除了上述三种情况外,如果近亲属、法定代理人、法人或者其他组织权利义务承受人长期不明确表示是否参加行政复议,就会影响行政复议审理效率和行政管理秩序的稳定性。因此,参照申请人享有的60日的行政复议申请期限,2023年《行政复议法》第41条第5项规定,如果行政复议中止满60日时,近亲属、法定代理人、法人或者其他组织权利义务承受人仍未表示是否行使行政复议权利,行政复议中止就依法转为终止,以维护行政管理秩序的稳定性,以及行政复议制度的严肃性和权威性。

行政复议是严肃、规范的法律程序,行政复议终止时,虽然行政复议机关无须再对行政行为是否合法和适当进行实质性审理,但仍然要制发行政复议终止决定书,告知有关当事人其行政复议活动已经终结。

【关联规定】

《行政复议法实施条例》第38、42条

第四十二条　行政复议期间行政行为不停止执行;但是有下列情形之一的,应当停止执行:

(一)被申请人认为需要停止执行;

(二)行政复议机关认为需要停止执行;

(三)申请人、第三人申请停止执行,行政复议机关认为其要求合理,决定停止执行;

(四)法律、法规、规章规定停止执行的其他情形。

【新旧对照】

2017年《行政复议法》	2023年《行政复议法》	重点解读
第二十一条　行政复议期间具体行政行为不停止执行;但是,有下列情形之一的,可以停止执行: (一)被申请人认为需要停止执行的; (二)行政复议机关认为需要停止执行的; (三)申请人申请停止执行,行政复议机关认为其	第四十二条　行政复议期间行政行为不停止执行;但是有下列情形之一的,**应当**停止执行: (一)被申请人认为需要停止执行; (二)行政复议机关认为需要停止执行; (三)申请人、**第三人**申请停止执行,行政复议机	本条将行政复议期间"可以"停止执行的规定修改为"应当"停止执行,赋予第三人请求停止执行的权利,同时规定法律、法规、规章停止执行的其他情形作为兜底条款。

续表

2017 年《行政复议法》	2023 年《行政复议法》	重点解读
要求合理，决定停止执行的； （四）法律规定停止执行的。	关认为其要求合理，决定停止执行； （四）法律**、法规、规章**规定停止执行的**其他情形**。	

【适用要点】

本条是关于行政复议期间行政行为停止执行的规定。

本条首先确定了行政复议期间行政行为不停止执行的原则。作出这一规定主要是考虑行政行为一经作出就具有公定力，包括对行政管理相对人和行政机关产生的约束力、无论其合法或者违法都会对相关权利义务关系产生的确定力、不需要其他机关批准就应当付诸执行的执行力。行政行为的公定力对于贯彻国家强制意志，维护社会公共利益和社会秩序稳定具有重要意义，应当在行政复议程序中予以保障和维护。在 2023 年《行政复议法》修订过程中，曾经有意见提出将“行政复议期间行政行为不停止执行”原则修改为“行政复议期间行政行为停止执行”原则，考虑到如果允许相对人在申请行政复议后就停止执行行政行为，实践中可能会出现相对人滥用行政复议申请权逃避法定义务的情况，导致行政行为作出后久拖不能执行，影响法律和社会秩序的稳定。因此，2023 年《行政复议法》未采取上述意见，而是延续了 1999 年《行政复议法》确立的“不停止执行”的原则，以便在维护社会公共利益和回应相对人诉求之间取得恰当的平衡。

原则上不停止执行不意味着任何情况下都不停止执行，2023 年《行政复议法》完善了停止执行的具体规定，具体包括：

1. 被申请人认为需要停止执行的。被申请人是作出被行政复议的行政行为的行政机关，对行政行为的内容和执行要求比较熟悉，在一些特定情况下,如行政机关发现行政行为存在明显违法情形或者出现了不宜继续执行的情势变更,行政机关应当停止执行该行政行为。

2. 行政复议机关认为需要停止执行的。行政复议机关作为涉案行政行为的审理机关,负有监督行政行为、保障相对人合法权益的法定职责。如果在案件审理中发现行政行为可能存在违法或者不当的情形,若不及时停止执行,就会对相对人的权利造成更大的不利影响,那么在这种情形下,行政复议机关就可以要求对行政行为停止执行,以便更及时、全面地保护相对人的合法权益,避免对其造成不可弥补的损失。

3. 申请人、第三人申请停止执行,行政复议机关认为其要求合理,决定停止执行的。也就是说,如果被申请人和行政复议机关都没有决定要停止执行,申请人、第三人也可以提出停止执行的请求。对于这类请求,应当由行政复议机关根据实际情况进行判断,如果申请人、第三人要求合理,就可以由行政复议机关决定停止执行。判断是否合理的要素包括:停止执行是否会损害国家利益和社会公共利益、如果不停止执行是否会对申请人造成不可弥补的重大损失、停止执行是否有必要性和可行性等。需要说明的是,除了申请人可以申请停止执行外,2023 年《行政复议法》还赋予第三人停止执行的请求权,以全面保护与行政行为有利害关系人员的合法权益。

4. 法律、法规、规章规定停止执行的。行政复议机关依照法律、法规、规章审理行政复议案件,对法律、法规、规章已经明确规定停止执行的,行政复议机关应当遵照落实。例如,《治安管理处罚法》第 107 条规定,被处罚人不服行政拘留处罚决定,申请行政复议、提起行政诉讼的,可以向公安机关提出暂缓执行行政拘留的申请。公安机关认为暂缓执行行政拘留不致发生社会危险的,由被处罚人或者其近亲属提出符合该法第 108 条规定条件的担保人,或者按每日行政拘留 200 元的标准交纳保证金,行政拘留的处罚决定暂缓执行。又如,《中国证券监督管理委员会冻结、查封实施办法》第 24 条规定,当事人对冻结、查封决定不服的,可以依法向中国证券监督管理委员会申请行政复议。行政复议期间，冻结、查封措施不停止执行，但是有下列情形之一的，可以停止执行：（1）实施部门认为需要停止执行并批准的；（2）当事人申请停止执行并批准的；（3）法律、法规规定应当停止执行的。

对于上述四类情形，第一类情形是经过行政执法机关判断认为需要停止执行的，第二、三类情形是经过行政复议机关判断认为需要停止执行的，第四类情形是依法停止执行的，也就是说，所列的四项具体情形经过有关机关或者法律的价值判断，已经达到了“应当”停止执行的程度，已经蕴含了被申请人、行政复议机关对停止执行的主观态度，停止执行的必要性已经比较充分，为此，2023 年《行政复议法》将 2017 年《行政复议法》规定的“可以停止执行”修改为“应当停止执行”，以便对申请人、第三人的合法权益提供更充分的保障，充分体现了行政复议便民为民的制度优势。

【关联规定】

《行政诉讼法》第 56 条；《行政处罚法》第 73 条；《海关法》第 64 条

第二节　行政复议证据

行政复议审理需要以事实为根据，以法律为准绳。因此，证据是行政复议查明事实、准确适用法律的前提和基础。2023 年《行政复议法》修订过程中，不少地方和部门反映 2017 年《行政复议法》有关证据的规定过于简单，建议在立法中加以补充和完善。

为此，2023 年《行政复议法》在行政复议审理一章中单设一节，立足行政复议制度特点，将 2007 年《行政复议法实施条例》关于证据的规定上升为法律,对行政复议证据作出系统规定,发展和完善了行政复议证据规则。

第四十三条　行政复议证据包括:

(一)书证;

(二)物证;

(三)视听资料;

(四)电子数据;

(五)证人证言;

(六)当事人的陈述;

(七)鉴定意见;

(八)勘验笔录、现场笔录。

以上证据经行政复议机构审查属实,才能作为认定行政复议案件事实的根据。

【新旧对照】

2017 年《行政复议法》	2023 年《行政复议法》	重点解读
	第四十三条　行政复议证据包括: **(一)书证;** **(二)物证;** **(三)视听资料;** **(四)电子数据;** **(五)证人证言;** **(六)当事人的陈述;** **(七)鉴定意见;** **(八)勘验笔录、现场笔录。** **以上证据经行政复议机构审查属实,才能作为认定行政复议案件事实的根据。**	本条为 2023 年修订新增条款。

【适用要点】

本条是关于行政复议证据种类的规定。

证据,是指用以证明案件客观事实的材料。证据是行政复议机关认定案件事实的根据,也是正确审理案件的基础。证据有三个基本特征:一是客观性,即证据应当能够客观反映行政复议案件的事实,而不取决于任何主观推测和想象。二是关联性,即证据应当与所要证明的案件事实之间存在内在联系。三是合法性,即证据的种类、形式、取得方式等应当符合法律要求。

基于这三个基本特征,本条规定了行政复议的证据种类:

1. 书证,是以记载的内容或者表达某种思想、含义来证明案件真实情况的书面材料或者其他物质材料。书证并不限于书写的文字材料,也包括用图形、符号等记录内容、表达含义的材料;记录方式包括手写、印刷、刻画等,载体可以包括纸张、布帛、墙壁、桌面、器物表面等。书证包括各种单据、证照、公告、档案、报表、图册等。书证和物证都属于实物证据,但不能说书证属于物证。

2. 物证,是以自身物质属性、外形特征、存在状态等来证明案件真实情况的物品。物证具有较强的客观性、稳定性,但一般不能一步到位证明案件主要事实,通常作为间接证据。需要区别的是,书证以其记载的内容证明案件事实,物证以其自身状态和属性证明案件事实。

3. 视听资料,是用录音、录像、拍照等技术手段记录下来,存储于录音带、录像带、电影胶片、光盘等特殊介质中,需要借助录音机、录像机等特定设备播放的案件事实和材料。如用录音机录制的当事人之间的谈话、摄像机拍摄的当事人的活动等。

4. 电子数据,是指以数字化形式存储、处理、传输的能够证明案件事实的信息。如网页发布的信息、微信等即时网络通信工具记录的通信信息、用户在网站注册及登录的信息等。随着电子技术特别是计算机和互联网技术的发展,人们在日常生产生活中形成的电子数据数量越来越多,其复杂性也远高于传统的书证或者物证,有必要在证据种类中单独作出规定。

5. 证人证言,是指了解案件情况的个人或者单位以口头或者书面方式向行政复议机关所作的对案件事实的陈述。对于口头证言,需要以笔录等形式加以固定。证人应当如实陈述,但证人证言与其他证据相比,容易受到证人本身的主观感情、表达能力、个人品德、记忆准确度等因素影响,行政复议办案人员需要注意对证人证言加大审查力度,综合分析评判其证据效力。对于和一方当事人有利害关系的证人,其证人证言不能单独作为认定案件事实的根据。

6. 当事人的陈述,是指行政复议申请人和行政复议被申请人就案件事实向行政复议机关所作的陈述。当事人的陈述可以贯穿行政复议案件办理全过程,如当事人在行政复议申请书、行政复议补正材料中载明的诉求,当事人在行政复议机关听取意见、听证过程中提出的意见等。需要注意的是,当事人的陈述往往带有一定主观性,行政复议机关要注意审查甄别其真实性。

7. 鉴定意见,是法律、法规认定的鉴定机构运用专业手段,对有关专业性问题进行分析、检验和鉴别后作出的书面意见。如医疗事故责任鉴定、笔迹鉴定等。

8. 勘验笔录、现场笔录。勘验笔录是对能够证明案件事实的现场或者不便于移动的物品就地进行勘查、检验后形成的记录。现场笔录是行政机关对行政违法行为进行当场处理时,在处理现场所形成的笔录。现场笔录是行政案件所特有的证据类型。如《行政处罚法》第 46 条规定,行政处罚的证据种类包括现场笔录。《禁止传销条例》第 22 条规定,市场监督管理部门对涉嫌传销行为进行查处时,应当制作现场笔录。

对于行政复议办案工作而言,证据具有真实性、关联性、合法性是采信的基本要求，因此本条第 2 款规定证据经行政复议机构审查属实才可作为认定事实的根据。这是行政复议案件审理的应有之义，也是行政复议办案工作中必须达到的标准。为了确保行政复议机构能够查实证据，2023 年《行政复议法》对行政复议的审理程序作了很多新的规定，如调查取证、听取当事人意见、听证等，这些程序性要求为审查证据的真实性提供了制度保障。在实践中，行政复议机构应当严格按照法定程序，对证据逐一进行全面、充分的审查，准确确定证据与案件事实之间的证明关系，排除与事实不具有关联性或者不真实的证据，以查证属实的证据作为认定案件事实的根据。

【关联规定】

《行政复议法实施条例》第 37 条

第四十四条　被申请人对其作出的行政行为的合法性、适当性负有举证责任。

有下列情形之一的，申请人应当提供证据：

（一）认为被申请人不履行法定职责的，提供曾经要求被申请人履行法定职责的证据，但是被申请人应当依职权主动履行法定职责或者申请人因正当理由不能提供的除外；

（二）提出行政赔偿请求的，提供受行政行为侵害而造成损害的证据，但是因被申请人原因导致申请人无法举证的，由被申请人承担举证责任；

（三）法律、法规规定需要申请人提供证据的其他情形。

【新旧对照】

2017年《行政复议法》	2023年《行政复议法》	重点解读
	第四十四条　被申请人对其作出的行政行为的合法性、适当性负有举证责任。 **有下列情形之一的，申请人应当提供证据：** **（一）认为被申请人不履行法定职责的，提供曾经要求被申请人履行法定职责的证据，但是被申请人应当依职权主动履行法定职责或者申请人因正当理由不能提供的除外；** **（二）提出行政赔偿请求的，提供受行政行为侵害而造成损害的证据，但是因被申请人原因导致申请人无法举证的，由被申请人承担举证责任；** **（三）法律、法规规定需要申请人提供证据的其他情形。**	本条为2023年修订新增条款。

【适用要点】

本条是关于行政复议举证责任的规定。

举证责任，是指当事人根据法律的规定所负有的对特定案件事实提供证据予以证明的责任。举证责任是依法对当事人双方分配的，如果当事人不能提供相应的证据，将会承担不利的后果。对行政复议的举证责任具体可以从以下几个方面把握。

一、举证责任原则上由被申请人承担

在行政复议审理中，被申请人对其作出的行政行为负有举证责任是行政复议举证责任分配的一条基本原则。不同于民事案件“谁主张，谁举证”的举证责任分配要求，行政复议案件的举证责任以被申请人承担为原则、申请人承担为例外。这主要是考虑到行政机关在行政管理过程中处于管理者的优势地位，对公民、法人或者其他组织作出行政执法行为时无须征得其同意，因此行政机关应当自觉约束和规范行政权力的运行，在作出执法行为时就应当依法履行法定程序，确保全面、客观地收集并固定证据，在作出行政行为后还要按要求将证据整理归档。行政管理的特性决定了行政机关在举证能力上优于行政管理相对人，在行政复议审理中应当承担主要的举证责任。

二、被申请人既要对行政行为的合法性举证，也要对行政行为的适当性举证

行政复议审理对行政行为的审理是全面审理，既审查行政行为的合法性，也审查行政行为的适当性，即合理性。这是行政复议审理的特点，体现了行政复议实质性化解行政争议的优势。因此，行政机关在举证时也要全面举证，既有义务证明其行政行为的合法性，也有义务证明其行政行为的合理性，而不能以申请人未提出对适当性进行审查的诉求为理由不提供相应证据，否则就要承担不利的审理后果。

三、行政复议申请人依法承担特定的举证责任

虽然被申请人举证是行政复议举证责任的一般原则，但在特定情况下，申请人也要提供相应的证据。申请人承担举证责任的情形一般有三类：

一是认为被申请人不履行法定职责的，需要申请人提供曾经要求被申请人履行法定职责的证据。2023 年《行政复议法》第 11 条规定了行政复议受案范围，其中包括行政机关不作为的案件，如申请行政机关履行保护人身权利、财产权利、受教育权利等合法权益的法定职责，行政机关拒绝履行、未依法履行或者不予答复；申请行政机关依法给付抚恤金、社会保险待遇或者最低生活保障等社会保障，行政机关没有依法给付等，都是典型的行政不作为案件。行政不作为案件大多涉及行政机关需要依申请作出的行政行为，一般情况下，只有申请人提出了申请，行政机关才会启动相应的执法程序。因此，对于申请人是否曾经提出过申请，由被申请人举证比较困难,尤其是在申请人根本未提出过申请的情况下,由被申请人“证无”就更难以实现,所以由申请人提供自己曾经要求被申请人履行法定职责的证据举证,是较为合理的。需要注意的是,这种举证责任的分配存在两种例外情形:一种例外情形是,行政机关应当依职权主动履行法定职责的情形,由于不需要申请人提起申请才启动执法程序,自然也就不需要申请人对其曾经提出过履职请求承担举证责任。需要注意的是,这里所指的主动履行法定职责,是指行政机关根据法律、法规的明确规定,需要主动履行的保护特定当事人合法权益的职责,而不宜理解为宽泛的、针对不特定对象的行业监管职责。另一种例外情形是申请人因正当理由不能提供曾经要求被申请人履行法定职责的证据。是否属于有正当理由,应当由行政复议机关结合实际情况进行判断。

二是申请人提出行政赔偿请求的,应当提供受行政行为侵害而造成损害的证据。行政赔偿包括因侵犯人身权、财产权需要赔偿的情形。根据《国家赔偿法》的规定,行政机关及其工作人员在行使行政职权时有下列侵犯人身权情形之一的,受害人有取得赔偿的权利:(1)违法拘留或者违法采取限制公民人身自由的行政强制措施的;(2)非法拘禁或者以其他方法非法剥夺公民人身自由的;(3)以殴打、虐待等行为或者唆使、放纵他人以殴打、虐待等行为造成公民身体伤害或者死亡的;(4)违法使用武器、警械造成公民身体伤害或者死亡的;(5)造成公民身体伤害或者死亡的其他违法行为。行政机关及其工作人员在行使行政职权时有下列侵犯财产权情形之一的,受害人有取得赔偿的权利:(1)违法实施罚款、吊销许可证和执照、责令停产停业、没收财物等行政处罚的;(2)违法对财产采取查封、扣押、冻结等行政强制措施的;(3)违法征收、征用财产的;(4)造成财产损害的其他违法行为。赔偿请求人要求赔偿,应当先向赔偿义务机关提出,也可以在申请行政复议时一并提出。2023 年《行政复议法》第 11 条第 6 项规定,公民、法人或者其他组织对行政机关作出的赔偿决定或者不予赔偿决定不服的,可以申请行政复议;第 72 条中规定,申请人在申请行政复议时可以一并提出行政赔偿请求。因此,行政复议是为群众解决行政赔偿争议的重要渠道,既可以解决申请人因不服赔偿义务机关的赔偿决定或者不予赔偿决定引发的行政争议,也可以直接处理申请人对违法行政行为申请行政复议时一并提出的行政赔偿请求。《国家赔偿法》第 15 条第 1 款中规定,赔偿请求人和赔偿义务机关对自己提出的主张,应当提供证据。因此,申请人在行政赔偿类行政复议案件中,对自己受行政行为侵害而造成的损害负有举证责任,该举证责任既包括发生损害及损害大小的证据,也包括损害与行政行为侵害之间存在因果关系的证据。需要注意的是,这种举证责任的分配存在一种例外情形,即因被申请人原因导致申请人无法举证的,由被申请人承担举证责任。例如,因被申请人的改变财产损害现场而导致申请人无法证明所遭受的损害大小的,由被申请人进行举证。

三是法律、法规规定需要申请人提供证据的其他情形。申请人所负担的举证责任属于举证责任的特殊情形,其范围不应过大,除前两类明确规定的申请人举证情形外,只有法律、法规可以对申请人的举证责任作出规定。法律、法规规定申请人的举证责任应当具有相当的合理性、必要性,不应随意扩大申请人举证责任的范围,尤其是行政复议机关不应通过出台规范性文件等方式对申请人增加法律、法规之外的举证义务。

第四十五条　行政复议机关有权向有关单位和个人调查取证,查阅、复制、调取有关文件和资料,向有关人员进行询问。

调查取证时,行政复议人员不得少于两人,并应当出示行政复议工作证件。

被调查取证的单位和个人应当积极配合行政复议人员的工作,不得拒绝或者阻挠。

【新旧对照】

2017年《行政复议法》	2023年《行政复议法》	重点解读
第三条第一款第二项 ……行政复议机关负责~~法制工作的机构~~……*履行下列职责*： （二）向有关组织和人员调查取证，查阅文件和资料；	第四十五条 行政复议机关*有权*向有关**单位和个人**调查取证，查阅、**复制、调取有关**文件和资料，**向有关人员进行询问**。 **调查取证时，行政复议人员不得少于两人，并应当出示行政复议工作证件。** **被调查取证的单位和个人应当积极配合行政复议人员的工作，不得拒绝或者阻挠。**	本条吸收了2007年《行政复议法实施条例》关于调查取证的相关规定，对调查取证的内容、人数、程序以及相关要求作出完善规定。

【适用要点】

本条是关于行政复议调查取证的规定。

2023年《行政复议法》修订时，从增强行政复议的公正性、权威性、透明度的角度出发，进一步完善了行政复议办案程序。无论是适用普通程序还是简易程序，行政复议机关都应当扎实做好证据审查工作，其中一个重要环节就是开展好调查取证。

2017年《行政复议法》规定，行政复议原则上实行书面审理，但是申请人提出要求或者行政复议机关负责法制工作的机构认为有必要的，可以向有关组织和人员调查情况，听取申请人、被申请人和第三人的意见。在这里，调查取证是作为书面审理的例外情形，是在申请人提出要求或者行政复议机关负责法制工作的机构认为有必要的前提下才开展的一项工作。随着实践发展，行政复议案件涉及的事实和法律关系越来越复杂，仅凭书面审理往往无法查清案件事实，而且审理程序不够透明，容易给申请人以“暗箱操作”“官官相护”的错觉，不利于行政争议的彻底解决。为此，2023年《行政复议法》创新行政复议的审理方式，对行政复议书面审理的原则作了修改，进一步健全了行政复议调查取证程序，这要求行政复议机关把调查取证工作摆在更重要的位置做实做细。对于本条规定，应当从以下几个方面把握。

一、调查取证的制度价值

调查取证既是行政复议机关案件审查权的重要内容，也是必须履行的法定职责。加强调查取证，契合新时代行政复议工作的发展方向。例如，2023年《行政复议法》从促进行政争议实质性化解的角度出发，要求行政复议机关更多地适用变更方式作出行政复议决定，这就意味着行政复议机关需要对案件事实进行扎实的调查取证，不能简单满足于审查出原行政行为事实不清、证据不足，然后“一撤了之”，而应当在尽可能的情况下查清案件事实和证据，对能够作变更处理的就作变更处理。与此同时，调查核实证据的过程，也是行政复议机关与行政复议当事人等进行充分沟通、了解情况、听取意见的过程，这对于提高行政复议调解的适用率和成功率也具有重要意义。一般来说，案件存在下列情形的，就应当及时开展调查取证：(1)当事人双方对于案件事实的陈述有分歧的；(2)被申请人提供的证据材料之间相互矛盾的；(3)申请人或者第三人提出新的证据材料，需要对相关事实作进一步认定的；(4)申请人或者第三人提供了证据或者依据的线索，但是无法自行收集而申请行政复议机构收集的；等等。尤其是涉及自然权属认定等当事人重大权益的行政争议，行政复议机关应当到实地进行调查取证，确保案件事实清楚、证据确凿。

二、把握调查取证的工作要求

首先，调查取证的对象是对查明案件事实有帮助的有关单位和个人，包括但不限于行政复议申请人、被申请人、第三人，与案件审理相关的证人也属于调查取证的对象。其次，调查取证的方式主要包括查阅、复制、调取有关文件和资料，如在办理土地征收类行政复议案件中，行政复议机关可以查阅调取相关规划图、现状图等图表。行政复议机关也可以围绕案件事实向有关人员进行询问，询问笔录作为证人证言用以证明案件事实的真实性。最后，调查取证的目的是审查被申请人行政行为合法性和适当性，要站在中立、公正的立场上对事实情况进行全面调查并收集证据，而不是替代被申请人执法，甚至给被申请人执法“找依据”。

三、调查取证的人员要求

调查取证工作具有较强的法律性、专业性，应当由行政复议机关的行政复议人员开展。行政复议人员应当是符合2023年《行政复议法》规定的通过国家统一法律职业资格考试取得法律职业资格、行政复议机构依法指定办理行政复议案件的人员，而不是普通的行政机关工作人员。为确保调查取证工作的公正性，参与调查取证的行政复议人员数量不得少于2人，并应当出示行政复议工作证件。由2名行政复议人员进行调查取证，彼此之间既能加强协同配合，提高调查取证的质量和效率，又能进行相互监督，体现调查取证工作的公正性，这符合行政复议办案的客观规律。需要注意的是，本条规定的2人是人数上的最低要求，实际工作中可以根据案件数量、复杂程度等，科学配备调查取证人员的数量。同时，各级行政复议机关应当注重加强行政复议队伍建设，确保行政复议人员配备符合法律要求。调查取证中，行政复议人员要注意依法取证，不能采取胁迫或者欺骗的手段取证，也不得随意超出案件审理的需要调取无关的证据。

四、被调查人的配合义务

调查取证是严肃的行政复议活动。被调查取证的单位和个人应当积极予以配合，不得拒绝或者阻挠。这里的“配合”有两层意思：一是要按照行政复议人员的要求，全面提供相应的证据材料，即允许行政复议人员查阅、复制和调取有关文件和资料，回答行政复议人员的询问。二是要如实作证，确保所提供的有关文件和资料具有真实性，回答询问时要如实陈述，不能作假证。为此，行政复议人员调查取证时，要提前告知当事人有按要求全面、如实作证的义务，不得拒绝、阻挠行政复议人员依法调查取证，故意扰乱行政复议工作秩序，否则依照2023年《行政复议法》第84条的规定，承担相应法律责任。

【关联规定】

《行政诉讼法》第39、40条；《行政复议法实施条例》第32、34条

第四十六条　行政复议期间，被申请人不得自行向申请人和其他有关单位或者个人收集证据；自行收集的证据不作为认定行政行为合法性、适当性的依据。

行政复议期间，申请人或者第三人提出被申请行政复议的行政行为作出时没有提出的理由或者证据的，经行政复议机构同意，被申请人可以补充证据。

【新旧对照】

2017年《行政复议法》	2023年《行政复议法》	重点解读
第二十四条　在行政复议~~过程中~~，被申请人不得自行向申请人和其他有关组织或者个人收集证据。	*第四十六条*　行政复议**期间**，被申请人不得自行向申请人和其他有关**单位**或者个人收集证据；**自行收集的证据不作为认定行政行为合法性、适当性的依据。** **行政复议期间，申请人或者第三人提出被申请行政复议的行政行为作出时没有提出的理由或者证据的，经行政复议机构同意，被申请人可以补充证据。**	本条在2017年《行政复议法》规定的基础上，细化完善了被申请人在行政复议期间不得自行收集证据的相关要求，同时新增了行政复议期间补充证据的相关规定。

【适用要点】

本条是关于行政复议期间被申请人不得自行收集证据，以及在特定情形下可以补充证据的规定。

在规定行政复议审理中原则上由被申请人举证的基础上，2023 年《行政复议法》进一步作出了行政复议期间被申请人不得自行收集证据的规定，体现了案卷排他主义原则。对这条规定应当从以下几个方面把握：

一是被申请人不得自行收集证据的时间应当界定为“行政复议期间”。行政行为在作出时应当遵循“先取证，后决定”的原则，也就是说行政行为作出之前，行政机关就应当确保其证据是确凿、充分的，而不应当在行政行为作出之后再补充新的证据来证明自己的行为具有合法性、适当性。由于“行政复议期间”发生在行政行为作出之后，此时段中行政行为正在接受行政复议机关的审查，因此被申请人在此时不得自行收集证据。

二是被申请人在行政复议期间自行收集的证据不作为认定行政行为合法性、适当性的依据。行政行为的合法性、适当性应当以行政行为作出时被申请人认定的证据为准。例如，《行政处罚法》规定证据必须经查证属实方可作为认定案件事实的根据。因此，在行政复议期间，被申请人应当自觉落实“不得自行向申请人和其他有关单位或者个人收集证据”的要求，但如果被申请人在此期间违反上述规定收集了新的证据并提交给行政复议机关，行政复议机关对此要注意甄别，不能将被申请人自行收集的证据用以证明行政行为的合法性、适当性，否则这种事后补强证据的行为就违背了程序正当的原则。

三是行政复议机关在行政复议期间收集的证据，也不能作为认定行政行为合法性、适当性的依据。行政复议机关在案件审理中可以调查取证，会调取到被申请人在作出行政行为时未取得的证据。这类证据虽然不是被申请人收集的，而是行政复议机关主动调取掌握的，但同样不能作为用以证明被申请人行政行为合法的证据，否则行政复议机关就丧失了居中裁决者的中立地位而与被申请人利益混同，这与行政复议的救济申请人合法权益、纠正违法行政行为的功能定位不符。行政复议机关调查收集的证据可以作为撤销、变更原行政行为或者确认行政行为违法或者不当的证据。

同时，本条对被申请人补充证据作了相应规定。根据本条第 1 款的规定，行政复议期间，被申请人不得自行向申请人和其他有关单位或者个人收集证据，这是一条原则性规定。但在特定情况下，可以允许被申请人在行政复议期间补充证据，需要符合以下条件：

一是申请人或者第三人提出被申请行政复议的行政行为作出时没有提出的理由或者证据。一般情况下，行政相对人在行政行为作出前，应当提供全部的理由或者证据。如行政许可法规定，申请人申请行政许可，应当如实向行政机关提交有关材料和反映真实情况，并对其申请材料实质内容的真实性负责。但实践中，在行政行为作出过程中，也会出现一些行政管理相对人不重视自己的程序性权利的情形，没有依法行使陈述权、申辩权，或者没有及时提出对自己有利的理由或者证据，在行政复议阶段才提出。在这种情况下，为了公平起见，应当允许被申请人有补充证据的机会。

二是经行政复议机构同意。为了防止被申请人滥用补充证据的权利，在申请人或者第三人提出被申请行政复议的行政行为作出时没有提出的理由或者证据的前提下，被申请人能否补充证据，还应当征得行政复议机构的同意。行政复议机构要对被申请人提出的新证据是否为因为"申请人或者第三人提出被申请行政复议的行政行为作出时没有提出的理由或者证据的"这一法定原因而产生的进行审查。如果行政机关在作出行政行为时并不知道申请人持有相应的理由或者证据，在这种情况下，允许行政机关针对这些新的理由或者证据补充证据是比较公平的。

【关联规定】

《行政诉讼法》第35、36条;《最高人民法院关于适用〈中华人民共和国行政诉讼法〉的解释》第35、38、45条

第四十七条　行政复议期间,申请人、第三人及其委托代理人可以按照规定查阅、复制被申请人提出的书面答复、作出行政行为的证据、依据和其他有关材料,除涉及国家秘密、商业秘密、个人隐私或者可能危及国家安全、公共安全、社会稳定的情形外,行政复议机构应当同意。

【新旧对照】

2017年《行政复议法》	2023年《行政复议法》	重点解读
第二十三条第二款 申请人、第三人可以查阅被申请人提出的书面答复、作出具体行政行为的证据、依据和其他有关材料,除涉及国家秘密、商业秘密或者个人隐私外,行政复议*机关*不得拒绝。	*第四十七条* **行政复议期间**,申请人、第三人**及其委托代理人**可以**按照规定**查阅、**复制**被申请人提出的书面答复、作出行政行为的证据、依据和其他有关材料,除涉及国家秘密、商业秘密、个人隐私**或者可能危及国家安全、公共安全、社会稳定的情形**外,行政复议*机构*应当同意。	本条修订时,增加了"行政复议期间"的限定,行政复议申请人、第三人的阅卷权不仅包括查阅,也包括复制。同时新增了"或者可能危及国家安全、公共安全、社会稳定的情形"不属于查阅范围的要求。

【适用要点】

本条是关于行政复议阅卷权的规定。

在行政管理过程中,申请人和第三人处于被管理的被动地位,即使依

法行使了陈述权、申辩权,但是对行政机关作出行政行为的全部原因、证据、依据、理由等可能还是了解得不够完整、清楚。因此,规定行政复议期间申请人和第三人享有阅卷权,一方面是为了使申请人和第三人能够全面了解行政机关作出行政行为的理由和依据,更有针对性地维护自身合法权益;另一方面通过阅卷,申请人和第三人也能协助行政复议机关更精准地查找行政执法行为的违法之处,便于行政复议机关加强对行政行为的审理和监督力度,扎实推进依法行政。这是体现行政复议公开、公正、便民原则的重要方面,也是《行政复议法》赋予申请人、第三人知情权的重要制度,2023 年《行政复议法》进一步健全了行政复议阅卷权的规定。对这条的理解应当把握以下几个方面:

一是扩大了行使阅卷权的主体。将申请人、第三人的委托代理人新纳入行政复议阅卷权的主体范畴,方便委托代理人查阅、复制案件相关材料,更好维护申请人、第三人的合法权益,这也体现了行政复议便民为民的制度特点。

二是行政复议阅卷权应当在行政复议期间行使。由于规定行政复议阅卷权是为了方便申请人和第三人充分了解案件情况,帮助行政复议机关更好地审查行政复议案件,进而更加充分地保障申请人和第三人的合法权益,因此,行政复议阅卷是行政复议审理阶段的一个环节,行政复议阅卷权应当在行政复议期间行使。

三是行政复议阅卷应当由申请人、第三人及其委托代理人主动提出。行政复议申请人、第三人及其委托代理人可以在行政复议期间向行政复议机关提出阅卷请求,如果申请人、第三人及其委托代理人没有提出阅卷请求,行政复议机关没有主动安排其阅卷的义务。由于行政复议阅卷的内容是被申请人提出的书面答复,作出行政行为的证据、依据和其他有关材料,行政复议机关可以根据申请人、第三人及其委托代理人的申请,安排其在被申请人提交答复材料之后查阅案卷。考虑到行政复议审理期限较短,如果行政复议申请人、第三人及其委托代理人在审理期限临近届满之前才提出阅卷请求,可能会影响行政复议机关按时结案,因此对于有阅卷需要的申请人、第三人及其委托代理人,行政复议机关可以在听取意见等办案程序中与其加强沟通,引导其及时提出阅卷请求。

四是行政复议阅卷的内容。根据本条规定,行政复议阅卷的内容是被申请人提出的书面答复,作出行政行为的证据、依据和其他有关材料。2023 年《行政复议法》第 48 条规定,行政复议机构应当自行政复议申请受理之日起 7 日内,将行政复议申请书副本或者行政复议申请笔录复印件发送被申请人。被申请人应当自收到行政复议申请书副本或者行政复议申请笔录复印件之日起 10 日内,提出书面答复,并提交作出行政行为的证据、依据和其他有关材料。因此,申请人阅卷的内容,就是被申请人履行行政复议答复职责时所提交的相应材料,原则上不包括行政复议机构在审理过程中研究论证形成的材料。

阅卷时有两类例外情况,一种例外情况是涉及国家秘密、商业秘密、个人隐私的答复材料,不予查阅。根据《保守国家秘密法》的规定,国家秘密是关系国家安全和利益,依照法定程序确定,在一定时间内只限一定范围的人员知悉的事项,主要包括国家事务重大决策中的秘密事项;国防建设和武装力量活动中的秘密事项;外交和外事活动中的秘密事项以及对外承担保密义务的秘密事项;国民经济和社会发展中的秘密事项;科学技术中的秘密事项;维护国家安全活动和追查刑事犯罪中的秘密事项;经国家保密行政管理部门确定的其他秘密事项等。根据《反不正当竞争法》的规定,商业秘密,是指不为公众所知悉、具有商业价值并经权利人采取相应保密措施的技术信息和经营信息。根据《民法典》的规定,隐私是自然人的私人生活安宁和不愿为他人知晓的私密空间、私密活动、私密信息。对国家秘密、商业秘密、个人隐私都需要限定知悉范围,行政复议机关在案件审理中获取的国家秘密、商业秘密、个人隐私都应当用于内部案件审理的需要,而不能提供给申请人和第三人查阅复制。另一种例外情况是可能危及国家安全、公共安全、社会稳定的答复材料。行政复议审理中，可能存在被申请人提供的有关材料未被确定为国家秘密，但公开后可能危及国家安全、公共安全、社会稳定的情况，对此类案件材料，也不应提供查阅。例如，在政府信息公开案件中，根据《政府信息公开条例》的规定，对公开后可能危及国家安全、公共安全、经济安全、社会稳定的政府信息，不予公开。如果这类政府信息公开事项引发行政复议案件，行政复议机关在安排申请人阅卷时，也需要将公开后可能危及国家安全、公共安全、经济安全、社会稳定的政府信息排除在阅卷范围外，以避免申请人通过行政复议阅卷途径获取依法不应公开的政府信息等。考虑到《政府信息公开条例》所提到的“经济安全”可以包含在国家安全、公共安全之中，因此2023年《行政复议法》将相关内容表述为“可能危及国家安全、公共安全、社会稳定的情形”。

五是行政复议申请人和第三人有权复制相关答复材料。根据2017年《行政复议法》的规定，申请人和第三人只能现场查阅案卷材料，但法律并未赋予其复制案卷材料的权利。为了进一步保护申请人、第三人及其委托代理人的合法权益，体现行政复议便民为民的制度优势，2023年《行政复议法》赋予了申请人、第三人及其委托代理人在阅卷时复制案卷材料的权利。由于行政复议案卷材料原件不能脱离行政复议机关控制，因此申请人、第三人及其委托代理人不能将上述材料带离行政复议机关进行复制，为了方便行政复议当事人，同时维护机关正常的办公秩序，行政复议机关应当按照便民原则要求，通过设立专门场所、提供必要的设备设施等方式，积极为申请人、第三人及其委托代理人查阅、复制案卷材料提供便利条件。比如，有的地方建立了专门的行政复议接待室或者案卷查阅室，在案件查阅室内配备相应的监控设备、复印设备和其他便利条件等。

【关联规定】

《行政诉讼法》第32、41、42条；《行政复议法实施条例》第35条；《政府信息公开条例》第14条

第三节 普通程序

第四十八条 行政复议机构应当自行政复议申请受理之日起七日内，将行政复议申请书副本或者行政复议申请笔录复印件发送被申请人。被申请人应当自收到行政复议申请书副本或者行政复议申请笔录复印件之日起十日内，提出书面答复，并提交作出行政行为的证据、依据和其他有关材料。

【新旧对照】

2017年《行政复议法》	2023年《行政复议法》	重点解读
第二十三条第一款 行政复议~~机关负责法制工作的~~机构应当自行政复议申请受理之日起七日内，将行政复议申请书副本或者行政复议申请笔录复印件发送被申请人。被申请人应当自收到申请书副本或者申请笔录复印件之日起十日内，提出书面答复，并提交~~当初~~作出~~具体~~行政行为的证据、依据和其他有关材料。	*第四十八条* 行政复议机构应当自行政复议申请受理之日起七日内，将行政复议申请书副本或者行政复议申请笔录复印件发送被申请人。被申请人应当自收到**行政复议**申请书副本或者**行政复议**申请笔录复印件之日起十日内，提出书面答复，并提交作出行政行为的证据、依据和其他有关材料。	本条修订的内容主要是将“行政复议机关负责法制工作的机构”修改为“行政复议机构”。

【适用要点】

本条是关于行政复议答复程序的规定。

行政复议机关受理行政复议案件后，行政复议机构就要按照“以事实为根据,以法律为准绳”的原则,对被申请人的行政行为是否合法、适当进行全面审查。2023年《行政复议法》对行政复议的证据作了专门规定,不仅明确了证据的种类和审查标准,也对当事人的举证责任作了进一步完善细化。其中,被申请人需要依法承担主要的举证责任。为此,行政复议机构通知被申请人答复,并据此掌握被申请人作出行政行为的所有证据和依据,这是行政复议案件审理的第一步工作。这条规定需要从以下几个方面把握:

一是通知被申请人答复的主体是行政复议机构。2017年《行政复议法》规定由行政复议机关负责法制工作的机构通知被申请人举证,2023年《行政复议法》在总则中进一步明确了行政复议机关、行政复议机构各自的定位和职能。因为通知被申请人答复是行政复议案件审理过程中的程序性要求,所以应当由具体办案的行政复议机构来进行。行政复议机构应当向被申请人制发书面的答复通知书,并加盖行政复议机构的印章,同时将书面申请的行政复议申请书副本,或者口头申请的行政复议申请笔录复印件发送被申请人,以便被申请人了解申请人申请复议的理由和具体诉求,有针对性地提供相应答复意见和证据依据。在实践中,行政复议机构还可以根据案件初步审理的情况,向被申请人提出需要答复的问题清单及需要提供的证据、依据清单,为全面审理行政行为的合法性、适当性打下坚实基础。

二是行政复议答复期限是法定的。行政复议普通程序的审理期限一般只有60日,行政复议审理又在很大程度上需要以当事人双方提供的证据、依据为基础,因此行政复议机构需要在受理案件后尽快通知被申请人答复,以便为后续的审理留下充足、合理的必要时间。根据本条规定,行政复议机构应当自行政复议申请受理之日起7日内通知被申请人答复,实践中行政复议机构应当提高工作效率,在受理后尽快进行初步审查,并及时通知被申请人答复。对于被申请人而言,应当自收到行政复议申请书副本或者行政复议申请笔录复印件之日起 10 日内，提出书面答复，并提交作出行政行为的证据、依据和其他有关材料。2017 年《行政复议法》规定的“十日”为自然日，而 2023 年《行政复议法》在附则中明确规定“十日”为工作日，因此，被申请人答复期限实际上比 2017 年《行政复议法》规定的期限要长，特别是在遇上法定的长假时，被申请人仍然能保证有足够的时间准备答复材料，提供相应证据、依据和其他有关材料。为此，作为被申请人的行政机关应当用好法律赋予的答复期限，认真履行答复职责，切实提高答复质量，不能以答复时间紧张而拖延答复，否则就要承担不利的法律后果。

三是关于被申请人的答复内容。被申请人要按照行政复议机构的要求，提出专门的书面答复意见，并加盖本机关印章。与此同时，还要一并提交当初作出行政行为的证据、依据和其他有关材料，能够提供原件的应当提供原件，不能提供原件的要提供与原件一致的、具有相同证明力的复制件。被申请人要重视答复工作，不能按时提交答复及证据依据的，其行政行为将被视为没有证据依据，就要承担被行政复议机关撤销、部分撤销、确认违法、确认无效或者决定限期履行等不利后果。

【关联规定】

《行政诉讼法》第 67 条

第四十九条　适用普通程序审理的行政复议案件，行政复议机构应当当面或者通过互联网、电话等方式听取当事人的意见，并将听取的意见记录在案。因当事人原因不能听取意见的，可以书面审理。

【新旧对照】

2017年《行政复议法》	2023年《行政复议法》	重点解读
	第四十九条　适用普通程序审理的行政复议案件，行政复议机构应当当面或者通过互联网、电话等方式听取当事人的意见，并将听取的意见记录在案。因当事人原因不能听取意见的，可以书面审理。	本条为2023年修订新增条款。

【适用要点】

本条是关于行政复议普通程序中听取意见的规定。

2023年《行政复议法》规定了繁简分流的审理模式，其中普通程序是审理大部分行政管理领域行政复议案件的主要方式。此次修法中，普通程序的一个鲜明特点就是提高了行政复议审理的公开性和透明度。2017年《行政复议法》将书面审查作为行政复议审理方式的一项基本原则，虽然在一定程度上可以体现行政复议的高效性，但随着经济社会的发展、法治建设水平的提高，特别是群众法律意识普遍增强以后，这种“文进文出、互不见面”的审理方式已经明显不符合实践的需要。

首先，申请人的参与和监督程度不够，与行政复议机关和被申请人之间无法形成有效沟通，影响了行政复议的公信力。

其次，书面审理偏重于就案办案，不利于实质性解决行政争议。行政争议的产生和发展有其复杂多样性，书面材料所能反映的情况往往是很有限的。只凭书面材料在很多案件中不利于查明案件事实，也无法了解争议的全貌，无从得知行政争议背后群众关切的“急难愁盼”问题，一些复杂的行政争议就得不到根本解决。

最后，作为一项争议解决制度，行政复议应充分尊重当事人的参与，传统的书面审理方式是行政复议办案套用常规的行政工作模式,与普通公文办理差别不大,行政复议案件审理的专业性、程序性等价值不能得到充分体现,也不利于这项工作的长远发展。

为此,2023年《行政复议法》在制度上强化申请人、第三人在行政复议过程中的参与程度,进一步促进了行政复议的公开、透明。在普通程序设计的总体思路上,既要改变原有的以书面审查为主的模式,又要注重不能完全模仿司法程序,更要体现行政复议便民、高效的特点和优势。按照这一思路,本条规定了普通程序中行政复议机构听取当事人意见的相关要求,对此应当从以下几个方面把握:

一是听取意见是行政复议普通程序的原则性要求。适用普通程序审理行政复议案件,行政复议机构应当当面或者通过互联网、电话等方式听取当事人的意见,这里的"应当"意味着"听取意见"将成为办案的"规定动作",要求群众在行政复议审理中的参与度明显提高,办案也将更加公开透明。

二是听取意见的对象是当事人。听取意见的对象既包括行政复议的申请人、第三人,也包括行政复议被申请人,以便更加平等、充分地保护行政复议当事双方的合法权益。在实践中,由于行政管理中申请人、第三人处于被行政管理机关管理的地位,因此行政复议机关尤其要注重听取申请人、第三人的意见。

三是听取意见的内容。听取意见和听证一样,都是为了查明案件事实,同时能更多地听取申请人提出行政复议申请背后真实的利益诉求,推动行政争议的实质性化解,决不能"走过场"。行政复议案件承办人收到被申请人提交的答复书和证据材料后,应当及时梳理、审查,并就案件事实和证据听取申请人意见,全面了解争议由来、矛盾症结、实质诉求和申请人是否愿意进行调解等事项,为以适当方式审理案件打下基础。

四是听取意见的方式。为确保办案效率并方便群众参与,行政复议机构可以采取各种灵活方式听取当事人意见，包括当面听取，通过互联网、电话等方式听取等。在实践中，当面听取申请人意见的，应当形成听取意见记录，供申请人核对无误后签字确认，必要时同步录音、录像。通过电话、即时通信的音频、视频工具听取申请人意见的，应当进行同步录音、录像，并形成书面记录。通过电子邮箱、即时通信的文字工具听取申请人意见的，应当截屏存档，并形成书面记录。

五是听取意见的例外情形。考虑到实践中情况较为复杂，虽然行政复议机构应当依法听取当事人意见，但也有可能出现因当事人原因不能听取意见的情形，如听取当事人意见时被明确拒绝的；当事人提供的电话、即时通信的音频、视频联系等方式经多次联系无法接通的；等等。对因当事人原因不能听取意见的情形应当留存相关证据并记录在案。总而言之，不能听取意见的原因应当限于当事人自身的原因，行政复议机构不能随意以其他原因为由决定不听取当事人意见；同时，行政复议机构在听取意见时应当尽到勤勉履职的义务，要积极、主动、充分做好与当事人的沟通工作，例如申请人联系不上时，要积极尝试各种方式尽量取得联系，而不能仅因一次联系不上就认为无法联系，进而忽略申请人听取意见的权利。

第五十条　审理重大、疑难、复杂的行政复议案件，行政复议机构应当组织听证。

行政复议机构认为有必要听证，或者申请人请求听证的，行政复议机构可以组织听证。

听证由一名行政复议人员任主持人，两名以上行政复议人员任听证员，一名记录员制作听证笔录。

【新旧对照】

2017 年《行政复议法》	2023 年《行政复议法》	重点解读
	第五十条　审理重大、疑难、复杂的行政复议案件，行政复议机构应当组织听证。 **行政复议机构认为有必要听证，或者申请人请求听证的，行政复议机构可以组织听证。** **听证由一名行政复议人员任主持人，两名以上行政复议人员任听证员，一名记录员制作听证笔录。**	本条为 2023 年修订新增条款。

【适用要点】

本条是关于行政复议听证的规定。

行政复议听证，是指行政复议机构在办理行政复议案件过程中，组织涉案人员通过陈述、申辩、举证、质证等形式，查明案件事实的审理方式。行政复议听证是行政复议机关查明案件事实的重要方式，是当事人的一项重要权利。听证对提高办案质量具有重要作用。一方面，听证有利于行政复议机构进一步查清案件。听证中行政复议当事人会对案件事实进行充分的质证、申辩，这不仅提高了行政复议审理程序的透明度，更有利于行政复议机关全面把握案情，提高行政复议办案质量。另一方面，听证有利于促进行政争议的实质性化解。听证为双方当事人提供了面对面陈述理由、沟通意见的机会，有利于双方缓解对立情绪，消除隔阂，达成谅解，也能够增进申请人对行政机关的信任，使其更容易接受行政复议机关所作的行政复议决定，减少不服行政复议决定又提起诉讼的可能性。

2017 年《行政复议法》对听证没有专门规定。立足于增强行政复议审理程序公开度和公正性的目的,《行政复议法实施条例》设立了行政复议听证制度,规定在申请人提出要求或者行政复议机构认为必要时,可以采取听证方式审理。近年来,各级行政复议机构积极运用听证方式审理案件,大幅提升了办案质量和复议公信力。在此基础上,2023年《行政复议法》吸收2007年《行政复议法实施条例》的上述规定,在法律层面建立了行政复议听证制度,进一步细化了相关规定,增强听证的可操作性,以便充分发挥行政复议公正高效的制度特点,取信于民。

对于本条应当从以下几个方面把握:

一是听证的性质和作用。听证是公开办案机制的重要组成部分,是听取意见当事人意见的"高级"形式,类似于法院的开庭审理。听证主要解决案件事实审查方面存在的问题,对于提高行政复议审理质量具有重要意义,因此对于符合法定条件的案件,行政复议机构应当积极运用听证方式进行审理。

二是听证的适用情形。即哪些情形下可以适用听证方式审理。听证并不是所有行政复议案件审理的必经程序,而主要适用于审理难度较大的案件。听证包括"应当听证"和"可以听证"两种。

关于"应当听证"情形,主要是指审理重大、疑难、复杂的行政复议案件的情形下,行政复议机构应当组织听证。这是对行政复议机构的硬性要求,不能以案件审限紧张等理由不组织听证。在实践中,"重大、疑难、复杂"的案件标准,可以由国务院行政复议机构通过规章或者规范性文件等方式予以细化明确,并由行政复议机关结合实际情况判断。一般来讲,重大、疑难、复杂案件包括:涉及国家利益、重大社会公共利益的案件;涉及群体性纠纷或者社会关注度较高的案件;涉及新业态、新领域、新类型行政争议,案情复杂的案件;被申请人定案证据疑点较多,当事人对案件主要事实分歧较大的案件;法律关系复杂的案件等。

关于"可以听证"情形,共有两类。一类是案件虽然不具备重大、疑难、复杂的特点,但行政复议机构认为有必要听证,通过听证方式审理能够取得更好的审理效果,也可以组织听证。例如,在案件审理过程中,如果经过听取意见程序,行政复议机构还认为案件事实查不清楚,就可以组织各方当事人进行听证。另一类是申请人请求听证的,可以组织听证。考虑到实践中申请人请求听证的情形比较复杂多样,因此本条规定对其听证请求由行政复议机构结合案情及办案需要进行具体判断,必要时可以举行听证,如确无听证的必要,可以不通过听证方式审理。

三是行政复议机构主持听证的要求。根据本条规定,听证由行政复议机构主持。行政复议机构应当指定 1 名行政复议人员任主持人,2 名以上行政复议人员任听证员,并指定 1 名记录员制作听证笔录。作为听证主持人、听证员的行政复议人员,要具备总结争议焦点、归纳双方观点和引导听证方向的能力。因此,行政复议机关应当加强行政复议机构的队伍建设,根据工作需要配备行政复议人员,并不断提高行政复议人员的专业能力。任主持人、听证员的行政复议人员应当是行政复议机构中从事行政复议工作的公务员。至于记录员,原则上也应当是行政复议机构中从事行政复议工作的公务员,确有困难的,可以由行政复议辅助人员或通过国家规定方式购买服务的人员承担。这就意味着,根据该条的规定,每个行政复议机构从事行政复议工作的人员不能少于 4 人,这对基层行政复议机构的人员配备提出了更高的要求。实践中,各级行政复议机关都应当按照行政复议法的规定,将符合条件的人员充实到行政复议岗位,确保行政复议机构的人员配备与所承担的工作任务相适应,不能因为行政复议人员的数量达不到法定最低要求,就对所有案件一律不进行听证,否则就会违反法律的强制性要求。除当事人双方外,行政复议机构还可以根据听证需要及双方当事人的请求,安排证人、翻译人员、勘验人员、鉴定人员等参加听证。

四是申请人、第三人参加听证的要求。听证由行政复议机构主持,各方当事人参加。对于申请人、第三人而言,可以亲自参加行政复议听证,如果根据 2023 年《行政复议法》第 17 条的规定委托了 1~2 名代理人参加行政复议，同时授权委托内容包括代为参加听证的，也可以委托代理人参加听证。申请人、第三人人数众多的，行政复议机构可以根据2023年《行政复议法》第15条的规定，视情况要求其推选代表人参加听证会。代表人参加听证会的，应当在听证会开始前提交代表推选书。

【关联规定】

《行政诉讼法》第3条第3款；《行政复议法实施条例》第33条

第五十一条　行政复议机构组织听证的，应当于举行听证的五日前将听证的时间、地点和拟听证事项书面通知当事人。

申请人无正当理由拒不参加听证的，视为放弃听证权利。

被申请人的负责人应当参加听证。不能参加的，应当说明理由并委托相应的工作人员参加听证。

【新旧对照】

2017年《行政复议法》	2023年《行政复议法》	重点解读
	第五十一条　行政复议机构组织听证的，应当于举行听证的五日前将听证的时间、地点和拟听证事项书面通知当事人。 **申请人无正当理由拒不参加听证的，视为放弃听证权利。** **被申请人的负责人应当参加听证。不能参加的，应当说明理由并委托相应的工作人员参加听证。**	本条为2023年修订新增条款。

【适用要点】

本条是关于行政复议听证程序的规定。

行政复议听证是行政复议审理过程中一项较为正式的审理活动，为确保听证顺利开展并取得积极效果，本条规定了行政复议听证的基本程序要求。对此应当从以下几个方面进行把握。

一是听证事项的通知。行政复议机构组织听证的，应当于举行听证的 5 日前将听证的时间、地点和拟听证事项书面通知当事人。横向比较，《行政处罚法》第 60 条规定，行政处罚作出的法定期限为 90 日，因此规定举行听证的 7 日前通知当事人较为合理。而行政复议的法定审理期限仅为 60 日，为提高审理效率，2023 年《行政复议法》规定，在举行行政复议听证的 5 日前将听证事项通知当事人，这是符合行政复议审理工作特点和规律的。通知的内容包括听证的时间、地点和拟听证事项，以便于当事人针对拟听证的事项做好相应听证准备。行政复议机构举行听证前因故决定变更听证时间、地点的，应当及时告知申请人、被申请人和第三人。

二是申请人无正当理由拒不参加听证的法律后果。行政复议是有法律强制效力的办案程序，为了维护行政复议制度的权威性，当事人双方应当按照行政复议机构的安排参加行政复议听证。实践中，行政复议被申请人作为行政复议机关的下级行政机关，一般情况下不会出现无正当理由不参加行政复议听证的情形。对于申请人而言，按照行政复议机构的要求参加听证，不仅是自己的一项程序性权利，同时也是配合行政复议机构查明案件情况的法定义务，无特殊情况不得拒绝。实践中，如果申请人或者被申请人有正当理由无法参加听证，可以与行政复议机构协商，请求合理变更听证的时间或者地点，但如果无正当理由且不配合参加听证，说明申请人对参加听证并表达自身诉求的权利不够重视，申请人就要承担“视为放弃听证权利”的法律后果。需要注意的是，“视为放弃听证权利”的前提必须是申请人无正当理由拒不参加听证，如果申请人提出了合理理由，行政复议机构就要从便民的角度对听证安排进行调整，而不能直接视为申请人放弃听证权利。

三是关于行政程序。在行政复议听证中，行政复议机构要组织当事人双方就拟听证事项发表意见，并进行陈述、申辩、举证、质证，以便查清事实，对案件作出正确的行政复议决定。本条没有对行政复议听证的具体程序作出规定，实践中，各级行政复议机构可以把握以下几个工作环节：(1)核实身份。听证开始前，主持人、听证员应当核实申请人、被申请人、第三人身份，核实委托代理人身份及授权委托书、授权事项范围，核实证人、鉴定人、翻译人员的身份。(2)主持人宣布听证纪律，要求听证参加人在主持人的主持下发言、提问、辩论等。(3)正式听证。主持人说明案由和听证参加人；申请人、第三人、被申请人分别陈述事实和理由，同时举证；各方质证；主持人、听证员对需要查明的问题向听证参加人询问；主持人可以询问当事人是否同意调解；等等。

四是被申请人参加听证的要求。行政复议是解决行政争议的法律制度，为提高行政机关"关键少数"的法治意识，同时给当事人双方提供面对面沟通的平台，进而提高实质性化解行政争议的效果，本条规定，被申请人的负责人应当参加听证，这里的"被申请人的负责人"包括作为被申请人的行政机关正职负责人和副职负责人。行政机关负责人确实不能参加听证的，应当说明理由，并委托相应的工作人员参加听证，而不能仅委托律师参加听证，相关工作人员在听证开始前应当提交行政机关的授权委托书。

第五十二条　县级以上各级人民政府应当建立相关政府部门、专家、学者等参与的行政复议委员会，为办理行政复议案件提供咨询意见，并就行政复议工作中的重大事项和共性问题研究提出意见。行政复议委员会的组成和开展工作的具体办法，由国务院行政复议机构制定。

审理行政复议案件涉及下列情形之一的，行政复议机构应当提请行政复议委员会提出咨询意见：

（一）案情重大、疑难、复杂；

（二）专业性、技术性较强；

（三）本法第二十四条第二款规定的行政复议案件；

（四）行政复议机构认为有必要。

行政复议机构应当记录行政复议委员会的咨询意见。

【新旧对照】

2017年《行政复议法》	2023年《行政复议法》	重点解读
	第五十二条　县级以上各级人民政府应当建立相关政府部门、专家、学者等参与的行政复议委员会，为办理行政复议案件提供咨询意见，并就行政复议工作中的重大事项和共性问题研究提出意见。行政复议委员会的组成和开展工作的具体办法，由国务院行政复议机构制定。 审理行政复议案件涉及下列情形之一的，行政复议机构应当提请行政复议委员会提出咨询意见： （一）案情重大、疑难、复杂； （二）专业性、技术性较强； （三）本法第二十四条第二款规定的行政复议案件； （四）行政复议机构认为有必要。 行政复议机构应当记录行政复议委员会的咨询意见。	本条为2023年修订新增条款，主要对行政复议委员会人员组成、职能定位和提交行政复议委员会咨询的案件范围等作出规定。

【适用要点】

本条是关于行政复议委员会的规定。

行政复议委员会是提高行政复议审理公正性、中立性的重要制度设计,也是2023年修订《行政复议法》的一大亮点。地方行政复议职责集中后,作为政府行政复议机构的司法行政部门需要办理涉及各行政管理领域的行政复议案件,对办案专业性、公正性要求进一步提高,为此,2023年修订《行政复议法》确立了行政复议委员会制度。

行政复议委员会制度在实践中具有较好的工作基础。自1999年《行政复议法》实施以来,随着我国改革发展进入关键时期,社会矛盾特别是行政争议呈现多发、高发的态势。为了依法有效应对社会转型期行政争议复杂多样的新形势,加强和创新社会管理,打造更加公正、有效、便捷、低成本的法定纠纷化解机制,党中央、国务院多次就加强和改进行政复议工作、创新行政复议体制机制提出明确要求。2006年12月,国务院召开全国行政复议工作座谈会,明确提出"有条件的地方和部门可以开展行政复议委员会的试点"。2008年,原国务院法制办下发《国务院法制办公室关于在部分省、直辖市开展行政复议委员会试点工作的通知》(国法〔2008〕71号),推动在各地方试点开展行政复议体制改革工作,先行探索设立行政复议委员会,提高行政复议办案质量。

从试点实际运行效果看,行政复议委员会的运行对于充分体现行政复议便民、高效的特点,增强行政复议制度的公正性、权威性、专业性和公信力具有明显作用。在总结上述试点经验的基础上,中共中央、国务院印发的《法治政府建设实施纲要(2021—2025年)》进一步要求:"县级以上各级政府建立行政复议委员会,为重大、疑难、复杂的案件提供咨询意见。"2023年修订《行政复议法》时吸收了实践中的积极做法,全面贯彻落实了《法治政府建设实施纲要(2021—2025年)》的上述要求,对建立行政复议委员会作出规定。对此应当从以下几个方面把握。

一是建立行政复议委员会的主体。根据本条,建立行政复议委员会的主体为承担行政复议法定职责的县级以上各级人民政府，包括国务院及省、市、县三级政府。对于依照 2023 年《行政复议法》仍履行行政复议职责的政府部门，不强制性要求其建立行政复议委员会，如果有需要，可以参照本条规定建立行政复议委员会。

二是行政复议委员会的职责。行政复议委员会兼具咨询和指导两大功能，并不是单纯的咨询性质。在具体功能上，一方面，根据本条关于"为办理行政复议案件提供咨询意见"的规定，在办理重大、疑难、复杂等案件时，行政复议委员会要组织相关部门工作人员及专家学者进行咨询，充分利用"外脑"提高办案质量。另一方面，根据本条关于"并就行政复议工作中的重大事项和共性问题研究提出意见"的规定，行政复议委员会可以对行政复议重大事项和共性问题进行研究。这类事项不同于具体个案，在性质上更为重大，一般由政府负责同志主持会议进行研究，有利于推动行政复议工作高质量发展。

三是行政复议委员会的组成。科学确定行政复议委员会的组成，是行政复议委员会发挥作用的重要基础。从本条规定中可以把握行政复议委员会组成的两方面基本要求。第一个方面，行政复议委员会是各级人民政府建立的，要体现"政府主导"的要求，在行政复议委员会的构成中，主任委员一般由政府主要负责同志或者分管负责同志担任，体现行政复议是政府法定职责。从工作效果看，由政府领导作为行政复议机关负责人参与行政复议委员会，能够强化行政复议机关对行政复议工作的领导，解决行政复议机关和行政复议机构"两张皮"问题。第二个方面，行政复议委员会要有相关政府部门、专家、学者等参与，体现"相关政府部门、专家、学者等参与"的要求，实践中一般由政府相关部门的工作人员、外部专家学者等担任常任委员或者非常任委员，提升政府审理案件的专业性和中立性，是提高办案质量的有力保障。对于行政复议委员会组成的具体办法，应当由国务院行政复议机构依据 2023 年《行政复议法》的规定予以制定。

四是行政复议委员会的运行。行政复议委员会的运行可以根据履职内容不同,适用不同的运行机制。对重大、疑难、复杂等案件进行咨询时,行政复议机关可以将行政复议委员会办公室设在行政复议机构,由行政复议机构根据办案需要,以较为灵活的形式、频次召集与案件相关的委员进行咨询。行政复议委员会提出咨询意见后,经行政复议机关负责人同意或者集体讨论通过后,作出行政复议决定。对行政复议工作中的重大事项和共性问题研究提出意见时,由于具有指导行政复议工作的性质,不同于具体个案咨询,在性质上更为重大,一般由政府负责同志主持行政复议委员会全体会议进行研究决策。对于行政复议委员会开展工作的具体办法,由国务院行政复议机构依据 2023 年《行政复议法》的规定予以制定。

五是明确行政复议委员会咨询案件的范围。行政复议委员会在发挥咨询功能时,主要解决案件中的法律争议。本条规定其对四类案件提供咨询意见:(1)案情重大、疑难、复杂的案件,主要是指案件涉及的法律关系复杂,对所涉及的法律规定在理解和适用上存在较大分歧,或者涉及新型法律关系,准确认定当事人的权利义务关系难度较大等。(2)专业性、技术性较强的案件,按照 2023 年《行政复议法》确定的管辖体制,除保留行政复议管辖权的部门外,政府统一管辖涉及各职能部门的行政复议案件,包括涉及自然资源管理、城乡建设、生态环境保护、食品药品监管等许多专业领域的行政争议,对此可以吸收相关部门熟悉业务工作的人员参加行政复议委员会,对案件涉及的专业性、技术性问题提供咨询意见。(3)2023 年《行政复议法》第 24 条第 2 款规定的行政复议案件。这类案件主要是指省(自治区、直辖市)人民政府对自己作出的行政行为进行原级行政复议的案件。为了提高原级行政复议案件审理的公正性,减少原级行政复议机关“自己审自己”的社会质疑,2023 年《行政复议法》将原级行政复议案件纳入应当提交行政复议委员会进行咨询的法定范围。需要说明的是,省(自治区、直辖市)人民政府也可能对某些原级行政复议案件适用简易程序进行审理,如一些案情简单的政府信息公开类案件。由于行政复议委员会对案件进行咨询的工作机制规定在普通程序一节中，只适用于按照普通程序审理的案件，因此对于适用简易程序审理的原级行政复议案件，可以不提交行政复议委员会进行咨询，以便节省行政成本，提高办案效率。(4)行政复议机构认为有必要的案件。除上述三类明确列举的行政复议案件外，行政复议机构根据办案实际情况，可以将有关案件提请行政复议委员会提出咨询意见。一般而言，案情简单、争议不大以及可以通过和解、调解方式结案的案件，不需要提交行政复议委员会进行咨询。

六是行政复议委员会意见的记录。行政复议委员会对案件提出咨询意见，是按照普通程序审理案件的重要环节。行政复议委员会的意见体现了各方面专业人士对案件法律适用问题的看法，对于公平、公正作出案件处理决定具有重要意义。因此，2023 年《行政复议法》第 61 条第 3 款规定，提请行政复议委员会提出咨询意见的行政复议案件，行政复议机关应当将咨询意见作为作出行政复议决定的重要参考依据。实践中，行政复议委员会的案件咨询会一般由行政复议机构组织筹备召开，行政复议机构应当如实记录行政复议委员会的咨询意见。

【关联规定】

《最高人民法院关于适用〈中华人民共和国行政诉讼法〉的解释》第 5 条；《法治政府建设实施纲要(2021—2025 年)》第 22 项

第四节　简 易 程 序

> **第五十三条　行政复议机关审理下列行政复议案件，认为事实清楚、权利义务关系明确、争议不大的，可以适用简易程序：**
>
> **(一)被申请行政复议的行政行为是当场作出；**
>
> **(二)被申请行政复议的行政行为是警告或者通报批评；**

（三）案件涉及款额三千元以下；

（四）属于政府信息公开案件。

除前款规定以外的行政复议案件，当事人各方同意适用简易程序的，可以适用简易程序。

【新旧对照】

2017年《行政复议法》	2023年《行政复议法》	重点解读
	第五十三条　行政复议机关审理下列行政复议案件，认为事实清楚、权利义务关系明确、争议不大的，可以适用简易程序： （一）被申请行政复议的行政行为是当场作出； （二）被申请行政复议的行政行为是警告或者通报批评； （三）案件涉及款额三千元以下； （四）属于政府信息公开案件。 除前款规定以外的行政复议案件，当事人各方同意适用简易程序的，可以适用简易程序。	本条为2023年修订新增条款。

【适用要点】

本条是关于行政复议简易程序的规定。

2017年《行政复议法》只规定了单一的审理程序，并未区分普通程序和简易程序，案件无论简单或者复杂都适用同样程序审理，在办理案件过程中无法有效节省群众的时间成本。为进一步发挥行政复议公正高效、便民为民的制度特点，2023年《行政复议法》规定了繁简分流的审理模式，即在案件审理的普通程序之外，新设了行政复议简易程序。设置简易程序，一方面能够切实增进群众的法治获得感，行政复议机关要根据案件难易程度，简案快办，繁案精办，为群众更快捷地定分止争。另一方面也是新形势下行政复议办案的客观需要，由于2023年《行政复议法》对普通程序规定了一系列听取意见、听证、行政复议委员会咨询等新的办案程序，但在实践中，对于一些事实清楚、争议不大的行政复议案件，也没有必要都适用普通程序进行审理，为此，赋予行政复议机构以相对简单方式审理案件的空间，能够在保证案件审理质量的基础上，有效提高办案效率，也方便行政复议机构有更多精力审理好相对复杂的案件。

本条主要规定的是简易程序的适用范围，可以从以下几个方面把握：

一是简易程序的适用标准。适用简易程序进行审理的行政复议案件，要符合案件性质和案件类型两个标准；符合这两个标准，也不是必然适用简易程序，而是由行政复议机关进行判断并决定。首先，在案件性质上应当符合三个标准：事实清楚、权利义务关系明确、争议不大。事实清楚，是指行政复议机关在受理行政复议案件之后，根据当事人在书面材料中陈述的事实和提供的证据，就能比较明确地证明案件事实，而不需要再进行较为深入的调查取证或者举行听证会才能查明案情。权利义务关系明确，是指当事人双方之间的权利、义务关系比较清楚，行政复议机关不用进行大量的审理工作就能准确判定双方享有什么权利，应当履行什么义务。争议不大，是指当事人对行政争议的主要事实、权利义务的基本归属等不存在较大分歧。其次，符合相应的案件类型的标准。本条具体列举了能够适用简易程序的四类案件类型，也就是说，这四类案件并非都完全适用简易程序，只有既属于这四类案件，又满足了“事实清楚、权利义务关系明确、争议不大”三个条件，才有可能适用简易程序。

二是适用简易程序的案件类型。本条所规定的四类适用简易程序的案件类型，其共同特点在于案情往往比较简单，容易符合“事实清楚、权利义务关系明确、争议不大”的标准。具体包括：

第一类案件是，被申请行政复议的行政行为是依法当场作出的。依法当场作出的行政行为主要包括当场作出的轻微行政处罚、当场作出的简单行政许可。如《行政处罚法》第 51 条规定，违法事实确凿并有法律依据，对公民处以 200 元以下、对法人或者其他组织处以 3000 元以下罚款或者警告的行政处罚的，可以当场作出行政处罚决定。《行政许可法》第 34 条第 2 款规定，申请人提交的申请材料齐全、符合法定形式，行政机关能够当场作出决定的，应当当场作出书面的行政许可决定。从上述规定可以看出，当场作出的行政行为往往事实比较确凿，争议不大，在行政行为作出阶段就较为简单，可以适用简易程序。

第二类案件是，被申请行政复议的行政行为是警告或者通报批评。警告和通报批评是程度较轻的行政处罚。《行政处罚法》第 9 条列举了六类行政处罚，该条第 1 项规定了警告、通报批评两种行政处罚。警告是申诫罚的一种，是指行政处罚机关对行政管理相对人违反行政管理的警告和训诫，是所有行政处罚种类中最轻的一种。警告是要式的行政处罚行为，要向当事人送达书面的行政处罚决定书，口头警告不属于行政处罚。相比于警告，通报批评是将对相对人训诫的内容在更广泛的范围内进行通报，如告知与相对人有关的公民、法人和其他组织。警告和通报批评都是主要针对轻微违法行为作出的行政处罚，如果引发行政复议，案情也往往较为简单，可以适用简易程序处理。

第三类案件是，涉及款额 3000 元以下的。本项规定是从案件涉及的金钱数额来划分普通程序和简易程序的适用标准。案件涉及款额 3000 元以下的，适用简易程序，如行政处罚中涉及的罚款数额，行政给付中涉及的救助金、保险金数额，行政强制中查封、扣押、冻结的财物价值等在 3000 元以下等。这类案件往往对行政相对人的权益影响较小，可以适用简易程序。《行政诉讼法》2014 年修正时，规定行政诉讼简易程序的适用标准之一为涉及款额 2000 元以下，考虑到随着经济社会发展，推动更多简单行政争议快速化解，有必要放宽行政复议适用简易程序的金额标准，因此 2023 年《行政复议法》参照《行政处罚法》在 2021 年修订时规定的行政处罚简易程序的款额标准，将行政复议简易程序的标准规定为 3000 元以下。

第四类案件是，政府信息公开案件。政府信息公开案件大部分案情较为简单，只要法律适用标准明确，往往可以通过当事人双方的书面材料审查清楚，而不一定需要深入实地核实取证。实践中，政府信息公开案件数量增长较快，对此类案件适用简易程序，可以以较低成本化解大量行政争议。需要注意的是，行政复议法在简易程序和复议前置两处对政府信息公开案件作出规定，其中适用简易程序的政府信息公开案件，在具体的政府信息公开类型上没有限制，只要符合本条规定的"事实清楚、权利义务关系明确、争议不大"，都可以考虑适用简易程序；但对于适用复议前置的政府信息公开案件，则应当限定于依照政府信息公开条例作出不予公开答复的案件类型。

三是当事人同意适用简易程序的情形。除了行政复议机构可以主动依职权适用简易程序外，本条还规定，当事人各方同意适用简易程序的，也可以适用简易程序。当事人选择适用简易程序，应当以当事人各方达成合意为前提。这里的"当事人各方"包括了申请人、被申请人和第三人，只有申请人、被申请人和第三人都同意适用简易程序的，才可以适用简易程序。当事人各方同意适用简易程序，显示出各方都有快速化解争议的意愿，行政复议机关对此应当认真考虑，能够快速审结的，应当适用简易程序办理，但如果行政复议机关认为案件较为复杂，不宜适用简易程序的，也可以在向当事人各方释明的基础上，适用普通程序审理。

【关联规定】

《行政诉讼法》第 82 条；《行政处罚法》第 51 条

第五十四条　适用简易程序审理的行政复议案件，行政复议机构应当自受理行政复议申请之日起三日内，将行政复议申请书副本或者行政复议申请笔录复印件发送被申请人。被申请人应当自收到行政复议申请书副本或者行政复议申请笔录复印件之日起五日内，提出书面答复，并提交作出行政行为的证据、依据和其他有关材料。

适用简易程序审理的行政复议案件，可以书面审理。

【新旧对照】

2017 年《行政复议法》	2023 年《行政复议法》	重点解读
	第五十四条　适用简易程序审理的案件，行政复议机构应当自受理行政复议申请之日起三日内，将行政复议申请书副本或者行政复议申请笔录复印件发送被申请人。被申请人应当自收到申请书副本或者申请笔录复印件之日起五日内，提出书面答复，并提交作出行政行为的证据、依据和其他有关材料。 **适用简易程序审理的案件，可以书面审理。**	本条为 2023 年修订新增条款。

【适用要点】

本条是关于行政复议简易程序答复及审理的规定。

适用行政复议简易程序，目的是提高办案效率，重点要在简化行政复议机关内部审批程序、压缩审理时限上下功夫，从而降低当事人各方参加行政复议的成本，高效化解行政争议。关于本条，可以从以下几个方面把握。

一是对于某一具体案件是否适用简易程序进行审理，由行政复议机关根据实际情况判断。由于行政执法机关的管理领域不同，作出的行政行为也是千差万别，不同地方、不同部门、不同层级的行政机关执法水平也不一样，因此，在决定哪些案件适用简易程序解决时，行政复议机关可以根据案件具体情况决定，而不是实行“一刀切”。因此，2023 年《行政复议法》第 53 条规定了简易程序的适用条件，并且使用了“可以适用简易程序”的表述，这意味着上述适用条件并非强制性条件，而是要行政复议机关根据具体情况判断。

二是受理环节不强制要求告知当事人适用简易程序。为了更加简便高效解决行政争议，行政复议实行的是推定受理制度，并不要求行政复议机关作出受理通知。具体到简易程序而言，由于简易程序审理时限更短、办案流程更简单，因此 2023 年《行政复议法》没有要求行政复议机构就案件是否适用简易程序专门告知申请人。

三是简易程序的答复期限较短。普通程序的审理期限一般为 60 日，经批准可以延长至 90 日，简易程序的审理期限只有 30 日，因此有必要规定较短的答复期限，以便行政复议机构有相对充足的时间进行案件审理。同时，简易程序涉及的案情较为简单，争议不大，被申请人提交书面答复及证据材料难度不大，较短的答复时间也是够用的。据此，本条规定适用简易程序审理的行政复议案件，行政复议机构应当自受理行政复议申请之日起 3 日内，将行政复议申请书副本或者行政复议申请笔录复印件发送被申请人。被申请人应当自收到行政复议申请书副本或者行政复议申请笔录复印件之日起 5 日内，提出书面答复，并提交作出行政行为的证据、依据和其他有关材料。与普通程序相比，简易程序通知答复的期限由 7 日缩短为 3 日，被申请人提出书面答复的时限由 10 日缩短为 5 日。这里的 3 日、5 日都是工作日。

四是对适用简易程序审理的行政复议案件，行政复议机关可以书面审理。书面审理,是指行政复议机构可以仅凭当事人双方提交的书面材料审理案件,而不用开展听取当事人意见、听证、提交行政复议委员会咨询等工作,申请人、被申请人、证人等无须当面对质。2023 年《行政复议法》规定简易程序可以书面审理,主要有两方面考虑:一方面,实行简易程序解决行政争议,目的是提高行政复议案件的办理效率,方便群众,在审理程序上不能太复杂。由于适用简易程序的案件案情较为简单,当事人争议的事项也相对单一、明确,只要法律适用标准清楚,完全可以通过书面审理查清案情,达到公平、公正的审理效果。因此,适用简易程序办案,不必履行普通程序下的各项办案要求,以便节省行政成本,提高办案效率。另一方面,因为简易程序审理期限较短,这对行政复议机构办案而言,按期结案压力更大一些,考虑到简易程序并非强制性规定,而是行政复议机构根据案件情况自行决定,为了督促行政复议机关能够尽可能地对符合法定条件的案件适用简易程序,增进群众的法治获得感,2023 年《行政复议法》允许行政复议机构在简易程序中适用书面审理方式,以提高行政复议机构适用简易程序的积极性、主动性,避免简易程序的制度设计在实践中被虚置。

需要强调的是,行政复议制度的生命力在于办案质量,即必须实现公平正义,提高效率必须以质量为前提,不能为了单纯追求效率而牺牲质量。因此,程序上的简单化并不等同于审理标准的降低,即使实行简易程序,也要扎扎实实开展书面审查,确保案件事实清楚、证据确凿,以高质量的案件审理依法保护好当事人的权利。

【关联规定】

《行政诉讼法》第 83 条;《最高人民法院关于适用〈中华人民共和国行政诉讼法〉的解释》第 103、104 条

第五十五条　适用简易程序审理的行政复议案件，行政复议机构认为不宜适用简易程序的，经行政复议机构的负责人批准，可以转为普通程序审理。

【新旧对照】

2017年《行政复议法》	2023年《行政复议法》	重点解读
	第五十五条　适用简易程序审理的行政复议案件，行政复议机构认为不宜适用简易程序的，经行政复议机构的负责人批准，可以转为普通程序审理。	本条为2023年修订新增条款。

【适用要点】

本条是关于行政复议简易程序转为普通程序的规定。

行政复议机关受理行政复议申请后，根据案件具体情况选择适用普通程序或者简易程序。2023年《行政复议法》列举了可以适用简易程序的几类情形，遇到这几类案件时，行政复议机关在受理后可以优先考虑适用简易程序。但适用简易程序并非不可变更，本条对简易程序向普通程序转化作了规定。对本条应当从以下几个方面把握：

一是简易程序向普通程序转化的条件。行政复议案件受理后，行政复议机关只是在对案件进行初步审查的基础上决定适用简易程序，但实践中情况是复杂多样的，随着案件审理的不断深入，行政复议机构对案情了解更为全面透彻，如果发现案件有不宜适用简易程序的情形，就可以依照本条规定转为普通程序审理。不宜适用简易程序的情况主要包括：审理中发现案情较为复杂，证据认定存在较大难度，仅靠书面审查难以查清案件事实；审理中发现案件涉及复杂的法律问题，有必要提交行政复议委员会提出咨询意见;当事人主动补充了新的事实和证据,提出新的诉求,双方分歧加大;等等。但如果仅因为行政复议机构办案效率不高,导致在简易程序法定的审理期限内无法按时结案,不宜认为是“不宜适用简易程序”的情形,否则将会架空简易程序的规定,使简易程序流于形式。

二是简易程序转为普通程序的程序要求。根据本条规定,经行政复议机构的负责人批准,可以将适用简易程序审理的案件转为普通程序审理。案件审理质效是行政复议的“生命线”,质量和效率是辩证统一的。规定简易程序是为了提高案件办理效率,但行政复议案件审理应当以确保审理质量为首要前提,同时兼顾案件审理效率,而不能以牺牲质量为代价,机械地追求审理效率。因此,如果适用简易程序过程中发现案件出现了不宜适用简易程序的情形,为了保证案件审理质量,有必要转为普通程序。在转化机制上,既要规定一定的审批流程,避免行政复议办案人员个人随意切换审理模式,保证行政复议审理的权威性和严肃性,同时也要考虑到转化机制只是案件审理中具体程序的变化,因此不能将转化机制的审批规定得过于复杂烦琐,减损行政复议的效率优势。

三是转化为普通程序审理后,行政复议机构应当按照2023年《行政复议法》关于普通程序的审理要求,采取适当方式听取当事人意见,必要时举行听证或者将案件提交行政复议委员会进行咨询。转化后案件审理期限应当适用普通程序60日的审理期限,也可以依法延长至90日,但在简易程序中已经经过的审理期限应当从中扣除,而不是从转为普通程序之日起重新计算。

【关联规定】

《行政诉讼法》第84条;《最高人民法院关于适用〈中华人民共和国行政诉讼法〉的解释》第105条

第五节　行政复议附带审查

第五十六条　申请人依照本法第十三条的规定提出对有关规范性文件的附带审查申请，行政复议机关有权处理的，应当在三十日内依法处理；无权处理的，应当在七日内转送有权处理的行政机关依法处理。

【新旧对照】

2017 年《行政复议法》	2023 年《行政复议法》	重点解读
第二十六条　申请人~~在申请行政复议时，一并~~提出对~~本法第七条所列有关~~规定的审查申请的，行政复议机关~~对该规定~~有权处理的，应当在三十日内依法处理；无权处理的，应当在七日内~~按照法定程序~~转送有权处理的行政机关依法处理~~，有权处理的行政机关应当在六十日内依法处理。处理期间，中止对具体行政行为的审查~~。	第五十六条　申请人**依照本法第十三条的规定**提出对**有关规范性文件**的**附带**审查申请，行政复议机关有权处理的，应当在三十日内依法处理；无权处理的，应当在七日内转送有权处理的行政机关依法处理。	本条与 2023 年《行政复议法》第 13 条的规定相关，将“规定”修改为“有关规范性文件”，同时将中止条款统一到第 39 条中规定。

【适用要点】

本条是关于行政复议附带审查程序的规定。

2017 年《行政复议法》确立了行政复议附带审查制度，赋予行政复议在处理具体行政争议的同时，从根本上纠正违法的抽象行政行为的权力，这一制度对于促进法治统一，维护群众合法权益具有重要意义。由于

2017年《行政复议法》对如何开展附带审查缺少具体程序设计，实践中各级行政复议机构难以有效运用附带审查制度对“红头文件”加强监督，导致这项制度作用发挥得不够充分。为了进一步发挥这项制度的重要作用，2023年《行政复议法》对行政复议附带审查制度作了进一步修改完善，细化了对规范性文件进行附带审查的具体程序和处理期限，推动提升行政复议及时纠正违反上位法，侵犯公民、法人和其他组织合法权益“红头文件”的能力和水平。对本条规定，应当从以下几个方面把握：

一是本条适用于申请人主动依照2023年《行政复议法》第13条的规定，提出对有关规范性文件的附带审查申请的情形。在这种情形下，申请人的附带审查请求应当符合以下几个条件：(1)并非单独提出的，而是在对某一行政行为申请行政复议时一并提出的。公民、法人和其他组织不能仅因对抽象行政行为不服而提出行政复议，只有对行政行为不服，在提起对行政行为的行政复议申请时，一并要求行政复议机关审查该规范性文件。在这种情形下，申请人认为行政机关作出行政行为所依据的规范性文件不合法是行政行为错误的根源，只有纠正了规范性文件，才能依法对行政行为作出处理。(2)申请对抽象行政行为进行审查的当事人，必须是对行政行为申请行政复议的申请人。(3)要求审查的对象是规章以下的规范性文件，规章以上的规范性文件不能作为依申请附带审查的对象。(4)要求审查的内容是规范性文件的合法性，而不是合理性。(5)要求审查的规范性文件是作出行政行为的依据，即审查的不是规范性文件的全文，而是作出行政行为所依据的具体条款。此外需要说明的是，行政复议附带审查和备案审查一样是法定审查制度，在启动形式、审查对象上各有侧重，并不冲突，两者协同实施，对于促进法治统一具有重要作用。

二是行政复议机关以对该规范性文件是否有权处理为标准，对规范性文件作出相应处理。根据《宪法》的规定，国务院有权改变或者撤销各部、各委员会发布的不适当的命令、指示和规章；县级以上的地方各级人民政府有权改变或者撤销所属各工作部门和下级人民政府的不适当的决定。根据《国务院办公厅关于加强行政规范性文件制定和监督管理工作的通知》规定，各地区、各部门要按照要求对本地区、本部门的文件开展自查自纠，发现存在违反法律法规和国家政策、侵犯群众合法权益的“奇葩”文件等问题的，要及时纠正。因此，行政复议机关作为行政机关，有权对本机关或者下级行政机关作出的规范性文件进行审查。

实践中，由于行政执法机关在执法时所依据的规范性文件情况比较复杂，既有行政执法机关自身制定的，也包括其上级机关制定的（对于后者，该上级机关可能本身就是对该行政执法机关具有管辖权的行政复议机关，也可能是比行政复议机关的级别更高的行政机关）。那么，对于其中由行政执法机关制定的或者由行政复议机关制定的规范性文件，行政复议机关是有权审查的；对于比行政复议机关级别更高的行政机关制定的规范性文件，行政复议机关就无权审查了。例如，县人民政府依据自己制定的规范性文件或者根据市人民政府制定的规范性文件作出行政行为，随后引发行政争议，申请人到市人民政府申请行政复议，并要求对该规范性文件的相关条款进行审查，无论该规范性文件是县人民政府制定的还是市人民政府制定的，市人民政府都是有权审查的。如果县人民政府依据省人民政府制定的规范性文件作出行政行为后引发行政争议，申请人到市人民政府申请行政复议，并要求对省人民政府制定的规范性文件的相关条款进行审查，市人民政府是无权审查的，就要依法转送处理。

三是对规范性文件附带审查的程序。行政复议机关有权处理涉案规范性文件的，应当在 30 日内依法处理；无权处理的，应当在 7 日内转送有权处理的行政机关依法处理，在处理期间，行政复议审理中止。这主要是考虑到规范性文件是反复适用的规定，与执法行为相比影响面更大，审查起来对行政复议机构的专业能力要求更高，需要给予行政复议机构专门的审查时间，确保审查质量。由于 2023 年《行政复议法》规定了 5 天的受理审查期限，对于申请人一并提起附带审查申请的，行政复议机关应当在 5 天受理审查期限中，对本机关是否有权处理拿出初步意见，进入审理期限后，对于本机关有权处理的情形，即先开展 30 日的附带审查，并中止案件审理；对于本机关无权处理的情形，即在受理之日起 7 日内转送有权处理的行政机关依法处理。也就是说，一般情况下，“三十日”和“七日”的期限都从受理案件之日起计算，如果案情比较复杂，在 5 日的受理审查期间未能准确把握“本机关是否有权处理”的，可以在受理后继续研究判断，“三十日”和“七日”的起算之日可以推迟到行政复议机关准确把握“本机关是否有权处理”之日。

【关联规定】

《行政诉讼法》第 64 条

第五十七条　行政复议机关在对被申请人作出的行政行为进行审查时，认为其依据不合法，本机关有权处理的，应当在三十日内依法处理；无权处理的，应当在七日内转送有权处理的国家机关依法处理。

【新旧对照】

2017 年《行政复议法》	2023 年《行政复议法》	重点解读
第二十七条　行政复议机关在对被申请人作出的~~具体~~行政行为进行审查时，认为其依据不合法，本机关有权处理的，应当在三十日内依法处理；无权处理的，应当在七日内~~按照法定程序~~转送有权处理的国家机关依法处理。~~处理期间，中止对具体行政行为的审查。~~	第五十七条　行政复议机关在对被申请人作出的行政行为进行审查时，认为其依据不合法，本机关有权处理的，应当在三十日内依法处理；无权处理的，应当在七日内转送有权处理的国家机关依法处理。	本条将“具体行政行为”修改为“行政行为”，同时对本条情形应当中止审理的规定统一在第 39 条中规定。

【适用要点】

本条是关于行政复议依职权进行附带审查的规定。

为了维护法治统一,及时纠正实践中与上位法不一致、侵犯相对人合法权益的规范性文件,本条规定了行政复议依职权进行附带审查的情形。与2023年《行政复议法》第56条关于行政复议依申请进行附带审查的规定相比,第57条规定的行政复议依职权进行附带审查有以下几个方面不同:

一是启动的原因不同。行政复议依申请附带审查请求是申请人针对行政行为申请行政复议时一并提出的,行政复议依职权附带审查是行政复议机关在进行行政复议案件审理时主动发现的。

二是审查的对象不同。行政复议依申请附带审查的对象是依照2023年《行政复议法》第13条规定进行审查的规范性文件,即规章以下的,由国务院部门、县级以上地方各级人民政府及其部门、乡镇人民政府发布的规范性文件。而依职权附带审查的对象比依申请附带审查的对象要宽泛,所有作为行政执法依据的规定都包含在内,主要包括:(1)法规;(2)规章,包括部门规章和地方政府规章;(3)2023年《行政复议法》第13条规定的规范性文件;等等。

三是审查的主体不同。行政复议依申请附带审查的对象是规章以下规范性文件,因此审查的主体是行政机关,既包括有权处理的行政复议机关,也包括行政复议机关无权处理情形下、接受转送的有权处理的行政机关。行政复议依职权附带审查的对象包括各类执法依据,审查的主体是国家机关,既包括行政机关,也包括国家权力机关。具体来说,行政复议依职权附带审查时,认为国家权力机关发布的规范性文件不合法的,就属于行政机关无权处理的情况,需要依据本条的规定转送有权处理的国家机关处理。例如,对设区的市的人民代表大会常务委员会发布的地方性法规行政复议审查认为可能不合法的,依法转送有权审查的国家机关处理。

在处理程序上，行政复议机关在对被申请人作出的行政行为进行审查时，认为其依据不合法，行政复议机关有权处理的，应当在30日内依法处理；无权处理的，应当在7日内转送有权处理的国家机关依法处理。

【关联规定】

《行政诉讼法》第64条

第五十八条　行政复议机关依照本法第五十六条、第五十七条的规定有权处理有关规范性文件或者依据的，行政复议机构应当自行政复议中止之日起三日内，书面通知规范性文件或者依据的制定机关就相关条款的合法性提出书面答复。制定机关应当自收到书面通知之日起十日内提交书面答复及相关材料。

行政复议机构认为必要时，可以要求规范性文件或者依据的制定机关当面说明理由，制定机关应当配合。

【新旧对照】

2017年《行政复议法》	2023年《行政复议法》	重点解读
	第五十八条　行政复议机关依照本法第五十六条、第五十七条的规定有权处理有关规范性文件或者依据的，行政复议机构应当自行政复议中止之日起三日内，书面通知规范性文件或者依据的制定机关就相关条款的合法性提出书面答复。制定机关应当自收到书面通知之日起十日	本条为2023年修订新增条款。

续表

2017年《行政复议法》	2023年《行政复议法》	重点解读
	内提交书面答复及相关材料。 行政复议机构认为必要时，可以要求规范性文件或者依据的制定机关当面说明理由，制定机关应当配合。	

【适用要点】

本条是关于行政复议附带审查程序的规定。

为了进一步细化行政复议附带审查的程序，指导行政复议机关加强行政复议附带审查工作，提高行政复议附带审查的质量和效率，本条对行政复议机关附带审查的程序作了规定。理解本条应当从以下几个方面把握：

一是本条规定仅适用于行政复议机关有权进行附带审查的情形。即依照2023年《行政复议法》第56、57条的规定，行政复议机关有权依申请处理有关规范性文件，或者有权依职权处理有关依据的，应当依照本条规定的程序进行审查。对于行政复议无权处理的情形，应当转送有权机关处理，接收转送的有权机关在处理中，可以不适用本条规定的程序。

二是本条规定的程序是在行政复议中止审理期间进行的。根据2023年《行政复议法》第39条规定，行政复议附带审查期间，行政复议中止审理。本条规定的程序性期限从行政复议决定书面告知当事人中止行政复议案件审理之日起计算。

三是答复程序。行政复议机构应当自行政复议中止之日起3日内，书面通知规范性文件或者依据的制定机关就相关条款的合法性提出书面答复。制定机关应当自收到书面通知之日起10日内提交书面答复及相关材料。考虑到根据2023年《行政复议法》第56、57条的规定，行政复议机关有权处理有关规范性文件或者依据的，都应当在30日内依法处理，期限相对较短，因此本条规定通知答复期限也相应较短，即行政复议机构应当自行政复议中止之日起 3 日内，书面通知答复。通知答复时，只针对争议的相关条款提出答复要求，不涉及其他条款。对于规范性文件或者依据的制定机关而言，要对反复适用的规范性文件的具体条款进行有针对性的答复，难度相对较大，为了保证答复质量及后续审查的严肃性和稳妥性，虽然整个附带审查的期限只有 30 日，但本条还是赋予了规范性文件或者依据的制定机关相对较长的答复期限，即 10 日。实践中，规范性文件或者依据的制定机关应当高度重视答复要求，充分利用 10 日的答复期限提高答复质量。需要特别说明的是，在“有权处理”作为限定条件的前提下，行政复议机构通知答复的对象主要是下级制定机关，不会出现通知上级制定机关答复的情形。

四是说明程序。为了进一步提高附带审查的质量，行政复议机构认为必要时，可以要求规范性文件或者依据的制定机关当面说明理由，制定机关应当配合。一般而言，“必要时”可以包括以下情形：争议条款存在违法问题，需要制定机关当面说明理由确保附带审查定性准确的；制定机关书面答复质量不高，需要当面进一步说明相关理由的；等等。

【关联规定】

《最高人民法院关于适用〈中华人民共和国行政诉讼法〉的解释》第 147 条

第五十九条　行政复议机关依照本法第五十六条、第五十七条的规定有权处理有关规范性文件或者依据，认为相关条款合法的，在行政复议决定书中一并告知；认为相关条款超越权限或者违反上位法的，决定停止该条款的执行，并责令制定机关予以纠正。

【新旧对照】

2017年《行政复议法》	2023年《行政复议法》	重点解读
	第五十九条　行政复议机关依照本法第五十六条、第五十七条的规定有权处理有关规范性文件或者依据，认为相关条款合法的，在行政复议决定书中一并告知；认为相关条款超越权限或者违反上位法的，决定停止该条款的执行，并责令制定机关予以纠正。	本条为2023年修订新增条款。

【适用要点】

本条是关于行政复议附带审查结果的规定。

对本条的适用应当把握以下几个方面：

一是适用情形。本条和2023年《行政复议法》第58条一样，仅适用于行政复议机关有权进行附带审查的情形。即依照2023年《行政复议法》第56、57条的规定，行政复议机关有权依申请处理有关规范性文件，或者有权依职权处理有关依据的，应当依照本条规定的程序进行审查。对于行政复议无权处理的情形，应当转送有权机关处理，不适用本条规定。

二是审查发现相关条款合法的处理。行政复议机关认为相关条款合法的，在行政复议决定书中一并告知，也就是说，要在行政复议决定书中将对相关条款的认定结论作为重要内容予以载明。对于依申请进行附带审查的案件而言，这是回应申请人附带审查请求的必然要求，对于依职权进行附带审查的案件而言，虽然审查请求不是申请人提出的，但由于附带审查时已经通知申请人中止案件审理,因此对于最终审查结论,也应当在行政复议决定书中对申请人作出相应说明。

三是审查发现相关条款不合法的处理。行政复议机关审查后,认为相关条款超越权限或者违反上位法的,决定停止该条款的执行,并责令制定机关予以纠正。行政复议附带审查只审查相关条款的合法性,包括该条款是否符合法定权限以及内容是否违反上位法规定两项内容。就维护法治统一的效果和效率而言,行政复议机关审查发现相关条款超越权限或者违反上位法的,应当在附带审查结束后就作出停止执行决定,决定停止该条款的执行,而不必等到行政复议决定作出时才决定停止执行,以便最大限度避免该条款在实践中继续执行侵犯群众合法权益、引发争议。在决定停止执行时,行政复议机关可以责令制定机关对违法的条款予以纠正。例如,对违反上位法规定的条款,责令制定机关依照上位法对该条款进行修改完善,并依据法定程序重新予以发布等。与此同时,行政复议机关也应当及时恢复行政复议案件的审理,这时该条款就不能作为认定涉案行政行为合法的依据,而是可以以适用依据不合法等为由对行政行为作出行政复议纠错决定。

【关联规定】

《行政诉讼法》第 64 条;《最高人民法院关于适用〈中华人民共和国行政诉讼法〉的解释》第 148、149 条

第六十条　依照本法第五十六条、第五十七条的规定接受转送的行政机关、国家机关应当自收到转送之日起六十日内,将处理意见回复转送的行政复议机关。

【新旧对照】

2017 年《行政复议法》	2023 年《行政复议法》	重点解读
	第六十条　依照本法第五十六条、第五十七条的规定接受转送的行政机关、国家机关应当自收到转送之日起六十日内,将处理意见回复转送的行政复议机关。	本条为 2023 年修订新增条款。

【适用要点】

本条是关于行政复议附带审查转送处理结果的规定。

对于本条,应当从以下几个方面把握:

一是本条适用于转送处理的行政复议附带审查事项。依照 2023 年《行政复议法》第 56、57 条的规定,对于行政复议机关无权处理的规范性文件或者依据,要在 7 日内转送给有权处理的行政机关、国家机关依法处理。

二是有权处理的行政机关、国家机关的处理期限为 60 日。由于需要转送的规范性文件及规定所涉及的问题一般都比较复杂,审查难度也比较大,特别是国家权力机关的议事制度有其特殊性,与行政复议机关直接处理的附带审查事项相比,对需要转送处理的附带审查事项的审查期限应当规定得更长一些。2017 年《行政复议法》对接受转送的行政机关处理申请人依申请附带审查事项规定了 60 日的审查期限,但对接受转送的国家机关处理行政复议机关依职权附带审查事项并未规定审查期限。为了保护申请人合法权益,提高行政争议化解效率,2023 年《行政复议法》将接受转送的行政机关和国家机关的审查期限统一规定为 60 日。

三是处理结果。接受转送的行政机关和国家机关应当自收到转送之日起 60 日内,将处理意见回复转送的行政复议机关。行政复议机关结束案件中止,并根据回复的转送意见对行政复议案件以及申请人的附带审查请求作出处理。

【关联规定】

《最高人民法院关于适用〈中华人民共和国行政诉讼法〉的解释》第150条

第五章　行政复议决定

第六十一条　行政复议机关依照本法审理行政复议案件，由行政复议机构对行政行为进行审查，提出意见，经行政复议机关的负责人同意或者集体讨论通过后，以行政复议机关的名义作出行政复议决定。

经过听证的行政复议案件，行政复议机关应当根据听证笔录、审查认定的事实和证据，依照本法作出行政复议决定。

提请行政复议委员会提出咨询意见的行政复议案件，行政复议机关应当将咨询意见作为作出行政复议决定的重要参考依据。

【新旧对照】

<table>
<tr><th>2017年《行政复议法》</th><th>2023年《行政复议法》</th><th>重点解读</th></tr>
<tr><td>第三条第一款第三项　……
（三）审查申请行政复议的<s>具体</s>行政行为是否合法与适当，拟订行政复议决定；</td><td rowspan="2">第六十一条　行政复议机关依照本法审理行政复议案件，由行政复议机构对行政行为进行审查，提出意见，经行政复议机关的负责人同意或者集体讨论通过后，以行政复议机关的名义作出行政复议决定。
经过听证的行政复议案件，行政复议机关应当根据听证笔录、审查认定的事</td><td rowspan="2">1. 将对行政行为进行审查和提出意见的职责归于行政复议机构，并将作出行政复议决定的主体明确为行政复议机关。
2. 新增第2款规定经听证的案件，应当根据听证笔录、审查认定的事实和证据依法作出行政复议决定。
3. 新增第3款规定应当将行政复议委员会咨询意见</td></tr>
<tr><td>第二十八条第一款　行政复议机关<s>负责法制工作的机构</s>应当对<s>被申请人作出的具体</s>行政行为进行审查，提出意见，经行政复</td></tr>
</table>

续表

2017年《行政复议法》	2023年《行政复议法》	重点解读
议机关的负责人同意或者集体讨论通过后，~~按照下列规定~~作出行政复议决定： ……	**实和证据，依照本法作出行政复议决定。** **提请行政复议委员会提出咨询意见的行政复议案件，行政复议机关应当将咨询意见作为作出行政复议决定的重要参考依据。**	作为作出行政复议决定的重要参考依据。

【适用要点】

本条是关于作出行政复议决定主体及程序的规定。

行政复议决定是行政复议机关根据申请人的要求，按照行政复议审查的基本方式和程序，对行政行为依法进行审查后，适用法律、法规、规章以及行政机关具有普遍约束力的决定、命令，对有争议的行政行为作出的判断和处理。

行政复议决定具有如下特点：

1. 行政复议决定是对原行政行为的判断和处理。行政复议机关经过对行政复议案件的审理，依据事实和法律，以决定的形式对有争议的行政行为作出结论性意见，是行政复议活动的最终结果和表现形式，也是行政复议案件审理的最终环节，集中体现行政复议制度合法、公正、公开、高效、便民、为民原则。

2. 行政复议决定的作出必须符合法定程序。行政复议机构对案件进行初步审查，提出意见，经行政复议机关的负责人审查同意或者集体讨论通过后，就有关行政行为是否合法、适当，或是否依申请人的请求责令被申请人作出某种行政行为作出书面裁决。

3. 行政复议决定具有法律效力。受理行政复议申请的行政复议机关，对被申请人的行政行为进行合法性、适当性审查后作出的审查意见，是一种法律性文件，当事人、第三人应当依法履行。

需要注意的是，2023 年修订的《行政复议法》规定了听证制度、行政复议委员会制度，对听证笔录、行政复议委员会的咨询意见在作出行政复议决定时的运用提出了新的更高要求。

行政复议听证制度，通过公正审查当事人的证据，有利于查明争议事实，保证裁决中立和行政复议结果的公正；通过保障当事人平等、有效参与行政复议审理，有利于推动当事人之间的沟通和理解，寻求双方都能接受的解决方案，促进行政争议的实质性化解。故而听证过程中形成的听证笔录、听证过程中审查认定的事实和证据，对于行政复议机关合法、公正、公开解决行政争议具有重要意义，应当作为作出行政复议决定的根据。

行政复议委员会制度是增强行政复议专业性、权威性、公正性的具体制度。行政复议委员会为办理特定的行政复议案件提供咨询意见，有利于为行政复议提供专业保障，对于调动各方行政资源、化解行政争议具有重要作用。对咨询意见的处理是行政复议委员会运行程序的关键内容。着眼于行政复议化解行政争议的主渠道的定位和增强行政复议公正性的需要，必须强化咨询意见对作出行政复议决定的参考作用，2023 年修订的《行政复议法》要求行政复议机关将咨询意见作为作出行政复议决定的重要参考依据，将有力地增强行政复议的公正性。

第六十二条　适用普通程序审理的行政复议案件，行政复议机关应当自受理申请之日起六十日内作出行政复议决定；但是法律规定的行政复议期限少于六十日的除外。情况复杂，不能在规定期限内作出行政复议决定的，经行政复议机构的负责人批准，可以适当延长，并书面告知当事人；但是延长期限最多不得超过三十日。

适用简易程序审理的行政复议案件，行政复议机关应当自受理申请之日起三十日内作出行政复议决定。

【新旧对照】

2017年《行政复议法》	2023年《行政复议法》	重点解读
第三十一条第一款 行政复议机关应当自受理申请之日起六十日内作出行政复议决定；但是法律规定的行政复议期限少于六十日的除外。情况复杂，不能在规定期限内作出行政复议决定的，经行政复议机关的负责人批准，可以适当延长，并告知~~申请人和被申请人~~；但是延长期限最多不超过三十日。	第六十二条 **适用普通程序审理的行政复议案件，**行政复议机关应当自受理申请之日起六十日内作出行政复议决定；但是法律规定的行政复议期限少于六十日的除外。情况复杂，不能在规定期限内作出行政复议决定的，经行政复议机**构**的负责人批准，可以适当延长，并**书面**告知**当事人**；但是延长期限最多不**得**超过三十日。 **适用简易程序审理的行政复议案件，行政复议机关应当自受理申请之日起三十日内作出行政复议决定。**	1. 对适用普通程序和简易程序审理的案件的复议期限作出区分。 2. 增加规定适用简易程序案件的复议期限。 3. 对适用普通程序案件延长复议期限的批准程序进行调整。

【适用要点】

本条是关于行政复议决定的期限的规定。

行政复议决定的期限，是指从受理到作出行政复议决定的期限，即行政复议机关在受理申请人依法提出的行政复议申请后，对被申请人的行政行为完成审查并作出行政复议决定的最长时间限制，通常也称为行政复议审理期限。

一、行政复议审理期限

根据2023年修订的《行政复议法》行政复议审理期限主要分为三类：

1. 适用普通程序案件的行政复议审理期限。2023年修订的《行政复议法》规定了两种行政复议案件审理程序，即普通程序和简易程序，并分别设定了不同的审理期限。适用普通程序审理的行政复议案件，行政复议机关应当自受理申请之日起60日内作出行政复议决定。

2. 适用简易程序案件的行政复议审理期限。适用简易程序审理的行政复议案件，行政复议机关应当自受理申请之日起30日内作出行政复议决定。对适用简易程序审理的行政复议案件规定较短的行政复议审理期限，是由适用简易程序案件的特殊性所决定的。适用简易程序的案件主要包括被申请行政复议的行政行为是当场作出的，被申请行政复议的行政行为是警告或者通报批评的，案件涉及款额3000元以下的，属于政府信息公开案件的，且上述案件属于行政复议机关认为案件事实清楚、权利义务关系明确、争议不大的。这些案件相对简单，审理难度不大，对其规定较短的审理期限，有利于更快速地解决行政争议，是行政复议高效原则的重要体现。

3. 延长的行政复议期限。对于情况复杂的案件，经行政复议机构的负责人批准可以适当延长期限，但最多不超过30日。实践中，有些行政复议案件情况复杂，如对土地、山林确权的行政复议案件，60日内很难作出行政复议决定。2023年《行政复议法》修订继续延续2017年《行政复议法》关于延长期限的规定，但是对审批程序作了调整，由原来的"经行政复议机关的负责人批准"修改为"经行政复议机构的负责人批准"，并且要求书面告知当事人。

二、审理期限的起算

2023年修订的《行政复议法》规定的适用普通程序审理的60日审理期限、适用简易程序审理的30日审理期限的计算，应以受理申请之日为行政复议期限的起始日。依照2023年修订的《行政复议法》第30条的规定，行政复议机关收到行政复议申请后，应当在5日内进行审查，此5日被称为审查期限，是指5个工作日而不包含法定休假日。行政复议申请的审查期限届满，行政复议机关未作出不予受理决定的，审查期限届满之日起视为受理。这是2023年修订的《行政复议法》与2017年《行政复议法》的不同之处，2017年《行政复议法》规定，行政复议申请自行政复议机关负责法制工作的机构收到申请之日起即为受理。2023年修订的《行政复议法》将行政复议申请的受理确定为审查期限届满之日，强调了审查环节，明确受理是审查后的结果之一，故受理之日应在审查结束之时而非收到申请之日。如此修改也使复议审理环节更加准确清晰，如图1所示。

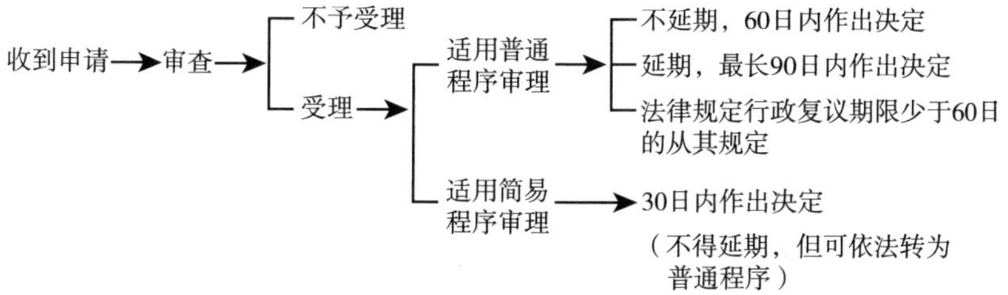

图1　行政复议审理环节

综上，行政复议机关在受理案件前的审查期限，不包括在行政复议审理期限之内。

三、逾期作出行政复议决定的法律后果

行政复议机关逾期不作出行政复议决定，是“逾期仍未作出”和“逾期仍拒不作出”两种情形的合称，其中前者还有作出的可能，实践中有的案件还确实作出了决定。这些逾期作出的行政复议决定，构成行政复议程序违法。如果当事人提起行政诉讼，行政复议机关将承担程序违法的法律责任。

【典型案例】

王某不服行政机关行政处罚案

2022 年 12 月 30 日,某行政复议机关收到申请人王某因不服被申请人某行政机关作出的行政处罚决定书提出的行政复议申请。2023 年 1 月 5 日,行政复议机关向王某邮寄发出补正行政复议申请通知书。2023 年 1 月 12 日,行政复议机关收到王某邮寄提交的补正材料。经审查,行政复议机关依法予以立案。因案情复杂,不能在 60 日内作出行政复议决定,行政复议机关于 2023 年 3 月 10 日分别向申请人及被申请人邮寄发出行政复议延期通知,延长期限 30 日。2023 年 4 月 1 日,行政复议机关作出复议决定,驳回了申请人的行政复议申请。4 月 2 日,行政复议机关向申请人邮寄发出复议决定。行政复议机关以上行为均符合法律规定的行政复议时限要求。

第六十三条　行政行为有下列情形之一的,行政复议机关决定变更该行政行为:

(一)事实清楚,证据确凿,适用依据正确,程序合法,但是内容不适当;

(二)事实清楚,证据确凿,程序合法,但是未正确适用依据;

(三)事实不清、证据不足,经行政复议机关查清事实和证据。

行政复议机关不得作出对申请人更为不利的变更决定,但是第三人提出相反请求的除外。

【新旧对照】

2017 年《行政复议法》	2023 年《行政复议法》	重点解读
	第六十三条　行政行为有下列情形之一的,行政复议机关决定变更该行政行为: **(一)事实清楚,证据确凿,适用依据正确,程序合法,但是内容不适当;** **(二)事实清楚,证据确凿,程序合法,但是未正确适用依据;** **(三)事实不清、证据不足,经行政复议机关查清事实和证据。** **行政复议机关不得作出对申请人更为不利的变更决定,但是第三人提出相反请求的除外。**	1. 新增第 1 款吸收了《行政复议法实施条例》关于决定变更行政行为的情形并进行调整和完善。 2. 新增第 2 款吸收了《行政复议法实施条例》关于行政复议不加重原则有关规定,并增加例外情形的规定。

【适用要点】

本条是关于变更决定的规定。

变更决定,是指行政复议机关经过行政复议审理,依法作出的改变原行政行为的决定。这也是行政复议机关与人民法院在审理行政案件方面最大的权限差异,即行政复议机关拥有直接、全面变更被申请人原行政行为的权力,这也是行政复议制度优势的重要体现。变更之后,原行政行为即告废止。故变更决定可视为撤销原行政行为和行政复议机关重新处理两个环节的结合。2023 年修订《行政复议法》时,强调“应改尽改”,在查清事实和证据的前提下,鼓励行政复议机关优先适用变更决定,以达到防止程序空转、从实质上化解行政争议之目的。

一、变更决定的适用

变更决定适用于以下三种情形：

1. 事实清楚，证据确凿，适用依据正确，程序合法，但是内容不适当。行政复议机关对行政机关作出的各类行政行为的审查是全面审查，既包括合法性审查也包括合理性审查，即对行政行为内容是否适当也应进行审查和认定。行政行为内容不适当，主要是指行政机关在自由裁量权范围内作出了不合理的行为，它是以合法为前提的，是合法范围内的不当，违法行为不存在当与不当的问题。行政行为内容不适当的表现形式多种多样，其中突出的是，行政机关在行政管理中就同类事项没有统一的标准，随意性很大；对情况不同的行政相对人给予同样的处理，或对情况相同的行政相对人给予不同的处理，而且这种差异达到有失公正的程度，如行政行为畸轻畸重、同责不同罚、反复无常等。行政复议机关经审查认定该行政行为合法，但内容不适当（如行政处罚中罚款数额过高等），如果决定撤销该行政行为并责令重作，则需二次启动行政行为，如此一来既容易造成行政资源浪费，又不利于及时保护申请人权益，故决定由行政复议机关直接将原行政行为变更为适当的行政行为，这也符合行政复议高效、便民、利民的原则。

2. 事实清楚，证据确凿，程序合法，但是未正确适用依据。除"内容不适当"外，"未正确适用依据"也是行政主体变更原行政行为的一个原因。比如，将行为人合法的行为认定为违法行为，并适用有关处理该类违法行为的法律条文进行定性；应当适用甲法规却适用了乙法规；错误地适用了条款，即选择了正确的依据，但是本应适用此条而适用了彼条；应当适用两个或几个相关依据而只适用了其中的部分依据（规避某些依据）；应当适用两个或几个条款而只适用了其中的部分条款；未考虑依据中的特殊情况；等等。

3. 事实不清、证据不足,经行政复议机关查清事实和证据。在原行政行为存在事实不清、证据不足的情况下,如果行政复议机关在审理过程中已经对相关事实和证据查证清楚,为提高行政复议效率、更好地保护申请人的合法权益,由行政复议机关直接对原行政行为作出变更,比作出撤销决定并责令重作更为适宜。

需要说明的是,如果行政复议机关作出的变更复议决定涉及有关政府部门的专属性职权,则相关部门应当按照行政复议决定的内容,具体实施变更后的行政复议决定。如市政府将不予许可的决定变更为许可决定,相关主管部门即应当按照政府的行政复议决定向申请人发放许可证。

二、行政复议不加重原则的适用

按照 2023 年修订的《行政复议法》的规定,行政复议机关不得作出对申请人更为不利的变更决定,但是第三人提出相反请求的除外。这就涉及行政复议不加重原则的适用。

行政复议不加重原则,是指行政复议机关在审查原行政行为的合法性和适当性过程中,禁止作出或者要求其他行政机关作出对行政复议申请人较原行政行为更为不利的决定,既不能加重行政复议申请人的处罚或科以更多的义务,也不能减损行政复议申请人的既得利益或权利。

行政复议不加重原则的主要意义在于:首先,它有利于保障行政相对人的行政复议申请权。在行政复议中贯彻不加重原则,可以有效地消除行政复议申请人的顾虑,使其大胆地陈述自己的申请理由,否则行政复议申请人很可能因为害怕行政复议机关将其置于更加不利的境地而不敢提出行政复议申请,从而使这一权利的实现缺乏必要的保障机制。其次,它有利于确保行政复议制度的功能充分发挥。行政复议制度设立的目的是防止和纠正违法的或者不当的行政行为,保护公民、法人或其他组织的合法权益,监督和保障行政机关依法行使职权。如果当事人因担心对自己更为不利的裁决而放弃行使行政复议申请权，则行政复议制度就会因不能真正贯彻落实而形同虚设。最后，它有利于加强行政监督工作。在行政复议制度中确立不加重原则，使对原行政行为不服的行政复议申请人可以大胆申辩，畅所欲言，通过与作出原行政行为的机关质证、辩论，从而使行政复议机关得以深入细致地了解下级行政机关的工作，发现行政执法中存在的问题，及时总结经验和教训，加强行政监督工作，促进行政执法水平的提高。

行政复议不加重原则有两个明显的法律特征：一是适用对象的特定性。不利变更禁止原则只适用于申请行政复议的一方，即认为行政行为侵犯其合法权益而向行政复议机关提出行政复议申请的公民、法人或其他组织。进行此种法律安排是由行政管理主体和行政相对人的法律地位的不对等性决定的。二是行政复议裁决变更内容的限定性。从行政复议裁决的种类来看，维持、撤销决定一般都不会将行政复议申请人置于较行政复议之前更为不利的境地，而变更决定则有此可能。故而法律对行政复议裁决中变更的内容进行限定，要求行政复议机关在变更原行政行为的情况下，原则上不能加重行政复议申请人的处罚或科以更多的义务，也不能减损行政复议申请人的既得利益或权利。

在行政复议中适用不加重原则，应注意以下几个问题：第一，不加重只适用行政复议程序，如果行政复议机关撤销原行政行为，责令重新作出行政行为，此时是原行政机关重新处理，不适用该原则。但是，行政复议机关要作出撤销原行政行为、责令原处理机关重新作出行政行为的决定的，必须要有正当理由，不得仅仅因为原行政处理决定畸轻，为加重行政复议申请人的负担而责令重作。第二，在行政复议程序中，对于仅有原行政行为直接针对的行政管理相对方提出行政复议申请的，应适用不加重原则。但如果第三人（如行政处罚中违法行为的被害人）提出相反请求，则不适用不加重原则。第三，原行政行为所针对的相对方为多人的案件，仅有部分行政相对人提出行政复议申请,对于没有提出行政复议申请的相对人,同样适用不加重原则。第四,在行政复议程序中,行政复议机关不得因行政复议申请人的申辩而作出对其较原裁决更为不利的变更,如行政处罚行政复议中应明确不得因行政复议申请人的申辩而加重处罚。

【典型案例】

某房地产公司不服市场监督管理局行政处罚决定案

申请人某房地产公司是某小区商品房的开发企业,通过协议方式将商品房营销业务委托给第三人某房地产营销公司具体实施。被申请人某市市场监督管理局接到投诉,称申请人在销售案涉商品房一楼住宅的过程中进行虚假宣传。被申请人立案后,经依法调查、处罚前告知、听证等程序,作出《行政处罚决定书》,认定申请人实施了虚假或引人误解的宣传行为,作出对申请人罚款180万元的行政处罚决定。申请人认为其不属于案涉处罚对象、销售人员的宣传不构成欺骗误导、罚款畸重,不服该行政处罚决定而提出行政复议申请。

受理案件的行政复议机关针对当事人争议的焦点从事实认定和法律适用上进行了审查,认定:(1)申请人属于案涉行政处罚的对象。案涉宣传行为的主体确系第三人及其销售人员,但第三人及其销售人员系基于《营销代理合同》以申请人名义对外宣传销售房产,且销售宣传促成的商品房买卖合同系申请人与购房者签订,故申请人应被认定为行政处罚的对象。(2)宣传行为构成虚假或引人误解的宣传。案涉房地产销售人员确实向消费者进行了"可以围建院子并实际使用""开发商不会干涉""但不体现在购房合同中"的宣传,消费者虽明知或应当知道"可以围建院子"的宣传并不合法,但有关销售人员的强化宣传及亲自带看已围建院子现场的宣传行为,对消费者的购买选择产生了强化引导,消费者的违法预期不构成虚假宣传的免责理由。(3)被申请人作出罚款180万元的行政处罚决定存在不当。申请人在处理投诉过程中积极对错误宣传行为予以澄清,并持续督促整改,构成主动消除不利影响或减轻危害后果,应当酌情从轻处罚。被申请人未充分考虑该裁量情节,径行适用情节严重裁量基准中的较高幅度进行处罚,明显不当。

行政复议机关认为,被申请人作出的处罚决定事实清楚,证据确凿,适用依据正确,程序合法,但是内容不适当,作出变更行政行为的行政复议决定,将罚款数额由180万元变更为120万元。本案通过变更决定的适用,避免再次启动行政处罚程序,提高了解决行政争议的效率。

第六十四条　行政行为有下列情形之一的,行政复议机关决定撤销或者部分撤销该行政行为,并可以责令被申请人在一定期限内重新作出行政行为:

(一)主要事实不清、证据不足;

(二)违反法定程序;

(三)适用的依据不合法;

(四)超越职权或者滥用职权。

行政复议机关责令被申请人重新作出行政行为的,被申请人不得以同一事实和理由作出与被申请行政复议的行政行为相同或者基本相同的行政行为,但是行政复议机关以违反法定程序为由决定撤销或者部分撤销的除外。

【新旧对照】

2017年《行政复议法》	2023年《行政复议法》	重点解读
第二十八条第一款第三项 ~~具体~~行政行为有下列情形之一的，决定撤销、~~变更~~或者~~确认~~该~~具体~~行政行为~~违法；决定撤销或者确认该具体行政行为违法的，~~可以责令被申请人在一定期限内重新作出~~具体~~行政行为： 1. 主要事实不清、证据不足的； 2. 适用依据~~错误~~的； 3. 违反法定程序的； 4. 超越或者滥用职权的； ~~5. 具体行政行为明显不当的。~~ 第二十八条第二款 行政复议机关责令被申请人重新作出~~具体~~行政行为的，被申请人不得以同一的事实和理由作出与~~原具体~~行政行为相同或者基本相同的~~具体~~行政行为。	第六十四条 行政行为有下列情形之一的，**行政复议机关**决定撤销或者**部分撤销**该行政行为，**并**可以责令被申请人在一定期限内重新作出行政行为： （一）主要事实不清、证据不足； （二）违反法定程序； （三）适用的依据**不合法**； （四）超越职权或者滥用职权。 行政复议机关责令被申请人重新作出行政行为的，被申请人不得以同一事实和理由作出与**被申请行政复议的**行政行为相同或者基本相同的行政行为，**但是行政复议机关以违反法定程序为由决定撤销或者部分撤销的除外**。	1. 单独对决定撤销行政行为作出规定，细化裁量标准。 2. 增加规定部分撤销行政行为决定。 3. 将“错误”改为“不合法”，语义更确切。 4. 对责令重新作出行政行为的要求进行完善，增加规定不得以同一事实和理由作出相同或基本相同的行政行为的例外情形。

【适用要点】

本条是关于撤销决定的规定。

撤销决定，是指行政复议机关经过对原行政行为的审查，认为原行政行为具有法律规定的情形，作出撤销该行政行为的决定。撤销是行政复议机关否认或部分否认该行政行为，免除行政复议申请人基于原行政行为所承担的全部或部分义务。对行政行为而言,该决定是予以撤销,否定其效力的决定;对申请人来说,该决定意味着其行政复议请求得到了支持。

撤销决定包括三种形式:(1)全部撤销决定;(2)部分撤销决定;(3)全部或部分撤销的同时责令行政机关重新作出行政行为的决定。行政复议机关作出撤销决定的,可以责令被申请人在一定期限内重新作出行政行为,且不得以同一事实和理由作出与被申请行政复议的行政行为相同或者基本相同的行政行为。此举旨在更有效督促行政主体改正错误的行政行为,更好地保护申请人的合法权益。但是行政复议机关以违反法定程序为由决定全部撤销或者部分撤销的,不受此限制。

根据本条规定,撤销决定基于以下几种情况:

1. 主要事实不清、证据不足。作出行政行为必须有必要的事实根据,并有足够的证据能够证明其事实根据。行政机关作出原行政行为时如果没有充分了解事实真相,没有掌握主要的事实,缺乏必要的证据,不足以证明该行政行为所认定的事实,不足以证明其遵守了法定权限和程序,不足以证明其适用依据正确,也就无法保证行政行为的正确合法。

主要事实不清,即缺乏作出行政行为所依据的基本事实,行政主体提交的证据不能证实其所作出的原行政行为所认定的有关定性和处理结果的基本事实。主要表现有:原行政行为认定的事实中,关系定性或者处理结果的主要事实或情节不清楚;原行政行为认定的被处理行为或事实,没有足够的证据证实,或被申请人举不出证据;原行政行为认定的责任主体错误或证据不足,即将非责任主体作为责任主体认定,或者对认定的责任主体缺少证据证明;对行为人的身份认定错误,责任能力认定错误。

证据不足,是指作出行政行为的证据不足以证明所认定的违法事实存在,据此作出的决定必然带有主观色彩,很可能背离客观事实,偏离公正。证据不足要从质和量两个方面把握。证据的数量如果没有达到充足的要求,必然缺乏证明行政机关赖以作出行政行为的基本事实存在所必需的主要证据，其结果就是只能证明部分案件事实，而不能证明主要案件事实；证据的质量不高，缺乏确实的证据作为定案根据，就无法排除合理怀疑，从而无法推导并证明唯一可信的案件事实。

对于主要事实不清、证据不足的行政行为，如果行政复议机关在审理过程中查清，可以直接作出变更决定；如果经审理仍未查清事实，则依法作出撤销决定。

2. 违反法定程序。违反法定程序，即行政行为不符合法律、法规、规章或其他合法有效的规范性文件设定的强制性程序。违反法定程序，不仅直接侵犯行政相对人合法的程序权利，也容易并且事实上造成实体权利的损害。更重要的是，违反法定程序作出的行政行为，如应当回避却未予回避，此时，无论实体上是否合法，相对一方都会对其合法性、公正性存有疑虑，从而严重影响行政机关的权威性、公信力，更直接影响所作出的行政决定的执行力。凡是违反法定程序的行政行为，行政复议机关应依法予以撤销或纠正。以下情形均属于违反法定程序：应当回避的办案人员没有回避；先裁决、后取证；没有进行法律、法规及规章规定的必须进行的步骤；未办理法定手续；等等。

3. 适用的依据不合法。行政行为的适用依据存在法律上的瑕疵。比如，适用了已废止、失效的法律规定；适用了尚未生效的法律规定；适用了同上位法相抵触的依据；违反了不溯及既往原则；等等。

4. 超越职权或者滥用职权。行政机关的职权是由法律、法规赋予的。法律、法规往往在赋予行政机关权力的同时，也规定了其行使权力的范围和幅度，这就是行政权限。

超越职权，即行政机关在实施行政行为时超越了法律、法规规定的条件、范围和幅度，行使了法律、法规没有赋予该机关的权力，对属于该机关职权范围外的人和事进行了处理，或者逾越了法律、法规所设定的必要条件和幅度等情况。越权本质上是一种无权行为，属于实体违法行为。越权主要有以下表现形式：超越层级权限范围的越权；超越职责分工的越权;超越地域管辖权限的越权;行政机关的内设工作机构行使了本机关的职权;行政机关超过了一定的时间行使权力;行政机关超越了本身具有的法定权限;法律、法规授权的组织超越了授权范围;委托组织超越了委托权限范围;等等。

滥用职权,即行政机关虽然没有超越法定职权,但是违反了法律、法规赋予其该项职权的目的,不正当地行使了职权。滥用职权属于权力的不正当行使,其基本特点是行使职权违背了法律、法规授权的宗旨。其主要表现包括:违背法律目的,以权谋私;不适当的考虑,既包括不考虑应当考虑的因素,也包括考虑了不应当考虑的因素;任意专横,反复无常,为所欲为,无所顾忌;故意迟延和不作为;违背比例原则,不遵循惯例和先例,对同等情况不同等对待;不正当授权或委托;等等。

行政复议机关在作出撤销决定时应当注意以下几点:一是被申请人确有违法行为的,应当明确指出,以免外界误认为行政复议机关在保护、支持违法者。二是行政机关的授益行政行为程序违法的,以不撤销为宜。三是撤销并责令行政机关重新作出行政行为的,慎重考虑重作的期限。四是撤销越权处罚刑事违法行为的行政行为的,应当责令被申请人移送有权机关处理。五是为了强化社会效果,作出撤销决定时,可以同时要求行政机关采取相应补救措施。

【典型案例】

某汽修厂不服规划和自然资源局不动产登记案

20世纪90年代,申请人某汽修厂出资由麦某代为购买了位于某市的案涉房屋,麦某取得房产证。后申请人要求麦某配合办理过户手续未果,历经多年诉讼,法院作出的生效判决判令麦某协助申请人办理案涉房屋的过户登记手续。法院向被申请人某市规划和自然资源局作出《协助执行通知书》,要求协助申请人单方办理过户手续。之后,申请人向不动产登记中心申请案涉房屋的转移登记，被申请人继之向申请人颁发《不动产权证书》，并在证书附记部分注记："房屋须满3年后方可转让。"申请人对此注记内容不服，提出行政复议申请。

受理案件的行政复议机关针对双方争议焦点进行审理，认定：(1)被申请人在不动产权证上作出注记的行为属于行政复议审查范围。案涉《协助执行通知书》仅要求被申请人协助申请人单方办理过户登记，被申请人在《不动产权证书》附记部分作出限制交易的注记内容，属于协助执行之外的行政行为，且对申请人的权益产生了实际影响，依法属于行政复议受理范围。(2)案涉不动产权证的注记内容适用的法律依据不合法。被申请人作出限制转让注记的政策依据是该市2017年发布的加强房地产市场调控的通知，其规定新购买的住房须得取得不动产证满3年后方可转让。但申请人的购房行为发生在1993年，购房时间应为人民法院生效判决认定的房屋买卖合同签订的时间，不属于新购买住房的情形，被申请人不能依据后颁布的规范性文件对申请人在先购买的不动产作限制交易。

行政复议机关认为，被申请人的原行政行为适用的依据不合法，决定撤销被申请人颁发的《不动产权证书》，责令其限期对申请人的不动产登记申请事项重新作出处理。

第六十五条　行政行为有下列情形之一的，行政复议机关不撤销该行政行为，但是确认该行政行为违法：

(一)依法应予撤销，但是撤销会给国家利益、社会公共利益造成重大损害；

(二)程序轻微违法，但是对申请人权利不产生实际影响。

行政行为有下列情形之一，不需要撤销或者责令履行的，行政复议机关确认该行政行为违法：

(一)行政行为违法，但是不具有可撤销内容；

（二）被申请人改变原违法行政行为，申请人仍要求撤销或者确认该行政行为违法；

（三）被申请人不履行或者拖延履行法定职责，责令履行没有意义。

【新旧对照】

2017年《行政复议法》	2023年《行政复议法》	重点解读
	第六十五条　行政行为有下列情形之一的，行政复议机关不撤销该行政行为，但是确认该行政行为违法： （一）依法应予撤销，但是撤销会给国家利益、社会公共利益造成重大损害； （二）程序轻微违法，但是对申请人权利不产生实际影响。 行政行为有下列情形之一，不需要撤销或者责令履行的，行政复议机关确认该行政行为违法： （一）行政行为违法，但是不具有可撤销内容； （二）被申请人改变原违法行政行为，申请人仍要求撤销或者确认该行政行为违法； （三）被申请人不履行或者拖延履行法定职责，责令履行没有意义。	1. 新增本条单独对确认行政行为违法作出规定，细化裁量标准。 2. 确认行政行为违法情形分为两大类，一是因具有法定情形而不撤销行政行为但确认违法；二是具有法定情形不需要撤销或责令履行，确认行政行为违法。

【适用要点】

本条是关于确认行政行为违法的规定。

确认行政行为违法，是指行政复议机关经过审查，在查明案件事实的基础上，确认有争议的原行政行为违法。确认原行政行为违法，用于解决行政复议中难以适用维持或者撤销决定的一些问题，如对不作为行为的认定，或者对事实行为（如打人、毁物等违法行使职权的行为）的法律定性。确认违法可以启动行政赔偿程序，实现充分保护公民、法人或其他组织合法权益的目的。

确认决定通常适用于不宜撤销、变更的场合，具体包括两大类五种情形。

一、原行政行为依法应予撤销，但因具有法定情形而不予撤销

1. 有些被申请行政复议的行政行为违法，但是如果撤销，将会给国家利益、社会公共利益带来重大损害，则由行政复议机关确认该行政行为违法。当然这种情况不能滥用，要从严掌握，不能应当撤销的不撤销。

2. 被申请行政复议的行政行为程序轻微违法，但对申请人权利不产生实际影响，则不对其作出撤销决定而是确认该行政行为违法。

二、原行政行为违法，但因具有法定情形而不需要撤销或者责令履行

1. 行政行为不具有可撤销的内容。撤销决定的本质是消灭行政行为的法律效力，即该行为必须具有推定的法律效力。但对于已不再具有法律效力的行政行为，不宜使用撤销决定，而应确认其违法。这类行为主要有：违法打人、毁物的事实行为；效力已经消灭的行政行为；不能成立的行政行为。

2. 被申请人改变原违法行政行为。通常情况下，被申请人依法改变原违法行政行为，意味着原行政行为已不存在，当事人可撤回行政复议申请，行政复议终止。但如果申请人仍然要求撤销或者确认该行政行为违法，则行政复议机关确认该行政行为违法。

3. 被申请人不作为。在被申请人不履行或者拖延履行法定职责案件中，判令行政机关履行其法定职责没有实际意义的，行政复议机关确认该行为违法。

【典型案例】

张某某不服省政府征地批复案

申请人张某某系某村村民。2000年,同村村民经申请人张某某同意使用其农用地,后将该农用地用于建设经营设施,但未办理农用地转用手续。2016年,某县人民政府拟申请征收某村集体土地,申请人张某某的农用地在上述征地范围内。2016年12月,某县人民政府逐级上报建设用地项目呈报材料。在呈报材料中,拟征收土地现状调查确认材料载明申请人张某某农用地所在地块的现状地类为建设用地。2017年5月,被申请人某省人民政府作出案涉征地批复,批准了上述用地申请。申请人不服,于2017年7月向被申请人某省人民政府申请行政复议,以地类认定错误为由要求撤销案涉征地批复。

受理案件的行政复议机关调查查明:案涉土地的土地调查成果资料载明,案涉被征收土地在1996年第一次全国土地调查时的地类为农用地。1998年修订的《土地管理法》设立了农用地转用审批制度,规定建设征收农用地应当先行办理农用地转用审批。行政复议机关向某村民委员会及某县土地行政主管部门进行了调查,其均确认上述农用地是2000年开始作为建设用地使用,且变更土地用途前后均未曾办理农用地转用审批手续。2009年第二次全国土地调查时将该土地地类认定为建设用地。行政复议机关审理认为,案涉部分土地在第一次全国土地调查时的地类为农用地,之后未办理过农用地转用审批手续。案涉征地批复将包括案涉土地在内的某村被征收土地均认定为建设用地予以征收,规避了农用地转用审批手续,违反了《土地管理法》的有关规定。

受理案件的行政复议机关查明,案涉土地的土地利用总体规划图件资料载明,案涉土地在土地利用总体规划中确定的规划用途为建设用地,被申请人对案涉土地的地类认定错误没有影响案涉土地按照土地利用总体规划的用途被使用。该地块实际建设项目为省道，在案件办理时已建成使用，如撤销原批复，将会给社会公共利益带来重大损害。同时查明被征地农民社会保障费用已落实。行政复议机关综合考虑以上情况，确认案涉征地批复违法，并责令被申请人采取补救措施，依法等量扣减当年农用地转用指标，补办案涉土地的农用地转用审批手续。

第六十六条　被申请人不履行法定职责的，行政复议机关决定被申请人在一定期限内履行。

【新旧对照】

2017年《行政复议法》	2023年《行政复议法》	重点解读
第二十八条*第一款第二项*　被申请人不履行法定职责的，决定*其*在一定期限内履行；	第六十六条　被申请人不履行法定职责的，*行政复议机关*决定*被申请人*在一定期限内履行。	将“其”改为“被申请人”，语义更准确。

【适用要点】

本条是关于责令履行决定的规定。

责令履行决定，是指行政复议机关经过行政复议审查，认定被申请人具有不履行法定职责的情形，对被申请人作出的责令其在一定期限内履行法定职责的决定。被申请人不履行法定职责的行为，主观上表现为不肯履行或者疏于履行法定职责。客观上表现为两种情形：一是拒绝履行，即对应该履行的法定职责明确表示拒绝履行，如市场监督管理部门拒绝发放食品经营许可证，公安机关拒绝相对人提出的保护人身权利的请求等。二是拖延履行，即对属于自己法定职责范围内的事项拖延不办，既不履行，也不明确表示拒绝履行，而是消极无限期地拖延。

责令履行决定必须以被申请人有法定义务或者职责为前提。对于行政机关而言，法无授权不可为，法定职责必须为。行政机关的法定职责与公民权利的最大区别在于：公民权利可以选择行使也可以选择放弃；而行政机关的法定职责必须履行，否则就构成失职的违法行为，如民政部门没有按照规定向申请人发放最低生活保障金。因此类违法行为都是以明示拒绝，或者超过法定履行期限未履行等形式表现的，无可以撤销的行为，不能适用撤销决定，适用责令履行决定比较适当。

依照2023年修订的《行政复议法》规定，目前的责令履行决定主要适用于三类案件：一是申请行政许可，行政机关拒绝或者在法定期限内不予答复；二是申请行政机关履行保护人身权利、财产权利、受教育权利等合法权益的职责，行政机关拒绝履行、未依法履行或者不予答复；三是申请行政机关依法给付抚恤金、社会保险待遇或者最低生活保障等社会保障，行政机关没有依法给付。

行政复议机关作出责令履行决定，应当符合以下五个条件：

1. 申请人提出过明确的请求，即行政复议申请人在提出行政复议申请之前曾向被申请人提出过履行某种职责的请求。

2. 申请人提交了充分的依据。申请人向行政复议机关提交了其有权获得被申请人给予的某种行政救助的事实根据和法律依据。

3. 被申请人负有法定职责，即申请人请求履行的该职责属于被申请人的法定职责，即在被申请人职权范围内。

4. 被申请人明确拒绝履行职责或超过法定期限仍不履行职责且无正当理由。

5. 履行决定具有实际意义。即对行政相对人而言，被申请人继续履行职责对其还是有意义的，如申请许可证类案件。但有些情况下，如公民的人身权利由于没有得到及时保护已受到伤害，此时再责令履行已没有意义，应作出确认违法决定及相应的赔偿决定。

行政复议机关作出责令履行决定的，应当同时明确被申请人履行该职责的期限，以避免被申请人继续久拖不决，进一步加大对申请人的合法权益的损害。

【典型案例】

王某不服食品药品监督管理部门投诉处理行为案

2010年，申请人王某在某市辖区内某药房购买某品牌减肥咖啡。之后向被申请人某市食品药品监督管理部门投诉该产品为冒用批准文号的伪劣产品，要求被申请人依法查处。被申请人于2010年12月作出《关于某品牌减肥咖啡投诉调查情况的函》回复申请人。申请人认为该回复是对调查情况的反馈，并没有针对申请人的投诉事项作出处理决定，遂向某省食品药品监督管理部门申请行政复议，要求责令被申请人继续履行法定职责。被申请人认为，接到申请人投诉后，被申请人立即开展调查核实，于2010年12月15日向申请人书面答复核实情况，并于2011年1月底向有关部门去函查询，继续对投诉事项开展调查核实，对申请人的投诉事项已经履行法定职责。

行政复议机关经审查查明，被申请人接到投诉后，仅以网上查询了事，既未进行现场检查，核实进货渠道、票据、销售、库存等情况，也未发协查函给相关监管部门进行协查，就认为不能确认某品牌减肥咖啡冒用批准文号，显属未尽到认真调查义务。从申请人投诉至回函长达3个多月时间，被申请人对投诉的问题未能调查清楚。被申请人所称2011年1月底向有关部门去函查询，继续开展调查核实，是收到行政复议答复通知书后的行为。

行政复议机关认为，查处假冒伪劣保健食品是被申请人的法定义务，被申请人未将案件事实调查清楚，也没有对投诉事项作出最终处理，已经构成行政不作为，故行政复议机关决定被申请人在一定期限内履行法定职责。

第六十七条　行政行为有实施主体不具有行政主体资格或者没有依据等重大且明显违法情形，申请人申请确认行政行为无效的，行政复议机关确认该行政行为无效。

【新旧对照】

2017年《行政复议法》	2023年《行政复议法》	重点解读
	第六十七条　行政行为有实施主体不具有行政主体资格或者没有依据等重大且明显违法情形，申请人申请确认行政行为无效的，行政复议机关确认该行政行为无效。	新增本条关于确认行政行为无效的规定，确认行政行为无效须以申请人申请为前提。

【适用要点】

本条是关于确认行政行为无效的规定。

一、行政行为无效与撤销的区分

行政行为的无效，是指行政行为存在某些严重影响行政行为效力的特定情形，该行政行为自始不发生法律效力。行政行为的撤销，是指在具备可撤销的情形下，由有权国家机关作出撤销决定后而使行政行为失去法律效力。

行政行为的无效与撤销之间的不同之处在于：

1. 引起行政行为无效的条件属于严重情形的违法，足以影响行政行为被推定为合法有效的行使效力；而引起行政行为撤销的条件一般属于一般情形的违法，至少不影响行政行为被撤销前的形式效力的存续。

2. 无效的行政行为自始不发生法律效力，而被撤销的行政行为自被撤销之后才失去效力。

3. 无效行政行为由有权机关确认并宣布无效，而被撤销的行政行为由有权机关审查并作出撤销决定而失效。

4. 行政行为被宣布无效不受时效限制，而行政行为被撤销则受一定的法定时效限制。

二、行政行为无效的认定

行政行为须有重大且明显违法情形方可被确认为无效行政行为。关于重大性，是指该行为是否违反了法律、法规的重要规定和基本原则，是否具有侵害社会公共利益的危害，主要是关于合法性的判断，一般可以找到客观依据。而对明显性的判断，一般采用理性人的判断标准，是否达到了“显而易见”的情形。

2023 年修订的《行政复议法》明确列举了两种重大且明显违法情形：

1. 行政行为实施主体不具有行政主体资格。在司法实践中，存在较多因为行政行为的实施主体不是行政主体而导致其丧失效力的情形。比如，实施主体仅是行政机关的内设机构或者派出机构而不具有行政主体资格。

2. 行政行为没有依据。这里的依据主要指法律依据，包括行政行为完全没有法律依据或适用的法律依据不具有法律效力的情况。

上述两种情况之外符合重大且明显违法的情形，法律没有予以列举。《最高人民法院关于适用〈中华人民共和国行政诉讼法〉的解释》第 99 条将“重大且明显违法”情形进一步类型化为“行政行为实施主体不具有行政主体资格”“减损权利或者增加义务的行政行为没有法律规范依据”“行政行为的内容客观上不可能实施”“其他重大且明显违法的情形”，对行政复议办案中认定行政行为无效具有重要参照价值。

此外，行政复议机关确认行政行为无效，须以申请人提出确认无效的申请为前提。

【关联规定】

《行政处罚法》第38条

第六十八条　行政行为认定事实清楚，证据确凿，适用依据正确，程序合法，内容适当的，行政复议机关决定维持该行政行为。

【新旧对照】

2017年《行政复议法》	2023年《行政复议法》	重点解读
第二十八条*第一款第一项*　具体行政行为认定事实清楚，证据确凿，适用依据正确，程序合法，内容适当的，决定维持；	第六十八条　行政行为认定事实清楚，证据确凿，适用依据正确，程序合法，内容适当的，*行政复议机关*决定维持*该行政行为*。	将"具体行政行为"改为"行政行为"，与之前行政复议范围的条款规定相统一。

【适用要点】

本条是关于维持决定的规定。

维持决定是行政复议机关经过对被申请复议的行政行为（原行政行为）的审查，认为该行政行为认定事实清楚，证据确凿，适用依据正确，程序合法，内容适当，从而作出否定申请人的指控，维持原行政行为、确定原行政行为效力的决定。维持决定是肯定原行政行为有效性的行政复议决定，其实质是肯定被申请人的行政行为、对申请人的请求不予支持。

依照本条规定，决定维持被申请复议的行政行为必须符合以下5个条件：

1. 事实清楚。即原行政行为所依据的事实是清楚的，所针对的客观情况过程和环节清楚，存在的各种逻辑关系是明确的。

2. 证据确凿。是指原行政行为具有确实、可靠的充分证据，对于所证明的事实具有充分的证明力。作出原行政行为的证据是否确凿、充分，应从原行政行为的整体过程来看，这就要求作出原行政行为的各项证据符合以下要求：一是都真实、可靠；二是都与该行政行为相关联；三是取证主体、程序合法；四是形成完整的证据链，各项证据相互协调一致、相互印证、环环相扣，没有矛盾，对整个案件事实构成完整的证明；五是共同指向唯一的待证事实，即只能得出一个结论，不存在其他可能性；六是证据要全面，案件的事实均有相应的证据证明，认定事实的全过程没有空白；七是要有足够的证据量，即证据要充分。

事实清楚、证据确凿，是原行政行为合法的前提和基础，行政机关据以作出原行政行为的主要事实是否清楚、证据是否确凿，是维持决定的首要标准，直接影响审理的结果。行政复议机关通过分析、评价，认为被申请人实施原行政行为的事实是真实、可靠并有证明力的证据，对案件整个事实构成完整的证明。或者说，被申请人提供或者行政复议机关收集掌握的事实，足以证明被申请人作出行政行为的前因后果是正当的，方可认定为事实清楚、证据确凿。

3. 适用依据正确。即原行政行为是正确适用了法律、行政法规、地方性法规、规章和具有普遍约束力的决定和命令作出的。一般认为，适用依据正确，是指被申请人在准确查明案件事实的基础上，根据事实的全部情节，选择正确的法律、法规作为作出行政行为的法律依据。其主要包含3层含义：一是行政行为作出时有规范性文件作为依据；二是这些依据本身是合法有效的；三是行政行为适用法律法规及行政规范性文件是正确的，没有适用不该适用的规范，也没有未适用该适用的规范。

具体地讲，正确适用法律规范应达到以下要求：一是作出行政行为所根据的事实要清楚，性质认定要正确，证据要确凿、充分。这是正确适用法律规范的前提，否则，即使对法律规范的理解是正确的，也会导致适用的错误。二是选择适用的法律规范要准确。该适用甲法的，不适用乙法；

该适用甲条的,不适用乙条。三是适用法律规范应由本机关适用,如公安机关适用公安方面的法律规范。四是适用的法律规范现行合法有效。五是适用法律规范要全面,如行政行为应当同时适用两个或几个相关法律、法规,就不能只适用其中的一个。

4. 程序合法。即行政机关实施原行政行为的方式、步骤、时限等完全符合法律、法规的规定。程序是否合法是决定行政行为合法性的重要因素。行政机关实施任何行政行为,都必须采取一定的形式、方式,履行一定的手续,遵循一定的步骤、顺序和时限。法定的行政程序,不仅是公正的表现和要求,也是控制行政权力、保障公民权利的基本手段。行政机关依法行政,不仅要求行政管理活动在实体上符合法律规定,在程序上也应当符合法定程序,不符合程序中任一要素的就构成程序违法。

程序合法的具体要求包括:一是符合法定的方式,如会议讨论决定。二是符合法定形式,如书面形式、制作笔录、首长签署等。三是符合法定手续,如通知、批准、核发、送达等。四是符合法定步骤和顺序。步骤是行政机关行使行政权力或完成某种行为的必经阶段;顺序是步骤的先后次序。行政行为不得逾越法定步骤,也不能任意颠倒法定顺序,如必须先取证、后告知,再听取意见,最后决定。五是符合法定时限,即完成行政行为的期限。

5. 内容适当。即原行政行为的内容具有合理性,也就是在裁量权范围内达到客观、适度。内容适当,是指被申请人根据申请人的具体情况,作出的行政处理不但合法,而且所认定的事实和证据、所依据的规范性文件、所遵守的处理程序、所作出的处理结论都裁量准确、恰如其分,符合公正性的要求。例如,行政行为的内容要客观、适度和符合普遍承认的道理;其动因应当符合行政目的;其决策是建立在正当考虑的基础之上;等等。

被申请人的原行政行为只有完全符合上述标准,行政复议机关才能作出维持的决定。

【典型案例】

某建筑安装工程公司不服人力资源和社会保障局行政处理决定案

申请人某建筑安装工程公司签订合同承建某公司工程施工标段后，又将部分工程交于案外人史某完成，史某组织贾某等班组进行施工。工程完结后，贾某等9人向被申请人某市人力资源和社会保障局投诉，请求帮助追讨被拖欠的农民工工资。被申请人向申请人下达了调查询问通知书，要求申请人提供证据材料。申请人提供了案涉工程款支出明细表等证据，但未提供与案涉工人签订的劳动合同、案涉工人花名册、考勤册以及工资发放凭证等证据材料。被申请人立案调查后，下达限期改正指令书，责令申请人支付案涉农民工工资，但申请人到期未支付。后被申请人作出《行政处理决定书》，要求申请人立即向贾某等9人支付工资。申请人认为自己已经支付了全部工程款，不应对拖欠的农民工工资负责，故不服处理决定书而提出行政复议申请。

受理案件的行政复议机关就案件事实和当事人争议焦点进行了审理，认定：(1)申请人负有清偿案涉农民工工资的责任。依据《建设领域农民工工资支付管理暂行办法》《保障农民工工资支付条例》规定，申请人作为案涉工程的总承包单位，将部分施工工程分包给不具备用工主体资格的个人施工，应当承担案涉工程劳务人员的工资发放义务。(2)申请人未能证明其支付了农民工工资。申请人未能提交相关劳务人员花名册、考勤册、工资册及工资发放凭证等材料，也未能在规定期限内核算工程量、计算案涉农民工的工资数额并及时支付拖欠的农民工工资。在此情形下，被申请人根据《建设工程施工合同》、《建筑工程专业承包施工协议书》及有关情况说明、拖欠工人工资证明等材料认定申请人拖欠贾某等9人工资，并作出要求支付的处理决定是正确的。(3)申请人不能以已支付全部工程款为由拒绝支付拖欠的农民工工资。《国务院办公厅关于全面治理拖欠农民工工资问题的意见》要求明确工资支付各方主体责任，督促各类企业严格依法将工资按月足额支付给农民工本人，严禁将工资发放给不具备用工主体资格的组织和个人。据此，申请人已向个人承包方支付全部工程款不能成为免除其工资发放义务的正当事由，且申请人提供的案涉工程款支出明细表也不能证明其已将案涉农民工工资支付完毕。

行政复议机关认为，被申请人某市人力资源和社会保障局作出的处理决定认定事实清楚，证据确凿，适用依据正确，程序合法，内容适当，决定维持被申请人作出的责令申请人立即支付农民工工资的行政复议决定。

第六十九条　行政复议机关受理申请人认为被申请人不履行法定职责的行政复议申请后，发现被申请人没有相应法定职责或者在受理前已经履行法定职责的，决定驳回申请人的行政复议请求。

【新旧对照】

2017年《行政复议法》	2023年《行政复议法》	重点解读
	第六十九条　行政复议机关受理申请人认为被申请人不履行法定职责的行政复议申请后，发现被申请人没有相应法定职责或者在受理前已经履行法定职责的，决定驳回申请人的行政复议请求。	新增本条吸收《行政复议法实施条例》对于认为不履行法定职责申请行政复议案件，不予支持行政复议请求情形的规定。

【适用要点】

本条是关于驳回行政复议请求决定的规定。

这是2023年修订《行政复议法》时新增的条款，吸收了《行政复议法实施条例》的有关规定。该规定是针对申请人认为被申请人不履行法定职责而提起行政复议申请的一种处理结果，与责令履行法定职责的决定相对应，使因认为行政机关不履行法定职责而提起行政复议申请的案件在处理结果上更加完备周密。

驳回行政复议请求决定，主要是指行政复议机关经过审理，对行政复议申请人的请求予以否定的决定形式。本条驳回行政复议请求决定是针对行政不作为类行政复议案件。申请人在申请中主张被申请人没有履行法定职责，但经行政复议机关审查发现被申请人已经履行了法定职责或者申请人请求事项不属于被申请人的法定职责，即被申请人不存在不作为的情形，申请人的部分或者全部行政复议请求不应予以支持，同时又因没有可维持的对象而不宜决定维持，只能驳回申请人的行政复议请求。

2023年修订的《行政复议法》第33条还规定了驳回行政复议申请决定。与驳回行政复议请求不同，驳回行政复议申请是行政复议机关受理后发现行政复议申请不具有可受理性，而作出的不再对申请人提出的具体请求作实质审理的决定；驳回行政复议申请一般针对某些不符合受理条件的案件、因审查期限已过而受理的情形。

第七十条　被申请人不按照本法第四十八条、第五十四条的规定提出书面答复、提交作出行政行为的证据、依据和其他有关材料的，视为该行政行为没有证据、依据，行政复议机关决定撤销、部分撤销该行政行为，确认该行政行为违法、无效或者决定被申请人在一定期限内履行，但是行政行为涉及第三人合法权益，第三人提供证据的除外。

【新旧对照】

2017年《行政复议法》	2023年《行政复议法》	重点解读
第二十八条第一款第四项 被申请人不按照本法第二十三条的规定提出书面答复、提交当初作出具体行政行为的证据、依据和其他有关材料的，视为该具体行政行为没有证据、依据，决定撤销该具体行政行为。	*第七十条* 被申请人不按照本法第**四十八条、第五十四**条的规定提出书面答复、提交作出行政行为的证据、依据和其他有关材料的，视为该行政行为没有证据、依据，**行政复议机关**决定撤销、**部分撤销**该行政行为，**确认该行政行为违法、无效或者决定被申请人在一定期限内履行，但是行政行为涉及第三人合法权益，第三人提供证据的除外。**	1. 将“具体行政行为”改为“行政行为”，与之前行政复议范围的条款规定相统一。 2. 对于不依法提出书面答复、提交证据、依据和其他有关材料的，处理结果从撤销一种增加为撤销、部分撤销，确认违法、无效，限期履行，并规定了例外情形。

【适用要点】

本条是关于被申请人不履行行政复议答复义务和举证责任法律后果的规定。

2023年修订的《行政复议法》明确规定了被申请人的答复义务和举证责任。第48条中规定，适用普通程序审理的行政复议案件，被申请人应当自收到行政复议申请书副本或者行政复议申请笔录复印件之日起10日内，提出书面答复，并提交作出行政行为的证据、依据和其他有关材料。第54条中规定，适用简易程序审理的行政复议案件，被申请人应当自收到行政复议申请书副本或者行政复议申请笔录复印件之日起5日内，提出书面答复，并提交作出行政行为的证据、依据和其他有关材料。

被申请人不依法履行上述答复义务和举证责任，将给其带来不利的法律后果，即行政复议机关可以推定被申请人的行政行为缺乏证据和依据，依法决定撤销、部分撤销该行政行为，确认该行政行为违法、无效或者决定被申请人在一定期限内履行。2023年《行政复议法》修订前，对不依法履行答复义务和举证责任的，行政复议机关可以径行撤销该行政行为，2023年修订后则增加了不履行法定义务导致处理结果的种类，行政复议机关根据情况依法作出不同处理。但是法律也规定了一种例外情形，即行政行为涉及第三人合法权益，第三人提供了证据，即便被申请人没有履行举证责任，行政复议机关也不能径行作出撤销、部分撤销，确认违法、无效或责令限期履行的处理结果。

【典型案例】

李某不服行政机关政府信息公开申请答复案

申请人李某向被申请人某行政机关提出政府信息公开申请，被申请人于2023年5月16日向申请人作出《政府信息公开申请答复书》。同年5月23日，申请人因不服该答复书，向行政复议机关提出行政复议申请，要求撤销该答复书并支持申请人的其他请求事项。经申请人补正后，行政复议机关对补正后的行政复议申请材料进行审查，依法予以受理，于6月15日向被申请人邮寄发出行政复议答复通知书，要求其在收到申请书副本之日起10日内提出书面答复，并提交当初作出行政行为的证据、依据和其他有关材料。根据邮政查询记录，被申请人于6月17日签收答复通知书，但一直未提交书面答复和证据材料。行政复议机关于7月14日作出决定，撤销政府信息公开申请答复书，责令被申请人对申请人提出的政府信息公开申请重新作出处理。

第七十一条　被申请人不依法订立、不依法履行、未按照约定履行或者违法变更、解除行政协议的，行政复议机关决定被申请人承担依法订立、继续履行、采取补救措施或者赔偿损失等责任。

被申请人变更、解除行政协议合法，但是未依法给予补偿或者补偿不合理的，行政复议机关决定被申请人依法给予合理补偿。

【新旧对照】

2017 年《行政复议法》	2023 年《行政复议法》	重点解读
	第七十一条　被申请人不依法订立、不依法履行、未按照约定履行或者违法变更、解除行政协议的，行政复议机关决定被申请人承担依法订立、继续履行、采取补救措施或者赔偿损失等责任。 **被申请人变更、解除行政协议合法，但是未依法给予补偿或者补偿不合理的，行政复议机关决定被申请人依法给予合理补偿。**	1. 新增本条对行政协议行为引发行政复议申请的处理决定。 2. 第 1 款对有关行政协议订立、履行、变更、解除行为引发行政复议的处理结果作出规定。 3. 第 2 款对行政协议依法变更、解除后补偿问题作出规定。

【适用要点】

本条是关于行政协议类行政复议决定的规定。

行政协议也称行政合同，是指行政机关或行政机关委托的单位为了实现行政管理或者公共服务的目标，与公民、法人或其他组织协商订立的具有行政法上权利义务内容的协议。行政协议包含行政性与协议性的双重属性。行政性，是指行政协议中行政机关居于主导地位，对行政相对人有一定的支配作用，行政协议的目的在于行政管理，维护公共利益。协议性，是指行政机关以协议为载体，其成立需要行政机关与行政相对人达成合意。与民事合同不同，行政机关在行政协议行为中具有行政优益权，即行政机关在不具备法定解除条件下，享有可以依法单方变更或解除协议的权力，同时可理解为行政机关应当承担起主动变更或解除行政协议的法定职责。行政机关依法变更、解除行政协议后，应对协议相对人予以补偿。

近年来，因行政协议引发的行政争议日益增多，通过行政复议为行政协议行为提供救济成为客观需要。2023 年《行政复议法》修订，将行政协议纳入行政复议申请范围，是完善行政协议救济制度的必然要求，也是充分发挥行政复议权利救济功能，实现行政复议"主渠道"目标的应有之义。肯定行政协议的可复议性，有利于通过内部监督对行政协议所涉的实体问题作出最大力度的调整，调动更多资源，更好地回应行政相对人的合理利益诉求；也有利于督促行政机关依法订立、履行或解除行政协议，进而实现依法行政、建设法治政府的目标。

本条规定了四种关于适用行政协议复议决定的情形：一是不依法订立；二是不依法履行；三是未按照约定履行；四是违法变更、解除，涉及行政协议行为的订立、履行、变更、解除各方面。针对上述情形，本条规定了行政复议机关应承担的责任，包括依法订立、继续履行、采取补救措施或者赔偿损失等。法律同时规定，被申请人变更、解除行政协议合法，但是未依法给予补偿或者补偿不合理的，行政复议机关决定被申请人依法给予合理补偿。

第七十二条　申请人在申请行政复议时一并提出行政赔偿请求，行政复议机关对依照《中华人民共和国国家赔偿法》的有关规定应当不予赔偿的，在作出行政复议决定时，应当同时决定驳回行政赔偿请求；对符合《中华人民共和国国家赔偿法》的有关规定应当给予赔偿的，在决定撤销或者部分撤销、变更行政行为或者确认行政行为违法、无效时，应当同时决定被申请人依法给予赔偿；确认行政行为违法的，还可以同时责令被申请人采取补救措施。

申请人在申请行政复议时没有提出行政赔偿请求的，行政复议机关

在依法决定撤销或者部分撤销、变更罚款,撤销或者部分撤销违法集资、没收财物、征收征用、摊派费用以及对财产的查封、扣押、冻结等行政行为时,应当同时责令被申请人返还财产,解除对财产的查封、扣押、冻结措施,或者赔偿相应的价款。

【新旧对照】

2017 年《行政复议法》	2023 年《行政复议法》	重点解读
第二十九条　申请人在申请行政复议时~~可以~~一并提出行政赔偿请求,行政复议机关对符合国家赔偿法的有关规定应当给予赔偿的,在决定撤销、变更具体行政行为或者确认具体行政行为违法时,应当同时决定被申请人依法给予赔偿。 申请人在申请行政复议时没有提出行政赔偿请求的,行政复议机关在依法决定撤销或者变更罚款,撤销违法集资、没收财物、征收~~财物~~、摊派费用以及对财产的查封、扣押、冻结等~~具体~~行政行为时,应当同时责令被申请人返还财产,解除对财产的查封、扣押、冻结措施,或者赔偿相应的价款。	第七十二条　申请人在申请行政复议时一并提出行政赔偿请求,行政复议机关**对依照《中华人民共和国国家赔偿法》的有关规定应当不予赔偿的,在作出行政复议决定时,应当同时决定驳回行政赔偿请求**;对符合**《中华人民共和国国家赔偿法》**的有关规定应当给予赔偿的,在决定撤销**或者部分撤销**、变更行政行为或者确认行政行为违法、**无效**时,应当同时决定被申请人依法给予赔偿;**确认行政行为为违法的,还可以同时责令被申请人采取补救措施。** 申请人在申请行政复议时没有提出行政赔偿请求的,行政复议机关在依法决定撤销**或者部分撤销**、变更罚款,撤销**或者部分撤销**违法集资、没收财物、征收**征用**、摊派费用以及对财产的查封、扣押、冻结等行政行为时,应当同时责令被申请人返还财产,解除对财产的查封、扣押、冻结措施,或者赔偿相应的价款。	1. 增加依法应当不予赔偿的在作出行政复议决定的同时决定驳回行政赔偿请求的规定,内容更加完整。 2. 增加部分撤销、确认无效两种决定形式,内容更加完整,并与之前条款内容相统一。 3. 增加关于责令采取补救措施的规定,增强了确认违法处理结果的效力。

【适用要点】

本条是关于行政复议案件中有关赔偿决定的规定。

行政赔偿决定又称行政侵权赔偿,是指行政复议机关经过行政复议审查,认为被申请人的行政行为侵犯了申请人的合法权益且造成了实际损害,而作出的由被申请人予以行政赔偿的行政复议决定。行政赔偿是国家赔偿的一部分。《国家赔偿法》对行政赔偿的范围和程序作了具体规定,是公民、法人和其他组织请求行政赔偿的依据。

公民、法人或者其他组织要求行政赔偿,一般向赔偿义务机关即实施违法行为造成当事人合法权益损害的行政机关提出,也可以在申请行政复议时向行政复议机关一并提出。申请人在申请行政复议时一并提出行政赔偿请求的,行政复议机关按照《国家赔偿法》的规定进行审查并作出处理。对依法应当不予赔偿的,在作出行政复议决定的同时决定驳回行政赔偿请求;对依法应当给予赔偿的,在决定撤销或者部分撤销、变更行政行为或者确认行政行为违法、无效时,同时决定被申请人依法给予赔偿;确认行政行为违法的,还可以责令被申请人采取补救措施。

行政赔偿采用的是以金钱赔偿为主,恢复原状、返还财产为辅的方式。行政复议机关认定被申请人负有行政赔偿责任的,应当以责令支付赔偿金为主要方式,能够返还财产或者恢复原状的,责令予以返还财产或者恢复原状。对于被申请人的违法行为造成申请人名誉权、荣誉权损害的,可以依法责令被申请人在侵权行为影响的范围内,为申请人消除影响、恢复名誉、赔礼道歉。

对于一些特定案件,即使申请人在申请行政复议时没有提出行政赔偿请求,行政复议机关也可以径行决定赔偿。行政复议机关在依法决定撤销或者部分撤销、变更罚款,撤销或者部分撤销违法集资、没收财物、征收征用、摊派费用以及对财产的查封、扣押、冻结等行政行为时,应当同时责令被申请人返还财产,解除对财产的查封、扣押、冻结措施,或者赔偿相应的价款。

【关联规定】

《国家赔偿法》第9、24、25条

第七十三条　当事人经调解达成协议的，行政复议机关应当制作行政复议调解书，经各方当事人签字或者签章，并加盖行政复议机关印章，即具有法律效力。

调解未达成协议或者调解书生效前一方反悔的，行政复议机关应当依法审查或者及时作出行政复议决定。

【新旧对照】

2017年《行政复议法》	2023年《行政复议法》	重点解读
	第七十三条　当事人经调解达成协议的，行政复议机关应当制作行政复议调解书，经各方当事人签字或者签章，并加盖行政复议机关印章，即具有法律效力。 **调解未达成协议或者调解书生效前一方反悔的，行政复议机关应当依法审查或者及时作出行政复议决定。**	1. 新增本条吸收了《行政复议法实施条例》对于调解结果的有关规定并作了修改完善。 2. 将加盖行政复议机关印章作为调解书具有法律效力的条件之一。 3. 将《行政复议法实施条例》中的"双方当事人签字"修改为"各方当事人签字或者签章"，语义更全面准确。

【适用要点】

本条是关于行政复议调解结案具体形式的规定。

2023年修订的《行政复议法》吸收了《行政复议法实施条例》关于调解制度的设定，并对其进行了重大改革：

1. 在总则部分增加了关于调解的规定。

2. 取消了对适用调解案件范围的限制。《行政复议法实施条例》规定有两类案件可以适用调解：公民、法人或其他组织对行政机关行使法律、法规规定的自由裁量权作出的行政行为不服申请行政复议的案件；当事人之间的行政赔偿或者行政补偿纠纷案件。而2023年《行政复议法》修订，则将调解的适用范围扩大到所有案件，即行政复议机关办理行政复议案件，可以进行调解。

3. 对调解的原则规定得更完备。《行政复议法实施条例》仅规定调解应遵循自愿、合法两项原则；而2023年修订的《行政复议法》在合法、自愿原则的基础上增加两项规定，即不得损害国家利益、社会公共利益和他人合法权益；不得违反法律、法规的强制性规定。

4. 强调了行政复议机关对于调解书生效所负有的职责。《行政复议法实施条例》规定，行政复议调解书经双方当事人签字，即具有法律效力。而修订后的《行政复议法》则规定调解书经各方当事人签字或者签章，并加盖行政复议机关印章，即具有法律效力，把加盖行政复议机关印章作为调解书生效条件之一。

行政复议调解书是行政复议机关依法根据当事人各方自愿合法达成的调解协议而制作的一种法律文书，是以调解方式结案的重要文书载体。行政复议调解书与调解协议不同，其具有以下特点：一是调解书是以当事人达成的调解协议为依据，并对协议进行确认的法律文书；二是调解书由行政复议机关制作；三是调解书具有法律效力，当事人应当履行；四是调解书经各方当事人签字或签章，并加盖行政复议机关印章后方可生效。

对于调解未达成协议或者调解书生效前一方反悔的，行政复议机关应当依法审查或者及时作出行政复议决定。

【典型案例】

某公司不服生态环境局行政处罚决定案

被申请人某市生态环境局检查发现，申请人某公司在生产过程中产生的部分烟尘直接排放至外环境。被申请人遂对申请人进行立案调查，下达《责令改正违法行为决定书》责令改正，被申请人按要求进行了整改，后未再发现烟尘排放。经行政处罚事先（听证）告知程序后，被申请人作出行政处罚决定，认定申请人未采取有效防治措施收集处理废气，导致部分废气无组织排放，决定对申请人罚款 11 万元。申请人认为自己具备完备的集中收集处理环保设施，不属于《大气污染防治法》所称的未采取集中收集处理措施，被申请人适用法律错误，且违法行为轻微，被申请人作出的行政处罚过重，不服行政处罚决定，遂提出行政复议申请。

受理案件的行政复议机关经审查，认为申请人虽然配置了相关废气收集处理设备，但未发挥集中收集处理的功效，且肉眼可见废气无组织排放至外环境，可以认定为未采取集中收集处理措施，违反了《大气污染防治法》的有关规定，依法应当给予行政处罚。《大气污染防治法》规定，未采取集中收集处理等措施控制、减少粉尘和气态污染物排放行为的罚款幅度为 2 万元以上 20 万元以下。行政复议机关还查明，申请人存在“两年内首次违法”“已停止违法，且进行改正”“配合调查”等从轻确定罚款金额的情节。

遵循自愿、合法的原则，行政复议机关主持当事人进行调解，经释法说理，双方最终达成协议，申请人认可行政处罚决定书关于申请人违法事实和违法行为的认定，被申请人更改罚款数额由 11 万元降至 5 万元。行政复议机关根据上述协议制作了调解书，经双方当事人签字并加盖行政复议机关印章后生效，实现案结事了。

第七十四条 当事人在行政复议决定作出前可以自愿达成和解，和解内容不得损害国家利益、社会公共利益和他人合法权益，不得违反法律、法规的强制性规定。

当事人达成和解后，由申请人向行政复议机构撤回行政复议申请。行政复议机构准予撤回行政复议申请、行政复议机关决定终止行政复议的，申请人不得再以同一事实和理由提出行政复议申请。但是，申请人能够证明撤回行政复议申请违背其真实意愿的除外。

【新旧对照】

2017年《行政复议法》	2023年《行政复议法》	重点解读
	第七十四条 当事人在行政复议决定作出前可以自愿达成和解，和解内容不得损害国家利益、社会公共利益和他人合法权益，不得违反法律、法规的强制性规定。 当事人达成和解后，由申请人向行政复议机构撤回行政复议申请。行政复议机构准予撤回行政复议申请、行政复议机关决定终止行政复议的，申请人不得再以同一事实和理由提出行政复议申请。但是，申请人能够证明撤回行政复议申请违背其真实意愿的除外。	1. 新增本条吸收了《行政复议法实施条例》关于当事人达成和解的制度设计，并对和解制度进行了完善。 2. 取消了《行政复议法实施条例》中对适用和解的案件范围的限制。 3. 规定了因和解、撤回申请而终止行政复议的，不得再以同一事实和理由提出行政复议申请，同时规定了例外情形。

【适用要点】

本条是关于行政复议案件当事人和解的规定。

行政复议和解是一种合意解决纠纷的制度,是指当事人之间通过协商,互相让步,达成协议,以解决行政争议。适用和解的方式解决行政争议具有十分积极的意义:一是有利于行政纠纷的及时解决,减少当事人的时间、精力、财力支出,降低成本,提高行政复议的效率;二是和解的自愿特点,有利于和解协议达成后的顺利履行,实现争议的实质性化解,实现案结事了;三是有利于行政机关转变行政理念,从强制管理理念转向服务理念,从而加快服务型政府建设进程;四是有利于提高行政机关在民众中的公信力,使其顺利开展行政管理工作。

2023 年修订的《行政复议法》取消了对适用和解的案件范围的限制。《行政复议法实施条例》规定,公民、法人或其他组织对行政机关行使法律、法规规定的自由裁量权作出的具体行政行为不服申请行政复议,在行政复议决定作出前,申请人与被申请人可以自愿达成和解。而 2023 年《行政复议法》修订,则将和解的适用范围扩大至各类行政复议案件,在行政复议决定作出前当事人都可以和解。

当事人达成和解应满足以下条件:一是必须当事人自愿达成,任何采用胁迫手段达成的和解都不符合法律的规定,也不具有法律认可的效力;二是必须在行政复议决定作出前达成;三是和解内容不得损害国家利益、社会公共利益和他人合法权益,不得违反法律、法规的强制性规定。

当事人依法达成和解,由申请人向行政复议机构撤回行政复议申请。行政复议机构收到当事人撤回行政复议的申请后,应当对和解协议进行审查,符合法律规定条件的,准予撤回申请,行政复议机关作出终止行政复议的决定。这里要特别注意,准予撤回申请的是行政复议机构,而决定终止行政复议的只能是行政复议机关。行政复议机构准予撤回行政复议申请、行政复议机关决定终止行政复议后,申请人不得以同一事实和理由再次提出行政复议申请，这里需要强调两点：一是不得再次申请的主体限定为已和解案件的申请人；二是不得再次申请的理由限定为同一事实和理由。也就是说，如果原行政行为针对的其他相对人就该行政行为申请行政复议或者和解案件的申请人以其他理由申请行政复议，符合法定受理条件的，行政机关应当依法受理。同时，法律还规定了不得再次申请的例外情况，即申请人能够证明撤回行政复议申请违背其真实意愿，如被胁迫或被欺骗撤回申请，则不受此规定限制。

【典型案例】

某保险公司不服住房公积金管理中心责令限期缴存住房公积金决定案

2020年，第三人曹某、陈某向住房公积金管理中心投诉，认为某保险公司自其2011年入职该公司以来，未按照实际工资收入为其缴存公积金，要求某保险公司予以补缴。住房公积金管理中心受理投诉后，向保险公司发送《协查函》，要求配合提供相应的劳动合同及工资流水等资料；之后，又向保险公司发送《住房公积金核对函》，对该公司欠缴的投诉人的公积金情况予以核算，要求保险公司予以核对并在5日内办理补缴，保险公司未予补缴。住房公积金管理中心作出《责令限期缴存住房公积金决定书》，责令保险公司为曹某、陈某分别补缴公积金14万余元、13万余元。保险公司认为投诉人实际为保险代理人，与其公司不具有劳动关系，且以投诉人的工资流水作为缴存计算基数不准确，遂向行政复议机关申请行政复议。

受理案件的行政复议机关审查后认定：从证据材料看，保险公司为第三人缴纳了“五险一金”，且签订了书面的劳动合同，保险公司虽然提出劳动关系争议但并未就此提出仲裁救济，管理中心遂径行作出责缴决定并无不当。关于缴存基数是否准确问题，通常情况下公积金缴存计算基数为职工的工资收入，经查双方提供的工资流水以及工资发放表格，发放至第三人名下的款项名目为工资，但数额每月不等且差距较大，不符合一般工资形态。经向双方询问，得知其中含有一部分保险代理费及银保对接产生的渠道费用，但无法精确分离出工资收入。管理中心以工资流水作为缴存基数计算补缴数额明显不当。

行政复议机关在综合审查全案证据材料后，在征得三方同意后组织协调，促使当事人达成和解，以某省统计局公布的上年度金融保险行业平均工资收入作为核算基数计算补缴的公积金数额。遂复议申请人保险公司撤回复议申请，行政复议机构准予撤回，行政复议机关作出终止行政复议决定。

第七十五条　行政复议机关作出行政复议决定，应当制作行政复议决定书，并加盖行政复议机关印章。

行政复议决定书一经送达，即发生法律效力。

【新旧对照】

2017年《行政复议法》	2023年《行政复议法》	重点解读
第三十一条第二款、第三款　行政复议机关作出行政复议决定，应当制作行政复议决定书，并加盖印章。 行政复议决定书一经送达，即发生法律效力。	*第七十五条*　行政复议机关作出行政复议决定，应当制作行政复议决定书，并加盖**行政复议机关**印章。 行政复议决定书一经送达，即发生法律效力。	明确了加盖印章的种类，与第61条中关于以行政复议机关名义作出行政复议决定的内容相统一。

【适用要点】

本条是关于行政复议决定形式和法律效力的规定。

行政复议决定书是行政复议机构对申请复议事项进行审查、提出意见，经复议机关负责人同意或集体讨论后作出的法律文书，记载行政复议的结果，代表行政复议程序的终结。行政复议决定书是复议过程的文字记载，是整个复议活动的最终体现和结果。它一经送达即发生法律效力，具有拘束力、确定力、执行力。复议决定书在复议中处于重要的地位。

行政复议是一种要式行为，必须依照法律规定的形式作出。本条规定，行政复议机关作出行政复议决定，应当制作行政复议决定书，并加盖行政复议机关印章。行政复议决定书是行政复议决定的载体，必须规范合法。在实际工作中，存在一些不依照法定形式作出复议决定的问题，如仅以电话形式将复议决定通知申请人，而没有使用正式的复议决定书送达等，这将影响行政复议决定的效力。在制作复议决定书时也应防止出现以下问题：

1. 存在表述错误。如错别字、笔误等错误，表述不明确，用语不当等。

2. 欠缺说明理由。决定书理由的阐释过程，是行政复议机关根据已认定的事实，找出具体适用的法律或理由，运用逻辑手段，对事实的法律性质和行政行为是否合法或适当予以认定，进而完成对申请人申请的判断和评价的过程。复议机关应当在行政复议决定书中正确且适当地说明理由，以便清楚明确地阐述复议决定的各种实质要点，提升当事人对复议决定的认可度、信服度，以便更好地解决行政争议和落实行政监督。

3. 遗漏或错误给予救济指示。复议决定书必须给出进一步法律救济的说明，不给予或错误地给予法律救济指示的，复议机关将承担法律规定的不利后果。

4. 遗漏和错盖印章。《行政复议法》规定，复议机关作出复议决定，应当制作行政复议决定书，并加盖行政复议机关印章，仅有负责人签名或加盖负责人印章或加盖复议机构印章都是不符合法律规定的。

【关联规定】

《行政诉讼法》第26、44、45条

第七十六条　行政复议机关在办理行政复议案件过程中，发现被申请人或者其他下级行政机关的有关行政行为违法或者不当的，可以向其制发行政复议意见书。有关机关应当自收到行政复议意见书之日起六十日内，将纠正相关违法或者不当行政行为的情况报送行政复议机关。

【新旧对照】

2017年《行政复议法》	2023年《行政复议法》	重点解读
	第七十六条　行政复议机关在办理行政复议案件过程中，发现被申请人或者其他下级行政机关的有关行政行为违法或者不当的，可以向其制发行政复议意见书。有关机关应当自收到行政复议意见书之日起六十日内，将纠正相关违法或者不当行政行为的情况报送行政复议机关。	1. 新增本条吸收《行政复议法实施条例》关于行政复议意见书的有关内容并予以完善，以加强行政复议对行政行为的监督功能。 2. 对行政复议意见书的制作机关、接收机关、理由及接收机关的处理作出规定。

【适用要点】

本条是关于行政复议意见书制度的规定。

一、确立行政复议意见书制度的意义

1. 确立行政复议意见书制度有利于更加充分地维护人民群众合法权

益。通过制发行政复议意见书,既可以纠正行政复议个案中反映出的执法共性问题,从源头上促进依法行政;又能纠正与案件相关的其他违法行政行为,实现穿透式监督,做好行政复议监督的"后半篇文章"。

2. 确立行政复议意见书制度有利于更有力地促进行政机关依法行政。通过制发行政复议意见书,行政复议机关对于那些申请人没有明确提出请求,但又与申请人申请事项有关的行政行为的违法或不当问题,或者与案件有直接关系但是不必要在行政复议决定中指出的一些违法行为,可以要求被申请人或其他下级行政机关及时纠正,并积极做好相关善后处理工作。这是促进行政机关依法行政极为有力的手段。

3. 确立行政复议意见书制度有利于行政争议的实质性化解。行政复议机关办理行政复议案件不能简单地按照法律规定一裁了之,而要运用各种法律手段,从源头上有效化解行政争议。行政复议意见书制度是赋予行政复议机关更加灵活地运用法律手段的一种制度。通过制发行政复议意见书,可以针对撤销后可能出现被申请人不再积极解决申请人的有关问题,或者被申请人消极怠慢可能引发新的矛盾纠纷的情况,提出具有法律效力的明确要求等,对于从源头上解决行政争议具有积极的实践意义。

二、行政复议意见书制度的具体运用

在实践中具体运用行政复议意见书制度应当注意以下几个问题:

1. 行政复议意见书的制发主体是审理案件的行政复议机关。这意味着,行政复议机构不能以自己的名义出具行政复议意见书。在具体行政复议工作中,行政复议机构有时需要以自己的名义与被申请人或者其他相关行政机关进行沟通。这种沟通可以其他方式进行,不能使用行政复议意见书。即使沟通事项与行政复议案件直接相关,也不能以行政复议意见书的形式进行。

2. 行政复议意见书的制发理由是行政复议机关在审理行政复议案件过程中,发现被申请人或者其他下级行政机关的有关行政行为违法或者不当。如果没有行政复议案件,行政复议机关一般不能径行发布行政复议意见书。

3. 行政复议意见书的接受主体是被申请人或者其他下级行政机关。这里需要特别注意,行政复议机关不仅可以向正在审理的行政复议案件被申请人制发意见书,也可以向其他下级行政机关制发意见书。这一规定充分体现了能动复议原则和全面审查纠错的制度功能,能够更好地实现行政复议监督和保障行政机关依法行使职权、推进法治政府建设的立法目的。

4. 行政复议意见书的制发时间通常在行政复议期间,一般与行政复议决定书同时发出。需要注意的一个问题是,如果因为种种原因,在发出行政复议决定书的时候,并没有发现其他有关违法行为,在事后才发现的有必要对当时的案件有关情况制发行政复议意见书。这种情况下,是否还可以制发行政复议意见书呢?考虑到行政复议意见书制度本身所包含的监督行政行为的目的,如果事后发现确实存在与案件有重大关系,且有必要制发行政复议意见书,可以制发行政复议意见书。

5. 行政复议意见书具有自身特殊的保障机制。依照法律规定,行政复议意见书与行政复议决定具有同样的法律效力。因此,从签发权限、外在形式上,都应当与行政复议决定相同。一些行政复议机关在实际工作中,认为行政复议意见书只是用于内部交流,因而签发程序比较随意,这是不符合法律规定的。关于行政复议决定落实执行的有关规定,一般也应当适用于行政复议意见书。不仅如此,法律还对行政复议意见书制度赋予了特殊的保障机制,确保行政复议意见书的贯彻落实。主要体现在两个方面:第一,法律对行政复议意见书的贯彻落实规定了明确的期限,即自有关行政机关收到行政复议意见书之日起的60日内。第二,法律对行政复议意见书的贯彻落实规定了反馈制度,即收到行政复议意见书的有关机关应当在法定时限内将落实情况反馈给审理案件的行政复议机关。

【典型案例】

李某不服省政府城镇建设用地批复案

李某因不服某省人民政府作出的城镇建设用地批复，向省人民政府提出原级行政复议申请。省人民政府在案件审理过程中发现，根据案涉征地所在镇的土地利用总体规划，案涉被征收土地的规划用途为建设用地，不涉及基本农田。但是，申请人持有的案涉农村土地承包经营权证中“是否基本农田”一栏标注为“是”，与土地利用总体规划中的基本农田数据不一致。案涉土地所在地的市自然资源和规划局、农业农村局分别出具说明，称上述记载事项未经土地主管部门核对。农民持有的权利证书中的有关记载与基本农田保护数据不一致，既有损基本农田保护工作的严肃性，也不利于农村土地承包经营权登记发证工作的权威性，极易引发误解产生争议，某省人民政府遂向案涉土地所在地的市自然资源和规划局、农业农村局制发行政复议意见书，要求对上述问题认真摸查，严肃整改，加强基本农田保护与农村土地承包经营权登记发证工作，规范有关数据维护与变更登记，确保相关权证登记信息准确、基本农田保护工作有力。

第七十七条　被申请人应当履行行政复议决定书、调解书、意见书。

被申请人不履行或者无正当理由拖延履行行政复议决定书、调解书、意见书的，行政复议机关或者有关上级行政机关应当责令其限期履行，并可以约谈被申请人的有关负责人或者予以通报批评。

【新旧对照】

2017年《行政复议法》	2023年《行政复议法》	重点解读
第三十二条 被申请人应当履行行政复议决定。 被申请人不履行或者无正当理由拖延履行行政复议决定的，行政复议机关或者有关上级行政机关应当责令其限期履行。	第七十七条 被申请人应当履行行政复议决定**书、调解书、意见书**。 被申请人不履行或者无正当理由拖延履行行政复议决定**书、调解书、意见书**的，行政复议机关或者有关上级行政机关应当责令其限期履行，**并可以约谈被申请人的有关负责人或者予以通报批评**。	1. 将被申请人的履行义务范围扩大至行政复议决定书、调解书、意见书。 2. 在责令限期履行之外，新增规定可约谈或通报批评，加强了对被申请人履行行政复议决定的保障。

【适用要点】

本条是关于被申请人履行行政复议决定书、调解书、意见书义务的规定。

行政复议决定需要行政复议当事人的履行而得以实现。行政复议决定生效后即具有法律效力，当事人应当自觉履行。对于当事人不自觉履行的情况，2023年修订的《行政复议法》规定了保障行政复议决定实现的措施。2023年修订的《行政复议法》从行政复议被申请人和行政复议申请人、第三人两个维度对行政复议决定的履行义务作出明确规定。

实践中应注意准确把握以下几个方面的问题：

1. 被申请人履行义务的范围和方式。按照法律规定，被申请人应当履行行政复议决定书、调解书、意见书。行政复议决定作出后，被申请人必须严格履行，即使被申请人对行政复议决定有意见，也不能向人民法院提起诉讼。

本条对被申请人履行义务的方式没有作出具体规定，被申请人应当根据行政复议决定的内容采取不同的履行方式。对于变更原行政行为的,被申请人要协助行政复议机关执行变更后新的行政行为,同时消除原行政行为中已执行部分中与新行政行为不一致部分的影响并赔偿。对于撤销或部分撤销、认定行政行为无效的,若原行政行为或相关部分尚未执行,则不再执行;已经执行的,要恢复原状。对于责令被申请人限期履行法定职责的,被申请人应当在规定期限内履行完毕,并报告行政复议机关。对于确认原行政行为违法的,被申请人应当采取相应的行政赔偿措施,消除违法影响,赔偿损害后果。对于责令被申请人行政赔偿的,被申请人应当主动依照《国家赔偿法》和有关法规的规定进行赔偿。对于责令被申请人重新作出行政行为的,被申请人要在规定期限内作出新的行政行为,新的行政行为与原行政行为不同的部分,则要视原行政行为的执行情况,由行政相对人履行或者由行政机关赔偿已执行部分。对于维持的行政复议决定,被申请人的主要义务就是将原行政行为付诸实现,包括说服相对人自觉履行或强制执行。

2. 被申请人不履行义务的表现形式,包括不履行和无正当理由拖延履行。如果被申请人有正当理由而未能及时履行行政复议决定,如遭遇不可抗力等,则不在此列。

3. 被申请人不履行义务的处理措施。除原级复议外,由于被申请人即原行政行为的作出机关一般是行政复议机关的下级机关,按理应当无条件地履行行政复议决定,所以对被申请人而言,没有强制执行的问题。为了保证被申请人及时履行行政复议决定,保障申请人的正当权益得到实现,行政复议机关可以通过行政手段督促被申请人履行。法律规定了责令其限期履行的措施,同时可以约谈被申请人的有关负责人或者予以通报批评,由行政复议机关或者有关上级行政机关实施,进一步保障了被申请人对行政复议决定的履行。

第七十八条　申请人、第三人逾期不起诉又不履行行政复议决定书、调解书的，或者不履行最终裁决的行政复议决定的，按照下列规定分别处理：

（一）维持行政行为的行政复议决定书，由作出行政行为的行政机关依法强制执行，或者申请人民法院强制执行；

（二）变更行政行为的行政复议决定书，由行政复议机关依法强制执行，或者申请人民法院强制执行；

（三）行政复议调解书，由行政复议机关依法强制执行，或者申请人民法院强制执行。

【新旧对照】

2017年《行政复议法》	2023年《行政复议法》	重点解读
第三十三条　申请人逾期不起诉又不履行行政复议决定的，或者不履行最终裁决的行政复议决定的，按照下列规定分别处理： （一）维持~~具体~~行政行为的行政复议决定，由作出~~具体~~行政行为的行政机关依法强制执行，或者申请人民法院强制执行； （二）变更~~具体~~行政行为的行政复议决定，由行政复议机关依法强制执行，或者申请人民法院强制执行。	第七十八条　申请人、**第三人**逾期不起诉又不履行行政复议决定**书、调解书**的，或者不履行最终裁决的行政复议决定的，按照下列规定分别处理： （一）维持行政行为的行政复议决定**书**，由作出行政行为的行政机关依法强制执行，或者申请人民法院强制执行； （二）变更行政行为的行政复议决定**书**，由行政复议机关依法强制执行，或者申请人民法院强制执行； **（三）行政复议调解书，由行政复议机关依法强制执行，或者申请人民法院强制执行。**	1. 将强制执行范围扩大至申请人、第三人逾期不起诉又不履行的情形。 2. 新增第3项对行政复议调解书的强制执行作出规定。

【适用要点】

本条是关于对申请人、第三人强制执行的规定。

当事人自觉履行行政复议决定，是行政复议法律制度有效运行的重要前提。除被申请人的履行外，申请人、第三人的履行也是重要一环。需要注意的是，申请人对行政复议决定负有的自觉履行义务，不受其享有或者行使对行政复议决定的诉权的影响，即使在诉讼期间，申请人仍应当自觉履行。

行政复议决定的强制执行，与其他行政执行一样，是指人民法院和其他依法享有执行权的行政机关，运用国家依法赋予的强制手段，强制义务人履行其逾期拒不履行行政复议决定所确定的行政义务的行为。正确适用行政复议强制执行需要把握好以下几个方面：

1. 必须符合法定的强制执行条件。行政复议决定的执行并非行政复议的必经程序，必须符合一定条件方可适用，且由于行政强制执行是一种严厉的行政措施，关系相对方重大的人身和财产权益，因此必须严格掌握其适用条件。依据本条规定，只有申请人、第三人逾期不起诉又不履行行政复议决定书、调解书的，或者不履行最终裁决的行政复议决定的，才可以适用强制执行。如果当事人愿意履行义务，只是履行期限未到，则不宜采取强制执行措施。

2. 执行机关必须有法律授权。只有法律、法规明确授予执行权的行政机关，才有强制执行行政复议决定的权力，否则只能申请人民法院强制执行。那么哪些机关可以强制执行呢？依照本条规定，维持行政行为的行政复议决定书，由作出行政行为的行政机关依法强制执行，或者申请行政行为人民法院强制执行；变更行政行为的行政复议决定书，由行政复议机关依法强制执行，或者申请人民法院强制执行；行政复议调解书，由行政复议机关依法强制执行，或者申请人民法院强制执行。

【关联规定】

《行政强制法》第2、12、34~60条

第七十九条　行政复议机关根据被申请行政复议的行政行为的公开情况，按照国家有关规定将行政复议决定书向社会公开。

县级以上地方各级人民政府办理以本级人民政府工作部门为被申请人的行政复议案件，应当将发生法律效力的行政复议决定书、意见书同时抄告被申请人的上一级主管部门。

【新旧对照】

2017年《行政复议法》	2023年《行政复议法》	重点解读
	第七十九条　行政复议机关根据被申请行政复议的行政行为的公开情况，按照国家有关规定将行政复议决定书向社会公开。 **县级以上地方各级人民政府办理以本级人民政府工作部门为被申请人的行政复议案件，应当将发生法律效力的行政复议决定书、意见书同时抄告被申请人的上一级主管部门。**	1. 新增本条第1款对行政复议决定书的公开情况作出规定，公开情况根据被复议行政行为的公开情况确定。 2. 新增本条第2款规定了行政复议决定书、意见书抄告主管部门的情形，以加强上一级主管部门对下一级部门行政行为的层级监督。

【适用要点】

本条是关于行政复议决定书公开和抄告的规定。

一、关于行政复议决定书的公开

公开是行政复议工作的基本原则之一。公开包括依据公开、过程公开、结果公开等。向社会公开行政复议决定书即属于结果公开，有利于社会公众对行政复议的监督，可以有效地提升行政复议的公信力。因而，2023 年《行政复议法》从以下几个方面对行政复议决定书的公开作出规定：一是公开的主体是行政复议机关。二是是否公开须以被申请行政复议的原行政行为的公开情况为根据，如果原行政行为不对社会公开，则行政复议决定书亦不可对社会公开。三是必须按照国家有关规定进行公开。四是公开应面向全社会，而非仅指对行政复议参加人或者原行政行为相对人、利害关系人等主体的公开。

二、关于行政复议决定书的抄告

行政复议权集中行使是行政复议体制改革的重要内容。随着改革的推进和 2023 年《行政复议法》的修订出台，除海关、金融、外汇管理等实行垂直领导的行政机关、税务和国家安全机关以及司法行政机关外，以县级以上地方各级人民政府工作部门为被申请人的行政复议案件统一由本级人民政府管辖。被申请人的上一级主管部门不再对这些案件行使管辖权。但是作为上一级主管机关，其对下一级行政机关的行政行为具有监督指导的责任。上一级主管机关及时了解掌握下一级行政机关行政复议案件情况，对于监督下一级行政机关依法履行行政复议决定，加强对下一级行政机关的业务指导，发现并系统解决一些具有普遍性的执法问题，促进下一级行政机关改进行政执法、提升行政执法水平，具有十分重要的意义。因此，2023 年修订的《行政复议法》规定了对行政复议决定书的抄告制度，即县级以上地方各级人民政府办理以本级人民政府工作部门为被申请人的行政复议案件，应当将发生法律效力的行政复议决定书、意见书同时抄告被申请人的上一级主管部门。

第六章　法律责任

第八十条　行政复议机关不依照本法规定履行行政复议职责，对负有责任的领导人员和直接责任人员依法给予警告、记过、记大过的处分；经有权监督的机关督促仍不改正或者造成严重后果的，依法给予降级、撤职、开除的处分。

【新旧对照】

2017 年《行政复议法》	2023 年《行政复议法》	重点解读
第三十四条　行政复议机关~~违反本法规定，无正当理由不予受理依法提出的行政复议申请或者不按照规定转送行政复议申请的，或者在法定期限内不作出行政复议决定的，~~对直接~~负责的主管~~人员和~~其他~~直接责任人员依法给予警告、记过、记大过的行政处分；~~经责令受理仍不受理或者不按照规定转送行政复议申请，~~造成严重后果的，依法给予降级、撤职、开除的行政处分。	第八十条　行政复议机关**不依照本法规定履行行政复议职责**，对**负有责任的领导**人员和直接责任人员依法给予警告、记过、记大过的处分；**经有权监督的机关督促仍不改正或者**造成严重后果的，依法给予降级、撤职、开除的处分。	本条调整吸收了 2017 年《行政复议法》第 34 条和 2007 年《行政复议法实施条例》第 64 条的有关规定，主要调整内容有： 1. 将行政复议机关违反《行政复议法》规定的情形整体表述为“不依照本法规定履行行政复议职责”。 2. 对于行政机关存在违法情形时的处分对象，按照《公职人员政务处分法》的有关规定，表述为“负有责任的领导人员和直接责任人员”。

续表

2017年《行政复议法》	2023年《行政复议法》	重点解读
		3. 按照《公职人员政务处分法》的有关规定，将“行政处分”调整表述为“处分”。 4. 将“责令受理仍不受理或者不按照规定转送行政复议申请”的加重处分情节调整为“经有权监督的机关督促仍不改正”。

【适用要点】

本条是关于行政复议机关不依照2023年《行政复议法》规定履行行政复议职责承担法律责任的规定。

2023年《行政复议法》第2条中明确规定：“行政复议机关办理行政复议案件，适用本法。”从行政复议范围、行政复议参加人、行政复议申请的提出、行政复议管辖的确定，到行政复议申请的受理、行政复议审理的一般规定、证据规则、普通程序与简易程序的适用、附带审查有关规范性文件的规则，到根据行政复议审理的具体情况作出行政复议决定、确认调解协议、处理行政赔偿请求，2023年《行政复议法》对行政复议机关履行行政复议职责提供了完备详细的规则指引。本条为行政复议机关依照2023年《行政复议法》全面准确履行行政复议职责提供了责任保障，应当从以下几个方面把握适用：

1. 行政复议机关负有责任的领导人员和直接责任人员是承担责任的主体。行政复议机关不依照2023年《行政复议法》履行行政复议职责的，属于违反法律规定的行为。《公职人员政务处分法》第10条规定，有关机关、单位、组织集体作出的决定违法或者实施违法行为的，对负有责任的领导人员和直接责任人员中的公职人员依法给予政务处分。因此，行政复议机关不依照2023年《行政复议法》履行行政复议职责的，负有责任的领导人员和直接责任人员是责任承担的主体。《行政复议法实施条例》第64条中规定，不履行行政复议职责的责任主体包括行政复议机关及行政复议机构。考虑到行政复议机构是行政复议机关办理行政复议事项的机构，在行政复议机关不履行行政复议职责的情形下，负有责任的领导人员和直接责任人员，既包括行政复议机关负有责任的领导人员和直接责任人员，也包括行政复议机构负有责任的领导人员和直接责任人员。本条表述更加凸显对行政复议机关依法履行行政复议职责的刚性约束。

2. 承担法律责任的情形是不依照2023年《行政复议法》履行行政复议职责。这一情形表述较为概括，如何理解不依照2023年《行政复议法》履行行政复议职责的具体情形是本条适用的重点。2017年《行政复议法》第34条列明的承担法律责任情形为"违反本法规定，无正当理由不予受理依法提出的行政复议申请或者不按照规定转送行政复议申请的，或者在法定期限内不作出行政复议决定的"。对这三种不作为情形，2023年《行政复议法》作了进一步修改完善，第35条规定，公民、法人或者其他组织依法提出行政复议申请，行政复议机关无正当理由不予受理、驳回申请或者受理后超过行政复议期限不作答复的，申请人有权向上级行政机关反映，上级行政机关应当责令其纠正；必要时，上级行政复议机关可以直接受理。此外，2023年《行政复议法》第40条规定，行政复议期间，行政复议机关无正当理由中止行政复议的，上级行政机关应当责令其恢复审理。同时2023年《行政复议法》分别规定了驳回行政复议请求、驳回行政复议申请两种情形。因此，上述2023年《行政复议法》有关条款所规定的无正当理由不予受理、无正当理由驳回申请、受理后超过行政复议期限不作答复、无正当理由中止行政复议等，均是行政复议不作为，属于行政复议机关不依照2023年《行政复议法》履行行政复议职责的情形。

3. 加重处分的两种情节是经有权监督的机关督促仍不改正或者造成严重后果。2023 年《行政复议法》对行政复议机关无正当理由不予受理、无正当理由驳回申请、受理后超过行政复议期限不作答复、无正当理由中止行政复议等情形均规定了由上级行政机关责令改正的监督方式。行政复议机关在有权监督的机关督促改正的情况下,仍拒不改正、不依法履行行政复议职责的行为,其行政不作为的情节更为恶劣,对负有责任的领导人员和直接责任人员的处分理应更为严厉。《行政复议法实施条例》第 64 条中规定,经有权监督的行政机关督促仍不改正的,对直接负责的主管人员和其他直接责任人员依法给予警告、记过、记大过的处分;造成严重后果的,依法给予降级、撤职、开除的处分。2023 年《行政复议法》第 80 条规定将经有权监督的机关督促仍不改正直接作为加重处分情形,依法给予降级、撤职、开除的处分,加大了处分力度。此外,该条还将行政复议机关不依照 2023 年《行政复议法》规定履行行政复议职责造成严重后果的,单独作为一种加重处分情形,对负有责任的领导人员和直接责任人员依法给予降级、撤职、开除的处分。

【关联规定】

《公职人员政务处分法》第 10、39 条

第八十一条　行政复议机关工作人员在行政复议活动中,徇私舞弊或者有其他渎职、失职行为的,依法给予警告、记过、记大过的处分;情节严重的,依法给予降级、撤职、开除的处分;构成犯罪的,依法追究刑事责任。

【新旧对照】

2017 年《行政复议法》	2023 年《行政复议法》	重点解读
第三十五条　行政复议机关工作人员在行政复议活动中，徇私舞弊或者有其他渎职、失职行为的，依法给予警告、记过、记大过的行政处分；情节严重的，依法给予降级、撤职、开除的行政处分；构成犯罪的，依法追究刑事责任。	第八十一条　行政复议机关工作人员在行政复议活动中，徇私舞弊或者有其他渎职、失职行为的，依法给予警告、记过、记大过的处分；情节严重的，依法给予降级、撤职、开除的处分；构成犯罪的，依法追究刑事责任。	将“行政处分”改为“处分”。

【适用要点】

本条是关于行政复议机关工作人员渎职、失职承担法律责任的规定。

本条对 2017 年《行政复议法》第 35 条作了文字调整，按照《公职人员政务处分法》的有关规定，将“行政处分”修改为“处分”。

公正高效、便民为民是行政复议的制度优势，行政复议工作人员依法履职是实现行政复议制度优势，正确及时定分止争、有力维护人民群众合法权益的基础。2023 年《行政复议法》第 6 条第 1 款和第 3 款规定，国家建立专业化、职业化行政复议人员队伍，国务院行政复议机构应当会同有关部门制定行政复议人员工作规范，加强对行政复议人员的业务考核和管理，为加强行政复议队伍建设提供了法律依据。行政复议兼具监督与救济功能的特点，要求行政复议工作人员不仅要精通办案业务，遵守工作规范，更要严守廉政纪律，依法担当履职。对于通过考核、来信来访反映、其他机关移交线索等途径发现工作失职、渎职的行政复议工作人员，应当按照本条规定，依法给予政务处分或者追究刑事责任。

第一，本条规范的行为主体是行政复议机关工作人员，即行政复议机关从事行政复议活动的工作人员。在集中行使行政复议权改革之后，行政复议机关与行政复议机构之间的关系存在两种情况：一种是行政复议机关与行政复议机构是两个不同的行政机关，地方各级人民政府与其行政复议机构一般属于这种模式；另一种是行政复议机构为行政复议机关的内设机构，海关、金融、外汇管理等实行垂直领导的行政机关、税务和国家安全机关以及其他国务院部门即属于该模式。界定上述两种模式下本条所称行政复议机关工作人员的范围，应当以行政复议活动作为判断因素，只要是履行行政复议机关法定行政复议职责的工作人员，均应属于本条规范的行为主体范围。

第二，本条规范的行为类别是行政复议活动中的徇私舞弊或者其他渎职、失职违法行为。从行政复议活动环节上来看，在行政复议受理环节“有案不立”、制造虚假行政复议案件，在行政复议审理环节“压案不审”、不遵守审理工作要求，在行政复议决定上徇私舞弊、违反事实和法律规定作出决定等渎职、失职行为，均应纳入规制范围。

第三，法律责任类型包括政务处分和刑事责任。本条规范的行为主体是行政复议机关工作人员，其有关违法行为尚未达到追究刑事责任程度的，应当按照政务处分的有关规定对违法的公职人员给予处分。在处分的具体适用上，存在徇私舞弊或者有其他渎职、失职行为的，适用的处分类型是警告、记过、记大过处分；违法行为情节严重的，适用的处分类型为降级、撤职、开除。对于有关违法行为构成《刑法》分则第九章渎职罪的，由有权机关依法追究刑事责任。

此外，为确保行政复议办案的公正廉洁，除了对行政复议工作人员依法正确履职提出严格要求之外，还应积极探索建立完备合理、行之有效的防止干预行政复议办案的规范体系。一些行政复议机构参照防止干预司法“三个规定”，在行政复议工作中开展了干预行政复议办案的记录、报告工作，对于筑牢行政复议公正廉洁“防护墙”“高压线”作出了有益探索。

【关联规定】

《公职人员政务处分法》第 39 条

第八十二条　被申请人违反本法规定，不提出书面答复或者不提交作出行政行为的证据、依据和其他有关材料，或者阻挠、变相阻挠公民、法人或者其他组织依法申请行政复议的，对负有责任的领导人员和直接责任人员依法给予警告、记过、记大过的处分；进行报复陷害的，依法给予降级、撤职、开除的处分；构成犯罪的，依法追究刑事责任。

【新旧对照】

2017 年《行政复议法》	2023 年《行政复议法》	重点解读
第三十六条　被申请人违反本法规定，不提出书面答复或者不提交作出具体行政行为的证据、依据和其他有关材料，或者阻挠、变相阻挠公民、法人或者其他组织依法申请行政复议的，对~~直接负责的主管~~人员和~~其他~~直接责任人员依法给予警告、记过、记大过的~~行政~~处分；进行报复陷害的，依法给予降级、撤职、开除的~~行政~~处分；构成犯罪的，依法追究刑事责任。	第八十二条　被申请人违反本法规定，不提出书面答复或者不提交作出行政行为的证据、依据和其他有关材料，或者阻挠、变相阻挠公民、法人或者其他组织依法申请行政复议的，对**负有责任的领导**人员和直接责任人员依法给予警告、记过、记大过的处分；进行报复陷害的，依法给予降级、撤职、开除的处分；构成犯罪的，依法追究刑事责任。	1. 对于被申请人存在违法情形时的处分对象，按照《公职人员政务处分法》的有关规定，表述为“负有责任的领导人员和直接责任人员”。 2. 按照《公职人员政务处分法》的有关规定，将“行政处分”调整表述为“处分”。

【适用要点】

本条是关于行政复议被申请人因不配合或阻碍行政复议活动承担法律责任的规定。

本条对2017年《行政复议法》第30条作了有关调整：一是对于被申请人存在违法情形时的处分对象，按照《公职人员处分法》的有关规定，表述为“负有责任的领导人员和直接责任人员”；二是按照《公职人员处分法》的有关规定，将“行政处分”修改为“处分”。

2023年《行政复议法》规定了被申请人的答复义务和举证责任。2023年《行政复议法》第48、54条中规定，行政复议机关适用普通程序审理行政复议案件时，应当自收到行政复议申请书副本或者行政复议申请笔录复印件之日起10日内，提出书面答复，并提交作出行政行为的证据、依据和其他有关材料；适用简易程序审理行政复议案件时，应当自收到行政复议申请书副本或者行政复议申请笔录复印件之日起5日内，提出书面答复，并提交作出行政行为的证据、依据和其他有关材料。由于除特定情形的不依申请履行法定职责、提出行政赔偿请求引发的行政复议案件外，绝大多数行政复议案件由被申请人承担举证责任，若被申请人不提出答复或者不提交证据、依据和其他有关材料，对于查明案件事实、依法作出决定会造成极大的障碍。对于被申请人没有依照第48、54条规定提出书面答复、提交作出行政行为的证据、依据和其他有关材料的，2023年《行政复议法》第70条规定了视为该行政行为没有证据、依据，由行政复议机关视情况作出相应决定的法律后果。同时，被申请人作为履行行政管理职能的行政机关或者法律、法规、规章授权的组织，负有依法接受行政复议监督的义务，针对行政复议申请提出书面答复，并提交作出行政行为的证据、依据和其他有关材料是被申请人的法定职责。因此，针对被申请人不依法履行职责的情形规定政务处分，对于促进公职人员依法履职具有重要作用。需要注意的是，追究此类法律责任的情形是不提出书面答复或者不提交作出行政行为的证据、依据和其他有关材料；处分对象是被申请人负有责任的领导人员和直接责任人员；适用的处分种类是警告、记过、记大过三类。

2023年《行政复议法》在集中行政复议管辖、扩大行政复议受案范围、畅通行政复议申请渠道等方面作了修订，对于强化行政复议吸纳和化解行政争议的能力，坚持“复议为民”宗旨，提高行政复议公信力，努力将行政复议打造成为化解行政争议的主渠道具有重要意义。实践中，一些行政机关仍存在接受监督的意识不强、对行政复议的认识不够深入的现象，不能正确认识公民、法人或者其他组织依法寻求行政复议救济。本条规定的第二类被申请人应当承担法律责任的情形即被申请人阻挠、变相阻挠公民、法人或者其他组织依法申请行政复议的情形；处分对象是被申请人负有责任的领导人员和直接责任人员；适用的处分种类是警告、记过、记大过三类。对于被申请人对申请行政复议的公民、法人或者其他组织进行报复陷害的，适用的处分种类是更为严重的降级、撤职、开除处分；处分对象是被申请人负有责任的领导人员和直接责任人员。对于被申请人的上述违法行为构成犯罪的，应当由有权机关依照《刑法》有关报复陷害、侵害公民人身权利等犯罪的规定追究刑事责任。

【关联规定】

《刑法》第254条

第八十三条　被申请人不履行或者无正当理由拖延履行行政复议决定书、调解书、意见书的，对负有责任的领导人员和直接责任人员依法给予警告、记过、记大过的处分；经责令履行仍拒不履行的，依法给予降级、撤职、开除的处分。

【新旧对照】

2017年《行政复议法》	2023年《行政复议法》	重点解读
第三十七条　被申请人不履行或者无正当理由拖延履行行政复议决定的，对直接负责的主管人员和其他直接责任人员依法给	第八十三条　被申请人不履行或者无正当理由拖延履行行政复议决定**书、调解书、意见书**的，对**负有责任的领导**人员和直接责	1. 将履行范围扩大为行政复议决定书、调解书、意见书。 2. 将责任主体中的“直接负责的主管人员”调整为

续表

2017年《行政复议法》	2023年《行政复议法》	重点解读
予警告、记过、记大过的行政处分;经责令履行仍拒不履行的,依法给予降级、撤职、开除的行政处分。	任人员依法给予警告、记过、记大过的处分;经责令履行仍拒不履行的,依法给予降级、撤职、开除的处分。	"负有责任的领导人员"。 3.将"行政处分"改为"处分"。

【适用要点】

本条是关于被申请人不履行或者无正当理由拖延履行行政复议决定书、调解书、意见书的法律责任的规定。

本条是对2017年《行政复议法》第37条的修订,主要调整了三方面内容:一是将不履行或无正当理由拖延履行的范围扩大为"行政复议决定书、调解书、意见书";二是对于被申请人存在违法情形时的处分对象,按照《公职人员政务处分法》的有关规定,表述为"负有责任的领导人员和直接责任人员";三是按照《公职人员政务处分法》的有关规定,将"行政处分"修改为"处分"。

本条是与2023年《行政复议法》第77条相对应的法律责任条款。第77条规定,被申请人应当履行行政复议决定书、调解书、意见书。被申请人不履行或者无正当理由拖延履行行政复议决定书、调解书、意见书的,行政复议机关或者有关上级行政机关应当责令其限期履行,并可以约谈被申请人的有关负责人或者予以通报批评。

一、追责情形

本条规定的追责情形是被申请人不履行或者无正当理由拖延履行行政复议决定书、调解书、意见书,可以通过有关规定分类把握履行行政复议决定书、调解书、意见书的基本要求。

(一)行政复议决定书

行政复议决定书是行政复议审理结果的主要表现形式,是行政行为合法性、合理性审查结论的载体,包含对系争行政法律关系的调整或确认。2023年《行政复议法》第63~72条规定了行政复议决定的不同类型,主要是:决定变更行政行为;撤销或者部分撤销行政行为,并可以责令被申请人在一定期限内重新作出行政行为;确认行政行为违法;决定被申请人在一定期限内履行法定职责;确认行政行为无效;决定维持行政行为;决定驳回申请人的行政复议请求;决定被申请人承担依法订立、继续履行、采取补救措施或者赔偿损失等责任;决定被申请人就变更、解除行政协议依法给予合理补偿;决定驳回行政赔偿请求;决定被申请人依法给予行政赔偿;责令被申请人采取补救措施;责令被申请人返还财产,解除对财产的查封、扣押、冻结措施,或者赔偿相应的价款等。上述行政复议决定类型中,除确认行政行为违法、确认行政行为无效、决定维持行政行为、决定驳回申请人的行政复议请求、决定驳回行政赔偿请求外,其他决定类型均需要被申请人依法及时履行决定书的相应内容。

2023年《行政复议法》第75条第2款规定,行政复议决定书一经送达,即发生法律效力。被申请人应当以此作为履行有关行政复议决定书的起算时点,根据行政复议决定书确定的或者有关法律、法规规定的期限,依法正确履行行政复议决定书的相应内容,否则构成不履行或者拖延履行。

被申请人应当全面执行行政复议决定书,履行有关法定职责、重新作出行政行为、依法给予赔偿补偿、承担有关责任等。在履行内容是否适当方面,需要关注2023年《行政复议法》第64条第2款的规定,对于行政复议机关决定撤销或部分撤销行政行为,并责令被申请人在一定期限内重新作出行政行为的,该条明确被申请人不得以同一事实和理由作出与被申请行政复议的行政行为相同或者基本相同的行政行为,但是行政复议机关以违反法定程序为由决定撤销或者部分撤销的除外。一般来说,行政复议机关之所以责令被申请人重新作出行政行为,是因为被申请行政复议的行政行为由于缺乏事实根据和理由而被撤销或者部分撤销,所以如果被申请人仍然以同一事实和理由作出与原行政行为相同或者基本相同的行政行为，就等于否认了认定原行政行为缺乏事实根据和理由的行政复议决定，因此这种情形属于没有履行行政复议决定所确定的重新作出行政行为的义务。但是严格地讲，行政行为包括事实认定、依据适用、行政程序和处理结论等要素，其中任何一个要素发生改变的，都不能视为相同的行政行为。因此，行政复议机关以违反法定程序为由撤销被申请人的行政行为，同时责令其重新作出行政行为的，被申请人重新作出的行政行为不受上述规定限制。即只要重新作出的行政行为程序合法，即使认定事实和适用依据与原行政行为相同，也不应视为相同的行为，也就不能按照本条追究法律责任。

（二）行政复议调解书

行政复议调解书，是指当事人经调解达成协议，由行政复议机关制作的法律文书，是对当事人达成一致的行政法律关系状态的确认。2023 年《行政复议法》第 73 条第 1 款规定，当事人经调解达成协议的，行政复议机关应当制作行政复议调解书，经各方当事人签字或者签章，并加盖行政复议机关印章，即具有法律效力。行政复议调解书包含被申请人负有履行义务内容的，被申请人应当自行政复议调解书经当事人签章及行政复议机关加盖印章后即履行相应内容。

（三）行政复议意见书

2023 年《行政复议法》第 76 条规定，行政复议机关在办理行政复议案件过程中，发现被申请人或者其他下级行政机关的有关行政行为违法或者不当的，可以向其制发行政复议意见书。有关机关应当自收到行政复议意见书之日起 60 日内，将纠正相关违法或者不当行政行为的情况报送行政复议机关。从该条的规定可以看出，行政复议机关制发行政复议意见书的对象包括被申请人和其他下级行政机关；本条规定的是被申请人不履行或者无正当理由拖延履行行政复议意见书应当承担的法律责任。行政复议意见书制发对象应当履行两项义务：纠正相关违法或者不当行政行为、报送纠正情况。被申请人履行行政复议意见书应当是对纠正相关违法或不当行政行为及报送纠正情况的全面履行，其中报送纠正情况的义务应当自收到行政复议意见书之日起60日内履行。实践中，行政复议意见书要求纠正的违法或者不当行政行为能够在报送情况期限内完成纠正的，应当完成纠正并报送纠正情况；因客观原因确实无法在报送情况期限内完成纠正的，应当在报送情况期限内及时报送纠正违法或者不当行政行为的工作计划、当前进展等情况，说明无法在报送情况期限内完成纠正工作的客观原因，并在完成纠正后另行将情况报送行政复议机关。

二、责任承担主体以及形式

本条规定的责任承担主体是被申请人负有责任的领导人员和直接责任人员。承担的责任是政务处分，包括警告、记过、记大过、降级、撤职、开除。

三、加重处分的情节

本条规定加重处分的情节是经责令履行仍拒不履行。如前所述，被申请人不履行或者无正当理由拖延履行行政复议决定书、调解书、意见书的，行政复议机关或者有关上级行政机关应当责令其限期履行。被申请人经责令仍然拒不履行，除了2023年《行政复议法》第77条规定的约谈有关负责人或者予以通报批评外，应当依法对被申请人负有责任的领导人员和直接责任人员给予降级、撤职、开除的处分。

第八十四条　拒绝、阻挠行政复议人员调查取证，故意扰乱行政复议工作秩序的，依法给予处分、治安管理处罚；构成犯罪的，依法追究刑事责任。

【新旧对照】

2017 年《行政复议法》	2023 年《行政复议法》	重点解读
	第八十四条　拒绝、阻挠行政复议人员调查取证，故意扰乱行政复议工作秩序的，依法给予处分、治安管理处罚；构成犯罪的，依法追究刑事责任。	本条系 2023 年《行政复议法》新增条款，在吸收 2007 年《行政复议法实施条例》第 63 条规定基础上，对拒绝、阻挠行政复议人员调查取证，故意扰乱行政复议工作秩序行为作出明确规制。

【适用要点】

本条是关于拒绝、阻挠行政复议人员调查取证，故意扰乱行政复议工作秩序的法律责任的规定。

《行政复议法实施条例》第 63 条规定，拒绝或者阻挠行政复议人员调查取证、查阅、复制、调取有关文件和资料的，对有关责任人员依法给予处分或者治安处罚；构成犯罪的，依法追究刑事责任。本条在上述规定的基础上，将违法情形概括为拒绝、阻挠行政复议人员调查取证。此外，本条还规定了故意扰乱行政复议工作秩序的追责情形。

本条规定拒绝、阻挠行政复议人员调查取证及故意扰乱行政复议工作秩序的法律责任，是为了保障 2023 年《行政复议法》第 45 条的正确实施。该条第 1 款规定，行政复议机关有权向有关单位和个人调查取证，查阅、复制、调取有关文件和资料，向有关人员进行询问。该条第 3 款规定，被调查取证的单位和个人应当积极配合行政复议人员的工作，不得拒绝或者阻挠。查明案件事实是行政复议机关正确认定事实、依法作出行政复议决定的基础和前提。行政复议作为解决行政争议的主要途径之一，涉及行政管理领域多、案件复杂程度高，土地征收、房屋拆迁、市场监管、社会保障、治安管理等领域引发的案件占比较高。这些案件往往矛盾争议突出、利益关系复杂，行政复议机构在查明事实时需要开展调查取证工作,有关单位和个人负有积极配合的义务。

配合行政复议人员调查取证,是公民、法人或者其他组织的法定义务。但实践中存在不配合甚至阻挠行政复议人员调查取证的情形,同时还存在故意扰乱行政复议工作秩序的情形,对行政复议机关依法履职造成了不利影响。根据本条规定,此类情形的法律责任主要有三类:处分、治安管理处罚、刑事处罚。

1. 处分。处分主要针对公职人员。行政复议调查取证工作较多涉及被申请人及其工作人员、有关行政机关及其工作人员,如果出现行政机关拒绝、阻挠行政复议人员调查取证,故意扰乱行政复议工作秩序情形,应当按照《公职人员政务处分法》的有关规定,对负有责任的领导人员和直接责任人员给予处分。行政机关工作人员存在拒绝、阻挠行政复议人员调查取证,故意扰乱行政复议工作秩序情形的,应当按照《公职人员政务处分法》的有关规定给予行政机关工作人员处分。

2. 治安管理处罚。拒绝、阻挠行政复议人员调查取证,故意扰乱行政复议工作秩序,属于《治安管理处罚法》规定的阻碍国家机关工作人员依法执行职务的情形。该法第 50 条第 1 款第 2 项规定,阻碍国家机关工作人员依法执行职务的,处警告或者 200 元以下罚款;情节严重的,处 5 日以上 10 日以下拘留,可以并处 500 元以下罚款。对于公民、法人或者其他组织存在拒绝、阻挠行政复议人员调查取证,故意扰乱行政复议工作秩序情形的,应当由有权机关依法作出治安管理行政处罚。

3. 刑事处罚。拒绝、阻挠行政复议人员调查取证,故意扰乱行政复议工作秩序构成犯罪的,应当按照《刑法》第 277 条第 1 款有关以暴力、威胁方法阻碍国家机关工作人员依法执行职务的规定,处 3 年以下有期徒刑、拘役、管制或者罚金。

【典型案例】

甲某阻挠行政复议调查取证案

某省人民政府行政复议机构在办理一起征地批复类行政复议案件过

程中，就案件有关事实向某县自然资源局进行调查。该县自然资源局业务科长甲某，在配合调查过程中，试图替换一组重要证明材料中的资金票据，被行政复议人员阻止。行政复议机构指出该问题后，任免机关依法对甲某作出撤职处分。

【关联规定】

《公职人员政务处分法》第39条；《治安管理处罚法》第50条；《刑法》第277条第1款

第八十五条　行政机关及其工作人员违反本法规定的，行政复议机关可以向监察机关或者公职人员任免机关、单位移送有关人员违法的事实材料，接受移送的监察机关或者公职人员任免机关、单位应当依法处理。

【新旧对照】

2017年《行政复议法》	2023年《行政复议法》	重点解读
第三十八条　行政复议机关负责法制工作的机构发现有无正当理由不予受理行政复议申请、不按照规定期限作出行政复议决定、徇私舞弊、对申请人打击报复或者不履行行政复议决定等情形的，应当向有关行政机关提出建议，有关行政机关应当依照本法和有关法律、行政法规的规定作出处理。	*第八十五条　行政机关及其工作人员违反本法规定的，行政复议机关可以向监察机关或者公职人员任免机关、单位移送有关人员违法的事实材料，接受移送的监察机关或者公职人员任免机关、单位应当依法处理。*	本条对行政复议机关向监察机关或者公职人员任免机关、单位移送因违反2023年《行政复议法》规定应受处分人员的违法事实材料的程序作了明确规定。

【适用要点】

本条是关于行政复议机关向监察机关或者公职人员任免机关、单位移送行政机关及其工作人员违反2023年《行政复议法》规定的事实材料的程序的规定。

2023年《行政复议法》是在2017年《行政复议法》第38条基础上，吸收2007年《行政复议法实施条例》第65条内容所作的调整规定。主要调整有以下四个方面：(1)行为主体由行政复议机构调整为行政复议机关；(2)将违法事由由“无正当理由不予受理行政复议申请、不按照规定期限作出行政复议决定、徇私舞弊、对申请人打击报复或者不履行行政复议决定等情形”整体表述为“违反本法规定”；(3)处置方式由“应当向有关行政机关提出建议”调整为“可以向监察机关或者公职人员任免机关、单位移送有关人员违法的事实材料”；(4)接受机关的处理义务由“有关行政机关应当依照本法和有关法律、行政法规的规定作出处理”调整为“接受移送的监察机关或者公职人员任免机关、单位应当依法处理”。

2023年《行政复议法》对行政机关及其工作人员违反2023年《行政复议法》的法律责任作了明确规定，明确规定启动责任追究的程序，确保违反2023年《行政复议法》的行为得到及时查处纠正，有利于维护《行政复议法》的权威，保障行政复议制度功能实现，便利行政复议机关依法履职。

《公职人员政务处分法》第7条规定政务处分的种类为：警告、记过、记大过、降级、撤职、开除。根据2023年《行政复议法》有关规定，依法应当给予警告、记过、记大过处分的情形包括：(1)行政复议机关不依照2023年《行政复议法》规定履行行政复议职责；(2)行政复议机关工作人员在行政复议活动中，徇私舞弊或者有其他渎职、失职行为的；(3)被申请人违反2023年《行政复议法》规定，不提出书面答复或者不提交作出行政行为的证据、依据和其他有关材料，或者阻挠、变相阻挠公民、法人或者其他组织依法申请行政复议的；(4)被申请人不履行或者无正当理由拖延履行行政复议决定书、调解书、意见书的。应当依法给予降级、撤职、开除的行政处分的违法行为包括:(1)行政复议机关不依照 2023 年《行政复议法》规定履行行政复议职责,经有权监督的机关督促仍不改正或者造成严重后果的;(2)行政复议机关工作人员在行政复议活动中,徇私舞弊或者有其他渎职、失职行为,情节严重的;(3)被申请人违反 2023 年《行政复议法》规定,进行报复陷害的;(4)被申请人不履行或者无正当理由拖延履行行政复议决定书、调解书、意见书,经责令履行仍拒不履行的。同时,2023 年《行政复议法》第 84 条中规定,拒绝、阻挠行政复议人员调查取证,故意扰乱行政复议工作秩序的,依法给予处分。

移送主体是行政复议机关。行政复议机关发现行政机关及其工作人员违反 2023 年《行政复议法》规定的,即可以移送有关人员违法的事实材料。鉴于行政复议机构主要承担行政复议机关的行政复议职能,有关违法事实材料的移送,可以经行政复议机关审批后由行政复议机构以行政复议机关的名义实施。接受移送的主体是监察机关或者公职人员任免机关、单位,从公职人员管理权限上确保接受移送的主体对有关人员违法行为具有处置职权。

接受移送的监察机关或者公职人员任免机关、单位应当严格按照法定期限、权限、程序,核查有关人员违法的事实材料,对有关人员作出处理。《行政复议法实施条例》第 65 条规定,行政复议机构可以向人事、监察部门提出对有关责任人员的处分建议,转送有关人员违法的事实材料的同时,明确规定接受转送的人事、监察部门应当依法处理,并将处理结果通报转送的行政复议机构。这一规定具有其独特的实践意义。在此基础上,本条作了进一步修改,规定移送的是行政机关及其工作人员违反 2023 年《行政复议法》的事实材料,接受移送的监察机关或者公职人员的任免机关、单位在依法处理后向行政复议机关通报处理结果,将有助于进一步顺畅移送机制,确保法律规定落地落实。

【关联规定】

《公职人员政务处分法》第 7 条;《行政机关公务员处分条例》第 16 条

第八十六条　行政复议机关在办理行政复议案件过程中，发现公职人员涉嫌贪污贿赂、失职渎职等职务违法或者职务犯罪的问题线索，应当依照有关规定移送监察机关，由监察机关依法调查处置。

【新旧对照】

2017年《行政复议法》	2023年《行政复议法》	重点解读
	第八十六条　行政复议机关在办理行政复议案件过程中，发现公职人员涉嫌贪污贿赂、失职渎职等职务违法或者职务犯罪的问题线索，应当依照有关规定移送监察机关，由监察机关依法调查处置。	本条系新增规定，健全了行政复议机关向监察机关移送职务违法或职务犯罪问题线索的工作机制。

【适用要点】

本条是关于行政复议机关向监察机关移送职务违法或职务犯罪问题线索的工作机制的规定。

行政复议是行政机关内部监督的重要途径，通过回应申请人的行政复议申请，审查行政机关行政行为的合法性，及时纠正违法或不当行政行为，促进法治政府建设。在行政复议案件办理工作中，往往能够发现违法或不当行政行为关联涉嫌贪污贿赂、失职渎职等职务违法或职务犯罪的问题线索。《监察法》第34条第1款规定，人民法院、人民检察院、公安机关、审计机关等国家机关在工作中发现公职人员涉嫌贪污贿赂、失职渎职等职务违法或者职务犯罪的问题线索，应当移送监察机关，由监察机关依法调查处置。因此，行政复议机关应当依照有关规定将办理行政复议案件过程中发现的问题线索移送监察机关，由监察机关依法调查处置，以此推动加强对所有行使公权力的公职人员的监督，实现国家监察全覆盖。

同时，将向监察机关移交办理行政复议案件过程中发现的问题线索制度化，对于强化依法行政意识、规范源头行政执法行为、实现行政争议源头治理具有积极作用。

本条与本章其他条款不同，不是规定违反行政复议法律规定应当承担的法律后果，而是明确行政复议机关移送涉嫌贪污贿赂、失职渎职等职务违法或职务犯罪问题线索的义务。适用本条应当注意把握以下几个要点：

一是，问题线索的类型是有关公职人员涉嫌贪污贿赂、失职渎职等职务违法或职务犯罪，均与公职人员行使公权力相关，而且有关情形达到涉嫌职务违法或职务犯罪的判断标准。

二是，涉嫌违法犯罪问题线索的主体是公职人员，不仅包括被申请人的工作人员，还有可能包括与被复议行政行为有关的行政机关工作人员、调查取证工作涉及的行政机关工作人员等。

三是，问题线索是在办理行政复议案件过程中发现的，不仅包括对案件的证据审查、事实认定中发现的问题线索，也包括在履行调查取证、听取意见、听证审理等工作中发现的问题线索。

四是，行政复议机关负有移送问题线索的职责，监察机关负有依法调查处置问题线索的职责。移送工作依照的有关规定，主要是监察法律的有关规定，也包括其他关于向监察机关移送职务违法或职务犯罪问题线索的规定。

【关联规定】

《监察法》第 34 条第 1 款

第七章　附　　则

第八十七条　行政复议机关受理行政复议申请，不得向申请人收取任何费用。

【新旧对照】

2017年《行政复议法》	2023年《行政复议法》	重点解读
第三十九条　行政复议机关受理行政复议申请，不得向申请人收取任何费用……	第八十七条　行政复议机关受理行政复议申请，不得向申请人收取任何费用。	内容无变化。

【适用要点】

本条是关于受理行政复议申请不得收取费用的规定。

一、对受理行政复议申请不得收费的理解

受理行政复议申请不得收费，是指行政复议机关从接收申请人提交的行政复议申请，到审理行政复议案件，乃至最后作出行政复议决定，不得向申请人和利害关系人收取任何费用。也就是说，无论行政复议机关受理行政复议申请还是不受理行政复议申请，无论是在行政复议受理、审理阶段还是在行政复议决定阶段，行政复议机关都不得向申请人收取任何费用。当然，行政复议机关也不得对其他行政复议参加人，如第三人或者其代理人等收取任何费用。

为什么行政复议不收费？首先，行政复议作为一种行政活动，其经费应由政府财政支出，而不应由行政相对人承担。因此2023年《行政复议法》第7条中规定，县级以上各级人民政府应当将行政复议工作经费列入本级预算。其次，行政复议的特殊性质决定其不应收费。从性质上讲，行政复议一项重要功能就是对行政行为进行监督，进而提升依法行政水平，促进法治政府建设，具有公共利益的价值，这一价值的实现成本不应由个体来承担。最后，这与行政复议的新定位直接相关。2023年《行政复议法》第1条对行政复议功能定位作了明确规定，除了保护合法权益与监督依法行政之外，发挥化解行政争议的主渠道作用成为行政复议在新形势下的重要使命，这一使命的实现首先依赖于民众的选择，不收费有利于群众更多选择行政复议途径化解行政争议，促进主渠道作用充分发挥。

必须注意的是，如果仅从法条的字面上理解，就是当申请人提交行政复议申请时，行政复议机关不得向其收取费用，但并未说明接下来的审理过程中要不要收费。对于行政复议机关受理行政复议申请后接下来的活动，如听取意见、调查取证、行政复议委员会审议案件等，都不应向申请人收取任何费用。但是，对于因申请人自己的原因产生的费用，应由申请人自己支付。

二、行政复议鉴定费用的负担主体

在行政复议案件审理过程中，有的案件可能会涉及专门问题需要鉴定，此时就会产生鉴定费用。那鉴定费用应由谁负担呢？2023年《行政复议法》中对此未作明确规定，就此问题可以按照《行政复议法实施条例》第37条的规定执行，如果当事人自行委托鉴定机构进行鉴定，或者申请由行政复议机构委托鉴定机构进行鉴定，鉴定费用应当由当事人承担。

第八十八条　行政复议期间的计算和行政复议文书的送达，本法没有规定的，依照《中华人民共和国民事诉讼法》关于期间、送达的规定执行。

本法关于行政复议期间有关“三日”、“五日”、“七日”、“十日”的规定是指工作日，不含法定休假日。

【新旧对照】

2017 年《行政复议法》	2023 年《行政复议法》	重点解读
第四十条　行政复议期间的计算和行政复议文书的送达，依照民事诉讼法关于期间、送达的规定执行。 本法关于行政复议期间有关“五日”、“七日”的规定是指工作日，不含节假日。	第八十八条　行政复议期间的计算和行政复议文书的送达，**本法没有规定的**，依照**《中华人民共和国民事诉讼法》**关于期间、送达的规定执行。 本法关于行政复议期间有关**“三日”**、“五日”、“七日”、**“十日”**的规定是指工作日，不含**法定休**假日。	1. 第 1 款增加“本法没有规定的”，将“民事诉讼法”修改为“《中华人民共和国民事诉讼法》”。 2. 第 2 款增加“三日”“十日”期间的规定，满足了行政复议实践的要求，也符合客观实际。 3. 将“节假日”改为“法定休假日”。

【适用要点】

本条是关于行政复议期间计算和文书送达的规定。

对于本条含义的理解，重点把握好以下几个问题：

一、行政复议期间的计算和行政复议文书的送达的法律适用

按照本条规定，在法律适用顺序上，无论是期间计算，还是文书送达，都要优先适用《行政复议法》。在《行政复议法》没有规定的情况下，依照《民事诉讼法》第七章关于期间、送达的规定执行。

为了凸显行政复议高效的制度优势，2023 年《行政复议法》中规定行政复议期间的计算单位主要是日。根据《民事诉讼法》第 85 条中的规定,期间以时、日、月、年计算。期间开始的时和日,不计算在期间内。期间届满的最后一日是法定休假日的,以法定休假日后的第一日为期间届满的日期。期间不包括在途时间,如邮寄行政复议决定文书,在期满前交邮的,不算过期,视为在期限内发送。确定期满前是否交邮,应以邮局的邮戳为准。只要邮戳上的时间证明在期满前已将需邮寄的复议文书交付邮局,就视为在期限内发送。

二、2023年《行政复议法》关于行政复议期间"三日""五日""七日""十日"的规定

"三日"是2023年《行政复议法》新增的行政复议期间,对应的相关规定包括:(1)简易程序中行政复议机构将行政复议申请书副本或者行政复议申请笔录复印件发送被申请人的期间规定,见2023年《行政复议法》第54条第1款:"适用简易程序审理的行政复议案件,行政复议机构应当自受理行政复议申请之日起三日内,将行政复议申请书副本或者行政复议申请笔录复印件发送被申请人……"(2)行政复议机关书面通知规范性文件或者依据的制定机关就相关条款的合法性提出书面答复的期间规定,见2023年《行政复议法》第58条第1款:"行政复议机关依照本法第五十六条、第五十七条的规定有权处理有关规范性文件或者依据的,行政复议机构应当自行政复议中止之日起三日内,书面通知规范性文件或者依据的制定机关就相关条款的合法性提出书面答复……"

关于"五日"行政复议期间的规定,除了2017年《行政复议法》关于行政复议5日审查期限的规定,见2023年《行政复议法》第30条第1款:"行政复议机关收到行政复议申请后,应当在五日内进行审查……",还增加了以下规定:(1)行政复议机关书面通知申请人补正的期限,见2023年《行政复议法》第31条第1款:"行政复议申请材料不齐全或者表述不清楚,无法判断行政复议申请是否符合本法第三十条第一款规定的,行政复议机关应当自收到申请之日起五日内书面通知申请人补正。补正通知应当一次性载明需要补正的事项。"(2)行政机关收到行政复议申请后转送行政复议机关的期间规定，见 2023 年《行政复议法》第 32 条：“对当场作出或者依据电子技术监控设备记录的违法事实作出的行政处罚决定不服申请行政复议的，可以通过作出行政处罚决定的行政机关提交行政复议申请。行政机关收到行政复议申请后，应当及时处理；认为需要维持行政处罚决定的，应当自收到行政复议申请之日起五日内转送行政复议机关。”（3）行政复议机构书面通知当事人听证事项的期间，见 2023 年《行政复议法》第 51 条第 1 款：“行政复议机构组织听证的，应当于举行听证的五日前将听证的时间、地点和拟听证事项书面通知当事人。”（4）简易程序中，被申请人提交书面答复及相关材料的期间，见 2023 年《行政复议法》第 54 条第 1 款：“适用简易程序审理的行政复议案件，行政复议机构应当自受理行政复议申请之日起三日内，将行政复议申请书副本或者行政复议申请笔录复印件发送被申请人。被申请人应当自收到行政复议申请书副本或者行政复议申请笔录复印件之日起五日内，提出书面答复，并提交作出行政行为的证据、依据和其他有关材料。”

关于“七日”行政复议期间的规定，保留了 2017 年《行政复议法》的相关规定，主要包括：（1）普通程序中行政复议机构将行政复议申请书副本或者行政复议申请笔录复印件发送被申请人的期间，见 2023 年《行政复议法》第 48 条：“行政复议机构应当自行政复议申请受理之日起七日内，将行政复议申请书副本或者行政复议申请笔录复印件发送被申请人……”（2）行政复议机关无权审查有关规范性文件，转送有权处理的机关依法处理的期间规定，见 2023 年《行政复议法》第 56 条：“申请人依照本法第十三条的规定提出对有关规范性文件的附带审查申请，行政复议机关有权处理的，应当在三十日内依法处理；无权处理的，应当在七日内转送有权处理的行政机关依法处理。”见 2023 年《行政复议法》第 57 条：“行政复议机关在对被申请人作出的行政行为进行审查时，认为其依据不合法，本机关有权处理的，应当在三十日内依法处理；无权处理的，应当在七日内转送有权处理的国家机关依法处理。”

同时，考虑到行政复议体制改革基本完成，省市县三级复议职责集中，行政复议体制更加科学合理，运转更加统一高效，2023年《行政复议法》删除了2017年《行政复议法》第18条关于由县级地方人民政府将行政复议申请转送有关行政复议机关的相关规定。

关于"十日"行政复议期间的规定，除了2017年《行政复议法》关于被申请人提交书面答复及相关材料的期间规定，见2023年《行政复议法》第48条关于普通程序中的规定："被申请人应当自收到行政复议申请书副本或者行政复议申请笔录复印件之日起十日内，提出书面答复，并提交作出行政行为的证据、依据和其他有关材料。"2023年《行政复议法》又新增加了两处规定：(1)关于申请人补正期限的规定，见第31条第2款"申请人应当自收到补正通知之日起十日内提交补正材料……"(2)关于规范性文件或者依据的制定机关提交书面答复及相关材料的期间规定，见2023年《行政复议法》第58条第1款："行政复议机关依照本法第五十六条、第五十七条的规定有权处理有关规范性文件或者依据的，行政复议机构应当自行政复议中止之日起三日内，书面通知规范性文件或者依据的制定机关就相关条款的合法性提出书面答复。制定机关应当自收到书面通知之日起十日内提交书面答复及相关材料。"

三、2023年《行政复议法》关于行政复议期间有关"三日""五日""七日""十日"的规定是指工作日，不含法定休假日

其中"三日""十日"为本条第2款新增加的内容，"三日"是2023年《行政复议法》增加的行政复议期间规定，明确为工作日比较容易理解。为什么将"十日"也明确规定为工作日呢？在本次《行政复议法》修订征求意见时，有不少地方提出，按照2017年《行政复议法》的规定，被申请人接到答复通知书后10日内就得提出书面答复，并提交作出行政行为的证据、依据和其他有关材料。但如果遇到国庆节等节日放7天假时，10日可能就只剩3日，造成被申请人无法在法定期限内答复，不利于行政复议审理的顺利进行，因此建议将"十日"明确为工作日，不含法定休假日。

2023年《行政复议法》采纳了上述意见，将“十日”明确为工作日，保证了被申请人的答复时间。但是应当注意，案件审理期限还是60日，行政复议机构办理案件的时间反而缩短了，这就需要行政复议人员提高办案效率和办案水平，确保在法定期限内作出行政复议决定。此外，本条第2款还有一个修改，就是将“节假日”修改为“法定休假日”，主要考虑法定休假日包括周休息日和节假日，表述上更为严谨。

第八十九条　外国人、无国籍人、外国组织在中华人民共和国境内申请行政复议，适用本法。

【新旧对照】

2017年《行政复议法》	2023年《行政复议法》	重点解读
第*四十一*条　外国人、无国籍人、外国组织在中华人民共和国境内申请行政复议，适用本法。	第*八十九*条　外国人、无国籍人、外国组织在中华人民共和国境内申请行政复议，适用本法。	内容无变化。

【适用要点】

本条是关于外国人、无国籍人、外国组织申请行政复议的法律适用规定。

外国人、无国籍人、外国组织在中国境内申请行政复议，应当依照我国《行政复议法》规定的程序办理，这是国家主权原则在行政复议领域的具体体现。具体应当注意以下几点：

一是同等原则。即外国人、无国籍人、外国组织在中国境内申请行政复议，同中国公民、组织有同等的行政复议权利和义务。在行政复议活动中，应当遵循平等原则，依法保护外国人、无国籍人、外国组织的权利，同时外国人、无国籍人、外国组织在我国也要遵守我国的法律，履行法律规定的义务。

二是对等原则。即如果一个国家的法律规定,对中国公民、组织的行政复议权利加以限制,那我们国家也采取相应的限制措施,这种对等进行的相互限制,即对等原则,既体现了国家平等原则,又维护了国家尊严和国家主权。

第九十条 本法自 2024 年 1 月 1 日起施行。

【新旧对照】

2017 年《行政复议法》	2023 年《行政复议法》	重点解读
~~第四十二条 本法施行前公布的法律有关行政复议的规定与本法的规定不一致的,以本法的规定为准。~~ 第四十三条 本法自~~1999 年 10 月 1 日~~起施行。~~1990 年 12 月 24 日国务院发布、1994 年 10 月 9 日国务院修订发布的《行政复议条例》同时废止。~~	第九十条 本法自 **2024 年 1 月 1 日**起施行。	本条规定了 2023 年《行政复议法》的施行日期。

【适用要点】

本条是关于 2023 年《行政复议法》施行时间的规定。

法律的施行时间是法律的生效时间。正确理解法律从何时开始生效是正确适用法律的前提。理解本条需注意以下两点:

1. 2023 年《行政复议法》的公布时间是 2023 年 9 月 1 日,但是正式生效的时间是 2024 年 1 月 1 日。公布距离具体施行有 4 个月的时间,这是一些重要法律出台的常见做法,目的是利用这个“缓冲期”,对该法律进行宣传,让公众熟悉,同时实务工作者也可以为执行法律做一些准备工作,有利于法律的顺利实施。

2. 2024 年 1 月 1 日《行政复议法》生效之日前受理的行政复议案件,由受理该行政复议案件的原行政机关继续办理,办理新修订的《行政复议法》施行前已受理的行政复议案件,原则上应当适用原《行政复议法》的实体性规定和新修订的《行政复议法》的程序性规定,但更有利于申请人的除外。

《中华人民共和国行政复议法》修订大事记

一、2020年2月5日，习近平总书记主持召开中央全面依法治国委员会第三次会议，审议通过了《行政复议体制改革方案》。习近平总书记指出，要落实行政复议体制改革方案，优化行政复议资源配置，推进相关法律法规修订工作，发挥行政复议公正高效、便民为民的制度优势和化解行政争议的主渠道作用。

二、为贯彻落实习近平总书记重要指示和党中央决策部署，巩固改革成果，完善、优化行政复议制度，有效发挥行政复议化解行政争议的主渠道作用，司法部起草了《中华人民共和国行政复议法（修订）（征求意见稿）》，广泛征求各地区、各部门意见，并于2020年11月24日至12月23日向社会公开征求意见。

三、2022年9月21日，国务院常务会议通过《中华人民共和国行政复议法（修订草案）》，决定将草案提请全国人大常委会审议。

四、2022年10月27日，十三届全国人大常委会第三十七次会议对《中华人民共和国行政复议法（修订草案）》进行了初次审议。会后，法制工作委员会就《中华人民共和国行政复议法（修订草案）》公开征求意见。

五、2023年6月26日，十四届全国人大常委会第三次会议对《中华人民共和国行政复议法（修订草案二次审议稿）》进行了二次审议。会后，法制工作委员会就《中华人民共和国行政复议法（修订草案二次审议稿)》再次公开征求意见。

六、2023年8月28日,十四届全国人大常委会第五次会议对《中华人民共和国行政复议法(修订草案)》进行了三次审议。

七、2023年9月1日,十四届全国人大常委会第五次会议表决通过新修订的《中华人民共和国行政复议法》。